Informationstechnik
B. Walke
Mobilfunknetze
und ihre Protokolle

Band 1
Grundlagen, GSM, UMTS,
und andere zellulare
Mobilfunknetze

Informationstechnik

Herausgegeben von

Prof. Dr.-Ing. Dr.-Ing. E. H. Norbert Fliege, Mannheim
Prof. Dr.-Ing. Martin Bossert, Ulm

In der Informationstechnik wurden in den letzten Jahrhunderten klassische Bereiche wie analoge Nachrichtenübertragung, lineare Systeme und analoge Signalverarbeitung durch digitale Konzepte ersetzt bzw. ergänzt. Zu dieser Entwicklung haben insbesondere die Fortschritte in der Mikroelektronik und die damit steigende Leistungsfähigkeit integrierter Halbleiterschaltungen beigetragen. Digitale Kommunikationssysteme, digitale Signalverarbeitung und die Digitalisierung von Sprache und Bildern erobern eine Vielzahl von Anwendungsbereichen. Die heutige Informationstechnik ist durch hochkomplexe digitale Realisierungen gekennzeichnet, bei denen neben Informationstheorie Algorithmen und Protokolle im Mittelpunkt stehen. Ein Musterbeispiel hierfür ist der digitale Mobilfunk, bei dem die ganze Breite der Informationstechnik gefragt ist.

In der Buchreihe „Informationtechnik" soll der internationale Standard der Methoden und Prinzipien der modernen Informationtechnik festgehalten und einer breiten Schicht von Ingenieuren, Informatikern, Physikern und Mathematikern in Hochschule und Industrie zugänglich gemacht werden. Die Buchreihe soll grundlegende und aktuelle Themen der Informationstechnik behandeln und neue Ergebnisse auf diesem Gebiet reflektieren, um damit als Basis für zukünftige Entwicklungen zu dienen.

Mobilfunknetze und ihre Protokolle

Band 1
Grundlagen, GMS, UMTS und andere
zellulare Mobilfunknetze

Von Professor Dr.-Ing. Bernhard Walke
Rheinisch-Westfälische Technische Hochschule Aachen

2., überarbeitete und erweiterte Auflage
Mit 216 Bildern und 74 Tabellen

B. G. Teubner Stuttgart · Leipzig · Wiesbaden 2000

Die Deutsche Bibliothek – CIP-Einheitsaufnahme
Ein Titeldatensatz für diese Publikation ist bei
Der Deutschen Bibliothek erhältlich.

Prof. Dr.-Ing. Bernhard Walke
Lehrstuhl für Kommunikationsnetze
Rheinisch-Westfälische Technische Hochschule Aachen
Kopernikusstraße 16, 52074 Aachen

Band 1
Grundlagen, GMS, UMTS und andere
zellulare Mobilfunknetze

2., überarbeitete und erweiterte Auflage
216 Bilder, 74 Tabellen

Alle Rechte vorbehalten
© B.G. Teubner GmbH, Stuttgart · Leipzig · Wiesbaden 2000

Der Verlag Teubner ist ein Unternehmen der Fachverlagsgruppe BertelsmannSpringer.

Das Werk einschließlich aller seiner Teile ist urheberrechlich geschützt. Jede Verwertung außerhalb der engen Grenzen des Urheberrechtsgesetzes ist ohne Zustimmung des Verlages unzulässig und strafbar. Das gilt insbesondere für Vervielfältigungen, Übersetzungen, Mikroverfilmungen und die Einspeicherung und Verarbeitung in elektronischen Systemen.

http://www.teubner.de

Konzeption und Layout des Umschlags: Peter Pfitz, Stuttgart
Druck und buchbinderische Verarbeitung: Präzis-Druck GmbH, Karlsruhe
Gedruckt auf säurefreiem Papier
Printed in Germany

ISBN 3-519-16430-2

Für Antonie, Thomas und Christoph

Vorwort

Zellulare Mobilfunknetze für öffentliche und private Benutzer waren in Europa bis Ende der 80er Jahre firmenspezifische Lösungen und nicht für den Massenmarkt gedacht. Deshalb beschränkte sich das Interesse der breiteren technisch-wissenschaftlichen Fachwelt auf die Kenntnisnahme der Systeme und ihrer Konzepte, ohne sich mit den Details abzugeben.

Seit der Entwicklung europäischer Standards für digital übertragende Systeme ab Ende der 80er Jahre hat sich mit deren Einführung ab 1990 der Mobilfunk zu einem Massenmarkt entwickelt. Digitaler Mobilfunk ist von einem Zusatzgeschäft zu einem der wesentlichen Umsatzträger mancher großer Telekommunikationsfirmen geworden, die dabei zu weltweiter Marktführerschaft aufgestiegen sind. Entsprechend hat das Interesse der technisch-wissenschaftlichen Fachwelt zugenommen.

Dieser Erfolg beruht auf den großen Fortschritten der Informationstechnik, die einerseits durch die Mikrominiaturisierung von Schaltkreisen und Komponenten und die dramatische Steigerung der Integrationsdichte von Halbleiterbauelementen auf Chips für die Entwicklung handportabler Mobilfunkgeräte *(Handy)* sichtbar sind: Das Handy besteht im wesentlichen aus einem sehr leistungsstarken Signalprozessor, auf dem alle für Empfang und Senden erforderlichen Algorithmen der Übertragungstechnik und elektrischen Signalverarbeitung als Programme implementiert sind.

Andererseits werden die Fortschritte der Informationstechnik auch sichtbar anhand der Entwicklung dieser Algorithmen für die Signal-(De)Modulation, die Synchronisation der beteiligten Einrichtungen, die Kanalcodierung und Kanalentzerrung, d. h. die Empfängertechnik, die einen zuverlässigen Empfang von Signalen mit wenigen Millionstel Volt Amplitude über den Funkkanal, den man als systematischen Wackelkontakt beschreiben kann, trotz hoher Bewegungsgeschwindigkeit des Empfängers ermöglicht.

Ein ebenso wichtiger Beitrag der Informationstechnik ist die Entwicklung der Dienste und Protokolle für die Organisation und den Betrieb des zugehörigen Kommunikationsnetzes, das neben der Entwicklung der Multiplexfunktionen zur quasi gleichzeitigen Kommunikation vieler Mobilterminals über die Funkschnittstelle des Mobilfunksystems ein Telekommunikationsnetz umfaßt, das Funktionen des intelligenten Netzes zur Mobilitätsverwaltung und kryptographische Verfahren für Datenschutz und Datensicherheit beinhaltet, wie sie vorher weltweit noch in keinem Netz verfügbar waren.

Man denkt dabei an das weltweit erfolgreiche GSM (*Global System for Mobile Communications, ein ETSI-Standard*) und vergißt, daß neben diesem Zellularsystem noch viele andere Konzepte für neue digitale Mobilfunksysteme bestehen, die den Erfolg des GSM zu wiederholen suchen und auf z. T. andere Anwendungen als schmalbandige Sprachkommunikation zielen, z. B. mobiler Internet-Zugang und Multimediakommunikation, die durch das ab 2002 eingeführte Mobilfunknetz der 3. Generation UMTS *(Universal Mobile Telecommunication System)* zusätzlich zu Sprachkommunikation unterstützt werden. Daneben sind Systeme für Funkruf, Bündelfunk, Schnurloskommunikation, drahtlose Schmal- und Breitbandkommunikation und satellitengestützte persönliche Mobilkommunikation zu nennen, die in Band 2 dieses Buches ausführlich vorgestellt werden.

Meine Forschungsgruppe hat sich seit 1983 auf die Entwicklung von Diensten und Protokollen für private und öffentliche Mobilfunksysteme spezialisiert und dafür einen umfangreichen Satz von Werkzeugen zur Software-Erstellung, Modellierung und stochastischen Simulation von Mobilfunksystemen entwickelt. Diese Werkzeuge haben ermöglicht, die in diesem Buch beschriebenen in Europa in Diskussion oder in Einführung befindlichen Mobilfunksysteme bitgenau in großen Programmpaketen verfügbar zu haben, um die Systeme in ihrer natürlichen Umgebung mit der zugehörigen Funkversorgung, Mobilität und dem typischen Verkehrsaufkommen der Terminals untersuchen zu können und eigene Verbesserungsvorschläge von Diensten und Protokollen einfügen und erproben zu können. Die entsprechenden Vorschläge und zugehörigen Ergebnisse unserer Arbeit sind wiederholt erfolgreich in die Standardisierung eingeflossen.

Hinter diesen Werkzeugen steckt das Arbeitsergebnis einer Gruppe von im Durchschnitt 30 wissenschaftlichen Mitarbeitern und von ca. 60 Diplomarbeiten pro Jahr, ohne die das Aufarbeiten der vielen Details so vieler Systeme nicht möglich gewesen wäre. Die zugehörigen Arbeiten beschränken sich nicht auf die Implementierung von Protokollen der jeweiligen Systeme, sondern reichen von der Entwicklung von Funkplanungswerkzeugen auf der Basis empirischer und von Strahlverfolgungstechniken für gegebene Szenarien, über die Markovketten-basierte Modellierung des Funkkanals, exemplarische Untersuchungen über die Modellierung der Empfänger, Untersuchungen zur Wirksamkeit adaptiver Kanalcodierungsverfahren, prototypische Implementierung von Entzerrern, Entwicklung von Modellen für die Bitfehlercharakteristik der jeweiligen Systeme, Entwicklung von Verfahren zur dynamischen Kanalvergabe in flächigen Systemen und zur dezentralen Organisation von Systemen mit drahtlosen Basisstationen usw. bis zur Entwicklung von Mehrwertdiensten. Diese flankierenden Arbeiten erwiesen sich als notwendig, um

Vorwort

den schwierigen Prozeß der Modellierung realer Systeme ausreichend realistisch zu gestalten. Ohne die tatsächliche Realisierung der Dienste und Protokolle in realistischen Modellen zur Systemsimulation wäre die hier gewählte Darstellungstiefe der entsprechenden Systeme nicht möglich gewesen.

Die Darstellungen und Abbildungen beruhen auf den Arbeitsergebnissen sehr vieler beteiligter Studenten, die hier nicht namentlich genannt werden können – ich kann ihnen hier nur pauschal für ihre Begeisterung und Gründlichkeit bei der Mitarbeit danken. Ihre Beiträge sind in die Modellierung und Bewertung der einzelnen Systeme und ihrer Modifikationen eingeflossen und haben mir und meinen Mitarbeitern geholfen, die Eigenschaften der betrachteten Systeme besser zu verstehen.

Die einzelnen Kapitel sind in enger Zusammenarbeit mit für die jeweiligen Systemmodelle verantwortlichen wissenschaftlichen Mitarbeitern entstanden, die jeweils namentlich genannt werden. Sie repräsentieren Forschungs- und Entwicklungsergebnisse und z. T. auch Textbeiträge, wie sie in die endgültige oder frühere Versionen des als Vorlesungsmanuskript über acht Vorlesungszyklen weiterentwickelten Manuskriptes eingeflossen sind. Ich möchte diesen Beteiligten hier für ihre gründliche Aufarbeitung der betreffenden Themen, die Mitwirkung bei der Betreuung der vielen zugehörigen Diplomarbeiten und die hervorragende Arbeitsatmosphäre ganz herzlich danken. Besonders erwähnen möchte ich Peter Decker und Christian Wietfeld, die in frühen Jahren Grundlagen für das Vorlesungsskript beigetragen bzw. später durch Integrieren vorhandener Textbausteine den Kristallisationskeim für den Band 1 des Buches gelegt haben. Beiträge zu einzelnen Abschnitten von Band 1 haben folgende Mitarbeiter geleistet:

- Marc Peter Althoff (5)
- Götz Brasche (3.11),
- Peter Decker (3),
- Martin Junius (3.6),
- Arndt Kadelka (5),
- Matthias Lott (5),
- Dietmar Petras (2.9),
- Dieter Plassmann (5),
- Markus Scheibenbogen (3.6),
- Peter Seidenberg (5),
- Martin Steppler (2.9),
- Peter Stuckmann (3.11, 3.17)
- Christian Wietfeld (3).

Mein besonderer Dank gilt Dirk Kuypers, dem ich das einheitliche Layout von Text, Tabellen und Bildern sowie das Stichwortverzeichnis verdanke.

Herrn Dr. Schlembach vom B. G. Teubner Verlag danke ich herzlich für die Motivation, dieses Buch zu schreiben und die gute Zusammenarbeit bei der Erstellung des Skriptes.

Aachen, im Januar 1998   Bernhard Walke

Vorwort zur zweiten Auflage

Die erfreuliche Nachfrage hat im Sommer 1999 zu Überlegungen zur Gestaltung der nächsten Auflage Anlaß gegeben. Dabei wurde die Chance gesehen, die Beschreibung weiterer inzwischen an Bedeutung zugenommener Systeme aufzunehmen und eine Aktualisierung der Beschreibung der schon in der ersten Auflage vertretenen Systeme vorzunehmen. Aufgrund der großen Akzeptanz des GSM wurde es planungsgemäß weiterentwickelt und steht mach der Einführung des Dienstes für hochratige kanalvermittelte Datenübertragung HSCSD *(High Speed Circuit Switched Data)* in 1999 nun vor der Einführung des Paketdatendienstes GPRS *(General Packet Radio Service)*, dessen Bedeutung für den mobilen Internet-Zugang so hoch eingeschätzt wird, daß manche Netzbetreiber bzw. Dienstanbieter von einem neuen (dem GPRS-) Mobilfunknetz sprechen. Darüberhinaus ist die Fähigkeit des GSM zur Datenübertragung für Multimediaanwendungen durch die Standardisierung der EDGE-FUnkschnittstelle *(Enhanced Data Service For GSM Evolution)* soweit gesteigert worden, daß ein erfolgreicher Wettbewerb in Europa mit Mobilfunksystemen der 3. Generation erwartet werden kann. Dementsprechend sind die Kapitel über GPRS und EDGE erheblich aktualisiert und erweitert worden.

Von den Mobilfunksystemen der 3. Generation wird in Europa vor allem das UMTS Bedeutung erlangen, insbesondere weil dafür durch die Regulierungsbehörden erhebliche neue Bänder im Spektrum vorgesehen worden sind. Da die Standardisierung von UMTS Phase 1 in Harmonisierung mit den weltweiten Projekten zur Standardisierung von Mobilfunksystemen der 3. Generation (3GPP) im Spätherbst 1999 abgeschlossen worden ist, kommt der Zeitpunkt dieser 2. Auflage gerade recht, um die beiden Funkschnittstellen von UMTS endgültig zu beschreiben. Dadurch hat sich der Umfang von Band 1 erheblich erhöht.

Der absehbare Erfolg des Internet und der Wunsch nach Entwicklung und Einführung von Systemen für den breitbandigen funkgestützten Zugang zum Internet im Nahbereich (ca. 100 m) hat zwei wichtige neue Systeme geboren, die als IEEE 802.11a ein drahtloses Ethernet mit hoher Übertragungsrate und als HIPERLAN/1 bzw. /2 als drahtlose LANs *(Local Area Network)* standardisiert wurden und in Einführung sind. Da die Standardisierung als abgeschlossen gilt, können die Beschreibungen der Systeme als weitgehend endgültig angesehen werden. Insbesondere HIPERLAN/2 wird ein großes Potential für die Verbreitung zugesprochen, weil hier Funktionen vorhanden sind, welche erlauben, die Dienstgüte bestimmter Multimediaanwendungen weitgehend zu unterstützen.

In Ländern der 3. Welt wird mit Nachdruck daran gearbeitet, digitales Fernsprechen und schmalbandige Datenübertragung in der Fläche verfügbar zu machen, wobei mangels verdrahteter Infrastuktur auf Schnurlossysteme wie DECT zurückgegriffen wird. Neben DECT besteht für denselben Zweck der PHS-Standard in Japan, dessen Beschreibung in diese Auflage aufgenommen worden ist.

Die Aktualisierung dieser Auflage verdanke ich der Mitarbeit der nachfolgend genannten wissenschaftlichen Mitarbeiter

- Marc Peter Althoff (5)
- Peter Seidenberg (5)
- Peter Stuckmann (3.11, 3.17)

Für das einheitliche Erscheinungsbild der Bände hat Dirk Kuypers erneut viel Zeit und Energie aufgewendet und ich danke ihm hier herzlich dafür.

Aachen, im Januar 2000 　　　　　　　　　　　　　　　　　　　Bernhard Walke

Adressen:

Homepage des Lehrstuhls:	http://www.comnets.rwth-aachen.de
E-Mail-Adresse für Korrekturen:	mfn@comnets.rwth-aachen.de
Anschrift des Lehrstuhls:	Lehrstuhl für Kommunikationsnetze RWTH Aachen 52 056 Aachen

Inhaltsverzeichnis

Vorwort	**VII**
Vorwort zur zweiten Auflage	**XI**
Kurzinhalt Band 2	**XXI**

1 Einleitung   **1**
- 1.1 Bestehende bzw. in Einführung befindliche Netze und Dienste . . .   7
  - 1.1.1 GSM/DCS1800-System   7
  - 1.1.2 DECT 10
  - 1.1.3 Funknetze als Bypass des verdrahteten Ortsnetzes 12
  - 1.1.4 Drahtlose lokale Netze (IEEE 802.11 WLAN, Wireless LAN, ETSI/HIPERLAN 1) 13
  - 1.1.5 Drahtlose Netze für die Prozeßautomatisierung 13
  - 1.1.6 Universal Mobile Telecommunications System UMTS 14
  - 1.1.7 Drahtlose Breitbandsysteme 14
  - 1.1.8 Mobiler Satellitenfunk 15
  - 1.1.9 Universelle persönliche Mobilität 18
- 1.2 Systeme mit intelligenten Antennen 18
- 1.3 Mobilfunksysteme mit dynamischer Kanalvergabe 20
- 1.4 Weitere Aspekte 22
  - 1.4.1 Selbstorganisierende Systeme 22
  - 1.4.2 Elektromagnetische Umweltverträglichkeitsuntersuchungen 22
- 1.5 Historische Entwicklung 23

2 Systemaspekte   **29**
- 2.1 Charakteristika der Funkübertragung 29
  - 2.1.1 Dämpfung 32
  - 2.1.2 Ausbreitung über einer Ebene 34
  - 2.1.3 Schwund bei Ausbreitung mit vielen Reflektoren (Mehrwegeausbreitung) 36
  - 2.1.4 Statistische Beschreibung des Übertragungskanals 38
  - 2.1.5 Reflexion 42
  - 2.1.6 Beugung 46

	2.1.7	RMS Delay-Spread	46
	2.1.8	Abschattung	46
	2.1.9	Störungen durch Fremdsysteme	47
2.2	Modelle zur Funkfeldberechnung		47
	2.2.1	Empirische Modelle	48
	2.2.2	Beugungsmodelle	48
	2.2.3	Strahlverfolgungsverfahren	49
	2.2.4	Das Okumura/Hata-Modell	49
	2.2.5	Funkausbreitung in Mikrozellen	51
2.3	Zellulare Systeme		52
	2.3.1	Clusterbildung und Störabstand	53
	2.3.2	C/I-Verhältnis und Verminderungsfaktor	53
	2.3.3	Verkehrslast und Zellradius	56
2.4	Sektorisierung und spektrale Effizienz		57
	2.4.1	Effizienz und tragbarer Verkehr	58
	2.4.2	Wirkung der Sektorisierung bei fester Clustergröße	60
	2.4.3	Effizienz und tragbarer Verkehr bei Sektorisierung und unterschiedlicher Clustergröße	63
	2.4.4	Sektorisierung bei Abschattung	64
2.5	Das ISO/OSI-Referenzmodell		64
2.6	Zuteilung der Funkkanäle		68
	2.6.1	Frequenzmultiplex, FDM	69
	2.6.2	Zeitmultiplex, TDM	70
	2.6.3	Codemultiplex, CDM	71
	2.6.4	CDMA-Technik für den zellularen Mobilfunk	74
	2.6.5	Raummultiplex, SDM	79
	2.6.6	Hybride Verfahren	80
2.7	Kanalvergabestrategien		81
	2.7.1	Klassifizierung der Kanalvergabeverfahren	81
	2.7.2	FCA	82
	2.7.3	BCA	82
	2.7.4	DCA	83
	2.7.5	HCA	83
	2.7.6	Adaptivität der BCA/HCA-Kanalvergabeverfahren	84
2.8	Grundlagen der Fehlersicherung		84
	2.8.1	Besonderheiten der Fehlersicherung bei Funkkanälen	84
	2.8.2	Fehlererkennung	85
	2.8.3	Fehlerkorrektur	87
	2.8.4	Fehlerbehandelnde Verfahren (Schiebefensterprotokolle)	91
	2.8.5	Hybride ARQ/FEC-Verfahren	99
2.9	Grundlagen zum Zufallszugriff		99
	2.9.1	Die Slotted-ALOHA Zugriffsmethode	100

	2.9.2	Slotted-ALOHA mit Zufallszugriffsrahmen	109
	2.9.3	Zugriffsverzögerung bei Slotted-ALOHA	116
	2.9.4	Algorithmen zur Kollisionsauflösung bei Slotted-ALOHA	123

3 GSM-System   135
3.1 Die GSM-Empfehlung ... 135
3.2 Die Architektur des GSM-Systems ... 139
     3.2.1 Funktioneller Aufbau des GSM-Systems ... 139
     3.2.2 Schnittstellen des GSM-Systems ... 151
3.3 Die Funkschnittstelle am Bezugspunkt U_m ... 153
     3.3.1 Multiplex-Struktur ... 153
     3.3.2 Frequency Hopping (FH) ... 158
     3.3.3 Logische Kanäle ... 160
     3.3.4 Hierarchie der Rahmenstrukturen ... 164
     3.3.5 Kombinationen logischer Kanäle ... 165
     3.3.6 Kanalkombinationen einer Zelle in Abhängigkeit von der erwarteten Zellauslastung ... 171
     3.3.7 Schicht 1: Bitübertragung ... 172
     3.3.8 GSM-Schicht-2: Sicherung ... 184
3.4 Signalisierungsprotokolle der GSM-Sicherungsschicht ... 184
     3.4.1 Das $LAPD_m$-Protokoll ... 187
     3.4.2 Dienste der physikalischen Schicht ... 194
     3.4.3 Einfluß der physikalischen Schicht auf das $LAPD_m$ ... 195
     3.4.4 Dienste des $LAPD_m$ ... 199
3.5 Die Netzschicht im GSM ... 200
     3.5.1 Verbindungsaufbau ... 201
     3.5.2 Dienste der CC-Teilschicht ... 204
     3.5.3 Dienste der MM-Teilschicht ... 206
     3.5.4 Dienste der RR-Teilschicht ... 209
     3.5.5 Format und Codierung einer Schicht-3-Nachricht ... 210
     3.5.6 Weiterleiten einer Schicht-3-Nachricht ... 213
     3.5.7 Primitive der Teilschichten ... 215
3.6 GSM-Handover ... 215
     3.6.1 Notwendigkeit für Handover ... 216
     3.6.2 GSM-Empfehlungen ... 216
     3.6.3 Handovervorbereitung ... 217
     3.6.4 Meßwertreporte ... 223
     3.6.5 Handoverentscheidung ... 227
     3.6.6 Beispielalgorithmus GSM 05.08 ... 231
     3.6.7 Probleme des GSM-Handoverprozesses ... 236
     3.6.8 Intra-MSC-Handover ... 237
     3.6.9 Das Intra-MSC-Handoverprotokoll ... 242

	3.6.10 Inter-MSC Handover	258
3.7	Aktualisierung des Aufenthaltsbereiches *(Location Update)*	259
	3.7.1 Unterstützung von Roaming	261
	3.7.2 Numerierungsplan für das Roaming	261
3.8	Verbindungsaufbau	263
	3.8.1 Kommender Ruf *(Mobile Terminated Call)*	263
	3.8.2 Gehender Ruf *(Mobile Originated Call)*	265
3.9	Datenübertragung und Raten-Anpassungsfunktionen	266
	3.9.1 Ratenanpassung an die Leistung des Verkehrskanals	266
	3.9.2 Ratenanpassung bei der Verbindung BTS/Transcoder zur MSC bzw. MSC/IWF	270
	3.9.3 Schicht-2-Brückenfunktion (*Layer 2 Relay*, L2R) und *Radio Link Protocol* (RLP)	270
	3.9.4 Das Radio-Link Protokoll (RLP)	270
3.10	Die Dienste im GSM-Mobilfunknetz	272
	3.10.1 Einführungsphasen der Dienste	273
	3.10.2 Trägerdienste	274
	3.10.3 Teledienste	277
	3.10.4 Zusatzdienste	282
3.11	Zukünftige Sprach- und Datendienste im GSM	283
	3.11.1 ASCI – erweiterte GSM-Sprachdienste	284
	3.11.2 HSCSD – der hochbitratige kanalvermittelte Datendienst	289
	3.11.3 GPRS – der GSM-Paketdatendienst	294
3.12	Netzübergangsfunktion – *Interworking Function*, IWF	322
	3.12.1 Übergang zum öffentlichen Fernsprechwählnetz	322
	3.12.2 Übergang zum ISDN	323
	3.12.3 Übergang zum öffentlichen paketvermittelten Datennetz	323
	3.12.4 Übergang zum öffentlichen kanalvermittelten Datennetz	324
	3.12.5 Netzübergangsfunktionen für Teledienste	324
3.13	Sicherheitsaspekte	325
	3.13.1 Authentisierung	326
	3.13.2 Vertraulichkeit der Nutz- und Signalisierdaten	326
	3.13.3 Vertraulichkeit der Teilnehmeridentität	326
	3.13.4 Transport sicherheitsrelevanter Informationen	327
3.14	GSM in Deutschland	329
3.15	Schlußbemerkung	330
3.16	Digital-Mobilfunknetz ETSI/DCS1800	337
3.17	Enhanced Data Rates for GSM Evolution	339
	3.17.1 Modulation	341
	3.17.2 Sendeleistungssteuerung	342
	3.17.3 Steuerung der Übertragungsqualität	342

4 Weitere öffentliche Mobilfunksysteme   345
- 4.1 Flugtelefon-Netz für öffentliche Luft-Boden-Kommunikation 345
  - 4.1.1 TFTS-Zellularnetz 345
  - 4.1.2 Frequenz- und Zeitmultiplexkanäle 346
  - 4.1.3 Sprach- und Datenübertragung 347
  - 4.1.4 Funktionsmerkmale 347
  - 4.1.5 Bodenstationen und Frequenzplan 349
- 4.2 Das US Digital Cellular System (USDC) 349
  - 4.2.1 Technische Daten des USDC-Systems 351
- 4.3 CDMA-Zellularfunk gemäß IS-95 352
  - 4.3.1 Forward-Link 353
  - 4.3.2 Return-Link 357
  - 4.3.3 Praktische Erfahrungen mit IS-95-CDMA 361
- 4.4 Das japanische Personal Digital Cellular System (PDC) 363
  - 4.4.1 Technische Daten des PDC-Systems 363
- 4.5 Vergleich von Zellularsystemen der 2. Generation 365

5 Zellulare Mobilfunknetze der 3. Generation   367
- 5.1 UMTS – Universal Mobile Telecommunications System 370
- 5.2 FPLMTS – IMT 2000 372
- 5.3 Dienste für UMTS und IMT-2000 374
  - 5.3.1 Trägerdienste 374
  - 5.3.2 Teledienste 375
  - 5.3.3 Zusatzdienste 376
  - 5.3.4 Mehrwertdienste 377
  - 5.3.5 Dienstparameter 377
  - 5.3.6 Verkehrsdichte 378
- 5.4 Frequenzspektrum für UMTS 382
- 5.5 Die Architektur des UMTS 385
  - 5.5.1 User Equipment Domain 386
  - 5.5.2 Access Network Domain 386
  - 5.5.3 Core Network Domain 387
- 5.6 Die Zugangsebene 388
  - 5.6.1 Das Kernnetz 389
  - 5.6.2 UMTS Terrestrial Radio Access Network 389
  - 5.6.3 Funktionaler Aufbau des UTRAN 389
  - 5.6.4 Funktionen des UTRAN 391
- 5.7 Die Funkschnittstelle am Bezugspunkt U_u 394
- 5.8 Die Bitübertragungsschicht 396
  - 5.8.1 Vielfachzugriff 397
  - 5.8.2 Die Transportkanäle 400
  - 5.8.3 Physikalische Kanäle im FDD-Modus 405

	5.8.4	Physikalische Kanäle im TDD-Modus	415
	5.8.5	Code-Spreizung und Modulation	418
	5.8.6	Kanalcodierung, Multiplexen und Verschachteln	424
5.9	Die Sicherungsschicht		430
	5.9.1	Die MAC-Teilschicht	432
	5.9.2	Die RLC-Teilschicht	439
	5.9.3	Datenfluß durch die Sicherungsschicht	443
	5.9.4	Die BMC-Teilschicht	445
	5.9.5	Die PDCP-Teilschicht	445
5.10	Die Netzschicht		447
	5.10.1	Funktionen der Netzschicht	447
	5.10.2	Aufbau der Netzschicht	449
5.11	Der UMTS Standard		450
5.12	Abkürzungen		458

A Warte- und Verlustsysteme — 463

- A.1 Das Wartesystem M/M/n-∞ . . . 463
  - A.1.1 Zustandsprozeß als spezieller Geburts- und Sterbe-Prozeß . 464
  - A.1.2 Charakteristische Leistungskenngrößen . . . 465
- A.2 Das Warte-Verlustsystem M/M/n-s . . . 467
  - A.2.1 Zustandsraum als spezieller GS-Prozeß . . . 467
  - A.2.2 Charakteristische Größen . . . 468

B Standards und Empfehlungen — 471

- B.1 Internationale Standardisierungsorganisationen . . . 472
  - B.1.1 ISO . . . 472
  - B.1.2 ITU . . . 473
  - B.1.3 IEC . . . 477
  - B.1.4 INTELSAT/INMARSAT . . . 478
  - B.1.5 ATM Forum . . . 478
- B.2 Europäische Standardisierungsorganisationen . . . 479
  - B.2.1 CEN/CENELEC . . . 479
  - B.2.2 CEPT . . . 479
  - B.2.3 ETSI . . . 481
  - B.2.4 ECMA . . . 488
  - B.2.5 EBU . . . 489
  - B.2.6 EUTELSAT . . . 489
  - B.2.7 ESA . . . 489
- B.3 Nationale Standardisierungsorganisationen . . . 490
- B.4 Quasi-Standards . . . 491
  - B.4.1 Firmen-Standards . . . 491
  - B.4.2 Benutzer-Standards . . . 492

Inhaltsverzeichnis

C	Internationale Frequenzzuweisungen	493
D	Frequenzen europäischer Mobilfunksysteme	497
E	Der GSM-Standard	499
F	Abkürzungsverzeichnis	505
	Literaturverzeichnis	509
	Index	521

Kurzinhalt Band 2

Vorwort	VII
Vorwort zur zweiten Auflage	XI
Kurzinhalt Band 1	XXI

1	**Bündelfunk und Paketdatenfunk**		**1**
	1.1	Das MPT-1327-Bündelfunksystem	2
	1.2	MODACOM	6
2	**Bündelfunksysteme der 2. Generation: Der TETRA-Standard**		**15**
	2.1	Technische Daten des Bündelfunksystems TETRA	16
	2.2	Dienste des Bündelfunksystems TETRA	18
	2.3	Architektur des TETRA-Standards	21
	2.4	Der Protokollstapel Voice+Data	25
	2.5	Der TETRA-Protokollstapel Packet Data Optimized	60
	2.6	Bündelfunk-Abkürzungen	80
3	**Funkrufsysteme** *(Paging-Systems)*		**85**
	3.1	EUROSIGNAL	87
	3.2	Cityruf	89
	3.3	Euromessage	92
	3.4	RDS-Funkrufsystem	93
	3.5	ERMES	93
4	**Schnurlose Fernsprechsysteme**		**101**
	4.1	CT2/CAI und Telepoint	102
	4.2	Technische Parameter von CT2/CAI	103
5	**DECT**		**107**
	5.1	Realisierungsmöglichkeiten von DECT-Systemen	108
	5.2	Das DECT-Referenzsystem	115
	5.3	Das DECT-Referenzmodell	122
	5.4	Dienste- und Protokollbeschreibung im Detail	127

5.5 Dynamische Kanalwahl 169
5.6 Sprachcodierung mit ADPCM 175
5.7 Handover 176
5.8 Protokollstapel für Multicell-Systeme 181
5.9 Die DECT,@dq "@prtct =Netzübergangseinheit 182
5.10 Sicherheitsaspekte in DECT 184
5.11 ISDN-Dienste 189
5.12 DECT-Relais 192
5.13 Verkehrsleistung des DECT-Systems 206
5.14 Verkehrsleistung von DECT-RLL-Systemen 210
5.15 DECT-Abkürzungsverzeichnis 215

6 Integration des DECT-Systems in GSM/DCS1800-Zellularnetze 217
6.1 Ansätze zur Integration von DECT in das GSM900/1800 218
6.2 Interworking Unit DECT-GSM 233
6.3 Dualmode-Gerät DECT-GSM 241

7 Personal Handyphone System (PHS) 245
7.1 Entwicklungsprozeß des PHS in Japan 245
7.2 Systemüberblick 246
7.3 PHS-Funkschnittstelle 249
7.4 Logische Kanäle des PHS 258
7.5 Netzfunktionen 262
7.6 Netztechnologien und Übergangseinheiten 274
7.7 Normen und Referenzen 276
7.8 Abkürzungen 277

8 Wireless-Local-Loop-Systeme 281
8.1 Technologien für WLL-Systeme 283
8.2 Untersuchte WLL-Szenarien 286
8.3 Direkter Teilnehmeranschluß im Zugangsnetz ... 289

9 Schnurlose Breitbandsysteme (Wireless ATM) 291
9.1 Europäische Forschung bei Breitbandsystemen .. 291
9.2 Dienste im Breitband-ISDN 298
9.3 Architektur der ATM-Funkschnittstelle 306
9.4 Mobilitätsunterstützung für W-ATM-Systeme ... 318

10 Drahtlose LANs, eine Einführung 327
10.1 HIPERLAN/1 329
10.2 HIPERLAN/2 370
10.3 Der Standard WLAN IEEE 802.11 404

10.4 Abkürzungen 427

11 Mobile Satellitenkommunikation 433
11.1 Grundlagen 433
11.2 Geostationäre Satellitensysteme (GEO) 446
11.3 Nicht-geostationäre Satellitensysteme 452
11.4 Antennen und Satellitenausleuchtzonen 463
11.5 Interferenzen im Satellitenfunknetz 475
11.6 Handover in Mobilfunk-Satellitensystemen 481
11.7 Verbindung drahtloser Zugangsnetze mit dem Festnetz über Satelliten 490

12 UPT – Universelle Persönliche Telekommunikation 495
12.1 Klassifizierung von Telekommunikationsdiensten 496
12.2 Ergänzende Dienstmerkmale im ISDN und GSM 498
12.3 Der UPT-Dienst für die universelle, personalisierte Telekommunikation 500
12.4 Geschäftsbeziehung des UPT-Benutzers zu Anbietern . . . 504
12.5 Das UPT-Dienstprofil 509
12.6 Anforderungen an das UPT-unterstützende Netz 510
12.7 PSCS als Weiterentwicklung von UPT 512
12.8 Numerierung 513
12.9 Intelligente Netze und ihre Mehrwertdienste 520

13 Der drahtlosen Kommunikation gehört die Zukunft 527
13.1 Ein Tagesablauf im Jahre 2000 527
13.2 Drahtlose Kommunikation im Jahre 2005 529
13.3 Schlußbemerkung 530

Literaturverzeichnis 533

Index 547

1 Einleitung

In der ersten Hälfte dieses Jahrhunderts war die Übertragung menschlicher Sprache durch das Telefon neben der Telegraphie das dominierende Kommunikationsmittel. Durch den technischen Fortschritt in der Übertragungs- und Vermittlungstechnik sowie der Mikroelektronik hat in den letzten Jahrzehnten und Jahren die funkgestützte Mobilkommunikation ständig an Bedeutung gewonnen. Die Tabelle 1.1 gibt einen Überblick über die zeitliche Entwicklung von Mobilfunksystemen.

Tabelle 1.1: Zeitliche Entwicklung von Mobilfunksystemen

Year	Paging System Standards	Cordless Phone System Standards	Mobile Terrestrial System Standards	Mobile Satellite System Standards
1980	POCSAG	CT0	NMT 450 Nordic Mobile Telephone	Inmarsat-A
1985		CT1	AMPS (USA) Advanced Mobile Phone System RC2000(F) Radio Communication C450 (D,P) Cellular TACS (UK) Total Access Communication System	Inmarsat-C
1990		CT2	GSM Global System for Mobile Communication DCS1800 Digital Cellular System at 1800 MHz	Inmarsat-B Inmarsat-M Inmarsat-Paging
1994	ERMES		TFTS Terrestrial Flight Telephone System	
1998				Inmarsat-P21, Iridium, Aries, Odyssey, Globalstar, Ellipso
2000			UMTS Universal Mobile Telecommunication System FPLMTS Future Public Land Mobile Telco. System	
2000+			Mobile Broadband System / Wireless ATM	

Mobilfunknetze, die dem Wunsch nach räumlich ungebundener Kommunikation Rechnung tragen, können im Vergleich zu leitungsgebundenen Netzen überall dort eingesetzt werden, wo eine Verkabelung unwirtschaftlich oder unmöglich ist. Während in leitungsgebundenen Netzen die zu errichtende Netzinfrastruktur den begrenzenden Faktor darstellt, wird die Kapazität der Funknetze durch das zur Verfügung stehende Frequenzspektrum und durch die physikalischen Eigenschaften der Funkwellen in der Erdatmosphäre bestimmt.

Die Entwicklung der Funksysteme wurde wesentlich durch die knappe Ressource Frequenz geprägt. Eine bessere spektrale Effizienz kann z. B. durch Digitalisierung der Sprache, sowie Quell- und Kanalcodierung erreicht werden. So wurden mehr und mehr die bestehenden analogen Funksysteme von digitalen Mobilfunknetzen abgelöst. Moderne Digitaltechniken bei der Modulation, Codierung und Entzerrung ermöglichen eine bandbreiteneffiziente Übertragung und bieten ein besseres Störverhalten und geringere Anfälligkeit gegenüber Rauschen als analog modulierte Signale. Digital aufbereitete Sprache und Daten können vor der Aussendung bearbeitet und gespeichert werden.

Dies ermöglicht die Anwendung von Multiplexverfahren wie TDM *(Time Division Multiplex)*, FDM *(Frequency Division Multiplex)* oder CDM *(Code Division Multiplex)*, durch die eine höhere Teilnehmerzahl bedient werden kann. Zum Beispiel können bei TDM viele Teilnehmer in einer bestimmten Frequenzbandbreite ohne extrem hohe Selektivität des Empfängers, Nachrichten austauschen. Dabei werden weniger steilflankige Filter und Resonanzelemente benötigt und eine Kostenreduktion erreicht, wobei die Modems im gepulsten Sendebetrieb übertragen und deshalb aufwendiger ausfallen. Digitale Modulationstechniken führen in vielen Fällen zu einer besseren Übertragungsqualität und ermöglichen außerdem eine höhere Kompatibilität zu den bestehenden digitalen Festnetzen.

Mobilkommunikation hat heute ein breites Spektrum technologischer und dienstspezifischer Ausprägungen. Dieses Buch ermöglicht dem Leser eine Übersicht über die in den letzen Jahren eingeführten digitalen mobilen Kommunikationsnetze sowie deren Dienste und die verwendeten Protokolle. Dabei wird insbesondere auf die in Europa bestehenden bzw. sich in Normung oder Einführung befindlichen Systeme eingegangen.

Die Deregulierung und Liberalisierung des Telekommunikationsmarktes sowie die Einigungsprozesse in der Standardisierung spielen eine wichtige Rolle bei der Entwicklung der Mobilfunksysteme. Um Kompatibilität der Produkte der verschiedenen System- und Endgerätehersteller zu erreichen, müssen enge Spezifikationen erstellt werden. Heute werden von internationalen bzw. europäischen Normungsgremien Mobilfunksysteme definiert, die länderübergreifend eingesetzt und betrieben werden. Das ermöglicht eine grenzüberschreitende Erreichbarkeit der Teilnehmer und stückzahlbedingt eine kostengünstige Produktion der Endgeräte und

1 Einleitung 3

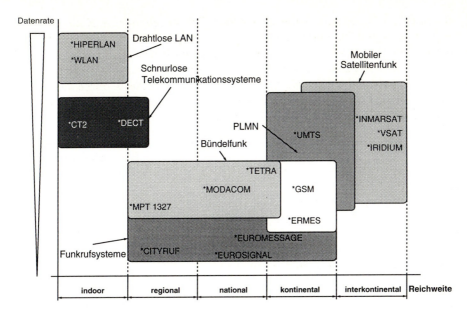

Abbildung 1.1: Mobilfunksystemtypen

somit eine Markterschließung für breite Kundenkreise. Die wichtigsten Standardorganisationen, die im Bereich des Mobilfunks tätig sind, werden im Anhang B aufgeführt.

Die physikalische Verbindung über einen Funkkanal hat eine weit höhere Komplexität als die Verbindung im Festnetz. Einige wesentliche Aspekte der Funkübertragung werden daher im Kapitel Systemaspekte vorgestellt.

Die heute existierenden bzw. in Planung oder im Aufbau befindlichen digitalen Funknetze werden in den folgenden Kapiteln beschrieben. Dabei unterscheiden sich die Netze in ihren den Benutzern angebotenen Diensten, den technischen Grundlagen und den Einsatzmöglichkeiten, vgl. Abb. 1.1. Auch bezüglich der unterstützten Teilnehmermobilität sind erhebliche Unterschiede feststellbar, vgl. Abb. 9.1, Band 2.

Unter *öffentlichen zellularen Mobilfunksystemen* werden Funknetze verstanden, die den Fernsprechdienst leitungsgebundener Netze flächendeckend auf mobile Teilnehmer ausdehnen. Ältere Mobilfunknetze sind auf reine Sprachübertragung ausgelegt und arbeiteten mit analoger Übertragungstechnik. 1958 wurde in Deutschland das erste öffentliche Mobilfunknetz, das A-Netz installiert, dem in den weiteren Jahren die zellularen B- und C-Netze folgten, vgl. Abb. 1.2. Während das

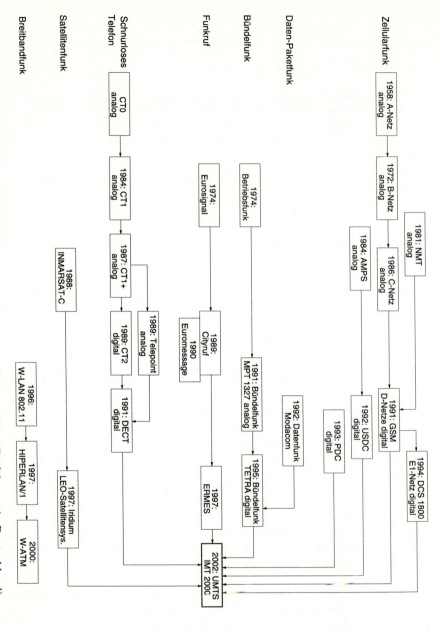

Abbildung 1.2: Evolution der Mobilfunksysteme (Jahreszahlen: Einführung in Deutschland)

Tabelle 1.2: Analogue Cellular Mobile Radio, An Overview

Parameter	C 450	NMT 450	NMT 900	TACS	E-TACS	AMPS
Invented Region	Germany	Scandin.	Scandin.	GB	GB	USA
Standardized by	DBP Telekom			CRAG	CRAG	FCC
First Service [Year]	1985	1981	1986	1984		1983
UL Frequency [MHz]	450,3–454,74	453–457,5	890–915	890–915	872–905	824–849
DL Frequency [MHz]	461,3–465,74	463–467,5	935–960	935–960	917–950	869–894
Chan. Spacing [kHz]	20	25 (20)	25 (12,5)	25	25	30
Duplex Range [MHz]	11	10	45	45	45	45
Access Method	FDMA	FDMA	FDMA	FDMA	FDMA	FDMA
Modulation	FSK	FFSK	FFSK	PSK	PSK	PSK
MAH	Yes	No	No	No	No	No
Cell Diameter [km]		15–40	2–20			
Frequency [#]	222	180 (220)	1000 (1999)	1000	1320	833
Data Service [kbit/s]	2,4	–	–	–		2,4 (no HO)
Traffic Cap. (3 km Dist.) $\left[\frac{\text{Erl.}}{\text{km}^2}\right]$				14	14	12

B-Netz auf Fernsprechen beschränkt ist, umfaßt das Dienstangebot des C-Netzes auch Datendienste. Diese und andere laut Tab. 1.2 und Abb. 1.3 in Europa betriebene Netze wurden ab 1996 von digitalen Mobilfunknetzen nach ETSI/GSM-Standard der sog. 2. Generation abgelöst. Ab dem Jahr 2002/3 wird erwartet, daß zellulare Mobilfunknetze der 3. Generation in Europa in Betrieb gehen werden, die zur Familie der IMT-2000-Standards der ITU-R zählen. Insbesondere werden dabei Systeme nach dem ETSI/UMTS-Standard eingeführt werden, vgl. Kap. 5.

Bündelfunksysteme sind auf kommerzielle Anwendungen hin optimiert und als privater Dienst in geschlossenen Benutzergruppen, wie z. B. Unternehmen mit mobilen Außendienstmitarbeitern, in Gebrauch. Sie ermöglichen in einem örtlich durch die Sendeleistung der Feststation begrenzten Bereich Sprach- und/oder Datenkommunikation über Halbduplexkanäle mit einer Zentrale oder zwischen mobilen Teilnehmern abzuwickeln.

Funkrufsysteme ermöglichen den gezielten Aufruf von Teilnehmern mit mobilen, taschenrechnergroßen Empfängern durch die Übertragung eines Signals oder einer kurzen Nachricht. Der gerufene Teilnehmer kann den Ruf zwar empfangen, jedoch mit seinem Empfänger nicht antworten.

Unter dem Begriff *schnurlose Kommunikationssysteme* werden die Dienste und Anwendungen zusammengefaßt, die auf schnurlosen Telefonen beruhen. Bei den schnurlosen Telefonen wurde im Prinzip lediglich das Kabel zwischen dem Fernsprechendgerät und dem Hörer durch eine Funkstrecke ersetzt, die eine bis zu 300 m/50 m weite (außen/im Haus) Funkverbindung ermöglicht.

Abbildung 1.3: Verbreitung analoger Zellularsysteme in Europa

Dem steigenden Bedarf nach Beweglichkeit von Arbeitsplatzrechnern tragen *drahtlose lokale Funknetze* Rechnung, vgl. Breitbandfunk, während eine globale Kommunikation und Erreichbarkeit mit *mobilen Satellitenfunksystemen* möglich ist.

Da sich der Markt der Mobilkommunikation zur Zeit in einem rasanten Tempo entwickelt und für die nächsten Jahre mit einer stark wachsenden Zahl von Teilnehmern mit steigenden Qualitätsansprüchen zu rechnen ist, werden bereits heute in den Normungsgremien neue Standards erarbeitet, welche in Zukunft zu einem universellen, dienstintegrierenden mobilen Telekommunikationssystem führen sollen, vgl. Kap. 5.

1.1 Bestehende bzw. in Einführung befindliche Netze und Dienste

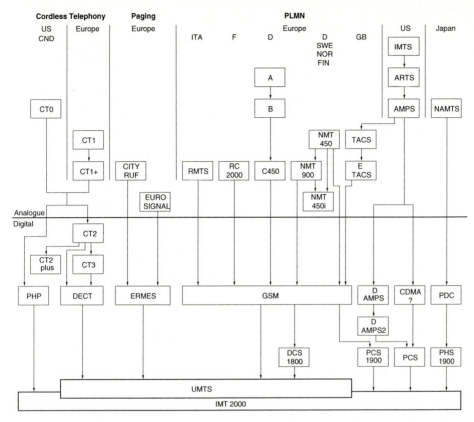

Abbildung 1.4: Überblick über weltweite Standards von Mobilfunksystemen

1.1 Bestehende bzw. in Einführung befindliche Netze und Dienste

1.1.1 GSM/DCS1800-System

(DeTeMobil) und D2 (Mannesmann Mobilfunk) mit zur Zeit je 3,0 Mio. Teilnehmern und der zügige Ausbau des DCS1800 basierten Netzes E1 (E-Plus) vermittelt den Eindruck, daß mit Einführung dieser zellularen Mobilfunknetze die wesentlichen Entwicklungsschritte getan sind. Man vergißt dabei, daß diese Netze als 'Verlängerung' des ISDN in den mobilen Bereich konzipiert sind, diese Aufgabe aber

Tabelle 1.3: Digital Cellular Mobile Radio, An Overview

Parameter	Unit	GSM	DCS1800	D-AMPS	CDMA	PDC
Invented Region		Europe	Europe	US	US, Korea	Japan
Standardised by		ETSI	ETSI	TIA 54	TIA 95	MPT
First Service	Year	1992	1993	1991	Test 1991	
Uplink	MHz	890–915	1710–1785	824–849	824–849	810–826
Downlink	MHz	935–960	1805–1855	869–894	869–894	940–956
Channel Spacing	kHz	200	200	10	1230	25
Duplex Range	MHz	45	95	45	45	130
Access Method		TDMA/FDD	TDMA/FDD	TDMA/FDD	CDMA	TDMA/FDD
Modulation		GMSK	GMSK	$\frac{\pi}{4}$PQJPSK	QPSK/DQPSK	$\frac{\pi}{4}$PQJPSK
Min. C/I	dB	> 9	> 9	> 12		> 13
Speech Code		RPE-LPC-LTP	RPE-LPC-LTP	VSELP	ADPCM	VSELP
Speech Data Rate	kbit/s	13 (6,5)	13	7,25	8,55	6,7
Frequencies	#	124	374	832	10	1600
Time Slots/Freq.		8 (16)	8	3	–	3
Data Service	kbit/s	9,6	9,6	8	?	9,6–14,4
Max. Speed MS	km/h	250	250	100	100	100
Output Power HU	W	2–5–8–20	0,25–1	0,6–1,2–3–6	0,5–2–6,3	0,3–0,8–2
Traffic Cap. (3 km Site Dist.)	Erl./km²	40 (84)		41		91
Spectr. Efficiency	$\frac{\text{Erl.}}{\text{km}^2\cdot\text{MHz}}$	1,1...1,6	1,1...1,6	1,64...2,99		2...3,63
Diversity Meth.		Interleaving	Interleaving Slow FH	Interleaving Slow FH		Interleaving Antenna Div.

1.1 Bestehende bzw. in Einführung befindliche Netze und Dienste

nur eingeschränkt lösen: anstelle zweier B-Kanäle pro Teilnehmer steht nur einer zur Verfügung, mit erheblich kleinerer Nutzdatenrate (13/6,5 kbit/s für Sprache, 9,6 kbit/s für Daten). Der ISDN-D-Kanal ist ebenfalls unvollständig abgebildet: ein X.25 Paketdienst (X.31) auf dem D_m-Kanal ist im GSM nicht möglich. Der beim ISDN verfügbare Primärratenanschluß (2,048 Mbit/s) ist nicht vorhanden. Ähnlich stellt sich die Situation dar für Wettbewerber-Systeme in den USA und Japan, vgl. Tab. 1.1.1 bzw. Abb. 1.4.

Unter dem Wettbewerbsdruck anderer Konzepte für Zellularnetze (UMTS, IMT 2000, Spread Spectrum CDMA) und um mobile Bild- und Datendienste besser unterstützen zu können, müssen GSM900/DCS1800-Systeme in verschiedener Hinsicht weiterentwickelt werden. Die erwartete Nachfrage nach ISDN-kompatiblen mobilen Datendiensten (64 kbit/s) erfordert eine zügige Weiterentwicklung der Funkschnittstelle. Entsprechende Arbeiten laufen bei ETSI GSM/2+ oder sind in Aussicht genommen. Beispiele dazu sind:

- GPRS *(General Packet Radio Service)* für Multiplex-Datenübertragung vieler virtueller Verbindungen über einen oder mehrere Verkehrskanäle (TCH),

- Mehrpunkt-, Sprach- und Datendienste wie im Bündelfunk üblich,

- Höherbitratige Sprache und Dienste für Bilder und Daten über mehrere parallel genutzte Verkehrskanäle für einen Dienst bzw. Aufgabe der TDMA Rahmenstruktur und Nutzung der 200 kHz Bandbreite je Träger (oder Vielfache davon) für einen oder mehrere Dienste gemeinsam (HSCSD, *High Speed Circuit Switched Data*). Dabei sind auch die Anwendung von Codespreizverfahren und die effizientere Nutzung der vorhandenen Funkbetriebsmittel in Diskussion.

Diese Weiterentwicklungen werden durch Forschungsarbeiten in den Bereichen Funkplanung, Antennen und Ausbreitungsmodellierung, Modulation, Quell- und Kanalcodierung, kombinierte Codierung und Modulation *(Codulation)* zur Verbesserung der spektralen Effizienz, Datenkompression, Signalverarbeitung, Mikroelektronik und Schaltungstechnik, elektr. Energiespeicherung usw. erst möglich bzw. begünstigt. Als Ergebnis werden, über Modifikationen der Funkschnittstelle und entsprechende Optionen bei den Endgeräten, nach entsprechenden netzbezogenen Vorarbeiten neue Dienste und Anwendungen möglich werden, z. B. Mobile Computing; eingeschränkt werden auch Multimedia-Anwendungen unterstützt.

Diese Entwicklung zellularer Netze ist nicht isoliert zu sehen, sondern muß unter Berücksichtigung der Weiterentwicklung anderer Mobilfunksysteme gesehen werden, die z. T. parallel oder verzögert eingeführt werden und in Teilbereichen als Wettbewerber auftreten werden, vgl. 1.1.2 bis 1.1.7. Es bleibt zu erwähnen, daß die bedarfsgerechte Funkversorgung innerhalb von Gebäuden durch Zellularnetze

Tabelle 1.4: Analogue Cordless Telephone, An Overview

Parameter	CT0	CT1
Invented Region	US, JPN	Europe
Frequenzband [MHz]	1,6 / 47	914–916
		959–961
Number of Channels	8	40
Frequency Range [MHz]	0,4	4
Channel Spacing [kHz]		25
Access Method	FDMA	FDMA
Duplex Method	FDD	FDD
Channel Allocation	Fixed	Dynamically
Cellular Capability	No	Limited
Max. Power HU [mW]		10
Range [m]	< 1000	< 300
Handover	No	No
Traffic Capacity [Erl./km^2]	1	200

unbefriedigend gelöst und daß Planungswerkzeuge für die Funkausleuchtung und Algorithmen für die dynamische Kanalvergabe in hierarchischen Zellstrukturen noch wesentlich verbessert werden können. Auch ist die Organisation intelligenter Mobilfunknetze bezüglich Signalisierung, Datenhaltung und Verteilung, Angebot (netzübergreifender) Mehrwertdienste, Netzverwaltung, usw. noch in den Anfängen.

Ähnliche Problemstellungen wie bei GSM/DCS1800-Systemen werden auch für TETRA basierte Bündelfunknetze erwartet, wobei für TETRA-Systeme zusätzlich Algorithmen und Protokolle für die direkte Kommunikation zwischen mobilen Stationen *(Direct Mode)* hinzukommen.

1.1.2 DECT

Digitale Schnurlossysteme entsprechend dem ETSI/DECT Standard befinden sich (als 'kleine' Systeme) bereits breit im Einsatz und erobern als 'große' Systeme zur teilweisen Abdeckung von Anwendungsbereichen größerer Nebenstellenanlagen gerade den Markt. Sie verdrängen dabei die analogen Vorläufersysteme, vgl. Tab. 1.4. Derartige Systeme eignen sich hervorragend für bewegliche mobile Anwendungen innerhalb von Gebäuden und in der näheren Umgebung der jeweiligen Feststation (bis ca. 300 m Entfernung außen).

1.1 Bestehende bzw. in Einführung befindliche Netze und Dienste

Tabelle 1.5: Digital Cordless Telephone, An Overview

Parameter	CT2	DECT	PHS
Invented Region	GB	Europe	Japan
Standardised by	BT (ETSI)	ETSI	TTC/RCR
First Service	1992	1993	
Frequency Range [MHz]	864,1–868,1	1880–1990	1895–1918
Radio Carrier Spacing [MHz]	0,1	1,728	0,3
Number of Channels	40	120	
Transmitted Data Rate [kbit/s]	72	1152	
Channel Assign. Method	DCA	DCA	DCA
Speech Data Rate [kbit/s]	32	32	32
Speech Coding	ADPCM G.721	ADPCM G.721	ADPCM
Control Channels	In-Call Embedded	In-Call-Embedded (logical channels: C, P, Q, N)	fixed Control Carriers
In-Call Control Channel Data Rate [kbit/s]	MUX 1,2 0,75 MUX 1,4 1,5	4,8 (+ 1,6 CRC)	
Tot. Channel Data Rate [kbit/s]	33/34	41,6	
Duplexing Technique	TDD	TDD	TDD
Multipl. Acc. TDMA [Timeslots]	1 TDD	12 TDD	4 TDD
Carrier Us. FDMA/MC [# Carriers]	40	10	
Bits/TDMA Timeslot (speech/data+emb. ctl.) [bit]	66/68	420 (4 bit Z-Field)	
Timeslot Duration (incl. Guard Time) [µs]	1	417	
TDMA Frame Period [ms]		10	
Modulation Technique	GFFSK	GFFSK	$\pi/4$-DQPSK
Modulation Index	0,4–0,7	0,45–0,55	
Traffic Capacity [Erl./km^2]	250	10000	
Handover	No	Yes	
Cellular Capability	Limited	Yes	
Peak Output Power [mW]	10	250	10
Mean Output Power [mW]	5	10	

Da nur ein Bruchteil der zukünftigen Mobilteilnehmer Kommunikationsdienste außerhalb von Ballungsgebieten nutzen wird, könnten DECT-Systeme als Persönliche Kommunikationssysteme in dicht bebauter Umgebung einen hohen Prozentsatz aller Mobilfunkteilnehmer bei ausreichender Funkversorgung erreichen und würden, bei Implementierung der Funktion Mobilitätsverwaltung, Zellularnetzen gemäß 1.1.1 erhebliche Konkurrenz machen. Ein entsprechendes Beispiel ist das *Personal Handyphone System* (PHS) in Japan, vgl. Tab. 1.5.

Ihre inhärente Stärke ist ihre Eignung für die gebäudeinterne Versorgung, aus der sich leicht auch die öffentliche Versorgung außerhalb von Gebäuden ableitet. Aus den aktuellen Standardisierungsaktivitäten für DECT outdoor Systeme, dem erwarteten entsprechenden Druck der Europäischen Gemeinschaft und der Tatsache, daß Zellularnetzbetreiber mit DECT-Systemen als Funkteilsystem im GSM/DCS1800-Netz experimentieren (und an Zwei-Modi Geräte GSM+DECT bzw. DCS1800+DECT denken), kann man schließen, daß hier noch erhebliche Entwicklungen zu beobachten sein werden.

DECT-Systeme sind im Vergleich mit GSM freizügiger bezüglich der an der Funkschnittstelle möglichen Dienste spezifiziert und erlauben deshalb mehr Freiheitsgrade, z. B. zur Nutzung als Lokales Netz (LAN) oder drahtlose Funkanschlußtechnik (*Radio Local Loop*, RLL), vgl. Abb. 5.64, Band 2. Entsprechend vielfältige Anforderungen werden an die GSM/DCS1800 internen Interworking-Funktionen resultieren, falls solche Dienste sich einführen sollten (z. B. *Mobile Computing*).

DECT-Systeme verhüten einerseits das Abwandern der Teilnehmer von Festnetzbetreibern zu Mobilfunknetzbetreibern, begünstigen andererseits aber auch das Abwandern zu Mobilfunknetzbetreibern, da sie ein Festnetz haben.

1.1.3 Funknetze als Bypass des verdrahteten Ortsnetzes

Die Abschaffung des Sprachdienstmonopols der Deutsche Telekom AG ab Jan. 1998 wird zu einem Ausbau von bisher nur firmenintern genutzten Netzen *(Corporate Network)* für die Bedienung von Großkunden und (später) aller günstig gelegenen Firmen- und Privatkunden durch neue Netzbetreiber im Wettbewerb zur Deutschen Telekom AG führen (z. T. auch unter Nutzung von gemieteten Übertragungswegen der Telekom). Dies wird einhergehen mit der Entwicklung und Einrichtung lokaler Zellularfunknetze auf der Basis von Punkt-zu-Mehrpunkt Richtfunk bzw. ortsfestem Funkteilnehmeranschluß, vgl. Abb. 8.5, Band 2, die ISDN Basis- und Primärmultiplex-Schnittstellen anbieten und als Zugangsnetz (*Radio in the Local Loop*, RLL) zu Festnetzen der Telekom-Wettbewerber fungieren werden.

GSM und DCS1800 eignen sich nur eingeschränkt dafür, da die dort verfügbaren Übertragungsraten deutlich kleiner als bei ISDN sind. DECT kann im Mehrkanalbetrieb ISDN-Schnittstellen anbieten, entsprechende Standards sind bei ETSI/RES 03 1996 erstellt worden. Lokale Zellularnetze sind eng mit den unter 1.1.1 und 1.1.2 beschriebenen Systemen verwandt, bedürfen jedoch weiterer Entwicklungsarbeiten, um frequenzökonomisch und kostengünstig ihre Aufgabe erfüllen zu können.

Neben zellularen Netzen, mit einer sektoriell oder radial versorgten Fläche im Bereich der Basisstation, werden auch Ketten von Basisstationen (DECT-Relais) und baumartige Anordnungen von Richtfunkstrecken, ausgehend vom Festnetzzugang, für den Ortsnetzbereich erwartet, um 'die letzte Meile' zwischen Festnetzen und Kunden zu überbrücken. Dafür kommen dasselbe zellular genutzte Frequenzband (z. B. bei DECT) oder öffentliche Richtfunkbänder (z. B. 2,5/3,4/10/17/23/27/38 GHz) in Frage.

Alle o. g. Systeme stellen erhebliche und z. T. neue Anforderung an die Funknetzplanung, an Verfahren zur dynamischen Kanalvergabe und hierarchische Zellstrukturen, für die flexibel einsetzbare Lösungen gefunden werden müssen. Wegen der

Deregulierung der Deutschen Telekom A.G. ist Deutschland der weltweit in der Telekommunikation größte Markt, in dem starke Veränderungen erfolgen werden. RLL-Technologie wird aller Voraussicht nach zuerst von Großbritanien und Deutschland aus entwickelt und erprobt werden und sich danach europaweit ausdehnen mit entsprechenden Exportchancen in andere Kontinente.

1.1.4 Drahtlose lokale Netze (IEEE 802.11 WLAN, Wireless LAN, ETSI/HIPERLAN 1)

Für im Internet übliche Anwendungen, die heute in vielen Fällen über ein lokales Netz (LAN) erreicht werden, besteht ein erheblicher Bedarf für den drahtlosen Anschluß bewegbarer *(movable)* Arbeitsplatzrechner, um Flexibilität bzgl. Raum und Aufstellungsort zu erreichen. Die Standardisierung hat gerade Lösungen erarbeitet, die einen ersten schnellen Schritt in diese Richtung bedeuten. Bisher werden sog. ein-hop Lösungen ermöglicht, die bei den vorgesehenen Frequenzen 2,4/5,3/40/60 GHz tendenziell je versorgten Raum eine Basisstation mit Anschluß an ein Festnetz (z. B. LAN) voraussetzen. Hier sind Weiterentwicklungen zur Einsparung von Kabeln möglich und notwendig.

Da solche Netze vergleichbare Datenübertragungsraten wie LANs ermöglichen (typisch 20 Mbit/s), sind sie als Ersatz für LANs und weniger zur Unterstützung neuer Multimedia-Dienste geeignet. Solche neuen Dienste stellen Echtzeitforderungen an das Übertragungssystem, die vom Internet prinzipiell nicht, oder erst nach erheblicher Weiterentwicklung, unterstützt werden können. Neben bewegbaren Stationen können auch mobile Endgeräte unterstützt werden. Neben Funk werden für drahtlose LANs auch Medien wie Infrarot oder Licht diskutiert. Mobilität (bzw. Beweglichkeit) von Endgeräten stellt neue Forderungen an die Internet Protokolle.

Es gibt deshalb einen erheblichen Forschungs- und Entwicklungsbedarf, um bestehende Vorschläge für ein mobiles Internetprotokoll *(Mobile IP)* zu bewerten und zu verbessern. Hier ist zu erwähnen, daß zukünftig zunehmend Internetprotokolle von Endgeräten an Fest- und an Mobilfunknetzen benutzt werden. Die Arbeiten zu mobile IP haben also auch für die unter 1.1.1 bis 1.1.3 (und die nachfolgend) besprochenen Mobilfunknetze Bedeutung.

1.1.5 Drahtlose Netze für die Prozeßautomatisierung

Dieser Anwendungsbereich ist seit kurzem von besonderem Interesse und u. a. deshalb reif für die Einführung drahtloser Kommunikationssysteme, weil die bestehenden drahtgebundenen Netze überwiegend firmenspezifische Lösungen sind und die Anwender offene Kommunikationsarchitekturen fordern. Hier steht ein Umbruch bevor, der auch offenen funkbasierten Systemen neue Möglichkeiten schafft. Die spezielle industrielle Umgebung stellt an die Übertragungstechnik und die Protokolle spezielle Anforderungen, wie sie nicht leicht durch die in den anderen beschriebenen Bereichen 1.1.1 bis 1.1.7 bestehenden Systeme abgedeckt werden können.

Charakteristisch für neue drahtlose Kommunikationssysteme der Prozeßautomatisierung wird sein, daß Standard-PCs und LAN-Verbindungstechnik, ergänzt um drahtlose Anschlußtechnik, bestehende Lösungen auf der Basis Speicherprogrammierter Steuerungen (SPS) verdrängen werden.

1.1.6 Universal Mobile Telecommunications System UMTS

Aus Sicht der Gruppe MoU UMTS *(Memorandum of Understanding for the Introduction of UMTS)* erscheint die Förderung von Evolutionsansätzen für bestehende Systeme und ihre Integration in bestehende Systeme und Netze erstrebenswert, auch wenn die technische Realisierung kostspielig ist. Der Engpaß bestehender Mobilkommunikationssysteme ist die verfügbare Bitrate, die für neue zukünftige Anwendungen nicht ausreicht und flexibel nach Bedarf zugeteilt werden sollte. UMTS wird z. Zt. weniger als völlig neues System sondern eher als Weiterentwicklung des GSM gesehen. Kompatibilität von UMTS zu GSM wird als vordringliches Ziel gesehen, die sich wahrscheinlich durch sog. Multimode Terminals erreichen läßt.

1.1.7 Drahtlose Breitbandsysteme

Die erweiterte Einführung und zunehmende Nutzung von Breitbanddiensten über auf ATM-Übertragungstechnik basierende Glasfasernetze (Breitband-ISDN) mit 34 (E3), 155, 600 und 2400 Mbit/s Übertragungsrate erfordert, ähnlich wie GSM/-DCS1800 bzgl. des Schmalband-ISDN, die breitbandige Anschlußmöglichkeit beweglicher bzw. mobiler Endgeräte über ein mobiles Breitbandsystem. Der technologische Stand erlaubt funkgestützte, zellulare, mobile Breitbandsysteme mit 34 Mbit/s Nutzdatenrate zu realisieren. Entsprechende Forschungsarbeiten laufen im ACTS[1]-Programm der EU. Im Unterschied zu den unter 1.1.4 genannten Systemen handelt es sich hier um echtzeitfähige, auf ATM-Zellübertragung beruhende Wireless-ATM Systeme, die logisch am ehesten mit DECT (bezogen auf

---

[1] *Advanced Communication Technologies and Services*

1.1 Bestehende bzw. in Einführung befindliche Netze und Dienste 15

ISDN) vergleichbar sind. Sobald ATM-Netze (echtzeitfähig) bis zum Terminal geführt sind, muß die Anwendung vieler Internetprotokolle überdacht werden, die für heterogene, fehlerbehaftete, nicht-echtzeitfähige Netze bzw. Dienste entwickelt worden sind.

Die Einführung drahtloser Breitbandsysteme erfordert erhebliche Anstrengungen in allen schon unter 1.1.1 genannten Bereichen, die noch einige Jahre Arbeit bedeuten werden. ETSI/RES10 entwickelt seit 1996 W-ATM Standards für RLL, Funk-LANS und Zellularsysteme. Das ATM-Forum entwickelt seit 1996 Protokolle zur Mobilitätsverwaltung im ATM-Netz, vgl. Kap. 9, Band 2. Wegen der hohen erforderlichen Frequenzbandbreite sind Trägerfrequenzen von 40/60 GHz vorgesehen. Daneben werden für die Einführungsphase Systeme bei 5,3 und 17 GHz erwartet.

1.1.8 Mobiler Satellitenfunk

Geostationäre Satelliten sind bevorzugt zur Versorgung langsam beweglicher Stationen (Schiff) geeignet, weil die Empfangsantennen dämpfungsbedingt sehr groß sein müssen. Verschiedene Firmengruppen planen weltweite Mobilfunknetze auf Basis niedrig (700–1700 km Höhe, LEO, *Low Earth Orbit*) bzw. mittelhoch fliegender (10–16 Tkm, ICO, *Intermediate Circular Orbit*) Satelliten zu realisieren, vgl. Tab. 1.6 und 1.7. Angestrebt wird bei 1,6 GHz eine Funkausleuchtung für handportable Satellitenempfänger (400 g) zu garantieren. Obwohl solche Systeme primär zur Versorgung ländlicher und vorstädtischer Gebiete geeignet sind, deuten die Planungen darauf hin, daß eine flächendeckende Versorgung mit hoher Kapazität auch für die mit erdgebundenen Zellularnetzen gut versorgten Gebiete angestrebt wird. Damit sind neben Arbeiten zur Entwicklung und Bewertung solcher Systeme auch Fragen der Kooperation mit terrestrischen Mobilfunk- und Festnetzen zu bearbeiten. Zu entwickeln sind Handoververfahren in hierarchischen Zellstrukturen, von der Picozelle bis zur Satellitenschirmzelle, vgl. 1.1.1. Satellitensysteme sind insbesondere auch unter dem Exportaspekt von Interesse.

Neben Vermittlungsfunktionen im Satelliten zur Verbindung von Mobilstationen mit der nächsten Feststation ist der Problemkreis der Vermittlung zwischen beweglichen Satelliten und die Steuerung der Richtfunkstrecken zwischen nicht geostationären Satelliten zu bearbeiten. Denn auch Satellitennetze werden anstreben, den Verkehr quellnah zu übernehmen und zielnah zu übergeben, ohne bzw. mit minimaler Nutzung fremder Festnetze. Von Forschungsinteresse sind hier Interferenzprobleme zwischen Raumsegmenten desselben bzw. verschiedener Satellitensysteme und zwischen Raum- und Bodensegmenten.

Tabelle 1.6: Mobile Satellite Telecommunications, An Overview Part 1

Name	Iridium	Project 21	Globalstar	The Calling Network (Brilliant Pebbles)	Odyssey
Prime Company, Country	Motorola, US	Inmarsat, GB	Qualcom, US (LQSS)	Global Com. Inc.	TRW, US
Offered Services	Voice, Data, Fax, GPS, Paging	Voice, Data, GPS, Paging	Voice, Data, Fax, GPS, Paging	Voice	Voice, Data, GPS
Coverage	Global	Global	Global	Underdev. Regions	Global
Orbittype	LEO	ICO	LEO	LEO	MEO
Orbitheight [km]	778	10000	1389	600	10370
Nr. of Orbits	6		8	21	3
Sats. per Orbit	11	6	6	40	4
Total Nr. of Sats.	66	12–15	48	840 (+80 spares)	12
Cells/Sat.	48		6		37
Channels/Sat.	4070		2700		2300
1st Sat. launched in	1996	1997		1996	
Full Operation in	1998	2001		1999	
Costs [Mrd. US$]	3,4–3,7	2	0,82–1,5	6,5–7	1,3–1,4
Charge for Voice-service [US$/min]	3		0,35–045		0,65
Terminal Mode	Dual Mode	Dual Mode	Dual Mode		
Access Method	FDMA/TDMA	Not yet decided	CDMA		FDMA/TDMA

Tabelle 1.7: Mobile Satellite Telecommunications, An Overview Part 2

Name	Inmarsat A	NAME		Arles	Ellipsat
Prime Company, Country	Inmarsat, GB	American Mobile Sat. Corp., US	Telesat Mobile, CND	Constellation Communication, US	Ellipsat Corp., US, GB, ISR
Offered Services	Voice, Data, Telex	Voice, Data, Fax	Voice, Data, Fax	Voice, Data, Fax	Voice
Coverage	Global	Global	Global		Global (North and South Zone)
Orbittype	GEO	GEO	GEO		
Orbitheight[km]	36 000	36 000	36 000		
Number of Orbits	1	1	1		3 (North)
Sats. per Orbit	3	3	3		5 (North)
Total Nr. of Sats.				48	15 (North) + 6 (South)
Cells/Sat.				7...19	
Channels/Sat.				50	
1st Sat. launched in	1976	1995	1996		
Full Operation in	1979	1995	1996		
Costs [Mio. US$]				290	219
Charge for Voice-service [US$/min]					0,5
Terminal Mode	Sat only	Dual Mode	Dual Mode		Dual Mode

1.1.9 Universelle persönliche Mobilität

Mobilkommunikation erfordert, neben funk- und übertragungsspezifischen Funktionen, spezielle Dienste im Festnetz. Mobilfunksysteme haben in der Regel einen Funk- und einen Festnetzteil. Die Mobilitätsverwaltung von Teilnehmern wird im wesentlichen durch Funktionen im Festnetz realisiert, die sich auf dafür entwickelte Funktionen des Signalisiersystems SS.7 *(Signalling System Number 7)* stützen.

Seit kurzem werden für Festnetze die Architekturen des Intelligenten Netzes (*Intelligent Network*, IN) und für die universelle persönliche Kommunikation (*Universal Personal Telecommunication*, UPT) weltweit entwickelt und bei ITU-T, vgl. Anhang B.1.2, standardisiert. Dann wird man weltweit unter einer persönlichen Rufnummer erreichbar sein, für alle Dienste, an Fest- und Mobilfunknetzen, unabhängig vom Netzdiensteanbieter. Die Konzepte für eine Netzdomänen-übergreifende Mobilität sind noch zu entwickeln.

Um daraus Vorteile zu ziehen und mögliche Nachteile zu vermeiden, ist vorgesehen, daß jeder Teilnehmer situationsspezifisch steuert, für welche Teilnehmer und über welche Dienste er zur Zeit erreichbar sein möchte und was mit den übrigen Rufen bzw. eingehenden Nachrichten geschieht (Rollenkonzept), vgl. Kap. 12, Band 2.

Alle nicht zum Teilnehmer durchgeschalteten Dienste werden nach seiner Vorgabe behandelt, z. B. in der Dienstform gewandelt, in einen Speicher geleitet oder an Dritte verwiesen. Die Entwicklung derartiger Dienste wird zunächst primär für die Anwendung durch Teilnehmer mobiler Funknetze realisiert werden, weil nur sie über einen universellen Zugang zum Netz (z. B. GSM/DCS1800) verfügen. Dementsprechend werden diese Dienste im Kontext der Mobilkommunikation realisiert und eingeführt werden. Es geht hier also u. a. darum,

- Dienste im Kontext neuer Generationen mobiler Endgeräte zu betrachten,
- intelligente Dienste zu entwickeln, die z. B. abhängig von der Vorgeschichte, charakterisiert durch Endgerät, Zeit und Ort der Nutzung usw., agieren.

Zu nennen sind schließlich die Arbeiten für die zukünftige sog. *Telecommunication Information Network Architecture* (TINA), die durch ein internationales Firmen-Konsortium TINA-C entwickelt wird, um die Flexibilität der Nutzung von Kommunikationsnetzen weiter zu steigern.

1.2 Systeme mit intelligenten Antennen

Neuerdings werden bei allen Typen von Mobilfunksystemen Möglichkeiten zur Effizienzsteigerung [(bit/s)/(MHz·km^2)] durch den Einsatz sogenannter intelligenter

1.2 Systeme mit intelligenten Antennen

Antennen *(Smart Antenna Arrays)* untersucht. Aus auf der Hand liegenden Gründen (Abmessungen, Komplexität, unveränderte Weiterbenutzbarkeit existierender Mobilgeräte) wird diese Technologie zunächst für den Einsatz in den Feststationen eines zellularen Systems diskutiert. Über einen Array-Gewinn durch geeignete (adaptive) Formung des Antennendiagramms lassen sich die Reichweite (und damit der Zellradius) vergrößern oder die Sendeleistung (und damit Interferenz) vermindern. Es wird damit eine dynamische, richtfunkartige Punkt-zu-Mehrpunkt-Mobilkommunikation ermöglicht.

Über diese Effizienzsteigerung durch Verringerung der Sendeleistung und/oder Reichweitenvergrößerung hinaus, erscheint vor allem ein echter räumlicher Vielfachzugriff *(Space Division Multiple Access,* SDMA) zur drastischen Steigerung der Spektrumseffizienz und Netzkapazität [Erl./(MHz·km^2)] realisierbar. Dieses Zugriffsverfahren ist nicht alternativ zu den etablierten Verfahren Zeit- bzw. Frequenzvielfachzugriff *(Time-/Frequency Division Multiple Access,* T/FDMA) und in letzter Zeit propagiertem Codevielfachzugriff *(Code Division Multiple Access)* zu sehen, sondern als damit verträgliche Ergänzung. Man geht dabei von der Vorstellung aus, daß eine Gruppenantenne *(Antenna Array)* die Signale mehrerer Teilnehmer, die den gleichen Zeit/Frequenz/Code-Kanal benutzen (SDMA-Gewinn) empfängt und daraus die räumlichen Richtungen der empfangenen Signale *(Directions of Arrival,* DoA) ermittelt. Mit Hilfe dieser Richtungsinformation kann nun die Datendetektion in der Aufwärtsstrecke *(Uplink)* und die Strahlformung in der Abwärtsstrecke *(Downlink)* durchgeführt werden, was man sich als eine simultane adaptive Formung des Antennenrichtdiagramms für jeden Teilnehmer mit nur einer Antennengruppe vorstellen kann.

Vor der Einführung solcher Systeme sind erhebliche Forschungs- und Entwicklungsarbeiten im Zusammenhang mit dem Gesamtkonzept sowie nahezu allen Systemteilen notwendig. Das schließt die Gruppenantennen selbst, die zugehörigen Sende- und Empfangsteile *(Frontends)* und vor allem die Algorithmen zur Verarbeitung der Signale (Parameterschätzung, Datenschätzung, Strahlformung) und eine intelligente (dynamische) Kanalzuweisung ein. Es ist offensichtlich, daß eine richtungsbasierte Teilnehmertrennung (der räumliche Vielfachzugriff) nur mit räumlich gut separierten Teilnehmern im gleichen Kanal bewerkstelligt werden kann. Die Herstellung solcher räumlich gut trennbarer Teilnehmergruppierungen ist eine wichtige Aufgabe für die Kanalzuweisung.

Es ist auch offensichtlich, daß die Protokolle der Funkschnittstellen bestehender Mobilfunksysteme an diese neuen Konzepte angepaßt werden müssen, und daß die Funkbetriebsmittelverwaltung im Netz erhebliche Vorteile aus einem dynamischen Kanalvergabeverfahren ziehen würde, das die Sendeleistung minimiert bei garantiertem Mindestinterferenzpegel. Eine so optimierte Kanalzuweisung innerhalb einer Zelle und über Zellgrenzen hinweg läßt eine erhebliche Steigerung der

Spektrumseffizienz und Netzkapazität erwarten, und zwar unabhängig davon, ob das Grundsystem vom F/TDMA-Typ (GSM) oder CDMA-Typ (IS-95) oder eine hybride Form ist (wie bei UMTS in Diskussion). Allerdings wird die detaillierte Ausarbeitung und Optimierung des Gesamtkonzepts für unterschiedliche Grundsysteme zu unterschiedlichen Ergebnissen führen.

Höhere Komplexität zum meßbaren Nutzen des Gesamtsystems ist ein Trend in der Entwicklung von Großsystemen in Europa, der als eine wichtige Möglichkeit gesehen wird, bestehende Marktpositionen von Produkten zu sichern oder sogar auszubauen. In diesem Sinne sind Systeme mit intelligenten Antennen als Beitrag zu sehen, den weltweiten akzeptierten Stand bei zellularen Mobilfunksystemen zu sichern und Grundlagen neuer Technologien zu erproben, die in Nachfolgegenerationen von GSM900/DCS1800 bzw. UMTS zum Einsatz kommen werden.

- Erarbeitung und Evaluierung effizienter Richtungsschätzalgorithmen,
- Einsatzmöglichkeiten intelligenter Antennen in mobilen Endeinrichtungen,
- Nahbereichsfeldverlauf und EMVU-Auswirkungen,
- Anforderungen und Entwurf von Systemmanagement-Protokollen,
- Verifizierung des theoretischen Gewinns durch praktische Feldtests.

1.3 Mobilfunksysteme mit dynamischer Kanalvergabe und Mehrfachnutzung des Frequenzspektrums

Dynamische Kanalvergabe ist eine intelligente Methode, um knappe Funkbetriebsmittel bedarfsgerecht für die drahtlose Kommunikation zwischen Terminal und Basisstation zuzuweisen. Allein durch diese Maßnahme kann z. B. die Kapazität des ETSI/DECT-Systems (für das eine dynamische Kanalvergabe standardisiert ist), verglichen mit dem ETSI/DCS1800 System (das feste Kanalvergabe benutzt), in gebäudeinternen Anwendungen um mehrere Größenordnungen kostengünstig gesteigert werden. Erste Veröffentlichungen weisen darauf hin, daß eine vergleichbare oder etwas geringere Kapazitätssteigerung auch in Mobilfunksystemen erreichbar erscheint. Betroffen sind alle in Kap. 1.1 genannten Systeme, so daß Entwicklungs- und Forschungsarbeiten für jedes der genannten Systeme attraktiv erscheinen.

Eine höhere Kapazität aufgrund dynamischer Kanalvergabe erlaubt in vorhandenen Frequenzbereichen mehr gleichzeitige Kommunikationsbeziehungen zu reali-

1.3 Mobilfunksysteme mit dynamischer Kanalvergabe

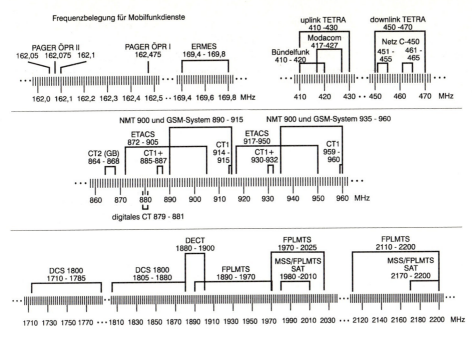

Abbildung 1.5: Frequenzbelegung für Mobilfunkdienste

sieren. Dies wird in den bestehenden Systemen GSM900/DCS1800 möglich, wenn neue Verfahren der Kanalvergabe entwickelt und versuchsweise erprobt werden.

Die Knappheit des Frequenzspektrums für Mobilfunkanwendungen hat dazu geführt, daß die FCC[2] (USA) und der BMPT/BAPT[3] (D) erste Zuweisungen für die gemeinsame Nutzung desselben Spektrums für öffentliche Mobilfunkdienste vorgenommen haben.

Über die Verträglichkeit von im Freqenzspektrum benachbarter Mobilfunksysteme und die Verträglichkeit von im gleichen Frequenzband betriebener Systeme ist bisher nur sehr wenig bekannt. Es geht offenbar auch hier um die Verbesserung der Spektrumseffizienz durch Maßnahmen zur konkurrierenden Nutzung desselben Frequenzbandes. Abbildung 1.5 zeigt die Nachbarschaftsverhältnisse einiger angesprochener Funksysteme.

---

[2] *Federal Communications Commission*
[3] Bundesminister für Post und Telekommunikation/Bundesamt für Post und Telekommunikation

1.4 Weitere Aspekte

1.4.1 Selbstorganisierende Systeme

Für Anwendungen mit hoher lokaler Dichte von drahtlos kommunizierenden Stationen, die in Frequenzbändern oberhalb von 5 GHz betrieben werden und deshalb Sichtverbindung zwischen den untereinander kommunizierenden Stationen benötigen, erscheinen dezentrale Organisationsformen (mit Verzicht auf zentralisierte Basisstationen) vorteilhaft zu sein. Man spricht von sog. Adhoc Netzen, die als wesentlichstes Merkmal die völlig dezentrale Selbstorganisation haben. Weitere Kennzeichen solcher System sind:

- Einsatz einiger oder aller Stationen als Relais auf einer multi-hop Route zwischen kommunizierenden Stationen,
- Unterstützung synchroner und asynchroner Übertragungsdienste z. B. wie beim ISDN und bei lokalen Netzen üblich,
- selbständige Routenwahl und Aufnahme/Abmeldung von Stationen,
- Ausstattung mit Übergangsstationen zur Verbindung mit dem Festnetz,
- dezentrales Netzmanagement,
- örtliche Beschränkung auf Bereiche mit z. B. wenigen km Durchmesser,
- dynamische Wiederverwendung der Funkbetriebsmittel entsprechend dem Zellularprinzip.

Da solche Systeme typisch für jede Kommunikationsbeziehung mehrere Funkabschnitte benötigen, also das Spektrum stärker belasten als konventionelle (mobile) Funksysteme, die nur einen Funkabschnitt pro Kommunikationsbeziehung benötigen, sind multi-hop Systeme auf kapazitätssteigernde Maßnahmen wie adaptive Antennen und den Einsatz des SDMA-Verfahrens angewiesen, um vergleichbar effizient zu sein.

1.4.2 Elektromagnetische Umweltverträglichkeitsuntersuchungen

Herkömmliche Mobilfunksysteme verwenden rundstrahlende Antennen, wodurch die Umwelt entsprechend durch elektromagnetische Wellen belastet wird („Elektrosmog"). Intelligente Antennen lenken die Sendeleistung gezielt auf den Empfänger, wobei verglichen mit rundstrahlenden Antennen bei gleicher Reichweite die Sendeleistung erheblich reduziert werden kann.

Die Beeinflussung von biologischen Systemen durch elektromagnetische Wellen wird z. Zt. wissenschaftlich untersucht und bei der Entwicklung neuer Technologien für Mobilfunksysteme berücksichtigt.

1.5 Historische Entwicklung

Kommunikationsnetze begannen ihren Siegeszug 1843 mit der Bewilligung der ersten Versuchsstrecke für Morsetelegraphie entlang eines Schienenweges zwischen Washington und Baltimore durch den amerikanischen Kongreß. Sprachübertragung wurde erst mit der Erfindung des Telefon durch *Graham Bell* 1876 möglich.

1879 *Hughes* führte der Akademie der Naturwissenschaften das Phänomen der elektromagnetischen Wellen vor. Da die Maxwell'schen Gesetze für die Ausbreitung der elektromagnetischen Wellen bis dahin jedoch noch nicht anerkannt waren, wurden *Hughes* Ergebnisse verworfen [89, 61].

1881 wurde das erste öffentliche Telefonnetz in Berlin errichtet. Punkt-zu-Punkt Sprachübertragung wurde mit Hilfe des *Fräuleins vom Amt*, ursprünglich Vermittlungsbeamten, durch Bedienung eines Endgerätes zu einem beliebigen anderen Endgerät ermöglicht. Dieser Dienst wurde zuvor nur von Telegraphen angeboten.

Während des folgenden Jahrhunderts wurden Telefonnetze eingeführt und laufend erweitert. So wurden sie mit automatischen Vermittlungen versehen und zu regionalen, nationalen und schließlich weltweiten Netzen erweitert. Das Telefonieren wurde ein Teil des täglichen Lebens, allerdings blieb es beschränkt auf feste Drahtnetze.

1888 *Hertz* konnte erfolgreich die Maxwell'sche Theorie reproduzierbar bestätigen. Er zeigte, daß ein von einem Oszillator als Sender erzeugter Funken bei einem Empfänger in der Nähe eine Spannung erzeugte. In den 90er Jahren erhöhte *Tesla* die überbrückbare Entfernung.

1897 *Marconi* entwickelte das erste brauchbare System, daß die drahtlose telegraphische Übertragung über große Entfernungen ermöglichte. Eine Morsetaste wurde benutzt, um einen Funken im Sender zu erzeugen. Der Empfänger enthielt einen sogenannten Kohärer, eine mit Eisenpulver gefüllte Röhre, die an eine Gleichstromversorgung angeschlossen war. Die Spannung war so eingestellt, daß der Stromkreis mit einem elektromagnetischen Drucker nicht schließt.

Die empfangene, von einem Funken im Sender verursachte elektromagnetische Welle bewirkt, daß der Empfängerkreis geschlossen wird. Ein sogenann-

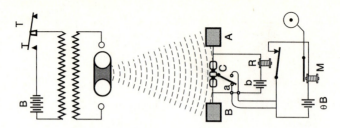

Abbildung 1.6: Wagner-Hammer

ter Wagner'scher Hammer, vgl. Abb. 1.6, sorgt durch Erschütterung des Kohärers dafür, daß der nun leitende Empfängerkreis wieder geöffnet wird. Die Antennen A und B sind auf die Oszillatorfrequenz des Resonanzkreises des Senders abgestimmt.

1901 *Marconi* gelang es, drahtlos Signale über den Atlantik zu übertragen. Die dabei verwendeten Sende- und Empfangsanlagen waren allerdings so groß, daß sie sich nur für feste Standorte eigneten.

1902 Ein militärisch genutztes Funkgerät der Firma Telefunken ist in Abb. 1.7 dargestellt. Der obere Karren trägt einen 3 kW Gasmotor, der einen 1 kW starken Wechselstromgenerator antreibt. Auf dem unteren Karren ist das Sende- und Empfangsgerät montiert, wobei im Vordergrund die Morsetaste zu erkennen ist. Die nicht abgebildeten Antennen waren aufgrund der verwendeten Kurzwellenfrequenzen sehr groß.

1903 Um diese Zeit wurden die ersten Schiffe mit Funkanlagen ausgestattet, um Firmen und dem Militär die drahtlose Kommunikation zu ermöglichen.

Braun, Slaby und *v. Arco* entwickelten einen geschlossenen Resonanzkreis, der eine bessere Abstimmung auf eine gegebene Frequenz ermöglicht. Gleichzeitig konnten dadurch die Patente von *Marconi* umgangen werden.

1906 Da immer mehr Schiffe mit Funkanlagen ausgestattet wurden und man das von einem Funksender belegte Spektrum filtern konnte, wurde eine Koordination der Funkfrequenzen erforderlich. Auf der ersten WARC wurden bestimmte Frequenzbänder für verschiedene Dienste vergeben, um die gegenseitigen Funkstörungen zu begrenzen.

Mit der Erfindung der Triode durch *v. Lieben* 1910 wurden die auf Funkenbildung basierenden Sender sehr schnell durch kleinere und leichtere Geräte ersetzt.

1.5 Historische Entwicklung

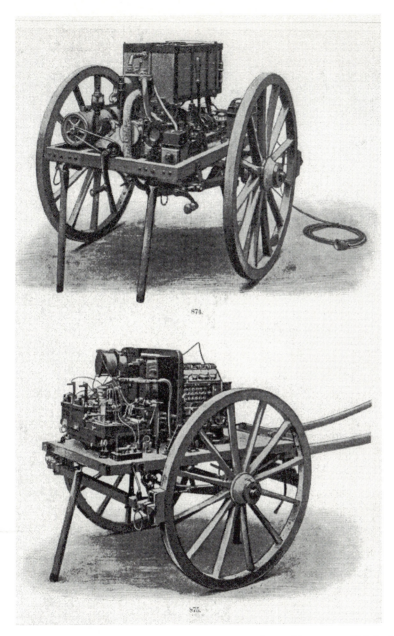

Abbildung 1.7: Kraft- und Apparatekarren des Telegraphiesystems Telefunken

Abbildung 1.8: Autotelefon 1935

1912 Bei der zweiten WARC wurde die Nutzung der Frequenzbänder bis 3 MHz geregelt. Höhere Frequenzen beurteilte man als kommerziell nicht verwertbar und gab sie deshalb zur privaten Benutzung durch Funkamateure frei. Allerdings revidierte man diese Entscheidung und regulierte in den folgenden Jahren zügig die kommerzielle Benutzung des Spektrums:

1927	bis 30 MHz	1947	bis 10,5 GHz
1932	bis 60 MHz	1959	bis 40 GHz
1938	bis 200 MHz	1979	bis 275 GHz

nach 1945 Die ersten Sende- und Empfangsgeräte für private Anwender, wie z.B. für Taxis, kamen auf den Markt. Sie basierten auf elektronischen Röhren und konnten im Auto montiert werden, vgl. Abb. 1.8. Allerdings füllten sie den Kofferraum des Autos komplett aus.

1952 In Deutschland wird es von diesem Zeitpunkt an möglich, einen Teilnehmer mit einem mobilen Endgerät von einem Festnetzanschluß aus anzurufen. Danach kamen immer mehr lokale Funksysteme zum Einsatz [89]:

1.5 Historische Entwicklung

- Eine einzelne Feststation (*Base Transceiver Station*, BTS) wurde in einem Gebiet mit einem Umfang von 20 bis 100 km benutzt.
- Etwa 20 Teilnehmer teilten sich einen Sprechkanal.
- Zu Beginn benötigte man noch Handvermittlung, um Verbindungen zum Festnetz herzustellen, später wurde dies von automatischen Vermittlungen übernommen.
- Anrufe aus dem Festnetz für ein Mobilgerät wurden unterstützt.
- Eine Datei mit teilnehmerspezifischen Daten (*Home Location Register*, HLR) wurde angelegt, um die lokale, als Übergang zur BTS dienende Vermittlungsstelle, zu identifizieren.
- Die Sprachkommunikation erfolgte semi- oder vollduplex.

1958 Die isolierten Systeme versorgten typischerweise den Bereich einer Stadt und waren auf ihre Endgeräte beschränkt. Wenn ein Teilnehmer seine Stadt verließ, war es ihm unmöglich, in einer anderen Stadt sein Mobilfunkgerät zu benutzen, selbst wenn dort das gleiche System installiert war (die benutzte Frequenz war eine andere und es gab keine Roaming-Abkommen zwischen den einzelnen Betreibern).

Landesweite Mobilfunksysteme ermöglichten es Teilnehmern, eine Verbindung mit jeder beliebigen BTS des Systems aufzubauen. Statt eines Frequenzkanals standen dem Mobilterminal ein ganzes Bündel von Frequenzen zur Verfügung. Jeder freie Kanal konnte zur Übertragung benutzt werden. Durch die Ausnutzung des Bündelungsgewinnes konnte mehr Verkehr bei gleicher Blockierwahrscheinlichkeit übertragen werden. Die Basisstationen wurden entweder einzeln über Übergangsknoten an das Festnetz angebunden, oder die Basisstationen wurden untereinander vermascht und über einen zentralen Übergang mit dem Festnetz verbunden.

So entstand das erste Öffentliche Mobilfunknetz (*Public Land Mobile Radio Network*, PLMN), das A-Netz, in Deutschland. Ein Operator unterstützte die Vermittlung, jede BTS war für Funktelefone verfügbar.

1972 Das B-Netz wurde in Deutschland, Österreich, Niederlande und Luxemburg eingeführt. Es unterstützte vollautomatische Vermittlung von kommenden und gehenden Rufen der Mobilstation (MS) und das *Roaming* ('Umherstreifen') zwischen den vier beteiligten Ländern. Ein Anrufer aus dem Festnetz mußte die Nummer der Basisstation kennen, wo sich der Mobilteilnehmer gerade aufhielt. Die komplette Nummer des Mobilteilnehmers setzte sich zusammen aus dem Aufenthaltsbereichs-Code der BTS, der Nummer des Übergangsknotens und der Teilnehmeridentifikation. Die MS wird auf einer systemweiten Frequenz ausgerufen und erhält einen Funkkanal, wenn sie sich auf den Anruf meldet.

Ein von der MS ausgehender Ruf kann vom Teilnehmer auf bestimmte Frequenzkanäle beschränkt werden, um die Betriebskosten zu optimieren. Ein Funkkanal wird für die In-Band Signalisierung genutzt, um die Verbindung herzustellen. Wenn die Mobilstation den Versorgungsbereich ihrer BTS verläßt, wird die Verbindung unterbrochen. Es findet kein Handover statt, weder von einem Frequenzkanal der BTS zu einem anderen der selben BTS, noch zu einer angrenzenden Zelle.

1989 Das C-Netz ergänzt das bestehende B-Netz. Erstmals wird das automatische unterbrechungsfreie Weiterreichen *(Handover)* eines mobilen Teilnehmers bei Wechsel der Funkversorgungszonen (Zellen) in Deutschland realisiert. Das Netz hat eine vollautomatische Mobilitätsverwaltung, so daß die Aufenthaltsorte der eingeschalteten Endgeräte ständig aktualisiert werden und der Teilnehmer über die entsprechende Datenbank bei eingehendem Ruf automatisch ohne Operatorunterstützung gefunden wird. Das Netz hat 1996 noch ca. 600 000 Teilnehmer.

1992 Das D1-Netz nach dem europäischen ETSI/GSM-Standard wird eingeführt. Es überträgt digital und beseitigt die bis dahin bestehende Inkompabilität der national in Europa bestehenden Mobilfunknetze. Betreiber ist die T-Mobil, eine Tochter der Deutschen Telekom AG.

1993 Aufgrund der Deregulierung des Mobilfunks in Europa wird das D2-Netz als flächendeckendes GSM-Netz in Deutschland in Betrieb genommen. Betreiber ist die Mannesmann Mobilfunk AG.

1995 wird das E1-Netz nach ETSI/DCS1800-Standard als weiteres flächendeckendes Mobilfunknetz eröffnet. Betreiber ist E-Plus Mobilfunk.

1997 wird eine Lizenz für den Betrieb eines DCS1800-Netzes E2 vergeben, das 75 % Flächendeckung in Deutschland erreichen muß und 1998 in Betrieb gehen soll.

Neben diesen öffentlichen Zellularsystemen wurden viele andere Mobilfunksysteme erfolgreich eingeführt, vgl. Abb. 1.2 und die Tab. 1.1 bis 1.7.

2 Systemaspekte

2.1 Charakteristika der Funkübertragung

In Mobilfunksystemen werden, anders als bei leitungsgebundenen Netzen, die elektromagnetischen Signale im freien Raum übertragen, vgl. Abb. 2.1. Eine genaue Kenntnis der Ausbreitungseigenschaften von Funkwellen (elektromagnetischen Wellen) ist daher zur Entwicklung von Mobilfunksystemen unbedingt erforderlich. Mit den Maxwell'schen Gleichungen können grundsätzlich alle Phänomene der Wellenausbreitung erklärt werden. Dieses Verfahren kann aber in der Mobilfunkpraxis zu sehr komplizierten Rechnungen führen oder überhaupt nicht angewandt werden, wenn entweder die Geometrie oder die Materialkonstanten nicht genau bekannt sind. Es wurden daher Methoden zur Bestimmung der Eigenschaften von Funkkanälen entwickelt, welche die wesentlichen physikalischen Effekte im Modell berücksichtigen. Welches Modell im Einzelnen gewählt werden muß, hängt von der Frequenz und der Reichweite der Wellen, von den Eigenschaften des Ausbreitungsmediums und von der Antennenanordnung ab.

Die Ausbreitung elektromagnetischer Wellen im freien Raum ist überaus komplex. In Abhängigkeit von der Frequenz und der damit verbundenen Wellenlänge breiten sich elektromagnetische Wellen als Boden-, Oberflächen-, Raum- oder Direktwellen aus. Mit der Ausbreitungsart korreliert auch die Reichweite, also die Entfernung,

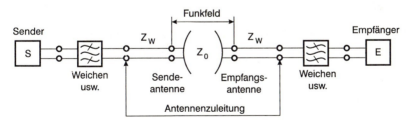

Abbildung 2.1: Funkübertragungsstrecke Sender–Empfänger, Z_0 bzw. Z_w sind die Wellenwiderstände von Funkfeld bzw. Antennenzuleitung

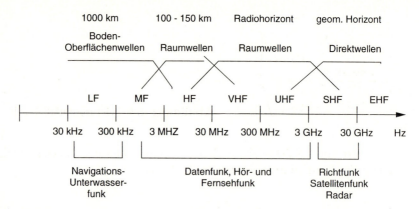

Abbildung 2.2: Ausbreitung und Reichweite elektromagn. Wellen im freien Raum

in der das Signal noch empfangen werden kann, vgl. Abb. 2.2. Allgemein gilt, je höher die Frequenz der zu übertragenden Welle, desto geringer ist ihre Reichweite.

Wellen niedriger Frequenz, d. h. großer Wellenlänge, breiten sich der Erdkrümmung folgend als Boden- oder Oberflächenwellen aus. Diese Wellen können noch in großer Entfernung und sogar in Tunneln empfangen werden.

Bei höheren Frequenzen bilden sich vorwiegend Raumwellen aus. Neben der direkten Strahlung, die abhängig von der Rauhigkeit und der Leitfähigkeit der Erdoberfläche schnell gedämpft wird, werden diese Wellen abhängig von ihrer Frequenz in der Troposphäre oder Ionosphäre gebeugt und reflektiert. Reichweiten mittelgroßer Frequenzen liegen bei 100 bis 150 km, während bei höheren Frequenzen die Reichweite geringer wird, da die Ionosphäre hier zunehmend durchlässiger wird, man spricht auch vom Radiohorizont. Raumwellen können bei verstärkter Sonnenaktivität durch mehrfache Reflexion an den leitenden Schichten der Ionosphäre und der Erdoberfläche mehrere tausend Kilometer zurücklegen.

Wellen mit einer Frequenz oberhalb von 3 GHz breiten sich als Direktwellen aus und sind somit näherungsweise nur innerhalb des geometrischen (optischen) Horizonts zu empfangen.

Ein weiterer Faktor, der die Reichweite elektromagnetischer Wellen bestimmt, ist deren Leistung. Die Feldstärke einer elektromagnetischen Welle im freien Raum nimmt umgekehrt proportional mit der Entfernung zum Sender ab, und die Empfängereingangsleistung schwindet daher mit dem Quadrat der Entfernung.

Geht man von einer idealen punktförmigen Strahlungsquelle aus, so sendet diese ihre Leistung P_S gleichverteilt in alle Richtungen aus. Eine idealisierte Quelle dieser Art wird isotroper Strahler genannt, kann jedoch physikalisch nicht realisiert

2.1 Charakteristika der Funkübertragung

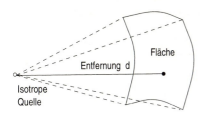

Abbildung 2.3: Leistungsflußdichte F

werden. Die Leistungsflußdichte F, die in einer Entfernung d vom Kugelstrahler die Oberfläche der Kugel durchtritt, vgl. Abb. 2.3, lautet:

$$F = \frac{P_S}{4\pi d^2} \quad [\text{W}/\text{m}^2] \qquad (2.1)$$

In der Praxis werden Antennen benutzt, welche die abgestrahlte Leistung in eine Richtung bündeln. Der Gewinn einer Antenne $g(\Theta)$ in die Richtung Θ wird ausgedrückt durch das Verhältnis von abgestrahlter Leistung zur mittleren Leistung, bezogen auf den Raumwinkel.

$$g(\Theta) = \frac{P(\Theta)4\pi}{P_o} \qquad (2.2)$$

P_o ist die gesamte abgestrahlte Leistung der Antenne. Die maximale Leistung der Antenne wird in Richtung der Hauptkeule abgestrahlt. g_{max} ist der maximale Antennengewinn für $\Theta = 0$ und gibt die Verstärkung der Antenne, bezogen auf einen isotropen Strahler mit gleicher Leistung an.

Nach Gl. (2.1) folgt für die Leistungsflußdichte einer verlustlosen Antenne mit Gewinn g_S:

$$F = \frac{P_S g_S}{4\pi d^2} \quad [\text{W}/\text{m}^2] \qquad (2.3)$$

Das Produkt $P_S g_S$ wird EIRP *(Effective Isotropically Radiated Power)* genannt. Es gibt die Sendeleistung an, die man bei ungerichteter Abstrahlung mit einem isotropen Strahler benötigt, um die gleiche Leistungsflußdichte wie im gerichteten Fall zu erreichen.

Den Empfänger erreicht nun die Leistung:

$$P_E = P_S g_S g_E \left(\frac{\lambda}{4\pi d}\right)^2 \qquad (2.4)$$

wobei Index S für Sender und Index E für Empfänger steht. Dabei entspricht

$$L = \left(\frac{\lambda}{4\pi d}\right)^2 \qquad (2.5)$$

der Freiraumdämpfung und beschreibt das räumliche Auffächern der gesendeten Energie über den Pfad der Länge d, g_E ist der Empfängergewinn.

In logarithmischer Darstellung ergibt dies den Pfadverlust $(P_S - P_E)$

$$L_F = -10\log g_S - 10\log g_E + 20\log f + 20\log d - 20\log \frac{c}{4\pi}$$

mit c als Wellenausbreitungsgeschwindigkeit.

Im einfachsten Fall für isotrope Antennen ergibt sich ohne Antennengewinn die Freiraumdämpfung L_0 als Differenz der empfangenen Leistung und der abgestrahlten Leistung:

$$L_0[\text{dB}] = P_E[\text{dBm}] - P_S[\text{dBm}] = -10\log\left(\frac{P_E[\text{mW}]}{P_S[\text{mW}]}\right) = -20\log\left(\frac{\lambda}{4\pi d}\right) \qquad (2.6)$$

2.1.1 Dämpfung

Aufgrund der Wetterbedingungen verändert die Atmosphäre ihre Eigenschaften, und damit ändern sich auch die Ausbreitungsbedingungen der Wellen. Die Dämpfung ist frequenzabhängig und wirkt sich bei einigen Frequenzen sehr stark, bei anderen kaum aus. So tritt z. B. in den höheren Frequenzbereichen ab etwa 12 GHz bei Nebel oder Regen, durch Streuung und Absorption der elektromagnetischen Wellen an Wassertropfen eine starke Dämpfung ein.

Abb. 2.4 zeigt die frequenzabhängige Dämpfung von Funkwellen mit horizontaler Freiraumausbreitung, wobei zur gasbedingten Dämpfung (Kurve C) gegebenenfalls noch die entsprechenden Dämpfungswerte für Nebel (B) bzw. Regen unterschiedlicher Intensität (A) addiert werden müssen. Bemerkenswert sind die durch Wasserdampf (bei 23, 150 usw. GHz) bzw. Sauerstoff (bei 60 und 110 GHz) auftretenden, resonanzbedingten lokalen Dämpfungsmaxima.

Abb. 2.5 zeigt beispielhaft bei 60 GHz die Ausbreitungsdämpfung und das als Störabstand bezeichnete Verhältnis der Energie pro Symbol E_s, bezogen auf N_0 (die Rauschleistung) für Antennengewinne von $g_S = g_E = 18$ dB. Diese Gewinne

2.1 Charakteristika der Funkübertragung

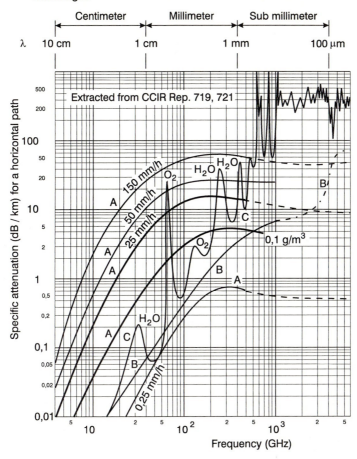

Attenuation due to gaseous constituents and precipiation for transmission through the atmosphere

Pressure: Sea level: 1 atm (1013.6 mbar)
Temperature: 20°C
Water vapor: 7.5 g / m³

A: Rain
B: Fog
C: Gaseous

Attenuation due to rain, gases and fog.

Abbildung 2.4: Dämpfung der Funkausbreitung in Abhängigkeit von der Frequenz (aus CCIR Rep. 719, 721)

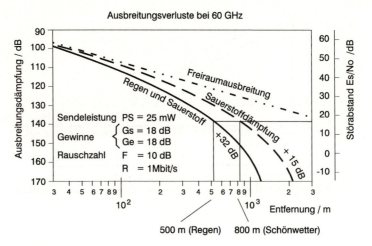

Abbildung 2.5: Dämpfung aufgrund von Wettereinflüssen

sind für Richtantennen mit ca. 20° · 20° Öffnungswinkel erreichbar. Die elektrische Sendeleistung beträgt im Beispiel 25 mW, so daß sich für die abgestrahlte Mikrowellenleistung (EIRP) der Wert 2 dBW = 1,6 W ergibt. Erzielbare Reichweiten sind 800 m bei Schönwetter und 500 m bei Regen (50 mm/h).

2.1.2 Ausbreitung über einer Ebene

Die Freiraumausbreitung hat für die Mobilkommunikation wenig praktische Bedeutung, da in der Realität immer Hindernisse und reflektierende Oberflächen im Ausbreitungspfad auftreten. Neben der entfernungsabhängigen Dämpfung verliert die ausgestrahlte Welle noch Energie durch Reflexion, Transmission und Beugung an Hindernissen.

Für einen relativ einfachen Fall, die Zweiwegeausbreitung über einer reflektierenden Ebene, vgl. Abb. 2.6, läßt sich eine einfache Berechnung durchführen [108].

In diesem Fall ist

$$\frac{P_E}{P_S} = g_S g_E \left(\frac{h_1 h_2}{d^2}\right)^2$$

für $d \gg h_1, h_2$ ein frequenzunabhängiger Term. Entsprechend gilt für den Pfadverlust L_P

2.1 Charakteristika der Funkübertragung

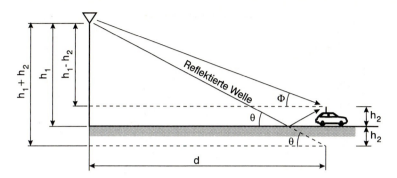

Abbildung 2.6: Modell der Zweiwegeausbreitung durch Reflexion

$$L_P = -10 \log g_S - 10 \log g_E - 20 \log h_1 - 20 \log h_2 + 40 \log d$$

und für isotrope Antennen

$$\frac{L_{O_2}}{\text{dB}} = 120 - 20 \log \frac{h_1}{\text{m}} - 20 \log \frac{h_2}{\text{m}} + 40 \log \frac{d}{\text{km}} \qquad (2.7)$$

In diesem Modell nimmt die Empfangsleistung sehr viel schneller ab ($\sim 1/d^4$) als bei der Freiraumausbreitung ($\sim 1/d^2$). Man erhält eine bessere Annäherung an die Realität der Mobilfunkumgebung, berücksichtigt aber nicht, daß reale Geländeoberflächen rauh sind und dadurch neben Reflexion auch eine Streuung der Welle bewirken. Außerdem haben Hindernisse im Ausbreitungsweg und der Bebauungstyp des Geländes Einfluß auf die Dämpfung.

Nach Einführung des Ausbreitungskoeffizienten γ gilt für isotrope Antennen

$$P_E = P_S \cdot g_S \cdot g_E \cdot (\frac{\lambda}{4\pi})^2 \cdot \frac{1}{d^\gamma} \qquad (2.8)$$

Realistische Werte für γ liegen zwischen 2 (Freiraumausbreitung) und 5 (starke Dämpfung z. B. bei städtischer Bebauung).

Für die Berechnung des Pfadverlustes abhängig von diesen Parametern existiert eine Reihe von Modellen, die in Abschn. 2.2 vorgestellt werden.

Abb. 2.7 zeigt die resultierende Ausbreitungsdämpfung bei 60 GHz und Berücksichtigung der O_2-Absorption und der durch die Zweiwegeausbreitung verursachten

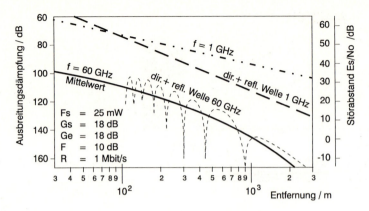

Abbildung 2.7: Resultierende Ausbreitungsdämpfung des Zweiwegemodells bei Berücksichtigung der O_2-Absorption

Interferenzen. Diese Interferenzen führen zu örtlich scharf begrenzten Pegeleinbrüchen, die innerhalb der Übertragungsreichweite relevant sind.

2.1.3 Schwund bei Ausbreitung mit vielen Reflektoren (Mehrwegeausbreitung)

Mit *Fading* bzw. Schwund bezeichnet man die Schwankungen der Amplitude des Empfangssignals, die durch ausbreitungsbedingte Störungen entstehen. Mehrwegeausbreitung durch Reflexion und Streuung von Funkwellen führen dazu, daß gesendete Signale über verschieden lange Pfade phasenverschoben beim Empfänger ankommen und sich dort überlagern. Diese Interferenz kann das empfangene Signal verstärken, verzerren oder sogar auslöschen. Es gibt viele Ursachen, die zum Schwund beitragen und nachfolgend dargestellt werden.

In der realen Funkumgebung erreicht die Welle den Empfänger nicht nur auf dem direkten Weg, sondern auch über Umwege, vgl. Abb. 2.8. Typisch für die Mehrwegeausbreitung sind (bei breitbandigen Signalen frequenzselektive) Pegeleinbrüche und -anhebungen innerhalb der Kanalbandbreite, die u. U. unter die Empfindlichkeitsschwelle des Empfängers reichen oder ihn über seinen linearen Bereich hinaus aussteuern.

Die einzelnen Teilwellen können sich dabei konstruktiv oder destruktiv überlagern und erzeugen näherungsweise einen ortsfesten als Mehrwegeschwund *(Multipath-Fading)* bezeichneten Pegelverlauf, der bei Bewegung des Empfängers zu einem

2.1 Charakteristika der Funkübertragung

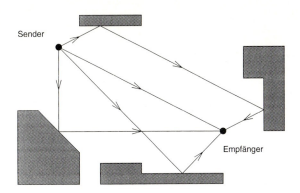

Abbildung 2.8: Mehrwegeausbreitung

typischen Pegelverlauf entlang einer Strecke führt, dem sogenannten Kurzzeitschwund *(Short-Term Fading)*, vgl. Abb. 2.9.

Durch die unterschiedlichen Laufzeiten der Teilwellen ergibt sich eine Verbreiterung der Stoßantwort des Kanals. Diese Laufzeitspreizung (Dispersion bzw. *Delay Spread*) kann zu Interferenz zwischen übertragenen Symbolen führen *(Intersymbol Interference)*.

Außerdem ergibt sich beim bewegten Empfänger, je nach Einfallsrichtung der Teilwelle, eine positive oder negative Dopplerverschiebung, die zu einer Verbreiterung des Frequenzspektrums führt.

Allgemein kann man den zeitlichen Verlauf der Einhüllenden des Signals durch

$$r(t) = m(t) \cdot r_0(t) \qquad (2.9)$$

beschreiben. Dabei ist $m(t)$ der aktuelle Mittelwert des Signalpegels und $r_0(t)$ der durch Kurzzeitschwund verursachte Anteil. Um aus dem Gesamtpegelverlauf $r(t)$ den lokalen Mittelwert $m(t)$ zu bestimmen, muß $r(t)$ über eine Strecke von 40–200 λ gemittelt werden [93].

Durch einen sogenannten Diversity-Empfänger mit zwei Antennen, die in geringem Abstand ($n \cdot \lambda/2; n = 1, 2, \ldots$) voneinander angebracht sind, kann man den Empfangspegel u. U. erheblich verbessern. Aufgrund der unterschiedlichen Ausbreitungspfade der Funkwellen treten die schwundbedingten Empfangsminima und -maxima beider Antennen an unterschiedlichen Orten im Funkfeld auf, so daß der Empfänger immer den gerade stärksten Empfangspegel auswählen kann, vgl. Abb. 2.10. Dort sind die Signalverläufe $r_i(t)$ von zwei Antennen und das Empfangssignal $r(t)$ dargestellt. Bei *Scanning Diversity* wird die Antenne bei Unterschreiten des Pegels A an der aktuellen Antenne gewechselt. Bei *Selection Diversity* wird stets die Antenne mit dem höchsten Signalpegel benutzt.

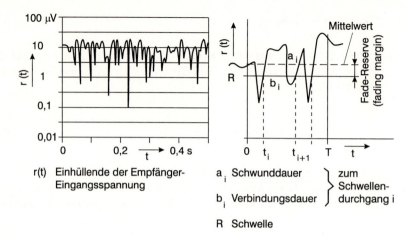

Abbildung 2.9: Empfangsspannnung beim bewegten Empfänger bei Mehrwegeschwund (Übersicht und Feinstruktur)

2.1.4 Statistische Beschreibung des Übertragungskanals

Eine deterministische Beschreibung des Übertragungskanals ist nur möglich, wenn das zugrundeliegende Szenario exakt beschrieben werden kann. Im betrachteten Frequenzbereich (Mobilfunk) bedeuten Veränderungen wie Bewegung von Reflektoren usw. eine Veränderung der Ausbreitungsbedingungen. Eine andere Möglichkeit, den Ausbreitungskanal mathematisch zu erfassen, bietet die Signalstatistik.

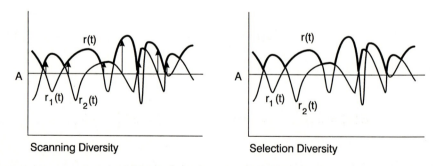

Abbildung 2.10: Diversity-Empfang

2.1.4.1 Die Gauß-Verteilung

Die Verteilungsfunktion, die aus der Überlagerung einer unendlichen Anzahl statistisch unabhängiger Zufallsgrößen resultiert, ist nach dem zentralen Grenzwertsatz eine Gauß-Funktion:

$$p(x) = \frac{1}{\sqrt{2\pi}\sigma} e^{-\frac{(x-m)^2}{2\sigma^2}} \tag{2.10}$$

Es wird keine bestimmte Verteilungsfunktion für die einzelnen überlagerten Zufallsgrößen vorausgesetzt, sie können z. B. gleichverteilt sein. Voraussetzung ist nur, daß die Varianzen der einzelnen Zufallsgrößen klein gegen die Gesamtvarianz sind.

Die Gauß-Verteilung wird vollständig durch ihren Mittelwert m und die Streuung σ^2 beschrieben.

2.1.4.2 Die Rayleigh-Verteilung

Unter der Annahme, daß alle Teilwellen annähernd in einer Ebene einfallen und annähernd die gleiche Amplitude haben, ergibt sich eine Rayleigh-Verteilung für die Einhüllende des Signals. Diese Annahme trifft vor allem dann zu, wenn der Empfänger keine Sichtlinienverbindung zum Sender hat, da dann keine Teilwelle dominiert, vgl. Abb. 2.8.

Es ergibt sich für die Verteilungsdichtefunktion der Einhüllenden $r(t)$

$$p(r) = \frac{r}{\sigma^2} \cdot e^{-\frac{r^2}{2\sigma^2}} \tag{2.11}$$

mit Mittelwert, quadratischem Mittelwert und Varianz

$$E\{r\} = \sigma\sqrt{\frac{\pi}{2}} \qquad E\{r^2\} = 2\sigma^2 \qquad \sigma_r^2 = \sigma^2 \left(\frac{4-\pi}{2}\right)$$

Für die Darstellung mit $r(t) = m(t) \cdot r_0(t)$ ist eine Normierung $E\{r_0^2\} = 1$ üblich und sinnvoll. Für die logarithmische Darstellung mit $y = 20 \log r_0$ erhält man dann

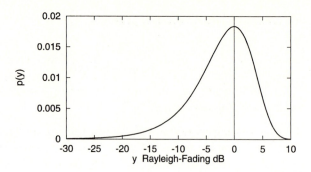

Abbildung 2.11: Rayleigh-Verteilungsdichtefunktion

$$p(y) = \frac{10^{y/10}}{20 \log e} \cdot e^{-10^{y/10}}$$

mit Mittelwert, Varianz und Standardabweichung ($C = 0.5772\ldots$ ist die Euler'sche Konstante):

$$E\{y\} = -C \cdot 10 \log e = -2.51 \, \text{dB}$$

$$\sigma_y^2 = \frac{(10 \log e)^2 \pi^2}{6} = 31.03 \, \text{dB} \qquad \sigma_y = 5.57 \, \text{dB}$$

Abb. 2.11 zeigt den Verlauf dieser Verteilung in logarithmischer Darstellung.

Fadingfrequenz Die Häufigkeit von Schwundeinbrüchen, die in einer Größenordnung von etwa 30 bis 40 dB liegen können, ist von der Bewegungsgeschwindigkeit des Empfängers abhängig, die sich durch die Dopplerverschiebung der Sendefrequenz beschreiben läßt. Die Rate N_R, mit der ein vorgeschriebener Feldstärkepegel E unterschritten wird, berechnet sich aus [26]:

$$N_R = \sqrt{2\pi} \cdot f_m \cdot \rho \cdot e^{-\rho^2} \qquad (2.12)$$

wobei f_m für den Quotienten aus Fahrzeuggeschwindigkeit v und Wellenlänge λ steht

$$f_m = \frac{v}{\lambda} \qquad (2.13)$$

2.1 Charakteristika der Funkübertragung

und ρ das Verhältnis des empfangenen Signalpegels zum mittleren Pegel bezeichnet.

Da Quadratur- und Inphasekomponente des gesendeten Signals Gauß-verteilt sind und der Betrag der Feldstärke einer Rayleigh-Verteilung folgt, werden die Signalschwankungen, die auf Mehrwegeausbreitung zurückzuführen sind, auch mit *Rayleigh-Fading* bezeichnet.

Die Ausbreitungswege sind alle unterschiedlich lang und haben verschiedene Reflexions- und Transmissionskoeffizienten an den betroffenen Hindernissen. Dadurch treten Phasenverschiebungen der einzelnen eintreffenden Pfade auf.

Signaleinbrüche durch Rayleigh-Schwund treten in Abständen auf, deren Größenordnung im Bereich der halben Wellenlänge $\lambda/2$ liegt.

Unter Berücksichtigung der Dämpfung und der Mehrwegeausbreitung mit den komplexen Faktoren aller Pfade ergibt sich z. B. in Gebäuden nach [115]:

$$L = -20\log(\frac{\lambda}{4\pi} \cdot |\sum_{i=0}^{n} \frac{\Gamma_i}{d_i} e^{\frac{2\pi d_i}{\lambda}}|) \qquad (2.14)$$

L	Gesamtdämpfungsmaß in dB	n	Anzahl aller eintreffenden Pfade
d_i	Länge des i-ten Pfades	λ	Wellenlänge

Γ_i berücksichtigt dabei die Reflexionen und Transmissionen, die der i-te Strahl auf dem Weg zwischen Sender und Empfänger erfährt.

$$\Gamma_i = \prod_{j=0}^{r} R_j \prod_{k=0}^{t} T_k \qquad (2.15)$$

R_j	j-ter Reflexionsfaktor der i-ten Strecke	r	Anzahl der Reflexionen auf j-tem Pfad
T_k	k-ter Transmissionsfaktor der i-ten Strecke	t	Anzahl der Reflexionen auf k-tem Pfad

2.1.4.3 Die Rice-Verteilung

In vielen Fällen trifft die Annahme gleicher Amplituden der Teilwellen nicht zu, nämlich dann, wenn die Sichtlinienverbindung dominiert. Die Einhüllende läßt sich dann mit einer Rice-Verteilung beschreiben.

Die Verteilungsdichtefunktion der Einhüllenden $r(t)$ ergibt sich zu

Tabelle 2.1: Parameterwerte für die Rice-Verteilung

Umgebung	r_s	$d \leq 6$ km $K = r_s^2/\sigma^2$	r_s	$d > 6$ km $K = r_s^2/\sigma^2$
Waldung	0.40	0.25	0.16	0.04
Kleinstadt	0.63	0.76	0.39	0.27
Dorf	0.74	1.15	0.40	0.24
Weiler	0.81	1.61	0.77	1.35
Nebenstraße	0.77	1.19	0.75	0.96
B-Landstraße	0.78	1.23	0.74	0.92
A-Landstraße	0.86	1.37	0.55	0.55

$$p(r) = \frac{r}{\sigma^2} e^{-\frac{r^2 + r_s^2}{2\sigma^2}} I_0 \left(\frac{r r_s}{\sigma^2} \right) \tag{2.16}$$

mit I_0 Besselfunktion 1. Art und 0. Ordnung. Die Rayleigh-Verteilung ist ein Spezialfall der Rice-Verteilung für $r_s = 0$.

Anschaulich betrachtet repräsentiert r_s^2 die Leistung der direkten, dominanten Teilwelle, σ^2 die der zufällig verteilten Mehrwege-Teilwellen. Abb. 2.7 zeigt ein Beispiel. Die Abstände der Signaleinbrüche nehmen mit der Entfernung vom Sender zu.

In [102] sind Parameterangaben für mehrere Messungen in ländlichen Gebieten enthalten, vgl. Tab. 2.1. Die Werte beziehen sich auf die Normierung $r(t) = m(t)r_0(t)$ und einen dB-Mittelwert von 0 für r_0. Je nach Umgebung ist σ^2 deutlich geringer als bei Rayleigh-Fading. $K = r_s^2/\sigma^2 = 0$ entspricht $r_s = 0$, d. h. es gibt keine Sichtverbindung. $K \to \infty$ bedeutet, daß keine Mehrwegesignale empfangen werden. Abb. 2.12 zeigt die Rice-Verteilung für $\sigma = 1$.

Für die Rice-Verteilungsdichtefunktion ist keine geschlossene Lösung für Mittelwert und Varianz möglich. Die Bestimmung dieser Parameter ist nur mit Näherungsformeln oder Tabellen möglich.

2.1.5 Reflexion

Die Wellen werden bei glatten Oberflächen vollständig, sonst infolge partieller Absorption teilweise reflektiert, was zu unerwünschten Phasensprüngen führt.

2.1 Charakteristika der Funkübertragung

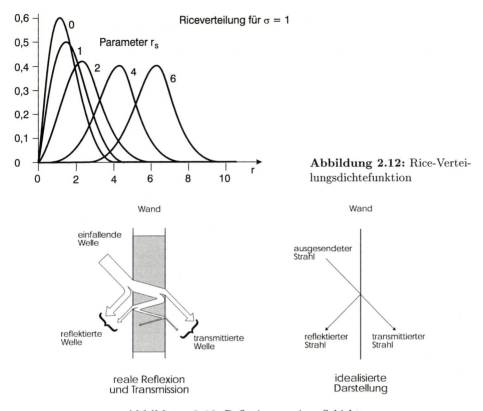

Abbildung 2.12: Rice-Verteilungsdichtefunktion

Abbildung 2.13: Reflexion an einer Schicht

Trifft eine sich ausbreitende Welle auf eine Wand, so wird ein Teil reflektiert und ein Teil transmittiert, wie in Abb. 2.13 dargestellt. Der Reflexionsanteil ergibt sich aus der direkten Reflexion und unendlich vielen Mehrfachreflexionen im Inneren der Wand. Genauso besteht der gesamte transmittierte Anteil aus einer direkt durchgehenden Welle und vielen in der Schicht reflektierten Teilwellen (s. a. [92]).

Die Summe von reflektierter und transmittierter Welle unterscheidet sich von der eingefallenen Welle, da bei den Mehrfachreflexionen innerhalb der Wand Dämpfungsverluste entstehen.

Bei Prädiktion der tatsächlichen Funkausbreitung (z. B. mit Strahlverfolgungsverfahren) werden meist die geometrischen Bedingungen von Reflexion und Transmission an einer Wand — allerdings in der idealisierten Darstellungsform aus Bild 2.13 — betrachtet.

Aus folgenden Gründen treten dabei geometrische Fehler auf:

1. Die durchgehende Welle wird im Inneren der Wand zum Lot hin gebrochen. Dadurch entsteht nach dem Durchgang durch die Wand ein Versatz zum Austrittspunkt der in der vereinfachten Darstellung nicht berücksichtigt wird.

2. Die Anteile, die durch Mehrfachreflexionen entstehen, treten in der Realität nicht an derselben Stelle aus der Schicht aus wie die direkte Welle.

3. Der Reflexionspunkt wird an der idealisierten Wand bestimmt und liegt daher um die halbe Wanddicke versetzt zum wirklichen Reflexionspunkt.

Nach [90] berechnet man für die Reflexion und Transmission einer elektromagnetischen Welle an einer dielektrischen Schicht:

$$R_{Wand} = \frac{r(e^{-2j\psi} - 1)}{e^{-2j\psi} - r^2}; \quad T_{Wand} = \frac{1 - r^2}{e^{-j\psi} - r^2 e^{j\psi}} \tag{2.17}$$

$$\text{mit} \quad \psi = \frac{2\pi d}{\lambda} \sqrt{\varepsilon_r - \sin^2 \varphi} \tag{2.18}$$

$$\text{und} \quad r_\perp = \frac{\cos \varphi - \sqrt{\varepsilon_r - \sin^2 \varphi}}{\cos \varphi + \sqrt{\varepsilon_r - \sin^2 \varphi}}; \quad r_\parallel = \frac{\varepsilon_r \cos \varphi - \sqrt{\varepsilon_r - \sin^2 \varphi}}{\varepsilon_r \cos \varphi + \sqrt{\varepsilon_r - \sin^2 \varphi}} \tag{2.19}$$

R_{Wand}	Komplexer Reflexionsfaktor der Wand	λ	Wellenlänge
T_{Wand}	Komplexer Transmissionsfaktor der Wand	d	Dicke der Wand
ε_r	Komplexe Dielektrizitätszahl	φ	Einfallswinkel

Die Ausdrücke in der Formel 2.19 stellen das Reflexionsverhalten an einer ideal dünnen Schicht dar, wobei $r_\perp$ das Verhalten bei senkrechter und $r_\parallel$ das bei paralleler Polarisation beschreibt.

Die mit Gleichung 2.17 berechneten, in den Abb. 2.14 und 2.15 dargestellten Reflexionskurven stimmen sehr gut mit denen in [92] überein. Für die Transmissionswerte, vgl. die Abb. 2.16 und 2.17, liegen keine Meßergebnisse vor, sie ergeben sich aber zwingend aus den Reflexionskoeffizienten.

Gezeigt ist die Dämpfung durch Reflexion, bzw. Transmission über dem Einfallswinkel φ, wobei die Dämpfung $20 \log |R_{Wand}|$ [dB], bzw. $20 \log |T_{Wand}|$ [dB] beträgt.

2.1 Charakteristika der Funkübertragung

Reflexionsverlust über dem Einfallswinkel

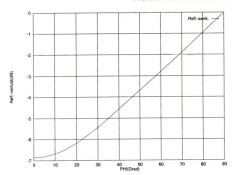
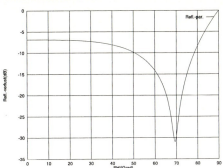

Abbildung 2.14: Betonwand (Wandstärke 150 mm), senkrechte Polarisation

Abbildung 2.15: Betonwand (Wandstärke 150 mm), waagerechte Polarisation

Bei den Ergebnissen für die verschiedenen Polarisationsrichtungen als Funktion des Einfallswinkels fällt auf, daß bei paralleler Polarisation ein starker Einbruch im Bereich des *Brewster-Winkels* auftritt. Ansonsten steigt der Reflexionsfaktor von einem Minimalwert bei 0° auf einen Maximalwert von fast 1 bei 90° an. Minimalwert, Steigung der Kurve und *Brewster*-Winkel sind von der Dicke und dem Material der Wand abhängig.

In [92] sind Reflexionseigenschaften verschiedener Materialien im Bereich von 1–20 GHz als Dämpfungskurven dargestellt.

Transmissionsverlust über dem Einfallswinkel

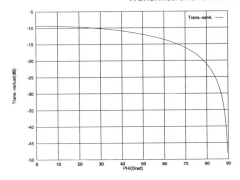
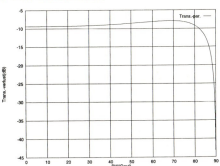

Abbildung 2.16: Betonwand (Wandstärke 150 mm), senkrechte Polarisation

Abbildung 2.17: Betonwand (Wandstärke 150 mm), waagerechte Polarisation

2.1.6 Beugung

Mit Beugung bezeichnet man die Beeinflussung sich ausbreitender Wellen an Hindernissen. Eine Welle wird in den Abschattungsraum des Hindernisses hinein gebeugt, kann also einen Bereich erreichen, in den sie sonst nur auf direktem Wege durch Transmissionen gelangen könnte.

Der Einfluß der Beugung ist umso stärker, je größer das Verhältnis von Wellenlänge zu Abmessungen des Hindernisses ist. Ab Frequenzen oberhalb von etwa 5 GHz kann die Beugung vernachlässigt werden.

2.1.7 RMS Delay-Spread

Der Wert RMS Delay-Spread *(Root Mean Square)* beschreibt die Dispersion (Aufspreizung) eines Signals durch Mehrwegeausbreitung und berücksichtigt die zeitlichen Verzögerungen aller eintreffenden Pfade bzgl. des ersten Pfades. Die jeweiligen Pfade werden mit dem Empfangspegel gewichtet, vgl. [64]:

$$\tau_{rms} = \sqrt{\frac{1}{\sum_{i=1}^{n} P_i} \cdot \sum_{i=1}^{n}(\tau_i^2 P_i) - \tau_d^2}; \quad \text{mit} \quad \tau_d = \frac{\sum_{i=1}^{n}(\tau_i P_i)}{\sum_{i=1}^{n} P_i} \quad (2.20)$$

τ_{rms} RMS Delay Spread P_i Empfangspegel des $i$ten Pfades
τ_i Zeitverzögerung des $i$ten Pfades n Anzahl eintreffender Pfade im Raumpunkt

Überschreitet der Wert des RMS Delay-Spreads eine systemabhängige Größe, so wird angenommen, daß kein fehlerfreier Empfang mehr möglich ist. Dann treffen Wellen über erheblich längere Pfade ein, deren Pegel nicht vernachlässigbar klein sind. Ist die resultierende Zeitverschiebung größer als die Symboldauer bei der Übertragung, kommt es zu Intersymbol-Interferenzen und Bitfehlern im Empfänger.

2.1.8 Abschattung

Hindernisse in der Sichtlinie zwischen Sender und Empfänger im Freien (Berge und Gebäude) bzw. in Gebäuden (Wände) verhindern eine direkte Wellenausbreitung und unterbinden so den kürzesten, häufig ungestörtesten Weg zwischen Sender und Empfänger und verursachen eine zusätzliche Dämpfung des Pegels, die man

2.2 Modelle zur Funkfeldberechnung

Abschattung *(Shadowing)* nennt. Durch Abschattung variiert der Signalpegel über eine Entfernung, die z. B. bei 900 MHz in der Größenordnung von etwa 25 bis 100 Metern liegt. Man spricht beim bewegten Empfänger von Langzeitschwund *(Longterm-Fading)*, weil er sich längere Zeit im Funkschatten aufhält.

Messungen haben ergeben, daß der lokale Mittelwert $m(t)$ in Gl. (2.9) einer Lognormal-Verteilung folgt, d. h. $L_m = \log m(t)$ ist normalverteilt mit einer Standardabweichung von ca. 4 dB [93, 108]. Man spricht deshalb auch von *Lognormal-Fading*. Diese Näherung gilt für eine Statistik über große, bebaute Gebiete.

2.1.9 Störungen durch Fremdsysteme

Zu den bereits beschriebenen Störungen der Funkwellenausbreitung kommen noch externe Störungen hinzu, wie wechselseitige Beeinflussungen von im Spektrum benachbarten Funksystemen oder elektromagnetische Impulse durch z. B. Fremdsysteme auf Nachbarkanälen, Autoanlasser, Generatoren und PCs, sog. *Man-made Noise*.

2.2 Modelle zur Funkfeldberechnung

Für die Planung von Funknetzen, Festlegung der Versorgungsgebiete und Plazierung der Feststationen sind verläßliche Modelle für die Berechnung der zu erwartenden Pegel notwendig. Dazu werden Daten der Geländestruktur (Topographie) und Bebauung (Morphologie) benötigt.

In einer Mobilfunkumgebung läßt sich die Funkausbreitung durch drei quasiunabhängige Komponenten beschreiben: Langzeitmittelwert, Abschattung und Kurzzeitschwund. Die Summe dieser Komponenten $L_P = L_l + L_m + L_s$ beschreibt den resultierenden Gesamtpfadverlust zwischen Sender und Empfänger.

Hinzu kommt, daß sich Mobilstationen im Regelfall mit unterschiedlichen Geschwindigkeiten bewegen. Der Pegel wird, z. B. für die Bestimmung der GSM-Funkmeßdaten, zeitbezogen gemessen, so daß sich eine zusätzliche Abhängigkeit des Pegelverlaufs von der Geschwindigkeit der Mobilstation ergibt.

Der Langzeitmittelwert beschreibt bei den Messungen von Okumura [105] den über einen größeren räumlichen Bereich von z. B. 1–1.5 km gemittelten Pegelwert. Durch die Mittelung verschwinden die Auswirkungen der Abschattung und des Kurzzeitschwundes. Dieser Langzeitmittelwert kann mit geeigneten Modellen näherungsweise berechnet werden.

Abbildung 2.18: Geländehindernis als Beugungskante

Im folgenden werden übliche Modelle beschrieben, die zur Berechnung des Mittelwertes des erwarteten Funkpegels dienen. Man unterscheidet zwischen empirischen Modellen, die auf Meßdaten basieren, und theoretischen Modellen, die auf Anwendung der Wellenbeugungstheorie basieren [79].

2.2.1 Empirische Modelle

Der empirische Ansatz basiert auf Meßdaten, die ausgewertet als Regressionskurven oder analytische Ausdrücke zur Berechnung des Pegels genutzt werden können. Vorteilhaft bei darauf beruhenden Modellen ist, daß sie alle bekannten und unbekannten Faktoren der Funkausbreitung aufgrund ihrer Meßbasis berücksichtigen. Nachteilig ist, daß die Modelle nur bestimmte Frequenzen und Szenarien abdecken und für andere Bereiche ggf. erneut validiert werden müssen.

[108] gibt eine Übersicht über die verschiedenen Messungen und die davon abgeleiteten Modelle.

2.2.2 Beugungsmodelle

Mit Hilfe der Beugungstheorie kann die Funkausbreitung theoretisch berechnet werden. Hindernisse in einem unregelmäßigen Gelände werden dabei als Beugungskanten modelliert. Zur Berechnung der Beugungsverluste ist ein Geländeschnitt der Sichtlinie notwendig, den man i. d. R. aus einer topographischen Datenbank erhält. Abb. 2.18 zeigt das Prinzip für eine Kante.

Für weniger schroffe Geländeformen, z. B. Hügel, kann als Modell die Zylinderbeugung mit besseren Ergebnissen verwendet werden. Beliebige Geländeformen müssen durch mehrere Beugungskanten repräsentiert werden. Für die Berechnung der resultierenden Beugungsverluste gibt es viele Verfahren, vgl. die Übersicht in [108].

2.2 Modelle zur Funkfeldberechnung

Beugungsmodelle haben den Vorteil, daß sie eine Berechnung unabhängig von Frequenz und Szenarium erlauben und somit, verglichen mit empirischen Modellen, in einem weiteren Bereich (Frequenzen, Entfernungen) anwendbar sind. Nachteilig ist, daß die Genauigkeit der Berechnung stark von der Genauigkeit der topographischen Datenbank abhängt und daß die verschiedenen Ansätze stark unterschiedliche Ergebnisse für Gelände mit mehreren Hindernissen liefern.

Da die Morphologie stark in die Berechnung der Funkausbreitung eingeht, sind auch für die Beugungsmodelle empirische Korrekturfaktoren notwendig. In der praktischen Anwendung werden bei Funkplanungswerkzeugen daher hybride Berechnungsverfahren eingesetzt.

2.2.3 Strahlverfolgungsverfahren

Mit empirischen Modellen und Beugungsmodellen kann der Langzeitmittelwert des Pegels berechnet werden. Für verschiedene Anwendungen, z. B. Berechnung der Funkausbreitung in Netzen mit Mikrozellen (<1 km Funkreichweite), ist die Berechnung mit genauerer Auflösung notwendig. Die Umgebung von Mobil- und Basisstation (Geometrie der Gebäude u. ä.) muß berücksichtigt werden, wenn nicht nur der Mittelwert über einen größeren Bereich interessiert.

Zur Berechnung gibt es den empirischen und den theoretischen Ansatz. Gute Ergebnisse lassen sich mit Strahlverfolgungsverfahren (*Ray Tracing*) erzielen, die allerdings für größere Szenarien sehr aufwendig sind.

2.2.4 Das Okumura/Hata-Modell

Okumura hat in den Jahren 1962/63 und 1965 umfangreiche Messungen in Tokio und Umgebung für den Frequenzbereich von 500 MHz bis 2 GHz vorgenommen. Die Ergebnisse der Messungen wurden als Regressionskurven veröffentlicht [105]. Um die Funkfeldprädiktion zu vereinfachen, hat Hata diese Kurven teilweise linearisiert und über analytische Gleichungen angenähert [69].

Grundlage der Berechnung ist eine Gleichung für den Pfadverlust in einem quasiebenen Gebiet mit städtischer Bebauung, vgl. Abschn. 2.2.4.1, und isotropeAntennen

$$\begin{aligned}\frac{L_P}{\text{dB}} &= 69.55 + 26.16 \log \frac{f}{\text{MHz}} - 13.82 \log \frac{h_T}{\text{m}} \\ &\quad -a(h_R) + \left(44.9 - 6.55 \log \frac{h_T}{\text{m}}\right) \log \frac{d}{\text{km}} \end{aligned} \quad (2.21)$$

Diese Gleichung gilt für Frequenzen f von 150 bis 1500 MHz, (effektive) Sendeantennenhöhen h_T von 30 bis 200 m und Entfernungen d von 1 bis 20 km. $a(h_R)$ ist ein Korrekturfaktor für die Höhe der Empfangsantenne h_R.

Für eine Frequenz von 900 MHz, eine Antennenhöhe der Basisstation von 30 m und eine Antennenhöhe der Mobilstation von 1.5 m in einer mittleren Stadt ($a(h_R) \approx 0$) ergibt sich

$$\frac{L_P}{\mathrm{dB}} = 126.42 + 35.22 \log \frac{d}{\mathrm{km}}$$

Im Vergleich dazu ergibt sich bei Freiraumausbreitung, vgl. auch Abschn. 2.1

$$\frac{L_P}{\mathrm{dB}} = 91.52 + 20 \log \frac{d}{\mathrm{km}}$$

und bei Ausbreitung über einer Ebene (Gl. 2.7)

$$\frac{L_P}{\mathrm{dB}} = 86.94 + 40 \log \frac{d}{\mathrm{km}}$$

Wie zu sehen, ist die Grunddämpfung deutlich höher als in den beiden theoretischen Modellen, der Ausbreitungsexponent ist mit einem Wert von 3.5 etwas geringer als bei der Ausbreitung über einer Ebene.

2.2.4.1 Geländetypen

Okumura unterscheidet zwei Geländetypen:

- *Quasi-smooth Terrain*
  Ebenes Gebiet mit maximal 20 m Höhenunterschied.

- *Irregular Terrain*
  Alle anderen, unregelmäßigen Geländeformen unterteilt in:
    - *Rolling Hilly Terrain* (Hügeliges Gebiet ohne große, einzelne Berge)
    - *Isolated Mountain* (Einzelner Berg)
    - *General Sloping Terrain* (Ansteigendes oder abfallendes Gelände)
    - *Mixed Land-sea Path* (Mischung aus Land- und Wasserflächen)

Für diese Fälle sind jeweils Diagramme mit Korrekturfaktoren für die Berechnung der Funkausbreitung angegeben.

2.2.4.2 Morphologietypen

Okumura verwendet drei Morphologietypen:

Open Area: Offenes Gebiet ohne größere Hindernisse, z. B. Ackerflächen etc;

Suburban Area: Stadt oder Dorf mit Häusern und Bäumen, aufgelockerte Bebauung;

Urban: Großstadt mit Hochhäusern und mindestens zweistöckigen Gebäuden.

Die in Okumuras Arbeit angegebenen Diagramme mit Korrekturfaktoren für die Morphologie *open* und *suburban* hat Hata formelmäßig approximiert. Die Korrekturfaktoren müssen jeweils zum Basis-Pfadverlust (Gl. 2.21) addiert werden.

$$\frac{K_{\text{suburban}}}{\text{dB}} = -2 \cdot \left(\log \frac{f}{28 \cdot \text{MHz}}\right)^2 - 5,4$$

$$\frac{K_{\text{open}}}{\text{dB}} = -4,78 \cdot \left(\log \frac{f}{\text{MHz}}\right)^2 + 18,33 \cdot \log \frac{f}{\text{MHz}} - 40,94$$

Für eine Frequenz von 900 MHz ergeben sich die Werte $K_{\text{suburban}} = -10$ dB, $K_{\text{open}} = -28,5$ dB und für 1 800 MHz $K_{\text{suburban}} = -12$ dB, $K_{\text{open}} = -32$ dB.

2.2.5 Funkausbreitung in Mikrozellen

Heutige Mobilfunknetze benutzen hierarchische Zellstrukturen mit kleinen Mikrozellen unterhalb der Ebene der herkömmlichen Makrozellen. Damit kann speziell in Bereichen mit hohem Verkehrsaufkommen (Innenstadt, Messe u. ä.) die Kapazität des Netzes gesteigert werden.

Mikrozellen decken Bereiche mit einer Ausdehnung von mehreren 100 m ab, die Funkausleuchtung ist dabei stark von der Geometrie der Umgebung der Basisstation abhängig. Das Okumura/Hata-Modell eignet sich nur zur Berechnung des Mittelwertes für ein größeres Gebiet und Zellgrößen mit einem Radius von mehreren km. Zur Berechnung der Funkausleuchtung in Mikrozellen sind andere Berechnungsverfahren erforderlich [107, 138].

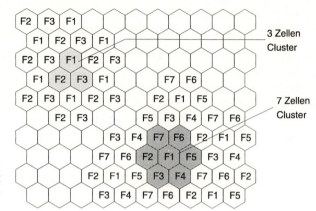

Abbildung 2.19: Das zellulare Netz zur Versorgung eines ausgedehnten Gebietes

2.3 Zellulare Systeme

Klassische Funknetze (der 1. Generation), in denen versucht wird, durch eine hohe Sendeleistung einzelner Basisstationen einen großen Bereich abzudecken, können aufgrund der benutzten Bandbreite nur eine begrenzte Teilnehmerzahl bedienen. In solchen Funknetzen wird solange wie möglich ein zugewiesener Funkkanal beibehalten, auch wenn ein anderer Versorgungsbereich bereits erreicht wurde. Da die Grenzen eines Versorgungsbereichs räumlich ungenau definiert sind, müssen angrenzende Versorgungsbereiche zur Vermeidung von Interferenzen unterschiedliche Funkkanäle verwenden. Das führt bei hoher Teilnehmerdichte zu enormem Frequenzbedarf, der aber durch die Knappheit des verfügbaren Spektrums begrenzt wird.

Die schlechte Ausnutzung des Frequenzspektrums in solchen Funknetzen und die steigende Anzahl Mobilfunkteilnehmer, die diese Systeme nicht mehr bewältigen konnten, führte zur Einführung zellularer Netze.

Zellulare Funknetze basieren auf der Einteilung der Gesamtfläche, auf der das Netz betrieben wird, in sogenannte Funkzellen, die jeweils von einer Basisstation versorgt werden. Jede Basisstation darf nur einen Teil der insgesamt verfügbaren Frequenzkanäle nutzen, die zur Vermeidung von Störungen durch angrenzende Zellen erst in einem genügend großen Abstand wiederverwendet werden können, vgl. Abb. 2.19. F_i $(i = 1, 2, \ldots n)$ bezeichnet die in der entsprechenden Zelle benutzten Gruppen von Frequenzkanälen.

Bei zellularen Netzen wird versucht, durch eine geringe Sendeleistung der Basisstationen die zugeordneten Frequenzen möglichst nur in dem fest definierten Bereich

2.3 Zellulare Systeme

der Funkzelle zu verwenden, wodurch diese Frequenzen nach planbar kleinen geometrischen Schutzabständen wieder benutzt werden können.

Im allgemeinen werden die Zellen idealisierend als regelmäßige Sechsecke dargestellt, was aber durch topografische und umgebungsbedingte Umstände nur annähernd den wirklichen Gegebenheiten entspricht. Im Realfall sind die Funkzellen in ihrer äußeren Form sehr unregelmäßig und überlappen sich außerdem planungsgemäß um ca. 10–15 %, damit Mobilstationen im Randbereich einer Zelle die Wahlmöglichkeit zwischen Basisstationen haben.

2.3.1 Clusterbildung und Störabstand

Funkzellen werden zu sogenannten *Clustern* zusammengefaßt, innerhalb derer jede Frequenz nur einmal eingesetzt werden darf. Einem Cluster schließen sich benachbarte Cluster an, in denen die Frequenzen jeweils wiederholt benutzt werden dürfen. Die Cluster müssen das gesamte zu versorgende Gebiet abdecken und daher ergeben sich nur bestimmte mögliche Clusteranordnungen aus z. B. 3, 4, 7, 12 oder 21 Zellen. Je niedriger die Zahl der Zellen pro Cluster, desto mehr Frequenzen (Funkkanäle) können pro Zelle für das gesamte Mobilfunksystem bei gegebenem Frequenzband eingesetzt werden. Allerdings werden die Frequenzen dann auch in geringerer Entfernung wiederholt eingesetzt, wodurch die Gleichkanalstörungen größer werden. Der Gleichkanalstörabstand bezeichnet das Verhältnis des empfangenen Nutzsignals C *(Carrier)* bezogen auf die Interferenzleistung I *(Interference)*.

Abb. 2.20 zeigt eine Frequenzplanung mit einem 3er-Cluster (Frequenzgruppen 1, 2, 3) und einer regelmäßigen Hexagon-Zellenstruktur. Bei einer derartig regelmäßigen Clusterstruktur existieren jeweils 6 Gleichkanalzellen, die der gestörten Basisstation am nächsten liegen. Störungen stammen überwiegend aus diesen Zellen, weiter entfernte Gleichkanalzellen tragen kaum noch dazu bei.

Die Verteilung des Störpegels ergibt sich als Überlagerung vieler unabhängiger Störer und kann damit in guter Näherung als normalverteilt angesehen werden. Auf dem Downlink sind die Störer die Basisstationen, auf dem Uplink die Mobilstationen der Gleichkanalzellen.

2.3.2 *C/I*-Verhältnis und Verminderungsfaktor

Das kleinste akzeptable Verhältnis C/I für ein zellulares Netz ist, bei einem gegebenen Modulationsverfahren und einer technischen Ausrüstung des Empfängers, abhängig von der Zahl der benachbarten Gleichkanalzellen, dem Abstand dieser Zellen untereinander, der Sendeleistung sowie den Geländeeigenschaften.

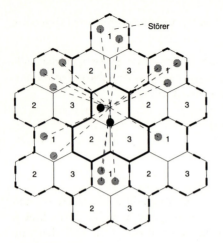

Abbildung 2.20: Störungen durch Gleichkanalzellen

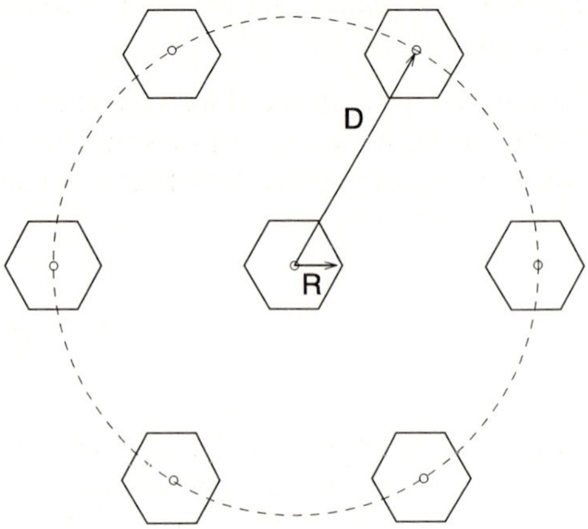

Abbildung 2.21: Abstände der Gleichkanalzellen in einem zellularen Netz

Anhand einer idealisierten Modellvorstellung wird im folgenden das zur Zellplanung benötigte Verhältnis C/I berechnet. Dazu wird ein System betrachtet, wie in Abb. 2.21 dargestellt. In der zentralen Zelle mit dem Radius R steht eine Mobilstation mit ihrer Basisstation in Funkkontakt. Die Interferenzzellen, in denen Mobilstationen auf gleicher Frequenz senden und deshalb einen störenden Einfluß ausüben können, sind im Abstand D kreisförmig um diese Zelle angeordnet. Gleichkanalstörungen durch weiter entfernte Zellen können wegen des zugehörigen Pfadverlustes vernachlässigt werden. Unter der Annahme, daß alle Mobilstationen statistisch unabhängig voneinander senden, berechnet man die gesamte Störleistung bei einer Basisstation von K_I störenden Mobilstationen additiv aus den einzelnen Interferenzanteilen I_k und der Rauschleistung N:

$$I = \sum_{k=1}^{K_I} I_k + N \qquad (2.22)$$

Die Rauschleistung N im Empfänger ist

$$N = F \cdot K \cdot \Theta \cdot v \qquad (2.23)$$

Dabei sind F die Rauschzahl des Empfängers (die zwischen 5 und 10 liegt), K die Boltzmann-Konstante $(1,38 \cdot 10^{-23}$ Ws/K$)$, Θ die Temperatur in Kelvin und v die Bitrate in bit/s. Entsprechend der im Modell auftretenden Verhältnisse ergibt

2.3 Zellulare Systeme

sich eine Rauschleistung von circa $5,6 \cdot 10^{-12}$ mW, beziehungsweise ein Pegel von -112 dBm.

Vernachlässigt man die Rauschleistung in einem homogenen System, in dem alle Mobilstationen mit gleicher Leistung senden, so ist der Gleichkanalstörabstand nur von der Anordnung der Mobilstationen zueinander abhängig:

$$\frac{C}{I} = \frac{R^{-\gamma}}{\sum_{k=1}^{K_I} D_k^{-\gamma}} \qquad (2.24)$$

In Gl. 2.24 wird mit D_k der Abstand zu der k-ten Mobilstation bezeichnet, und γ ist der Pfadverlustparameter der Empfangsleistung. Da sich im betrachteten Modell $K_I = 6$ Zellen in gleichem Abstand um die zentrale Zelle befinden und man vereinfachend alle Abstände D_k als gleich betrachten kann, ergibt sich:

$$\frac{C}{I} = \frac{R^{-\gamma}}{6 \cdot D^{-\gamma}} = \frac{1}{6} \cdot q^{\gamma} \qquad (2.25)$$

Das Verhältnis $q = D/R$ wird als Verminderungsfaktor der Gleichkanalstörung *(Cochannel Interference Reduction Factor)* bezeichnet [95, 94]

$$q = \frac{D}{R} = (6 \cdot \frac{C}{I})^{\frac{1}{\gamma}} \qquad (2.26)$$

Für einen angestrebten Gleichkanalstörabstand C/I von z. B. 11 dB, und unter Anwendung eines realitätsnahen Wertes von z. B. $\gamma = 4$ ergibt sich ein Verminderungsfaktor von $q = 2,85$.

Der nächste Schritt in der Zellplanung ist die Auswahl eines geeigneten Cluster-Typs, der den Anforderungen nach einem bestimmten Verhältnis von Zellradius R zu Wiederholabstand D gerecht wird. Verwendet man große Cluster, so ist auch der Abstand zwischen den interferierenden Zellen groß, allerdings kann jede Zelle, da das Frequenzkanalbündel des verfügbaren Bandes auf die Zellen des Clusters verteilt werden muß, weniger Verkehr tragen. Um eine möglichst hohe Frequenzökonomie zu erreichen, ist daher eine Abwägung zwischen der Anzahl der Zellen je Cluster und der erreichbaren Übertragungsqualität notwendig. Der auf den Zellradius normierte Wiederholabstand (Verminderungsfaktor) hat für folgende Clustergrößen folgende tatsächlichen Werte:

Clustergröße	3	4	7	12
D/R	3	3,464	4,58	5,6

2.3.3 Verkehrslast und Zellradius

Ein weiterer Parameter in der Funknetzplanung ist die Größe der Zellenradien. Durch Zellenverkleinerung läßt sich ein zellulares System an eine höhere Teilnehmerdichte adaptieren, vgl. Abb. 2.22. Allerdings haben die Zellen eine minimale systembedingte Größe, die sich durch Kosten-Nutzenbetrachtungen ergeben. In der Praxis errichtet man anfänglich ein Netz mit relativ großen Zellenradien. Kann diese Struktur den Verkehr nicht mehr tragen, so werden die Zellen mit hohem Verkehrsaufkommen durch Aufsplitten verkleinert und mit zusätzlichen Feststationen ausgestattet. Dadurch kann man stets ein Optimum zwischen Auslastung des Netzes, nötiger Signalisierung für Zellenwechsel, Dienstgüte des Teilnehmers sowie den Kosten der Netzinfrastruktur erreichen. Die Zahl der benötigten Feststationen kann durch Aufstellen im Schwerpunkt dreier benachbarter Zellen reduziert werden, wo sie drei 120°-Sektoren (= Zellen) mit verschiedenen Kanalgruppen versorgt, vgl. Kap. 2.4.

Der Hauptvorteil zellularer Systeme ist die örtliche Wiederverwendung der gleichen Funkkanäle und damit die Versorgung beliebig großer Gebiete. Dabei müssen zur einwandfreien Funktion folgende Voraussetzungen erfüllt sein:

- Durch ständige Messung der Feldstärke des Empfangssignals muß eine kommunizierende Mobilstation veranlaßt werden, die versorgende Basisstation der entsprechenden Zelle zu verwenden. Verläßt die Mobilstation eine Zelle, so wird dies vom Netz festgestellt und die Verbindung automatisch von der benachbarten Basisstation übernommen. Zellulare Systeme müssen somit in der Lage sein, während einer bestehenden Verbindung einen Wechsel des Funkkanals und auch der Basisstation vorzunehmen. Dieser Vorgang wird als *Handover* bezeichnet, vgl. Kap. 3.6.

- Das Mobilfunknetz muß darüber informiert sein, welche Mobilfunkteilnehmer sich momentan im Funkversorgungsbereich befinden, um sie bei Bedarf aufzufinden. Dazu werden alle Mobilstationen ständig einem Rufbereich zugeordnet und bei Wechsel des Bereichs netzintern umgebucht. Dieses Dienstmerkmal zellularer Netze, das mit *Roaming*, vgl. Abschn. 3.7.1, bezeichnet wird, gestattet Teilnehmer ständig zu erreichen.

Um zellulare Netze betreiben zu können, sind aufwendige Signalisierungsprotokolle erforderlich.

Funkzellen haben in der Realität keine hexagonale Form. Abbildung 2.23 zeigt für jeden Ort der Fläche die dort am stärksten empfangbare Feststation an *(Best Server)*.

2.4 Sektorisierung und spektrale Effizienz

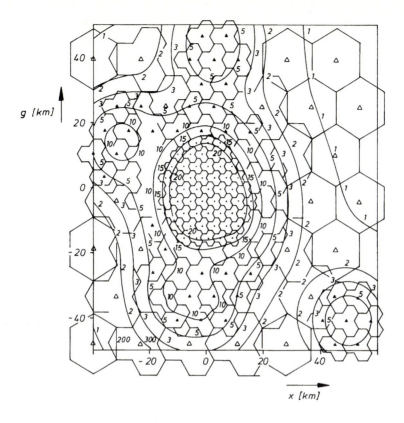

Abbildung 2.22: Anpassung der Zellengröße an die Verkehrsdichte

2.4 Sektorisierung und spektrale Effizienz

Zellularsysteme wie das GSM gelten als spektrumseffizient. Die Spektrumseffizienz ist aus der Sicht des Netzbetriebs ein Maß für den tragbaren Verkehr pro Frequenzeinheit und Flächenelement.

$$\text{spektrale Effizienz} \left[\frac{\text{bit/s}}{\text{MHz} \cdot \text{km}^2} \right] = \frac{\text{Verkehr[Erlang]}}{\text{Bandbreite} \times \text{Fläche}} \quad (2.27)$$

Verkehr bezeichnet den gesamten im Zellularsystem zu tragenden Verkehr (also die Zahl gleichzeitiger Gespräche), Bandbreite die gesamte zur Verfügung stehende Kanalkapazität und Fläche die Systemgesamtfläche A [km^2].

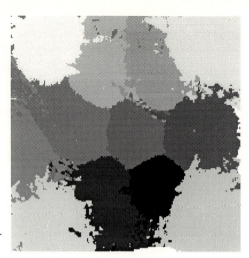

Abbildung 2.23: Simulierte Zellstruktur für ein Großstadtszenario

Die Effizienz ist abhängig von folgenden Parametern:

- Zahl der nötigen Funkkanäle pro Zelle
- Clustergröße bzw. Größe der Interferenzgruppe

Die Sektorisierung eines gegebenen Clusters reduziert die Gleichkanalstörungen, weil durch die Richtwirkung der Antennen die rückwärts abgestrahlte Leistung sehr klein ist und sich die Zahl gestörter Zellen verringert bzw. das C/I-Verhältnis steigt. Andererseits sinkt die Zahl der Kanäle/Sektor und damit der Bündelgewinn.

2.4.1 Effizienz und tragbarer Verkehr

Folgende Abkürzungen werden im folgenden Abschnitt verwendet:

V	mittlere Zahl MS pro km²	n	Zahl Kanäle je Zelle
t	Verkehr einer MS in Erlang	x	Anzahl Kanäle je Sektor
f_s	Kanalraster (30 kHz[1] im GSM-System bei Vollratenkanälen)	S	Zahl der Sektoren pro Zelle, hier werden nur Werte von $S=3$ und $S=6$ betrachtet
v	Übertragungsrate je Kanal (bit/s)		
Z	Zahl Zellen im System ($= A/A_h$)	R	Zellradius
N	Zahl Zellen je Cluster	A_s	Sektorfläche

---

[1] Ein GSM-Frequenzkanal ist 200 kHz breit und trägt 8 TDMA-Kanäle. Bei 25 kHz pro TDMA-Verkehrskanal und zusätzlich 12 % der Kanalkapazität für Signalisierung, resultieren ca. 30 kHz/TDMA-Kanal

2.4 Sektorisierung und spektrale Effizienz

Die Fläche eines Hexagons mit Seitenlänge R ist:

$$A_h = \frac{3 \cdot \sqrt{3}}{2} \cdot R^2 \qquad (2.28)$$

Damit ergeben sich folgende Flächen für Drei- bzw. Sechssektorzellen:

$$A_3 = \frac{\sqrt{3}}{2} \cdot R^2; \quad A_6 = \frac{\sqrt{3}}{4} \cdot R^2 \qquad (2.29)$$

2.4.1.1 Maße für die Spektrumseffizienz

Man unterscheidet zwischen der

- Effizienz eines Modulationsverfahrens, die üblicherweise als Quotient der Übertragungsrate (bit/s) und der dafür erforderlichen Frequenzbandbreite (Hz) ausgedrückt wird

$$\eta_{Mod} = \frac{\text{Übertragungsrate eines Kanals}}{\text{dafür erforderliche Bandbreite}} \left[\frac{\text{bit/s}}{\text{Hz}}\right] \qquad (2.30)$$

- Effizienz eines Zellularsystems aus der Sicht des Übertragungstechnikers, wobei die Übertragungsrate des Funkkanals (bit/s) auf die Systembandbreite bezogen wird.

$$\eta_{Zell} = \frac{\text{Übertragungsrate} \times \text{Kanalzahl im System}}{\text{Systembandbreite}} \left[\frac{\text{bit/s}}{\text{Hz}}\right] \qquad (2.31)$$

In beiden Fällen resultiert eine, für das gewählte Modulationsverfahren und andere Empfängerparameter charakteristische Bitfehlerwahrscheinlichkeit. Beide Sichten sind praktisch identisch.

Zur Bewertung der pro Quadratkilometer mit einem bestimmten Systemkonzept tragbaren Kommunikationsverkehrsleistung sind weitere Parameter erforderlich, die dann einen Vergleich verschiedener Zellularkonzepte ermöglichen. Gemäß Abschn. 2.3.1 sind entsprechende Aussagen nur unter der Nebenbedingung eines bestimmten C/I-Verhältnisses möglich. In [122] wird als Maß für die spektrale Effizienz die örtliche verfügbare Verkehrsdichte pro Bandbreiteeinheit als bestgeeignetes Maß genannt, vgl. Gl. (2.27). Die Verkehrsintensität beträgt ein Erlang, wenn ein Kanal ständig belegt ist. Ein nur zu x % belegter Kanal trägt x/100 Erlang Verkehr.

Dementsprechend kann die spektrale Effizienz wie folgt angegeben werden

$$\eta = \frac{\text{Kanalzahl/Zelle} \times \text{Angebot/Kanal}}{\text{Systembandbreite} \times \text{Zellfläche}} \left[\frac{\text{Erlang}}{\text{kHz} \cdot \text{km}^2}\right] \quad (2.32)$$

wobei die Systembandbreite das Produkt aus Clustergröße und der Bandbreite pro Zelle ist.

Mit den oben eingeführten Abkürzungen [17] kann demnach die spektrale Effizienz für sektorisierte bzw. nichtsektorisierte Systeme angegeben werden:

- Bei rundstrahlenden Antennen ergibt sich der maximal tragbare Verkehr aus dem Verkehr einer Zelle multipliziert mit der Zahl der Zellen im System:

$$T_{max} = V \cdot t \cdot A_h \cdot Z \quad (2.33)$$

Die Effizienz ist dann[17]:

$$\eta_{Rund} = \frac{V \cdot t \cdot A_h \cdot Z}{2 \cdot f_s \cdot n \cdot N \cdot A} = \frac{V \cdot t}{2 \cdot f_s \cdot n \cdot N} \left[\frac{\text{Erlang}}{\text{km}^2 \cdot \text{kHz}}\right] \quad (2.34)$$

- Für Sektorantennen ergibt sich der maximal tragbare Verkehr zu:

$$T_{max} = V \cdot t \cdot A_s \cdot S \cdot Z \quad (2.35)$$

Für die Effizienz folgt dann:

$$\eta_{dir} = \frac{V \cdot t}{2 \cdot f_s \cdot (x \cdot S) \cdot N} \quad (2.36)$$

2.4.2 Wirkung der Sektorisierung bei fester Clustergröße

Die Abbildung 2.24 zeigt verschiedene Cluster mit 3er bzw. 6er-Sektorisierung. Zur Untersuchung der Wirkung der Sektorisierung kann man folgende Vereinfachungen machen:

- nur der erste Ring von Gleichkanalstörzellen M wird betrachtet, vgl. Abb. 2.25. Der Effekt des zweiten Rings von Störern wird vernachlässigt.
- der Ausbreitungskoeffizient bzw. Dämpfungsfaktor ist näherungsweise $\gamma = 4$, also gilt für die Empfangsleistung $P_e \sim P_s/D^4$.

2.4 Sektorisierung und spektrale Effizienz

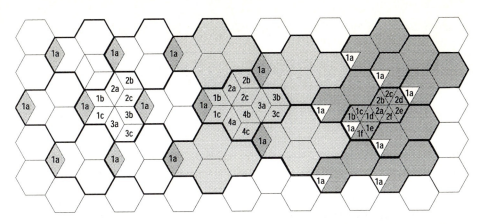

Abbildung 2.24: 3er-Cluster mit 3er-Sektorisierung ($N = 3$, links), 4er-Cluster mit 3er-Sektorisierung ($N = 4$, Mitte), 2er-Cluster mit 6er-Sektorisierung ($N = 2$, rechts)

- der Verminderungsfaktor, vgl. Gl. (2.26), beträgt für $N = 7$ $q = 4,6$, vgl. die Tabelle im Abschn. 2.3.2.

Laut Abb. 2.25 folgt für das 7er-Cluster für die Abhängigkeit zwischen Sektorenzahl und Zahl der Störzellen:

$S \hat{=}$ Zahl der Sektoren	$M \hat{=}$ Zahl der Gleichkanalzellen
1 (omni)	6
3	2
6	1

Für andere Clustergrößen gilt entsprechendes, vergleiche Kap. 2.3. Analog zu Gl. (2.25) folgt für das C/I-Verhältnis bei beliebigem Cluster [96]:

$$C/I = \frac{q^4}{M} = \frac{(3N)^2}{M} \qquad (2.37)$$

Für die betrachteten Sektorisierungen folgt dann das C/I-Verhältnis:

$N = 7$	Omni	3-Sektor	6-Sektor
C/I	17 dB	25,3 dB	29 dB

Die Spektrumseffizienz läßt sich nun aus den Gl. (2.34) und (2.36) berechnen. Abbildung 2.26 zeigt die spektrale Effizienz über dem Zellradius für einen Verkehrswert von $V \cdot t = 0,2$ Erlang/km^2, was einer Verkehrsdichte von 10 MS/km^2

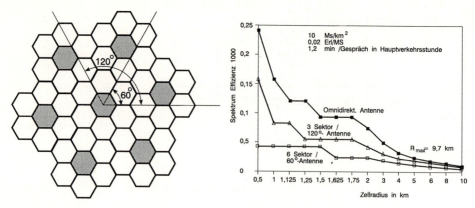

Abbildung 2.25: Verteilung der Gleichkanalstörer

Abbildung 2.26: Spektrale Effizienz für $V \cdot t = 0{,}2$ Erlang

bei einem Verkehrsaufkommen von $0{,}02$ Erlang pro MS entspricht (mit anderen Worten: jede MS telefoniert im Schnitt 1,2 Minuten pro Stunde).

Aus Abb. 2.27 geht hervor, daß die prozentuale Steigerung der Effizienz für sektorisierte Systeme für in der Praxis vorkommende Zellradien negativ ist. Laut Anhang A.1.2 kann der tragbare Verkehr pro Zelle $Y = f(n, p_v)$ bei gegebener Verlustwahrscheinlichkeit p_v analytisch berechnet werden: $Y = f(n, p_v) = V \cdot t \cdot A_s \cdot S \cdot p_v$, wobei gilt: $n = f(V \cdot t, S, A_s)$. Zum Beispiel kann man für eine Verlustwahrscheinlichkeit von 2 % den maximal tragbaren Verkehr für ein System der Bandbreite

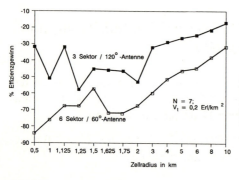

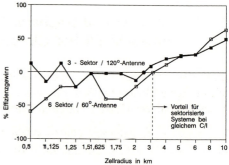

Abbildung 2.27: Effizienzgewinn für sektorisierte Systeme

Abbildung 2.28: Effizienzgewinn bei unverändertem / verkleinertem Cluster

2.4 Sektorisierung und spektrale Effizienz

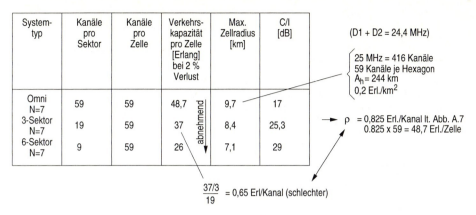

Abbildung 2.29: Maximal tragbarer Verkehr

$2 \cdot 12{,}5$ MHz bzw. mit 416 Duplexkanälen insgesamt berechnen, vgl. Abb. 2.29. Dort ist für einen Verkehr von 0,2 Erlang/km² auch der maximale Zellradius angegeben.

Für eine 3-Sektor Zelle verbleiben $n = 19$ Kanäle pro Sektor, wofür aus Abb. A.6 bei $p_0 = 2\ \%$ ein zulässiger Ausnutzungsgrad von $\rho = 0{,}65$ abgelesen werden kann. Der tragbare Verkehr pro Zelle (3 Sektoren) ist dann $\rho \cdot n \cdot 3 = 37$ Erl.

Man erkennt, daß Sektorisierung für eine gegebene Clustergröße die Spektrumseffizienz und den maximal tragbaren Verkehr aufgrund des verschlechterten Bündelgewinns verringert; der Haupteffekt der Sektorisierung ist das verbesserte C/I-Verhältnis!

2.4.3 Effizienz und tragbarer Verkehr bei Sektorisierung und unterschiedlicher Clustergröße

Eine Effizienzsteigerung bei gleichzeitiger Sektorisierung wird möglich, wenn das sektorisierte Cluster verkleinert wird, ohne das C/I-Verhältnis unter den bei Omni-Antenne und 7er-Cluster erzielten Wert von 17 dB sinken zu lassen.

Für die kleinste zulässige Clustergröße N folgt aus Gl. (2.37) bei einem Mindestwert $C/I = 17$ dB für die unterschiedlichen Sektorisierungen:

- ohne Sektorisierung muß die Clustergröße $N = 7$ sein, damit $C/I = 17$ dB,
- für $S = 3$ ($M = 2$) darf $N = 4$ bei $C/I = 18{,}5$ dB betragen,

- für $S = 6$ ($M = 1$) darf $N = 3$ bei einem $C/I = 19$ dB sein.

Die in den Gl. (2.34) und (2.36) definierte Spektrumseffizienz führt zu dem in Abb. 2.28 dargestellten Ergebnis:

- sektorisierte Systeme haben ab $R = 3$ km (bei 0,2 Erl./km² Verkehrsaufkommen) Vorteile gegenüber rundstrahlenden Systemen
- ab 6 km Radius sind sechs Sektoren tendenziell besser als drei Sektoren
- bei höherem Verkehrsaufkommen sind Sektorantennen vorteilhaft bei Zellradien ab:

$V \cdot t$ [Erlang/km²]	0,5	1
R [km]	2	1,7

Der maximal tragbare Verkehr spricht jetzt deutlich für Sektorsysteme, vgl. 1. Tabelle in Abb. 2.30. Trotz Verlust an Bündelgewinn sind Sektorsysteme besser, wenn auf Basis gleicher Werte für das C/I-Verhältnis verglichen wird.

2.4.4 Sektorisierung bei Abschattung

Um trotz Funkabschattung die erforderlichen C/I-Werte einzuhalten, sind größere Überlappungen von Zellen und größere Cluster mit z. B. $N = 12$, d. h. einem Verminderungsfaktor $q = 5,6$ nötig. Um bei $\sigma = 6$ dB (σ ist die Standardabweichung der Lognormal-Verteilung) ein C/I von 17 dB bei einer Interferenzwahrscheinlichkeit von 0,1 zu erreichen, ist die in Abb. 2.30 unten gezeigte Clustergröße bei Sektorisierung erforderlich.

Für diese Systeme ist die prozentuale Effizienzsteigerung bei Sektorisierung analog zu Abb. 2.28 bestimmbar [97]. Dabei zeigt sich, daß bei 0,2 Erlang/km² selbst mit 13 dB Abschattungsreserve sektorisierte Systeme ab ca. $R = 3$ km günstiger sind als rundstrahlende. Bei 0,5 bzw. 1 Erl./km² sind Sektorsysteme schon ab 2 bzw 1,7 km Zellradius besser als Rundstrahlsysteme. Der tragbare Verkehr pro Zelle geht schließlich aus Abb. 2.30 (rechte Tabelle) hervor, berechnet unter denselben Voraussetzungen wie zuvor.

2.5 Das ISO/OSI-Referenzmodell

Da der Informationsaustausch zwischen Kommunikationspartnern insgesamt komplex und schwer übersichtlich ist, hat man den gesamten Kommunikationsvorgang

2.5 Das ISO/OSI-Referenzmodell

Maximaler Zellradius bei 0,2 Erl./km² und verschiedener Sektorisierung

7er Cluster: für Pv = 0,02
(ohne Abschattung)

System-typ	Kanäle pro Sektor	Kanäle pro Zelle	Verkehrs-kapazität pro Zelle [Erlang]	Max. Zellradius [km]	C/I [dB]
Omni N=7	59	59	48,8	9,7	17
3-Sektor N=4	34	104	76,8	12,1	18,5
6-Sektor N=3	23	138	94,6	13,5	19

(ansteigend ↓)

27er Cluster: für Pv = 0,02
(mit 13 dB Abschattungsreserve)

System-typ	Kanäle pro Sektor	Kanäle pro Zelle	Verkehrs-kapazität pro Zelle [Erlang]	Max. Zellradius [km]
Omni N=27	-	15	9,0	4,2
3-Sektor N=16	8	26	10,9	4,5
6-Sektor N=12	5	34	9,9	4,4

erforderliches Cluster bei 13 dB Abschattungsreserve

System-typ	Stör-kanäle M	Reuse Distance Ratio q	Cluster-größe N	C/I [dB]
Omni	6	8,7	27	30,4
3-Sektor	2	6,8	16	30,6
6-Sektor	1	5,69	12	31,1

Abbildung 2.30: Tragbarer Verkehr bei Abschattung

ganz allgemein schematisiert und in einzelne, wohldefinierte hierarchische Schichten *(Layer)* gegliedert.

Jede Schicht, mit Ausnahme der obersten, bietet der nächsthöheren Schicht Dienste *(Services)* an. Um die Dienste erbringen zu können, erfolgt eine Informationsübermittlung zwischen den Instanzen der jeweiligen Schicht der kommunizierenden Systeme mittels sogenannter *Protokolle*. Für diese Übermittlung stehen einer Schicht die Dienste der nächstniedrigeren Schicht zur Verfügung. Innerhalb eines Prozesses kommuniziert also jede Instanz direkt nur mit der nächsthöheren und der nächstniedrigeren Instanz. Eine übergeordnete Schicht bezeichnet man als Dienstnutzer und die unterliegende Schicht als Diensterbringer.

Das hierarchische Modell erleichtert die Verständigung zwischen Entwickler, Anbieter und Anwender von Kommunikationssystemen. Wird in einer der Schichten eine Änderung vorgenommen, so bleiben die übrigen Schichten unberührt. Die Schichtenbildung macht außerdem die Implementierung von Protokollen übersichtlicher und ermöglicht ihre Standardisierung.

Unter diesen Aspekten wurde von der Internationalen Standardisierungsorganisation ISO ein allgemein akzeptiertes Schichtenmodell, das *ISO/OSI-Referenzmodell*, für offene Kommunikationssysteme spezifiziert, das praktisch alle heute realisierten Kommunikationssysteme beschreibt. Dieses Modell trägt den Namen OSI *(Open Systems Interconnection)*, da es die Verbindung offener, digitaler Systeme beschreibt.

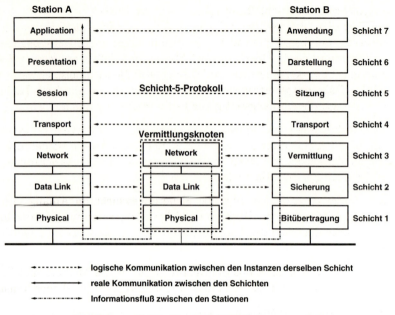

Abbildung 2.31: Das ISO/OSI-Referenzmodell

Das OSI-Modell beruht auf verschiedenen Prinzipien. Jede Schicht realisiert eine genau definierte Funktion, wobei sich die Festlegung der Funktionen an international genormten Protokollen orientiert. Die Grenzen zwischen den einzelnen Schichten sind so gewählt, daß der Informationsfluß über die Schnittstellen möglichst gering ist. Jede höhere Schicht bedeutet einen neuen Abstraktionsgrad der tiefer liegenden Schichten. Damit die Anzahl der Schichten und dazwischen liegenden Schnittstellen klein bleibt, wurden z. T. auch verschiedene Funktionen in dieselbe Schicht gelegt. Als Ergebnis dieser Überlegungen entstand ein Siebenschichtenmodell, vgl. Abb. 2.31.

Der folgende Abschnitt beschreibt kurz die Aufgaben der sieben Schichten des OSI-Referenzmodells [75]:

Physikalische Schicht – Schicht 1: Die Bitübertragungsschicht *(Physical Layer)* stellt die Grundlage für die Kommunikation dar und ermöglicht die Übertragung von Bits über ein Kommunikationsmedium. In Schicht 1 werden die elektrischen und mechanischen Eigenschaften, z.B. genormte Stecker, Synchronisation der Übertragung über Kabel oder Funkkanal, Gleichlaufverfahren, Signalcodierung bzw. -pegel usw. für die Schnittstelle zwischen Endeinrichtung und Leitungsabschluß dargestellt.

Sicherungsschicht – Schicht 2: Aufgabe der Sicherungsschicht *(Data Link Layer)* ist, den Bitstrom der Schicht 1 als Folge von Datenblöcken zu interpretieren und diese fehlerfrei an die Vermittlungsschicht weiterzugeben. Um die Sicherung gegen Übertragungsfehler zu gewährleisten, werden fehlererkennende bzw. -korrigierende Codes eingesetzt. So wird beispielsweise den als Blöcke (Rahmen) übertragenen Daten sendeseitig systematische Redundanz hinzugefügt, die empfangsseitig zur Fehlererkennung benutzt wird.

Diese Rahmen werden sequentiell zwischen Schicht 2 Partnerinstanzen übertragen. Wird ein Übertragungsfehler erkannt, so wird die wiederholte Übertragung des Blockes durch einen Quittierungs-Mechanismus veranlaßt, wobei die Reihenfolge garantiert wird.

Um Blöcke zu erkennen, fügt die Sicherungsschicht an Anfang und Ende spezielle Bitmuster ein. Durch beidseitige Flußsteuerung kann der logische Kanal individuell von den kommunizierenden Partnerinstanzen genutzt werden.

Die Schicht 2 beinhaltet das Zugriffsprotokoll für das Medium und Funktionen für den Verbindungsaufbau und -abbau bzgl. der betriebenen Teilstrecke.

Vermittlungsschicht – Schicht 3: Die Vermittlungsschicht *(Network Layer)* ist für die Einrichtung, den Betrieb und die Auslösung von Netzverbindungen zwischen offenen Systemen verantwortlich. Dazu gehören insbesondere das *Routing* und Interpretieren von Adressen, die optimale Wegewahl beim Verbindungsaufbau bzw. während der Verbindung.

Aufgabe dieser Schicht ist auch das Multiplexen von Verbindungen auf die Kanäle der einzelnen Teilstrecken zwischen den Netzknoten.

Transportschicht – Schicht 4: Die Transportschicht *(Transport Layer)* ist für den Ende-zu-Ende Datentransport zuständig. Sie steuert den Beginn und das Ende einer Datenübermittlung, nimmt Segmentierung und Zusammenfassung von Nachrichten vor und steuert den Datenfluß. Fehlerbehandlung und Datensicherung sowie die Zuordnung zwischen symbolischer und physikalischer Geräteadresse und die Optimierung des Informations-Transportweges gehören ebenfalls zu den Aufgaben dieser Schicht.

Sie stellt das Bindeglied zwischen den netzabhängigen Schichten 1 bis 3 und den völlig netzunabhängigen übergelagerten Schichten 5 bis 7 dar und stellt für die höheren Schichten eine netzunabhängige Schnittstelle bereit, um Anwendungen, unabhängig vom jeweils verwendeten Netztyp, eine geforderte Dienstgüte zu ermöglichen (falls verfügbar).

Sitzungsschicht – Schicht 5: Die Sitzungsschicht *(Session Layer)* steuert den Kommunikationsablauf zwischen den beteiligten Endeinrichtungen und enthält Funktionen für den Austausch von Endgerätekennung, Festlegung der Form des Datenaustausches, Dialogverwaltung, Gebührenverrechnung oder Erkennung und ggf. Rücksetzen nach Dialogfehlern auf vorbereitete logische Prüfpunkte, die Synchronisation von Dialogen.

Darstellungsschicht – Schicht 6: Die Darstellungsschicht *(Presentation Layer)* leistet durch schichtspezifische Dienste eine Transformation der Anwender-Datenstrukturen in ein vereinbartes und allen Partnern bekanntes Standardformat für die Übertragung.

Außerdem werden Dienste wie Datenkompression und Verschlüsselung zur Erhöhung der Vertraulichkeit und Authentizität der Daten erbracht.

Anwendungsschicht – Schicht 7: Die Anwendungsschicht *(Application Layer)* bildet die Schnittstelle zum Teilnehmer bzw. seinen Anwendungsprogrammen. Sie enthält Standarddienste, um die Datenübertragung zwischen Anwenderprogrammen (File Transfer) zu unterstützen, verteilte Datenbasen bereitzustellen, einen Prozeß auf verschiedenen Rechnern verteilt ablaufen zu lassen, verteilte Systeme zu steuern und zu verwalten.

2.6 Zuteilung der Funkkanäle

Zur besseren Ausnutzung der Kapazität eines Übertragungsmediums gibt es verschiedene Methoden um mehrere Verbindungen gleichzeitig im Multiplex zu übertragen. Ein Multiplexverfahren ist ein Algorithmus, der die Mehrfachnutzung der Übertragungskapazität eines Mediums erlaubt. Bei Funksystemen unterscheidet man im wesentlichen folgende Verfahren:

- *Frequency Division Multiplexing* (FDM, Frequenzmultiplex),
- *Time Division Multiplexing* (TDM, Zeitmultiplex),
- *Code Division Multiplexing* (CDM, Codemultiplex),
- *Space Division Multiplexing* (SDM, Raummultiplex).

Neben diesen Multiplexverfahren zur Vielfachnutzung der Kapazität eines Übertragungsmediums durch viele Kommunikationsbeziehungen gibt es Zugriffsverfahren zu den jeweiligen Frequenz-, Zeit-, Code- und Raumkanälen, die mit folgenden Abkürzungen bezeichnet werden.

- *Frequency Division Multiple Access* (FDMA)
- *Time Division Multiple Access* (TDMA)

2.6 Zuteilung der Funkkanäle

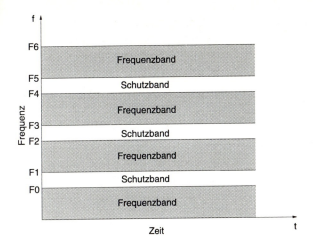

Abbildung 2.32: Frequenzmultiplexverfahren, FDM

- *Code Division Multiple Access* (CDMA)
- *Space Division Multiple Access* (SDMA)

Diese Zugriffsverfahren sind als Schicht 2 Protokolle entsprechend dem ISO/OSI-Referenzmodell nur Bezeichner für die jeweilige Klasse von Protokollen und sind im Einzelfall (in jedem System) speziell festgelegt.

2.6.1 Frequenzmultiplex, FDM

Beim Frequenzmultiplex-Verfahren wird das für das Funksystem zur Verfügung stehende Spektrum in mehrere Frequenzbänder unterteilt, die gleichzeitig genutzt werden können, vgl. Abb. 2.32.

Jedes Frequenzband wird als physikalischer Kanal gesehen, der jeweils zwei oder mehr Stationen zur Kommunikation zugewiesen wird. Jede Station kann mit der vollen verfügbaren Übertragungsrate des Frequenzbandes, senden bzw. empfangen.

Eine Einteilung des Frequenzspektrums in Frequenzbänder wird erreicht, indem man unterschiedliche Trägerfrequenzen mit den jeweils zu übertragenden Nachrichten moduliert. Empfangsseitig erfolgt die Trennung der Signale durch entsprechende Filterung. Da reale Filter nur eine endliche Flankensteilheit aufweisen, sind Schutzbänder *Guard Band* nötig, um Interferenzen (Übersprechen) zu vermeiden.

Deshalb ist die vollständige Nutzung des zur Verfügung stehenden Frequenzbandes nicht möglich. Öffentliche Mobilfunksysteme, wie z. B. das C-, D- und E-Netz oder Bündelfunksysteme wenden das Frequenzmultiplex-Verfahren an.

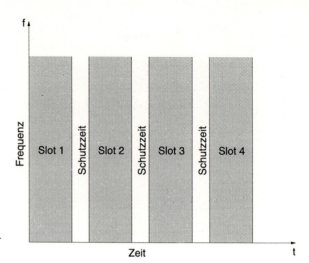

Abbildung 2.33: Zeitmultiplexverfahren, TDM

2.6.2 Zeitmultiplex, TDM

Die Kapazität eines FDM-Kanals ist u. U. größer, als für eine Kommunikationsbeziehung benötigt. Man kann dann den Frequenzkanal periodisch abwechselnd mehreren Kommunikationsbeziehungen zuteilen. Dieser Gedanke liegt dem Zeitmultiplex-Verfahren zu Grunde, bei dem ein Funkkanal in seiner gesamten Bandbreite genutzt wird, aber in Zeitschlitze *(Slots)* unterteilt wird, die dann jeder Station periodisch für die Dauer der Verbindung fest zugewiesen werden, vgl. Abb. 2.33. In einem Slot kann die übertragende Station eine bestimmte Anzahl Datenbits unterbringen. Die Folge der durch eine Station genutzten Slots bildet einen Zeitkanal.

In manchen Anwendungen ist eine feste Zuweisung der Zeitschlitze an Stationen und die damit verbundene ständige Belegung des Übertragungsmediums nachteilig, wenn große Übertragungspausen auftreten. Dann werden die Zeitschlitze nach Bedarf den einzelnen Benutzern zentral oder dezentral zugewiesen.

Das TDM-Verfahren erfordert für den Zugang zum Übertragungsmedium einen Multiplexer bzw. empfangsseitig einen Demultiplexer, die zueinander genau synchron arbeiten müssen, damit die übertragenen Nachrichten den richtigen Zeitkanälen zugeordnet werden. Ähnlich wie beim FDM-Verfahren muß auch in TDM-Systemen eine Schutzzeit *(Guard Time)*, jetzt zwischen den einzelnen Slots, vorgesehen werden, um Synchronisationsfehler und Signallaufzeitunterschiede und damit Interferenzen der Signale zu vermeiden. Diese Schutzzeit verhindert die Realisierung beliebig kurzer Zeitschlitze und reduziert somit die theoretisch mögliche Kapazitätsausnutzung.

2.6 Zuteilung der Funkkanäle

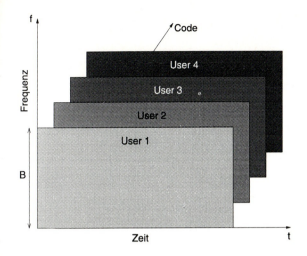

Abbildung 2.34: Codemultiplexverfahren, CDM

Das TDM-Verfahren ist zwar frequenzökonomischer als das FDM-Verfahren, erfordert aber eine sehr genaue Synchronisation der beteiligten Parteien und deshalb höheren technischen Aufwand als das FDM-Verfahren. Alle digital übertragenden Mobilfunksystemen wenden neben dem FDM- auch das TDM-Verfahren an.

2.6.3 Codemultiplex, CDM

Das Codemultiplexverfahren trennt die Übertragungskanäle weder durch Frequenzbereiche noch durch Zeitschlitze. Kennzeichnend für dieses Verfahren ist die Übertragung eines schmalbandigen Funksignals in einem breiten Frequenzspektrum, wobei das schmalbandige Signal durch eine geeignete Codiervorschrift auf ein breitbandiges Signal abgebildet wird. Man spricht in diesem Zusammenhang von Codespreizung, vgl. Abb. 2.34.

Jedem Benutzer des Funkkommunikationssystems wird jeweils eine geeignete Codiervorschrift zugewiesen, durch die das zu übertragende Signalspektrum auf ein Vielfaches seiner Originalbandbreite gespreizt wird. Die so erhaltenen Signale werden dann von den Sendern zeitgleich im gleichen Frequenzband übertragen. Die von den Sendern verwendeten Codiervorschriften müssen so gewählt werden, daß die Interferenzen bei den Empfängern trotz zeitgleicher Übertragung minimal bleiben. Die Anwendung eines orthogonalen *Pseudo Noise* (PN) Code zur Trägermodulation der zu übertragenden Informationen erfüllt diese Bedingung.

Der Empfänger, der die Codiervorschrift des Senders kennen muß, sucht das breitbandige Signal nach dem Bitmuster der PN-Sequenz des Senders ab. Durch Bildung der Autokorrelationsfunktion (AKF), kann der Empfänger auf den Codekanal des Senders synchronisieren und das Signal auf seine Originalbandbreite reduzieren. Die jeweiligen Signale der anderen Sender, deren Codes mit der ausgewählten PN-Folge nicht übereinstimmen, werden nicht auf die Originalbreite zurücktransformiert und tragen somit nur zum Rauschpegel des empfangenen Signals bei.

Bei einer bestimmten Anzahl von Codekanälen auf demselben Frequenzkanal kann der Signal-zu-Rausch Verhältnis (*Signal to Noise Ratio*, SNR) den zum Empfang mit dem Korrelator erforderlichen Wert unterschreiten. Somit ist auch beim CDM-Verfahren die Anzahl der Teilnehmer begrenzt, die denselben Kanal benutzen können.

Zur Realisierung der spektralen Spreizung eines Signals werden in der Praxis hauptsächlich zwei Verfahren angewandt:

- *Direct Sequence*, (DS),
- *Frequency Hopping*, (FH).

Ein Vorteil des CDM-Verfahrens ist, daß durch die Codierung die Teilnehmerdaten vertraulich bleiben und deshalb ein kryptographisches Verfahren zum Schutz der übertragenen Daten u. U. entfallen kann. Systeme, in denen CDM angewandt wird (z. B. IS-95), sind störsicherer als FDM- und TDM-Systeme, dies gilt sowohl für atmosphärische als auch für gezielte Störung der Kommunikation. Ein Störsender verfügt in der Regel über keine ausreichende Sendeleistung, um das gesamte Frequenzspektrum zu überdecken und nicht die notwendigen Informationen, um eine bestimmte zu störende Verbindung detektieren zu können. Ein weiterer Vorteil gegenüber dem TDM-Verfahren ist, daß in CDM-Systemen keine Zeitsynchronisation der verschiedenen Sender erforderlich ist. Sie sind aufgrund des Codes selbstsynchronisierend.

Ein systembedingter Nachteil im CDM-Verfahren ist, daß Sender und Empfänger synchrone Pseudozufallsfolgen generieren müssen. Wenn mehrere Stationen gleichzeitig übertragen, können zufällige statistische Überlagerungen entstehen, die zu Fehlern führen und Maßnahmen zur Fehlererkennung bzw. -korrektur erfordern. Außerdem ist eine schnelle Leistungssteuerung durch jeden Empfänger nötig, um zu vermeiden, daß Nutzsignale stark einfallender Sender die Signale schwächerer Sender merklich stören.

2.6.3.1 Direct Sequence

Das *Direct-Sequence*-Verfahren ist eine Spreiztechnik, bei der die zu übertragenden binären Signale mit dem binären Ausgangssignal eines Pseudonoise-Generators modulo zwei addiert und anschließend z. B. zur Phasenmodulation des Trägersignals verwendet werden. Das Verknüpfen der Datenbits mit der Pseudozufalls-

2.6 Zuteilung der Funkkanäle

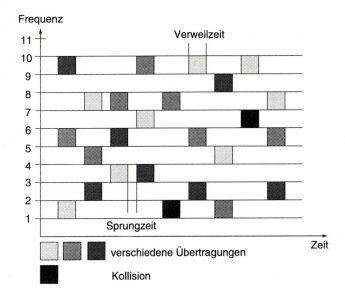

Abbildung 2.35: Frequency Hopping Spreiztechnik

bitfolge *(Chip-Sequence)* transformiert das schmalbandige Informationssignal auf die große Bandbreite des PN-Signals und erzeugt so einen sogenannten Codekanal [117]. Durch die Spreizung mit verschiedenen, orthogonalen Chipsequenzen entstehen orthogonale Codekanäle, deren Summensignal Null ist. In der praktischen Realisierung wird die Orthogonalität nur näherungsweise erreicht, weil die Chipsequenzen vom gleichen Pseudonoise-Generator durch Vergabe verschiedener Startwerte abgeleitet werden.

2.6.3.2 Frequency Hopping

Beim Frequenzsprung-Verfahren *(Frequency Hopping)* wechseln Sender und Empfänger in schneller Folge synchron die Übertragungsfrequenz, vgl. Abb. 2.35. Dabei wird das bereits modulierte Informationssignal zu dem Signal eines Codegenerators, der einen Frequenzsynthesizer steuert, modulo zwei addiert, wodurch sich eine Ausweitung der originalen Bandbreite auf ein Vielfaches ergibt. Der Frequenzsprung erfolgt entweder schnell (viele *hops* je Informationsbit) oder langsam (ein *hop* für viele Informationsbits).

Im verfügbaren Frequenzbereich können mehrere Übertragungen gleichzeitig stattfinden, wobei Kollisionen auftreten können, falls zwei oder mehr Sender zufällig gleichzeitig die gleiche Frequenz benutzen. Solche Kollisionen, die beim Empfänger den Störabstand evtl. unzulässig verkleinern, können bei Anwendung von orthogonalen Codes vermieden werden.

Der Vorteil dieses Verfahrens ist, daß Störungen im Übertragungskanal, z. B. durch frequenzselektiven Schwund, in der Regel nur einen kleinen Teil der Nachricht betreffen. Der fehlerhafte Nachrichtenteil kann bei Bedarf durch geeigneten Fehlerschutz empfangsseitig ausgeglichen werden.

2.6.4 CDMA-Technik für den zellularen Mobilfunk

CDMA wird seit Anfang der 80er Jahre für Experimente zur drahtlosen Kommunikation in Gebäuden und außerhalb sowie über Satelliten benutzt [4, 117].

Seit Anfang 1991 entstand besonderes Interesse wegen der Ankündigung eines zellularen CDMA-Systems durch QUALCOMM USA, San Diego mit dem Anspruch besonders großer spektraler Effizienz des Verfahrens für Zellularfunk. Inzwischen liegt ein Telecommunications Industry Association (TIA) Interim Standard 95 vor, vgl. Kap. 4.3.

Charakteristika:

- ein Frequenzband B für alle Codekanäle,
- viele gleichzeitige digitale Signale im selben Band B,
- Verwendung (nahezu) orthogonaler Signalsequenzen,
- jede Signalfolge eines Kanals kann im Empfänger, bei Kenntnis der benutzten Codesequenz detektiert und decodiert werden,
- interferenzlimitiertes System: die Zahl gleichzeitiger Sender ist aufgrund ihrer gegenseitigen Störung beim Empfänger begrenzt.

Orthogonalität erreicht man

bei	durch
TDM	Signaltrennung in der Zeit,
FDM	Signalübertragung in verschied. Frequenzbändern
CDM	kanalspezifischen Code für die Signalfolgen.

Die Bandbreite B des CDMA-Signals eines Teilnehmers ist wesentlich größer, als seiner Kanalbitrate R entspricht. Je größer B/R ist, desto größer ist die Zahl gleichzeitiger Codekanäle im selben Band B. Die Leistung pro Bandbreite-Einheit (W/Hz) wird durch Spreizung verkleinert.

2.6 Zuteilung der Funkkanäle

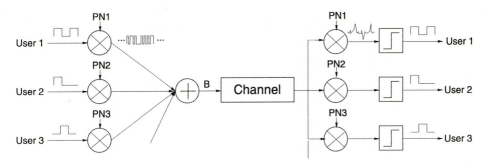

Abbildung 2.36: Vereinfachtes CDMA-Kommunikationssystem

Beispiel: Spreizt man ein 1 MHz-Signal 100-fach auf $B = 100$ MHz und sendet mit 1 W, so

- erhält ein Empfänger mit Bandbreite 1 MHz nur 10 mW Störleistung (gedämpft durch die Entfernung)

- stört ein Sender mit 1 MHz Bandbreite einen Empfänger mit 100 MHz Bandbreite nur mit 1/100 abzgl. Dämpfung.

Abbildung 2.36 zeigt ein Schemabild für ein CDMA Kommunikationssystem (ohne Modulator und Demodulator):

- die Benutzersignalfolgen werden mit individuellen Spreizsequenzen PN_1, PN_2, ... multipliziert und über dasselbe Band übertragen,

- die gestörten Signale werden mit der kanalspezifischen Sequenz im (Korrelations-) Empfänger multipliziert, entspreizt und durch einen Entscheider wiederhergestellt,

- daß überlagerte Signal vieler Benutzter ähnelt dem Gauß'schen Rauschen.

CDMA-Signale sind unempfindlich gegen schmalbandige Störungen. Das Verfahren beansprucht, eine mehrfach größere Spektrumseffizienz zu erreichen als FDMA/TDMA., vgl. Abschn. 4.3.3.

Problem bei CDMA: Alle beim Empfänger einfallenden Signalfolgen müssen auf ca. 1 dB genau gleichstark vorliegen, sonst unterdrückt das stärkere das schwächere Signal *(Near/Far Problem)*. Man benötigt eine adaptive (schnelle) Leistungssteuerung der Sender durch den Empfänger *(Power Control)*.

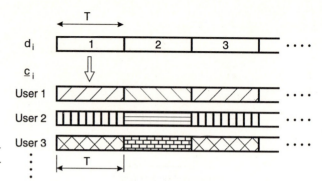

Abbildung 2.37: Orthogonale Spreizung, symbolweise

2.6.4.1 Verschiedene übliche CDMA Techniken

Orthogonale Spreizung: Symbolweise (PAM) Das Datensymbol d_i mit der Dauer T jedes Teilnehmers wird individuell in eine Menge orthogonaler Codesequenzen abgebildet [4]:

$$\underline{c_k} = \{c_{k1}, c_{k2}, \ldots c_{kL}\}, \tag{2.38}$$

die jede die Länge T haben. Die Dauer jedes Chips c_{kj} der Sequenz beträgt T/L, wobei L die Länge der Codesequenz ist, vgl. Abb. 2.37.

Werden Datensymbole zur Basis m (m-är) und rein orthogonale Codierung der Symbole angewandt, benötigt man eine individuelle Menge von m orthogonalen Codesequenzen $\underline{c_k}$ für jeden Teilnehmer(-kanal).

Hauptvorteile der symbolweisen Codespreizung: Orthogonalität u. Kreuzkorrelation (d. h. Kanalinterferenz) der Codesequenzen hängen streng von den gewählten Codes ab, sind also steuerbar. Erfolgen Übertragung und Empfang der Symbole verschiedener Kanäle synchron, z. B. innerhalb einer Zelle, wird eine besonders hohe Kapazität (Kanäle/Bandbreite) möglich (d. h. die Orthogonalität wird voll wirksam).

Nachteil: Die Festlegung umfangreicher Codesequenzen mit guter Kreuzkorrelation ist, unter der Randbedingung begrenzter Codelängen L, wie für Zellularnetze erforderlich, nicht befriedigend gelöst.

Spreizung nach dem Direct Sequencing (DS) Verfahren Hier erfolgt eine DS-Multiplikation der Datensignale jedes Teilnehmers mit einer individuellen PN-Binärfolge, deren Periode deutlich über der eines Datensymbols T ist, vgl. Abb. 2.38. Dann ist die Chipdauer $T/L \ll T$.

2.6 Zuteilung der Funkkanäle

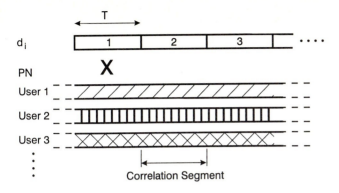

Abbildung 2.38: Code Spreizung nach dem DS-Verfahren

Abbildung 2.40 zeigt die Wirkung der Codespreizung im Basisband. Die Störung von gespreizten Signalen (Chips) bei der Übertragung kann nach der Entspreizung erkannt und unterdrückt werden.

Vorteil: Auswahl der Codesequenzen und ihre Zuteilung an Teilnehmer wird wesentlich vereinfacht. (z. B. IS-95 Uplink: eine gemeinsame PN-Folge der Länge $2^{42} - 1$ für alle Teilnehmer in allen Zellen, mit teilnehmerspezifischer Startsequenz aus dieser PN-Folge.)

Nachteil: Die Kreuzkorrelation der verschiedenen Codekanäle ist durch die Auswahl der Codesequenzen wenig beeinflußbar. Ursache: zufällige Kreuzkorrelation von Spreizcodesegmenten der Symbollänge T, die nur einen Bruchteil der gesamten PN-Folge betragen.

Hybridverfahren Eine PN-Folge wird symbolweise mit einer Walsh-Funktion (mit Periodendauer T) multipliziert, die teilnehmerspezifisch ist. Eine PN-Folge plus eine vollständige Menge orthogonaler Walsh-Funktionen ergibt eine endliche Menge lang periodischer DS-Spreizfunktionen mit garantierbarer Orthogonalität bzgl. der Kreuzkorrelation während der Symboldauer T, vgl. Abb. 2.39. Das Verfahren wird bei IS-95 am Downlink bzgl. jeder Zelle angewandt.

Frequenzsprungverfahren Hier liegt ein Codespreizsystem mit Ausdehnung der Übertragung auf verschiedene Frequenzbänder vor, die sequentiell benutzt werden: *Fast Frequency Hopping* mit vielen hops pro Symbol (Bit).

Vorteil: Robustheit gegenüber unterschiedlichen Empfangspegeln, besser als DS-CDMA.

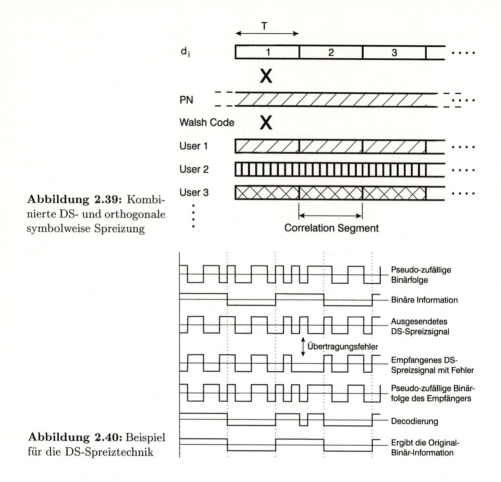

Abbildung 2.39: Kombinierte DS- und orthogonale symbolweise Spreizung

Abbildung 2.40: Beispiel für die DS-Spreiztechnik

Nachteil: Komplizierte Codezuteilung bei vielen Teilnehmern pro Zelle. Hoher technischer Aufwand für Frequenzwechsel (bis zu 1 Mhop/s nötig). Komplexität der FH-Empfänger.

Beispiel: Beim GSM, vgl. Kap. 3.3.2, wird *Slow Frequency Hopping* zur Vermeidung von Signalschwund einzelner Frequenzen der Hopsequenz benutzt. Die Hopfrequenz beträgt 1 hop/burst (burst $\hat{=}$ 157 bit $\hat{=}$ 4,6 ms) → 217 hop/s.

CDMA kombiniert mit FDMA und evtl. TDMA Die Zweckmäßigkeit solcher Verfahren ist noch zu klären.

Die Vermutung die spektrale Effizienz (Erlang pro km^2 und MHz Bandbreite) sei bei TDMA-Verfahren etwa gleichgroß wie bei CDMA-Verfahren, wird in der Literatur heftig diskutiert, wobei in der Regel Äpfel mit Birnen verglichen werden; ein fairer rechnerischer Vergleich erscheint kaum möglich zu sein, vgl. Abschn. 4.3.3.

2.6.4.2 CDMA in Zellularsystemen

- alle Frequenzbänder sind in jeder Zelle nutzbar,

- im Nachbarschaftsbereich zweier Zellen ist es wegen des resultierenden Störabstandes C/I üblich, gleichzeitig 2 Kanäle (je einen pro BS) zu betreiben.

- die Leistungsregelung muß schnell sein: 1 kbit/s-Kanal nötig bei IS-95: jedes übertragene 1 bit bedeutet 1 Stufe mehr Leistung, jedes 0 bit bedeutet 1 Leistungsstufe weniger. Es gibt sehr viele Stufen. Es gelingt damit, den *schnellen* Mehrwegeschwund auszuregeln.

- Sprachübertragung mit variabler Bitrate: 1 kbit/s bis ca. 13 kbit/s, je nach Sprachaktivität und gewähltem Sprachcodec,

- mit zunehmender Verkehrsbelastung sinkt systembedingt die Dienstgüte, z. B. die Sprachqualität *(Graceful Degradation)*.

2.6.5 Raummultiplex, SDM

Bei Raummultiplex werden die zur Übertragung verwendeten Frequenzen in geeigneten geometrischen Abständen erneut verwendet und man erreicht somit, daß trotz des begrenzten Frequenzspektrums, theoretisch in einer unendlich ausgedehnten Fläche unendlich viel Verkehr getragen werden kann.

Dieses Verfahren wird durch den Umstand ermöglicht, daß die Feldstärke des Funksignals mit wachsendem Abstand vom Sender abnimmt. Somit nutzt das Raummultiplexverfahren die Ausbreitungsdämpfung elektromagnetischer Wellen. Bei einem genügend großen Abstand vom Sender ist das Signal so schwach, daß die Störungen durch Interferenz bei Wiederverwendung dieser Frequenz durch einen anderen Sender toleriert werden können (Clusterprinzip).

Raummultiplex ist die Bezeichnung für den Grundgedanken der Clusterbildung, mit dessen Hilfe zellulare Systeme eine nur durch Kostenüberlegung eingeschränkte, sonst praktisch unbegrenzte Verkehrskapazität verfügbar machen. Sektorisierung des Versorgungsbereichs einer Basisstation ist eine weitere zugehörige Maßnahme.

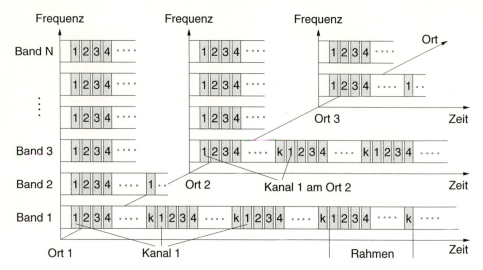

Abbildung 2.41: Anwendung eines hybriden Multiplexverfahrens durch Kombination von FDM, TDM und SDM

Neuerdings wird diskutiert, durch Phased-Array Antennen elektronisch schwenkbare, stark fokussierende Diagramme einzusetzen, wobei von derselben Basisstation verschiedene Antennenkeulen *(Spot Beam)*, die in unterschiedliche Richtungen geschwenkt wurden, gleichzeitig denselben Frequenzkanal nutzen können. Dann läge Raummultiplex in derselben Zelle vor und die Kapazität könnte drastisch gesteigert werden. Spot Beam Antennen reduzieren die Einfallswinkel beim Empfänger für Signalumwege und reduzieren deshalb die Signalinterferenz, d. h. die Dispersion und erlauben vereinfachte (leistungsarme) Entzerrer.

2.6.6 Hybride Verfahren

Um eine möglichst gute Ausnutzung des Frequenzspektrums zu erreichen, werden in der Praxis meistens hybride Multiplexverfahren angewandt. Dabei werden in einem System eine Kombination von zwei oder mehreren Multiplexverfahren verwendet. Durch Kombination erreicht man, unter Ausnutzung der jeweiligen Vorteile des einzelnen Multiplexverfahrens, einen sehr ökonomischen Einsatz der Funkkanäle, vgl. Abb. 2.41.

In den öffentlichen Mobilfunknetzen GSM, USDC oder PDC wird z. B. neben dem zellularen Aufbau sowohl Frequenzmultiplex als auch Zeitmultiplex angewandt.

2.7 Kanalvergabestrategien

Abbildung 2.42: Unterteilung der Kanalvergabeverfahren

Das DECT-System ist ein weiteres Beispiel, in dem eine Kombination beider Verfahren, FDM und TDM, eingesetzt wird.

2.7 Kanalvergabestrategien

Kanalvergabestrategien sind für die Leistungsfähigkeit eines Mobilfunknetzes von großer Bedeutung. Dabei wird angestrebt, die vorhandenen Frequenzressourcen so einzusetzen, daß eine maximale Kapazität des Systems bei geforderter Dienstgüte erreicht wird. Die Strategien unterscheiden sich durch die bei der Vergabe von Kanälen gewälten Bewertungskriterien. Aufgrund unterschiedlicher Funknetzarchitekturen und daraus resultierender Eigenschaften werden in den bestehenden Systemen verschiedene Kanalvergabestrategien eingesetzt. Beispielsweise wird im GSM-System eine statische Kanalvergabe (FCA), im DECT-System eine dynamische Kanalvergabestrategie (DCA) angewendet.

2.7.1 Klassifizierung der Kanalvergabeverfahren

Kanalvergabeverfahren für zellulare Netze können in vier Kategorien eingeteilt werden, vgl. Abb. 2.42:

- Feste (statische) Kanalvergabe (*Fixed Channel Allocation*, FCA)
- Feste Kanalvergabe mit Verleihen von Kanälen an Nachbarzellen (*Borrowing Channel Allocation*, BCA)
- Hybride Kanalvergabe (*Hybrid Channel Allocation*, HCA)
- Dynamische Kanalvergabe (*Dynamic Channel Allocation*, DCA)

Während bei FCA-Verfahren nur Frequenzkanäle mit ihren zugehörigen Zeitkanälen gemeinsam an Funkzellen vergeben werden, können bei DCA-Verfahren die Zeitkanäle einzeln vergeben werden, unabhängig von der jeweiligen Trägerfrequenz.

Man unterscheidet zwei Ansätze für die Vergabe von Frequenzkanälen. Der erste basiert auf dem geforderten Gleichkanalabstand, dem minimalen erlaubten Abstand für die Wiederverwendung eines Kanals in einer zellularen Struktur.

Der zweite Ansatz basiert auf der Bewertung von Signalqualität und Signalpegel. Die Signalqualität entspricht der Bitfehlerhäufigkeit der Verbindung. Die minimal erforderliche Nutzsignalleistung hängt vom verwendeten Empfänger ab. Die maximal zulässige Bitfehlerhäufigkeit hängt vom verwendeten Modulationsverfahren ab. Kanalvergabestrategien, die unter diesen Gesichtspunkten ihre Frequenzkanäle vergeben, benötigen keine Annahmen über das zu erwartende Verkehrsaufkommen.

Im folgendem werden die unterschiedlichen Kanalvergabestrategien und ihre Merkmale kurz vorgestellt.

2.7.2 FCA

In terrestrischen Netzen der zweiten Generation, wie z. B. GSM, wird die Kanalvergabestrategie FCA benutzt. Im Rahmen der Frequenzplanung werden den Zellen disjunkte Untermengen von Frequenzkanälen zugeordnet, deren Zahl vom vermuteten Verkehrsaufkommen abhängt. Diese Zuordnung kann kurzfristig nicht verändert werden.

Funkzellen werden zu sogenannten *Clustern* zusammengefaßt, innerhalb derer jede Frequenz nur einmal eingesetzt werden darf, vgl. Kap. 2.3.

2.7.3 BCA

Beim BCA-Verfahren werden wie bei FCA Kanäle den Zellen fest zugeordnet. Sind in einer Zelle alle zugeordneten nominellen Kanäle belegt und wird ein weiterer Kanal benötigt, borgt sich diese Zelle einen Kanal von der Nachbarzelle, sofern einer verfügbar ist. Es können nur solche Kanäle geborgt werden, die bestehende Verbindungen nicht stören. Der geborgte Kanal stört jedoch alle Gleichkanalzellen stärker, als wenn er in seiner Heimatzelle benutzt würde.

In manchen Gleichkanalzellen muß dieser Kanal für die Dauer seiner Benutzung gesperrt werden. In Abb. 2.43 werden zwei prinzipielle Kategorien von BCA-Verfahren gezeigt. Dabei zeigen die Pfeile in welche Richtung Kanäle verliehen werden können. In die erste Kategorie fallen jene Strategien, die das Verleihen jedes nominellen Kanals erlauben (a_1, b_1, c_1). In der zweiten Kategorie ist ein Teil der Kanäle einer Zelle fest zugeteilt (a_0, b_0, c_0). Die restlichen nominellen Kanäle

2.7 Kanalvergabestrategien

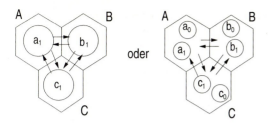

Abbildung 2.43: Kanalzuordnung und Borgerprinzip bei BCA

können an die Nachbarzellen verliehen werden (a_1, b_1, c_1). Das Verhältnis der verleihbaren zu nicht verleihbaren Kanälen muß vorher festgelegt werden und kann kurzfristig nicht verändert werden.

Um die Blockierwahrscheinlichkeit neuer Verbindungen zu minimieren, sollten Kanäle bevorzugt von Zellnachbarn mit den meisten freien Kanälen geborgt werden. Bei einer einfachen BCA-Strategie stehen grundsätzlich alle Kanäle der Nachbarzellen für das Borgen zur Verfügung. Das Systemverhalten bezüglich der Kanalvergabe kann durch ausgereiftere Verleihstrategien verbessert werden. Hier haben sich insbesondere Strategien als sehr leistungsfähig erwiesen, die nur ein richtungsabhängiges Borgen erlauben, z. B. *Borrowing with Directional Channel--Locking Strategy* (BDCL) [139] und *Channel Borrowing Without Locking*, (CBWL) [78]. Daneben wurden auch sog. *Channel Segregation* und *Reuse Partitioning* Strategien vorgeschlagen [81].

2.7.4 DCA

Bei sich zeitlich und örtlich änderndem Gesprächsverkehrsaufkommen können dynamische Kanalvergabeverfahren den maximal tragbaren Verkehr gegenüber FCA deutlich erhöhen [28]. Bei DCA können prinzipiell alle Kanäle allen Zellen zugeteilt werden, vgl. Abb. 2.44. Praktisch beruht die Auswahl des Kanals, bzw. die Möglichkeit, einen Kanal zeitweilig einer Zelle zuzuordnen, auf dem erreichbaren Störabstand.

2.7.5 HCA

Das HCA-Verfahren kombiniert die Verfahren FCA und DCA. Alle zur Verfügung stehenden Kanäle werden in zwei Gruppen eingeteilt. Kanäle der ersten Gruppe werden in disjunkte Untermengen von Kanälen aufgeteilt und verschiedenen Zellen fest zugeordnet. Die Kanäle der anderen Kanalgruppe stehen generell jeder Zelle zur Verfügung (dynamisch vergebbare Kanäle) und können eingesetzt werden, wenn die Signalqualität ein erforderliches Niveau nicht unterschreitet. Das

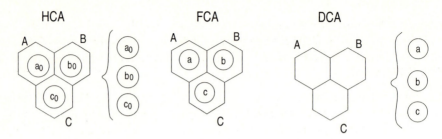

Abbildung 2.44: Prinzip der HCA-, FCA- und DCA-Verfahren

Verhältnis der Zahl dynamischer zu statischer Kanäle ist entscheidend für die Leistungsfähigkeit des Verfahrens.

2.7.6 Adaptivität der BCA/HCA-Kanalvergabeverfahren

Normalerweise schwankt die örtliche Belastung eines Kommunikationsnetzes im Verlaufe eines Tages. Durch die Analyse der Belastung und Adaption der Kanalvergabeverfahren an das Verkehrsaufkommen kann die Leistungsfähigkeit der BCA/HCA-Verfahren weiter erhöht werden, indem das Verhältnis der statischen zu den dynamischen Kanäle ständig dem Verkehr optimal angepaßt wird.

2.8 Grundlagen der Fehlersicherung

2.8.1 Besonderheiten der Fehlersicherung bei Funkkanälen

Die Kanalcodierung dient der Sicherung der gesendeten Daten gegen fehlerhafte Übertragung. Aufgrund der charakteristischen Pegeleinbrüche *(Fading)* beim Mobilfunk schwankt die Bitfehlerhäufigkeit sehr stark in Abhängigkeit von der Entfernung, der Geschwindigkeit und der Abschattung der miteinander kommunizierenden Stationen.

2.8.1.1 Fading-Effekte

Man unterscheidet zwischen längerfristigen *(Longterm-Fading)* und kurzfristigen *(Shortterm-Fading)* Pegeleinbrüchen. Die längerfristigen Einbrüche werden durch Abschattungen z. B. durch große Gebäude o. ä. verursacht, sie treten daher in

2.8 Grundlagen der Fehlersicherung

bebauten Gebieten stärker ausgeprägt auf als auf dem flachen Land. Diese Pegeleinbrüche erfolgen in GSM-Netzen in Abständen von ungefähr 12 bis 60 Metern, bei einer Geschwindigkeit von 36 km/h ergibt das Zeiten im Bereich zwischen 1,2 bis 6 Sekunden.

Die kurzfristigen Einbrüche werden hauptsächlich durch eine Mehrwegeausbreitung der Funkwellen, die an Hindernissen (Gebäuden, Hügeln o. ä.) reflektiert bzw. gebeugt werden, hervorgerufen, vgl. Abb. 2.8. Das Sendesignal erreicht den Empfänger zeitlich versetzt auf mehreren unterschiedlich langen Pfaden. Das führt beim Empfänger je nach Phasenlage der Signale der einzelnen Pfade zu Interferenzen (Auslöschungen oder Verstärkungen) des Empfangssignals. Die Abstände dieser Fades sind frequenzabhängig und liegen im Bereich der halben Wellenlänge, also im GSM bei ca. 15 cm (im DCS1800 bei ca. 8 cm), was die Bezeichnung Shortterm-Fading erklärt.

2.8.1.2 Notwendigkeit von Fehlersicherungsverfahren

Fehlersicherungsverfahren verringern oder beseitigen den Einfluß der oben beschriebenen Störungen des Empfangssignals und damit die Bitfehlerhäufigkeit des empfangenen Datenstroms. Dazu werden spezielle Codierungen gewählt, die zusammen mit der Bitverwürfelung *(Interleaving)* und dem Frequenzsprungverfahren *(Frequency Hopping)* eingesetzt werden. Kurzfristige Pegeleinbrüche sind wesentlich leichter zu beherrschen als längerfristige.

Bei Datenübertragung werden höhere Ansprüche an die Fehlersicherungsverfahren gestellt als bei Sprachübertragung. Während bei Sprache eine Restbitfehlerhäufigkeit von 10^{-2} noch als tolerabel gilt, sollte sie bei Daten möglichst kleiner als 10^{-7} sein. Deshalb werden in digitalen Mobilfunknetzen unterschiedliche Fehlersicherungsverfahren für die Sprach- und Datenübertragung eingesetzt.

Man unterscheidet drei unterschiedliche Verfahren der Fehlersicherung, nämlich die Fehler*erkennung*, die Fehler*korrektur* und die Fehler*behandlung*.

2.8.2 Fehlererkennung

Durch Fehlererkennung kann man feststellen, ob ein empfangenes Datenwort ein gültiges Codewort ist. Als falsch erkannte Datenworte können jedoch nicht korrigiert werden.

Im GSM werden für die Fehlererkennung Prüfsummen zyklischer Codes eingesetzt. (CRC $\hat{=}$ *Cyclic Redundancy Check*). Es handelt sich dabei meist um BCH-Codes *(Bose-Chaudhuri-Hocquenhem-Codes)*, die in [119] ausführlich beschrieben werden.

Ein (n,k)-BCH-Code wird durch folgende Größen charakterisiert:

k		Blocklänge *vor* Codierung (Datenwortlänge)
n	$= 2^m - 1$	Blocklänge *nach* Codierung (Codewortlänge)
$m \cdot t$	$= n - k$	Anzahl der redundanten Prüfbits
d_{min}	$\geq 2t + 1$	Hammingdistanz (min. Abstand zweier Codeworte)

Im RLP, dem Datensicherungsprotokoll des GSM, vgl. Abschn. 3.9.4, wird beispielsweise ein (240,216) BCH-Code benutzt, d.h. dem uncodierten Datenwort, das aus $k = 216$ bit besteht, wird eine 24 bit lange Prüfsequenz angehängt. Das nach der Codierung entstehende Datenwort hat eine Länge von $n = 240$ bit.

Dieser Code hat eine Hammingdistanz vom $d_{min} = 7$, so daß alle fehlerhaften Codeworte mit maximal $d_{min} - 1 = 6$ Fehlern (an beliebigen Stellen) erkannt werden. Bei mehr als 6 Fehlern im Codewort kann ein anderes gültiges Codewort entstanden sein, das als korrekt akzeptiert wird. Der Code hat in diesem Fall versagt.

Die Restfehlerwahrscheinlichkeit P_e eines (n,k)-BCH-Codes ist:

$$P_e = \sum_{i=d_{min}}^{n} r(i)p(i) \qquad (2.39)$$

$$r(i) = \frac{A(i)}{\binom{n}{i}} \qquad (2.40)$$

$$p(i) = \sum_{j=0}^{i} \binom{n}{j} BER^j (1 - BER)^{n-j} \qquad (2.41)$$

Dabei bedeuten:

$r(i)$ Wahrscheinlichkeit (Reduktionsfunktion), mit der ein Fehlermuster mit dem Hamminggewicht i einem gültigen Codewort $A(i)$ entspricht und deshalb nicht als fehlerhaft erkannt wird

$A(i)$ Gewichtsverteilung des Codes

$p(i)$ Wahrscheinlichkeit für das Auftreten eines Fehlers vom Gewicht i

Für den Bereich $d_{min} \leq i \leq n - d_{min}$ kann die Restfehlerwahrscheinlichkeit weiter abgeschätzt werden. Es gilt dann:

$$P_e = \frac{\text{Zahl der benutzten Codeworte-1}}{\text{Zahl aller möglichen Worte}} = \frac{2^k - 1}{2^n} \approx 2^{-(n-k)} \qquad (2.42)$$

2.8 Grundlagen der Fehlersicherung

Die Restfehlerwahrscheinlichkeit hängt demnach nur von der Anzahl der Prüfbits ab. Es ist also gleichgültig, ob ein Datenwort mit 50 bit oder eines mit 3000 bit durch eine 24 bit lange CRC-Sequenz gesichert wird, die Restfehlerwahrscheinlichkeit ist in beiden Fällen gleich groß.

Für den oben vorgestellten (240,216)-BCH-Code, der im RLP verwendet wird, beträgt die Restfehlerwahrscheinlichkeit näherungsweise

$$P_e = 2^{-(240-216)} = 2^{-24} \approx 5,96 \cdot 10^{-8} \tag{2.43}$$

Eine Restfehlerwahrscheinlichkeit in dieser Größenordnung ist für die meisten Anwendungen mobiler Datenübertragung ausreichend.

2.8.3 Fehlerkorrektur

Bei fehlerkorrigierender Codierung spricht man auch von Vorwärtsfehlerkorrektur (*Forward Error Correction*, FEC). Dabei fügt der Sender einem Datenwort soviel Redundanz hinzu, daß der Empfänger eine bestimmte Anzahl von Fehlern korrigieren kann. Im Unterschied zu den im Abschn. 2.8.4 beschriebenen ARQ-Verfahren wird kein Rückkanal vom Empfänger zum Sender benötigt.

Man unterscheidet zwei Code-Familien, die sich zur Vorwärtsfehlerkorrektur eignen, nämlich die linearen Blockcodes und die Faltungscodes. Lineare Blockcodes sind systematische Codes, d. h. es werden eine bestimmte Anzahl von redundanten Bits aus dem zu codierenden Datenwort berechnet und mit übertragen. Das codierte Datenwort läßt sich daher in einen redundanten und einen nichtredundanten Anteil aufteilen. Die weiter unten beschriebenen Faltungscodes sind hingegen nicht-systematische Codes.

2.8.3.1 RS-Codes

Die RS-(Reed-Solomon-Codes) sind eine spezielle Klasse von BCH-Codes bei denen q-näre statt binäre Symbole verwendet werden. Üblicherweise werden RSC, aufgrund des binären Charakters der zu übertragenen Daten, über dem Galoisfeld $GF(2^m)$ also mit $q = 2^m$ gewählt [119].

Ein RS-Code läßt sich nach [97] durch folgende Größen beschreiben:

$$
\begin{aligned}
n &= 2^m - 1 \quad \text{mit} \quad & n &\quad \text{Blocklänge } \textit{nach} \text{ der Codierung} \\
d_{min} - 1 &= n - k & d_{min} &\quad \text{Hammingdistanz} \\
2t + e &= n - k & t &\quad \text{Anzahl der korrierbaren Fehler} \\
& & e &\quad \text{Anzahl der Auslöschungen}
\end{aligned}
$$

Tabelle 2.2: Blocklängen von Reed-Solomon-Codes über GF(2^m)

GF(2^m) m	Blocklänge n in q-nären Symbolen	bit
3	7	21
4	15	60
5	31	155
6	63	378
7	127	889
8	255	2040

Reed-Solomon-Codes eignen sich besonders gut für die Korrektur büschelhaft auftretender Fehler. Sie kommen daher bei mechanischen Speichersystemen (z. B. Festplatten) und auch bei der Compact Disc (CD) zur Anwendung, weil hier häufig größere Blöcke (z. B. durch Kratzer auf der Oberfläche) gestört sind. Da bei Funkübertragung ebenfalls stark korrelierte Fehler auftreten, eignen sich RS-Codes auch für diesen Bereich sehr gut.

Eine Besonderheit der RSC im Unterschied zu den BCH-Codes ist, daß bei gegebener Blocklänge n die Datenwortlänge k gewählt werden kann und sich aus dieser Wahl immer der optimale Abstand d_{min} ergibt.

In der Tab. 2.2 sind die Blocklängen für einige RS-Codes berechnet worden.

Man erkennt, daß die Blocklänge mit dem Grad m des Galoisfeldes sehr schnell anwächst, was zu sehr redundanten Codes führt. Um dem entgegenzuwirken werden sog. verkürzte RS-Codes verwendet, vgl. [119]. Man verwendet i. d. R. systematische Darstellungen des Codes, die eine Prüfung auf Korrektheit der Übertragungsinformation durch Division mit dem sog. Generatorpolynom, vgl. Abschn. 3.3.7.1, erlauben

2.8.3.2 Faltungscodes

Im Gegensatz zu Blockcodes sind Faltungscodes gedächtnisbehaftet, d.h. eine Codewortstelle ist nicht nur vom aktuellen Datenbit abhängig, sondern auch von mehreren vorangegangenen Datenwortstellen. Ein (n,k,m)-Faltungscode hat m Speicher, k Eingänge und n Ausgänge. Daraus folgt unmittelbar, daß die Coderate $R = k/n$ beträgt. In [97] werden Faltungscodes ausführlich erläutert.

Die Abb. 2.45 zeigt den schematischen Aufbau eines einfachen (2,1,3)-Faltungscodierers. Seine Coderate beträgt 1/2. Dieser Codierer besitzt zwei interne Schiebere-

2.8 Grundlagen der Fehlersicherung

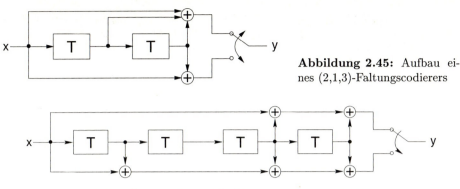

Abbildung 2.45: Aufbau eines (2,1,3)-Faltungscodierers

Abbildung 2.46: (2,1,5)-Faltungscodierer im GSM

gister T und drei Exklusiv-Oder-Verknüpfungen. Das Eingangsbit x_i wird zu zwei Ausgangsbits $y_i^{(1)}$ und $y_i^{(2)}$ codiert. Diese beiden Ausgangsbits bilden zusammen das Codewort.

Aufgrund der beiden Schieberegister kann der Faltungscodierer $2^2 = 4$ unterschiedliche Zustände annehmen. Diese Zustände werden in der Literatur häufig mit a, b, c und d bezeichnet.

Der Faltungscodierer wechselt abhängig vom am Eingang vorliegenden Bit (0 oder 1) den Zustand. Damit er nach der Codierung eines beliebig langen Bitstroms wieder in den Ausgangszustand a zurückkehrt, werden dem Bitstrom $(m-1)$ 0-Bits, die sog. Tailbits, hinzugefügt.

Die Faltungsdecodierung erfolgt mit Hilfe des Viterbi-Algorithmus und der *Maximum Likelihood Decision* (MLD). Dabei wird im Trellisdiagramm [119, 97] derjenige Pfad herausgesucht, dessen erzeugte Bitsequenz die größte Übereinstimmung mit der Empfangssequenz hat. Dieser Pfad wird dann zur Decodierung der Eingangsbitfolge verwendet.

Die nach der Faltungsdecodierung verbleibende Restbitfehlerhäufigkeit (RBER) nimmt mit der Anzahl der internen Schieberegister des Codierers ab. Beim RLP des GSM wird z. B. ein (2,1,5)-Faltungscode verwendet. Dieser als GSM-96 bezeichnete Faltungscodierer hat vier Register und weist eine niedrigere RBER auf als der in Abb. 2.45 vorgestellte (2,1,3)-Faltungscodierer. Er ist in der Abb. 2.46 dargestellt.

Der Decodierungsaufwand steigt mit der Anzahl der Speicher des Faltungcodierers überproportional an. Üblich sind heute bei Quasi-Echtzeitbetrieb mit Decodierung im Millisekundenbereich Faltungscodierer mit 2 bis 10 Schieberegistern.

Faltungsdecodierer eignen sich sehr gut für die Korrektur unkorrelierter Fehler, sie sind aber sehr empfindlich gegen büschelhaft verteilte Fehler, wie sie z.B. bei Funkverbindungen vorherrschen. Daher werden Faltungscodes bei Mobilfunksystemen fast ausschließlich in Kombination mit *Interleavern* verwendet, vgl. auch Abschn. 3.3.7.1.

2.8.3.3 Softdecision

Bei dem Softdecision genannten Decodierverfahren erhält der Faltungsdecoder vom Entzerrer *(Equalizer)* zusätzliche Informationen über das gerade empfangene Bit. Im Gegensatz zum Harddecision-Verfahren wird neben dem eigentlichen Wert des Bits (0 oder 1) auch noch eine Aussage über die Zuverlässigkeit der Entscheidung für diesen Wert des Bits aus dem Empfangspegel vom Equalizer bestimmt und nach einer Quantisierung (z. B. beim GSM mit 2 bis 8 bit codiert) als Softdecisionwert bezeichnet [26].

Der Softdecisionwert ist proportional zur lokalen Bitfehlerhäufigkeit und kann vom Faltungsdecoder für seine Maximum Likelihood Entscheidung verwendet werden. Der quantisierte Softdecisionwert kann über folgende Gleichungen der lokalen Bitfehlerhäufigkeit p_e zugeordnet werden:

$$p_e = \frac{e^{-sd}}{1 + e^{-sd}}; \quad sd = -\ln(\frac{p_e}{1 - p_e}) \qquad (2.44)$$

Durch die genauere Aussage über die Sicherheit der Entscheidung jedes Bits sinkt die Restbitfehlerwahrscheinlichkeit gegenüber dem Harddecision-Verfahren. Der Gewinn beträgt ungefähr 3 dB, d. h. bei gleicher Restbitfehlerwahrscheinlichkeit muß der Kanal bei Harddecision einen um 3 dB höheren C/I-Wert aufweisen als bei Softdecision.

2.8.3.4 Punktierte Faltungscodes

Die Punktierung *(Puncturing)* ist eine Methode zur Verkürzung von Faltungscodes. Dabei werden aus dem Ausgangsbitstrom des Faltungscodierers eine oder mehrere Stellen nach einem vorgegebenen Schema, der sog. Punktiertabelle, herausgestrichen.

Eine Punktiertabelle besteht dabei aus den Elementen 0 und 1 und wird periodisch abgearbeitet. Eine 0 bedeutet, daß das entsprechende Bit im Ausgangsbitstrom nicht gesendet wird, bei einer 1 wird das Bit gesendet. Dadurch wird die codierte Sequenz verkürzt und der Faltungscode geschwächt. Durch die Punktierung wird

2.8 Grundlagen der Fehlersicherung

also ein Teil der mit der Faltung hinzugefügten Redundanz wieder entfernt, die Codierrate wird kleiner.

Der Vorteil von punktierten Codes ist die Realisierbarkeit verschiedener Codierraten. Ausgehend von einem Muttercode der Rate $1/n$ können durch periodisches Punktieren Codes höherer Coderate entwickelt werden [26, 66].

Punktierte Codes können beim Empfänger mit dem gleichen Faltungsdecodierer, der auch für den Muttercode verwendet wird, decodiert werden. Dazu setzt der Empfänger, dem ebenfalls die Punktiertabelle bekannt ist, an den entsprechenden Stellen Bits mit zufälligem Wert (z. B. 0) ein. Diesen Vorgang nennt man Repunktieren. Für den Viterbi-Decoder bedeutet ein solches 'Unknown-Bit', daß es sich hier mit der gleichen Wahrscheinlichkeit um eine 0 oder 1 handeln kann.

2.8.4 Fehlerbehandelnde Verfahren (Schiebefensterprotokolle)

Im Unterschied zur Vorwärtsfehlerkorrektur werden bei den nachfolgend beschriebenen ARQ-Verfahren *(Automatic Repeat Request)* gestörte Datenworte nicht vom Empfänger korrigiert und dann akzeptiert, sondern gestützt auf einen fehlererkennenden Code, evtl. zusätzlich zur Korrektur, auf Korrektheit überprüft, vgl. Abschn. 2.8.2. Wird ein Datenwort als nicht korrekt erkannt, so wird es beim Empfänger erneut vom Sender angefordert.

Dieses Verfahren setzt einen Rückkanal zwischen Sender und Empfänger voraus, über den die Ergebnisse der Fehlerauswertung durch eine Quittung *(Acknowledgement)* dem Sender mitgeteilt werden. Dazu werden alle übertragenen Datenworte mit einer Laufnummer NS versehen. Für ein korrekt empfangenes Wort wird eine positive Quittung ACK[NS] gesendet. Ist das empfangene Datenwort fehlerhaft, so wird eine negative Quittung NAK[NS] gesendet und seine erneute Übertragung verlangt. Das Datenwort hat i. d. R. eine für das ARQ-Protokoll spezifische Struktur und wird meist Block, Rahmen oder Paket genannt.

Der Sender muß eine Kopie des übertragenen Paketes solange verwalten bis es als fehlerfrei empfangen gemeldet worden ist.

Damit eine fehlerhafte Übertragung überhaupt erkannt werden kann, muß die Prüfsumme eines fehlererkennenden Codes (CRC bzw. FCS $\hat{=}$ *Frame Check Sequence*) im Paket übertragen werden.

2.8.4.1 Flußsteuerung

Flußsteuerung wird eingesetzt, um den Datenfluß der Datenquelle so zu regulieren, daß die Datensenke nicht überlastet wird und ist möglich, wenn sich die Schicht-2-

Verbindung im bestätigenden Modus befindet. In Abschn. 3.4.1 wird erläutert, wie man in diesen Modus gelangt. Zu Beginn wird ein Überblick über die verschiedenen Rahmentypen gegeben, die zwischen zwei Instanzen einer Sicherungsschicht im quittierenden Betrieb üblicherweise verschickt werden.

I-Rahmen, Information: Dieser Rahmen transportiert die von der Schicht 3 gelieferten Informationsfelder. Die Rahmen sind sequentiell numeriert (NS, *Send Sequence Number*) und es besteht die Möglichkeit der *Huckepack*-Bestätigung durch das Mitführen einer NR (*Received Number*) Nummer.

RR-Rahmen, Receive Ready: RR(NR) zeigt an, daß eine Schicht-2-Instanz bereit ist, den I-Rahmen NR zu empfangen und bestätigt alle Rahmen, die vorher empfangen wurden.

RNR-Rahmen, Receive Not Ready: Dieser Rahmen zeigt an, daß der Sender dieses Rahmens z. Zt. keine weiteren Rahmen empfangen kann. Auch dieser Rahmen enthält die NR.

REJ-Rahmen, Reject: Dieser Rahmen wird verwendet, wenn beim Empfang von I-Rahmen ein Sequenzfehler aufgetreten ist. Er zeigt an, daß der I-Rahmen, dessen Sendenummer NS gleich der Empfangsnummer NR im REJ-Rahmen ist, wiederholt werden muß.

SREJ-Rahmen, Selective Reject: Es wird mit SREJ(NR) der I-Rahmen mit NS = NR selektiv angefordert.

Sequentielle Numerierung Alle I-Rahmen werden mit einer fortlaufenden Nummer NS modulo n versehen. Geht ein I-Rahmen verloren, so kann dies anhand seiner Nummer festgestellt werden.

Alle oben aufgeführten Rahmentypen enthalten die Received Number, NR. Sie stellt eine Quittierung für alle vorher gesendeten I-Rahmen mit den Sequenznummern einschließlich (NR − 1) dar. NR ist die Sequenznummer des nächsten zu sendenden I-Rahmens. Üblicherweise sind beide Sequenznummern in Bitfeldern der Länge n codiert.

Schiebefenstertechnik Protokolle der Sicherungsschicht müssen mit Ausnahmesituationen, verursacht durch beschädigte oder verlorengegangene Rahmen, fertig werden. Die Schiebefenstertechnik hilft, den Nachrichtenfluß geeignet zu steuern, um die miteinander kommunizierenden Instanzen synchron zu halten.

Sendefenster Der Sender führt eine Liste von aufeinanderfolgenden Sequenznummern (NS), die zu den entsprechenden I-Rahmen korrespondieren. Diese I-Rahmen liegen im Sendefenster. Die untere Grenze des Fensters wird durch

2.8 Grundlagen der Fehlersicherung

VA *(Acknowledge Variable)* markiert, die obere Grenze durch VS *(Send Variable)*. Die untere Grenze wird durch die NR empfangener Rahmen aktualisiert Die obere Grenze wird erhöht, wenn ein neuer I-Rahmen verschickt wird. I-Rahmen stehen solange im Fenster, bis der Empfang von der anderen Seite bestätigt wird. Gilt VA = VS, so ist das Fenster offen. Sind alle möglichen Fensterplätze besetzt (VS = VA + k, Fenstergröße k), darf kein neuer I-Rahmen gesendet werden, das Fenster ist geschlossen. I-Rahmen müssen vom Sender in der Reihenfolge verschickt werden, die der von Schicht 3 angelieferten Information entspricht.

Empfangsfenster Der Empfänger hält eine Liste aller Sequenznummern (NS), die den I-Rahmen entsprechen, die zum Empfang erwartet werden. VR *(Receive Variable)* kennzeichnet die untere Grenze dieses Fensters. Das Empfangsfenster hat eine feste Größe k. I-Rahmen können in beliebiger Reihenfolge in dieses Fenster aufgenommen werden, sofern ihre Sequenznummer (NS) hineinpaßt. Wichtig ist, daß die empfangende Schicht 2 Instanz die Information aus diesen I-Rahmen in der Reihenfolge an ihre Schicht 3 weitergibt, in der sie gesendet wurden.

Ein Beispiel zur Funktionsweise der Schiebefenstertechnik zeigt die Abb. 2.47 [124]. Jede Partnerinstanz besitzt sowohl ein Sendefenster als auch ein Empfangsfenster. Sende- und Empfangsfenster können unterschiedlich groß sein.

2.8.4.2 Send-and-Wait ARQ-Protokoll

Protokolle mit einer Fenstergröße von 1 bezeichnet man als *Send-and-Wait*-Protokolle. Dies bedeutet, daß der Sender einen I-Rahmen abschickt und dann auf eine Bestätigung für diesen I-Rahmen warten muß, bevor er den nächsten I-Rahmen verschicken kann. Auf Empfang der Quittung NAK reagiert der Sender mit der Wiederholung des Paketes, bei ACK wird das nächste Datenpaket gesendet. Der Durchsatz dieses Verfahrens ist gering, insbesondere bei großen Signallaufzeiten und bei kurzen Datenpaketen. Das $LAPD_m$ ist dieser Gruppe von Sicherungsprotokollen zuzuordnen, vgl. Abschn. 3.4.1.

Die minimale Wartezeit auf eine Quittung entspricht der Dauer der sog. Schleifenlaufzeit t_{rd} *(Round Trip Delay)*. Die Zeitspanne t_{rd} ist gleich der doppelten Transferzeit t_f des Übertragungskanals.

Einen exemplarischen Protokollablauf des Send-and-Wait ARQ-Verfahrens zeigt die Abb. 2.48; die Zahlen bezeichnen bestimmte Pakete.

Mit

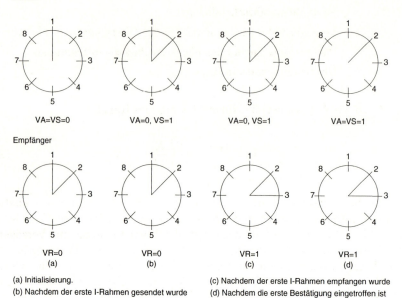

Abbildung 2.47: Schiebefenster der Größe 1

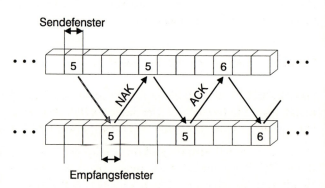

Abbildung 2.48: Send-And-Wait-ARQ-Protokoll

2.8 Grundlagen der Fehlersicherung

n = Paketlänge in Bit
PER = Paketfehlerwahrscheinlichkeit
c = Verzögerung t_{rd} zwischen Ende der Übertragung des letzten Paketes und Beginn des nächsten Paketes in Sekunden
v = Übertragungsrate in bit/s

ist der Durchsatz D (genauer die Nutzauslastung des Kanals)

$$D = \frac{n \cdot (1 - PER)}{n + c \cdot v} \qquad (2.45)$$

Im Modell, bei Verwendung eines ideal schnellen und störungsfreien Kanals, ist eine Fenstergröße von 1 sicher ausreichend. Tritt auf dem Weg zwischen der sendenden Schicht 2 Instanz und der empfangenden Partnerinstanz eine Verzögerung der Bestätigung auf, so hat das Pipelining-Prinzip (mit einer Fenstergröße > 1) Vorteile. Verzögerungen treten auf, wenn die Übertragungszeit über das benutzte Medium sehr groß ist, in Schicht 1 ein Interleavingverfahren eingesetzt wird oder ein I-Rahmen bzw. ein Bestätigungsrahmen verlorengeht. Pipelining bedeutet, daß weitere I-Rahmen in begrenzter Zahl gesendet werden, auch wenn Bestätigungen ausbleiben.

Pipelining über einen stark gestörten Kanal wirft einige Probleme auf. Was passiert z. B., wenn ein I-Rahmen inmitten einer langen Sequenz verlorengeht? Bevor der Sender feststellt, daß ein Fehler aufgetreten ist, werden die nachfolgenden I-Rahmen beim Empfänger angekommen sein. Es gibt zwei Verfahren, um solche Situationen effizient zu meistern.

2.8.4.3 Go-back-N ARQ-Protokoll

Das Go-back-N-ARQ-Verfahren wird häufig als REJ-Verfahren oder auch als kumulatives ARQ bezeichnet. Bei diesem ARQ-Verfahren ist auf einem Duplexkanal ein kontinuierlicher Datenfluß zwischen Sender und Empfänger möglich.

Es werden bei unbegrenzt großem Sendefenster solange Datenpakete mit fortlaufender Paketnummer NS übertragen, bis beim Sender ein NAK[NS_e] für ein vom Empfänger als fehlerhaft erkanntes Paket eintrifft. In diesem Fall unterbricht der Sender seine Übertragung und schaltet zum fehlerhaften Paket mit der Nummer NS_e zurück. Das Paket mit der Paketnummer NS_e und alle nachfolgenden Pakete

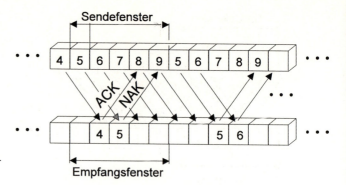

Abbildung 2.49: Go-Back-N-ARQ

werden nun wiederholt. Bis zum Eintreffen des Paketes NS_e ignoriert der Empfänger alle anderen Pakete.

Beim REJ-Verfahren benötigt der Sender eine ausreichende Puffergröße für die Speicherung aller nichtquittierten Datenpakete. Deshalb, und weil man nur wenige Bits zur Codierung der Paketnummer vorsehen möchte, wird üblicherweise ein endlich großes Sendefenster vereinbart (typisch $2^n, n = 0, 1, \ldots$). Die Pakete werden nun mod 2^n numeriert. Erreicht eine positive Quittung ACK[NS] für ein bereits gesendetes Paket den Sender, so gelten alle Pakete mit Laufnummern kleiner oder gleich NS als korrekt übertragen. Das Empfangsfenster wird oft größer als 1 gewählt, um positive bzw. negative Quittungen huckepack *(Piggy-back)* mit einem Informationspaket vom Empfänger zum Sender zu übertragen. Quittungen dürfen auch vorzeitig vor Ablauf des Empfangsfensters gesendet werden. Ein Ausschnitt aus einem REJ-Protokollablauf ist in Abb. 2.49 dargestellt.

Mit den im Abschn. 2.8.4.2 eingeführten Bezeichnungen kann der Durchsatz für das REJ-ARQ-Verfahren bestimmt werden:

$$D = \frac{n \cdot (1 - PER)}{n + PER \cdot c \cdot v} \qquad (2.46)$$

2.8.4.4 Selective-Reject ARQ-Protokoll

Ebenso wie beim REJ-Verfahren werden auch beim SREJ-Verfahren möglichst fortlaufend Pakete zwischen Sender und Empfänger übertragen. Nach der Detektion eines fehlerhaft empfangenen Paketes wird bei diesem Verfahren selektiv nur das gestörte Paket angefordert. Die in der Zwischenzeit ankommenden Pakete werden im Unterschied zum REJ-Verfahren nicht verworfen, sondern in einem

2.8 Grundlagen der Fehlersicherung

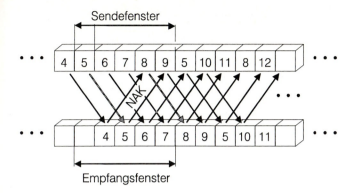

Abbildung 2.50: Selective-Reject-ARQ

Pufferspeicher abgelegt. Der Sender wiederholt also ausschließlich Datenpakete, die gestört übertragen worden sind.

Dabei muß der Empfänger ein Paket mit der Nummer NS_i solange speichern bis alle Pakete mit niedrigeren Paketnummern korrekt empfangen wurden. Nur so ist es möglich, die Pakete in der richtigen Reihenfolge an die nächsthöhere ISO/OSI-Schicht weiterzugeben. Der Sender seinerseits muß ebenso wie beim REJ-Verfahren gesendete Datenpakete bis zu ihrer positiven Quittung zwischenspeichern. SREJ-Verfahren können den Paketnummern-Raum 2^n nur z. T. ausschöpfen, weil sonst die Eindeutigkeit des erneut angeforderten Paketes verloren gehen kann. Die Abb. 2.50 zeigt den prinzipiellen Ablauf beim SREJ-Verfahren.

Der Durchsatz für ein SREJ-ARQ-Verfahren beträgt unter der Annahme eines unbegrenzten Empfangsspeichers

$$D = 1 - PER \tag{2.47}$$

Damit erreicht das SREJ-Verfahren den höchsten Durchsatz der drei hier vorgestellten ARQ-Verfahren.

2.8.4.5 Vergleich zwischen FEC und ARQ-Verfahren

Die Vor- und Nachteile von FEC und ARQ-Verfahren werden hier noch einmal im Überblick gegenübergestellt.

FEC-Verfahren

Vorteile:	• Kein Rückkanal erforderlich
	• Konstanter Durchsatz unabhängig von der Kanalgüte
	• Konstante Verzögerungszeit zwischen Sender und Empfänger
Nachteile:	• Geringer Durchsatz aufgrund des hohen Redundanzanteils (kleine Codierrate)
	• Restbitfehlerwahrscheinlichkeit stark von der Kanalqualität abhängig
	• Teilweise sehr aufwendige Codier- und Decodieralgorithmen erforderlich

ARQ-Verfahren

Vorteile:	• Hoher Durchsatz bei guter Kanalqualität
	• Sehr niedrige Restbitfehlerwahrscheinlichkeit garantierbar
	• Wenig komplexe Codier- und Decodiereinheiten notwendig
Nachteile:	• Rückkanal erforderlich und zusätzlicher Signalisierungsaufwand
	• Durchsatz mit den Kanalverhältnissen sehr stark schwankend
	• Keine konstante Verzögerungszeit, daher für Echtzeitanwendungen weniger geeignet
	• Zusätzlicher Speicher bei Sender und Empfänger notwendig

2.8.4.6 Zeitüberwachung

Die Bestätigung für einen verschickten I-Rahmen, der im Sendefenster steht, wird durch einen Zeitgeber *(Timer)* überwacht. Trifft die Bestätigung für den I-Rahmen rechtzeitig ein, wird der Zeitgeber gestoppt. Trifft keine Bestätigung ein, so wird nach Ablauf des Timers der I-Rahmen wiederholt.

Bei einem Sendefenster größer 1 kann man entweder für jeden Fensterplatz einen eigenen Timer setzen oder das Prinzip der Timerverlängerung verfolgen.

Durch die Länge des Überwachungszeitgebers kann man ebenfalls die Fenstergröße beeinflussen. Angenommen, ein Sendefenster der Größe 4 ist vorgesehen. Gilt weiterhin die Voraussetzung, daß der Timer für einen I-Rahmen vor dem nächstmöglichen Sendetakt für den nächsten I-Rahmen abläuft, dann nutzt man nur einen Fensterplatz des gesamten Fensters. Effektiv läuft das Protokoll mit Fenstergröße 1 ab.

2.9 Grundlagen zum Zufallszugriff

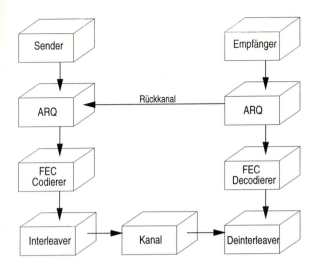

Abbildung 2.51: Hybrides ARQ/FEC-System

2.8.5 Hybride ARQ/FEC-Verfahren

ARQ-Verfahren ermöglichen große Übertragungssicherheit, die auch bei stark gestörten Kanälen auf Kosten des Durchsatzes aufrecht erhalten werden kann.

FEC-Verfahren führen zu einem konstanten Kanaldurchsatz, die Sicherheit der Übertragung nimmt aber mit zunehmender Fehleranfälligkeit des Kanals ab. Ist die Fehlerrate des Kanals zu hoch, um einen geforderten Durchsatz mit einem ARQ-Verfahren zu erzielen, und die Codierrate eines FEC-Verfahrens zu klein, kommen Kombinationen aus beiden Fehlersicherungsverfahren zur Anwendung.

Ein solche Kombination, bei dem auf ein FEC-System zusätzlich ein ARQ-Verfahren aufgesetzt wird, bezeichnet man als hybrides ARQ/FEC-Verfahren oder auch als HARQ-Verfahren. Diese Methode vereinigt die Vorteile beider Verfahren; das FEC-System verbessert die Restfehlerwahrscheinlichkeit des Kanals, das ARQ-Verfahren eliminiert die noch verbleibenden Fehler. In Abb. 2.51 ist der prinzipielle Aufbau eines hybriden ARQ/FEC-Systems dargestellt.

Bei geeigneter Codewahl wird der, durch Übertragung von Redundanzbits des FEC-Verfahrens verringerte, Kanaldurchsatz trotz Übertragungswiederholungen gestörter Pakete optimiert.

2.9 Grundlagen zum Zufallszugriff

Unter Mitwirkung von Dietmar Petras und Martin Steppler

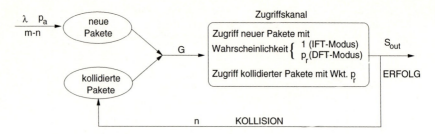

Abbildung 2.52: Modell des Slotted-ALOHA-Zugriffsverfahrens

Dieses Unterkapitel behandelt Zufallszugriffsprotokolle, wie sie für die Kontaktaufnahme zwischen Mobilstation und Funknetz zwingend erforderlich sind. Zunächst wird das Slotted-ALOHA-Zugriffsprotokoll näher betrachtet. Daran anschließend werden aus der Literatur bekannte Methoden vorgestellt, die den Zufallszugriff bei Slotted-ALOHA steuern. Sie haben Bedeutung zur Informationsübertragung (und nicht zur Signalisierung) für Dienste von Funknetzen, die nach dem asynchronen Zeitmultiplexverfahren übertragen.

2.9.1 Die Slotted-ALOHA Zugriffsmethode

Die bei Funknetzen von Mobilstationen beim Erstzugriff verwendete Zugriffsmethode beruht auf dem Slotted-ALOHA-Protokoll. Es wurde in zahlreichen Veröffentlichungen (z. B. [21, 88]) eingehend untersucht. Einige seiner Eigenschaften werden nachfolgend erläutert.

2.9.1.1 Grundlagen

Das ALOHA-Zugriffsprotokoll wird in Kommunikationsnetzen benutzt, in denen viele unkoordinierte Benutzer um die Benutzung desselben Kanals konkurrieren. Die Grundidee eines ALOHA-Systems ist einfach: Benutzer dürfen jederzeit Daten senden, wenn sie Daten zu senden haben.

Durch das Protokoll wird nicht ausgeschlossen, daß dabei Kollisionen auftreten, d. h. gleichzeitige oder überlappende Übertragungen verschiedener Stationen, die vom Empfänger nicht decodiert werden können. Kollidierte Pakete müssen erneut übertragen werden. Dies muß nach einer zufällig gewählten Wartezeit geschehen, sonst würden die gleichen Stationen immer wieder kollidieren.

Um eine möglichst geringe Verzögerung zu erreichen, werden neue Pakete (Ankunftsrate λ) nach deren Entstehen gesendet, vgl. Abb. 2.52. Ergibt sich dabei

2.9 Grundlagen zum Zufallszugriff

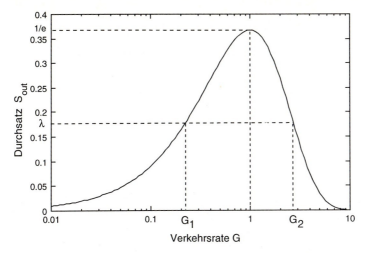

Abbildung 2.53: Durchsatz von Slotted-ALOHA

eine Kollision mit anderen übertragenen Paketen, so wird der Kanal zwar belegt, erreicht aber keinen Durchsatz. Kollidierte und erfolgreiche Pakete ergeben zusammen eine Verkehrsbelastung, die durch die Ankunftsrate G gemessen wird.

Im Unterschied zum reinen *(pure)* ALOHA darf beim Slotted-ALOHA-Protokoll nur zu Beginn eines konstant langen Zeitschlitzes *(Slot)* der Länge T gesendet werden. Es handelt sich somit um eine zeitdiskrete Abwandlung des ALOHA-Protokolls, wobei sich der erzielbare Durchsatz S_{out} verdoppelt. Geht man von sehr vielen unabhängigen Stationen aus, dann kann der Ankunftsprozeß neuer Pakete durch einen Poisson-Prozeß mit der Rate λ modelliert werden. Es ist üblich, alle zeitbezogenen Größen auf die Zeitschlitzdauer T zu normieren. Werden kollidierte Pakete nach unabhängigen, zufälligen Verzögerungsdauern erneut übertragen, dann resultiert für den Kanal ein Poisson-Ankunftsprozeß mit der normierten Rate $G = \lambda T$ und es kann gezeigt werden [113], daß der Durchsatz bei $G = 1$ sein Maximum $S_{out,max} = 1/e = 0,368$ erreicht. Die Wahrscheinlichkeit für eine erfolgreiche Übertragung ist

$$S_{out} = Ge^{-G} \qquad (2.48)$$

die im folgenden hergeleitet wird und in Abb. 2.53 graphisch dargestellt ist.

Geht man von einer Ankunftsrate $\lambda < e^{-1}$ aus, so ist zunächst der Gleichgewichtspunkt bei G_1 maßgebend und der mittlere Durchsatz ist $S_{out} = \lambda$. Übersteigt die momentane Verkehrsrate den Wert G_1 ein wenig, so wird der Durchsatz etwas größer als λ werden. Somit verlassen Datenpakete das System schneller als sie ankommen, was bewirkt, daß die Zugriffsrate zu G_1 zurückkehrt. Das System verhält sich um den Punkt (G_1, λ) stabil, solange sich die Verkehrsrate nicht kurzfristig zu stark erhöht.

Erhöht sich die momentane Ankunftsrate λ und damit die Verkehrsrate stärker, z. B. auf $G = 1$, wird das System instabil, vgl. den Arbeitspunkt bei G_2. Wird nun die momentane Ankunftsrate etwas kleiner als λ, so wird auch der Durchsatz S_{out} kleiner als die Ankunftsrate, was eine Erhöhung der Anzahl kollidierter Stationen zur Folge hat. Dabei wächst G weiter und der Durchsatz S_{out} fällt. Dieser Vorgang setzt sich fort; der Durchsatz geht immer mehr gegen 0. Das Slotted-ALOHA Zugriffsverfahren ist somit instabil.

Es kann auch gezeigt werden [11], daß das Slotted-ALOHA Zugriffsverfahren bei einer festen Zugriffswahrscheinlichkeit pro Zeitschlitz $p < 1$ instabil wird, wenn die Anzahl teilnehmenden Stationen unendlich groß wird. Diese Instabilität kann durch verschiedene Verfahren vermieden werden, wie nachfolgend dargestellt.

2.9.1.2 Durchsatzanalyse des Slotted-ALOHA-Zugriffsverfahrens

Normiert man die Kanalzugriffsrate G auf die Länge eines Zeitschlitzes und unterstellt einen Poisson-Prozeß für alle Paketankünfte

$$P(K = k) = \frac{G^k}{k!} e^{-G}, \qquad (2.49)$$

so kann die Wahrscheinlichkeit eines erfolgreichen Sendeversuches je Slot $P(K = 1) = S_{out}$ durch die Gl. (2.48) beschrieben werden. Das System befindet sich im Gleichgewicht, wenn $S_{out} = \lambda$ ist (λ ist ebenfalls auf die Slotdauer normiert). Diese Formel erlaubt keine Einsicht in das dynamische Verhalten des Systems, da sich aufgrund der Anzahl von Kollisionen ein Rückkopplungseffekt ergibt, der den Wert von G verändert. Allgemein gibt es zu viele unbenutzte Slots, falls $G < 1$ ist, und zu viele Kollisionen, falls $G > 1$ ist.

In [11, 63] wird ein Modell des Slotted-ALOHA-Systems beschrieben, bei dem Stationen, die gerade auf einen nächsten Sendeversuch warten, keine neuen Daten von ihrer stationseigenen Anwendung akzeptieren. Die Stationszahl m ist so groß angenommen, daß der Ankunftsprozeß als Poisson-Prozeß mit der Rate λ angenähert werden kann. Weiterhin wird angenommen, daß jede Station pro Zeitschlitz einen erneuten Sendeversuch für ihr kollidiertes Paket mit der festen Wahrscheinlichkeit p_r unternimmt. Somit ist die Anzahl i von Slots zwischen einer Kollision und einem erneuten Sendeversuch geometrisch verteilt mit der Wahrscheinlichkeit

2.9 Grundlagen zum Zufallszugriff

$$P(I = i) = p_r(1 - p_r)^{i-1}. \qquad (2.50)$$

Bezeichnet man mit n die Anzahl der kollidierten Stationen am Anfang eines bestimmten Slots, so sendet jede der n Stationen unabhängig von den anderen mit der Wahrscheinlichkeit p_r. Jede der anderen $m - n$ Stationen wird ihr Paket in diesem Slot senden, falls es während des vorherigen Slots bei ihr entstanden ist. Da die Ankunftsprozesse für neue Pakete jeder Station ebenfalls Poisson-Prozesse sind mit der mittleren Rate λ/m, beträgt die Wahrscheinlichkeit, daß keine Daten ankommen, $e^{-\lambda/m}$; damit beträgt die Wahrscheinlichkeit, daß eine noch nicht kollidierte Station ihr Paket in dem betrachteten Slot sendet $p_a = 1 - e^{-\lambda/m}$.

Sei nun $P_a(i, n)$ die Wahrscheinlichkeit, daß i noch nicht kollidierte Pakete in einem bestimmten Slot gesendet werden, und sei $P_r(i, n)$ die Wahrscheinlichkeit, daß i schon vorher kollidierte Pakete in diesem Slot senden, dann gilt:

$$P_a(i, n) = \binom{m-n}{i}(1 - p_a)^{m-n-i} p_a^{\ i} \qquad (2.51)$$

$$P_r(i, n) = \binom{n}{i}(1 - p_r)^{n-i} p_r^{\ i}. \qquad (2.52)$$

Davon ausgehend kann eine diskrete Markov-Kette erstellt werden, wobei die Zustandsvariable die Anzahl der kollidierten Stationen beschreibt und die Slotdauer die Zeiteinheit ist. In jeder Zeiteinheit erhöht sich der Wert der Zustandavariablen um die Zahl im entsprechenden Slot kollidierter Stationen, bleibt gleich, wenn ein neues Paket erfolgreich oder der Slot ungenutzt ist und sinkt um Eins, wenn ein kollidiertes Paket erfolgreich ist.

Ein Sendeversuch ist erfolgreich, falls

- ein neu eingetroffenes und kein bereits kollidiertes Paket oder
- kein neu eingetroffenes sowie ein bereits kollidierte Paket

im betrachteten Slot gesendet werden. Somit läßt sich die Übergangswahrscheinlichkeit beim Übergang vom Zustand n in den Zustand $n + 1$ durch die folgenden Gleichungen ausdrücken [11, 63].

Treffen zwei oder mehr Pakete neu ein, so gilt:

$$P_{n,n+i} = P_a(1, n), \quad 2 \leq i \leq (m - n). \qquad (2.53)$$

Bei genau einem neu gesendeten Paket und mindestens einem erneut gesendeten kollidierten Paket gilt:

$$P_{n,n+1} = P_a(1,n)\left[1 - P_r(0,n)\right] \tag{2.54}$$

Bei genau einem neu eingetroffenen Paket und keinem erneuten Sendeversuch bereits kollidierter Pakete oder bei keinem neu eingetroffenen Paket und keinem erfolgreichen erneuten Sendeversuch eines bereits kollidierten Paketes gilt:

$$P_{n,n} = P_a(1,n)P_r(0,n) + P_a(0,n)\left[1 - P_r(1,n)\right] \tag{2.55}$$

Bei genau einem Sendeversuch eines bereits kollidierten Paketes gilt:

$$P_{n,n-1} = P_a(0,n)P_r(1,n) \tag{2.56}$$

D_n sei die erwartete Abweichung der Anzahl kollidierter Stationen für den nächsten Slot im Zustand n von der aktuellen Anzahl kollidierter Stationen. Damit setzt sich D_n im Zustand n aus der erwarteten Anzahl neu sendender Stationen, d.h. $(m-n)p_a$, abzüglich der erwarteten Anzahl erfolgreich sendender Stationen im betreffenden Slot zusammen, welche der Wahrscheinlichkeit eines erfolgreichen Sendeversuches entspricht und mit P_{succ} bezeichnet wird. Damit gilt:

$$D_n = (m-n)p_a - P_{succ} \tag{2.57}$$

mit

$$P_{succ} = P_a(1,n)P_r(0,n) + P_a(0,n)P_r(1,n). \tag{2.58}$$

Für G(n) als Anzahl der Sendeversuche in einem Slot im Zustand n gilt dann:

$$G(n) = (m-n)p_a + np_r. \tag{2.59}$$

Aus der Analyse der Markov-Kette kann (unter der Voraussetzung, daß p_a und p_r klein sind) P_{succ} zu

$$P_{succ} \approx G(n)e^{-G(n)} \tag{2.60}$$

2.9 Grundlagen zum Zufallszugriff

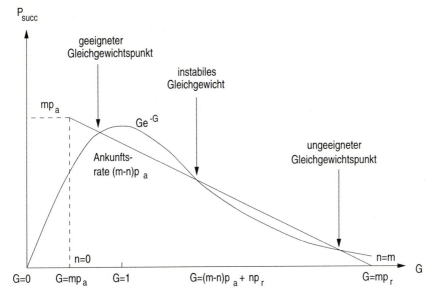

Abbildung 2.54: Stabilitätsbetrachtung zu Slotted-ALOHA

angenähert werden [11]; die Wahrscheinlichkeit für einen leeren Slot beträgt etwa $e^{-G(n)}$. Aus dieser Näherung bestätigt sich somit obige Annahme von G als Parameter der Poissonverteilung, vgl. das Ergebnis Gl. (2.48).

Die soeben betrachteten Zusammenhänge sind für $p_r < p_a$ in Abb. 2.54 graphisch dargestellt. Die oben eingeführte Abweichung D_n ist in dieser Darstellung der Abstand zwischen der Kurve, die die normierte Rate der erfolgreich gesendeten Datenpakete darstellt, und der Geraden, welche die Ankunftsrate beschreibt. Es lassen sich zwei stabile Gleichgewichtslagen erkennen.

Betrachten wir nun die Auswirkungen, wenn man die Übertragungswahrscheinlichkeit p_r kollidierter Pakete variiert. Wird p_r erhöht, so nimmt die Verzögerung bis zum erneuten Senden kollidierter Pakete ab. Aber wegen der linearen Abhängigkeit zwischen n und der Rate $G(n) = mp_a + n(p_r - p_a)$ erhöht sich auch $G(n)$ um n, wenn p_r erhöht wird und $p_r > p_a$ ist. Wird die horizontale Achse in Abb. 2.54 für ein festes n betrachtet, entspricht diese Änderung von G einer Verkürzung der horizontalen Skala für G und somit einer horizontalen Stauchung der Kurve Ge^{-G}. Dies bedeutet, daß die Anzahl der kollidierten Pakete, die benötigt werden, um das instabile Gleichgewicht zu erreichen, abnimmt.

Wird hingegen p_r verringert, erhöht sich die Verzögerung bei erneuten Sendeversuchen, vgl. Abschn. 2.9.3, jedoch wird das instabile Gleichgewicht nicht so schnell erreicht. Bei einer Verkleinerung von p_r verbreitert sich die Kurve Ge^{-G}. Dies bedeutet, daß nur noch ein stabiler Gleichgewichtspunkt im Bereich der Geraden liegt. In diesem Bereich befindet sich ein großer Anteil der m Stationen im kollidierten Zustand, was bedeutet, daß in diesen Stationen keine neuen Daten gesendet werden können. Dies wirkt sich auf die Verzögerung der dort neu generierten Daten negativ aus.

Um Stabilität zu erreichen, muß der Anteil erfolgreich gesendeter Pakete P_{succ} maximiert werden. Wie aus Gl. (2.60) ersichtlich, gilt für das Maximum $G(n) = 1$. Deshalb ist es erstrebenswert, die Rate $G(n)$ dynamisch so zu ändern, daß sie möglichst nahe bei 1 liegt. Die Schwierigkeit dabei ist, daß n in den Stationen nicht bekannt ist und nur aufgrund von Rückmeldungen an die Stationen dort geschätzt werden kann.

2.9.1.3 Stabilitätsbetrachtung zu Slotted-ALOHA

Die bisher gemachten qualitativen Aussagen werden nun weiter konkretisiert.

Zunächst wird analysiert, wie groß die Wahrscheinlichkeit für den erfolgreichen Empfang eines gesendeten Datenpaketes ist. Dazu werden die Gln. (2.51) und (2.52) herangezogen. Die Wahrscheinlichkeit, daß eine der m Stationen, die nicht zu den n Stationen gehören, die bereits ein Paket erfolglos übertragen haben und sich im kollidierten Zustand befinden, in einem Slot ein neues Paket sendet sei $p_a = \lambda/m$. Die Stationen, die einen erneuten Sendeversuch unternehmen, übertragen ihre Daten mit der Wahrscheinlichkeit p_r.

Bezeichnet man mit e_k das Sendeergebnis im k-ten Slot, so gilt

$$e_k = \begin{cases} 0; & \text{falls keine Station im } k\text{-ten Slot sendet} \\ 1; & \text{falls genau eine Station im } k\text{-ten Slot sendet} \\ c; & \text{falls zwei oder mehr Stationen im } k\text{-ten Slot senden} \end{cases} \quad (2.61)$$

Es wird angenommen, daß e_k im k-ten Slot bekannt ist und zur Bestimmung der Sendewahrscheinlichkeit für die kollidierten Stationen im $(k+1)$-ten Slot herangezogen werden kann.

Der Durchsatz bei n kollidierten Stationen kann durch die Wahrscheinlichkeit, daß genau ein Datenpaket in Slot k gesendet wird, angegeben werden. Sie setzt sich aus den Wahrscheinlichkeiten zusammen, daß von den n vorher kollidierten Stationen genau eine sendet, wobei keine Station neu sendet, sowie der Wahrscheinlichkeit,

2.9 Grundlagen zum Zufallszugriff

daß genau eine Station neu sendet und gleichzeitig keine der n kollidierten Stationen sendet. Somit gilt für die Wahrscheinlichkeit eines erfolgreich gesendeten Datenpaketes

$$\begin{aligned} P(e_k = 1 \mid n \geq 1) &= P_a(1,n) \cdot P_r(0,n) + P_a(0,n) \cdot P_r(1,n) \\ &= (m-n)\left(1-\frac{\lambda}{m}\right)^{m-n-1} \cdot \frac{\lambda}{m}(1-p_r)^n \\ &\quad + \left(1-\frac{\lambda}{m}\right)^{m-n} \cdot np_r(1-p_r)^{n-1}. \end{aligned} \qquad (2.62)$$

Hierbei wird vorrausgesetzt, daß sich mindestens eine bereits kollidierte Station im System befindet. Für eine feste Ankunftsrate $\lambda = 0,2$ und eine endliche Zahl von 25 Stationen kann die Wahrscheinlichkeit für einen erfolgreichen Zugriff graphisch dargestellt werden, vgl. Abb. 2.55 und 2.56. Die Wahrscheinlichkeit für einen erfolgreichen Zugriff kann auch als der momentan erzielbare Durchsatz angesehen werden. Aus dieser Darstellung ist zu erkennen, daß für jede Zahl kollidierter Stationen *(Backlog)* n eine Sendewahrscheinlichkeit $p = p_r$ existiert, die den größten Durchsatz erzielt. So ist aus Abb. 2.55 ersichtlich, daß bei 10 kollidierten Stationen der momentane Durchsatz für $p = 0.1$ ungefähr 0.38 beträgt, während er für $p = 0,25$ nur etwa 0,17 und für $p = 0,5$ fast gleich 0 ist.

Abbildung 2.56 zeigt eine dreidimensionale Darstellung des zu erwartenden Durchsatzes als Funktion des Backlogs n und der Ankunftsrate λ für die Sendewahrscheinlichkeiten $p = 0,5$, $0,25$ und $0,1$.

Die oben betrachteten Zusammenhänge werden in [88] im Hinblick auf die Stabilität des Zugriffskanals genauer analysiert. Dabei wird angenommen, daß sich im System m Benutzer befinden und nicht kollidierte Stationen mit der Wahrscheinlichkeit p_a neue Pakete generieren. Es soll die (n, λ)-Ebene betrachtet werden, wobei die Gerade $\lambda = (m-n)p_a$ als Verkehrsgerade bezeichnet wird. Für einen festen Wert p wird eine Gleichgewichtskurve durch die Menge der Punkte beschrieben, für die die Ankunftspaketrate λ genau gleich der erwarteten Durchsatzrate $S_{out}(n, \lambda)$ ist. Eine solche Kurve ist in Abb. 2.57 dargestellt.

Innerhalb des dort dunkel markierten Bereiches ist $S_{out}(n, \lambda)$ größer als λ; außerhalb davon ist λ größer als $S_{out}(n, \lambda)$. Drei Verkehrsgeraden sind entsprechend den Stationszahlen m, m' und m'' eingezeichnet. Die Pfeile an den Verkehrsgeraden zeigen die Richtung (Tendenz) an, in die sich die Anzahl n entwickelt. Eine Verkehrsgerade kann die Gleichgewichtskurve an mehreren Stellen schneiden. Diese Punkte heißen Gleichgewichtspunkte (n_e, λ_e). Ein Gleichgewichtspunkt wird als *stabil* bezeichnet, wenn er bezüglich der Tendenz von n als eine Senke betrachtet

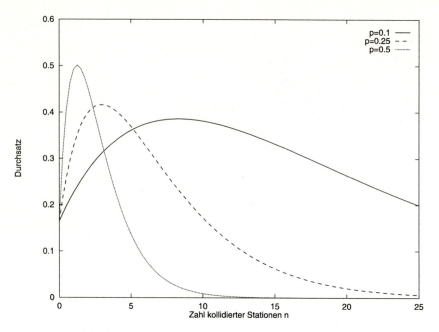

Abbildung 2.55: Durchsatz bei $\lambda = 0.2; m + n = 25$

werden kann; sowie als *instabil*, falls der betrachtete Punkt die Eigenschaft einer Quelle aufweist.

Ein stabiler Gleichgewichtspunkt wird als Arbeitspunkt bezeichnet, falls $n_e \leq n_{max}$ gilt; dagegen handelt es sich um einen Sättigungspunkt, falls $n_e > n_{max}$ gilt. Eine Verkehrsgerade gilt als stabil, falls sie genau einen stabilen Gleichgewichtspunkt aufweist, andernfalls ist sie instabil. Bei einem stabilen Kanal bestimmt der Punkt (n_e, λ_e) den Durchsatz und die Zugriffsverzögerung für einen begrenzten Zeitraum. Andererseits weist ein instabiler Kanal eine *bistabile* Eigenschaft auf [21]; der Durchsatz ist dort nur für eine begrenzte Zeit erreichbar, bevor sich der Arbeitspunkt in Richtung des Sättigungspunktes verlagert. Die Gerade 3 in Abb. 2.57 besitzt einen Sättigungspunkt als einzigen stabilen Gleichgewichtspunkt. Somit ist der aufgrund von m'' Stationen angebotene Verkehr zu groß, bei gegebenen Werten für p_a und p.

Betrachtet man eine bestimmte Verkehrsgerade, so kann p_o als die optimale Sendewahrscheinlichkeit (auf die in den nächsten Abschnitten noch näher eingegangen wird) betrachtet werden, die n im Arbeitspunkt minimiert und λ maximiert. Für diesen Wert von p kann das System instabil werden; der optimale Durchsatz ist nur für einen begrenzten Zeitraum erreichbar.

2.9 Grundlagen zum Zufallszugriff

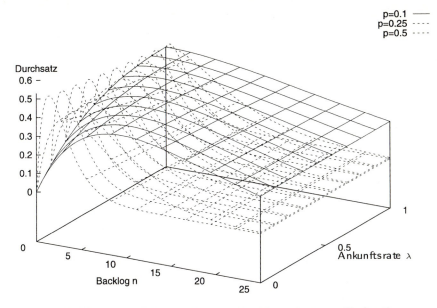

Abbildung 2.56: Darstellung der Durchsatzgleichung Gl. (2.62)

Um den Zugriffskanal zu stabilisieren, sind folgende beiden Maßnahmen möglich: 1. einen kleineren Wert für p wählen, oder 2. einer geringeren Anzahl m von Stationen das Senden erlauben. Die erste Lösung bewirkt einen höheren Wert für n im Arbeitspunkt, was die Zugriffsverzögerung unakzeptabel groß machen könnte, die zweite Lösung impliziert, daß im Arbeitspunkt $\lambda \ll \lambda_{max}$ (wobei $p_a \ll 1$) gilt. Dies würde allerdings eine Verschwendung von Kanalkapazität bedeuten. Um zu verhindern, daß sich das System in den Bereich des instabilen Gleichgewichtspunktes bewegt, könnte das System den Stationen mitteilen, daß alle sich im kollidierten Zustand befindlichen Pakete verworfen werden müssen.

Ein besserer Ansatzpunkt ist der Einsatz von dynamischen Steuerungsalgorithmen, auf die in den folgenden Abschnitten eingegangen wird.

2.9.2 Slotted-ALOHA mit Zufallszugriffsrahmen

In den meisten Mobilfunksystemen mit FDM/TDM-Kanälen steht der Zufallszugriffskanal nicht ständig, sondern nur für die Dauer eines Rahmens der Länge FL zur Verfügung. Die einzelnen Mobilstationen können über ein Intervall der Länge FL Slots spontan auf dem Zugriffskanal belegen. Jetzt soll näher analysiert werden,

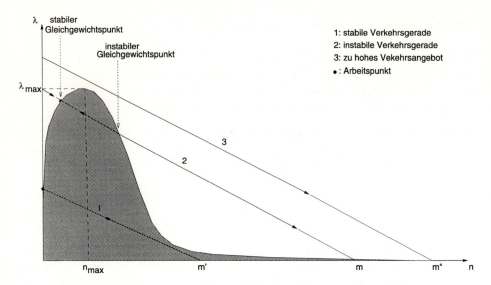

Abbildung 2.57: Stabiler und instabiler Datenverkehr

wie Zugriffsrahmen bei unterschiedlichen Teilnehmerzahlen und Verkehrsraten zu gestalten sind. Dabei wird auch berücksichtigt, daß Slots, die für Reservierungen und Signalisierungsdaten genutzt werden, für den Zufallszugriff nicht zur Verfügung stehen.

Bei dem hier zu analysierenden Zugriffsverfahren sendet eine Basistation in regelmäßigen Abständen Informationen über die Zugriffsparameter, u. a. über die Rahmenlänge FL, an alle Stationen. Eine Mobilstation sendet beim Erstzugriff im nächsten möglichen Slot des Zugriffsrahmens. Danach wartet sie eine bestimmte Zeitspanne auf eine Bestätigung von der Basisstation. Erhält die Mobilstation während dieser Zeitspanne keine Bestätigung (Kollision oder Übertragungsfehler), so wartet sie bis zum Beginn des nächsten Zugriffsrahmens und wählt dann gleichverteilt einen der FL Slots für den erneuten Zugriff aus. Die Basisstation kann nun die Zahl n kollidierter Stationen so steuern, daß es auf dem Zugriffskanal zu keinen Überlastungen aufgrund von zu vielen Kollisionen kommt.

Bei dem betrachteten Modell koexistieren zwei Arten von Datenverkehr auf dem Zugriffskanal. Neben Slots für den Zufallszugriff der Mobilstationen gibt es Slots, die entweder reserviert sind oder für Steuerinformationen genutzt werden. Auf die Frage, wie sich die Konfiguration des Zugriffskanals mit diesen unterschiedlichen Datenarten auf das Systemverhalten auswirkt, soll hier ebenfalls eingegangen werden.

2.9.2.1 Betrachtung bei fester Rahmenlänge

In [8] wird das Slotted-ALOHA-Zugriffsverfahren für konstante Rahmenlängen untersucht. Bei der Analyse werden insbesondere die Stabilität des Systems und die mittlere Anzahl kollidierter Stationen berücksichtigt. Daraus wird dann ein optimaler Wert für die Zugriffsrahmenlänge FL (in Slots) abgeleitet.

Es wird von einer unbegrenzt großen Anzahl von Stationen ausgegangen, so daß die Paketankunftsrate λ als Poisson-verteilt angenommen werden kann. Damit beträgt die Wahrscheinlichkeit, daß k Stationen in einem Slot senden

$$p_a(k) = \frac{\lambda^k}{k!} e^{-\lambda}. \qquad (2.63)$$

Zu Beginn eines Zugriffsrahmens versuchen n im vorherigen Rahmen kollidierte Stationen gleichverteilt in einem der FL Slots des aktuellen Rahmens zu senden. Die Wahrscheinlichkeit, daß eine Station in einem bestimmten Slot sendet, beträgt somit $p = \frac{1}{FL}$ und die Wahrscheinlichkeit, daß i der n Stationen in einem bestimmten Slot senden, ergibt sich dann aus der Binomialverteilung:

$$p_{in} = \binom{n}{i} \left(\frac{1}{FL}\right)^i \left(1 - \frac{1}{FL}\right)^{n-i}. \qquad (2.64)$$

Bezeichnet man die mittlere Anzahl kollidierter Stationen pro Zugriffsrahmen mit N, so setzt sich diese aus drei Beiträgen N_1 bis N_3 zusammen. Der Anteil N_1 wird aus den Stationen gebildet, die im vorherigen Zugriffsrahmen nicht erfolgreich waren und im neuen Rahmen erneut kollidieren. Sei i die Anzahl im vorherigen Zugriffsrahmen kollidierter Stationen, die im betrachteten Slot erneut senden (und erneut kollidieren), sowie k die Anzahl der Stationen, die im betrachteten Slot neu senden wollen, so ergibt sich die Anzahl der in diesem Slot kollidierenden Stationen aus

$$n_{c1} = \sum_{k=0}^{\infty} (k+i) \, p_a(k), \quad (i \geq 2). \qquad (2.65)$$

Die mittlere Anzahl N_1 erneut kollidierender Stationen ergibt sich dann zu

$$N_1 = FL \cdot \sum_{i=2}^{n} p_{in} \sum_{k=0}^{\infty} (k+i) \, p_a(k). \qquad (2.66)$$

Der Beitrag N_2 erfaßt im vorherigen Rahmen kollidierte Stationen, sowie Stationen, die im betrachteten Slot ihr Paket erstmals senden:

$$N_2 = FL \cdot p_{1n} \sum_{k=1}^{\infty} (k+1) p_a(k). \qquad (2.67)$$

Der Beitrag N_3 beschreibt den Fall, daß zwei oder mehr Stationen in einem bestimmten Slot gleichzeitig erstmals senden und kollidieren. Damit erhält man für einen FL Slots langen Zugriffsrahmen

$$N_3 = FL \cdot p_{0n} \sum_{k=2}^{\infty} k p_a(k). \qquad (2.68)$$

Die Gesamtzahl kollidierter Stationen pro Zugriffsrahmen ist $N = N_1 + N_2 + N_3$ und kann nach [8] wie folgt geschrieben werden:

$$N = FL \cdot \left(\lambda - \left(1 - \frac{1}{FL}\right)^{n-1} e^{-\lambda} \left(\left(1 - \frac{1}{FL}\right) \lambda + \frac{n}{FL} \right) \right) + n. \qquad (2.69)$$

Die Differenz Δ der Anzahl kollidierter Stationen von einem Zugriffsrahmen zum nächsten beträgt

$$\begin{aligned} \Delta &= N - n \qquad (2.70) \\ &= FL \cdot \left(\lambda - \left(1 - \frac{1}{FL}\right)^{n-1} e^{-\lambda} \left(\left(1 - \frac{1}{FL}\right) \lambda + \frac{n}{FL} \right) \right). \end{aligned}$$

Das Minimum von Δ ergibt sich:

$$n_{min} = -\frac{\lambda (FL - 1) \ln\left(1 - \frac{1}{FL}\right) + 1}{\ln\left(1 - \frac{1}{FL}\right)}. \qquad (2.71)$$

Entwickelt man in Gl. (2.71) die ln-Funktion in eine Taylor-Reihe (mit der Bedingung $FL \gg 1$), so folgt

$$n_{min} = FL \cdot (1 - \lambda) + \lambda \qquad (2.72)$$

2.9 Grundlagen zum Zufallszugriff

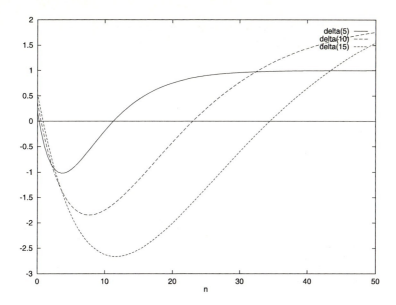

Abbildung 2.58: Differenz $\Delta(FL)$ der Zahl kollidierter Stationen in aufeinanderfolgenden Rahmen für $\lambda = 0.2$

Δ ist für eine Ankunftsrate $\lambda = 0.2$ und Rahmenlängen FL von 5, 10 und 15 Slots in Abb. 2.58 exemplarisch dargestellt.

Man erkennt daraus, daß $\Delta(n)$ zwei Nullstellen aufweist und daß es sich bei der ersten Nullstelle (Z_1) um eine stabile Gleichgewichtslage handelt. In [8] wurde das Systemverhalten für verschiedene Ankunftsraten und Rahmenlängen als Parameter untersucht. Dabei zeigte sich, daß sich bei einem größeren Wert für FL auch der Bereich vergrößert, in dem Δ negativ ist, was erwartungsgemäß zur Stabilisierung des Systems beiträgt. Es wurde nachgewiesen, daß das System für eine feste Rahmenlänge instabil ist, was von rahmenlosen Systemen schon bekannt ist.

Neben der Stabilität interessiert als weiterer wichtigerer Parameter des Zugriffsverfahrens die mittlere Zugriffszeit T_m, die in [8] aus der Wartezeit T_c zwischen Kollisionen desselben Paketes und der Anzahl der gesamten pro Rahmen gesendeten Pakete n_t bestimmbar ist

$$T_m = \frac{T_c}{n_t}. \tag{2.73}$$

Bisher wurde unterstellt, daß die Zugriffsrahmen nahtlos aufeinander folgen und die Zeitdauer T_f haben. Wie aus Abb. 2.59 hervorgeht, ist die Verzögerung nach

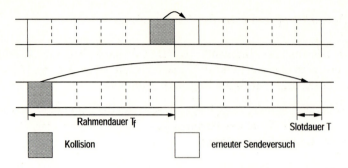

Abbildung 2.59: Verteilung der Verzögerung nach einer Kollision

einem kollidierten Slot gleichverteilt über ein Intervall zwischen 0 und $2T_f$ und deshalb $T_c = nT_f$. Somit kann Gl. (2.73) folgendermaßen ausgedrückt werden

$$T_m = \frac{\sum_{i=1}^{N_f} n_i \cdot T_f}{G \cdot N_f \cdot FL}, \qquad (2.74)$$

wobei n_i die Anzahl der kollidierten Pakete im i-ten Slot, N_f die Anzahl vorangegangener Rahmen und G die durchschnittliche Anzahl der während eines Zeitschlitzes der Länge T generierten Pakete ist. Die durchschnittliche Anzahl während eines Rahmens kollidierter Pakete lautet

$$N = \frac{1}{N_f} \cdot \sum_{i=1}^{N_f} n_i \qquad (2.75)$$

und für T_m folgt

$$T_m = \frac{T}{G} \cdot N = \frac{N}{\lambda} \qquad (2.76)$$

mit λ als die Anzahl erzeugter Pakete pro Zeiteinheit.

Aus Gl. (2.76) ist ersichtlich, daß T_m nicht direkt von FL abhängt, sondern indirekt vom Parameter N, der lt. Gl. (2.69) von FL abhängt.

2.9.2.2 Betrachtung bei variabler Rahmenlänge

Bei der Veränderung der Rahmenlänge FL in Abhängigkeit der Anzahl kollidierter Stationen n, ist zu beachten, daß eine Erhöhung von FL den Betrag n zwar verringert, gleichzeitig jedoch die Zugriffszeit erhöht.

Aus dem vorherigen Abschnitt ist bekannt, wie man die Differenz Δ bei bestimmter Ankunftsrate λ durch Wahl der Rahmenlänge FL minimiert. Aus Gl. (2.71) folgt dann für die optimale Rahmenlänge

$$FL = \frac{n - \lambda}{1 - \lambda}. \tag{2.77}$$

Diese Rahmenlänge kann als eine adaptiv für den momentanen Zustand des Systems gewonnene, optimale Rahmenlänge betrachtet werden. Die Werte für λ und n sind von der Basisstation jedoch nicht direkt bestimmbar. Im nächsten Abschnitt werden verschiedene Algorithmen vorgestellt, die den Durchsatz bei Slotted-ALOHA optimieren und sich u. a. obiger optimaler Rahmenlänge bedienen.

Aus Gln. (2.77), (2.71) ergibt sich die Differenz bei variabler Rahmenlänge

$$\Delta_v = \frac{n - \lambda}{1 - \lambda} \left(\lambda - \left(\frac{n - 1}{n - \lambda} \right)^{n-1} e^{-\lambda} \right). \tag{2.78}$$

Δ_v ist für $\lambda < 1/e$ negativ und fällt mit steigendem Wert von n, also ist das System stabil. Für größere Werte von λ ist Δ_v jedoch positiv und steigt mit n, das System wird dann instabil.

Da die Analyse eine unbegrenzt große Anzahl von Teilnehmern unterstellt (somit die Rate λ als konstant angenommen wird) und die Rahmenlänge FL in der Praxis nicht zwischen 0 und ∞ variiert werden kann, ist das Ergebnis Gl. (2.78) mit Bedacht zu benutzen.

2.9.2.3 Berücksichtigung der Konfiguration des Zugriffskanals

Sei nun $FL = A$ die Anzahl für den Zufallszugriff vorgesehener Slots und $l \cdot A$ ($l > 1$) die Anzahl reservierter Slots in einem Rahmen, so daß er aus $A + l \cdot A$ Slots besteht. Die reservierten Slots im Rahmen können in unterschiedlicher Weise positioniert sein. In [8] werden Rahmen betrachtet, bei denen die reservierten Slots am Anfang jedes Rahmens gruppiert sind (Methode 1), sowie eine Konfiguration,

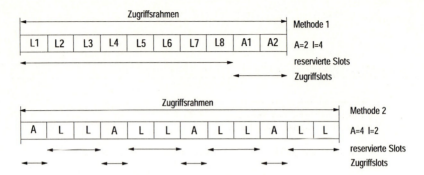

Abbildung 2.60: Mögliche Nutzungen des Zugriffsrahmens

bei der reservierte und zum Zugriff geeignete Slots abwechselnd angeordnet sind (Methode 2). In Abb. 2.60 ist dieser Sachverhalt zur Verdeutlichung dargestellt.

Die Differenz Δ läßt sich analytisch als Funktion von n mit festen Parametern λ und FL bestimmen. Die Funktion $A = f(n)$ sieht der von Abb. 2.58 sehr ähnlich, wobei sich jedoch zeigt, daß die Kurve für Methode 2 ihre erste Nullstelle schon bei geringeren Werten für n hat und ebenfalls ein ausgeprägteres Minimum besitzt. Sie erweist sich somit als geeigneter. Zu dieser Aussage kann man auch anschaulich kommen, berücksichtigt man, daß während der Phasen reservierter Slots kein Zufallszugriff erlaubt ist und alle Stationen, bei denen in dieser Zeit Daten anfallen, auf den ersten Zufallszugriffsslot nach dem reservierten Abschnitt zugreifen.

Es läßt sich zeigen [8], daß die optimale Rahmenlänge bei Methode 2

$$A = FL_{M2} = \frac{n - \lambda(l+1)}{1 - \lambda(l+1)} \qquad (2.79)$$

beträgt und sich dabei die minimale Anzahl kollidierter Stationen ergibt. Das System arbeitet jedoch nur stabil, falls für die Ankunftsrate gilt

$$\lambda < e^{-(l+1)}. \qquad (2.80)$$

2.9.3 Zugriffsverzögerung bei Slotted-ALOHA

Eine wichtige Kenngröße von Zugriffsalgorithmen ist die Zugriffsverzögerung. Sie spielt bei den zeitkritischen Diensten eine wesentliche Rolle. Es ist in bestimmten Fällen wichtiger, das System so zu steuern, daß die Zugriffsverzögerung innerhalb

2.9 Grundlagen zum Zufallszugriff

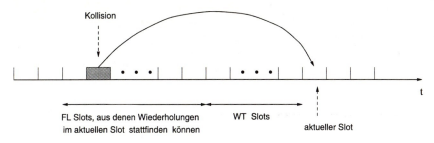

Abbildung 2.61: Wiederholung eines kollidierten Paketes

bestimmter Zeitvorgaben bleibt, als den Durchsatz zu maximieren. Wie im vorherigen Abschnitt erwähnt, führt ein Algorithmus, der das System optimal stabilisiert, gleichzeitig auch zu einer Minimierung der Zugriffsverzögerung.

Nachfolgend wird zunächst hergeleitet, wie die Zugriffsverzögerung von den Parametern maximale Quittierungs-Wartezeit WT und Rahmenlänge FL abhängt. Anschließend wird die Zugriffsverzögerung aus den berechneten Näherungen für die Ankunftsrate λ und den Rückstau *(Backlog)* kollidierter Pakete n bestimmt.

2.9.3.1 Herleitung der Zugriffsverzögerung

Die Übertragungsverzögerung ist die Zeit vom ersten Übertragungsversuch bis zur erfolgreichen Übertragung einschließlich der Übertragungsdauer. Nachfolgend wird ein Slotted-ALOHA System mit unbegrenzt großer Stationszahl untersucht. Datenpakete werden mit der Gesamtdatenrate λ erzeugt. Es wird stationäres Gleichgewicht angenommen. Wenn ein Paket nach einer festgelegten Zeit von WT Slots nicht quittiert wurde, wird es k Slots später erneut übertragen, wobei k aus einer FL Slots breiten Gleichverteilung zufällig ausgewählt wird, vgl. Abb. 2.61.

Die mittlere Verzögerungszeit D eines Paketes besteht nach [86] aus der Paketübertragungsdauer (1 Slot) plus Quittierungszeit WT bei erfolgreicher Übertragung im ersten Versuch plus (bei R wiederholten Übertragungen) R-mal der mittleren Wartezeit zwischen zwei Versuchen plus der Übertragungsdauer und Quittierungszeit:

$$D = WT + 1 + \frac{1}{2} + R \cdot \left(WT + 1 + \frac{FL-1}{2}\right) \tag{2.81}$$

wobei der halbe Slot die mittlere Wartezeit eines neu erzeugten Paketes auf den Slotanfang berücksichtigt. In Gl. (2.81) ist der Wert für R eine unbekannte Größe.

Im stationären Gleichgewichts ist der Kanalverkehr G um den Faktor $(R + 1)$ größer als der Nutzverkehr λ.

$$G = \lambda(1 + R) \tag{2.82}$$

Für die Bestimmung von R wird p_n als Wahrscheinlichkeit für die erfolgreiche Übertragung eines neu erzeugten Paketes und p_r als Wahrscheinlichkeit eines vorher kollidierten Paketes definiert. Damit gilt für die Wahrscheinlichkeit $P\{i\}$, daß genau i Wiederholungen bis zur erfolgreichen Übertragung benötigt werden

$$P\{i\} = (1 - p_n) \cdot p_r \cdot (1 - p_r)^{i-1}. \tag{2.83}$$

Die mittlere Anzahl von Wiederholungen ist dann

$$R = \sum_{i=1}^{\infty} i \cdot P\{i\} = \frac{(1 - p_n) p_r}{(1 - (1 - p_r))^2} = \frac{1 - p_n}{p_r}. \tag{2.84}$$

In [63] werden die in Gl. (2.84) unbekannten Wahrscheinlichkeiten p_n und p_r hergeleitet. Dabei ergibt sich p_r zu

$$p_r = \frac{1}{1 - e^{-G}} \left(e^{-\frac{G}{FL}} - e^{-G} \right) \left(e^{-\frac{G}{FL}} + \frac{G}{FL} e^{-G} \right)^{FL-1} e^{-\lambda} \tag{2.85}$$

und p_n zu

$$p_n = \left(e^{-\frac{G}{FL}} + \frac{G}{FL} e^{-G} \right)^{FL} e^{-\lambda}. \tag{2.86}$$

Damit lassen sich die unbekannten Größen der Gl. (2.81) und (2.82) bestimmen und die Verzögerung läßt sich in Abhängigkeit von der Ankunftsrate und dem momentanen Kanalverkehr bestimmen:

$$D = WT + 1 + \frac{1}{2} + \frac{1 - p_n}{p_r} \cdot \left(WT + 1 + \frac{FL - 1}{2} \right) \tag{2.87}$$

$$\lambda = G \cdot \frac{p_r}{1 + p_r - p_n} \tag{2.88}$$

2.9 Grundlagen zum Zufallszugriff

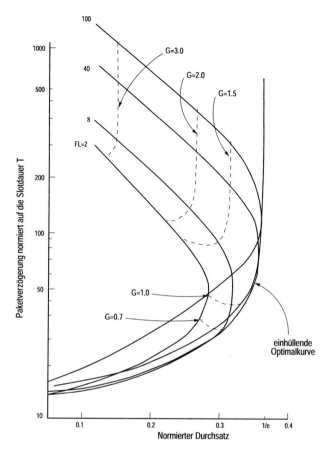

Abbildung 2.62: Paketverzögerung in Abhängigkeit vom Durchsatz

Die beiden Gln. (2.87) und (2.88) wurden in [86] für eine unbegrenzt große Zahl von Stationen numerisch ausgewertet und sind in Abb. 2.62 für verschiedene Rahmenlängen dargestellt.

2.9.3.2 Algorithmus zur Bestimmung der Zugriffsverzögerung

Nun wird ein aus [63] adaptiertes Verfahren vorgestellt, das aus den Systemgrößen Ankunftsrate λ und Backlog n die Zugriffsverzögerung ableitet.

Die Paketverzögerung D war bisher definiert als die Zeit vom ersten Übertragungsversuch bis zur erfolgreichen Übertragung. In der folgenden Betrachtung soll die

Zeit von der Erzeugung eines Paketes bis zum ersten Übertragungsversuch mit einbezogen werden. Dabei wird bei der Slotted-ALOHA Zugriffsmethode zwischen zwei verschiedenen Varianten unterschieden.

Im IFT *(Immediate First Transmission)*-Modus wird ein neu erzeugtes Paket direkt im nächsten Slot übertragen. Im DFT *(Delayed First Transmission)*-Modus wird ein neu erzeugtes Paket um eine bestimmte Wartezeit verzögert, indem der Übertragungsslot zufällig aus einem zukünftigen Intervall ermittelt wird. Die Wartezeit kann nützlich sein, um beispielsweise Kollisionen der neu erzeugten Pakete mit erneut gesendeten Paketen nach einem Intervall reservierter Slots zu vermeiden. Im folgenden wird zunächst die Paketverzögerung im IFT-Modus hergeleitet.

Um die Paketverzögerung zu bestimmen, sind zwei Verteilungen zu ermitteln, nämlich die Verteilung der Wartezeit zwischen zwei Übertragungsversuchen und die Verteilung der Zahl der benötigten Wiederholungen bis zur erfolgreichen Übertragung. Sei Z_i die Wartezeit in Slots nach dem i-ten Versuch, so ist $P\{Z_i = x\}$ die Wartezeitverteilung zwischen dem i-ten und dem $(i+1)$-ten Versuch. Bezeichnet ferner R die zufällige Anzahl von Wiederholungen, so gilt für die Wahrscheinlichkeit $P\{D = x\}$, daß die Paketverzögerung x Slots beträgt

$$\begin{aligned}
P\{D = x\} &= P\{R = 1\} \cdot P\{Z_1 = x\} \\
&+ P\{R = 2\} \cdot P\{Z_1 + Z_2 = x\} \\
&+ P\{R = 3\} \cdot P\{Z_1 + Z_2 + Z_3 = x\} \\
&+ \ldots \\
&+ P\{R = y\} \cdot P\{Z_1 + Z_2 + Z_3 + \ldots + Z_y = x\}
\end{aligned} \qquad (2.89)$$

wobei $P\{R = y\}$ die Verteilung der Zahl wiederholter Übertragungen eines Paketes bis zum Erfolg darstellt. Die Verteilung $P\{Z_1 + Z_2 + Z_3 + \ldots + Z_y = x\}$ in Gl. (2.89) beschreibt die Wahrscheinlichkeit, daß die gesamte Wartezeit $Z_1 + Z_2 + Z_3 + \ldots + Z_y$ zwischen allen y Wiederholungen zusammen x Slots beträgt. Dabei gibt y die maximale Anzahl von Wiederholungsversuchen an. In manchen Mobilfunksystemen, z. B. im TETRA-Standard, vgl. Abschn. 2, Band 2, ist dafür der Parameter $N_u = y$ vorgesehen. Beide Verteilungen werden nun unter Berücksichtigung der Zugriffsparameter y und WT hergeleitet.

Die Wahrscheinlichkeit, daß y wiederholte Übertragungen eines Paketes stattfinden, ist gleich der Wahrscheinlichkcit, daß das betrachtete Paket vor der erfolgreichen Übertragung y-mal mit Paketen anderer Stationen kollidiert ist. Die Wahrscheinlichkeit $P\{A\}$ für die erfolgreiche Übertragung eines Paketes in einem Slotted-ALOHA System mit unbegrenzt vielen Stationen, von denen sich momentan n im kollidierten Zustand befinden, läßt sich näherungsweise bestimmen, in-

2.9 Grundlagen zum Zufallszugriff

dem man die in Abschn. 2.9.1.2 als binomial verteilt angenommene Ankunftswahrscheinlichkeit durch die Poissonverteilung gemäß Gl. (2.63) ersetzt. Damit beträgt die Erfolgswahrscheinlichkeit

$$P\{A\} = \lambda e^{-\lambda} \cdot \left(1 - \frac{1}{FL}\right)^n + e^{-\lambda} \cdot n \frac{1}{FL} \left(1 - \frac{1}{FL}\right)^{n-1}. \qquad (2.90)$$

Die Wahrscheinlichkeit für eine nicht erfolgreiche Übertragung ist $P\{\bar{A}\} = 1 - P\{A\}$. Damit ist die Verteilung der Anzahl von Wiederholungen

$$P\{R = y\} = P\{\bar{A}\}^y \cdot P\{A\} = (1 - P\{A\})^y \cdot P\{A\}. \qquad (2.91)$$

Schließlich ist noch die Wartezeitverteilung eines Paketes, daß die Wartezeit in y Warteintervallen zusammen x Slots beträgt, zu bestimmen.

Zunächst wird die Wahrscheinlichkeit, daß die Zeit zwischen einer Kollision und dem erneuten Sendeversuch x Slots beträgt, unter Berücksichtigung des Parameters WT hergeleitet. Dazu wird die Zufallsverteilung $P\{Z_1 = x\}$ in Abhängigkeit von WT und FL als diskrete Zahlenfolge ausgedrückt:

$$P\{Z_1 = x\} = \begin{cases} 0; & \text{für } 0 \leq x \leq WT \\ \frac{1}{FL}; & \text{für } WT < x \leq WT + FL \\ 0; & \text{für } x > WT + FL \end{cases}. \qquad (2.92)$$

Wie in Abb. 2.63 beispielhaft für die Zugriffsparameter $WT = 2$ und $FL = 4$ dargestellt, ergibt sich die Wahrscheinlichkeitsverteilung für zwei Kollisionen aus der diskreten Faltung der Wahrscheinlichkeitsverteilung für eine Kollision. Es gilt

$$P\{Z_1 + Z_2 = x\} = P\{Z_1 = x\} * P\{Z_1 = x\}. \qquad (2.93)$$

Um die Wahrscheinlichkeitsverteilung bei drei Kollisionen zu erhalten, ist wiederum die Wahrscheinlichkeitsverteilung bei zwei Kollisionen mit der Wahrscheinlichkeitsverteilung für eine Kollision diskret zu falten:

$$P\{Z_1 + Z_2 + Z_3 = x\} = P\{Z_1 + Z_2 = x\} * P\{Z_1 = x\}. \qquad (2.94)$$

Für y Kollisionen erhält man schließlich

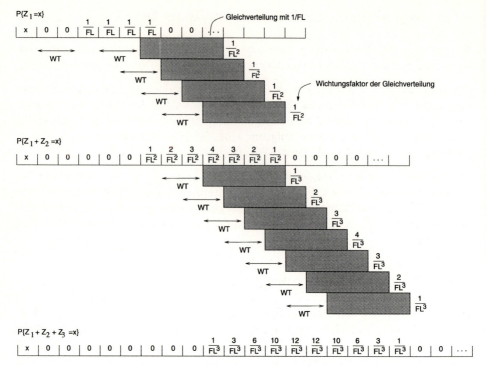

Abbildung 2.63: Wartezeitverteilung bei $WT = 2$ und $FL = 4$

$$P\{Z_1 + Z_2 + Z_3 + \cdots + Z_y = x\} = \underbrace{P\{Z_1 = x\} * P\{Z_1 = x\} * \cdots * P\{Z_1 = x\}}_{y\text{-mal}}. \tag{2.95}$$

Damit sind die beiden unbekannten Wahrscheinlichkeitsverteilungen in Gl. (2.89) bestimmt. Der Erwartungswert der Paketverzögerung ist:

$$E[D] = \sum_{x=1}^{\infty} x \cdot P\{D = x\}. \tag{2.96}$$

2.9.4 Algorithmen zur Kollisionsauflösung bei Slotted-ALOHA

Nun werden aus der Literatur bekannte Strategien vorgestellt, um das Slotted-ALOHA-Zugriffsverfahren zu stabilisieren und dabei den Durchsatz zu optimieren.

Wir beginnen mit einfachen Verfahren, die jeweils den letzten Slot auswerten und aufgrund dieser Auswertung die Zugriffswahrscheinlichkeit für sendebereite Stationen neu bestimmen. Anschließend werden aufwendigere Algorithmen vorgestellt, die die Sendewahrscheinlichkeit aufgrund eines Schätzverfahrens für den Rückstau *(Backlog)*, d. h. die Zahl kollidierter Pakete, bestimmen.

Die in diesem Abschnitt vorgestellten Verfahren sind geeignet, um zentral die Zugriffswahrscheinlichkeit von Stationen so zu steuern, daß ein Slotted-ALOHA-System stabilisiert, die Zugriffsverzögerung möglichst klein gehalten und der Durchsatz maximiert wird. Solche Verfahren sind für paketorientierte Funkschnittstellen von Interesse.

2.9.4.1 Der Exponentielle-Backoff-Algorithmus

Bei den Backoff-Algorithmen zur Steuerung der erneuten Übertragung eines kollidierten Paketes handelt es sich um eine sehr einfache Methode, um Stabilität zu erreichen. Sie wird z. B. in IEEE 802.3-LANs (ETHERNET) angewendet. Bei dieser Methode wird der Zugriff zum Übertragungsmedium so gesteuert, daß in jeder Station aufgrund der Anzahl von Kollisionen i eines Paketes die Zugriffswahrscheinlichkeit zu $p_r = 2^{-i}$ bestimmt wird, so daß der Zugriff gleichverteilt über die nächsten 1 bis 2^i Slots erfolgt. Dieser Algorithmus dehnt die zufällige Zeitspanne, während der ein Paket erneut gesendet werden darf, mit der Anzahl seiner Kollisionen aus und steuert dabei die Länge des Zugriffsrahmens.

Bei der in [77] vorgeschlagenen Methode beobachtet eine Station die Belegung des Kanals und unterscheidet, ob auf den letzten Slot erfolgreich zugegriffen wurde, sich eine Kollision ereignete oder ob er leer blieb. Bezeichnet man mit $z(k)$ die Anzahl der Stationen, die in Slot k sendeten, dann ergibt sich $z(k) = 0$, $z(k) = 1$ oder $z(k) \geq 2$ abhängig davon, ob der letzte Slot leer war, erfolgreich übertragen wurde oder sich eine Kollision ereignete. Mit $p_r(k)$ als Sendewahrscheinlichkeit und I_A als Zustandsfunktion in Slot k, gilt

$$p_r(k+1) = min\left\{p_{max}, p_r(k)\left(\frac{1}{q} \cdot I_{z(k)=0} + 1 \cdot I_{z(k)=1} + q \cdot I_{z(k)\geq 2}\right)\right\} \quad (2.97)$$

wobei $0 < p_{max} \leq 1$, $0 < q \leq 1$ ist und I_A den Wert 1 besitzt, falls das Ereignis A zutrifft; andernfalls ist I_A gleich Null.

Der oben vorgestellte Algorithmus impliziert, daß aufgrund eines leeren Slots (Slots mit kollidierten Paketen) die beobachtende Station den momentanen Wert von p als zu niedrig (groß) betrachtet und somit den Wert von p erhöht (verringert). Der Wert für p_{max} sei 1 und für den Parameter q werden in [77] die Werte $\frac{1}{4}$, $\frac{1}{2}$ und $1/\sqrt{2}$ untersucht. Da dort ebenfalls davon ausgegangen wird, daß auch neu generierte Pakete mit der Wahrscheinlichkeit p gesendet werden, handelt es sich hier um den DFT-Modus von Slotted-ALOHA, vgl. Abschn. 2.9.3.2, und der Durchsatz kann bei festem Parameter p_r sofort angeben werden: setzt man in Gl. (2.52) für P_r den Wert $i = 1$ ein, so ergibt sich, da nun alle Stationen mit gleicher Wahrscheinlichkeit senden, für den Durchsatz S_{DFT} des Slotted-ALOHA Protokolls mit festem Wert von p_r:

$$S_{DFT}(m) = \binom{m}{1} p_r (1 - p_r)^{m-1} \qquad (2.98)$$

Das exponentielle Backoff-Verfahren läßt sich für $m \geq 2$ als eine diskrete Markoffkette beschreiben [77] (m ist die gesamte Zahl Stationen im System). In dieser Beschreibung sind die Systemzustände $X_k (k = 0, 1, ...)$ so gewählt, daß $p_r = q^k$ gilt. Sei π_k die Zustandswahrscheinlichkeit des Zustands X_k, dann folgt aus der Analyse der Markoffkette für den Durchsatz des exponentiellen Backoff-Algorithmus:

$$S_{EB}(m) = \sum_{k=0}^{\infty} \binom{m}{1} p_r (1 - p_r)^{m-1} \pi_k \qquad (2.99)$$

Ausgehend von den Gln. (2.98, 2.99) wird in [77] der Durchsatz als Funktion von n mit verschiedenen Parametern p_r bzw. q berechnet, wobei sich π_k aus einer Rekursionsgleichung bestimmen läßt. Es zeigt sich bei der Methode mit festem p_r, daß für $m \to \infty$ das System instabil wird und der Durchsatz zu Null wird. Dagegen konvergiert S_{EB} für einen gegebenen Parameter q gegen einen bestimmten positiven Wert, auch für sehr große Werte m. Für $q = 0.5$ und bei $m = 1000$ Stationen ergibt sich $S_{EB} \simeq 0.311$, dies entspricht etwa 85 % des maximal erreichbaren Durchsatzes e^{-1} und bedeutet im normalen Betrieb ein zufriedenstellendes Ergebnis. Das in [77] vorgestellte Kollisionsauflösungsverfahren ist somit nachweislich stabil.

2.9.4.2 Der Pseudo-Bayesian-Algorithmus

Dieser Algorithmus [112] bedient sich eines Verfahrens, das einen Schätzwert für den Rückstau (Backlog) bestimmt, um den Slotted-ALOHA Zugriffskanal zu stabilisieren.

Im Unterschied zu den bisher betrachteten Versionen des Slotted-ALOHA Zugriffsverfahrens werden hier auch neu ankommende Pakete mit der Wahrscheinlichkeit p_r gesendet. Somit setzt sich der Backlog n hier aus bereits kollidierten und neuen Paketen zusammen. Die Zugriffsrate beträgt somit $G(n) = np_r$ und die Wahrscheinlichkeit, daß ein Zugriff erfolgreich ist, ergibt sich zu $np_r(1 - p_r)^{n-1}$. Diese Modifikation hat keine große Auswirkung auf die Zugriffsverzögerung, wenn bei geringem Verkehrsaufkommen der Parameter p_r etwa 1 beträgt.

Der Algorithmus schätzt zu Beginn jedes Slots einen Schätzwert $\hat{n}$ für die Anzahl kollidierter Stationen n. Jedes Paket wird dann mit der Wahrscheinlichkeit

$$p_r(\hat{n}) = \min\{1, 1/\hat{n}\} \tag{2.100}$$

gesendet. Die min-Operation legt eine obere Schranke für die Sendewahrscheinlichkeit fest und bewirkt, daß die Zugriffsrate $G = np_r$ zu 1 wird. Für einen gegebenen Slot k wird für den nächsten Slot $k+1$ der geschätzte Wert für n wie folgt neu bestimmt.

Wird ein leerer oder ein durch kollidierte Pakete belegter Slot empfangen, so beträgt der Schätzwert für den Backlog

$$\hat{n}_{k+1} = \max\{\lambda, \hat{n}_k + \lambda - 1\}, \tag{2.101}$$

wobei λ die auf die Slotdauer normierte Ankunftsrate ist. Die Addition von λ zum alten Backlog-Wert bezieht sich auf neu generierte Pakete, während die max-Operation sicherstellt, daß der Schätzwert nie geringer als der Beitrag der neu hinzugekommener Pakete ist. Eine erfolgreiche Übertragung wird berücksichtigt, indem vom vorherigen Schätzwert für den Backlog 1 subtrahiert wird. Bei leerem Slot wird ebenfalls 1 subtrahiert, so daß sich $\hat{n}$ verringert, wenn zu viele leere Slots auftreten.

Wird eine Kollision festgestellt, so berechnet man den neuen Schätzwert für den Backlog zu

$$\hat{n}_{k+1} = \hat{n}_k + \lambda + (e-2)^{-1}. \tag{2.102}$$

Hier wird wiederum λ zum vorherigen Backlog-Wert addiert, um die neu hinzugekommenen Pakete zu berücksichtigen. Die Addition von $(e-2)^{-1}$ bewirkt eine Erhöhung von $\hat{n}$, falls eine zu große Anzahl von Kollisionen auftritt. Für große Backlog-Werte und einen entsprechend genauen Schätzwert für den Backlog wird die Zugriffsrate $G(n)$ somit zu 1. Nähert man diese Rate durch die Poisson-Verteilung, so treten leere Slots mit der Wahrscheinlichkeit $1/e$ und Kollisionen mit der Wahrscheinlichkeit $1 - 2/e$ auf. Damit kann die zu erwartende Änderung $\delta(\hat{n})$ aufgrund von leeren und kollidierten Slots für den Schätzwert $\hat{n}$ zu

$$\delta(\hat{n}) = \frac{-1}{e} + \left(\frac{e-2}{e}\right) \cdot \left(\frac{1}{e-2}\right) = 0 \qquad (2.103)$$

angegeben werden.

Wird dieser Algorithmus in der Praxis angewendet, so stellt sich das Problem, daß λ nicht von vornherein bekannt ist und darüberhinaus auch variiert. Deshalb muß das Verfahren entweder die Rate λ aus den Durchschnittswerten erfolgreich gesendeter Pakete schätzen, darauf wird später noch näher eingegangen, oder der Algorithmus bestimmt einen festen Wert. Es wurde nachgewiesen (u. a. [11]), daß bei $\lambda < 1/e$ das System stabil bleibt.

Zur Schätzung der Ankunftsrate λ wurde in [112] folgende Näherung angegeben:

$$\hat{\lambda}_{k+1} = 0.995 \hat{\lambda}_k + 0.005 \cdot I_{z(k)=1}. \qquad (2.104)$$

2.9.4.3 Stabilisierung durch MMSE-Schätzung

Das MMSE *(Minimum Mean-Squared Error)*-Verfahren zur Abschätzung der Anzahl kollidierter Stationen ist eine weitere Methode, das Slotted-ALOHA Verfahren zu stabilisieren und Zugriffsverzögerungen zu verringern. Dabei wird die Sendewahrscheinlichkeit dynamisch aufgrund der geschätzten Kollisionsrate bestimmt, um so den Durchsatz zu maximieren. Bei dem in [128] vorgestellten Verfahren wird wie beim Slotted-ALOHA Modell davon ausgegangen, daß neu generierte Pakete sofort im nächsten freien Slot gesendet werden. Damit handelt es sich um den IFT-Modus von Slotted-ALOHA.

Der vorgestellte Steueralgorithmus bestimmt die Sendewahrscheinlichkeit

$$p_r(k) = min\left(\beta \;,\; \frac{\alpha}{\hat{n}_k}\right) \qquad (2.105)$$

2.9 Grundlagen zum Zufallszugriff

wobei $\hat{n}_k$ die MMSE-Schätzung der Anzahl kollidierter Stationen zum Zeitpunkt des Beginns des k-ten Zeitslots ist. Der Parameter β ist so zu wählen, daß $0 \leq p_r(k) \leq 1$ gilt. Bei der Untersuchung des Verfahrens in [128] wurde von $\beta = 0{,}5$ ausgegangen. Auf den Parameter α, der die Zugriffsverzögerung minimieren soll, wird noch näher eingegangen. Als nächstes wird die asymptotische MMSE-Schätzung der Anzahl kollidierter Stationen im $(k+1)$-ten Slot angegeben:

$$\hat{n}_{k+1} = \hat{n}_k + \begin{cases} -\alpha/(\lambda + \alpha); & \text{falls } I_{z(k)=1} \\ 0; & \text{falls } I_{z(k)=0} \\ \frac{\lambda}{1-(\lambda+\alpha)/e^{\lambda+\alpha}-1}; & \text{falls } I_{z(k)\geq 2} \end{cases} \quad (2.106)$$

$$\hat{n}_{k+1} \leftarrow max(0, \hat{n}_{k+1}). \quad (2.107)$$

I_A ist wieder die Zustandsfunktion, vgl. Gl. (2.97). Da im realen System der Backlog zur Zeit t größer gleich null ist $n_t \geq 0$, garantiert Gl. (2.107), daß für den Schätzwert $\hat{n}_t \geq 0$ eingehalten wird.

Das Zugriffsverfahren arbeitet stabil für Ankunftsraten, die die Bedingung

$$\lambda \leq (\lambda + \alpha)e^{-(\lambda + \alpha)} \quad (2.108)$$

erfüllen. Der maximale Durchsatz wird (aufgrund eines in [128] erwähnten Theorems) für solche α erreicht, welche beide Seiten in Gl. (2.108) möglichst gleich groß werden läßt. Dies gilt für

$$\alpha = 1 - \lambda \quad (2.109)$$

was gleichbedeutend ist mit

$$\lambda_{max} = e^{-1}. \quad (2.110)$$

Der Schätzalgorithmus vereinfacht sich dadurch zu

$$\hat{n}_{k+1} = \hat{n}_k + \begin{cases} -(1-\lambda); & \text{falls } I_{z(k)=1} \\ 0; & \text{falls } I_{z(k)=0} \\ 2{,}392\lambda; & \text{falls } I_{z(k)\geq 2}. \end{cases} \quad (2.111)$$

In dieser rekursiven Formel wird die Kenntnis von λ vorrausgesetzt. In [128] wird folgender Algorithmus angegeben, um diese Ankunftsrate zu bestimmen:

$$\hat{\lambda}_{k+1} = \frac{1}{k+1} \left\{ \hat{n}(k+1 \mid k, \hat{\lambda}_k) + \sum_{j=0}^{k} \epsilon_j + \lambda_0 \right\} \quad (2.112)$$

mit

$$\epsilon_j = \begin{cases} 1; & \text{falls } I_{z(k)=1} \\ 0; & \text{sonst} \end{cases} \quad (2.113)$$

wobei $\hat{n}(k+1 \mid k, \hat{\lambda}_k)$ die MMSE-Schätzung zum Zeitpunkt des $(k+1)$-ten Slots darstellt, unter Berücksichtigung aller Slots bis zum k-ten Slot und der Rate $\hat{\lambda}_k$ als Wert für die tatsächliche Ankunftsrate. Die Konstante $\lambda_0 \in (0, e^{-1})$ wird benötigt, um den Schätzalgorithmus zu initialisieren. Der in Gl. (2.106) angegebene Parameter α kann mittels $\hat{\lambda}_k$ adaptiv eingestellt werden.

2.9.4.4 Stabilisierung durch stochastische Annäherung

Eine weitere Methode, um den Durchsatz zu optimieren und annähernd konstant zu halten, wurde in [67] vorgeschlagen. Bei diesem Algorithmus wird nicht von der Anzahl kollidierter Stationen Gebrauch gemacht, sondern es wird aufgrund einer verkehrstheoretischen Untersuchung ein Verfahren angegeben, mit dem man die Sendewahrscheinlichkeit $p_r(k)$ zum Zeitpunkt des k-ten Zeitschlitzes gemäß einer rückgeführten Kanalzustandsinformation jeweils neu bestimmt. Das Verfahren bestimmt $p_r(k)$ so, daß der Durchsatz, der nach Gl. (2.60) zu $S_{out}(k) \cong G(k)e^{-G(k)}$ angegeben werden kann und unabhängig von dem momentanen Wert von n ist, immer in der Nähe seines optimalen Wertes, also $G(k) = 1$, liegt.

Das Verfahren beruht auf dem Sendeergebnis im letzten Slot und bestimmt die neue Sendewahrscheinlichkeit abhängig davon, ob sich ein leerer Slot, ein erfolgreicher Sendeversuch oder eine Kollision ereignete, folgendermaßen:

$$p_r(k+1) = \min \left\{ p_{max}, p_r(k) \cdot \left(a_0 I_{z(k)=0} + a_1 I_{z(k)=1} + a_c I_{z(k) \geq 2} \right)^{\gamma} \right\} \quad (2.114)$$

mit

$$(a_0, a_1, a_c) = \left(e^{\frac{1-2e^{-1}}{1-e^{-1}}}, 1, e^{\frac{-e^{-1}}{1-e^{-1}}} \right). \quad (2.115)$$

2.9 Grundlagen zum Zufallszugriff   129

Ein konkreter Wert für p_{max} wird in [67] nicht angegeben. Es wird dort allerdings analysiert, daß, wenn zwei Stationen um den Kanal konkurrieren, der Durchsatz maximiert wird, falls

$$p_{max} = \frac{1-\lambda}{2-\lambda} \qquad (2.116)$$

gilt. p_{max} ist abhängig von der Ankunftsrate, die geschätzt werden muß und unter Umständen variiert. In [22] wird deshalb ein von dieser Rate unabhängiger Wert für p_{max} angegeben. Dabei wird die größtmögliche Paketrate, bei der das System stabil bleibt ($\lambda = 1/e$), in Gl. (2.116) eingesetzt und es ergibt sich damit $p_{max} \approx 0.38$. Für die Parameter in Gl. (2.115) gilt $(a_0, a_1, a_c) \approx (1.52, 1, 0.56)$. In [67] wird das Verhalten des Systems für Werte des Parameters γ zwischen 0.1 und 4 untersucht. Dabei stellt sich heraus, daß der mittlere Durchsatz des Systems mit steigendem γ abnimmt. Die durchschnittliche Anzahl kollidierter Stationen ist jedoch für Werte von γ im Bereich $\gamma \leq 0.1$ bei einer Ankunftsrate von $\lambda = 0.32$ relativ groß. In [22] wird $\gamma = 0.3$ als optimal angesehen.

2.9.4.5 Der CONTEST-Algorithmus

In [87] werden verschiedene Verfahren vorgeschlagen, das Slotted-ALOHA Protokoll zu stabilisieren, u.a. die RCP *(Retransmission Control Procedure)*-Methode. Bei diesem Verfahren wird je nach Verkehrsaufkommen die Sendewahrscheinlichkeit zu p_o bzw. p_c bestimmt. Dabei wird p_o so gewählt, daß der Durchsatz optimiert wird und p_c klein genug, um das System zu stabilisieren.

Der CONTEST *(Control-Estimation)*-Algorithmus basiert auf diesem Verfahren. Die Entscheidung, ob als Sendewahrscheinlichkeit p_o oder p_c benutzt wird, hängt davon ab, ob die Zahl kollidierter Stationen n einen gewissen Grenzwert $\hat{n}$ überschreitet. Bei diesem Wert von n gilt für die Verkehrsrate des Zugriffskanals

$$\hat{G}_o = \hat{n}p_o + (m-n)p_a \qquad (2.117)$$
$$\hat{G}_c = \hat{n}p_c + (m-n)p_a \qquad (2.118)$$

mit m als Gesamtzahl der Stationen und p_a als die Wahrscheinlichkeit neu gesendeter Pakete. Unter der Annahme, daß das Verkehrsaufkommen auf dem Zugriffskanal Poisson-verteilt ist, können folgende kritischen Werte, aufgrund der Wahrscheinlichkeit eines leeren Slots, angegeben werden: $\hat{f}_o = e^{-\hat{G}_o}$ und $\hat{f}_c = e^{-\hat{G}_c}$. Desweiteren wird angenommen, daß das Sendeergebnis in früheren Slots über ein Intervall der Länge W Slots beobachtet wird. Sei ferner $\bar{f}$ der Anteil leerer Slots im Intervall W bis zum Zeitschlitz k. Dann ist $\bar{f}$ näherungsweise die Wahrscheinlichkeit für einen leeren Slot im Zeitschlitz $k+1$, wobei vorausgesetzt wird, daß die Verkehrsrate sich im betrachteten Zeitraum nicht wesentlich ändert. Es wird folgender Algorithmus angegeben, wobei $p(k)$ die für den neuen Slot zu bestimmende Sendewahrscheinlichkeit ist.

1. Schritt:
   - $k \leftarrow k+1$
   - $p(k) = p_o$
2. Schritt:
   - Falls $\bar{f} < \hat{f}_o$ GOTO Schritt 4.
3. Schritt:
   - GOTO Schritt 1.
4. Schritt:
   - $k \leftarrow k+1$
   - $p(k) = p_c$
5. Schritt:
   - Falls $\bar{f} < \hat{f}_o$ GOTO Schritt 1.
6. Schritt:
   - GOTO Schritt 4.

Für p_o kann eine möglichst kleine oder die im folgenden Abschnitt hergeleitete, optimale Sendewahrscheinlichkeit, die von n und λ abhängt, benutzt werden. Für p_c ist ein Wert $p_c = K \cdot n$ mit $K \geq 1$ geeignet, um das System genügend zu stabilisieren.

Obiger Algorithmus läßt sich somit beliebig erweitern. Ähnlich wie im Hochlastfall läßt sich aufgrund von Beobachtungen des Zugriffskanals eine Grenze ermitteln, die den Niedriglastfall bestimmt und ein entsprechendes Verfahren zur Anpassung der Zugriffsparameter angibt.

2.9.4.6 Adaptive Bestimmung der optimalen Sendewahrscheinlichkeit

Der in Gl. (2.79) hergeleiteten optimalen Rahmenlänge entspricht die in [19] und [101] angegebene optimale Sendewahrscheinlichkeit $p_r = (1-\lambda)/(n-\lambda)$.

In [101] wird ein Durchschnittswert $\bar{n}$ aus der Folge leerer Slots bestimmt. Dabei wird angenommen, daß n sowie die Ankunftsrate λ während eines Beobachtungszeitraums der Länge x Slots annähernd konstant bleiben. Dann ist die Wahrscheinlichkeit für einen leeren Slot das Produkt aus der Wahrscheinlichkeit, daß neu sendende Stationen nicht im betrachteten Zeitschlitz senden und der Wahrscheinlichkeit, daß keine der bereits kollidierten Stationen sendet, und kann zu

$$P_0 \cong (1-p_r)^{\bar{n}} e^{-\lambda} \qquad (2.119)$$

angegeben werden. Sei ferner ein Intervall von x Slots gegeben, in dem jeder mit der Wahrscheinlichkeit P_0 leer ist, und sei e_0 im betrachteten Beobachtungszeitraum die Zahl leerer Slots, dann ist e_0 binomial verteilt mit dem Mittelwert $E_0 = xP_0$. Eingesetzt in Gl. (2.119) ergibt sich für n :

2.9 Grundlagen zum Zufallszugriff

$$n \cong \frac{\ln(E_0/x) + \lambda}{\ln(1 - p_r)}. \qquad (2.120)$$

In [19] wird ein anderer Algorithmus vorgestellt, mit dem ein Wert für n sowie die optimale Sendewahrscheinlichkeit für kollidierte Stationen p_r bestimmt werden können. Danach bestimmt sich p_r in Abhängigkeit von n gemäß

$$p_r(\hat{n}) = \begin{cases} (1-\lambda)/(\hat{n}-\lambda); & \text{falls} \quad \hat{n} \geq 1, \text{ und} \\ 1; & \text{falls} \quad 0 \leq \hat{n} < 1. \end{cases} \qquad (2.121)$$

Die Anzahl der kollidierten Stationen wird dann über folgenden Schätzalgorithmus aus der rückgeführten Kanalzustandsinformation in jedem Slot neu bestimmt

$$\hat{n_{k+1}} = \hat{n} + U(f_k, \hat{n_k}) \qquad (2.122)$$

mit

$$U(f_k, \hat{n}) = \max(\hat{n}_{min} - \hat{n}, u_f) \quad \text{mit } \hat{n} \geq \hat{n}_{min} \text{ und } f = 0, 1, c. \qquad (2.123)$$

Dabei stellt $\hat{n}_{min}$ eine untere Begrenzung dar; u_0, u_1 und u_c sind reelle Konstanten. In [19] wurde für diesen Algorithmus bei einer Ankunftsrate $\lambda = 0.32$ die Parameter $u_0 = 2 - e \cong -0.7183$, $u_1 = 0$, $u_c = 1$ und $\hat{n}_{min} = 2$ angegeben. Eine Simulationsuntersuchung ergibt bei $\lambda = 0.32$ mit den Parametern $(u_0, u_1, u_c) = (-0.4, -0.4, 0.9)$ die geringste durchschnittliche Zugriffsverzögerung.

2.9.4.7 Der Splitting-Algorithmus

Eine andere Möglichkeit zur Kollisionsauflösung ist der Splitting-Algorithmus [60]. Dabei ist jede Station, die im wahlfreien Zugriff übertragen möchte, einer von zwei möglichen Mengen zugeordnet. In der Wartemenge *(Waiting Set)* befinden sich alle Stationen, die nicht an einer laufenden Kollisionsauflösung teilnehmen. Wenn in einer Station ein neuer Übertragungswunsch entsteht, dann ordnet sie sich der Wartemenge zu. In der Kollisionsmenge *(Collision Set)* befinden sich alle Mobilstationen, die an der momentanen Kollisionsauflösungsphase teilnehmen. Beim Beginn einer Kollisionsauflösungsphase wird ein Teil der Wartemenge der vorher leeren Kollisionsmenge zugeordnet und nimmt dann an der Kollisionsauflösung teil. Danach können keine weiteren Stationen der Kollisionsmenge zugeordnet werden. Stationen, die erfolgreich übertragen haben, fallen aus der Kollisionsmenge heraus.

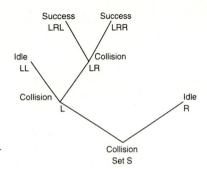

Abbildung 2.64: Beispiel zum Splitting-Algorithmus

Dieser Prozeß endet erst, wenn die Kollisionsmenge vollständig geleert ist. Danach beginnt eine neue Kollisionsauflösungsphase mit einer neuen Kollisionsmenge.

In Abb. 2.64 wird der Splitting Algorithmus anhand eines Beispiels erläutert. Nachdem eine Kollision aufgetreten ist, werden alle Mobilstationen aus der Menge C, die an der Kollision beteiligt waren, der Kollisionsmenge zugeordnet. Beim binären Splitting-Algorithmus ordnen sich die Mobilstationen der Kollisionsmenge einer der beiden neuen Teilmengen (Menge L und R) zu. Es gibt unterschiedliche Kriterien für die Zuordnung, auf die später noch eingegangen wird. Falls in einer der beiden Teilmengen erneut eine Kollision auftritt, wird diese wieder geteilt. In Abb. 2.64 ist in der Menge L eine Kollision aufgetreten, wodurch die Teilmengen LL und LR enstehen. Dieser Algorithmus wird fortgesetzt, bis alle Kollisionen aufgelöst sind. Die Zeit vom Beginn der Kollisionsauflösung bis zur Auflösung der Kollision wird als Kollisionsauflösungsperiode bezeichnet. Die Stationen, die sich in der Wartemenge befinden, warten auf den Beginn einer neuen Kollisionsauflösungsperiode.

Falls die Stationen sofort über das Ergebnis des Zugriffs informiert sind, kann man diese Information für die weitere Kollisionsauflösung nutzen. Dadurch ergeben sich zwei Verbesserungen des Splitting-Algorithmus die den Durchsatz erhöhen. Diese werden anschließend vorgestellt.

Es gibt verschiedene Möglichkeiten, wie sich die Mobilstationen auf die Teilmengen aufteilen können:

- Sie teilen sich gleichverteilt auf die Teilmengen auf.

- Die Aufteilung erfolgt entsprechend der Ankunftszeitpunkte.

- Die Mobilstation berechnet sich eine Priorität und benutzt diese zur Bestimmung der Teilmenge.

2.9 Grundlagen zum Zufallszugriff

- Teile der Identifikationsnummer der Mobilstation werden für die Zuordnung benutzt

Optimierung des Splitting-Algorithmus Wenn man die Informationen über den Erfolg der Kollisionsauflösung der anderen Mengen kennt, so ergeben sich zwei Optimierungsmöglichkeiten, die den Durchsatz erhöhen.

In Abb. 2.64 ist in der Teilmenge L eine Kollision aufgetreten und in der Teilmenge LL hat keine Mobilstation gesendet (`Idle`). Daher würde bei der Teilmenge LR unweigerlich eine Kollision auftreten und man kann dieses Teilmenge sofort in LRL und LRR aufteilen.

Nachdem in der Teilmenge L eine Kollision aufgetreten ist, d. h. sich mindestens zwei Mobilstationen dieser Teilmenge zugeordnet haben, ist die Wahrscheinlichkeit, daß sich eine dritte Station in der Teilmenge R befindet, gering. Deshalb erweist es sich als günstiger die Teilmenge R wieder der Wartemenge zuzuordnen. Diese beiden Verbesserungen führen zu einer Durchsatzerhöhung auf 43 % (ohne Optimierung) bzw. auf 48,7 %, anstelle des ohne Splitting-Algorithmus erreichbaren Wertes von $1/e \sim 36{,}8\,\%$.

3 GSM-System

Unter Mitwirkung von Peter Decker, Christian Wietfeld

3.1 Die GSM-Empfehlung

Zu Beginn der achtziger Jahre zeichnete sich in Europa der Trend zu vielen nationalen und inkompatiblen Funknetzen ab. Die sieben verschiedenen Mobilfunknetze in Europa machten durch die hohen Gebühren und Gerätepreise das Mobiltelefon für viele Kunden unattraktiv, vgl. Abb. 1.3.

Aus diesem Grunde beschloß die CEPT[1] auf der Vollversammlung im Juni 1982 in Wien, ein paneuropäisches, zellulares Mobilfunknetz zu entwickeln und zu standardisieren. Das neue System sollte in dem für den mobilen Landfunk zugewiesenen Frequenzband bei 900 MHz arbeiten.

Für den Entwurf der Standards wurde unter Anleitung der CEPT eine Arbeitsgruppe, die *Groupe Speciale Mobile* (GSM), gegründet [135]. Es gab keine Vorgaben, wie das neue Mobilfunksystem analog oder digital Sprache und Daten übertragen soll. Die Entscheidung für ein digitales GSM-Netz ergab sich erst in der Entwicklungsphase. Von Anfang an wurde jedoch vereinbart, daß das geplante System – bekannt unter dem Namen GSM-Mobilfunksystem, nach der Arbeitsgruppe die es entwickelt hat – neue Errungenschaften aus dem Bereich der Telekommunikation, wie z. B. das ITU-T Signalling System No.7, ISDN und ISO/OSI-Schichtenmodell, anwenden bzw. berücksichtigen sollte.

Um die anfallenden Standardisierungsarbeiten zu bewältigen, wurden sechs Arbeitsgruppen und drei unterstützende Gruppen definiert. Die Aufgaben der einzelnen GSM-Arbeitsgruppen sind in Tab 3.1 aufgeführt [12].

Ziele der GSM für ihr *Public Land Mobile Network* (PLMN) waren [2]:

- ein breites Sprach- und Datendienstangebot,

---

[1] vgl. Anhang B.2.2

Tabelle 3.1: Aufgaben der GSM-Arbeitsgruppen

GSM-Arbeitsgruppen	Aufgabenbereich
Working Party 1	Definition der Dienste und der Dienstequalität
Working Party 2	Definition der Zugriffs-, Modulations- und Codierungsverfahren für die Übertragung
Working Party 3	Definition der Protokolle zur Signalisierung zwischen Mobilstation, Mobilfunktionen und festen Kommunikationsnetzen
Working Party 4	Spezifikation von Datendiensten
Working Party 5	Entwicklung von UMTS
Working Party 6	Spezifikation von Netz-Management Aspekten
Speech Coder Experts Group (SCEG)	Definition eines Verfahrens zur Digitalisierung der Sprache bei niedriger Bitrate
Security Experts Group (SEG)	Behandlung aller Aspekte die Sicherheitsfragen (Zugriff, Verschlüsselung, Authentifikation) betreffen
Satellite Earth Systems (SES)	Unterstützung von GSM durch Satellitensysteme

- Kompatibilität zu den leitungsgebundenen Netzen (ISDN, Telefonnetz, Datennetz) mit Hilfe standardisierter Schnittstellen,

- länderunabhängiger Systemzugang für alle Mobilfunkteilnehmer,

- automatisches europaweites Roaming und Handover,

- hohe Effizienz bei der Ausnutzung des Frequenzspektrums,

- Unterstützung verschiedener Typen mobiler Endgeräte (z. B. Fahrzeug-, Portable- und Handmobiltelefone),

- digitale Übertragung sowohl von Signalisier- als auch von Nutzinformation,

- Unabhängigkeit von Herstellerfirmen,

- geringe Kosten für die Infrastruktur und die Endgeräte.

Die GSM-Gruppe testete verschiedene Prototypen von digitalen, zellularen Funksystemen, und entschied sich im Jahr 1987 für einen Standard, der von verschiedenen prototypisch realisierten Systemen die besten Eigenschaften vereinigt. Gleichzeitig wurde ein Zeitplan zur Realisierung festgelegt, der auch von der Europäischen Union (EU) nachdrücklich gefördert wurde, vgl. Tab. 3.2.

Bis 1987 hatte die GSM für das neue digitale Mobilfunksystem bereits umfassende Richtlinien erarbeitet. Mit der Unterzeichnung des *Memorandum of Understanding on the Introduction of the Pan-European Digital Mobile Communication Service*

3.1 Die GSM-Empfehlung

Tabelle 3.2: Ursprünglicher Zeitplan für die Einführung des GSM-Systems

Zeitpunkt	Etappen
Februar 1987	Angebotsanforderungen
Mitte 1988	Letters of Intent
Ende 1988	Validierung der Schnittstellen
Mitte 1990	System-Validierung
März 1991	Start der Gerätelieferung
Juni 1991	Inbetriebnahme der ersten Basisstationen
1993	Versorgung der großen Städte und Hauptverkehrsstraßen
ab 1995	Flächendeckender Betrieb

(MoU) am 7. Sept. 1987 erklärten sich die 13 beteiligten Staaten bereit, den Mobilfunk nach den Empfehlungen der GSM einzuführen.

Später, im März 1989, wurde die GSM-Arbeitsgruppe von der ETSI[2] übernommen und trägt seit 1991 den Namen *Special Mobile Group* (SMG). Heute steht das Kürzel GSM für *Global System for Mobile Communications*, um den Anspruch eines weltweiten Standards zu unterstreichen.

Mittlerweile haben alle europäischen Staaten sowie viele Staaten weltweit den GSM-MoU-Vertrag unterzeichnet und werden in ihren Ländern ein Mobilfunksystem nach GSM-Empfehlung aufbauen, vgl. Tab. 3.41.

Der geplante offizielle Start des GSM-Systems hatte sich um ein Jahr verschoben. Lediglich in fünf Ländern konnte am 1. Juli 1991 der Testbetrieb aufgenommen werden. Die Gründe dafür lagen in der hohen Komplexität dieses Digitalnetzes und seiner Komponenten, die sich in einem Spezifikationsumfang von heute etwa 8 000 Seiten widerspiegeln. Allein im Jahr 1990 wurden noch 500 GSM-Änderungsvorschläge *(Change Requests)* verabschiedet. Die gesamte GSM-Empfehlung ist in 13 Serien aufgeteilt, die sich gemäß Tab. 3.3 mit verschiedenen Aspekten des GSM-Systems beschäftigen, vgl. Anhang E.

Die GSM-Empfehlungen enthalten detaillierte Spezifikationen für die Funkschnittstelle, die zum Teil den Konzepten für die analogen nationalen Zellularstandards und ITU-T X.25 entlehnt sind. Große Teile der Funkschnittstelle sind jedoch spezifisch für das GSM-System. Einige wesentliche GSM-Merkmale sind:

Frequenzband: Der Frequenzbereich zwischen 935 und 960 MHz dient als Feststation-Sendefrequenz *(Downlink)*, und die Frequenzen zwischen 890 und 915 MHz dienen als Feststation-Empfangsfrequenz *(Uplink)*. Die Trägerfre-

---
[2] vgl. Anhang B.2.3

Tabelle 3.3: Die Serien der GSM-Empfehlung

Serie	Inhalt
00	Präambel
01	Allgemeine Aspekte, Terminologie und Diensteinführungsphasen des GSM *Public Land Mobile Network* (PLMN)
02	Definition der Telekommunikationsdienste, technische Aspekte im Rahmen der Gebührenthematik und internationale Verrechnung
03	Definition der Netzfunktionen wie Verkehrsweglenkung, Handover, Sicherheitsfragen beim Netzzugriff, Planung des Netzes
04	Beschreibung und Definition der Protokolle und Schnittstellen zwischen Mobilstation (MS) und Basisstation (BS)
05	Funkstreckenfunktionen wie Multiplexen, Kanalcodierung, Synchronisation und Interleaving
06	Sprachverarbeitungs- und Sprachcodierungsfunktionen
07	Endgeräte- und Übertragungsratenanpassung
08	Beschreibung der Schnittstellenfunktion zwischen *Base Station System* (BSS) und *Mobile Services Switching Centre* (MSC)
09	Definition der *Interworking Functions* (IWF) zwischen mehreren GSM-Netzen und verschiedenen Festnetzen
11	Gerätespezifikationen und Zulassungsrichtlinien
12	Verwaltungsaspekte eines GSM-Netzes

quenzen der FDM-Funkkanäle haben Abstände von 200 kHz, wodurch die Einrichtung von insgesamt 124 FDM-Kanälen ermöglicht wird. Pro FDM-Kanal werden im Zeitmultiplex (TDM) jeweils acht Nutzkanäle (Zeitschlitze) unterstützt.

Gesprächsweiterleitung *(Handover)*: Durch die Gesprächsweiterleitung von einer Feststation zur anderen wird die Aufrechterhaltung der Verbindungsqualität für Teilnehmerverbindungen, die Minimierung von Störungen und die Lenkung der Verkehrsverteilung ermöglicht. Darüber hinaus sind für den Fall eines fehlgeschlagenen Handovers Prozeduren zur Wiederherstellung der Verbindung definiert.

Leistungsregelung (*Power Control*, PC): Zur Minimierung von Störungen regelt sowohl das Teilnehmergerät als auch die Basisstation die Leistung in einem Bereich von über 30 dB in Schritten von 2 dB.

Diskontinuierliche Übertragung (DTX): Das GSM arbeitet optional mit einer diskontinuierlichen Übertragung von Sprache mit Hilfe eines Sprachaktivitätsdetektors. Somit wird die Sendebatterieleistung nur dann in Anspruch genommen, wenn Sprache oder Daten übertragen werden sollen, was zu einer verringerten Störungswahrscheinlichkeit und zu einer besseren Ausnutzung des Frequenzspektrums führt.

Synchronisierung: Systembedingt sind alle Frequenzen und Zeiten mit einer hochstabilen (0,05 ppm) Referenz synchronisiert, die mit einem Frequenznormal gekoppelt werden kann.

Von den bestehenden europäischen Mobilfunksystemen unterscheidet sich das GSM durch folgende Merkmale:

- europaweite Versorgung,
- europaweite Standardisierung,
- digitale Funkübertragung,
- weitgehende ISDN-Kompatibilität,
- verbesserter Schutz gegen Mithören,
- Unterstützung von Datendiensten.

Das GSM wird als wesentlicher Fortschritt gegenüber allen Vorläufersystemen angesehen, und gilt als repräsentativ für sogenannte Systeme der 2. Generation. Neben erheblichen technischen Fortschritten (insbesondere der Einführung der digitalen Übertragungstechnik) ist es gelungen, mit der Standardisierung der Schnittstellen zwischen den Teilsystemen, allen Herstellern bzw. Netzbetreibern eigene Entwicklungsarbeiten bzw. die Konfigurierung ihres Netzes mit größtmöglicher Flexibilität zu erlauben.

3.2 Die Architektur des GSM-Systems

3.2.1 Funktioneller Aufbau des GSM-Systems

In der GSM-Spezifikation 1.02 wird das GSM-System in folgende Teilsysteme unterteilt:

- Funkteilsystem: *Radio Subsystem* (RSS),
- Vermittlungsteilsystem: *Network and Switching Subsystem* (NSS) und
- Betreiberteilsystem: *Operation Subsystem* (OSS).

Diese Teilsysteme und deren Komponenten werden in der vereinfachten funktionalen Architektur in Abb. 3.1 dargestellt.

3.2.1.1 Funkteilsystem

Das Funkteilsystem *(Radio Subsystem)* wird von den mobilen Endgeräten (*Mobile Station*, MS) und den Basisstationsteilsystemen (*Base Station Subsystem*, BSS) gebildet.

140   3 GSM-System

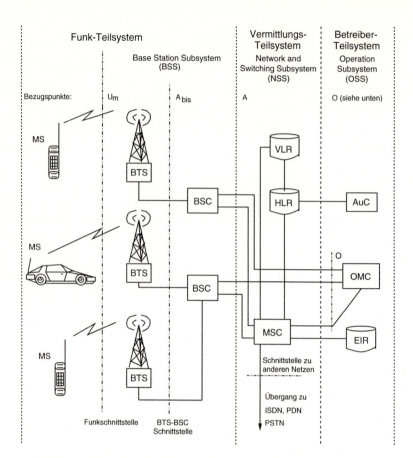

Abbildung 3.1: Funktionale Architektur des GSM-Mobilfunknetzes

Mobile Station Unter dem Begriff Mobilfunkstation (MS) versteht man die gesamte physikalische Ausrüstung des PLMN-Teilnehmers. Sie enthält das Funkgerät und die Benutzerschnittstelle, die der Teilnehmer für den Zugriff auf die PLMN-Dienste benötigt.

Die GSM-Mobilfunkstation besteht aus zwei Teilen. Der erste Teil enthält alle für die Funkschnittstelle spezifischen Hardware- und Softwarekomponenten, der zweite Teil, bekannt unter *Subscriber Identity Module* (SIM), alle teilnehmerspezifischen Informationen. Das SIM ist entweder fest eingebaut oder als *Smart Card* realisiert, die entweder klein oder so groß wie eine Kreditkarte ist und die Funktion eines Schlüssels hat. Einmal aus dem Endgerät entfernt, kann es nur noch, soweit das Netz es erlaubt, z. B. für Notrufe verwendet werden. Mit Hilfe des SIM kann

3.2 Die Architektur des GSM-Systems

Tabelle 3.4: Leistungsklassen mobiler Endgeräte nach GSM bzw. DCS1800

Klasse	GSM900 max. zul. Sendeleistung [W]	GSM900 Gerätetyp	DCS1800 max. zul. Sendeleistung [W]	DCS1800 Gerätetyp
1	20	festeingebaut u. portabel	1	handportabel
2	8	portabel u. festeingebaut	0,25	handportabel
3	5	handportabel	–	–
4	2	handportabel	–	–
5	0,8	handportabel	–	–

sich ein Teilnehmer über jede beliebige Mobilstation im Netz identifizieren und entsprechend kann ein Funkgerät durch das SIM personalisiert werden. Außerdem hat jede Mobilstation ihre Mobilgerätekennungsnummer (*Equipment Identity*, EI).

Für die Verwaltung einer Mobilstation innerhalb des GSM-Netzes wurden ihr folgende Nummern bzw. Identitäten zugeordnet:

- *International Mobile Station Identity* (IMSI), vgl. Abschn. 3.5.3,
- *Temporary Mobile Station Identity* (TMSI), vgl. Abschn. 3.5.3,
- *Mobile Station International ISDN Number* (MSISDN), vgl. Abb. 3.57,
- *Mobile Station Roaming Number* (MSRN), vgl. Abb. 3.57.

Mobilfunkstationen können in Fahrzeugen installiert oder als portable/handportable Geräte ausgeführt sein und sind gemäß GSM-Richtlinie 2.06 nach der zulässigen Sendeleistung in fünf Klassen unterteilt:

Diese Klassen kennzeichnen auch verschiedene Gerätetypen: festeingebaute, portable und handportable Endgeräte. Endgeräte der GSM-900-Klasse 1 (8–20 W) sind aller Wahrscheinlichkeit nach nie entwickelt worden. Stattdessen sind portable und festeingebaute Geräte typischerweise in der Klasse 2 (5–8 W) vorzufinden. Handgeräte entsprechen vorwiegend dem Klassentyp 4 (0,8–2 W). Die Klasse 5 (bis zu 0,8 W) ist ebenfalls für Handgeräte vorgesehen, stellt aber sehr hohe technische Anforderungen an die zellulare Versorgung, weshalb sie vorzugsweise in städtischen Umgebungen mit Kleinzellen infrage kommt, aber noch kaum eingesetzt wird. Die MS kann Einrichtungen für die Sprachübertragung und die Datenkommunikation enthalten.

Neben den netzabhängigen Funk- und Protokollfunktionen, die den Betrieb am Netz erst ermöglichen, hat die Mobilstation nach außen hin mindestens eine weitere Schnittstelle *(Interface)* zum Teilnehmer, vgl. Abschn. 3.2.2. Sie kann entweder für den menschlichen Benutzer (Mensch-Maschine-Schnittstelle) oder für die Ankopplung (Adapter-Schnittstelle, *Terminal Adaptor* [103]) eines weiteren Endgerätes, wie Rechner oder Telefax, oder die Kombination beider vorgesehen sein. Die GSM-Spezifikationen überlassen Umsetzung und Umfang der Schnittstellentechnik weitgehend dem Hersteller.

Die Benutzerschnittstelle besteht üblicherweise aus den Komponenten

- Mikrophon,
- Lautsprecher,
- LCD-Anzeigenfeld,
- alphanumerisches Tastenfeld und
- sog. Softkeys.

Softkeys sind Funktionstasten, mit denen sich ein Terminal in unterschiedliche Betriebszustände versetzen läßt. Es besteht keine feste Zuordnung zwischen Taste und ihrer Funktion, wie bei Hardkeys üblich, z. B. beim Getränkeautomat. Dem Anwender muß deshalb die jeweilige Funktion vor Betätigung des Softkeys mitgeteilt werden.

Bei Handys erweisen sich Softkeys als äußerst nützlich. Über softkey-eigene Menüfunktionen, die im Display des Handys angezeigt werden, kann der Teilnehmer sein Gerät einhändig bedienen, ohne wie bei Hardkey-Ausführung des Bedienfelds Tastenkombinationen gleichzeitig drücken zu müssen.

Anders als beim herkömmlichen Telefon, bei dem der Teilnehmer über den Festnetzanschluß identifizierbar ist, bilden Funkverbindungen ein anonymes Netz. Deshalb ist die Teilnehmeridentifikation im Mobilfunk allein aus betrieblichen Gründen Voraussetzung. Die Speicherung teilnehmerbezogener Daten durch das SIM Modul identifiziert den Teilnehmer und seinen Aufenthaltsort erst beim Einbuchen, ein automatischer Vorgang bei Inbetriebnahme des Endgeräts [134].

Das SIM ist bei ältern Geräten fest eingebaut und wird neuerdings als Karte in das Gerät eingelegt, wobei es zwei Ausführungen gibt:

- Smart Card, auch Standard-SIM-Karte genannt, und
- Plug-in-SIM-Karte.

Beide Karten unterscheiden sich nur durch ihre Größe. Die Standard-SIM-Karte entspricht einer Scheckkarte nach ISO-Standard (ISO 7816) [33], dagegen ist das Plug-in-Modul gemäß GSM-Empfehlung kleiner gehalten. Ihrer Größe entsprechend unterschiedlich gestaltet sich auch die Handhabung. Während die Standard-SIM-Karte durch einfaches Einschieben in den dafür vorgesehenen Kartenschlitz

3.2 Die Architektur des GSM-Systems

des Mobiltelefones aktiviert werden kann, muß das kleinere Modul über einen speziellen Kartenhalter bzw. -schieber in das Geräteinnere eingelegt werden, wobei zumeist der Akku vorher entfernt werden muß. Bei Handys hat sich mittlerweile die kleinere Plug-in-SIM-Karte durchgesetzt.

Die teilnehmerbezogenen Daten werden im nichtflüchtigen Speicher des SIM gehalten. Sie sind statisch, aber auch z. B. temporär veränderlich. Zum unveränderlichen Datenbestand gehören folgende Elemente [33]:

- SIM-Kartentyp,
- IC-Kartenidentifikator: Seriennummer des SIM; kennzeichnet zugleich den Kartenbesitzer,
- SIM *Service Table*: Liste der zusätzlich abonnierten Dienste,
- IMSI *International Mobile Subscriber Identity*,
- PIN *Personal Identity Number*,
- PUK *PIN Unblocking Key* und
- Authentifikationsschlüssel K_i.

Vor Aushändigung der SIM-Karte wird sie mit diesen Daten initialisiert, erst dann kann sich der Teilnehmer mit ihrer Hilfe ins Netz einbuchen. Dagegen haben dynamische Daten, die während einer Kommunikationsverbindung permanent aktualisiert werden, den Zweck, Einbuchungsvorgänge schneller abzuwickeln, da entsprechende Informationen bereits dezentral vorliegen und nicht über das Netz abgefragt werden müssen. Zu ihnen gehören folgende Datenelemente [33]:

- Aufenthaltsinformationen: bestehend aus TMSI, LAI, ein periodisch veränderlicher *Location Updating*-Zeitgeber und Aktualisierungsstatus,
- Übertragungsschlüssel K_c zur Chiffrierung und seine Sequenznummer,
- BCCH-Informationen: Liste der Trägerfrequenzen für Zellenwahl bei Handovern und Verbindungseinrichtungen *(Call Setups)*,
- Liste gesperrter PLMNs,
- HPLMN-Suchphase: Zeitdauer, die die MS bei der Gesprächssuche *(Roaming)* im Heimatnetz abwartet, bevor sie sich in ein anderes Netz einzubuchen versucht.

Weitere optionale Datenelemente können in [33] nachgelesen werden. Alle SIM-Daten werden nur für die Dauer des aktiven Betriebszustandes in den Speicher der Mobilstation kopiert und werden danach gelöscht. Mobiltelefonherstellern ist es freigestellt, weniger wichtige Daten, wie Kurzmitteilungen *(Short Messages)*, zuletzt angewählte Rufnummern usw. als zusätzlich zwischenzuspeichern. Jedoch können diese Daten nur abgerufen werden, wenn das Endgerät mit der gleichen SIM-Karte wieder eingeschaltet wird, mit der es zuvor deaktiviert worden ist [33].

PIN Abgesehen vom Notruf kann das mobile Endgerät nur durch zuvoriges Freischalten der SIM-Karte in Betrieb genommen werden. Dazu muß der Teilnehmer nach Einschalten des Geräts einen PIN-Code eingeben, der zwischen 4 bis 8 Stellen lang sein kann. Bei Aushändigung der SIM-Karte über den Dienstanbieter ist die PIN i. a. eine vierstellige Nummer, deren Voreinstellung der Teilnehmer beliebig oft verändern darf. Nach korrekter Eingabe der PIN meldet sich das Netz, und das Endgerät bucht sich automatisch ein.

Die PIN-Abfrage kann[3], sollte jedoch nicht abgeschaltet werden, da sonst der Teilnehmer das Risiko eingeht, Dieben bis zur Sperrung der Karte kostenlose Nutzung zu ermöglichen. Bei Diebstahl eines eingeschalteten Gerätes kann der Dieb die SIM-Karte nur solange mißbrauchen, bis er das Gerät zum ersten Mal abschaltet oder der Akku leer ist. Wird die PIN drei Mal hintereinander falsch eingegeben, ist die Karte gesperrt. Dann benötigt der Teilnehmer den Entsperrschlüssel PUK.

Einige Karten verfügen über eine zweite PIN zur Absicherung eines Teils des karteninternen Nummernspeichers. Damit können persönliche Rufnummern und Namenseinträge auf der Karte gesondert vor unbefugtem Zugriff geschützt werden. Sicherheitsmechanismus und maximal zulässige Codelänge der PIN2 sind mit denen der PIN identisch [33, 134].

PUK Eine gesperrte SIM-Karte kann nur noch durch einen Entsperrschlüssel PUK *(PIN Unblocking Key)* freigeschaltet werden. Dabei hat der Teilnehmer 10 Versuche, den richtigen PUK-Code einzugeben, bis die Karte permanent gesperrt ist und beim Dienstanbieter entsperrt werden muß. Der PUK ist eine achtstellige unveränderliche Nummer, die dem Teilnehmer bei Aushändigung der Karte bekannt gegeben wird [33, 134].

3.2.1.2 Feststationsteilsystem – Base Station Subsystem (BSS)

Das BSS umfaßt den gesamten funkbezogenen Teil des GSM-Netzes. Bedingt durch Funksende- und Empfängereinrichtungen der Feststationen *(Base Transceiver System)*, die wegen der begrenzten Sendeleistung nur ein bestimmtes geographisches

---

[3] Bei D2 privat ist die PIN-Abfrage nicht abschaltbar.

3.2 Die Architektur des GSM-Systems

Gebiet im Netz versorgen, entstehen Funkzellen, in denen sich der mobile Teilnehmer frei bewegen und kommunizieren kann. Die Größe der einzelnen Zellen ist dabei von einer Reihe von Parametern abhängig, zu denen u. a. die charakteristische Wellenausbreitung, die örtliche Morphologie und die regional zu erwartende Teilnehmerdichte gehören [134].

Damit das BSS einen mobilen Teilnehmer z. B. mit einem Gesprächspartner im öffentlichen Telefonnetz (PSTN) verbinden und zwischen ihnen Kommunikation ermöglichen kann, verfügt es neben Transceivern über weitere Hard- und Softwareeinrichtungen:

- Signalisierungsprotokolle für die Verbindungssteuerung,
- Sprachcodecs (Codierer/Decodierer) sowie Datenratenadaption (*Transcoder/Rate Adaptor Unit*, TRAU) für den Übergang zum Festnetz,
- digitale Signalverarbeitung zur Codierung von Daten usw.

Diese Funktionen lassen bereits weitere wichtige Aufgaben des BSS erkennen. Zwischen dem BSS und den GSM-Netzkomponenten und anderen Netzen sind verschiedene Schnittstellen festgelegt worden, die Informationsaustausch zwischen Teilnehmer und GSM-Netz bzw. anderen Netzen und zwischen BSS und Betreiber- bzw. Vermittlungsteilsystem erlauben, vgl. Abb. 3.1. Zum mobilen Teilnehmer besteht die sog. U_m-Schnittstelle. Sie ist durch spezifische Parameter der digitalen Funkübertragung, wie GMSK-Modulation, Datenrate, Lage der Trägerfrequenzen im 900-MHz-Band, Kanalraster usw., gekennzeichnet. Zum Festnetz des GSM-Netzes ist das BSS über die vom ISDN bekannte A-Schnittstelle mit MSCs verbunden, den Vermittlungsstellen des NSS, über die der Teilnehmer das externe Netz erreicht. Die A-Schnittstelle ist ebenfalls durch spezifische, digitale Übertragungsparameter gekennzeichnet, zu denen u. a. PCM *(Puls Code Modulation)*, eine Datenrate von 64 kbit/s und eine Bandbreite von 4 kHz gehören.

Die Netzverfügbarkeit und -qualität wird vom Netzüberwachungs- und Wartungszentrum des GSM-Betreibers über eine O-Schnittstelle ermittelt, mit der ein direkter Zugriff auf BSS-Einheiten besteht.

Zum BSS gehören die Komponenten:

- Funkfeststation – *Base Transceiver Station* (BTS) und
- Feststationssteuerung – *Base Station Controller* (BSC).

BTS Die BTS umfaßt Sende- und Empfangsanlagen einschließlich der Antennen und der gesamten, für die Funkschnittstelle spezifischen Signalverarbeitung. Je nach Antennentyp versorgt sie eine oder mehrere Zellen, so können z. B. sektorisierte Antennen drei in 120° zueinander angeordnete Zellen bedienen, vgl. Kap. 2.4.

Die TRAU ist in der standardisierten GSM-Struktur Teil der BTS. Sie verfügt sowohl über GSM-spezifische Sprachcodierung und -decodierung als auch über Ratenanpassung im Fall von Datenübertragungen.

BSC Die BSC ist für die Verwaltung der Funkschnittstelle via BTS verantwortlich, nämlich Reservierung und Freigabe von Funkkanälen sowie *Handover Management*. Weitere Aufgaben sind die Steuerung von Funkrufen *(Paging)* und Übertragung von der A-Schnittstelle angepaßten, verbindungsbezogenen Daten bzw. Signalisierdaten von/zur MSC.

Im allgemeinen verwaltet ein BSC mehrere BTS und ist über eine MSC mit dem NSS verbunden [135].

3.2.1.3 Vermittlungsteilsystem

Vermittlungstechnische bzw. netzorientierte Funktionen werden im Vermittlungsteilsystem (*Network & Switching Subsystem*, NSS) durchgeführt. Es bildet ein Übergangsnetz zwischen dem Funknetz und den öffentlichen Partnernetzen (z. B. Telefonnetz (*Public Switched Telephone Network*, PSTN), ISDN, Datennetz (*Public Data Network*, PDN). Die Gesamtheit der Elemente eines NSS sind nicht nur rein physikalische Komponenten, vielmehr stellt das Vermittlungsteilsystem eine Menge von Funktionen zur Verfügung, deren geeignete Realisierung und Implementierung Aufgabe der Hersteller und Netzbetreiber ist.

Bestandteile des NSS sind die Mobilvermittlungsstelle (*Mobile Services Switching Center*, MSC), die Heimatdatei (*Home Location Register*, HLR) und die Besucherdatei (*Visitor Location Register*, VLR).

Mobilvermittlungsstelle (MSC) Die MSC ist eine digitale ISDN[4]-Vermittlungsstelle hoher Leistungsfähigkeit, die normale Vermittlungsaufgaben ausführt und das Netz verwaltet. Jede MSC, der meistens mehrere Feststationssteuerungen zugeordnet sind, vermittelt in dem ihr zugeordneten geographischen Bereich zwischen Mobilfunkteilnehmern desselben und anderer PLMN und bildet u. a. auch das Bindeglied zwischen dem Mobilfunknetz und den drahtgebundenen Netzen (PSTN, ISDN, PDN). Zu den Aufgaben der MSC gehören alle Signalisierungsvorgänge, die zum Aufbau, Abbau und zum Verwalten von Verbindungen benötigt werden

---
[4] *Integrated Services Digital Network*

3.2 Die Architektur des GSM-Systems

und nach dem Signalisierungssystem Nr.7 abgewickelt werden sowie mobilfunkspezifische Funktionen wie z. B. Verbindungsumschaltung bei starken Störungen oder Zellwechsel *(Handover)* oder Zuteilung und Aufhebung von Funkkanälen.

Übertragungsfunktionen für Datendienste werden mit Hilfe spezifischer Funktionseinheiten (*Interworking Functions*, IWF) realisiert, die in jeder MSC integriert sind. Die Nutzkanalfunktionen werden von Einrichtungen ausgeführt, die man mit *Data Service Unit* (DSU) bezeichnet. Die DSU verfügt über Funktionen wie Ratenanpassung, Modem und Codec in Schicht 1 sowie über Protokollfunktionen der Schicht 2.

Weitere Aufgaben der MSC sind die aus dem ISDN bekannten Zusatzdienste wie Rufweiterleitung, Rufsperre, Konferenzschaltung, Gebührenbelastung für den gerufenen Teilnehmer. Man kann sich die MSC als eine ISDN-Vermittlungsstelle vorstellen, die um die notwendigen Mobilvermittlungsfunktionen erweitert wurde.

Heimatdatei (HLR) In der als Heimatdatei bezeichneten Datenbank sind alle für jeden Mobilfunkteilnehmer signifikanten Informationen (quasi permanente, statische Daten) wie z. B. Rufnummer, MS-Identitätsnummer, Geräteart, abonnierte Basis- und Zusatzdienste, Zugangsprioritäten, Authentifikationsschlüssel gespeichert. Darüber hinaus werden auch sogenannte temporäre (dynamische) Teilnehmerdaten (z. B. momentaner Aufenthaltsort der Mobilstation (*Location Area*, LA) und *Mobile Station Roaming Number* (MSRN)), die für einen Verbindungsaufbau notwendig sind, gespeichert. Verläßt der Teilnehmer seinen momentanen Aufenthaltsbereich (LA), erfolgt im HLR eine sofortige Aktualisierung der temporär gehaltenen Daten. Meistens ist die Heimatdatei bei einer Mobilvermittlungsstelle (MSC) angeordnet. Jeder mobile Teilnehmer und dessen Daten sind in genau einer Heimatdatei registriert, in der auch Gebührenerfassung und Verwaltungsaufgaben durchgeführt werden.

Besucherdatei (VLR) Die Besucherdatei ist einer MSC zugeordnet und dient zur Verwaltung der Teilnehmer, die sich im Zuständigkeitsbereich dieser MSC, genauer: in einem von eventuell mehreren Aufenthaltsbereichen im Bereich der MSC, aufhalten. So speichert sie vom zuständigen HLR übertragene Informationen (z. B. Authentifikationsdaten, *International Mobile Station Identity* (IMSI), Rufnummer, vereinbarte Dienste usw.) über die in ihren Zuständigkeitsbereich eintretenden Mobilteilnehmer und ermöglicht dadurch der MSC den Verbindungsaufbau. Das VLR steuert unter anderem die Zuordnung der Roamingnummer der Mobilfunkstationen (MSRN) sowie der TMSI. Durchquert ein Mobilteilnehmer mehrere Aufenthaltsbereiche der MSC, wird auch das VLR durch einen speziellen Dialog aktualisiert.

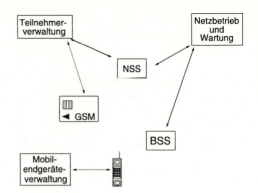

Abbildung 3.2: Struktur des OSS

Entsprechendes gilt beim Wechsel des MSC-Zuständigkeitsbereiches. Durch das VLR wird eine häufige Abfrage des HLR vermieden.

Die Funktionen *Aktualisieren des Aufenthaltsbereiches* und *Verbindungsaufbau* und die Beteiligung von HLR und VLR bei diesen Abläufen werden in den Kapiteln 3.7 und 3.8 beschrieben.

3.2.1.4 Betreiberteilsystem – Operation Subsystem (OSS)

Das Betreiberteilsystem des GSM umfaßt alle für Betrieb und Wartung wichtigen Funktionen. Der Teilnehmer bemerkt die Funktionen nur indirekt, indem er ein ständig funktionsfähiges Mobilfunknetz antrifft.

Die Funktionen des OSS sind drei Aufgabengebieten zugeordnet, vgl. Abb. 3.2:

- Teilnehmerverwaltung *(Subscription Management)*,
- Netzbetrieb und Wartung *(Network Operation and Maintenance)* und
- Mobilendgeräteverwaltung *(Mobile Equipment Management)*.

Folgende Netzelemente gehören zum OSS:

- Betriebs- und Wartungszentrum (*Operation & Maintenance Centre*, OMC),
- Authentifikationszentrum (*Authentication Centre*, AuC) und
- Geräteidentifikationsregister (*Equipment Identity Register*, EIR).

Teilnehmerverwaltung Aufgrund von im HLR gespeicherten persönlichen Daten kann die Teilnehmerverwaltung den GSM-Benutzer authentifizieren, vgl. Abschn. 3.13.1, und ihm die vereinbarten Dienste zur Verfügung stellen *(Subscriber*

Data Management). Damit können Netzbetreiber und Dienstanbieter dienstabhängige Gebühren tarifieren *(Call Charging).*

Subscriber Data Management Die Teilnehmerdaten sind im HLR gespeichert und werden dort verwaltet; datensicherheitsspezifische Informationen liegen im AuC. Das HLR kann einen eingeschränkten Zugang für Elemente fremder Netze vorsehen, um z. B. Dienstanbietern Zugriff auf Tarif- und Dienstdaten zu ermöglichen und an verschiedenen Orten gespeicherte Daten konsistent halten zu können. Wie erwähnt, ist die SIM-Karte ein während des aktiven Betriebszustandes der Mobilstation dynamisch veränderlicher Datenspeicher.

Call Charging Dem Mobilfunkteilnehmer werden in Anspruch genommene Dienste, ähnlich wie im ISDN, über sog. Verbindungstelegramme *(Call Tickets)* in Rechnung gestellt. Diese Telegramme dienen zur ortsunabhängigen Gebührenermittlung im Netz. Ausstellungsort können MSCs, in deren Zuständigkeitsgebiet sich der Teilnehmer gerade aufhält und sog. Gateway MSCs (GMSC) für Kommunikationsverbindungen zu externen Netzen sein.

Das HLR speichert lediglich verbindungsbezogene Daten. Die Gebührenberechnung wird von der zugehörigen OSS-Teilnehmerverwaltung übernommen. Daneben werden über das SS.7 zwischen MSCs bzw. GMSCs und dem HLR Gebührendaten übertragen.

Netzbetrieb und Wartung Die Steuerung des Netzbetriebes und von Wartungsaufgaben benutzt ein getrenntes Vermittlungsnetz zur Verbindung von Betreiberpersonal und Netzelementen. Das Netz beruht auf dem von der ITU-T entwickelten Konzept des TMN *(Telecommunication Management Network).* Das TMN bildet ein integriertes Netz mit eigenen Datenbanken, das dem Betreiber Überwachungs-, Steuerungs- und Eingriffsmöglichkeiten bietet.

Die TMN-Funktionen sind ähnlich wie die Netzelementfunktionen im OSI-Referenzmodell in einzelne Schichten gegliedert:

- *Business Management:* kontrolliert die Interaktion zwischen Netz und Diensten und stellt Informationen zur weiteren Dienst- und Netzentwicklung zur Verfügung;
- *Service Management:* dient der Abwicklung aller vertraglichen Aspekte eines Dienstes zwischen Anbieter und Kunden;
- *Network Management:* unterstützt alle Netzelemente und ermöglicht das Aktivieren von Funktionen gleichartiger Elemente eines Netzes;

- *Network Element Management:* ermöglicht den Zugriff auf einzelne Netzelemente.

Das GSM nutzt standardisierte Konzepte des Netzmanagements und erleichtert damit, Netzelemente verschiedener Hersteller zu integrieren.

Das TMN hat Verbindungen mit definierten Schnittstellen zu den Netzelementen des Wirknetzes und zu den Arbeitsplatzrechnern des Betreiberpersonals. OSS Netzelemente, die mit mehreren BSS- oder NSS-Einheiten verbunden sind, werden als OMC bezeichnet. Das Funk-OMC (OMC-Radio) ist z. B. für mehrere BSCs und deren BTSs zuständig.

Mobil-Endgeräteverwaltung Die Verwaltung mobiler Endgeräte durch das OSS betrifft nur Informationen bzgl. Besitzer- und Endgeräteidentität, wohingegen das NSS die Endgerätemobilität samt *Roaming*, *Routing* und *Paging* koordiniert. Das OSS kann z. B. gestohlene oder fehlerhafte Endgeräte suchen und benutzt dabei eine eigene Datenbank, das sog. EIR, zur Speicherung von Endgerätedaten und entsprechender Besitzerkennung.

Betriebs- und Wartungszentrum – Operation and Maintenance Centre (OMC)
Das OMC steuert und überwacht als zentrale Stelle die anderen Netzelemente und garantiert die bestmögliche Dienstgüte des Netzes. Es stützt sich auf Dienste der durch das hierarchische Netzverwaltungssystem (TMN) den Netzelementen zugewiesenen Netzverwaltungs- und Steuerungsfunktionen. Über Operatorkommandos werden Eingriffe in Netzelemente vorgenommen, wobei die Netzverwaltung durch Alarm über unvorhergesehene Vorkommnisse im Netz informiert wird. Das OMC ist über die standardisierte O-Schnittstelle (eine X.25-Schnittstelle) mit allen Netzelementen verbunden. Zu den Verwaltungsfunktionen des OMC gehören u. a. das Verwalten der Teilnehmer und Endgeräte, Gebührenabrechnung und Ermittlung statistischer Daten über Zustand und Auslastung der Netzelemente.

Authentisierungszentrum – Authentication Centre (AuC) Das AuC enthält alle Informationen, die zum Schutz der Teilnehmeridentität, seiner Mobilkommunikation gegen Abhören und der Nutzung seiner Berechtigung über die Funkschnittstelle erforderlich sind. Da die Funkschnittstelle generell für Zugriffe anfällig ist, wurden besondere Maßnahmen (z. B. Vergabe eines Authentifikationsschlüssels für jeden Teilnehmer und Verschlüsselung der zu übertragenden Information) getroffen, um den Mißbrauch von GSM-PLMN-Verbindungen zu unterbinden. Authentifikationsalgorithmus und Verschlüsselungscode werden im AuC gespeichert und bei Bedarf nach festen Regeln zugänglich gemacht, vgl. Kap. 3.13.

3.2 Die Architektur des GSM-Systems

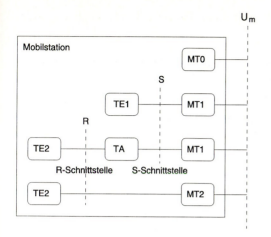

Abbildung 3.3: Netzabschlüsse der Mobilstation mit den Bezugspunkten R, S, U_m

Geräte-Identifizierungsregister – Equipment Identity Register (EIR) Das EIR ist eine zentrale Datenbank, in der Teilnehmer- und Gerätekennungsnummer (*International Mobile Equipment Identity*, IMEI) gespeichert sind, und ist über Schnittstellen mit NSS-Netzelementen und dem OSS verbunden. Die Datenbank enthält eine sog. *weiße*, eine *schwarze* und eine *graue* Liste. Die weiße Liste enthält die IMEI-Liste gültiger Mobilfunkstationen, die schwarze Liste enthält alle IMEIs gestohlener oder gesperrter Mobilfunkstationen. Die graue Liste beinhaltet die Liste der IMEIs von Geräten mit Funktionsstörungen, weshalb für sie keine Dienste bereitgestellt werden.

3.2.2 Schnittstellen des GSM-Systems

3.2.2.1 Teilnehmerschnittstelle der Mobilstation

Eine GSM-Mobilstation besteht aus dem Endgerät (*Terminal Equipment*, TE), welches direkt dem Teilnehmer zugänglich ist, der Endgeräteanpassung (*Terminal Adaptor*, TA) falls erforderlich und einem Teil, der die für alle Dienste gemeinsamen Funktionen beinhaltet und in den GSM-Spezifikationen als *Mobile Termination* (MT) bezeichnet wird. Die Teilnehmerschnittstelle am Terminal (TE) beinhaltet den Netzabschluß und die verschiedenen Endgerätefunktionen, vgl. Abb. 3.3.

Folgende Mobilnetzanschlüsse kommen zum Einsatz:

MT0 *(Mobile Termination Type 0)*: Ist ein Netzabschluß zur Übertragung von Sprache und Daten, bei dem das Endgerät, die Endgerätefunktionen und eventuell ein TA integriert sind.

MT1 *(Mobile Termination Type 1)*: Ist der Netzabschluß mit einer externen ISDN S-Schnittstelle, an der ein ISDN-Endgerät (TE1) angeschlossen werden kann. Herkömmliche Endgeräte (TE2), entsprechend der ITU-T V- oder X-Serie, können über einen ISDN-Terminal Adapter (TA) an den MT1 angeschlossen werden.

MT2 *(Mobile Termination Type 2)*: Hierunter versteht man einen Netzabschluß mit einer externen R-Schnittstelle, an der herkömmliche Endgeräte, entsprechend der ITU-T V- oder X-Serie, angeschlossen werden können.

TE1, TE2 und TA entsprechen den vergleichbaren Funktionsgruppen beim ISDN-Konzept. Am Bezugspunkt U_m liegt die Funkschnittstelle, die den ISDN-kompatiblen Zugang über Verkehrs- und Signalisierungskanäle unterstützt.

3.2.2.2 Funkschnittstelle

Diese Schnittstelle spielt eine wichtige Rolle im GSM-System und wird deshalb im Kap. 3.3 ausführlich behandelt.

3.2.2.3 BTS-BSC-Schnittstelle am Bezugspunkt A_{bis}

Die Übertragung über die A_{bis}-Schnittstelle, vgl. Abb. 3.1, basiert auf PCM-30 bzw. 64 kbit/s-Schnittstellen, vgl. Abb. 3.36.

Da die PLMN-Netzbetreiber häufig nicht gleichzeitig Betreiber von Telekommunikationsnetzen sind, wurde – um Leitungskosten zu sparen – auch eine Submultiplex genannte Technik standardisiert, bei der vier 16 kbit/s Kanäle über einen 64 kbit/s Kanal übertragen werden.

3.2.2.4 BSS-MSC-Schnittstelle am Bezugspunkt A

Sprache und Daten werden über die A-Schnittstelle, vgl. Abb. 3.1, digital über PCM-30-Systeme nach ISDN-Standard (ITU-T-Serie G.732) übertragen. Ein PCM-30-System umfaßt 30 vollduplex Kanäle zu 64 kbit/s mit einer Übertragungsrate von 2,048 Mbit/s vollduplex. Zwei Kanäle zu je 64 kbit/s werden für die Synchronisation und Signalisierung (D_2-Kanal) benötigt.

3.2.2.5 BSC/MSC-OMC-Schnittstelle am Bezugspunkt O

Die O-Schnittstelle basiert auf der ITU-T Empfehlung X.25, die zum Anschluß von Datenendeinrichtungen an Paketvermittlungsnetze festgelegt wurde. Physikalisch kann diese Schnittstelle durch einen 64 kbit/s Kanal realisiert werden. Optional können Schnittstellen leitungsvermittelter Netze, z. B. V.24bis oder X.21 eingesetzt werden.

3.3 Die Funkschnittstelle am Bezugspunkt U_m

Die Funkschnittstelle liegt zwischen der Mobilstation (MS) und dem restlichen GSM. Physikalisch gesehen findet der Informationsfluß zwischen der Mobilstation und der Feststation statt. Eine logische Betrachtung zeigt jedoch, daß die Mobilstationen mit der Feststationssteuerung (BSC) und der Mobilvermittlungsstelle (MSC), kommunizieren. Die Übertragungsrate über die Funkschnittstelle beträgt 270,833 kbit/s.

3.3.1 Multiplex-Struktur

Neben der Sprachcodierung und der Modulation spielt insbesondere das Multiplexverfahren eine wichtige Rolle. In den GSM-Empfehlungen ist eine Kombination von Frequenzmultiplex- (*Frequency Division Multiplex*, FDM) und Zeitmultiplexverfahren (*Time Division Multiplex*, TDM) standardisiert, wobei Vielfachzugriff *(Multiple Access)* der Mobilstationen auf diese Systeme angewandt wird (FDMA, TDMA).

In Abb. 3.4 wird gezeigt, wie durch die Verknüpfung von FDM und TDM ein physikalischer Kanal realisiert wird, vgl. Kanal 0 auf Frequenz F_{n+1} und die Abschnitte 3.3.1.1 und 3.3.1.2.

Das GSM benutzt das schon in analogen Mobilfunknetzen erfolgreich erprobte Zellularkonzept, in welchem die geographische Fläche planerisch in hexagonale Funkzellen unterteilt wird mit einer BTS je Zelle, mit der die Mobilstationen in Verbindung treten können. Funkzellen werden in Gruppen *(Cluster)* zusammengefaßt, wobei jede bestimmte FDM-Kanäle exklusiv benutzt. Gleiche Frequenzen werden erst in genügend großen räumlichen Abständen in benachbarten Clustern wiederverwendet, vgl. Kap. 2.3.

Der Zellenradius kann entsprechend der Nutzerdichte variieren. In großen Funkzellen ist die Wahrscheinlichkeit, daß ein mobiler Teilnehmer seine Zelle während eines Gespräches verläßt und ein *Handover* notwendig ist, geringer als in kleinen

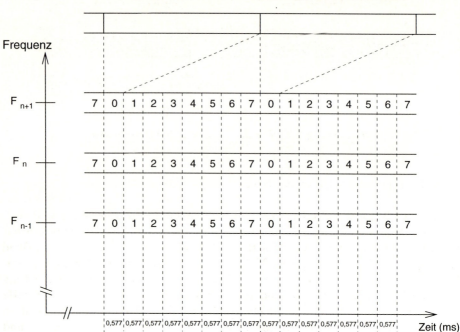

Abbildung 3.4: Realisierung der physikalischen Kanäle mittels FDM und TDM

Zellen. Kleine Zellen erlauben hingegen eine bessere Ausnutzung des Frequenzbandes, da mit geringerer Sendeleistung gearbeitet wird, das Cluster eine geringere Ausdehnung hat und somit die zur Verfügung stehenden Frequenzen in kleineren räumlichen Abständen wiederholt werden können. Im praktischen Einsatz wird die Größe von Zellen durch das Verkehrsaufkommen, die maximale Sendeleistung der BTS, die der Zelle zugeteilten Frequenzen und die topologischen Gegebenheiten bestimmt.

So haben Zellen in ländlichen Gebieten einen Radius von bis zu 35 km. Größere Zellenradien würden eine Signalschleifenlaufzeit von mehr als der im Standard festgelegten Maximallaufzeit von 0,233 ms verursachen. In Ballungsgebieten liegt der Radius u. U. nur bei 300 m, wodurch eine Verkehrskapazität von bis zu 200 Erl./km² möglich ist. Um die Kapazität noch weiter zu steigern, werden Zellen in Sektoren aufgeteilt, vgl Kap. 2.4.

3.3 Die Funkschnittstelle am Bezugspunkt U_m

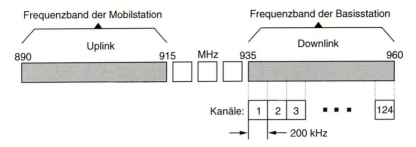

Abbildung 3.5: Von GSM benutzte Frequenzbänder

3.3.1.1 Frequenzmultiplex-Struktur

Eine der wichtigsten Kriterien beim Entwurf der Funkschnittstelle war eine mögliche effiziente Ausnutzung des zur Verfügung stehenden Frequenzbandes. Für das GSM wurden europaweit zwei 25 MHz breite Frequenzbänder im 900 MHz Band reserviert. Die Übertragung vom Mobilgerät zur Basisstation *(Uplink)* wird dabei im Bereich von 890 MHz bis 915 MHz abgewickelt, in umgekehrter Richtung *(Downlink)* wird das Frequenzband von 935 MHz bis 960 MHz benutzt. 15 MHz an den unteren und 1 MHz an den oberen Bandgrenzen stehen europaweit erst ab 2001 zur Verfügung. Weitere 10 MHz zwischen 880 und 890 MHz bzw. 925 und 935 MHz sind nach Wegfall der gegenwärtigen Nutzung, vgl. Anh. C, als GSM Erweiterungsband vorgesehen. Zwischen Sende- und Empfangsfrequenz besteht ein Duplexabstand von 45 MHz.

Die Frequenzbänder werden in Kanäle von 200 kHz Bandbreite unterteilt, somit sind insgesamt jeweils 124 FDM-Kanäle für den Sende- und den Empfangsbetrieb verfügbar, vgl. Abb 3.5.

Jede Mobilstation kann sämtliche 124 Trägerfrequenzpaare belegen, wobei aber die Kanäle 1 und 124 nach den GSM-Spezifikationen möglichst nicht benutzt werden sollen. Die verbleibenden 200 kHz Bandbreite werden als Schutzband zu im Frequenzband benachbarten Systemen freigehalten. Bezeichnet man die Trägerfrequenzen des Uplinks mit F_u und die des Downlinks mit F_d, so gilt für das GSM-Band:

$$F_u(n) = 890,2 \text{ MHz} + 0,2 \cdot (n-1) \text{ MHz}, \quad (1 \leq n \leq 124) \quad (3.1)$$

$$F_d(n) = 935,2 \text{ MHz} + 0,2 \cdot (n-1) \text{ MHz}, \quad (1 \leq n \leq 124) \quad (3.2)$$

und für das Erweiterungsband:

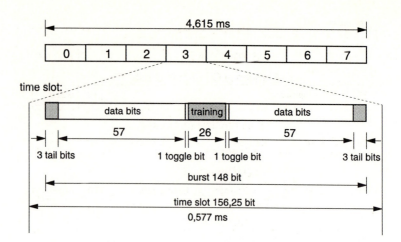

Abbildung 3.6: Aufbau eines TDMA-Rahmens

$$F_u(n) = 880,2 \text{ MHz} + 0,2 \cdot (n-1) \text{ MHz}, \quad (1 \leq n \leq 50) \qquad (3.3)$$

$$F_d(n) = 925,2 \text{ MHz} + 0,2 \cdot (n-1) \text{ MHz}, \quad (1 \leq n \leq 50) \qquad (3.4)$$

3.3.1.2 Zeitmultiplex-Struktur

Auf einer Trägerfrequenz werden durch ein TDM-Verfahren 8 physikalische TDM-Kanäle realisiert, wobei die Zeitachse in 8 periodische Zeitschlitze *(Time Slot)* der Dauer 0,577 ms geteilt wird. Acht Zeitschlitze werden zu einem TDM-Rahmen *(Frame)* der Dauer 4,615 ms zusammengefaßt, vgl. Abb. 3.4 und 3.6. Da diese Zeitkanäle im Vielfachzugriff genutzt werden, spricht man in der GSM-Empfehlung vom TDMA-Rahmen.

Ein physikalischer Kanal ist durch seine Trägerfrequenz und seinen ihm zur Verfügung stehenden, alle 4,615 ms wiederkehrenden Zeitschlitz charakterisiert. Jeder Zeitschlitz besitzt eine Länge entsprechend der Dauer von 156,25 bit bzw. 0,577 ms (15/26 ms). Diese Länge ergibt sich aus der Übertragungsrate des Modulationsverfahrens (1625/6 kbit/s) und der Anzahl an Bits, die man in einem Slot übertragen möchte. Genutzt wird ein Slot durch *Bursts* der Länge 148 bit, die, um Überlappungen mit anderen Bursts zu vermeiden, um die Schutzzeit entsprechend der Dauer von 8,25 bit kürzer als Slots sind. Die Datenübertragung erfolgt somit mittels Bursts. Wenn Nachrichten länger als ein Burst sind, werden sie auf mehrere Bursts aufgeteilt und dann übertragen.

3.3 Die Funkschnittstelle am Bezugspunkt U_m

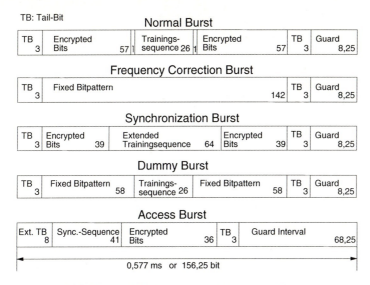

Abbildung 3.7: Die im GSM benutzten Bursts

Insgesamt existieren fünf verschiedene Arten von Bursts, vgl. Abb 3.7 [43], die sich durch Funktion und Inhalt unterscheiden. Die in allen Bursts vorkommenden Tail Bits sind als Modulationsbits definiert und haben immer die gleiche, im Standard festgelegte Wertigkeit. Die Bursts werden so gesendet, daß man die Bits mit der kleinsten Wertigkeit zuerst überträgt.

Normal Burst: dient der Nachrichtenübertragung in Verkehrs- und Steuerkanälen.

Access Burst: dient dem Verbindungsaufbau. Dieser Burst ist kürzer als die anderen, weil er nicht voraussetzt, daß die MS voll synchron zur BTS ist.

Synchronisation Burst: dient zur Synchronisation.

Frequency Correction Burst: wird von der Feststation versendet und dient zur Frequenzkorrektur bei der Mobilstation, damit mögliche Störungen benachbarter Frequenzen vermieden werden.

Dummy Burst: wird, falls keine Daten vorliegen, in einen freien Slot plaziert.

Das Zeitmultiplexverfahren wird auf dem Uplink- und auf dem Downlinkkanal angewandt. Damit die Mobilstationen nicht gleichzeitig senden und empfangen müssen, werden die TDMA-Rahmen vom Uplink mit einer Verzögerung von drei Zeitschlitzen gesendet, vgl. Abb. 3.8. Durch den Parameter *Timing Advance* (TA)

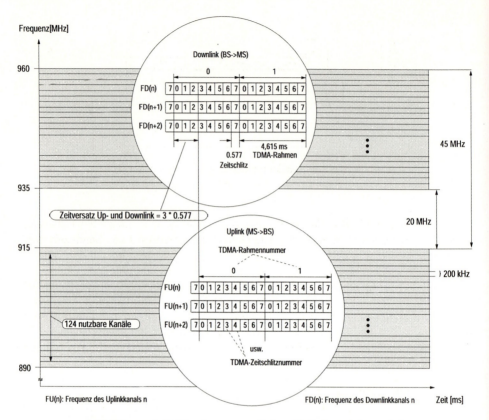

Abbildung 3.8: Verzögerung zwischen Uplink und Downlink

kann diese Verzögerung um eine Zeitspanne entsprechend der Dauer bis zu 63 bit verkürzt werden, um die Schleifenlaufzeit BTS-MS-BTS zu kompensieren.

Der zeitliche Signalverlauf eines Bursts darf den Bereich einer vorgegebenen Maske nicht überschreiten, vgl. Abb. 3.9. Im Bereich der Tail Bits und der Schutzzeit kann das Signal vom Normwert 0 dB erheblich abweichen. Man sieht, daß die Signalpegel benachbarter Bursts desselben TDMA-Rahmens nur gering überlappen.

3.3.2 Frequency Hopping (FH)

Bedingt durch Mehrwegeempfang und Gleichkanalstörungen haben bestimmte FDM-Kanäle eine verminderte Qualität, und deshalb wird optional ein Frequenzsprungverfahren *(Frequency Hopping)* verwendet. Dabei wird nach jedem übertra-

3.3 Die Funkschnittstelle am Bezugspunkt U_m

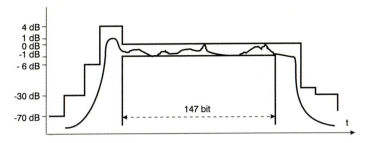

Abbildung 3.9: Maske für den Signalverlauf eines Bursts

genen Rahmen eines Kanals die Frequenz gewechselt. Der Frequenzwechsel, der ungefähr 1 ms dauern kann, findet zwischen den Empfangs- bzw. Sendezeitschlitzen statt, vgl. Abb. 3.10.

Die Folge der Frequenzen eines Hopping-Zyklus, die eine Mobilstation durchläuft, werden über einen in jeder MS implementierten Algorithmus errechnet. Der Vorteil dieses Verfahrens ist, daß allen Mobilteilnehmern Übertragungskanäle mit annähernd gleicher Qualität garantiert werden. Störungen einzelner Frequenzen des Zyklus können bei Datenübertragungen durch Fehlerbehandlungsverfahren behoben

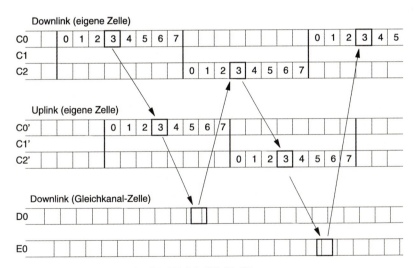

Abbildung 3.10: Frequency Hopping Verfahren

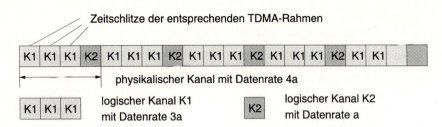

Abbildung 3.11: Zusammenhang zwischen logischen und physikalischen Kanälen

werden, bei Sprachübertragung ist ein leistungsfähiges Fehlerkorrekturverfahren vorgesehen.

3.3.3 Logische Kanäle

Logische Kanäle entstehen durch Zuordnung von Zeitschlitzen physikalischer Kanäle. Demzufolge werden Daten eines logischen Kanals in entsprechenden Zeitschlitzen des physikalischen Kanals übertragen. Logische Kanäle können dabei einen Teil des physikalischen Kanals oder den ganzen Kanal belegen. Hat z. B. der physikalische Kanal eine Übertragungsrate von $4 \cdot a$, so kann ein logischer Kanal K1 mit einer Datenrate von $3 \cdot a$ und ein zweiter logischer Kanal K2 mit der Datenrate a auf dem gleichen physikalischen Kanal übertragen, vgl. Abb. 3.11.

In der GSM-Empfehlung wurden nach diesem Prinzip mehrere logische Kanäle für die Signalisierung definiert, die in zwei Hauptgruppen unterteilt sind [111]: Verkehrskanäle und Steuerkanäle.

3.3.3.1 Verkehrskanäle

Als Verkehrskanäle (*Traffic Channel*, TCH) werden die logischen Kanäle bezeichnet, über die Nutzinformation zwischen Teilnehmern während einer Verbindung ausgetauscht wird. Dabei werden Sprache und Daten digital mittels unterschiedlicher Codierverfahren übertragen.

Je nach Art des in Anspruch genommenen Dienstes (z. B. Sprachübertragung, Kurznachrichtendienst, Datenübertragung, Telefax) werden unterschiedliche Übertragungskapazitäten benötigt. So wird zwischen den folgenden Verkehrskanälen unterschieden:

B_m-Kanal: Über den B_m-Kanal *(m=mobile)*, der auch Vollratenkanal *(Full-Rate TCH)* heißt, wird mit der Bruttodatenrate von 22,8 kbit/s übertragen. Für

3.3 Die Funkschnittstelle am Bezugspunkt U_m

Tabelle 3.5: Die Verkehrskanäle in der GSM-Empfehlung

Verkehrskanal	Kurzbezeichnung
Vollraten TCH für Sprache	TCH/FS
Halbraten TCH für Sprache	TCH/HS
9,6 kbit/s Vollraten TCH für Daten	TCH/F9.6
4,8 kbit/s Vollraten TCH für Daten	TCH/F4.8
4,8 kbit/s Halbraten TCH für Daten	TCH/H4.8
$\leq 2,4$ kbit/s Vollraten TCH für Daten	TCH/F2.4
$\leq 2,4$ kbit/s Halbraten TCH für Daten	TCH/H2.4
Zellenrundsendekanal *(Cell Broadcast Channel)*	CBCH

Übertragung von Sprachinformation benötigt die digitalisierte und codierte Sprache lediglich 13 kbit/s. Die restliche Kapazität wird bei der Sprachübertragung für Fehlerkorrektur genutzt. Über den B_m-Kanal ist Übertragung von Daten mit 12, 6 bzw. 3,6 kbit/s möglich.

L_m-Kanal: Der sogenannte Halbratenkanal *(Half-Rate TCH)* überträgt brutto mit 11,4 kbit/s. Mit den verfügbaren Sprachcodecs für Halbratenkanäle kann eine Verdopplung der Kanalzahl des GSM bei unverändertem Frequenzbedarf erzielt werden. Die Entwicklung leistungsfähiger Sprachcodieralgorithmen erfolgte 1995, ihre wirtschaftliche Einführung wird ab 1996/97 erwartet. Datenübertragung ist hier mit Bitraten von 6 bzw. 3,6 kbit/s möglich.

In Tab. 3.5 sind die in der GSM-Empfehlung spezifizierten Verkehrskanäle aufgelistet.

3.3.3.2 Steuerkanäle

Steuerinformation dient zur Signalisierung und zur Steuerung des Systems und wird nicht bis zu den Teilnehmern durchgereicht. Typische Aufgaben, die mit Hilfe von Steuerinformation bewältigt werden, sind die Signalisierung zur Vermittlung von Verkehrskanälen, das Mobilitätsmanagement oder die Zugriffssteuerung auf Funkkanäle.

Steuerinformation wird über die sog. Steuerkanäle (*Control Channels*, CCH) übertragen, die in Anlehnung an das ISDN auch als D_m-Kanäle bezeichnet werden. Die Steuerkanäle bieten den Mobilstationen einen paketorientierten, kontinuierlichen Signalisierdienst, um innerhalb des PLMN jederzeit Nachrichten von Basisstationen empfangen bzw. Nachrichten senden zu können.

Tabelle 3.6: Die Steuerkanäle im GSM

Richtung	Gruppe	Kanal	Kanalbezeichnung
MS ← BS	BCCH	BCCH	Broadcast Control Channel
MS ← BS		FCCH	Frequency Correction Channel
MS ← BS		SCH	Synchronisation Channel
MS ← BS	CCCH	PCH	Paging Channel
MS → BS		RACH	Random Access Channel
MS ← BS		AGCH	Access Grant Channel
MS ↔ BS	DCCH	SDCCH	Stand-Alone Dedicated Control Channel
MS ↔ BS		SACCH	Slow Associated Control Channel
MS ↔ BS		FACCH	Fast Associated Control Channel

Da die Steuerung und das Management eines Mobilfunknetzes bei weitem mehr Signalisierungsaufwand als in einem Festnetz erfordert, wurden drei Gruppen von Steuerkanälen im GSM definiert:

- *Broadcast Control Channel* (BCCH),
- *Common Control Channel* (CCCH), und
- *Dedicated Control Channel* (DCCH).

In Tab. 3.6 sind alle in der GSM-Empfehlung definierten Steuerkanäle aufgelistet, wobei die Spalte Richtung die mögliche Übertragungsrichtung (Uplink, Downlink oder beide) auf den Kanälen angibt.

Broadcast Control Channel, (BCCH) Über diesen Kanal wird Information über das PLMN auf einer Punkt-zu-Mehrpunkt-Verbindung von der Feststation an die Mobilstationen der Funkzelle übertragen. Kennzeichnung des Netzes, Verfügbarkeit bestimmter Optionen wie *Frequency Hopping, Voice Activity Detection* sowie die von der Feststation und benachbarten Feststationen verwendeten Frequenzen sind Beispiele von Information, die über den BCCH mitgeteilt wird.

Zu den Unterkanälen des BCCH gehört der sogenannte *Frequency Correction Channel* (FCCH), über den der Mobilstation der Frequency Correction Burst zur eventuellen Korrektur der Sendefrequenz übertragen wird.

Ein weiterer Unterkanal des BCCH ist der *Synchronisation Channel* (SCH). Über ihn werden der Mobilstation Synchronisation Bursts übertragen, um ihr zu ermöglichen, sich zeitlich zu synchronisieren.

Die über den BCCH und dessen Unterkanäle übertragenen Nachrichten werden ausschließlich im Simplex-Modus von der Feststation zum Endgerät übertragen.

Common Control Channel, (CCCH) Diese Bezeichnung ist ein Oberbegriff für Steuerkanäle, über die die Verbindungsaufnahmen zwischen Netz und Mobilgerät abgewickelt werden. Zu den CCCH-Kanälen gehören:

Paging Channel (PCH): Dieser Kanal existiert nur in Downlink-Richtung und wird zur selektiven Adressierung eines gerufenen Mobilgerätes bei einem Verbindungswunsch aus dem Netz (eingehender Ruf) aktiviert.

Random Access Channel (RACH): Dieser Zugriffskanal kommt nur in Uplink-Richtung vor und ermöglicht der Mobilstation über ein S-ALOHA Zugriffsverfahren, bei der Feststation Kanalkapazität für einen Verbindungswunsch anzufordern.

Access Grant Channel (AGCH): Auf diesem logischen Kanal antwortet die Feststation der Mobilstation auf eine über den RACH eingetroffene Nachricht. Über den AGCH, der nur in Downlink-Richtung existiert, wird der Mobilstation entsprechend dem vom Netzbetreiber gewählten Verbindungsaufbaumechanismus, ein SDCCH oder ein TCH zugewiesen.

Dedicated Control Channel, (DCCH) Diese Bezeichnung ist ein Oberbegriff für drei bidirektionale Punkt-zu-Punkt Steuerkanäle, über die mit unterschiedlichen Bitraten Signalisierungsnachrichten zur Verbindungssteuerung übertragen werden. Man kann zwischen folgenden DCCH-Kanälen unterscheiden:

Stand-Alone Dedicated Control Channel (SDCCH): Dieser Kanal wird immer dann betrieben, wenn der Verkehrskanal nicht zugewiesen ist und wird der Mobilstation zugeordnet, solange nur Steuerinformation übertragen wird. Die vom SDCCH benötigte Kanalkapazität ist mit 782 bit/s geringer als die des TCH. Steuerinformation des SDCCH betrifft z. B. Registrierung, Authentifizierung, Aufenthalts-Koordinierung und Daten zur Verbindungseinrichtung.

Slow Associated Dedicated Control Channel (SACCH): Dieser Kanal wird immer parallel zum TCH oder SDCCH zugeordnet. Über den SACCH werden mit einer Datenrate von 950 bit/s Systeminformationen vom Netz zur Mobilstation und Meßdaten über Pegel- und Empfangsqualität von der MS an das Netz übertragen.

Fast Associated Dedicated Control Channel (FACCH): Dieser Kanal wird kurzfristig nur dann eingerichtet, wenn ein Verkehrskanal existiert und benutzt dabei dessen Zeitschlitze. Das bedeutet, daß der FACCH in einer Kanalkombinationsstruktur die Zeitschlitze belegt, die sonst für den TCH reserviert sind. Ein FACCH wird z. B. für einen bevorstehenden Handover eingerichtet, wobei die dafür benötigten Steuerdaten über den FACCH übertragen werden. Dieser Kanal erlaubt u. a. Bitraten von 4600 bit/s bzw. 9200 bit/s.

3.3.4 Hierarchie der Rahmenstrukturen

Bisher wurden die Aufteilung des GSM-Frequenzbereichs in 124 FDM-Kanäle mit ihrer TDMA-Kanalstruktur sowie die Aufgaben der logischen Kanäle und die Benutzung der verschiedenen Bursts dargestellt.

Im GSM werden die TDMA-Rahmen, die acht Zeitschlitze zur Übertragung der verschiedenen Bursts enthalten, in sog. Mehrfachrahmen *(Multiframe)* zusammengefaßt. Man unterscheidet zwei verschieden lange Mehrfachrahmen:

- 26er Multiframe und
- 51er Multiframe.

In 26er Mehrfachrahmen werden die Bursts der Verkehrskanäle (TCH) und der ihnen zugeordneten SACCHs und FACCHs übertragen. Jedem Verkehrskanal wird einer von 8 (bei Halbratenübertragung 16) Zeitschlitzen eines TDMA-Rahmens *(Frame)* zugewiesen. Die zugehörigen 8 SACCHs werden im zwölften TDMA-Rahmen übertragen. Der letzte TDMA-Rahmen (25) des 26er Mehrfachrahmens wird nur benutzt, wenn weitere 8 SACCHs für Halbratenübertragung benötigt werden. Zur Übertragung von FACCHs werden Zeitschlitze des TCHs gestohlen.

Die Daten der Kanäle FCCH, SCH, BCCH, RACH, AGCH, PCH, SDCCH, SACCH/C und CBCH werden in 51er Mehrfachrahmen gesendet. Generell wurde festgelegt, daß Sprache und Daten in den 26er Mehrfachrahmen und Signalisierungsdaten (außer SACCH/T und FACCH) in den 51er Mehrfachrahmen übertragen werden. Von dieser Regel wurde allerdings bei der Einführung des Paketdatendienstes abgewichen, vgl. Kap. 3.11.3.

51 der 26er Mehrfachrahmen und 26 der 51er Mehrfachrahmen werden zu einem Superrahmen *(Superframe)* zusammengefaßt und 2048 Superrahmen ergeben einen Hyperrahmen *(Hyperframe)*, vgl. Abb. 3.12. Zur Übertragung eines solchen Hyperrahmens werden nahezu 3,5 Stunden gebraucht.

Abbildung 3.13 zeigt die Beziehung zwischen dem 51er und 26er Mehrfachrahmen. Die BCCH Rahmen des 51er Multiframes werden alle 240 ms während des unbenutzten 26. Rahmens des 26er Multiframes decodiert.

3.3 Die Funkschnittstelle am Bezugspunkt U_m

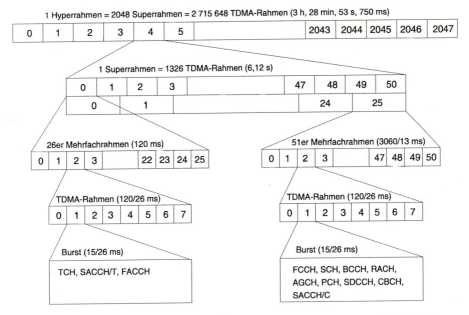

Abbildung 3.12: Strukturierung des Übertragungsmediums durch TDMA-Rahmen, Mehrfachrahmen, Superrahmen und Hyperrahmen

3.3.5 Kombinationen logischer Kanäle

Die logischen Kanäle werden unter Verwendung von immer wieder zyklisch durchlaufenen Mehrfachrahmenmustern auf einen physikalischen Kanal abgebildet. Die zeitlich korrekte Positionierung der Zyklen wird durch die Synchronisation von BTS und Mobilstation erreicht. Das BSS stellt in jeder Zelle einen Referenzzähler zur Verfügung, nach dem die Zeitschlitze numeriert werden und nach dem sich das Abbildungsschema der Mehrfachrahmen richtet. Im GSM wird jedem Zeitschlitz eine Nummer gegeben. Zusammen mit der TDMA-Rahmennummer kann dann jeder Zeitschlitz eindeutig identifiziert werden, vgl. Abb. 3.8. Durch eine mehrere Ebenen umfassende Rahmenstruktur wird der Zähler der TDMA-Rahmennummern bis zu 2 715 648 groß. Aus Gründen der Verschlüsselung wurde eine solch große Zahl notwendig, da der verwendete Verschlüsselungsalgorithmus die TDMA-Rahmennummer als Eingangsparameter verwendet.

Abb. 3.14 zeigt die Realisierung von Verkehrs- und Signalisierkanälen auf einem physikalischen (Frequenz-)Kanal. Für jeden TDMA-Rahmen des entsprechenden

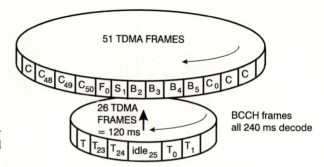

Abbildung 3.13: Die Beziehung zwischen 51er- und 26er Rahmen

Mehrfachrahmens ist eine Scheibe der gezeigten 'Walze' vorgesehen, die 8 Zeitschlitze (den TDMA-Rahmen) trägt.

3.3.5.1 Erlaubte Kanalkombinationen

Die logischen Kanäle werden nicht beliebig auf die beiden Mehrfachrahmen verteilt, sondern folgen bestimmten Mustern. Aus [43] folgt ein Satz erlaubter Kanalkombinationen (KK), dargestellt durch ihre Mehrfachrahmen:

KK1 TCH/F + FACCH/F + SACCH/TF
KK2 TCH/H(0,1) + FACCH/H(0,1) + SACCH/TH(0,1)
KK3 TCH/H(0) + FACCH/H(0) + SACCH/TH(0) +TCH/H(1)
KK4 FCCH + SCH + BCCH + CCCH
KK5 FCCH + SCH + BCCH + CCCH + SDCCH/4(0,1,2,3) + SACCH/C4(0,1,2,3)
KK6 BCCH + CCCH
KK7 SDCCH/8 + SACCH/8

Ein physikalischer Kanal enthält genau eine dieser Kombinationen. Die Gruppe CCCH teilt sich in die Kanäle PCH, AGCH und RACH auf. Die Zahlen in den Klammern hinter den logischen Kanälen geben die Nummern der logischen Unterkanäle an. Das bedeutet, daß es im Fall des SDCCH/4 auf einem physikalischen Kanal vier SDCCHs gibt, die von jeweils einer Mobilstation benutzt werden.

Die gemeinsame Nutzung eines physikalischen Kanals durch mehrere logische Kanaltypen heißt nicht, daß alle diese Kanäle gleichzeitig benutzt werden können. Durch das Abbilden von Kombinationen logischer Kanäle auf einen physikalischen Kanal erreicht man zwar, daß auf einem physikalischen Kanal mehrere logische Kanäle plaziert werden können, diese treten aber im Abstand von mindestens einer TDMA-Rahmenlänge nacheinander auf. Die Durchnumerierung der TDMA-Rahmen erlaubt es dann, daß die physikalischen Schichten beider Kommunikations-

3.3 Die Funkschnittstelle am Bezugspunkt U_m

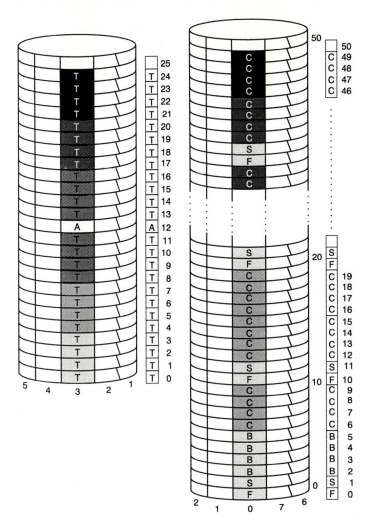

Abbildung 3.14: Verkehrs- bzw. Steuerkanal dargestellt mit *aufgewickelter* Zeitachse

partner sich des gerade passenden logischen Kanals beim Senden bzw. Empfangen bedienen.

Die Mehrfachrahmen der möglichen Kanalkombinationen werden in den Abb. 3.15 bis 3.21 dargestellt. Die abgebildeten Mehrfachrahmenkombinationen sind aus Tabellen hergeleitet, die sich in der Serie 05.02 des GSM Standards befinden [43].

Downlink und Uplink (physikalischer Kanal mit gerader Zeitschlitznummer)

| T | T | T | T | T | T | T | T | T | T | T | A | T | T | T | T | T | T | T | T | T | T | T | T | T | – |

Downlink und Uplink (physikalischer Kanal mit ungerader Zeitschlitznummer)

| T | T | T | T | T | T | T | T | T | T | T | T | T | – | T | T | T | T | T | T | T | T | T | T | T | A |

T: TCH/F
A: SACCH/TF

26er Mehrfachrahmen

Abbildung 3.15: Kanalkombination 1: TCH/F + FACCH/F + SACCH/TF

Downlink und Uplink

| T0 | T1 | T0 | T1 | T0 | T1 | T0 | T1 | T0 | T1 | T0 | T1 | A0 | T0 | T1 | T0 | T1 | T0 | T1 | T0 | T1 | T0 | T1 | T0 | T1 | A1 |

T0: TCH/H(0)   A0: SACCH/TH(0)
T1: TCH/H(1)   A1: SACCH/TH(1)

26er Mehrfachrahmen

Abbildung 3.16: Kanalkomb. 2: TCH/H(0,1) + FACCH/H(0,1) + SACCH/TH(0,1)

Die Tabellen beschreiben, welche Zeitschlitze und welche Frequenzen der jeweilige logische Kanal benutzen darf.

In einem GSM-PLMN steht einer Zelle ein Satz von $n+1$ Frequenzkanälen zur Verfügung. Diese Frequenzkanäle werden mit $C_0, C_1, \ldots, C_n$ bezeichnet. Die Indizes haben keinen Bezug zur Frequenz. Die beschriebenen Kanalkombinationen dürfen nun weder auf beliebigen Zeitschlitzen noch auf beliebigen Frequenzen liegen.

Zum Beispiel darf die in Abb. 3.18 gezeigte Kombination 4 nur in Zeitschlitz 0 der Trägerfrequenz C_0 übertragen werden. Auf dem Downlink muß die BTS in

Downlink und Uplink (physikalischer Kanal mit gerader Zeitschlitznummer)

| T0 | T1 | T0 | T1 | T0 | T1 | T0 | T1 | T0 | T1 | T0 | T1 | A0 | T0 | T1 | T0 | T1 | T0 | T1 | T0 | T1 | T0 | T1 | T0 | T1 | – |

Downlink und Uplink (physikalischer Kanal mit ungerader Zeitschlitznummer)

| T0 | T1 | T0 | T1 | T0 | T1 | T0 | T1 | T0 | T1 | T0 | T1 | – | T0 | T1 | T0 | T1 | T0 | T1 | T0 | T1 | T0 | T1 | T0 | T1 | A0 |

T0 : TCH/H(0)
T1 : TCH/H(1)   A0 : SACCH/TH(0)

26er Mehrfachrahmen

Abbildung 3.17: Kanalkombination 3: TCH/H(0) + FACCH/H(0) + SACCH/TH(0) + TCH/H(1)

3.3 Die Funkschnittstelle am Bezugspunkt U_m 169

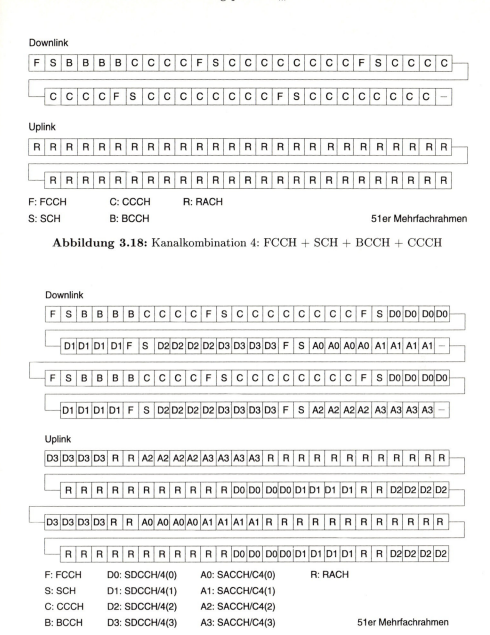

Abbildung 3.18: Kanalkombination 4: FCCH + SCH + BCCH + CCCH

Abbildung 3.19: Kanalkombination 5: FCCH + SCH + BCCH + CCCH + SDCCH/4 (0, 1, 2, 3)

170 3 GSM-System

Downlink

| - | - | B | B | B | B | C | C | C | C | - | - | C | C | C | C | C | C | C | C | - | - | C | C | C | C |

| C | C | C | C | - | - | C | C | C | C | C | C | C | C | - | - | C | C | C | C | C | C | C | C | - |

Uplink

| R | R | R | R | R | R | R | R | R | R | R | R | R | R | R | R | R | R | R | R | R | R | R | R | R | R |

| R | R | R | R | R | R | R | R | R | R | R | R | R | R | R | R | R | R | R | R | R | R | R | R | R |

C: CCCH   R: RACH
B: BCCH   51er Mehrfachrahmen

Abbildung 3.20: Kanalkombination 6: BCCH + CCCH

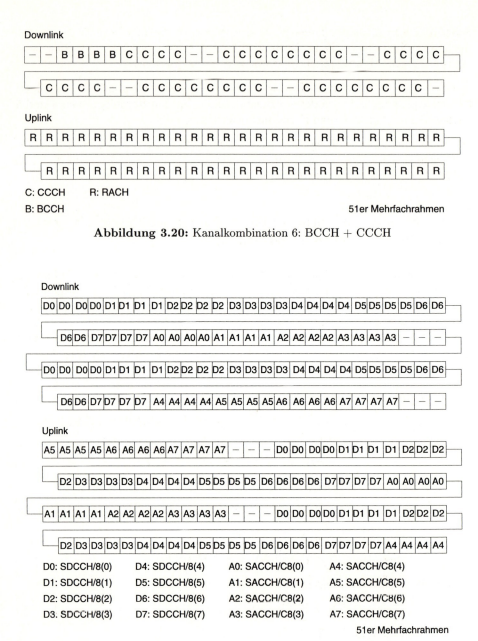

D0: SDCCH/8(0)   D4: SDCCH/8(4)   A0: SACCH/C8(0)   A4: SACCH/C8(4)
D1: SDCCH/8(1)   D5: SDCCH/8(5)   A1: SACCH/C8(1)   A5: SACCH/C8(5)
D2: SDCCH/8(2)   D6: SDCCH/8(6)   A2: SACCH/C8(2)   A6: SACCH/C8(6)
D3: SDCCH/8(3)   D7: SDCCH/8(7)   A3: SACCH/C8(3)   A7: SACCH/C8(7)

51er Mehrfachrahmen

Abbildung 3.21: Kanalkombination 7: SDCCH/8 + SACCH/8

3.3 Die Funkschnittstelle am Bezugspunkt U_m

jedem Zeitschlitz mit Kombination 4 senden, damit die Mobilstation Leistungsmessungen durchführen kann. Ist keine Information zum Senden vorhanden, wird ein sogenannter Dummyburst übertragen, vgl. Abschn. 3.3.1.1.

Die in Abb. 3.19 abgebildete Kombination 5 darf ausschließlich in Zeitschlitz 0 der Frequenz C_0 liegen. Alle anderen Kombination außer den Kombinationen 4 und 5 dürfen diesen physikalischen Kanal nicht benutzen.

Die Kanalkombination 6, vgl. Abb. 3.20, belegt die Zeitschlitze 2, 4, 6 der Trägerfrequenz C_0. Bei den Kanalkombinationen 1, 2, 3 und 7 sind bis auf die oben erwähnte Einschränkung alle Zeitschlitze auf allen Frequenzen erlaubt.

3.3.6 Kanalkombinationen einer Zelle in Abhängigkeit von der erwarteten Zellauslastung

Das BSS stellt in einer Zelle einen Satz von logischen Kanälen zur Verfügung, die auf mehreren physikalischen Kanälen liegen. Der Netzbetreiber bestimmt aufgrund des für diese Zelle erwarteten Verkehrs eine Kanalkonfiguration, die den Regeln des letzten Abschnittes genügen muß. Jeder einzelne *Transceiver* (TRX) kann auf jedem Zeitschlitz acht Kanalkombinationen anbieten. Der Zeitschlitz wird durch die Zeitschlitznummer (*Timeslot Number*, TN) gekennzeichnet. Drei übliche Kombinationen werden hier kurz vorgestellt:

- Zelle niedriger Kapazität mit einem TRX:
    - TN 0: FCCH + SCH + BCCH + CCCH + SDCCH/4(0,1,2,3) + SACCH/C4(0,1,2,3),
    - TN 1 bis 7: TCH/F + FACCH/F + SACCH/TF.
- Zelle mittlerer Kapazität mit vier TRXs:
    - Einmal auf TN 0: FCCH + SCH + BCCH + CCCH,
    - Zweimal: SDCCH/8 + SACCH/8,
    - 29mal: TCH/F + FACCH/F + SACCH/TF.
- Zelle großer Kapazität mit 12 TRXs:
    - Einmal auf TN 0: FCCH + SCH + BCCH + CCCH,
    - Einmal auf TN 2: BCCH + CCCH,
    - Einmal auf TN 4: BCCH + CCCH,
    - Einmal auf TN 6: BCCH + CCCH,

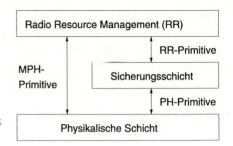

Abbildung 3.22: Schnittstellen der Schicht 1 *(Physical Layer)*

- Fünfmal: SDCCH/8 + SACCH/8,
- 87mal: TCH/F + FACCH/F + SACCH/TF.

Die Mobilstation erfährt nach erfolgreicher Synchronisation durch die Systeminformation des BCCH, welche Kanalkombinationen ihr von dem BSS auf welchen physikalischen Kanälen angeboten werden. Abhängig von ihrem momentanen Betriebszustand (Ruhezustand oder dedizierter Zustand) benutzt sie eine bestimmte Untermenge aus diesem Kanalangebot.

Auffällig ist, daß der BCCH stets zusammen mit den logischen Kanälen SCH und FCCH auftritt, und daß er immer auf Zeitschlitz 0 zu finden ist. Diese Festlegung dient der Erleichterung der Synchronisation beim erstmaligen Kontakt der Mobilstation mit der BTS. Bei sehr hohem erwarteten Verkehr werden zusätzliche Kombinationen 6, vgl. Abb. 3.20 hinzugefügt.

3.3.7 Schicht 1: Bitübertragung

Die GSM-Schicht 1 ist mit der Bitübertragungsschicht *(Physical Layer)* im ISO/OSI-Referenzmodell, vgl. Kap. 2.5, im wesentlichen vergleichbar. Im Unterschied zum ISO/OSI-Modell greift auch eine Instanz der Schicht 3, die Funkkanalverwaltung *(Radio Ressource Management*, RR), direkt auf diese unterste Schicht zu, vgl. Abb. 3.22.

Durch diesen Zugriff werden Kanalzuweisungen gesteuert und die Schicht 3 Informationen über den Zustand des *Physical Layers* und der Funkverbindung, wie Kanalmeßwerte, Fehlerrate und Empfangsstärke, abgefragt. Diese Informationen werden von Schicht 3 benötigt, um die für zellulare Funknetze typischen Aufgaben wie *Handover* oder *Roaming* erfüllen zu können.

Die Schicht 1 einer GSM-Realisierung ist für die Funkübertragung der Verkehrs- und Signalisierungsinformationen zuständig. Wesentliche Aufgaben dieser Schicht sind:

3.3 Die Funkschnittstelle am Bezugspunkt U_m

- Erstellen von Bursts, Multiplexen der Bursts in TDMA-Rahmen und Übertragung der Rahmen auf den zur Verfügung stehenden physikalischen Kanälen über dedizierte Steuer- und Verkehrskanäle,
- Suchen und Festhalten eines Rundfunkkanals (BCCH) durch die MS bzw. Erzeugen des Kanals durch die BS,
- Beurteilung der Kanalqualität bzw. Feststellung, daß ein bestimmter Kanal aktuell nicht benutzt wird,
- Fehlererkennungs- und Fehlerkorrekturmechanismen (fehlerhafte Blöcke werden nicht an die Schicht 2 weitergeleitet),
- Synchronisation bei der Rahmenübertragung und
- Verschlüsselung des Datenstromes.

Im GSM-System wird ein digitales 0,3 GMSK Modulationsformat benutzt. GMSK steht für *Gaussian Minimum Shift Keying*, wobei Minimum Shift bedeutet, daß die Phase des Trägers gegenüber der Zeit keine Diskontinuitäten aufweist. 0,3 GMSK heißt, daß das modulierte Signal durch ein Gauß-Filter läuft, bei dem das Produkt der 3 dB Bandbreite B und der Bitperiode T den Wert $BT = 0,3$ ergibt.

3.3.7.1 Kanalcodierung und Interleaving

Dieser Abschnitt beschreibt, wie die GSM-Schicht-2-Nachrichten auf die Bursts verteilt werden. Von besonderer Bedeutung sind die beiden dedizierten Signalisierkanäle SDCCH und FACCH. Sie werden in [41] als der *Main Signalling Link* bezeichnet. Eine Gesamtübersicht der für die logischen Kanäle angewandten Codierungsverfahren gibt Tab. 3.7. Für jeden Kanaltyp wird angegeben,

- wieviele Bit pro 456 bit-Block Nutzinformation systematische Redundanz und Füllbits sind,
- die Codierrate des benutzten Faltungscodes,
- die Tiefe der Bitverschachtelung.

Für die verschiedenen Dienste werden auf den zugehörigen Kanaltypen verschiedene Kanalcodierverfahren angewandt, vgl. Kap. 2.8.1.

Für alle Signalisierkanäle wird der Fire Code, ein verkürzter linearer, binärer, zyklischer Blockcode, eingesetzt. Dieser Code hat ein Generatorpolynom, welches gute Fehlererkennung und/oder Fehlerkorrektur erlaubt, wenn Fehler in Gruppen auftreten *(Büschelfehler)*:

Tabelle 3.7: Codierverfahren der logischen Kanäle

Kanaltyp	Bit/Block Daten+Parität+Tail	Faltungs- codierrate	Bit/Block	Interleaving- tiefe
TCH/FS			456	8
Class I	$182 + 3 + 4$	1/2	(378)	
Class II	$78 + 0 + 0$	-	(78)	
TCH/F9.6	$4 \cdot 60 + 0 + 4$	244/456	456	19
TCH/F4.8	$60 + 0 + 4$	1/3	228	19
TCH/H4.8	$4 \cdot 60 + 0 + 4$	244/456	456	19
TCH/F2.4	$72 + 0 + 4$	1/6	456	8
TCH/H2.4	$72 + 0 + 4$	1/3	228	19
FACCHs	$184 + 40 + 4$	1/2	456	8
SDCCHs, SACCHs	$184 + 40 + 4$	1/2	456	4
BCCH, AGCH, PCH	$184 + 40 + 4$	1/2	456	4
RACH	$8 + 6 + 4$	1/2	36	1
SCH	$25 + 10 + 4$	1/2	78	1

$$(X^{23} + 1)(X^{17} + X^3 + 1)$$

Dabei werden 40 Redundanzbits an die 184 Datenbits einer Schicht-2-Protokolldateneinheit angefügt, vgl. Abb. 3.23 und 3.25. Fehlergruppen von bis zu 11 bit können damit erkannt und korrigiert werden. Wenn Schicht 1 einen fehlerhaften Block erkennt und die Fehler nicht mehr korrigieren kann, so gibt sie diesen Block nicht an Schicht 2 weiter.

Alle Kanäle werden durch Faltungscodierung zur Fehlerkorrektur geschützt. Die jeweilige Codierrate ist in Tab. 3.7 angegeben. Auf den Steuerkanälen (Ausnahme RACH) wird ein Faltungscode der Rate $r = 1/2$ und der Einflußlänge $k = 5$ verwendet.

Bitverschachtelung *(Interleaving)* dient dazu, korrelierte Bitfehler aufgrund von Büschelfehlern gleichmäßig als Einzelfehler beim Decoder des Empfängers erscheinen zu lassen. Man unterscheidet zwischen Bitinterleaving und Blockinterleaving. Bitinterleaving der Tiefe n bedeutet, daß die 456 Informationsbits eines faltungscodierten Schicht-2-Blockes, vgl. Abb. 3.23, zeilenweise mod n in eine Tabelle sortiert werden, vgl. Abb. 3.24 oben.

Die interleavten Bits werden spaltenweise zur Übertragung aus der Tabelle ausgelesen, vgl. Abb. 3.24 rechts oben und unten. Dabei werden die ersten vier Zeilen der resultierenden tabellarischen Anordnung von $57 \cdot 8$ bit (vgl. rechts oben), die

3.3 Die Funkschnittstelle am Bezugspunkt U_m

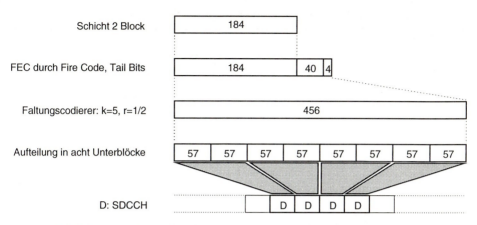

Abbildung 3.23: Codierung und Interleaving am Beispiel des SDCCH

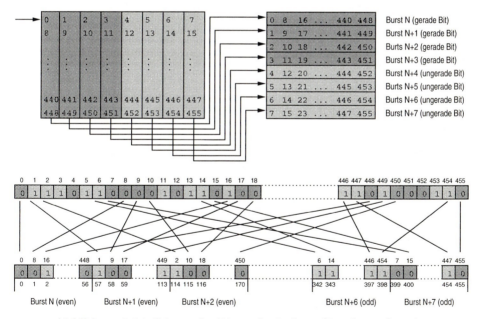

Abbildung 3.24: Schema der Bitverschachtelung *(Interleaving)* mod 8

je einen halben Burst füllen, auf Bitpositionen im Burst mit gerader Nummer und die restlichen vier Zeilen auf ungeraden Bitpositionen übertragen. Jede Zeile der Tabelle (rechts) entspricht einem Unterblock, vgl. Abb. 3.25.

Empfangsseitig wird durch den De-Interleaver die ursprüngliche Bitreihenfolge wieder hergestellt. Ein Büschelfehler der Länge $(n-1)$ führt nach dem De-Interleaven zu Einzelbitfehlern. Beim Blockinterleaven werden die in Abb. 3.25 gezeigten Unterblöcke zu je 57 bit in der gezeigten Weise verschränkt, so daß die Daten mehrerer Schicht-2-Blöcke zeitlich verschachtelt auf dem logischen Kanal übertragen werden.

Auf den FACCHs findet blockdiagonales Interleaving auf acht halbe Bursts statt, auf allen anderen Steuerkanälen (Ausnahme RACH) Interleaving auf vier ganze Bursts. Am Beispiel des SDCCH, vgl. Abb. 3.23 und des FACCH/F, vgl. Abb. 3.25, wird dies graphisch dargestellt.

Beispielsweise fallen beim FACCH bei einer Übertragungsrate von 9,2 kbit/s alle 20 ms 184 bit als Schicht-2-Block an. Um nicht korrigierbare Fehler zu erkennen, werden in der Bitübertragungsschicht 40 nach dem Fire-Code berechnete Prüfbits hinzugefügt. Anschließend werden sämtliche Bits mit einem Faltungscode der Rate $r = 1/2$ gesichert. Damit bestehen auf der Empfängerseite genügend Fehlerkorrekturmöglichkeiten. Die resultierenden 456 bit $(= 4 \cdot 117)$ werden nun noch auf 4 Zeitschlitze eines logischen Kanals verteilt. Bei den Signalisierkanälen wird durchgehend ein Interleaving von 4 angewandt, weil die Nachrichten nur kurz sind und sonst zuviele Slots belegt würden.

Abbildung 3.26 (rechts) zeigt die Fehlerschutzmechanismen für den Zufallszugriffskanal RACH. Da der Übertragungswunsch einer Mobilstation schnell durch die Basistation erkannt werden soll und evtl. Kollisionen auftreten können und schnell erkannt werden müssen, wird die 8 bit Nachricht der zugreifenden Mobilstation (Code für Zugriffsart und Zufallszahl, sowie Prüfsumme modifiziert durch die *Basestation Identification* (BSIC)) faltungscodiert auf 36 bit und ohne Bitverschachtelung übertragen.

3.3.7.2 Sprachcodierung für die Funkübertragung

Aus Gründen der für das GSM angestrebten Frequenzökonomie sollte die Übertragungsrate einen Wert von ca. 16 kbit/s nicht übersteigen. Gewählt wurde der Sprachcodec RPE-LTP. Er basiert auf der LPC-Technik *(Linear Predictive Coding)*, kombiniert mit einer Langzeitprädiktion *(Long Term Prediction*, LTP) und einer Codierung des sog. Restsignals durch Pulsfolgen in regelmäßigem Zeitraster *(Regular Pulse Excitation*, RPE). Die Nettobitrate des Codecs beträgt 13,0 kbit/s.

3.3 Die Funkschnittstelle am Bezugspunkt U_m

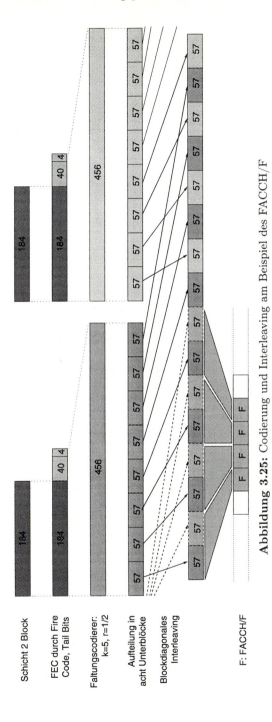

Abbildung 3.25: Codierung und Interleaving am Beispiel des FACCH/F

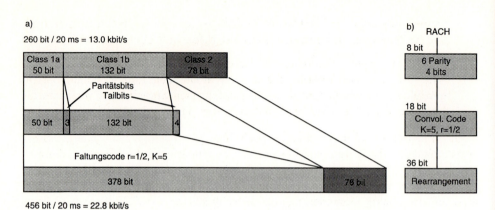

Abbildung 3.26: Kanalcodierung für a) Sprachübertragung b) Signalisierung

Zusammen mit der Redundanz für den Fehlerschutz werden 22,8 kbit/s (Bruttobitrate) auf dem Funkkanal übertragen. Dabei wird die Sprache in Paketen zu je 20 ms vom Sprachcodec erzeugt. Unter Berücksichtigung von Kanaleigenschaften und Bitfehlerhäufigkeit der Sprachcodecparameter wurde das folgende dreischrittige Kanalcodierverfahren ausgewählt, vgl. Abb. 3.26 (links):

1. Ordnen der Bits nach Relevanz: Die Bits der Sprachcodecparameter werden in absteigender Wichtigkeit geordnet, das wichtigste Bit Nr. 1 zuerst, das unwichtigste (Nr. 260) zuletzt.

2. Zyklische Prüfsumme für die wichtigsten 50 bit (Class 1): Sie werden durch drei Paritätsbits ergänzt, die durch einen zyklischen Prüfcode (*Cyclic Redundancy Check*, CRC) gewonnen werden. Die CRC-Bits werden nach Bit Nr. 50 eingeschoben, die folgenden Bits werden umnumeriert. Das zugehörende Generatorpolynom lautet $G(x) = x^3 + x + 1$ und wird durch ein rückgekoppeltes Schieberegister realisiert. Diese CRC-Bits werden empfangsseitig zur Fehlererkennung benutzt und zeigen ggf. einen oder mehrere Fehler innerhalb der wichtigsten Bits an.

3. Faltungscodierung der wichtigsten 185 bit (Class 1a+1b) zur Fehlerkorrektur: An die ersten 185 bit werden vier Tail-Bits (0) angehängt und diese 189 bit durch eine Faltungscodierung der Rate $r = 1/2$ zu 378 bit umcodiert. Da sie die ersten und letzten Bits besser schützt als Bits in der Mitte der Sequenz, wird vorher eine weitere Umordnung innerhalb der wichtigsten 185 bit so vorgenommen, daß das wichtigste Bit an die erste Stelle, das zweitwichtigste an die letzte (185.) Stelle, das drittwichtigste an die zweite usw. zu liegen kommt. Die restlichen 78 bit der Sprachcodecparameter (Class 2)

3.3 Die Funkschnittstelle am Bezugspunkt U_m 179

werden ungeschützt übertragen, so daß pro Sprachcodierrahmen insgesamt 456 bit entstehen, die mit dem Interleavingfaktor 8 übertragen werden.

Durch Interleaving (Verteilen der Daten auf mehrere Zeitschlitze eines logischen Kanals) wird erreicht, daß sich die in Büscheln auftretenden Übertragungsfehler gleichmäßiger über die empfangenen Sprachdaten verteilen, die Übertragungsfehler eher vereinzelt auftreten und damit korrigierbar werden.

Zeitschlitze mit Sprachdaten sind in zwei Teilblöcke zu je 57 bit mit je einem Steuerbit aufgeteilt, die Daten verschiedener (aufeinanderfolgender) Sprachcodierrahmen tragen, so daß 8 sequentielle Zeitschlitze die Daten eines Sprachcodierrahmens mit 20 ms Dauer enthalten und zusätzlich gleichviel Daten eines zweiten Sprachcodierrahmens. Vier aufeinanderfolgende Zeitschlitze tragen 456 Nutzbit in 18,5 ms, nämlich das vom Sprachcodec alle 20 ms generierte Datenaufkommen. Das Steuerbit zeigt an, ob der Teilblock Nutzdaten oder Daten des schnellen zugeordneten Steuerkanals FACCH trägt, vgl. den Normalburst in Abb. 3.7.

3.3.7.3 Diskontinuierliche Sprachübertragung

Optional ist die Anwendung einer *Discontinous Transmission* DTX genannten Übertragung von Sprachsignalen zugelassen, um den Energiebedarf sendender Handgeräte und Gleichkanalstörungen zu reduzieren. Sprachpausen werden durch eine *Voice Activity Detection* (VAD) genannte Funktion erkannt und die Übertragung wird ausgesetzt, bis wieder Daten vorliegen. Der Verkehrskanal bleibt der Verbindung zugeordnet.

Um während Übertragungspausen beim Empfänger den Eindruck einer bestehenden Verbindung zu erwecken, wird empfängerseitig das sog. Komfortrauschen *(Comfort Noise)* erzeugt, das durch Meßergebnisse der vorangegangenen Sprachübertragungsphase bestimmt ist und bei längeren Sprachpausen durch Übertragung aktueller Meßwerte aktualisiert wird.

3.3.7.4 Adaptive Entzerrung des Funksignals

Die 26 bit in der Mitte jedes Zeitschlitzes (Trainingsfolge) werden vom Empfänger benutzt, um die Parameter seines Entzerrers einzustellen und bei Mehrwege-Ausbreitung der Funkwellen den Weg mit dem stärkstem Signal selektieren zu können.

Im GSM-Frequenzband entstehen Abschattungen der Funksignale von Mobil- und Feststation, die aber z. T. kompensiert werden, weil Funkwellen von Gebäuden, Bergen, Gewässern usw. reflektiert werden und abgeschattete Bereiche auffüllen.

Der Funkweg reflektierter Wellen ist länger als der direkte Weg. Bei den für GSM gewählten Bitraten, kann die Differenz der Weglängen mehrere Bitdauern (3,7 µs) erreichen. Beim Entzerren der überlagerten Mehrwegesignale durch den Empfänger können Laufzeitunterschiede bis 16 µs (3 km Umweg) kompensiert werden.

Das Nutzsignal wird wiedergewonnen, indem pro Zeitschlitz eine Abschätzung der Impulsantwort des Funkkanals vorgenommen und das empfangene Signal durch ein entsprechend parametrisiertes Inversionsfilter geleitet wird. Die Trainingsfolge wird über die bekannte darin enthaltene Information auch dazu benutzt, die gegenwärtige Qualität des Funkkanals durch Auszählen der Bitfehler zu bestimmen.

Mehrwegeausbreitung bedingt, daß die zeitliche Lage des Bursts im Zeitschlitz entsprechend der Laufzeitdifferenz verschiedener Ausbreitungswege der Funkwellen um mehrere Bitdauern schwankt; eine Schutzzeit entsprechend der Dauer von 8,25 bit ist im Zeitschlitz vorgesehen, um solche Verlagerungen verkraften zu können, vgl. Abb. 3.6.

3.3.7.5 Codierung für die Signalisierung und Datenübertragung

Da teilweise höhere Übertragungszeiten in Kauf genommen werden können, werden bei Datenübertragung für die Trägerdienste Verwürfelungsfaktoren bis zu 19 benutzt, vgl. Abb. 3.27.

3.3.7.6 Durchsatz und Verzögerung

Abb. 3.28 zeigt die Übertragungsraten (Durchsatz) und Verzögerungszeiten aller logischen Kanäle (vgl. Tab. 3.11). Die Verzögerung *(Delay)* ergibt sich aus der jeweiligen periodischen Wiederholung *(Recurrence Interval)* des Zeitkanals plus einer, der gewählten Interleavingtiefe entsprechenden Zeitdauer (z. B. 14 ms bei vielen Signalisierkanälen wegen vierfachem Interleaving).

3.3.7.7 Synchronisation

Möchte eine Mobilstation über eine Feststation mit dem Netz Verbindung aufnehmen, muß sie als erstes den Organisationskanal (BCCH) detektieren. Danach wird die Zeitschlitz- und TDMA-Rahmensynchronisation hergestellt. Es wird dafür gesorgt, daß die Frequenz des Oszillators der Mobilstation auf die Trägerfrequenz des Empfangssignals nachgeführt wird.

3.3 Die Funkschnittstelle am Bezugspunkt U_m

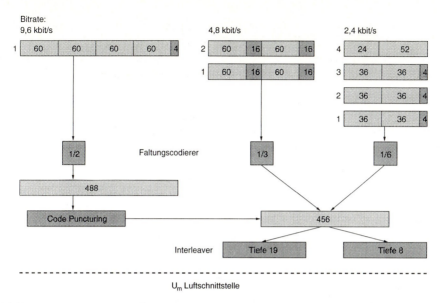

Abbildung 3.27: Vorwärtsfehlerkorrektur der Teilnehmerdaten bei den verschiedenen GSM-Trägerdiensten

Erkennen des Organisationskanals (BCCH) Der BCCH belegt auf einer festen Trägerfrequenz einen Zeitschlitz (TN=0) pro TDMA-Rahmen. Ein wichtiges Kennzeichen ist, daß auf der Frequenz, auf der der BCCH gesendet wird, durchgehend mit konstanter Leistung gesendet wird (vgl. auch [45]).

Im Gegensatz dazu kann auf anderen Frequenzen in jedem Zeitschlitz mit einer der Dämpfung jeder individuellen Verbindung entsprechenden Leistung gesendet werden. Insbesondere bleibt auf anderen Frequenzen der Sender in unbelegten Zeitschlitzen ausgeschaltet. Auf dem BCCH kommt das Frequenzsprungverfahren nicht zum Einsatz, da dieses durch Systeminformation, die auf dem BCCH übertragen wird, erst eingerichtet werden soll.

Wird die Mobilstation eingeschaltet, so führt sie Messungen der durchschnittlichen Signalpegel auf allen ihr bekannten Frequenzen durch. Eine erste Vorauswahl wird durch die stärkste, mittlere Empfangsfeldstärke getroffen. Die Identifizierung des BCCH gelingt mit ausreichender Sicherheit nur, wenn der FCB und der SCB auf den entsprechenden logischen Kanälen FCH und SCH detektiert wurden, die beide auf demselben physikalischen Kanal wie der BCCH liegen. Mittels des FCB wird die Frequenz synchronisiert, der SCB wird zur Ermittelung der Zeitschlitzlage und zur TDMA-Rahmensynchronisation gebraucht.

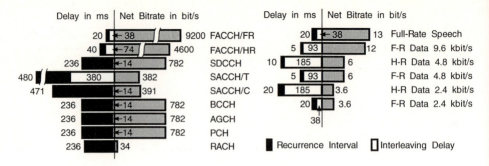

Abbildung 3.28: Durchsatz und Verzögerungsdauer der logischen Kanäle

Tabelle 3.8: Zeitliche Synchronisation durch Zähler

Zähler	Abk.	Wertebereich
Viertelbitnummer *(Quarter Bit Number)*	QN	0–624
Bitnummer *(Bit Number)*	BN	0–156
Zeitschlitznummer *(Timeslot Number)*	TN	0–7
TDMA-Rahmennummer *(TDMA Frame Number)*	FN	0–2 715 647

Zeitliche Synchronisation Zeitliche Synchronisation bedeutet, daß die Mobilstation im richtigen Zeitpunkt den Frequenzkanal abhört, und daß sie im richtigen Moment einen Burst verschickt. Dieses Verhalten setzt voraus, daß sowohl alle logischen Kanalkombinationen aller acht physikalischen Kanäle einer Frequenz zueinander als auch Uplink und Downlink zeitlich synchronisiert sind.

Diese Synchronisation basiert auf der in Abschn. 3.3.4 vorgestellten Rahmenhierarchie der verschiedenen Rahmentypen. Jede Mobilstation besitzt einen Satz von Zählern, die mit den Referenzzählern des BSS synchron laufen müssen. Aus diesen Zählern ergibt sich für jeden TDMA-Rahmen eine Nummer, die mit fortschreitender Zeit hochgezählt wird. Solange ein GSM-PLMN in Betrieb ist, laufen die Rahmennummern ständig weiter, nach einem Zyklus von 2 715 648 wiederholen sich diese Nummern. Die Zähler für die zeitliche Synchronisation sind in Tab. 3.8 angegeben.

Die Viertelbitnummer wird der Trainingsfolge entnommen. Da der SCH stets auf einem physikalischen Kanal der TN = 0 liegt, setzt die Mobilstation beim Empfang eines SCB den Wert für TN gleich 0. Der Wert für FN liegt in codierter Form in den Nutzbits des SCB vor.

3.3 Die Funkschnittstelle am Bezugspunkt U_m

Tabelle 3.9: Systemparameter BS_CCCH_SDCCH_COMB, BS_CC_CHANS und CCCH_CONF

CCCH_CONF	BS_CC_CHANS	BS_CCCH_SDCCH_COMB
000	1	FALSE
001	1	TRUE
010	2	FALSE
100	3	FALSE
110	4	FALSE

Nach den Anfangseinstellungen dieser Zähler kann die Mobilstation diese mittels ihrer eigenen Uhr selbst aktualisieren. Sie erhöht den Wert für QN alle 12/13 µs. Der Wert für BN ergibt sich aus dem ganzzahligen Anteil von QN/4. TN wird inkrementiert, wenn QN von 624 auf 0 wechselt. FN erhöht sich um eins, wenn TN von 7 auf 0 steigt.

Erkennen der Kanalkonfiguration einer Zelle Ist der BCCH gefunden und die Zähler der Mobilstation aktualisiert worden, liest die Mobilstation die Systeminformation, um die zur Verfügung stehende Kanalstruktur dieser Zelle zu entschlüsseln. In der Systeminformation findet sich der Parameter CCCH_CONF, der die Anzahl der physikalischen Kanäle (BS_CC_CHANS) bestimmt, die CCCHs unterstützen. CCCH_CONF enthält eine Aussage darüber, ob CCCHs und SDCCHs kombiniert (BS_CCCH_SDCCH_COMB = TRUE) oder nicht kombiniert (BS_CCCH_SDCCH_COMB = FALSE) auf einem physikalischen Kanal vorkommen, vgl. Tab. 3.9.

Nimmt CCCH_CONF den Wert 000 an, so wird die Kombination 4, vgl. Abb. 3.18, unterstützt und es gibt keine Kombination 6, vgl. Abb. 3.20. Der Wert 001 bedeutet, daß ausschließlich die Kombination 5, vgl. Abb. 3.19 in der Zelle benutzt wird. Bei den restlichen drei Werten, steht wieder die Kombination 4, vgl. Abb. 3.18, zur Verfügung, die je nach Auslastung der Zelle mit einer, zwei oder drei Kombinationen 6 ergänzt wird, vgl. Abb. 3.20.

Die Anzahl der physikalischen Kanäle, die CCHs tragen, ist höchstens vier. Jedem CCCH ist seine eigene Gruppe von Mobilstationen zugeordnet (CCCH_GROUP), die im Ruhezustand den PCH abhören; es gibt maximal vier Funkrufgruppen [43].

Die Mobilstation ist jetzt in der Lage, auf einen Funkruf zu antworten oder einen eigenen Ruf zu initiieren. Die logischen Kanäle, die sie dazu braucht, d. h. die CCCHs und den BCCH, sind ihr bekannt.

3.3.7.8 Korrektur der Signallaufzeit zwischen Fest- und Mobilstationen

Das TDMA-Verfahren erfordert, daß die Signale aller dieselbe Trägerfrequenz benutzenden Mobilstationen die Feststation sehr genau zum richtigen Zeitpunkt erreichen. Sie dürfen sich nicht überlappen. Aufgrund der Ausbreitungsgeschwindigkeit des Signals von ca. 300 000 km/s erreicht das Synchronisations-Bezugssignal der Feststation nahe bei ihr befindliche Mobilstationen eher, als entferntere. Laut GSM-Empfehlung darf eine Zelle bis zu 35 km Radius um die Feststation haben. Die maximale Schleifenlaufzeit von der Feststation zum Zellrand und zurück beträgt für 70 km Wegstrecke 0,23 ms. Würde nur das Bezugssignal zur Synchronisation verwendet, müßten Zeitschlitze eine entsprechende Schutzzeit enthalten; 40 % des Zeitschlitzes blieben dann ungenutzt. Im GSM-System mißt die Feststation die Schleifenlaufzeit und teilt der Mobilstation mit, um wieviel Bitdauern vor dem Bezugssignal sie übertragen muß. Dadurch kann die Schutzzeit jedes Slots auf 30 µs (8,25 bit) reduziert werden.

3.3.8 GSM-Schicht-2: Sicherung

Im ISO/OSI-Modell ist diese Schicht für die Übertragungssicherung von Verbindungen über einzelne Teilstrecken zwischen zwei direkt verbundenen Systemen sowie die Fehlerbehandlung der Datenpakete zuständig, vgl. Abschn. 2.8.4. Die GSM-Spezifikationen orientieren sich hinsichtlich der Sicherungsschicht *(Data Link Layer)* an den existierenden Standards des ISDN wie z. B. ISDN/LAPD gemäß X.200/Q.920, X.25/LAPB und HDLC/ISO 3309/4335. Einzelne Anpassungen wurden vorgenommen, da beispielsweise im Unterschied zum LAPD-Protokoll *(Link Access Procedure D-Channel)* keine Begrenzungsflags notwendig sind. Die Synchronisation wird bereits durch die Schicht 1 gewährleistet, und da mehrere logische Steuerkanäle vorliegen, mußte ein spezielles Sicherungs-Protokoll spezifiziert werden. In Analogie zum ISDN wurde dieses Protokoll als LAPD$_m$ bezeichnet. Es kommt zwischen der MS und der Feststation zum Einsatz, während zwischen BTS und BSC über die A$_{bis}$-Schnittstelle das LAPD-Protokoll und zwischen der BSC und MSC über die A-Schnittstelle das aus dem SS.7 bekannte MTP-Protokoll verwendet wird, vgl. Abb. 3.29.

3.4 Signalisierungsprotokolle der GSM-Sicherungsschicht

Die Kommunikationsprotokolle im GSM-System orientieren sich nur vordergründig am ISO/OSI-Referenzmodell (ITU-T-Empfehlung X.200 bis X.219). Zwar können

3.4 Signalisierungsprotokolle der GSM-Sicherungsschicht

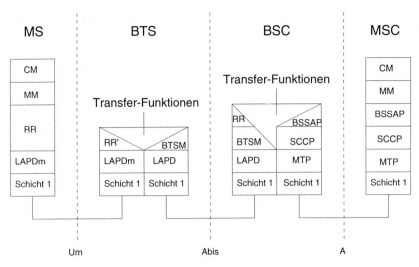

Abbildung 3.29: Architektur der Signalisierungsprotokolle und Aufteilung auf die Knoten des GSM

die beim GSM verwendeten Protokolle gemäß dem ISO/OSI-Modell strukturiert werden, aber es kommen in Anbetracht der speziellen Eigenschaften eines zellularen Funknetzes weitere Protokollfunktionen zum Einsatz. So betreffen umfangreiche Aufgaben, wie z. B. die Bewertung und Zuteilung der notwendigen Kapazität auf dem Funkweg oder Management-bezogene Dienste, nicht unbedingt nur eine einzige ISO/OSI-Schicht.

Die physikalischen Eigenschaften des Übertragungsmediums Funk und die Merkmale des GSM erfordern entsprechend angepaßte Kommunikationsprotokolle. Die Signalisierung zwischen den Netzelementen (BSS, MSC, HLR, VLR, AuC, EIR und OMC) des GSM-Systems basiert auf dem Zentralzeichenkanal-Signalisierungssystem Nr. 7 (SS.7), ITU-T-Serie Q.700-795. Es wurde, um den funkspezifischen Signalisierungsaufwand im GSM-PLMN abzudecken, um den Mobilfunkanwendungsteil (*Mobile Application Part*, MAP) erweitert. In Abb. 3.29 wird die Architektur der Signalisierungsprotokolle und deren Aufteilung auf die Knoten des GSM-PLMN dargestellt.

Der MAP-Teil ist in allen mit dem Mobilnetz direkt verbundenen Vermittlungsstellen implementiert. Er besteht aus mehreren Anwendungsdienstelementen (*Application Service Elements*, ASE) die für die Transaktionen zur Registrierung und Datenbankabfrage und zur Ermittlung des momentanen Standorts eines Mobilteilnehmers erforderlich sind.

Neben dem MAP umfassen die geschichteten Funktionen des SS.7 folgende Komponenten [62, 76]:

- Der *Transaction Capabilities Application Part* (TCAP) besteht aus zwei Teilschichten, einer Transaktions- und einer Komponententeilschicht. Die Transaktionsteilschicht ist für die Steuerung von Transaktionen oder Dialogen bei einer Ende-zu-Ende Verbindung zuständig. Dabei wird jeder Nachricht ein Zähler hinzugefügt, mit dessen Hilfe am anderen Ende alle zusammengehörigen Nachrichten identifiziert werden. Die Komponententeilschicht steuert die auszuführenden Operationen bzw. die Rückantwort und die Hinweise über den (nicht) erfolgreichen Abschluß einer Operation. Der TCAP unterstützt den MAP; dessen Dienste entsprechen denen der ISO/OSI-Schicht 7.

- Der *Intermediate Service Part* (ISP) entspricht den ISO/OSI-Schichten 4 bis 6 und ist vorerst, da sie in einer meldungsvermittelten Umgebung bedeutungslos sind, noch leer.

- Der *Signalling Connection Control Part* (SCCP) stellt einen Teil der Schicht 3 dar und dient zur Einrichtung einer Ende-zu-Ende-Verbindung für die Übertragung einzelner Mitteilungen.

- Der *Message Transfer Part* (MTP) überdeckt die Schichten 1–2 und teilweise Schicht 3 und dient zur Übertragung von Meldungen zwischen zwei über eine Teilstrecke verbundenen Knoten. Der MTP ist in drei Teilschichten unterteilt, wobei die zwei unteren Teilschichten Schutzfunktionen beim Nachrichtentransfer erfüllen und die dritte Teilschicht für Betriebs- und Wartungsfunktionen im Netz zuständig ist.

Die Funkkanalverwaltung (*Radio Ressource Management*, RR) ist in der Feststation nur mit eingeschränktem Funktionsumfang vertreten (RR') und wird über Funktionen der Feststationsverwaltung *(BTS Management)* realisiert. Diese Funktionen korrespondieren im BSC mit dem Feststationsteilsystem-Anwendungsteil (BSS AP). Wie man sieht kommunizieren die Instanzen der Mobilitätsverwaltung (*Mobility Management*, MM) über ein entsprechendes Protokoll direkt zwischen MS und MSC. Darüber ist die Verbindungssteuerung (*Call Management*, CM) angesiedelt. Die Dienste CM, MM, BSS AP und SCCP gehören zur Schicht 3, vgl. Abschn. 3.5 und 6.1.2, Band 2.

Für die Signalisierung werden die in den Serien 04 und 08 der GSM-Empfehlung definierten Protokolle der unteren drei Schichten benötigt. Im folgenden wird auf die wesentlichen Eigenschaften dieser drei Schichten eingegangen.

3.4 Signalisierungsprotokolle der GSM-Sicherungsschicht

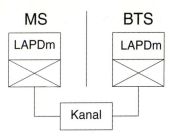

Abbildung 3.30: Lage des Signalisierungsprotokolls LAPD$_m$

3.4.1 Das LAPD$_m$-Protokoll

Dieser Abschnitt gibt einen Überblick über die Funktionen und Dienste des LAPD$_m$. Zwei besondere Prozeduren, *Contention Resolution* und *Change of Dedicated Channel* werden ausführlich beschrieben. Umfangreichere Informationen zu den eingesetzten Dienstprimitiven und Prozeduren sind in den GSM-Empfehlungen [39] und [40] zu finden.

Das LAPD$_m$-Protokoll sichert die Daten der Signalisierprotokolle der Netzschicht und des Kurznachrichtendienstes auf dem Funkkanal. Die beteiligten Partnerinstanzen liegen in der MS sowie in der BTS (bzw. BSS), vgl. Abb. 3.30. Wie die ähnlichen Namen vermuten lassen, wurde das LAPD des ISDN zur Entwicklung des LAPD$_m$ herangezogen.

3.4.1.1 Identifizierung der Verbindungsendpunkte

An einem Dienstzugangspunkt (SAP, vgl. Abschn. 2.5) stellt die Sicherungsschicht ihre Dienste der Netzschicht zur Verfügung. Innerhalb eines SAP befinden sich ein oder mehrere Verbindungsendpunkte (*Connection Endpoint*, CE). Zusammen bilden SAP und CE die Verbindungsendpunktkennung (*Data Link Connection Identifier*, `DLCI`).

Der `DLCI` besteht aus:

Dienstzugangspunktkennung: Der *Service Access Point Identifier* (`SAPI`) ist binär codiert im Adressfeld jedes Rahmens vorhanden. Die Schicht 3 Instanz bestimmt, welcher `SAPI` von einer Schicht-3-Nachricht benutzt wird.

Kanalidentifizierung: Innerhalb eines `SAPI` liegt fest, auf welchem logischen Kanal eine Nachricht versendet wird. Die zugrundeliegende Kanalstruktur mit ihrer

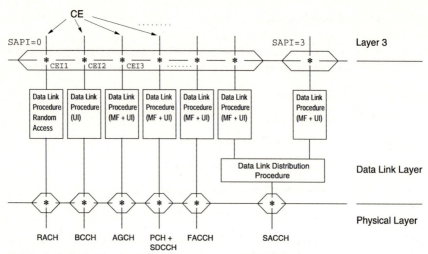

Abbildung 3.31: Zuordnung der Schicht-3-Nachrichten zu logischen Kanälen

vorhandenen zeitlichen Synchronisation liefert die Möglichkeit, die Kanalidentifizierung lokal in den Endsystemen zu verwalten. Sie wird als vertikale Steuerinformation zwischen Schicht 3 und Schicht 2 übermittelt. Dies trägt dazu bei, den Schicht-2-Protokollkopf kurz zu halten.

Wie in Abb. 3.31 zu sehen ist, wird eine Nachricht der Schicht 3 eindeutig einem logischen Kanal zugeordnet.

In der entsprechenden GSM-Empfehlung 04.06 [40] sind bisher zwei verschiedene Werte für den SAPI definiert:

- Für die Teilprotokolle *Call Control* (CC), *Mobility Management* (MM) und *Radio Ressource Management* (RR) der Schicht 3 gilt SAPI = 0.

- Bei Nachrichten des *Short Message Service* (SMS) wird ein SAPI = 3 eingesetzt. Es wird überlegt, ob für diesen Dienst in Zukunft zusätzliche SAPIs zur Verfügung gestellt werden.

Die Priorität für SAPI = 0 liegt höher als die für SAPI = 3. Sollten in Zukunft weitere Funktionen in höheren Schichten hinzukommen, werden weitere SAPI definiert [39]. Es sind Codiermöglichkeiten für acht SAPI-Werte vorhanden.

3.4.1.2 Funktionen und Prozeduren

Das LAPD$_m$ dient dazu, Signalisiernachrichten über die Luftschnittstelle zwischen zwei Schicht-3-Partnerinstanzen zu übertragen. LAPD$_m$-Prozeduren betreffen:

- mehrere Schicht-3-Instanzen,
- mehrere Schicht-1-Instanzen,
- die Signalisierung über den Rundsendekanal (BCCH),
- die Signalisierung über den Funkrufkanal (PCH),
- die Signalisierung über den Zuweisungskanal (AGCH) und
- die Signalisierung über die dedizierten Steuerkanäle (DCCHs).

Im LAPD$_m$ gibt es keine Prozeduren, die Nachrichten des RACH verwenden. Diese Nachrichten werden ohne Einflußnahme zwischen Schicht 3 und Schicht 1 eines Teilsystems (MS oder BSS) transportiert.

Das LAPD$_m$ schließt folgende Funktionen ein, um die von Schicht 3 geforderten Dienste zu erbringen:

- Betrieb mehrerer Schicht-2-Verbindungen auf verschiedenen logischen Kanälen. Die Unterscheidung dieser Verbindungen geschieht mittels des `DLCI`.
- Es werden verschiedene Rahmentypen erkannt.
- Schicht-3-Nachrichten werden transparent über die Schicht-2-Verbindung zwischen den Schicht-3-Partnerinstanzen transportiert.
- Sequentielle Überwachung der Reihenfolge der I-Rahmen.
- Fehlerbehandlung betreffend Format der Rahmen und funktionale Abläufe.
- Benachrichtigung der Schicht 3, wenn unbehebbare Fehler aufgetreten sind.
- Flußkontrolle.
- Auflösung von Konkurrenzsituationen auf dem dedizierten Kanal nach dem erfolgten Zufallszugriff auf dem RACH, vgl. Abschn. 3.4.1.4.
- Wechsel des dedizierten Kanals, ohne die Verbindung abzubrechen, vgl. Abschn. 3.4.1.4.

3.4.1.3 Dienstprimitive des LAPD$_m$

Die Dienstprimitive werden folgendermaßen gebildet:

Tabelle 3.10: Die Rahmentypen des LAPD$_m$

Rahmentyp	Bedeutung	Einsatz
SABM	Set Async. Balanced Mode	Erster Rahmen, um den bestätigten Modus zu erreichen
DISC	DISConnect	Erster Rahmen, um den bestätigten Modus zu verlassen
UA	Unnumbered Ack.	Bestätigung zu den zwei obigen Rahmen
DM	Disconnect Mode	Antwort, die den Disconnected Mode anzeigt
UI	Unnumbered Information	Informationsrahmen im nicht bestätigten Betrieb
I	Information	Informationsrahmen im bestätigenden Betrieb
RR	Receive Ready	Fahre mit Senden fort
RNR	Receive Not Ready	Stoppe das Senden
REJ	REJect	Negative Bestätigung

DL_XX_req/ind/conf

Daten höherer Schichten sind als Parameter in den Primitiven DL_Data_req/ind, DL_Unit_Data_req/ind enthalten. In der GSM-Empfehlung 04.06 findet sich eine Übersicht aller Dienstprimitive der Sicherungsschicht.

3.4.1.4 Rahmentypen im LAPD$_m$

Zusätzlich zu den schon in Abschn. 2.8.4.1 vorgestellten Typen gibt es weitere Rahmentypen, die den Aufbau und Abbau einer dedizierten Verbindung betreffen. Die Rahmentypen werden soweit erläutert, daß es möglich ist, den Auf- und Abbau einer dedizierten Verbindung und die Besonderheiten zu verstehen. Details zu den Codierungen der Protokolldateneinheiten (*Protocol Data Unit*, PDU) und den funktionalen Abläufen sind in den GSM-Empfehlungen [39] und [40] zu finden. Tab. 3.10 zeigt die im LAPD$_m$ benutzten Rahmentypen.

Ein Rahmen kann als Kommando- oder Antwortrahmen vorkommen. Ein I-Rahmen ist immer ein Kommandorahmen. Alle S-Rahmen können als Kommando- oder Antwortrahmen auftreten. SABM, DISC und UI sind Kommandorahmen, DM und UA Antwortrahmen. Erhält eine Schicht-2-Instanz einen Kommandorahmen mit einem Pollbit P = 1, dann muß ein Antwortrahmen mit einem Finalbit F = 1 geschickt werden. Auf einen Kommandorahmen mit P = 0 kann ein Kommandorahmen mit P = 0 oder ein Antwortrahmen mit einem Finalbit F = 0 geschickt werden.

Konkurrenzsituation beim Aufbau einer dedizierten Verbindung Sobald eine MS den dedizierten Kanal zugewiesen bekommen hat, versucht sie, darauf eine Schicht-2-Verbindung im bestätigenden Modus aufzubauen, vgl. Abschn. 3.4.1.5. Dazu wird für SAPI 0 ein SABM von der MS zur BS geschickt.

In Standard HDLC Protokollen wie dem LAPD darf ein SABM keine Informationen einer höheren Schicht transportieren. Im LAPD$_m$ ist es dagegen zwingend erforderlich, daß der SABM-Rahmen (und der UA-Rahmen) eine Signalisiernachricht zur Identifikation der MS enthält. Diese Nachricht bezeichnet man als die sogenannte auslösende Nachricht (Initial Message, [42]).

Wenn eine MS mittels Zufallszugriff Kanalkapazität für eine dedizierte Verbindung anfordert, wird eine 8 bit lange Nachricht Channel_req an das Netz gesendet. Der Inhalt dieser Nachricht ist in Abb. 3.32 dargestellt. Man kann erkennen, daß 2 bzw. 5 bit zur Darstellung einer Zufallszahl vorgesehen sind. Zu diesem Zeitpunkt ist diese Zufallszahl der einzige Hinweis, durch den die Mobilstation vom BSS identifiziert werden kann. Das BSS schickt als Antwort eine Nachricht (Immediate_Assignment, [42]), in der neben dem zugewiesenen dedizierten Kanal auch das Channel_req Informationselement enthalten ist. Diese Nachricht wird auf dem Punkt-zu-Mehrpunktkanal AGCH gesendet. Die Mobilstation, bei der das Nachrichtelement Channel_req aus ihrem Zufallszugriffsburst und das Nachrichtenelement aus der Antwort des BSS gleich sind, ergreift den zugewiesenen Kanal.

Bei einer Länge der Zufallszahl, wie sie hier festgelegt ist, kann man nicht mehr von Zufall sprechen. In stark ausgelasteten Zellen wird es passieren, daß zwei Mobilstationen quasi gleichzeitig einen Channel_req mit dem gleichen Inhalt schicken. Die durch das BSS erfolgende Kanalzuweisung eines dedizierten Kanals wird dann von beiden Mobilstationen verstanden. Das heißt, beide ergreifen denselben dedizierten Kanal. Bis zu dem Zeitpunkt, in dem sich eine MS eindeutig identifiziert (Übermittlung von IMSI, TMSI, IMEI), ist nicht sichergestellt, daß nur eine der beiden Mobilstationen diesen Kanal ergreift. Um derartige Kollisionen zu vermeiden, stellt das LAPD$_m$ die Prozedur *Contention Resolution* zur Verfügung, vgl. Abb. 3.33.

Nachdem der dedizierte Kanal aktiviert wurde, versuchen beide Mobilstationen, eine bidirektionale Schicht 2 Verbindung im bestätigenden Modus aufzubauen. In einem SABM-Rahmen wird die Identität (IMSI, TMSI, IMEI) der Mobilstation mitgeschickt. Das BSS muß als Antwortrahmen auf SABM den UA-Antwortrahmen zurückschicken. Der UA-Rahmen enthält die Identität des zuerst eingetroffenen

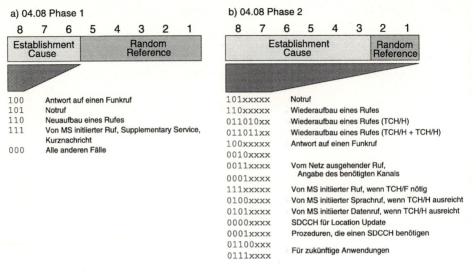

Abbildung 3.32: Inhalt der Channel_req Nachricht

SABM-Rahmens. Beide Mobilstationen vergleichen die Identität, die im UA-Rahmen enthalten ist, mit ihrer eigenen. Sind beide Identitäten gleich, wechselt die Mobilstation in den bestätigenden Modus, vgl. Abschn. 3.4.4. Danach können Nachrichten höherer Schichten über die dedizierte Schicht 2 Verbindung bidirektional und gesichert übertragen werden. Sind die Identitäten unterschiedlich, dann wird der Verbindungsaufbau abgebrochen.

Wechsel des dedizierten Kanals Diese Prozedur [40] findet ausschließlich auf den Signalisierkanälen für SAPI = 0 statt. Ein Wechsel des dedizierten Kanals wird vom BSS oder der MSC initiiert. Gewechselt wird ein dedizierter Kanal entweder beim Handover oder während des Verbindungsaufbaus, wenn der zuerst zugewiesene, dedizierte Kanal ein SDCCH war. Im ersten Fall wird von einem TCH auf einen neuen TCH in der gleichen bzw. in einer anderen Zelle gewechselt (Intracell/Intercell Handover). Im zweiten Fall wird von einem SDCCH auf einen TCH gewechselt (nonOACSU/OACSU[5] Strategie), vgl. Abb. 3.38.

Kommt vom BSS die Aufforderung, den Kanal zu wechseln, suspendiert die Mobilstation den aktuellen dedizierten Kanal *(Suspension)*. Die Mobilstation speichert die Positionen von Sende- und Empfangsfenster, welcher I-Rahmen noch nicht bestätigt wurde und welcher I-Rahmen als nächstes verschickt werden soll. Danach

---

[5]Off-Air Call Set-Up

3.4 Signalisierungsprotokolle der GSM-Sicherungsschicht

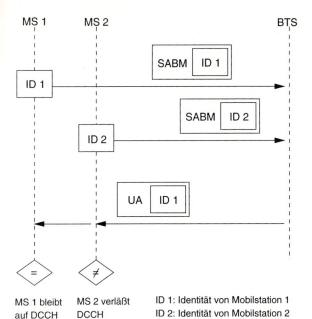

Abbildung 3.33: Contention Resolution beim Verbindungsaufbau

MS 1 bleibt auf DCCH
MS 2 verläßt DCCH
ID 1: Identität von Mobilstation 1
ID 2: Identität von Mobilstation 2

richtet sie eine bestätigende Verbindung auf dem neuen dedizierten Kanal ein und fährt mit der Übertragung fort *(Resumption)*.

3.4.1.5 Modi der Informationsübertragung

Grundsätzlich sind zwei verschiedene Betriebsarten des $LAPD_m$ in der GSM-Empfehlung 04.05 [39] spezifiziert:

- Nichtbestätigender Betrieb *(Unacknowledged Operation)* und
- bestätigender Betrieb *(Multiple Frame Operation)*.

Die Punkt-zu-Mehrpunkt Kanäle BCCH, PCH und AGCH lassen nur den nichtbestätigenden Betrieb zu. Die Kanäle für eine Punkt-zu-Punkt Verbindung, SDCCH, FACCH und SACCH, unterstützen beide Betriebsarten.

Unacknowledged Operation: Die Schicht 3 Informationen werden in UI-Rahmen transportiert. UI-Rahmen werden nicht bestätigt. Es werden keinerlei Überwachungsmechanismen wie Timer und sequentielle Numerierung eingesetzt. Daher findet in diesem Modus keine Flußsteuerung oder Fehlerkorrektur statt. Dieser Betriebsmodus steht allen logischen Kanälen mit Ausnahme des RACH zur Verfügung.

Multiple Frame Operation: Die Informationen der Schicht 3 werden in I-Rahmen übertragen. In diesem Modus wird ein Send-and-Wait Sicherungsprotokoll mit einer Fenstergröße 1 benutzt. Die Informationsrahmen werden sequentiell modulo 8 durchnumeriert. Der Empfang der I-Rahmen muß von der empfangenden Seite quittiert werden. Dadurch können Sequenzfehler durch erneute Übertragung des nicht bestätigten I-Rahmens (Rückwärtsfehlerkorrektur) behoben werden. Ebenso wird der Fluß der I-Rahmen kontrolliert. Wenn Fehler von Schicht 2 nicht behoben werden können, wird eine Fehlermeldung an Schicht 3 geschickt.

3.4.1.6 Auslösen einer Schicht-2-Verbindung

Der bestätigende Betriebsmodus kann auf mehrere Arten beendet werden:

Normal Release: Schicht 3 veranlaßt einen geregelten Abbau der Schicht-2-Verbindung. Die bestätigende Verbindung zwischen den Partnerinstanzen wird durch den Austausch von dem DISC-Kommandorahmen und dem UA-Antwortrahmen abgebaut.

Local End Release: Es findet kein Austausch von Kommando- und Antwortrahmen statt. Dieses Auslösen wird von Schicht 3 initiiert und kontrolliert.

Abnormal Local End Release: Hier findet ebenfalls kein Austausch von Kommando- oder Antwortrahmen statt. Das Kommando für diesen Verbindungsabbruch kommt von Schicht 3.

Ergreift Schicht 3 die Initiative zum Verbindungsabbau, teilt sie unter Verwendung des entsprechenden Primitivs der Schicht 2 die Art der Verbindungsauslösung mit [40]. Im Betriebsmodus *Unacknowledged Information* gibt es keinen Auslösemechanismus.

3.4.2 Dienste der physikalischen Schicht

Die Dienste, die von Schicht 1 gefordert werden, sind in [36] spezifiziert:

- Es wird eine Schicht-1-Verbindung für die transparente Übertragung von Rahmen bereitgestellt. Im Gegensatz zum LAPD Protokoll, welches einzelne Schicht-2-Rahmen durch Bitmuster *(Flag)* untereinander abgrenzt, wird hier ein festes Blockformat zur Verfügung gestellt.

- Es wird angezeigt, ob ein logischer Kanal aktiviert ist.

3.4 Signalisierungsprotokolle der GSM-Sicherungsschicht

- Die Übertragung der Schicht-2-Rahmen erfolgt in derselben Reihenfolge, in der sie von Schicht 2 angeliefert werden.
- Synchronisation bei der Rahmenübertragung.
- Einsatz der Kanalcodierungsverfahren, wie in Abschn. 3.3.7.1 beschrieben.
- Übertragung (MS) und Empfang (BTS) von Zufallszugriffsbursts.

3.4.3 Einfluß der physikalischen Schicht auf das LAPD$_m$

Der Einfluß der physikalischen Schicht auf das LAPD$_m$ betrifft folgende Bereiche:

- Die Sicherungsfunktion wird in Schicht 2 unter Ergänzung der Schicht-1-Vorwärtsfehlerkorrektur erreicht.
- Die physikalische Schicht steuert das Versenden von Schicht-2-Rahmen.
- Die Laufzeit des Überwachungstimers T200 [40] wird auf die Kanalstruktur abgestimmt.

3.4.3.1 Abgabe von Sicherungsfunktionen an Schicht 1

Die in Abschn. 3.3.7.1 genannten Kanalcodierungsmaßnahmen schützen die Daten auf dem Übertragungsweg gegen Übertragungsfehler. Das LAPD$_m$ fügt an die Schicht-3-Nachrichten keine zusätzliche CRC-Prüfsumme an. Es vertraut auf den Fire Codierer in Schicht 1. Die Fehlerkorrekturmaßnahmen des LAPD$_m$ beschränken sich demnach auf die Sequenzkontrolle und Wiederanforderung der Informationsrahmen.

3.4.3.2 Zeitliche Steuerung der Schicht 2

Die physikalische Schicht stellt keine Warteschlange für zur Übertragung anstehende Nachrichten der Schicht 2 zur Verfügung. Zwischen einer Instanz der Schicht 2 und der Schicht 1 darf niemals eine Zwischenspeicherung von Nachrichten erfolgen, da die Schicht 2 Instanz einen der augenblicklichen Situation entsprechenden Antwort- bzw. Kommandorahmen schicken muß.

Die physikalische Schicht im GSM benutzt folgendes Primitiv, um der darüberliegenden Schicht 2 Instanz mitzuteilen, wann der nächste Schicht 2 Block gesendet werden kann, mit einem Parameter, der den logischen Kanal anzeigt [39]:

```
Ready_To_Send(Kanaltyp)
```

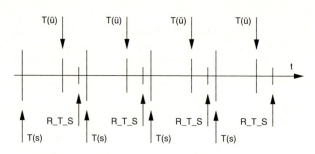

Abbildung 3.34: Zeitbedingungen bei Einsatz von Ready_To_Send

R_T_S: READY_TO_SEND
T(ü): Möglicher Ablaufzeitpunk eines Überwachungstimers
T(s): Sendezeitpunkt

Dieses Primitiv muß einerseits rechtzeitig erscheinen, damit noch ausreichend Zeit zum Zusammenbau des nächsten Schicht-2-Rahmens bleibt. Andererseits muß der Zeitpunkt, in dem der Überwachungstimer T200 ablaufen kann, bereits verstrichen sein. Das gewünschte Timing verdeutlicht Abb. 3.34.

3.4.3.3 Blockwiederkehrzeiten

Die Strukturierung mittels logischer Kanäle zwingt der Schicht 2 einen Sendetakt auf. Dieser Takt, genannt Blockwiederkehrzeit *(Block Recurrence Time)*, richtet sich danach, wie häufig und in welchen Abständen ein logischer Kanaltyp vorkommt. Einen zusätzlichen Einfluß haben die Codier- und Interleavingverfahren und die Größe der Blöcke, die von Schicht 2 geliefert werden. Die Blockwiederkehrzeiten

- erlauben die Berechnung der Übertragungsraten der logischen Kanäle eines physikalischen Kanals,
- erlauben die Laufzeit des Überwachungstimers T200 im LAPD$_m$-Protokoll zu optimieren.

Tabelle 3.11 zeigt eine Übersicht der Blockwiederkehrzeiten der logischen Kanäle. Die Parameter n, p und r bezeichnen die Anzahl der Blöcke in einer Blockwiederkehrperiode und sind vom Netzbetreiber einstellbar [42, 43].

3.4.3.4 Zeitkritische Bedingungen

3.4 Signalisierungsprotokolle der GSM-Sicherungsschicht

Tabelle 3.11: Blockwiederkehrzeiten der logischen Kanäle

Kanaltyp	Netto-Bitrate vor Schicht1 [kbit/s]	Blocklänge [bit]	Blockwiederkehrzeit [ms]
TCH/FS	13,0	182 + 78	20
TCH/HS			
TCH(9,6 kbit/s)	12,0	60	5
TCH(4,8 kbit/s)	6,0	60	10
TCH($\leq$2,4 kbit/s)	3,6	72	20
FACCH/F	9,2	184	20
FACCH/H	4,6	184	40
SDCCH	589/765 ($\simeq$ 0,782)	184	3060/13 ($\simeq$ 235)
SACCH/T	115/300 ($\simeq$ 0,383)	168 + 16	480
SACCH/C	299/765 ($\simeq$ 0,391)	168 + 16	6120/13 ($\simeq$ 471)
BCCH	598/765 ($\simeq$ 0,782)	184	3060/13 ($\simeq$ 235)
AGCH	$n \cdot 598/765 (\simeq 0,782)$	184	3060/13 ($\simeq$ 235)
PCH	$p \cdot 598/765 (\simeq 0,782)$	184	3060/13 ($\simeq$ 235)
RACH	$r \cdot 26/765 (\simeq 0,034)$	8	3060/13 ($\simeq$ 235)

Das LAPD$_m$ Sicherungsprotokoll muß auf die Zeitbedingungen, die durch die Kanalstruktur vorgegeben werden, exakt abgestimmt sein. Folgende Punkte müssen beachtet werden:

1. Berücksichtigung der Blockwiederkehrzeiten der logischen Kanäle.
2. Die zu erwartende kürzeste Antwortdauer auf einen I-Rahmen, d. h. die zeitliche Synchronisation von Up- und Downlink, muß beachtet werden.
3. Timerlaufzeiten zur Rahmenüberwachung müssen z. B. auf dem FACCH so gesetzt werden, daß sie nicht zu viele Sprachdatenblöcke verdrängen.

Bedingung 2 liefert die Erkenntnis, daß auf dem SDCCH während einer Blockwiederkehrzeit abwechselnd gesendet und empfangen werden kann, vgl. Abb. 3.35.

Daher ist der Überwachungstimer T200, der die Blöcke auf dem SDCCH überwacht, so kurz gesetzt, daß er vor der nächsten Sendemöglichkeit [40] und kurz nach dem erwarteten Eintreffen eines Antwortrahmens abläuft. Die Laufzeit von T200 auf dem SDCCH beträgt 220 ms. Somit steht vor der nächsten Blockwiederkehrzeit definitiv fest, welcher Rahmentyp als nächstes verschickt werden soll.

Auf dem FACCH ist Bedingung 3 entscheidend, da die Blockwiederkehrzeit, vgl. Tab. 3.11, sehr kurz ist. Gleichzeitig konkurriert ein FACCH-Burst mit einem Burst, der Nutzdaten überträgt. Hier muß die Laufzeit des Überwachungstimers T200 so lange eingestellt sein, daß nicht zu viele Nutzdatenpakete hintereinander

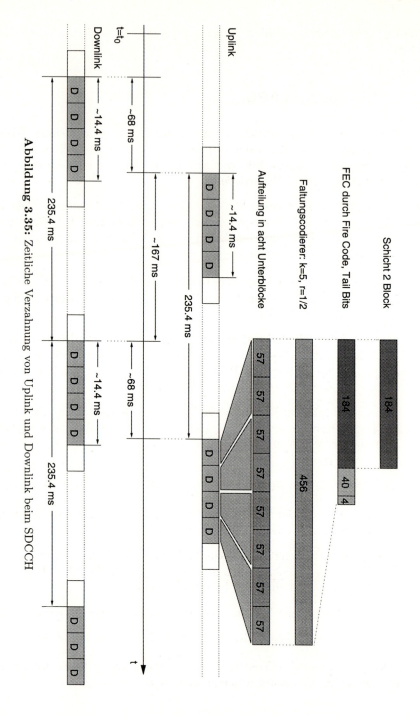

Abbildung 3.35: Zeitliche Verzahnung von Uplink und Downlink beim SDCCH

3.4 Signalisierungsprotokolle der GSM-Sicherungsschicht 199

verdrängt bzw. verzögert werden. Die Laufzeit des T200 beträgt auf dem FACCH 150 ms.

3.4.4 Dienste des LAPD$_m$

Die Dienste der Sicherungsschicht werden unter Nutzung der Schicht-1-Dienste erbracht. Aufbauend auf den beiden in Abschn. 3.4.1.5 vorgestellten Betriebsarten gibt es zwei verschiedene Informationsdienste. Beide können auf der gleichen Verbindung in der Schicht 2 koexistieren.

Schicht 2 liefert keine Dienste, die den Zufallszugriff unterstützen. Die Parameter der Primitive DL_Random_Access_req/ind/conf und PH_Random_Access_req/ind/conf werden zwischen Schicht 1 und Schicht 3 transparent übertragen. Es werden vier verschiedene Dienste unterschieden:

Prioritäten: Es können zwei verschiedene Schicht-2-Verbindungen parallel betrieben werden. Dabei werden Nachrichten mit SAPI = 0 dringlicher eingestuft als Nachrichten mit SAPI = 3.

Segmentierung und Wiederherstellung: Im bestätigenden Betrieb werden zu versendende Schicht-3-Nachrichten, die nicht in einen Schicht-2-Informationsrahmen passen, segmentiert. Bei der empfangenden Schicht-2-Partnerinstanz werden die Segmente wieder zusammengesetzt.

Unacknowledged Information Transfer: In diesem Modus findet keine Bestätigung von I-Rahmen statt. Allerdings ist es möglich, daß die höheren Schichten ähnliche Bestätigungsprozeduren verwenden wie das LAPD$_m$ im bestätigenden Betrieb.

Im Überblick sehen die Charakteristika dieses Dienstes folgendermaßen aus:

- Es wird eine Schicht-2-Verbindung zwischen zwei Schicht-3-Instanzen für den nichtbestätigenden Modus bereitgestellt.

- Es wird eine eindeutige Identifizierungsmöglichkeit der Schicht-2-Verbindungsendpunkte bereitgestellt, damit eine Schicht-3-Instanz ihre Partnerinstanz eindeutig bestimmen kann.

- Die Priorität der Schicht-3-Nachrichten wird berücksichtigt.

- Es gibt keine Sicherheit, ob eine Nachricht angekommen ist.

Acknowledged Information Transfer: Dieser Dienst benutzt den bestätigenden Betriebmodus. Er besitzt folgende Merkmale:

- Es wird eine Schicht-2-Verbindung zwischen zwei Schicht-3-Instanzen für den bestätigenden Modus bereitgestellt.
- Eindeutige Identifizierungsmöglichkeit der Schicht-2-Verbindungsendpunkte, damit eine Schicht-3-Instanz ihre Partnerinstanz eindeutig bestimmen kann.
- Die Priorität der Schicht-3-Nachrichten wird berücksichtigt.
- Die Einhaltung der richtigen Reihenfolge aufeinanderfolgender I-Rahmen wird sichergestellt.
- Wenn Sequenzfehler oder nicht behobene Fehler auftreten, wird Schicht 3 benachrichtigt.
- Flußsteuerung.
- Segmentieren und Zusammensetzen von Schicht-3-Nachrichten.
- Es werden Prozeduren *(Suspension/Resumption)* bereitgestellt, die beim Wechsel des dedizierten Kanals sicherstellen, daß keine Information verlorengeht.

3.5 Die Netzschicht im GSM

Die Signalisierungsprotokolle der Schicht 3 stellen die Funktionen zur Verfügung, um Punkt-zu-Punkt Verbindungen zwischen zwei mobilen Teilnehmern eines GSM PLMN oder einem mobilen Teilnehmer und einem Teilnehmer eines anderen Netzes aufzubauen. Ist eine Verbindung aufgebaut, muß die Verbindung bei Funkkanalstörungen aufrecht erhalten werden. Wünscht einer der beiden Teilnehmer das Auslösen der Verbindung, sorgt Schicht 3 für den ordnungsgemäßen Abbau der Verbindung.

Die Netzschicht ist in drei eigenständige Teilschichten unterteilt, die deutlich voneinander abgegrenzte Funktionen zur Verfügung stellen. Die Spezifikation der Teilprotokolle der Vermittlungsschicht befindet sich in den GSM-Empfehlungen [41] und [42]. Die unterste Teilschicht, RR, baut auf den Diensten des $LAPD_m$ auf. Die CC-Instanz der CM-Teilschicht bietet Schicht 4 die Dienste der Netzschicht an, vgl. Abb. 3.29. Die einzelnen Teilschichten erfüllen folgende Aufgaben:

Radio Ressource Management (RR): Aufbau, Unterhaltung und Abbau einer dedizierten Funkkanalverbindung.

Mobility Management (MM): Registrierung, Authentifizierung, Zuweisung einer neuen TMSI.

3.5 Die Netzschicht im GSM

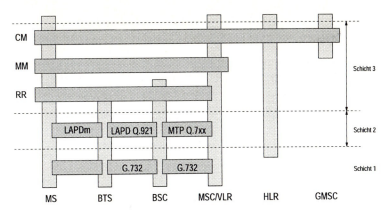

Abbildung 3.36: Netzelemente und zugehörige Signalisierungsprotokolle

***Call Control* (CC, in der Call Management (CM)-Teilschicht):** Aufbau, Unterhaltung und Auslösung eines kanalvermittelten Rufes.

Die CM-Teilschicht enthält drei unabhängige Instanzen CC *(Call Control)*, SMS *(Short Message Service)* und SS *(Supplementary Services)*. Die SS-Instanz liefert rufgebundene und rufungebundene Dienste wie Rufweiterleitung und Gebührenabrechnung. Der SMS-Dienst erlaubt auf den Steuerkanälen SDCCH und SACCH Kurznachrichten zu übermitteln. Nachfolgend wird der Verbindungsaufbaumechanismus untersucht, so daß der Schwerpunkt hier auf die CC-Instanz gelegt wird. Die Protokolle des SMS und SS sind in den Empfehlungen 04.10, 04.11 und 04.12 spezifiziert.

Abbildung 3.36 gibt einen vollständigen Überblick über die durch die einzelnen Signalisierprotokolle betroffenen Netzelemente und die jeweilige „Reichweite" der verschiedenen beteiligten Schichten.

3.5.1 Verbindungsaufbau

Der zum Verbindungsaufbau notwendige Nachrichtenfluß ist in Abb. 3.37 dargestellt.

Folgende Prozeduren werden in chronologischer Abfolge durchlaufen:

1. Paging: Funkruf[6]

---

[6]Beim gehenden Ruf entfällt der Funkruf der Basisstation und anstelle der Paging_Response-Nachricht wird eine Service_Request-Nachricht mit gleichem Informationsgehalt gesendet.

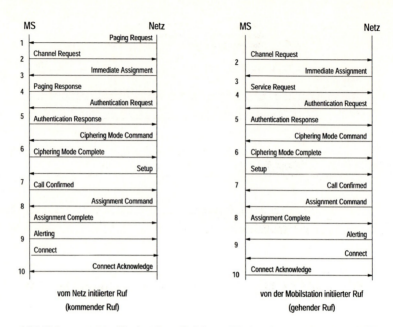

Abbildung 3.37: Nachrichtenfluß beim Verbindungsaufbau im GSM

2. Access: Zufallszugriff

3. Assignment: Kanalzuweisung (SDCCH oder TCH)

4. Type of Service: Art des Dienstes

5. Authentication: Authentifizierung

6. Ciphering: Verschlüsselung

7. Assignment: Zuweisung eines TCH (nur bei Signalisierung auf dem SDCCH)

8. Alert: Durchschalten der Verbindung, d. h. Klingeln beim gerufenen Teilnehmer

9. Connect: Antwort des gerufenen Teilnehmers, d. h. Abnehmen des Hörers

Zur Verwaltung der Funkbetriebsmittel stellt der GSM-Standard drei verschiedene Verbindungsaufbaumechanismen zur Verfügung:

- *Off Air Call Set-up* (OACSU)

3.5 Die Netzschicht im GSM

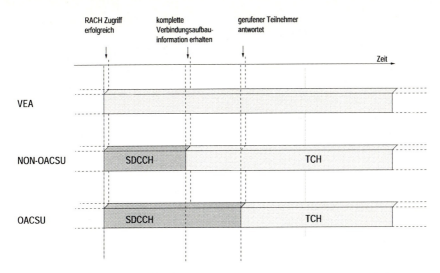

Abbildung 3.38: Mögliche Verbindungsaufbaustrategien im GSM

- *Non-off Air Call Set-up* (Non-OACSU)
- *Very early Assignment* (VEA)

In Abb. 3.38 ist illustriert, inwieweit sich die Strategien im Zeitpunkt der Zuweisung des TCH unterscheiden.

Den schnellsten Verbindungsaufbau gewährleistet die VEA-Strategie. Der TCH wird direkt nach dem Zugriff über den RACH vergeben. Die Signalisierung läuft im Gegensatz zu den anderen beiden Strategien nicht auf dem "langsamen" SDCCH ab, sondern auf dem TCH. Nachteilig ist die schlechtere Funkkanalausnutzung, da Verbindungsaufbauversuche, die nicht beantwortet werden, unnötigerweise einen TCH belegen. Dies gilt auch für Mobilstationen, die bedingt durch einen Handover die Prozedur zur Aktualisierung ihres Aufenthaltsbereiches durchlaufen.

Laut Standard darf in einer Zelle nur eine Verbindungsaufbaustrategie für alle Teilnehmer benutzt werden. Bei der Funkbetriebsmittelplanung ist daher die aus der VEA-Strategie resultierende erhöhte Blockierwahrscheinlichkeit zu berücksichtigen.

Beim Non-OACSU wird der TCH zugewiesen, bevor der Verbindungsaufbau im Netz initiiert wird. Handelt es sich um das OACSU-Verfahren, wird nach der Initiierung im Netz der TCH zugewiesen. Dabei ist dem Netzbetreiber freigestellt, wann die Zuweisung erfolgt. Sie kann auch erst nach dem Antworten des gerufenen Teilnehmers (z. B. Abnahme des Telefonhörers) durchgeführt werden.

3.5.2 Dienste der CC-Teilschicht

Es können parallele Rufe auf verschiedenen MM-Verbindungen verwaltet werden. Die Aufgabe einer CC-Instanz ist, der Transportschicht eine Punkt-zu-Punkt Verbindung zwischen zwei physikalischen Teilsystemen bereitzustellen. Diese Verbindung ist durch individuelle, endgerätebezogene Parameter charakterisiert. Zum Beispiel erfordert die Telefaxübertragung im GSM andere Codierungs- und Verschlüsselungsmaßnahmen als die Sprachübertragung. Solche Parameter müssen für jede Kommunikationsverbindung individuell eingestellt werden.

Der Begriff Ruf *(Call)* beschreibt eine Punkt-zu-Punkt-Verbindung, die zwischen zwei Endgeräten kanalvermittelt Daten überträgt. Die Punkt-zu-Punkt-Verbindung wird von der CC-Teilschicht auf Veranlassung der Schicht 4 eingerichtet und von der CC-Teilschicht zur Verfügung gestellt. Die Punkt-zu-Punkt-Verbindung zwischen den Endgeräten benutzt individuelle, endgerätebezogene Nutzdatenprotokolle *(Bearer Service)*. Die Beschreibung beschränkt sich im folgenden auf die CC-Instanz innerhalb der CM-Teilschicht, die die verschiedenen endgerätebezogenen Parameter einer Verbindung einstellt.

3.5.2.1 Rufaufbau *(Call Establishment)*

Bevor eine CC-Verbindung aufgebaut werden kann, muß eine MM-Verbindung hergestellt sein. Alle Parameter (**Setup**-Nachricht), die zu Beginn eines Rufwunsches vorhanden sind, werden einer kanalvermittelten Verbindung zugeordnet. Man unterscheidet bei von der Mobilstation initiierten Rufen zwischen dem normalen Ruf *(Basic Call)* und dem Notruf *(Emergency Call)*. Beim Notruf kann das Netz eine Authentifizierung und Verschlüsselung verlangen, beim normalen Ruf müssen diese Prozeduren ablaufen.

Der Verbindungsaufbau wird durch das Absenden einer gewählten Nummer initiiert. Zuerst akzeptiert der angerufene Teilnehmer die Verbindung mit **Connect**. Dann bestätigt die Mobilstation die Connect-Nachricht mit **Connect_ack**. Danach ist der Verbindungsaufbau abgeschlossen. Das Primitiv MNCC_Setup_Compl_ind wird im Teilsystem Netz von Schicht 3 an Schicht 4 geschickt, wenn die Verbindung vollständig aufgebaut ist.

3.5 Die Netzschicht im GSM 205

3.5.2.2 Auslösen eines Rufes *(Call Clearing)*

Abbau der Punkt-zu-Punkt-Verbindung.

3.5.2.3 Änderung rufbezogener Parameter bei bestehender Verbindung

Diese Prozeduren laufen im aktiven Zustand eines Rufes ab:

Benachrichtigung des Teilnehmers *(User Notification)* Diese Prozedur erlaubt dem Netz, die Mobilstation von jedem den Ruf betreffenden Ereignis zu informieren. In umgekehrter Richtung kann die Mobilstation das Endgerät der anderen Verbindungsseite benachrichtigen. Ein solches Ereignis ist z. B., wenn ein Endgerät vom Netzabschluß getrennt wird.

Änderung der Parametereinstellungen eines Rufes *(Call Rearrangement)* Eine Änderung der Einstellungen wird nötig, wenn ein an die Mobilstation angeschlossenes Endgerät gewechselt wird.

DTMF Steuerfunktion *(DTMF Protocol Control)* DTMF *(Dual Tone Multiple Frequency)* ist ein digital erzeugter Ton. Seine Erzeugung wird vom Teilnehmer durch das Drücken einer Taste (0, ... 9, A, ... D, *, #) des mobilen Endgerätes ausgelöst. Mithilfe dieser Töne kann man Sprach-Mailboxen oder Anrufbeantworter steuern. Die Benutzung der Steuertöne ist nur möglich, wenn die Teledienste Sprache, Sprache/Datenübertragung und Sprache/Faxübertragung genutzt werden.

Im Netz wird der DTMF-Ton auf den Nutzdatenkanälen (nicht über das Signalisiernetz) übertragen. Zwischen der Mobilstation und dem Netz wird dieser Ton auf dem FACCH übertragen. Der Grund für diese separate Übertragung ist der Sprachcodec, der die Steuertöne so stark verzerren würde, daß die Qualitätsanforderungen anderer Netze nicht eingehalten werden könnten.

Änderung von Kanalparametern während eines Rufes *(In-call Modification)* Dieser Dienst erlaubt den Teilnehmern eine Punkt-zu-Punkt Verbindung für die Übertragung von Nutzdaten unterschiedlicher Dienste nacheinander während des gleichen Rufes zu benutzen. Jeder Wechsel eines Dienstes hat die Änderung von Kanalparametern d. h. den Wechsel des Kanals oder die Modifizierung von Parametern dieses Kanals zur Folge. Teledienste, während deren Inanspruchnahme Kanalparameter geändert werden, sind:

- Abwechseln zwischen Sprache und transparenter bzw. nichttransparenter Datenübertragung,

- Wechsel von Sprache auf Datenübertragung (transparent bzw. nichttransparent) und

- abwechselnd Sprache und Faxübertragung Gruppe 3.

Die Trägerdienste für einen derartigen Teledienst müssen während eines Rufes umschaltbar sein. Daher kann dieser Dienst nur von speziell geeigneten Mobilstationen *(Multiple Capability Mobile Stations)* abgerufen werden.

3.5.2.4 Weitere Prozeduren

Die hier aufgeführten Prozeduren lassen sich keiner der obigen Gruppen zuordnen:

- In-Kanal Töne und Ansagen *(In-band Tones and Announcements)*.

- Abfrage des Zustandes der Partnerinstanz *(Status Enquiry)*. Eine CC-Instanz hat die Möglichkeit, im Fehlerfall die Korrektheit des momentanen Zustandes der Partnerinstanz abzufragen. Wird ein inkompatibler Zustand bei der Partnerinstanz festgestellt, wird der Ruf ausgelöst.

- Wiederaufbau eines Rufes *(Call Re-establishment)*.

Kollisionen mehrerer Rufe können nicht auftreten. Wenn gleichzeitig vom Netz und der Mobilstation ein Ruf initiiert wird, können beide durch ihre unterschiedlichen Transaction Identifier (TI, vgl. Abschn. 3.5.6) auseinandergehalten werden.

3.5.3 Dienste der MM-Teilschicht

In der MM-Teilschicht liegen die Funktionen zur Unterstützung der Mobilität des mobilen Endgerätes. Das Netz wird informiert, wenn eine Mobilstation ein- oder ausgeschaltet wird und wenn sie den Aufenthaltsbereich verläßt. In diesen Fällen ist eine Aufenthaltsaktualisierung notwendig. Die MM-Teilschicht beinhaltet die Funktionen zur Berechtigungskontrolle des mobilen Teilnehmers (Authentifizierungsprozedur) und zur Bereitstellung eines neuen Chiffrierschlüssels.

Es gibt drei Gruppen von MM-Prozeduren:

3.5.3.1 Allgemeine MM-Prozeduren

Diese Prozeduren können immer initiiert werden, wenn eine RR-Verbindung existiert. Prozeduren, die zu dieser Gruppe gehören, sind:

Initiiert durch das Netz:

Zuweisung einer neuen TMSI *(TMSI Reallocation)* Durch die Verwendung einer TMSI anstelle der IMSI wird die Identität des mobilen Teilnehmers vertraulich behandelt. Die TMSI ist nur in dem Bereich allein ausreichend zur Identifizierung, der einem VLR zugeordnet wird. Außerhalb dieses Bereiches muß sie mit dem LAI kombiniert werden. Die Prozedur zur Zuweisung einer neuen TMSI muß beim Wechsel eines VLR-Bereiches durchgeführt werden.

Üblicherweise erfolgt die Zuordnung einer neuen TMSI innerhalb einer anderen Prozedur, z. B. bei der Aktualisierung des Aufenthaltsortes *(Location Updating)*, vgl. Kap. 3.7, oder beim Call Setup.

Authentisierung *(Authentication)* Die Authentisierung dient zwei Zielen. Zum einen wird überprüft, ob die Identität der Mobilstation gültig ist. Dies kann mittels der IMSI oder, wenn vorhanden, durch die TMSI geschehen. Zum anderen wird der Mobilstation ein neuer Chiffrierschlüssel zur Verfügung gestellt, vgl. Kap. 3.13.

Identifizierung Die Mobilstation wird vom Netz aufgefordert, einen der Identifizierungsparameter IMSI, TMSI oder IMEI an das Netz zu schicken.

Von der Mobilstation initiiert:

Ablösung der IMSI *(IMSI Detach)* Wenn das SIM-Modul aus der Mobilstation entnommen (herausgelöst) wird oder die Mobilstation ausgeschaltet wird, wird diese Prozedur benutzt. Im Netz wird die Mobilstation daraufhin als nicht erreichbar gekennzeichnet.

3.5.3.2 Besondere MM-Prozeduren

Eine der folgenden besonderen Prozeduren kann nur dann initiiert werden, wenn keine MM-Verbindung existiert oder wenn keine andere besondere Prozedur aktiv ist. Jede allgemeine MM-Prozedur bis auf *IMSI Detach* darf während einer besonderen MM-Prozedur initiiert werden.

Aktualisieren des Aufenthaltortes *(Location Updating)* Diese Prozedur dient dazu, die Registrierung des Aufenthaltortes einer Mobilstation zu aktualisieren und kann nur durchgeführt werden, wenn ein SIM in der Mobilstation vorhanden ist. Ein Grund zur Aktualisierung des Aufenthaltortes besteht dann, wenn der `LAI`, den die Mobilstation auf dem BCCH empfängt, sich von dem gespeicherten `LAI` unterscheidet. Dieser Fall tritt ein, wenn die Mobilstation eine Aufenthaltsbereichsgrenze überschritten hat oder wenn sie in einem Bereich eingeschaltet wird, dessen `LAI` nicht im SIM gespeichert ist. Daraus folgt, daß nur die Mobilstation eine Aufenthaltsaktualisierung vornehmen kann.

Periodische Aktualisierung des Aufenthaltortes *(Periodic Updating)* Das periodische Aktualisieren geschieht nur dann, wenn ein entsprechender Parameter innerhalb der Systeminformation auf dem BCCH vorhanden ist.

Verknüpfen der `IMSI` *(IMSI Attach)* Diese Prozedur ist das Gegenstück zur *IMSI Detach* Prozedur. Nach dieser Prozedur wird die Mobilstation im Netz als erreichbar gekennzeichnet.

Diese drei Prozeduren kann man alle der Location_Updating-Prozedur in [42] zurechnen, vgl. Kap. 3.7. Ein spezielles Informationselement gibt an, welche der drei Prozeduren durchgeführt wird.

3.5.3.3 Prozeduren zur Verwaltung einer MM-Verbindung

Diese Prozeduren werden für den Aufbau, die Unterhaltung und den Abbau einer MM-Verbindung zwischen der Mobilstation und dem Netz benutzt. Die MM-Verbindung dient der CC-Teilschicht zum Datenaustausch. Es kann mehr als eine MM-Verbindung gleichzeitig benutzt werden. Der Aufbau einer MM-Verbindung darf nur dann erfolgen, wenn keine besondere MM-Prozedur durchlaufen wird.

- Aufbau einer MM-Verbindung, initiiert von der Mobilstation. Eine MM-Verbindung darf nur aufgebaut werden, wenn vorher eine erfolgreiche Aktualisierung des Aufenthaltsortes stattgefunden hat. Eine Ausnahme bilden Notrufe.

- Aufbau einer Verbindung, initiiert vom Netz.

- Übertragung von Informationen über eine MM-Verbindung. Jede Instanz der CM-Teilschicht besitzt eine eigene MM-Verbindung. Es gibt keine Prioritäten für die Nachrichten dieser Instanzen.

3.5.4 Dienste der RR-Teilschicht

Diese Teilschicht umfaßt Prozeduren, die die Verwaltung der gemeinsamen Übertragungsbetriebsmittel betreffen. Dies sind die physikalischen Kanäle und die Schicht-2-Verbindungen auf den logischen Kanälen.

Ist eine RR-Verbindung aufgebaut, liefert die RR-Teilschicht den übergeordneten Teilschichten eine zuverlässige RR-Verbindung. Die Dauer einer Punkt-zu-Punkt-Verbindung zweier Endgeräte übersteigt die Dauer einer einzigen RR-Verbindung, wenn der dedizierte Kanal gewechselt wird (Handover- und Zellwechselprozeduren). In diesem Zusammenhang ist es deutlicher, von einer RR-Sitzung zu sprechen, in deren Dauer die RR-Verbindung mehrere Male suspendiert und auf einem anderen physikalischen Kanal wieder aufgebaut wird.

Der dedizierte Kanal wird auch während des Verbindungsaufbaus gewechselt, wenn nach der nonOACSU Strategie verfahren wird, vgl. Abschn. 3.4.1.4. Darüberhinaus stellt die Teilschicht Prozeduren für die Übertragung von Nachrichten auf dem BCCH und den CCCHs zur Verfügung, wenn keine RR-Sitzung existiert. Ein Beispiel für eine solche Prozedur ist die automatische Zellauswahl.

3.5.4.1 Idle Mode

Im Ruhezustand ist der Mobilstation kein dedizierter Kanal zugeordnet, sie hört die Steuerkanäle BCCH und CCCH ab. Im Teilsystem Mobilstation wird automatisch die Zelle gewechselt, wenn eine Zellgrenze überschritten wird. Die höheren Teilschichten werden von diesem Wechsel unterrichtet. Die Systeminformationen werden von der RR-Teilschicht an die höheren Teilschichten weitergegeben.

3.5.4.2 Aufbau und Auslösung einer RR-Verbindung

Wenn eine RR-Verbindung eingerichtet ist, besteht sie aus einer aktivierten, physikalischen, bidirektionalen Punkt-zu-Punkt Verbindung mit einer dazugehörigen Schicht-2-Verbindung im bestätigenden Betrieb. Diese Schicht-2-Verbindung kennzeichnet der `SAPI = 0`. Eine Mobilstation kann nur eine RR-Verbindung unterhalten. Die MM-Teilschicht befiehlt den Aufbau und Abbau einer RR-Verbindung. Ein Kanal ist aktiviert, wenn er für die Datenübertragung benutzt werden kann.

3.5.4.3 RR-Verbindung etabliert

In diesem Betriebszustand sind der Mobilstation zwei dedizierte Kanäle zugeordnet. Einer davon ist ein SACCH, der andere entweder ein FACCH oder SDCCH.

Ist eine RR-Sitzung aufgebaut, stellen die Prozeduren der RR-Teilschicht folgende Dienste zur Verfügung:

- Übertragung von Nachrichten auf allen Schicht-2-Verbindungen. Schicht-2-Verbindungen sind durch ihren Betriebsmodus und den Typ des logischen Kanals gekennzeichnet, vgl. Abb. 3.31.

- Aufbau und Auslösen des bestätigenden Betriebsmodus auf Schicht-2-Verbindungen mit `SAPI = 3` (SMS).

- Aufbau und Auslösen des bestätigenden Betriebsmodus auf SDCCH, FACCH oder SACCH.

- Aussetzen *(Suspension)* und Wiederaufnahme *(Resumption)* der Datenübertragung während des Wechsels des dedizierten Kanals oder Handover.

- Automatische Zellauswahl und Handover, um die RR-Sitzung zu erhalten.

- Setzen des Übertragungsmodus auf dem physikalischen Kanal. Dies schließt beim Verbindungsaufbau nach dem VEA-Verfahren einen Wechsel von *Signalling Only* zu *User Data* ein. Dabei kann der Kanaltyp gewechselt werden, die Codierungs- und Decodierungsmechanismen können gewechselt werden und die Verschlüsselung kann aktiviert werden.

- Sequentielle Überwachung von Nachrichten der CC-Teilschicht und der MM-Teilschicht, vgl. Abschn. 3.5.5.

Die RR-Teilschicht benutzt die Dienste von Schicht 2. Zusätzlich nutzt sie direkt Dienste von Schicht 1. In Anspruch genommene Schicht-1-Dienste sind das automatische Suchen *(Tracking)* nach dem BCCH und die Anzeige, ob auf dem SACCH kontinuierlich gesendet wird. Letzteres dient der Überwachung der Verbindung.

3.5.5 Format und Codierung einer Schicht-3-Nachricht

Eine Schicht 3 Protokolldateneinheit (PDU) besteht aus bis zu 249 Oktetten, die in einem Block zusammengefaßt sind. Jede PDU besteht aus den folgenden Elementen, vgl. Abb. 3.39:

Protocol Discriminator, PD: Der Protokolldiskriminator zeigt an, welches Teilprotokoll die Nachricht erzeugt hat. Er ist der erste Teil einer Nachricht und besetzt die ersten vier Bits im ersten Oktett. Seine Codierung wird in der

3.5 Die Netzschicht im GSM

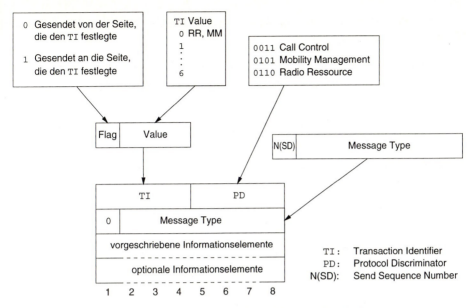

Abbildung 3.39: Aufbau einer Schicht-3-Nachricht

Abb. 3.39 beschrieben. Für die SMS-Nachrichten und die nicht zu einem Ruf gehörenden SS-Nachrichten gibt es ebenfalls einen 4 bit Code.

Transaction Identifier, TI: Der TI dient dazu, parallele Transaktionen innerhalb einer Mobilstation auseinanderzuhalten. Eine Transaktion bezeichnet eine Kommunikation, während der ein bestimmter Dienst benutzt wird. Auf das CC-Protokoll bezogen bedeutet dies, daß man durch den TI die Signalisiernachrichten verschiedener Rufe auseinanderhalten kann. Ein zur Zeit möglicher Anwendungsfall für zwei parallele Transaktionen ist, wenn ein zweiter Ruf zurückgewiesen wird *(Call waiting)* oder wenn ein zurückgestellter Ruf *(Call on hold)* ausgelöst wird. Ebenso kann ein zurückgestellter Ruf wieder abgerufen werden *(Call Retrieving)*. In Zukunft wird es möglich sein, Mehrfachverbindungen *(Multiple Calls)* zu betreiben. Damit lassen sich Konferenzschaltungen aufbauen, deren Teilnehmer beliebig dazugewählt und wieder getrennt werden können.

Der TI entspricht der *Call Reference* des ISDN-Schicht-3-Protokolls. Wie in Abb. 3.39 gezeigt, bildet der TI den zweiten Teil jeder Nachricht. Der TI setzt sich aus dem *TI-Value* und dem *TI-Flag* zusammen. Der *TI-Value* wird auf der Seite erzeugt, die den Ruf initiiert. Die gerufene Seite übernimmt diesen Wert innerhalb des gleichen Rufes. MM-Nachrichten und RR-Nachrichten erhalten den vordefinierten Wert TI = 0.

Das *TI-Flag* verhindert Kollisionen zwischen gleichzeitig von der Mobilstation und dem Netz initiierten Rufen und kennzeichnet, wer den TI dem Ruf zugewiesen hat. Die festlegende Seite setzt das *TI-Flag* immer zu 1.

Nachrichtentyp: Das Element Nachrichtentyp besteht aus einem codierten Namen und einer Sequenznummer. Der codierte Name bezeichnet die Funktion der Nachricht. Eine vollständige Liste aller in der GSM-Netzschicht vorkommenden Nachrichtentypen ist in der GSM-Empfehlung 4.08, Abschn. 9 gegeben. Die Sequenznummer N(SD[7]) wird zur Überwachung von MM- und CM-Nachrichten benutzt. Die Sequenznummer wird modulo 2 inkrementiert.

MM-Nachrichten und CM-Nachrichten können dupliziert werden, wenn ein Wechsel des dedizierten Kanals vorgenommen wird und der letzte Schicht-2-Rahmen, der eine MM- oder CC-Nachricht enthält, noch nicht von der Schicht-2-Partnerinstanz bestätigt wurde, bevor die Mobilstation den alten Kanal verlassen hat.

Informationselemente: Innerhalb einer Nachricht gibt es

- Vorgeschriebene Informationselemente und
- optionale Informationselemente.

Vorgeschriebene Informationselemente werden immer vor optionalen Elementen übertragen. Ein optionales Informationselement muß durch einen vorangestellten Identifikator (*Information Element Identifier*, IEI) gekennzeichnet werden. Ein für einen Nachrichtentyp vorgeschriebenes Informationselement muß nicht durch einen IEI gekennzeichnet werden, da die Anwesenheit und Reihenfolge der Informationselemente eindeutig durch den PD und den Nachrichtentyp bestimmt sind. In diesem Fall wird der IEI vom Informationselement entfernt.

Variiert die Länge eines Informationselementes, so wird seine Länge durch einen Längenindikator (*Length Indicator*, LI) gekennzeichnet. In einem vorgeschriebenen Informationselement wird die Länge durch den PD und den Nachrichtentyp genau bestimmt.

Die Informationselemente sind in insgesamt vier Typklassen eingeteilt. Der Inhalt der Informationselemente wird in der Abb. 3.40 mit CIE *(Contents of*

---

[7]Send Duplicated

3.5 Die Netzschicht im GSM

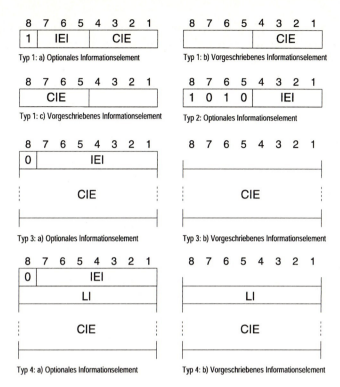

Abbildung 3.40: Opt. und vorgeschriebene Informationselemente der Typen 1 bis 4

Information Element) abgekürzt. Die Auswertung der Nachrichten und die Fehlerbehandlung können in [42] nachgelesen werden.

Typ 1: Informationselement mit einem halben Oktett Inhalt,

Typ 2: Informationselement ohne Inhalt,

Typ 3: Informationselement fester Länge mit mindestens 1 Oktett Inhalt,

Typ 4: Informationselement variabler Länge.

3.5.6 Weiterleiten einer Schicht-3-Nachricht

Nach den Regeln des OSI-Referenzmodells wird in einer (N)-Schicht der Kopf einer (N)-PDU untersucht. Je nach Inhalt dieses Kopfes wird die (N)-PDU weiter-

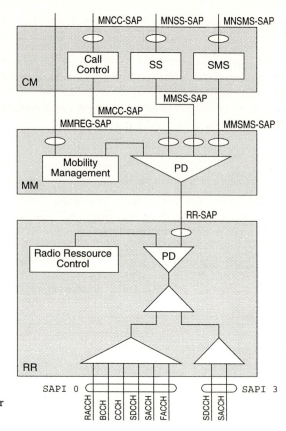

Abbildung 3.41: Routing einer Schicht-3-Nachricht

gereicht. Wird der Inhalt der (N)-PDU an die (N+1)-Schicht weitergeleitet, wird der Kopf entfernt.

Für die Schicht-3-Nachrichten und das Weiterleiten zu der richtigen Teilschicht wird eine Methode eingesetzt, die sich nicht nach den OSI-Regeln richtet. Ihr Vorteil ist, daß sie die Anzahl der Oktette einer Nachricht reduziert.

Anhand des Teilsystems Mobilstation wird diese Methode im folgenden für kommende Nachrichten erklärt. Wie man in Abb. 3.41 erkennen kann, stellen die RR-Teilschicht und die MM-Teilschicht die Routing- und Multiplexingfunktionen zur Verfügung. Nachrichten, die von einer LAPD$_m$-Instanz kommen, werden entsprechend ihrem PD weitergeleitet.

Nachrichten mit einem PD-Wert gleich RR bleiben innerhalb der RR-Teilschicht, alle anderen Nachrichten werden an die MM-Teilschicht weitergegeben. Von der

MM-Teilschicht wird die Nachricht aufgrund ihres PD und des TI an die passende CM-Instanz geschickt oder sie verbleibt in der MM-Instanz.

In der Uplink-Richtung leitet die MM-Teilschicht die Nachrichten der CM-Instanzen und die eigenen Nachrichten an die RR-Teilschicht weiter. Dabei multiplext sie die parallelen Transaktionen eines Rufes. Die RR-Teilschicht verteilt die Nachrichten entsprechend ihrem PD und der aktuellen Kanalkonfiguration an den passenden Dienstzugangspunkt (SAP) der Schicht 2.

3.5.7 Primitive der Teilschichten

Die folgenden Primitive sind zusammen mit ihren Parametern in der GSM-Empfehlung 04.07 beschrieben. Die jeweiligen Informationselemente werden in der GSM-Empfehlung 04.08 spezifiziert.

Primitive der RR-Teilschicht

Die Primitive der RR-Teilschicht werden nach folgender Regel gebildet:

$$RR\_XX\_req/ind/conf$$

Primitive der MM-Teilschicht

Die Primitive der MM-Teilschicht werden nach folgender Regel gebildet:

$$MM\_XX\_req/ind/conf$$

Primitive der CC-Teilschicht

Die Primitive der CC-Teilschicht werden nach folgender Regel gebildet (MN = Mobile Network):

$$MN\_XX\_req/ind/conf$$

3.6 GSM-Handover

Unter Mitwirkung von Martin Junius, Markus Scheibenbogen

Neuere Mobilfunknetze gestatten, eine bestehende Verbindung bei Funkzonenwechsel automatisch nachzuführen. Die GSM-Empfehlung 05.08 sieht sogar Signalisierfunktionen für mehrfaches Weiterreichen vor. Handover findet immer dann statt, wenn eine Mobilstation den Bereich einer Feststation, evtl. auch gleichzeitig einer MSC, verläßt.

3.6.1 Notwendigkeit für Handover

Handover kann verschiedene Ursachen haben. Jedes mobile Endgerät versucht den Funkkanal zu benutzen, der die beste Verbindungsqualität, d. h. den besten Störsignalabstand C/I *(Carrier to Interference)*, bietet. Gleichkanalstörungen sind wegen Mehrfachverwendung desselben Zeit- und Frequenzkanals aufgrund des geplanten Zellmusters unvermeidlich und so kann, trotz hohen Pegels, die Qualität schlecht, d. h. die Bitfehlerhäufigkeit hoch sein. Eine bestehende Verbindung eines mobilen Endgerätes zur Feststation kann, trotz guter Qualität, die Ursache für Interferenzstörungen bei anderen Mobilstationen sein. Wechselt die gestörte Station auf einen anderen Funkkanal, können die Störungen minimiert werden. Es sind auch Fälle denkbar, in denen mobile Teilnehmer von mehreren Zellen in annähernd gleich guter Qualität bedient werden können. Dann läßt sich die Dienstgüte des Netzes optimieren, wenn die Teilnehmer gleichmäßig auf die verfügbaren Zellen verteilt werden.

Man sollte sich hier verdeutlichen, daß sich bei Gleichkanalstörungen nicht Mobilstationen gegenseitig direkt stören, sondern daß die Signale der bedienenden Basisstation durch Signale einer Gleichkanalbasisstation am mobilen Empfänger überlagert werden, und daß am Empfänger der bedienenden Basisstation neben den Nutzsignalen der bedienten MS auch Störsignale einer oder mehrerer Mobilstationen fremder Zellen auftreten.

Die Möglichkeit, während einer aktiven Netzverbindung die Zelle ohne Verbindungsabbruch zu wechseln, ist eine der wichtigsten Funktionen in zellularen Netzen, um mobile Kommunikation zu unterstützen.

Abschnitt 3.6.3 geht auf die prinzipiellen Handovervarianten und -kriterien ein. Darüber hinaus beschreibt dieser Abschnitt, wie die MS bei einer aktiven Verbindung zum GSM-Netz ein Meßprotokoll erstellt, das Grundlage einer netzseitigen Handoverentscheidung ist. In Abschn. 3.6.5 werden die in der GSM-Empfehlung 05.08 [45] festgelegten Handoverkriterien und ein beispielhaft vorgeschlagener Basisalgorithmus für die Handoverentscheidung vorgestellt.

Das GSM-Protokoll eines Intra-MSC-Handovers wird in Abschn. 3.6.8 behandelt. Auf den zugehörigen Inhalt der Schicht-3-Nachrichten wird im Abschn. 3.6.9 eingegangen.

3.6.2 GSM-Empfehlungen

Für den Handoverprozeß und die Leistungssteuerung relevante Empfehlungen sind:

3.6 GSM-Handover 217

03.03: *Numbering, Adressing and Identification* [34] beschreibt u. a. den *Base Station Identity Code* (BSIC), der in den Meßwertreporten enthalten ist.

03.09: *Handover Procedures* [35] beschreibt die Signalisierung des Handovervorgangs im Netz.

04.08: *Mobile Radio Interface Layer 3 Specification* [42] beschreibt die Schicht-3-Funktionen *Call Control, Mobility Management* und *Radio Ressource Management.*

05.05: *Radio Transmission and Reception* [44] beschreibt u. a. die Leistungsklassen der MS und die Leistungsstufen.

05.08: *Radio Sub-System Link Control* [45] beschreibt Handover, Zellselektion, Leistungssteuerung, Meßwertreporte, Parameter, sowie einen Beispielalgorithmus für Handover und Leistungssteuerung.

08.08: *Mobile Switching Center to Base Station System Interface Layer 3 Specification* [37] beschreibt im wesentlichen den *Base Station System Mobile Application Part* (BSSMAP) des Signalisierungssystems SS.7 und die Nachrichtenformate, u. a. die Signalisierung für Handover.

Im GSM liegt ein sogenannter *Mobile Assisted Handover* (MAHO) vor, d. h. Handoverentscheidungen werden aufgrund der von der MS gelieferten Meßwertreporte über ihre Funkfeldsituation getroffen.

3.6.3 Handovervorbereitung

Die Vorbereitung eines Handovers beruht auf der ständigen meßtechnischen Beobachtung und Bewertung der Empfangssituation durch die betreffenden Basis- und Mobilstationen und entscheidet über die spektrale Effizienz des Funknetzes und die Dienstgüte, die vom mobilen Teilnehmer wahrgenommen wird. Verläßt ein mobiler Teilnehmer den Versorgungsbereich einer Basisstation, muß er von einer benachbarten Basisstation versorgt werden, damit die Verbindung nicht abreißt. Ein Verbindungsabbruch *(Cut-off* bzw. *Call Drop)* während des Gesprächs wird vom Teilnehmer nicht oder nur sehr unwillig akzeptiert und hat deshalb großes Gewicht bei der Festlegung der Dienstgüte. Ohne automatischen Handover wäre der Teilnehmer bzw. die Mobilstation gezwungen, die Verbindung neu einzurichten. Handover können auch durch das Funknetz veranlaßt werden, falls das Verkehrsaufkommen einer Zelle zeitweise zu hoch wird und Nachbarzellen weniger ausgelastet sind.

3.6.3.1 Handoverkriterien

Entsprechend den o. g. verschiedenen Handoverarten sind unterschiedliche Kriterien für die Veranlassung eines Handovers maßgeblich. Dabei wird versucht, durch meßtechnische Bewertung der Empfangssituation in der unmittelbaren Vergangenheit auf die erwartete Situation in der nahen Zukunft zu schließen und abhängig davon zu entscheiden, ob ein Handover zweckmäßig erscheint. Diese Extrapolation führt nur mit gewisser Wahrscheinlichkeit zum Erfolg, die von den herangezogenen Kriterien und ihrer Bewertung abhängt.

Neben dem Signalpegel an den beteiligten Empfängern, über den der Pfadverlust des Funksignals geschätzt werden kann, ist die gemessene Bitfehlerwahrscheinlichkeit als Maß für die Signalqualität des Up- und Downlink-Kanals sehr wichtig. Sie wird im Viterbidecoder des Empfängers und durch Vergleich bestimmter empfangener Bitmuster mit bekannten Bitmustern jedes Bursts *(Training Sequence)* ermittelt. In Zeitmultiplexsystemen müssen Zeitschlitze zur Übertragung von Bursts breiter als der Burst selbst sein, damit er aufgrund der Schleifenlaufzeit des Signals *(Round Trip Delay)* von der Feststation zur MS und zurück, nicht die Zeitschlitzgrenzen verletzt. Im GSM wird die Schleifenlaufzeit durch die Basisstation gemessen und korrigiert, so daß die Entfernung der Mobil- von der Basisstation bekannt ist und rechtzeitig ein Handover veranlaßt werden kann, falls die MS den geplanten Versorgungsbereich (die Zelle) verläßt und eine andere geeignete Basisstation verfügbar ist. Andernfalls muß die Verbindung abgebrochen werden. Wie später erläutert, entscheidet die Basisstationssteuerung über Zeitpunkt und Art des Handovers. Die MS überträgt ihre Meßergebnisse zur BTS je nach Signalisierungsaufkommen ein- bis zweimal pro Sekunde.

Informationen über die möglichen Signalqualitäten des Up- und Downlinks alternativer Nachbarzellen sind während einer Verbindung nicht zugänglich. Deshalb werden potentielle Zielzellen bei der Handoverentscheidung nur über mobilseitige Signalpegelmessungen bestimmter Downlink-Kanäle (BCCHs) der Nachbarzellen bewertet, die ohne Leistungssteuerung und mit kontinuierlicher Übertragung arbeiten und deshalb einen konstanten Pegel liefern.

Die GSM-Empfehlung legt keinen Algorithmus für die Handoverentscheidung und die Wahl der Zielzelle fest. Im Anhang der GSM-Empfehlung 05.08 wird ein Beispiel für ein mögliches Verfahren vorgestellt, vgl. Abschn. 3.6.5. Netzbetreibern und Herstellern ist es freigestellt, einen auf den festgelegten Parametern basierenden Handoveralgorithmus zu definieren und anzuwenden.

Die dafür geeigneten Parameter sind nachfolgend aufgeführt:

- permanente Daten, wie die max. Sendeleistung von:

– Mobilstation,

 – BTS der bedienenden Zelle und

 – BTS der Nachbarzellen.

• Ergebnisse von der MS durchgeführter Echtzeit-Messungen:

 – Downlink-Signalqualität (Brutto-Bitfehlerhäufigkeit),

 – Downlink-Empfangspegel des gegenwärtigen Kanals und

 – Downlink-Empfangspegel der Nachbarzellen (BCCHs).

• Ergebnisse von der BTS durchgeführter Echtzeit-Messungen:

 – Uplink-Signalqualität (Brutto-Bitfehlerhäufigkeit),

 – Uplink-Empfangspegel des gegenwärtigen Kanals und

 – Uplink-Empfangspegel der Nachbarzellen.

• Verkehrsorientierte Gesichtspunkte (Zellkapazität, Zahl freier Kanäle, Zahl neuer Verbindungen, die auf einen Verkehrskanal in der BTS warten.

3.6.3.2 Meßprotokoll

Wegen der Komplexität und Wichtigkeit der eben genannten Parameter wird die Erstellung des Meßprotokolls *(Measurement Report)* nachfolgend beschrieben. Die folgenden Erläuterungen beziehen sich einerseits auf die Übergabe der mobilseitig ermittelten Meßdaten an das Netz *(Measurement Reporting)*, andererseits auf die mobilseitige Durchführung von Parametermessungen in Nachbarzellen *(Neighbour Cells Measurements)*.

Measurement Reporting Um jederzeit über die für einen Handover nötige Information zu verfügen, werden quasikontinuierlich von der MS während einer Verbindung Systemparameter gemessen und dem Netz mitgeteilt. Dazu überträgt sie in der Regel alle 480 ms (Blockwiederkehrzeit des SACCHs), jedoch mindestens einmal pro Sekunde, ein Meßprotokoll an das Netz. Es enthält Parameter, die nicht nur die gegenwärtige Netzverbindung, sondern auch die Funkbedingungen zu Nachbarzellen charakterisieren, die möglicherweise im Handoverfall als Zielzelle in Betracht kommen. Die Anzahl gleichzeitig durch eine MS zu überwachender Nachbarzellen ist von der Netztopologie abhängig und wird vom Netzbetreiber zellenabhängig festgelegt. Maximal können sechs weitere Zellen im Meßprotokoll angenommen werden.

Die MS mißt Empfangspegel und -qualität jedes Downlink-Bursts auf dem ihrer Verbindung zugeordneten Verkehrskanal. Innerhalb eines TCH-Mehrfachrahmens (120 ms) fallen Meßwerte für 24 TCH-Bursts und 1 SACCH-Burst an, ein weiterer Zeitschlitz bleibt ungenutzt.

Der Abstand der einzelnen Messungen beträgt jeweils 4,615 ms (Dauer eines TDMA-Rahmens), was bei einer Geschwindigkeit von 50 km/h einer Strecke von ca. 6,4 cm entspricht. Bezogen auf die Dauer eines SACCH-Blocks (480 ms = 4 · 120 ms), sind dies 100 Meßwerte, deren Mittelwert im Measurement Report übertragen wird.

Die Übertragung des Meßprotokolls erfolgt auf dem SACCH, der alle 120 ms auftritt und bei einer Interleavingtiefe von 4 eine Blockwiederkehrzeit *(Block Recurrence Time)* von 480 ms hat.

Der SACCH dient nur der Übertragung von Steuerdaten und ist von einer Nutzdatenübertragung auf dem TCH unabhängig. Eine diskontinuierliche Übertragung auf dem TCH ist nur möglich, wenn Steuerdaten getrennt von Nutzdaten übertragen werden, um das netzseitig periodisch erwartete Meßprotokoll verfügbar zu haben, vgl. *Downlink DTX Flag* in Abschn. 3.6.9.2. Diskontinuierliche Übertragung wäre bei Kombination von Steuer- und Nutzdatenkanal nur eingeschränkt möglich, da das Meßprotokoll periodisch übertragen werden müßte.

Messung der Kanäle von Nachbarzellen Schwieriger ist die Messung des Pegels der Nachbarzellen, da die MS hier zusätzlich feststellen muß, welche Nachbarzellen sie überhaupt empfangen kann und die möglichen Meßzeitpunkte auf die empfangbaren Nachbarstationen aufteilen muß.

Dank des TDMA-Schemas kann die MS halbduplex arbeiten und nicht nur abwechselnd Bursts in den entsprechenden Zeitschlitzen von Up- und Downlink Frequenzkanal der eigenen aktiven Verbindung übertragen, sondern in ungenutzten Zeitschlitzen mit demselben Empfänger auch Kanaleigenschaften benachbarter Zellen ermitteln.

Die Periodendauer zwischen Meßprotokoll Übertragungen ist variabel und hängt vom jeweiligen Kanaltyp ab. Beispielsweise gilt für die Erstellung des Meßprotokolls in der MS beim TACH/Fs (TACH = TCH + SACCH, F = Vollratenkanal) folgendes:

Die möglichen Zeitpunkte für die Messungen liegen jeweils zwischen dem Senden eines Bursts auf dem Uplink und dem Empfangen eines Bursts auf dem Downlink des Verkehrskanals, vgl. Abb. 3.42. Innerhalb eines 26er-Mehrfachrahmens (26 TDMA Rahmen) mit 120 ms Dauer sind dies 24 Zeitintervalle von ca. 2,3 ms

3.6 GSM-Handover

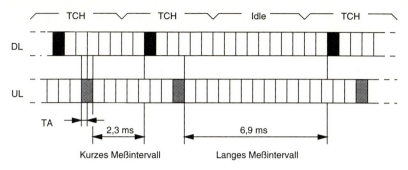

Abbildung 3.42: Meßzeitpunkte für Nachbarzellen

Dauer, die zur Messungen von Kanälen benachbarter Zellen ungeeignet sind. Außerdem tritt ein Zeitintervall mit ca. 6,9 ms Dauer auf, das seine Existenz einem ungenutzten Zeitschlitz im 26er-Mehrfachrahmen verdankt und genutzt wird, um nach empfangbaren Nachbarzellen zu suchen. Die möglichen Zeitpunkte für die Messungen liegen jeweils zwischen dem Senden eines Bursts auf dem Uplink (UL) und dem Empfangen eines Bursts auf dem Downlink (DL) des Verkehrskanals.

Das lange Zeitintervall wird zusätzlich von der MS genutzt, um nach empfangbaren Nachbarzellen zu suchen. Als Kriterium dazu dient der BCCH-Träger der Nachbarzelle, der ohne Leistungssteuerung und mit kontinuierlicher Übertragung (keine *Discontinous Transmission*) betrieben wird und somit einen konstanten Pegel liefert.

Diese Intervalldauern bestimmen die erforderliche technische Ausrüstung der MS, um nicht nur in langen, sondern auch in kurzen Intervallzeiten Messungen, u. a. auch auf nicht selbst genutzten Frequenzen, durchführen zu können. Der Frequenzsynthesizer der MS muß offenbar Sende- und Empfangsfrequenz in weniger als 1 ms wechseln können, um etwa 300 μs pro Messung verfügbar zu haben.

In einem SACCH-Block stehen 100 Meßwerte zur Verfügung, aufgeteilt auf die empfangbaren Nachbarzellen. Im Meßwertreport wird der Pegelmittelwert der sechs besten empfangbaren Nachbarzellen übertragen.

3.6.3.3 Reale Meßdaten

Beispielhaft sind in den Abb. 3.43 und 3.44 die Mobilstationsmeßdaten gezeigt, die während zweier Meßfahrten im D1-Netz aufgezeichnet wurden [79].

Zu sehen sind in den beiden linken Diagrammen jeweils der Downlink-Pegel (RXLEV), die Downlink-Qualität (RXQUAL), rechts oben ist die Geschwindigkeit der

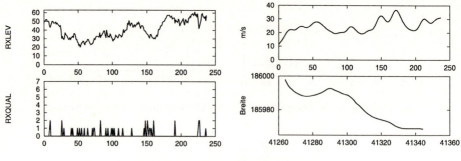

Abbildung 3.43: Meßdatenbeispiel 1

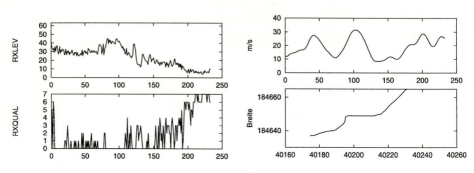

Abbildung 3.44: Meßdatenbeispiel 2

MS (m/s) aufgetragen über der Zeit (Zeitschritte als Vielfache der 480 ms SACCH-Rahmendauer). Im rechten unteren Diagramm ist die absolute Position der MS (geographische Länge und Breite in Bogensekunden) zu sehen.

Die beiden Meßdatenverläufe unterscheiden sich deutlich: Meßfahrt 1 hatte während der gesamten Verbindung eine sehr gute Versorgung mit hohem Pegel und entsprechend guter Verbindungsqualität. Meßfahrt 2 hingegen zeigt zum Ende hin einen starken Pegelabfall, der sich auch in sehr schlechter Verbindungsqualität widerspiegelt.

3.6.3.4 Analyse der Meßdaten

Die gezeigten Meßdaten machen deutlich, daß der Pegelverlauf in folgende Bestandteile aufteilbar ist:

- Langzeitmittelwert,
- Kurzzeitschwund und
- Abschattung.

3.6 GSM-Handover

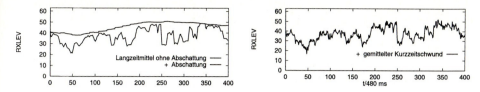

Abbildung 3.45: Langzeitmittelwert, Abschattung, Kurzzeitschwund

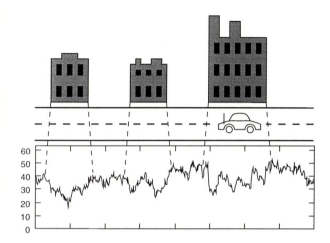

Abbildung 3.46: Ortsabhängiger Pegelverlauf

In Abb. 3.45 ist die Überlagerung dieser Komponenten anhand von Simulationsdaten gezeigt. Der Kurzzeitschwund ist hier allerdings nicht mehr durch das Rayleigh- bzw. Rice-Fading beschreibbar, sondern das Ergebnis der im GSM vorgenommenen Mittelung über 480 ms für einen entsprechenden Signalverlauf.

In Abb. 3.46 ist zu sehen, daß der Pegelverlauf abschattungsbedingt ortsabhängig ist.

3.6.4 Meßwertreporte

Im GSM stehen während einer Verbindung Meßwertreporte *(Measurement Reports)* zur Verfügung, die periodisch von der Mobil- zur Basisstation übertragen werden. Für diesen Zweck wird der SACCH benutzt, der jeder Verkehrsverbindung beigeordnet ist. Aufgrund der Wiederholdauer des SACCH ergibt sich ein festes Zeitraster von 480 ms, in dem Meßwertreporte anfallen.

Tabelle 3.12: Signalfeldstärke RXLEV und Signalqualität RXQUAL

dBm			RXLEV	% Bitfehler			Mittel	RXQUAL
	...	−110	0		...	0,2	0,14	0
−110	...	−109	1	0,2	...	0,4	0,28	1
−109	...	−108	2	0,4	...	0,8	0,57	2
−108	...	−107	3	0,8	...	1,6	1,13	3
:		:		1,6	...	3,2	2,26	4
−51	...	−50	60	3,2	...	6,4	4,53	5
−50	...	−49	61	6,4	...	12,8	9,05	6
−49	...	−48	62	12,8	...		18,10	7
−48	...		63					

3.6.4.1 Messungen

Die MS und die Feststation messen während einer Verbindung Signalfeldstärke, Signalqualität und die Feststation den absoluten Abstand zur Mobilstation.

Signalfeldstärke Die Signalfeldstärke wird von −110 dBm bis −48 dBm mit einer relativen Genauigkeit von 1 dB gemessen. Es wird eine absolute Genauigkeit von 4 dB (bis −70 dBm) bzw. 6 dB gefordert, die erfahrungsgemäß sogar 2–3 dB erreicht.

Die im Meßwertreport enthaltene Signalfeldstärke ist ein Mittelwert über die Dauer eines SACCH-Multiframes. Gemessen wird:

- die Feldstärke des BCCH-Trägers zumindest einer der bekannten Nachbarstationen in jedem TDMA-Frame. Vier der 104 TDMA-Frames können optional ausgelassen werden;
- die Feldstärke aller Bursts des zugeordneten Verkehrskanals.

Diese gemittelten Daten werden in 64 Stufen als RXLEV-Parameter übertragen, vgl. Tab. 3.12. Die Signalfeldstärke codiert als RXLEV wird im folgenden als Empfangspegel oder einfach Pegel bezeichnet.

Signalqualität Die Signalqualität wird als Bitfehlerhäufigkeit vor der Kanaldecodierung gemessen und wird in 8 RXQUAL-Qualitätsstufen eingeteilt, vgl. Tab. 3.12.

3.6 GSM-Handover

Die geforderte Meßgenauigkeit liegt hier bei einer Zuordnungswahrscheinlichkeit zur richtigen Stufe von 75 % (RXQUAL 1) bis 95 % (RXQUAL 5-7).

Die im Meßwertreport enthaltene Signalqualität ist ein Mittelwert über die Dauer eines SACCH-Multiframes. Dieser Wert wird im folgenden als Empfangsqualität oder einfach Qualität bezeichnet.

Abstand Der absolute Abstand zwischen Mobil- und Basisstation kann aus dem *Timing Advance* TA für die MS bestimmt werden. Dieser Wert ergibt sich aus der von der Basisstation gemessenen Schleifenlaufzeit *(Round Trip Propagation Delay)* der von der MS gesendeten Bursts relativ zum vorgegebenen Takt der Zeitschlitze. Er wird von der Basisstation in Vielfachen der Dauer eines Bits berechnet.

Die Entfernung der MS ergibt sich aus dem Timing Advance zu:

$$d\text{TA} = \frac{\text{TA} \cdot c \cdot t_{\text{bit}}}{2} = \frac{\text{TA} \cdot 3 \cdot 10^8 \frac{m}{s} \cdot 3,69 \cdot 10^{-6} s}{2} = \text{TA} \cdot 554\,\text{m} \quad (3.5)$$

c ist dabei die Funkwellenausbreitungsgeschwindigkeit, t_{bit} die Dauer eines Bits im GSM, der Faktor 1/2 ergibt sich daraus, daß die Laufzeitverzögerung doppelt gerechnet werden muß, nämlich als Schleifenlaufzeit BTS-MS-BTS.

Nimmt man für diese Messung einen maximalen Fehler von $\pm 0,5$ bit an, so ergibt sich eine Gesamtgenauigkeit der Abstandsbestimmung von ca. 1 km. Da Mikrozellen einen Radius ≤ 1 km haben können, ist dieser Wert zu ungenau und kann praktisch nur sinnvoll zur Vermeidung von Überreichweiten eingesetzt werden. Möglichkeiten zur Lokalisierung von Mobilstationen sind in [83] untersucht worden.

Gelieferte Meßwerte Während einer Verbindung mit einem Verkehrskanal liefert die MS folgende Werte:

- Empfangspegel RXLEV des Verkehrskanals,
- Empfangsqualität RXQUAL des Verkehrskanals,
- Empfangspegel RXLEV der BCCH-Träger von bis zu 6 Nachbarzellen, und zwar derjenigen mit dem höchsten Pegel und bekanntem und erlaubtem *Base Station Identity Code* (BSIC),
- Frequenz des BCCH-Trägers dieser Nachbarzellen,

Tabelle 3.13: Measurement_Report Message

Informationselement	Senderichtung	Anzahl der Oktette
Protocol Discriminator	MS → network	2
Transaction Identifier	MS → network	2
Message Type	MS → network	2
Measurement Results	MS → network	16

- BSIC dieser Nachbarzellen. Der BSIC ist keine eindeutige Kennung der benachbarten Basisstationen, sondern ein sogenannter Farbcode, über den Basisstationen mit gleicher Frequenz in angrenzenden Clustern unterschieden werden können.

3.6.4.2 SACCH-Übertragung

Die Meßwertreporte werden als Measurement-Results-Informationselement einer Measurement_Report-Nachricht über den SACCH übertragen. Ein SACCH-Block hat eine Länge von 184 bit, die Blockwiederholdauer ist 480 ms. Die Messungen der MS während einer Periode von 480 ms stehen nach weiteren 480 ms in der Basisstation zur Verfügung. Die zeitliche Verzögerung zwischen einer Einzelmessung und dem Empfang der Meßdaten an der Basisstation beträgt also ca. 0,5–1 s.

Eine Measurement_Report-Nachricht hat den in Tab. 3.13 und Abb. 3.47 gezeigten Aufbau, vgl. auch [42].

Bestandteile des Measurement Results Informationselements:

- DTX – Zeigt an, ob die MS nichtkontinuierliche Übertragung *(Discontinous Transmission)* benutzt.

- RXLEV Serving Cell – Empfangspegel der bedienenden Basisstation, die weiter oben beschriebenen RXLEV-Stufen von 0...64 werden mit 6 bit codiert.

- RXQUAL FULL bzw. RXQUAL SUB – Empfangsqualität der bedienenden Basisstation, gemessen über alle Zeitschlitze oder über eine Teilmenge. Die acht RXQUAL-Stufen werden mit 3 bit codiert.

- # NCELL – Anzahl der gemessenen Nachbarstationen.

- RXLEV NCELL n – Empfangspegel der Nachbarstationen.

3.6 GSM-Handover

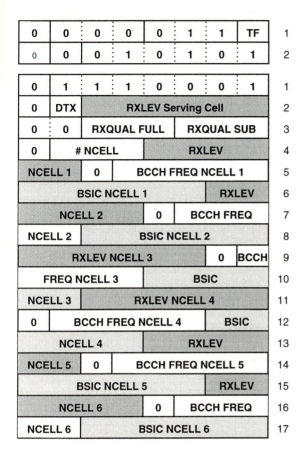

Abbildung 3.47: Bestandteile des Measurement Results Informationselements einer Measurement_Report-Message

- BCCH FREQ NCELL n – BCCH-Frequenz der Nachbarstationen, codiert als Index in der BCCH-Kanalliste.
- BSIC NCELL n – BSIC der Nachbarstation als Farbcode. Besteht aus jeweils 3 bit mit dem Colour Code des PLMNs und der Basistation [34].

3.6.5 Handoverentscheidung

Der gesamte Handoverprozeß im GSM läuft in folgenden Schritten ab:

1. *Meßwerte* – Messung und Übertragung der Funkdaten wie beschrieben.
2. *Handoveranforderung* – Auf Basis dieser Meßwerte wird eine Handoveranforderung generiert, wenn dies notwendig ist.

3. *Handoverentscheidung* – Über diese Anforderung wird entschieden.

4. *Handoverdurchführung* – Schließlich wird die entsprechende Signalisierung und der Kanalwechsel auf Mobilstations- und Festnetzseite durchgeführt.

Der *Normalfall* des Handoverprozesses sieht so aus, daß die Handoveranforderungen vom BSC generiert werden, Handoverentscheidung und Durchführung Sache der MSC sind. Je nach Art des Handovers können die Funktionen 3 und 4 im BSC realisiert werden.

Abschnitt 3.6.3.1 hat Kriterien für die Handoverentscheidung vorgestellt. Die GSM-Empfehlung 05.08 [45] sieht nur eine Auswahl vor, die in Abschn. 3.6.5.1 angesprochen wird. Es gibt keinen verbindlichen Handoveralgorithmus, die Empfehlung enthält jedoch einen Basisalgorithmus, der in Abschn. 3.6.6 vorgestellt wird.

3.6.5.1 Handoveranforderung

Als sichere Grundlage für die Handoverentscheidung des steuernden Feststationssystems BSS, stellt jede Feststation BTS und jedes mobile Endgerät Meßwerte über die Empfangssituation der bestehenden Verbindung zur Verfügung. Sie betreffen:

- RXLEV_UL   Empfangspegel (Uplink), gemessen von der BTS,
- RXQUAL_UL   Signalqualität (Uplink), gemessen von der BTS,
- RXLEV_DL   Empfangspegel (Downlink), gemessen von der MS,
- RXQUAL_DL   Signalqualität (Downlink), gemessen von der MS.

Die Empfangspegel lassen sich direkt messen. Die Qualitätsangaben werden aus den auftretenden Bitfehlerhäufigkeiten berechnet und in acht Qualitätsstufen codiert. Die Downlink-Meßdaten werden von der MS über den SACCH übertragen. Von jeder MS wird auch das Trägersignal RXLEV_NCELL(n) des Rundesendekanals BCCH der benachbarten Zellen gemessen und ebenfalls über den SACCH der BTS mitgeteilt. Anhand dieser Daten kann der BSC entscheiden, ob ein Handover eingeleitet werden muß und welche der benachbarten Zellen die MS weiter bedienen kann. Vorteile des Verfahrens sind, daß

- der überwiegende Meßaufwand von der MS übernommen wird, weil sie ihre Empfangssituation am besten beurteilen kann,

3.6 GSM-Handover

Tabelle 3.14: Handover_Required-Message

Informationselement	Senderichtung	Anzahl der Oktette
Message Type	BSS → MSC	1
Cause	BSS → MSC	3
Response Request	BSS → MSC	1
Cell Identifier List pref.	BSS → MSC	$2n+3\ldots 7n+3$
Current Radio Env.	BSS → MSC	$15\ldots n$
Environment of BS n	BSS → MSC	$7\ldots n$

- anormale Funkausbreitung, Funkschatten etc. berücksichtigt werden, da die Verbindungsqualität von beiden Seiten (Up- und Downlink) beurteilt wird,
- die Empfangspegel benachbarter Zellen von der MS schon vor dem Handover gemessen werden.

Vor der Handoverentscheidung muß berücksichtigt werden, daß

- die Meßergebnisse über einen geeigneten Zeitraum gemittelt werden müssen, um überflüssige Handover aufgrund kurzzeitiger Pegelschwankungen zu vermeiden;
- zunächst zu prüfen ist, ob die Verbindungsqualität durch Änderung der Sendeleistung beeinflußt werden kann;
- die beste Funkzelle ausgesucht wird, die die MS unter Umständen weiter versorgen soll.

Der in den GSM-Empfehlungen vorgeschlagene Algorithmus arbeitet nach einem relativ einfachen Prinzip: mehrere Meßwertreporte werden im BSC gemittelt und mit Schwellenwerten verglichen. Bei Überschreiten (Qualität) bzw. Unterschreiten (Pegel) der festgelegten Schwelle wird eine Handoveranforderung generiert.

Die im BSC generierten Handoveranforderungen werden im Normalfall an die MSC weitergeleitet. Die Signalisierung einer Handoveranforderung vom BSC an die MSC erfolgt über die Handover_Required-Nachricht, deren Aufbau in Tab. 3.14 zu sehen ist [37]. Enthalten sind die Handoverursache, die Anforderung einer Antwort, die Liste der Zielzellen sortiert nach bestem Wert und die aktuellen Funkmeßwerte.

In der MSC werden die vom BSS ankommenden Handoveranforderungen bearbeitet. Entscheidungskriterien sind die Verfügbarkeit von Verkehrskanälen in der Zielzelle, Störpegel im Zielkanal und andere Kriterien des Netzes.

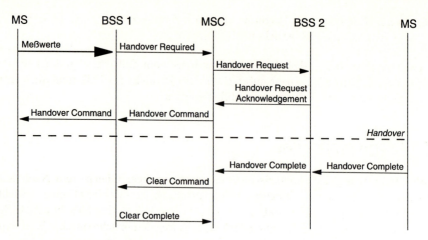

Abbildung 3.48: Handover-Durchführung (BSS 1 → BSS 2) mit einer MSC

3.6.5.2 Handover-Durchführung

Die Durchführung eines Handover geht von der MSC aus, die zunächst über eine Handover_Request-Nachricht die notwendigen Betriebsmittel in der Zielzelle (BSS 2) anfordert, vgl. Abb. 3.48. Die Zielzelle bestätigt dies mit einer Handover_Request_ack-Nachricht. Daraufhin sendet die MSC eine Handover_Command-Nachricht an die alte Zelle (BSS 1), die wiederum eine solche Nachricht an die MS schickt. Die MS wechselt dann den Kanal in die neue Zielzelle und sendet eine Handover_Complete-Nachricht, die auch von der neuen Zelle (BSS 2) an die MSC geschickt wird. Zum Schluß sendet die MSC eine Clear_Command-Nachricht an die alte Zelle, die diese mit Clear_Complete bestätigt.

Der beschriebene Vorgang ist der Normalfall der Handoversignalisierung. Im Betrieb können verschiedene Fälle auftreten:

Intra-Cell-Handover Der Kanal der Verbindung wird innerhalb der Zelle gewechselt, z. B. wenn der Kanal stark gestört ist. Der Wechsel kann auf eine andere Frequenz derselben Zelle oder auf einen anderen Zeitschlitz derselben Frequenz erfolgen.

Inter-Cell/Intra-BSC-Handover In diesem Fall wird der Funkkanal zwischen zwei Zellen gewechselt, die vom gleichen BSC versorgt werden.

Inter-BSC/Intra-MSC-Handover Die Verbindung wird zwischen zwei Zellen gewechselt, die von verschiedenen BSCs bedient werden, aber im Bereich einer MSC liegen.

3.6 GSM-Handover 231

Inter-MSC-Handover Die Verbindung wird zwischen zwei Zellen gewechselt, die im Bereich unterschiedlicher MSCs liegen.

In den ersten beiden Fällen kann der Handover vom BSC durchgeführt werden, wenn dieser internen Handover unterstützt. Ist dies nicht der Fall, muß auch Intra-Cell-Handover von der MSC durchgeführt werden.

3.6.5.3 Leistungssteuerung

Eine Verringerung der Sendeleistung verursacht weniger Gleich- und Nachbarkanalstörungen und einen geringeren Stromverbrauch der Mobilstationen – wichtig insbesondere bei den Handgeräten. Umgekehrt ermöglicht eine Erhöhung der Sendeleistung, kurzfristige Versorgungslücken, z. B. Pegeleinbrüche durch Abschattungen, zu kompensieren und damit u. U. Handover zu vermeiden.

Die Leistungssteuerung funktioniert analog zum Handoverprozeß im BSC. Entscheidungen über Änderungen der Sendeleistung werden immer im BSC getroffen. Basis sind wiederum die Meßwertreporte, anhand derer entschieden wird, ob eine Erhöhung oder Absenkung der Sendeleistung durchgeführt werden soll.

Der Algorithmus für diesen Prozeß ist ebenso wie der Handoveralgorithmus nicht standardisiert. Der Basisalgorithmus in [45] spezifiziert auch die Leistungssteuerung.

3.6.6 Beispielalgorithmus GSM 05.08

In Anhang A der GSM Empfehlung 05.08 [45] wird ein Basisalgorithmus für Handover und Leistungssteuerung spezifiziert, der gestützt auf die mobilseitigen und festnetzseitigen Meßdaten über die Notwendigkeit eines Handovers entscheidet. Die Netzbetreiber und Hersteller von GSM-Netzkomponenten verwenden Algorithmen, die von einer nur leicht modifizierten, teilweise auch eingeschränkten Version des 05.08-Algorithmus bis hin zu stark modifizierten Versionen mit neuen Parametern, Kriterien etc. reichen. Das grundlegende Funktionsprinzip entspricht jedoch dem 05.08-Algorithmus.

3.6.6.1 Vorverarbeitung und Schwellenwertvergleich

Die Mittelung und der Vergleich finden jeweils alle 480 ms statt, dieses Zeitraster ist durch den SACCH vorgegeben.

Mittelung und Power-Budget-Wert Alle Meßwerte (Pegel, Qualität, Entfernung MS–BS) werden zunächst gemittelt, um den Einfluß kurzzeitiger Schwankungen zu reduzieren. Die Mittelung wird durch folgende Parameter beeinflußt:

HREQAVE Anzahl der Meßwertreporte, die gemittelt werden;

HREQT Anzahl der gemittelten Werte in einer Handover_Required-Nachricht.

Die gemittelten Werte stehen für Down- und Uplink-Pegel, Down- und Uplink-Qualität, Pegel der Nachbarzellen, sowie Entfernung MS–BS zur Verfügung. Und zwar jeweils HREQT Werte, die wiederum einen Mittelwert über HREQAVE Meßwerte darstellen.

Zusätzlich wird aus den gemittelten Werten für die Nachbarstationen die Leistungsbilanz *(Power Budget)* berechnet:

$$\text{PBGT}(n) = [\min(\text{MS\_TXPWR\_MAX}, P) - \text{RXLEV\_DL} - \text{PWR\_C\_D}] \quad (3.6)$$
$$- [\min(\text{MS\_TXPWR\_MAX}(n), P) - \text{RXLEV\_NCELL}(n)]$$

Dieser Wert ist die Differenz zwischen dem Pfadverlust auf dem Downlink und dem zu erwartenden Pfadverlust in der jeweiligen Nachbarzelle. Der Wert ist also > 0 für Nachbarzellen mit besserer und < 0 für solche mit schlechterer Funkversorgung.

MS_TXPWR_MAX ist die maximal erlaubte Sendeleistung der MS in der aktuellen Zelle bzw. in der Nachbarzelle, RXLEV_DL der gemittelte Downlink-Pegel, RXLEV_NCELL(n) der gemittelte Pegel der entsprechenden Nachbarzelle, PWR_C_D die Differenz zwischen maximal erlaubter Sendeleistung und aktueller Sendeleistung der Basisstation.

Schwellenwertvergleich Leistungssteuerung In den Schwellenwertvergleich gehen jeweils die gemittelten Werte ein. Parameter sind die Schwellenwerte und die P von N Kriterien. Für eine Erhöhung oder Verringerung der Sendeleistung ist es jeweils nötig, daß Pn von Nn Werten die Schwelle über- bzw. unterschreiten. Tab. 3.15 faßt die Möglichkeiten zusammen.

Schwellenwertvergleich Handover Entsprechende Schwellenwerte und P von N Kriterien werden auch für die Erzeugung von Handover-Anforderungen verwendet, vgl. ebenfalls Tab. 3.15.

Abb. 3.49 zeigt die Schwellenwerte im Überblick. Abb. 3.50 zeigt das Verhalten des PBGT-Kriteriums bei Handover zwischen zwei Zellen, der HO_MARGIN-Wert stellt einen Hysteresewert dar.

3.6 GSM-Handover

Tabelle 3.15: GSM 05.08: Handover-Schwellenwerte

Sendeleistung	Wert	Leistungssteuerung P/N	Schwelle
+ DL	RXLEV_DL	P1/N1	< L_RXLEV_DL_P
+ UL	RXLEV_UL	P1/N1	< L_RXLEV_UL_P
− DL	RXLEV_DL	P2/N2	> U_RXLEV_DL_P
− UL	RXLEV_UL	P2/N2	> U_RXLEV_UL_P
+ DL	RXQUAL_DL	P3/N3	> L_RXQUAL_DL_P
+ UL	RXQUAL_UL	P3/N3	> L_RXQUAL_UL_P
− DL	RXQUAL_DL	P4/N4	< U_RXQUAL_DL_P
− UL	RXQUAL_UL	P4/N4	< U_RXQUAL_UL_P
+	Sendeleistung erhöhen	DL	Downlink
−	Sendeleistung verringern	UL	Uplink
Ursache	Wert	Handover P/N	Schwelle
RXLEV DL	RXLEV_DL	P5/N5	< L_RXLEV_DL_H
RXLEV UL	RXLEV_UL	P5/N5	< L_RXLEV_UL_H
RXQUAL DL	RXQUAL_DL	P6/N6	> L_RXQUAL_DL_H
RXQUAL UL	RXQUAL_UL	P6/N6	> L_RXQUAL_UL_H
Intracell DL	RXLEV_DL	P7/N7	> RXLEV_DL_IH
	RXQUAL_DL		> L_RXQUAL_DL_H
Intracell UL	RXLEV_UL	P7/N7	> RXLEV_UL_IH
	RXQUAL_UL		> L_RXQUAL_UL_H
DISTANCE	Entfernung	P8/N8	> MS_RANGE_MAX
PBGT	PBGT(n)		> 0
			> HO_MARGIN(n)

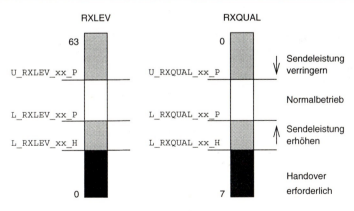

Abbildung 3.49: GSM 05.08 Schwellenwerte

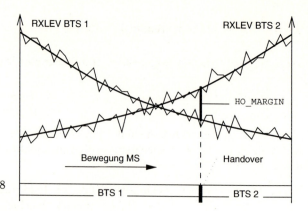

Abbildung 3.50: GSM 05.08 Power Budget Handover

3.6.6.2 BSS-Entscheidungsalgorithmus

Wenn durch den Schwellenwertvergleich festgestellt wird, daß ein Handover notwendig ist, muß der BSC eine Handover_Required-Nachricht an die MSC senden. Für die darin enthaltene Liste der bewerteten Nachbarzellen gilt:

$$\text{RXLEV\_NCELL}(n) > \text{RXLEV\_MIN}(n) \qquad (3.7)$$
$$+ \max(0, \text{MS\_TXPWR\_MAX}(n) - P)$$
$$\text{PBGT}(n) > 0 \qquad (3.8)$$

Beide Bedingungen müssen für die jeweilige Nachbarzelle erfüllt sein, damit sie als Ziel für einen Handover in Frage kommt. Die Liste wird anhand des PBGT-Wertes sortiert, an erster Stelle steht die Zelle mit dem höchsten Wert $\text{PBGT}(n)$.

Falls ein Handover *imperativ* ist (Grund Pegel, Qualität oder Entfernung), muß Bedingung (3.8) nicht erfüllt sein und die Liste enthält auch Nachbarzellen mit $\text{PBGT}(n) < 0$.

Der Intracell-Handover nimmt eine Sonderstellung ein, da zwei Kriterien bewertet werden: wenn der Pegel gut ist, die Qualität aber schlecht, liegen im Regelfall Gleichkanalstörungen vor. Durch Wechsel des Frequenz- oder Zeitkanals können diese umgangen werden.

Wenn der BSC dies unterstützt, wird der Intracell-Handover intern durchgeführt, sonst muß ebenfalls eine Handover_Required-Nachricht an die MSC gesendet werden, mit der bedienenden Basisstation an erster Stelle der Liste.

3.6 GSM-Handover 235

3.6.6.3 MSC-Entscheidungsalgorithmus

Die MSC bewertet die eingehenden Handoveranforderungen mit folgenden Prioritäten:

1. Qualität,
2. Pegel,
3. Entfernung und
4. Power Budget.

Wenn nicht genügend Kanäle in der jeweiligen Zielzelle frei sind, werden Handover-Anforderungen wegen schlechter Verbindungsqualität mit höchster Priorität bedient.

Zusätzlich ist vorgesehen, einzelne Zellen mit Prioritäten zu versehen und die Verkehrslast gezielt zu verteilen. Bei einer hierarchischen Zellanordnung kann so z. B. dafür gesorgt werden, daß die übergeordnete Zelle nur dann als Ziel für einen Handover gewählt wird, wenn in den Mikrozellen kein freier Kanal verfügbar ist.

3.6.6.4 Modifikationen

Im praktischen Betrieb in den GSM-Netzen wird der 05.08-Algorithmus mit Modifikationen eingesetzt. Modifikationen sind sinnvoll beim Mittelungsverfahren der Meßwerte, der zellenweisen Administration der Parameter und den Entscheidungskriterien.

Mittelung Die P von N Entscheidungen, basierend auf den gemittelten Meßwerten, bedeuten letztendlich eine weitere Mittelung spezifisch für die jeweiligen Schwellenwerte. Die Abhängigkeit der Parameter erschwert eine Optimierung. Es bietet sich daher an, dies zu vereinfachen und getrennte Mittelungsparameter pro Handovergrund (Qualität, Pegel, Entfernung, Power Budget) einzuführen.

Desweiteren können modifizierte Mittelungsverfahren eingesetzt werden, die z. B. Ausreißer nicht berücksichtigen.

Zellenweise Administration Die Parameter des Handover können zellenweise administriert und so optimal an die lokalen Gegebenheiten angepaßt werden. Es bietet sich auch an, einzelne Typen von Handover-Anforderungen gezielt pro Zelle ein- und auszuschalten.

Entscheidungskriterien Auch die BSC-Entscheidungskriterien können verändert werden, z.B. kann es sinnvoll sein, für PBGT(n) und HO_MARGIN negative Werte zuzulassen.

3.6.7 Probleme des GSM-Handoverprozesses

Handover im GSM basiert wie beschrieben auf den Funkmeßdaten. Darin liegt auch die Hauptproblematik, denn die Funkausbreitung in der tatsächlichen Umgebung ist im Regelfall nicht einfach berechenbar und stark unregelmäßig.

Insbesondere Abschattungen durch Hindernisse können unerwünschte Effekte haben. Dies äußert sich meist dadurch, daß zuviele Handover durchgeführt werden.

3.6.7.1 Pingpong-Handover

Ein äußerst unerwünschter Effekt, der relativ häufig auftritt, ist der sogenannte *Pingpong-Handover*. Darunter ist ein Handover zu einer Nachbarzelle zu verstehen, der nach kurzer Zeit zur ursprünglichen Zelle zurückkehrt [79].

Die Ursache dafür liegt im Power-Budget-Kriterium. In Zellen mit guter Funkversorgung und nur geringen Störungen durch Interferenz wird Handover überwiegend aufgrund dieses Kriteriums durchgeführt. Der Parameter HO_MARGIN bestimmt dabei, welche Pegelhysterese überschritten werden muß, damit ein Wechsel zur Nachbarzelle stattfindet, vgl. Abb. 3.50. Um zu verhindern, daß bereits kleine Pegeldifferenzen verschiedener Basisstationen zu einem Handover führen, wählt man HO_MARGIN im Normalbetrieb zu 5–10 dB.

Starke Abschattungen, hervorgerufen durch große Hindernisse, können Pegeleinbrüche bis zu 30 dB bewirken. Befindet sich ein derartiges Hindernis in Sichtlinie zur bedienenden Basisstation, nicht jedoch zur Nachbarstation, wird durch Power Budget ggf. ein Handover ausgelöst, obwohl sich die MS weiterhin im sonst gut abgedeckten Versorgungsbereich ihrer Zelle befindet. Sobald die MS sich aus der Abschattung hinausbewegt, ist der Pegel wieder normal und es findet ein Handover zurück zur ursprünglichen Zelle statt.

Bei mittlerer bis hoher Mobilität der MS führt dies dazu, daß innerhalb kurzer Zeit (<10 s) ein Handover zu einer Nachbarstation und zurück zur ursprünglichen Basisstation erfolgt.

Um dies zu vermeiden, muß entweder der Hysteresewert soweit heraufgesetzt werden, daß Pegeleinbrüche keinen Power-Budget-Handover auslösen, oder die Mittelungslänge muß so gewählt werden, daß die Zeitspanne, während der sich die MS in der Abschattung befindet, überbrückt wird.

Beides ist im realen Betrieb jedoch nicht sinnvoll. Ein großer Hysteresewert würde Power Budget-Handover praktisch ausschalten und einen Wechsel im Grenzbereich zweier Zellen weit über die Grenze hinaus verzögern. Eine große Mittelungslänge macht den Handoverprozeß zu träge und hat zur Folge, daß ein wirklich notwendiger Handover ggf. nicht rechtzeitig durchgeführt wird und daher ein Verbindungsabbruch stattfindet.

Aus diesen Gründen sind mit dem 05.08-Algorithmus und den modifizierten Varianten Pingpong-Handover bei sinnvollen Parametereinstellungen nicht zu vermeiden.

3.6.7.2 Anzahl der Handover

Die Zahl der pro Verbindung durchgeführten Handover sollte im GSM möglichst gering sein, weil der Aufwand für die Signalisierung sowohl im Festnetz als auch von und zur MS groß ist. Für die Signalisierung des Handover zwischen Mobil- und Basisstation muß der Verkehrskanal zeitweise für die Signalisierung benutzt werden, was zu Datenverlust und entsprechenden Einbußen der Sprachqualität führt.

Es ist daher zwingend notwendig, unnötige Handover zu vermeiden. Die Steuerung der Sendeleistung ist für BTS und MS optional. Abb. 3.51 zeigt den theoretischen Verlauf der mittleren Empfangsleistung bei Bewegung der MS von BTS A zu B. Nur zwischen den Orten a und c ist theoretisch ein Handover möglich, empfohlen wird er jedoch an der Stelle b, weil erst dort der Pegel der BTS B den vorgesehenen Hysteresewert Δ = HO_MARGIN unterschritten hat, also genügend über dem der BTS A liegt.

Der dargestellte Kurvenverlauf trifft, wegen ausbreitungsbedingter Signalpegelschwankungen beim Empfänger, nur im statistischen Mittel zu, vgl. den tatsächlichen Verlauf in Abb. 3.50. Deshalb ist der Ort eines Handovers zufällig in einem Bereich um b verteilt. Bei ungünstiger Empfangslage der MS bzw. schlechter Parameterwahl des Handoveralgorithmus können statt einem mehrere Handover nötig werden, bevor die kritische Empfangslage verlassen worden ist und eine stabile Zuordnung zu einer BTS erfolgt ist.

3.6.8 Intra-MSC-Handover

Abb. 3.52 zeigt das Protokoll eines störungsfreien Handovers zwischen zwei verschiedenen BSC innerhalb desselben MSC-Gebiets (Intra-MSC- bzw. Inter-BSC-Handover) gemäß den GSM-Empfehlungen 04.08 [42], 08.08 [37] und 08.58 [38].

Das Handoverprotokoll kann in drei Teilabschnitte gegliedert werden [37]:

- Anzeigen eines benötigten Handovers: Handover_Required_ind,

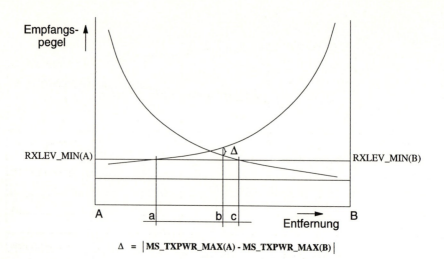

Abbildung 3.51: Empfohlener Ort eines Handovers bei Bewegung von Feststation A nach Feststation B

- Zuteilung von Funkressourcen: Handover_Ressource_Allocation,
- Handover-Durchführung: Handover_Execution.

3.6.8.1 Handover_Required_ind

Das BSS fordert mit dem Teilprozeß Handover_Required_ind einen Handover für eine seiner aktiven *(Dedicated Mode)* MS an.

Gestützt auf das in den Abschn. 3.6.3.1 und 3.6.3.2 beschriebene Meßprotokoll und eine ergänzende Messung der entsprechenden MS-Uplink-Signalparameter durch die BTS entscheidet das Netz über die Notwendigkeit eines Handovers.

Die Handoverentscheidung wird vom BSC nach den in Abschn. 3.6.5 angegebenen Kriterien getroffen. Ist für eine bestimmte MS ein Handover erforderlich, setzt der BSC (BSC 1 in Abb. 3.52) durch ein Handover_Required seine übergeordnete MSC davon in Kenntnis und übergibt dabei die notwendigen Informationen bzgl. möglicher Zielzellen und Identität der Ursprungszelle *(Cell Identifier List*, vgl. Abschn. 3.6.9.1). Die MSC wählt nun eine geeignete Zielzelle aus und nimmt, sofern sich diese in ihrem Zuständigkeitsbereich befindet *(Intra-MSC-Handover)*, mit dem verantwortlichen BSC (in Abb. 3.52 BSC 2) Kontakt auf, andernfalls leitet sie die Handoveranforderung an die entsprechende MSC weiter *(Inter-MSC-Handover)*.

3.6 GSM-Handover 239

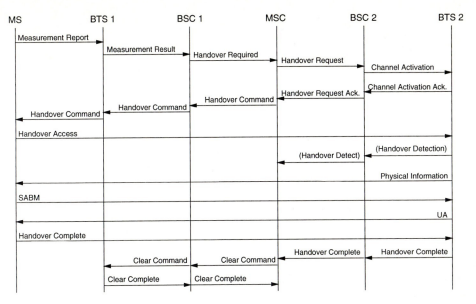

Abbildung 3.52: Intra-MSC-Handover im GSM-System

3.6.8.2 Handover_Ressource_Allocation

Mit dem Teilprozeß Handover_Ressource_Allocation kann die MSC in einer Zelle geeignete Funkressourcen über den BSC reservieren.

Ist der MSC die Notwendigkeit eines Handovers durch ein Handover_Required gemeldet worden und befindet sich die darin vorgeschlagene Zielzelle in ihrem Zuständigkeitsbereich, sendet sie dem für die Zelle zuständigen BSC eine Handover_Request-Nachricht. Diese informiert den BSC über die Lage der Zielzelle und über die geforderten Eigenschaften des der MS zuzuweisenden Kanals. Handelt es sich um einen reinen Daten- oder Sprachkanal, gibt sie den zwischen MSC und BSC verwendeten Kanaltyp an.

Der geforderte Kanaltyp der Funkschnittstelle kann sich vom gegenwärtig bestehenden Typ unterscheiden [37], z. B. unmittelbar nach einem Verbindungsaufbau, bei dem die MS anstelle eines benötigten Vollratenkanals nur einen Halbratenkanal bekommen konnte. Hierbei wird ein direkter Kanalwechsel *(Directed Retry)* vorgenommen.

Der Netzbetreiber kann einen Handover_Request je nach Dringlichkeit der Handoverdurchführung, mit einer Priorität versehen. Details zum Inhalt der Handover_Request Nachricht findet man in Abschn. 3.6.9.2.

Der BSC fordert durch Channel_Activation die für die Zielzelle zuständige BTS auf, ihre Funkbetriebsmittel auf einen bestimmten freien Kanal zu überprüfen und teilt ihr eine Handover-Referenznummer (Handover Reference) mit, über die sich die MS beim Kanalzugriff mittels Handover_Access identifiziert. Nur so kann einer MS ein Kanal zugewiesen werden, ohne die Identität des Benutzers preiszugeben.

Neben geforderten Kanaleigenschaften und der Handover-Referenznummer werden der BTS sendetechnische Parameter vorgegeben, z. B. für die Steuerung der Sendeleistung *(Power Control)* des neuen Kanals. Der Inhalt der Channel_Activation Nachricht ist in Abschn. 3.6.9.3 beschrieben, während das *Power Control* in Abschn. 3.6.9.5 näher erläutert wird.

Konnte die BTS einen geeigneten Kanal für die MS reservieren, so bestätigt sie dies der BSC durch ein Channel_Activation_ack. Zum Inhalt dieser Nachricht, vgl. Abschn. 3.6.9.4, gehört auch die Angabe der aktuellen Rahmennummer (Frame Number) der BTS, über die der BSC den Zeitverschiebungsfaktor bestimmt, mit dem die MS nach erfolgtem Kanalzugriff die normale Sendetätigkeit aufnimmt.

Daß ein Kanal reserviert worden ist, wird nunmehr der MSC über ein Handover_Request_ack mitgeteilt. Damit ist der Teilprozeß Handover_Ressource_Allocation abgeschlossen.

3.6.8.3 Handover Execution

Für die MS laufen Handoverentscheidung und -einleitung unbemerkt im Hintergrund ab. Wie in Abb. 3.52 gezeigt, erhält sie erst durch Handover_Command Kenntnis vom bereits laufenden Handoverprozeß.

Die Handoverdurchführung beginnt mit der Bestätigung der Reservierung eines angeforderten Kanals durch die neue BSC an die MSC mittels Handover_Request_ack. Sie enthält u. a. ein Datenfeld Layer 3 Information mit sämtlichen von der MS benötigten Informationen, um sich für den reservierten Kanal bei der neuen BTS anzumelden. Deshalb leitet die MSC dieses Datenfeld unverändert durch einen Handover_Command an die alte BTS weiter, die es an die betreffende MS sendet. Die MS ermittelt die Lage der neuen Zelle nur durch die im Datenfeld enthaltenen Elemente Beacon-Frequenz und BSIC[8]. Die vollständige Zellidentität erfährt die MS erst nach abgeschlossenem Handover über den SACCH der neuen BTS.

---

[8] *Base Station Identity Code;* kennzeichnet eindeutig die Zelle, wenn mehrere Zellen die gleiche Frequenz für den BCCH nutzen, oder wenn ein Zell-Cluster bzgl. der BCCH-Frequenz vorliegt (vgl. [103])

3.6 GSM-Handover

Ein weiteres wichtiges Element des Datenfeldes ist die Handover-Referenznummer, mit der die neue BTS überprüfen kann, ob die MS berechtigt ist, den reservierten Kanal zu bekommen. Die Nummer wird von der MS über eine Handover_Access-Meldung, vgl. Abschn. 3.6.9.7, der BTS mitgeteilt.

Im Handover_Command steht, ob die MS einen asynchronen oder synchronen Handover durchführen soll. In beiden Fällen kann sie sich dank der Vorsynchronisierung schnell auf den Rahmen- und Zeitschlitztakt des neuen Kanals einstellen. Wesentlicher Unterschied der Verfahren ist die Bestimmung der Zeitverschiebungskonstante (TA).

Beim synchronen Handover berechnet die MS selbständig die Zeitkonstante, mit der sie die Funkübertragung auf dem Downlink aufnimmt. Damit auch die BTS diese Konstante zur Synchronisierung für sich selbst bestimmen kann, sendet die MS zunächst einige *Access-Bursts* ohne Zeitverzögerung, bevor sie mit der normalen Übertragung fortfährt. Demnach entfällt in diesem Fall eine netzseitige Physical_Information-Nachricht, so daß die MS dazu übergeht, mittels eines SABM-Rahmens eine Schicht-2-Verbindung zum Netz aufzubauen.

Beim asynchronen Handover bestimmt die MS die Zeitverschiebung nicht selbst, sondern ist auf Unterstützung des Netzes angewiesen. Dabei sendet sie solange *Access-Bursts*, bis sie vom Netz als Antwort eine Physical_Information-Nachricht erhält, aus deren Inhalt sie die Zeitverschiebung berechnen kann, vgl. Abschn. 3.6.9.8. Danach erfolgt, wie im synchronen Fall, der Aufbau der Schicht-2-Verbindung.

Der Zeitgeber T3124 überwacht und steuert den Ablauf des asynchronen Handovers in der MS zwischen dem ersten Handover_Access und dem Eintreffen der Nachricht Physical_Information. Wird er überschritten, erfolgt ein Abbruch des Handoverprozesses und die MS kehrt zu ihrem alten Kanal zurück. Da beim Handover zur Übertragung von Signalisierdaten der FACCH genutzt wird, beträgt der Timerwert nach dem GSM-Empfehlung 04.08 [42] 320 ms.

Unmittelbar nach Empfang des erwarteten Handover_Access teilt die BTS durch Handover_Detection ihrer übergeordneten BSC die Belegung des reservierten Kanals mit. Der BSC setzt daraufhin mit Handover_Detection die MSC davon in Kenntnis, die dann den netzinternen Verbindungsweg zur MS ändert, evtl. ohne zuvor auf ein Handover_Complete zu warten, um netzseitige Schaltzeiten zu verkürzen. Nachdem sich die MS auf die normale Übertragung (mit Zeitverschiebung) umgestellt hat, richtet sie mit einen SABM-Rahmen des $LAPD_m$ Protokolls die Schicht-2-Verbindung zur BTS ein. Die BTS quittiert den Rahmen mit einem UA-Rahmen usw.

Sobald die Schicht-2-Verbindung vom Netz bestätigt worden ist, meldet die MS der BTS durch Handover_Complete, daß der Handover erfolgreich durchgeführt ist.

Tabelle 3.16: Informationselemente einer Handover_Required-Nachricht [37]

Informationselement	Senderichtung	Anzahl der Oktette
Message Type	BSC → MSC	1
Cause	BSC → MSC	3–4
Response Request	BSC → MSC	1
Cell Identifier List (preferred)	BSC → MSC	$2 \cdot n + 3$ bis $7 \cdot n + 3$

Diese Meldung gelangt über den BSC an die MSC, die darauf hin den netzinternen Verbindungsweg zum neuen BSC umroutet. Durch ein Clear_Command gibt sie die reservierten Netzbetriebsmittel beim alten BSC und der zugehörigen BTS frei. Damit kann die MS nur noch den neuen Funkkanal benutzen. Nach Freigabe der Ressourcen erfolgt durch den BSC über ein Clear_Complete eine an die MSC gerichtete Bestätigung.

3.6.9 Das Intra-MSC-Handoverprotokoll

Nachfolgend werden gemäß den GSM-Empfehlungen 04.08 [42], 08.08 [37] und 08.58 [38] Inhalte der Schicht-3-Nachrichten des Intra-MSC-Handoverprotokolls vorgestellt. Dieser Abschnitt ist keine vollständige Darstellung aller Details, sondern stellt nur die wesentlichen Elemente der Schicht-3-Nachrichten dar. Die $LAPD_m$ Vermittlungsnachrichten sind bereits in Kap. 3.5 beschrieben worden.

3.6.9.1 Handover_Required

Hat der BSC für eine MS, die bereits einen dedizierten Kanal hat, eine positive Handoverentscheidung getroffen, zeigt er der MSC mit Handover_Required an, vgl. Tab. 3.16, daß aus einem bestimmten Grund *(Cause-Element)* ein Handover für die betreffende MS erforderlich ist.

Message Type Dieses 8 bit (1 Oktett) lange Informationselement kennzeichnet eindeutig den Nachrichtentyp und ist in allen Schicht-3-Nachrichten enthalten. Die GSM-Empfehlung 08.08 [37] geht in Abschn. 3 speziell auf die Nachrichtentypen zur Verwaltung von Funkressourcen (*Radio Ressource Management*, RR) ein.

3.6 GSM-Handover

Cause Das `Cause`-Element bezeichnet den Grund für das Auftreten einer bestimmten Nachricht. Es ist aus einem 3 bis 4 oktett langen Datenfeld aufgebaut, wobei der eigentliche Grund im letzten bzw. in den letzten beiden Oktetten codiert ist, vgl. [37].

Folgende der etwa 40 möglichen Gründe sind typisch für Handover-Prozesse:

- *Uplink Quality,*
- *Uplink Strength,*
- *Downlink Quality,*
- *Downlink Strength,*
- *Distance,*

- *Better Cell,*
- *Response to MSC Invocation,*
- *Q&M Intervention,*
- *Directed Retry.*

Response Request Dieses 1 oktett lange Informationselement zeigt an, daß der BSC auf ein `Handover_Required_Reject` wartet, falls die `Handover_Required`-Nachricht zu keinem Handover geführt hat.

Cell Identifier List Diese Liste enthält alle für einen Handover in Frage kommenden Zielzellen. Sie wird anhand des in der BSC eingehenden Meßprotokolls bei positiver Handoverentscheidung nach einem bestimmten, netzspezifischen Algorithmus erstellt. Dabei kann sie je nach Zellenanzahl (in Tab. 3.16 durch n gekennzeichnet) und verwendeter Codierung der Zellidentität unterschiedliche Datenfeldgrößen annehmen. Die Anzahl der möglichen Zielzellen wird generell durch das Betreiberteilsystem (OSS) bzw. durch den verantwortlichen Netzbetreiber festgelegt, sollte aber laut GSM-Empfehlung im Bereich zwischen 1 und 16 liegen. Zur Identifizierung der Zellen wird im GSM-Netz üblicherweise der `LAI`- oder der `CI`-Code (5 bzw. 2 Oktette/Zelle) verwendet. Jedoch können aus [37] noch andere Codes gewählt werden.

3.6.9.2 Handover_Request

Durch diese Nachricht teilt die MSC dem betreffenden BSC mit, daß sich in ihrem Zuständigkeitsbereich die gewünschte Zielzelle befindet, die für einen Handover in Frage kommt, vgl. Tab. 3.17. Dabei gibt die MSC die Identifikation der Zielzelle vor, in der der BSC geeignete Funkressourcen reservieren soll.

Channel Type Dieses Informationselement enthält alle Angaben bzgl. der geforderten Kanaleigenschaften, die der BSC benötigt, um einen entsprechenden Kanal zu wählen. Zu den Angaben gehören Verwendungszweck (Sprache, Daten oder Signalisierung), Kanaltyp und Sprachcodec oder Datenrate.

Tabelle 3.17: Informationselemente einer Handover_Request-Nachricht [37]

Informationselement	Senderichtung	Anzahl der Oktette
Message Type	MSC → BSC	1
Channel Type	MSC → BSC	5
Encryption Information	MSC → BSC	3–20
Classmark Information 1[a]	MSC → BSC	2
Classmark Information 2	MSC → BSC	5
Cell Identifier	MSC → BSC	5–10
Priority	MSC → BSC	3
Circuit Identity Code[b]	MSC → BSC	3
Downlink DTX Flag[c]	MSC → BSC	2
Cell Identifier (Zielzelle)	MSC → BSC	3–10
Interference Band to be Used	MSC → BSC	2
Cause	MSC → BSC	3–4
Classmark Information 3[d]	MSC → BSC	3–14

[a] nur eines von beiden Elementen ist notwendig.
[b] wird nur eingebunden, wenn das Channel Type Element entweder die Übertragung von Sprache oder von Daten anzeigt.
[c] wird nur im Fall von Sprach-TCHs eingefügt. Falls der Indikator ausgelassen wird, so hat es keine Auswirkung auf den gegenwärtigen DTX-Modus der BSC.
[d] Die MSC leitet dieses Element nur bei weiterer Zuständigkeit weiter.

Beim Kanaltyp sind folgende Möglichkeiten zu unterscheiden [37]:

- Vollraten-TCH,
- Halbraten-TCH für Sprache oder Daten und
- SDCCH.

Die Vorgabe des Kanaltyps kann auch flexibel gestaltet sein. So ist es z. B. möglich, falls kein Halb- oder Vollratenkanal verfügbar ist, optional den jeweils anderen Kanaltyp zuzulassen. Darüber hinaus kann der BSC instruiert werden, den vorerst zugewiesenen Kanal später gegen den gewünschten Kanaltyp zu wechseln, sobald er verfügbar ist. Eine genaue Aufschlüsselung der Wahlmöglichkeiten und deren Codierung findet man in [37].

In Anlehnung an das ISDN werden Vollratenkanäle als B_m-Kanäle und Halbratenkanäle als L_m-Kanäle bezeichnet. Die Steuerkanäle heißen D_m-Kanäle [42].

Für die Datenübertragung stehen im transparenten Trägerdienst folgende Raten zur Verfügung: 9.6, 4.8, 2.4, 1.2, 0.6 kbit/s sowie 1200/75 bit/s (Netz → MS/MS → Netz).

Die nichttransparenten Dienste bieten folgende Datenraten [37]: 12 (B_m-Kanal) oder 6 kbit/s (L_m-Kanal), variabel je nach vorhandenen Ressourcen.

Encryption Information Dieses Informationselement trägt die notwendigen Chiffrierinformationen bzgl. der Nutzdatenübertragung, um die Ziel-BTS auf den mobilseitigen Chiffriermodus einzustellen.

Grundlage der Chiffrierung ist der in Kap. 3.13 genannte Übertragungsschlüssel K_c. Der BSC bzw. BTS werden durch die Encryption Information der Übertragungsschlüssel und der Index des verwendeten Codieralgorithmus mitgeteilt. Insgesamt liegen bis zu 7 verschiedene Algorithmen vor, jedoch kann auch eine Übertragung ohne Chiffrierung gewählt werden. Das Informationselement besteht aus 3 festen und einem bis zu 17 oktett langen Übertragungsschlüssel.

Classmark Information Mobilstationen unterscheiden sich in vielerlei Hinsicht, so z. B. in ihrer maximalen Sendeleistung und in den unterstützten Trägerdiensten. Das Netz muß die Eigenschaften jeder aktiven MS kennen, um Fehlfunktionen zu vermeiden. Deshalb werden den beteiligten BSS-Netzelementen vor jeder neuen Verbindungseinrichtung die charakteristischen Eigenschaften der betreffenden MS mitgeteilt.

Das Element **Classmark Information Type** 2 ist eines von drei Datenfeldtypen, das (im Unterschied zu den anderen Feldtypen) eine vollständige Auflistung der Endgeräteeigenschaften aufweist und folgende Teilelemente enthält [42]:

Revision Level: ist die Revisionsnummer des mobilen Endgeräts und charakterisiert den jeweiligen Entwicklungsstand durch 3 bit. Endgeräte, die vom technischen Stand her der 1. Phase der GSM-Standardisierung zuzuordnen sind, werden durch das Codewort 000 gekennzeichnet [103].

RF Power Capability: bezeichnet die maximale Sendeleistung eines Endgerätes. Wie in Tab. 3.4 dargestellt, wird die Sendeleistung der Geräte durch eine Klassenzuordnung beschrieben.

Die entsprechende Information wird für die dynamische Steuerung der Sendeleistung *(Power Control)* und zur Handover-Vorbereitung benötigt.

Encryption Algorithm: Mit diesem Teilelement, einem 2 bit langen Codewort, das zur Kennzeichnung eines Endgeräts mit A5-Chiffrierung den Wert 00 hat [42], wird dem Netz angezeigt, ob und über welchen Chiffrieralgorithmus das Endgerät verfügt. In GSM Phase 1 ist dafür nur eine Alternative, Algorithmus A5, vorgesehen. Laut dem bis heute gültigen MoU sind in allen Teilnehmerländern Endgeräte mit dem Algorithmus A5 eingeführt. A5 kann vom Gerätehersteller, wie aus dem `Encryption Element` hervorgeht, als eine von sieben Varianten ausgeführt sein.

`Frequency Capability`: Dieses Teilelement ermöglicht dem Netz, Endgeräte in unterschiedlichen Frequenzbändern zu unterstützen. Ein GSM-900 Gerät muß bislang zumindest alle Trägerfrequenzen in $2 \cdot 25$ MHz-Band funktechnisch beherrschen. Eine Erweiterung zu einem 35 MHz-Band (EGSM-Band), wird nicht von allen Endgeräten unterstützt werden können. Daher muß es der BSC möglich sein, verschiedene Geräteausführungen zu unterscheiden und ihnen gemäß ihrem Frequenzbereich einen Kanal zuweisen zu können.

Dieses Teilelement ist ein 3 bit langer Code, der mit der Einstellung 000 die Endgeräte charakterisiert, die mit $2 \cdot 25$ MHz breiten Bändern arbeitsfähig sind.

`Short Message Capability`: Dieses `Classmark Type 2` Element betrifft Kurznachrichten *(Short Messages)* und ist durch ein Bit codiert. Er zeigt entweder eine mobilseitige Unterstützung dieses Trägerdienstes (1) an oder nicht (0) [42]. `Classmark Type 1` stellt eine Kurzfassung des Datenfeldes dar, um bestimmte Schicht-3-Nachrichten, wie `Location_Updating_req`, auf einen einzigen Schicht-2-Rahmen abzubilden und enthält nur die wichtigsten Teilelemente [42]:

- Revision Level
- RF Power Capability
- Encryption Algorithm

`Cell Identifier` Aus der in Abschn. 3.6.9.1 vorgestellten *Cell Identifier List* bestimmt die MSC eine für den Handover geeignete Zielzelle und leitet den korrespondierenden Identitätscode der Zelle (`Cell Identifier, Target`) an den betreffenden BSC weiter. Zusätzlich gibt die MSC die Identität der ursprünglichen Zelle (`Cell Identifier, Serving`) an, in der für eine bestimmte MS ein Handover entschieden worden ist. Die Codierung der Zellidentität entspricht der in der `Cell Identifier List` angegebenen Form.

`Priority` Dieses Informationselement gibt die Wichtigkeit zur Bearbeitung bestimmter Nachrichtentypen an. Neben 14 verschiedenen Prioritätsstufen können bereits bestehende Verbindungen und Verbindungsanwärter bei der Vergabe von Funkkanälen als vor- oder nachrangig eingestuft werden. Es kann auch zugelassen

3.6 GSM-Handover

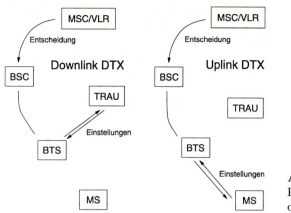

Abbildung 3.53: Schematischer Prozeßablauf zur Umstellung der diskontinuierlichen Übertragung

werden, daß bei momentan belegtem Kanalbündel das Handover_Request-Ereignis nicht unverzüglich abgelehnt, sondern in eine Warteschlange zur baldigen Bearbeitung eingereiht wird.

Circuit Identity Code Dieses Informationselement definiert den PCM Multiplexmodus und den zugehörigen Zeitschlitz des von der MSC bereitgestellten Kanals des Festnetzes.

Downlink DTX Flag DTX bezeichnet einen optionalen Übertragungsmodus für Sprache und nichttransparente Datendienste, bei dem in Zeitphasen mit geringem Informationsgehalt auf die Übertragung des Hintergrundrauschens *(Comfort Noise)* verzichtet wird. Da DTX unabhängig von der Übertragungsrichtung ausgeführt werden kann, müssen zwei DTX-Modi in Betracht gezogen werden: Uplink- und Downlink-DTX.

DTX beeinflußt das Betriebsverhalten der MS, der TRAU, vgl. Abschn. 3.2.1.2 und der BTS, welche ihr Verhalten dynamisch an die Datenübertragungsmodi der MS (Uplink) und der TRAU bzw. der MSC/IWF (Downlink) anpaßt.

Die MSC entscheidet, ob DTX angewandt wird, während der BSC den Dienst überwacht und die auf einem bestimmten Verbindungsweg liegende BTS informiert, ob und welcher DTX-Modus unterstützt werden. Die BTS konfiguriert, wie in Abb. 3.53 gezeigt, die beteiligten Funkbetriebsmittel TRAU (Downlink-DTX) und MS (Uplink-DTX).

Im Unterschied zum Downlink-DTX, der an eine bestimmte Verbindung gebunden ist, ist Uplink-DTX ein Zellparameter, der den in Bereitschaft *(Standby)* befindlichen MS über den BCCH und den aktiven MS über den SACCH mitgeteilt wird und deshalb für alle Uplink Verbindungen gilt. Eine Änderung des Downlink-DTX ist nur in Kombination mit einem Wechsel des Übertragungsmodus (Halb- ↔ Vollratenkanal, Datenratenanpassung) möglich [103]. Solche Fälle sind beispielsweise bei Handovern denkbar und werden der Ziel-BSC bei der Kanalzuweisung durch das `Downlink DTX Flag` angezeigt.

`Interference Band to Be Used` Durch dieses Informationselement berücksichtigt der BSC bei der Kanalvergabe das maximal zulässige Interferenzband und den geringsten erlaubten Interferenzpegel.

3.6.9.3 Channel_Activation

Die BTS erhält diese Nachricht von ihrer übergeordneten BSC, wenn sie einen Kanal reservieren soll. Hierfür werden ihr die notwendigen Kanalinformationen bekannt gegeben.

`Channel Number` Mit der Channel_Activation Nachricht gibt der BSC der BTS den für die Übertragung vorgesehenen Kanal bzw. Subkanal an. Die BTS quittiert der BSC mit dem `Channel Number` Element als Bestandteil der Nachricht Channel_Activation_ack, vgl. Abschn. 3.6.9.4, sofern ein Kanal bereitgestellt werden konnte. Mit der Kanalnummer lassen sich folgende Kanaltypen bzw. Kanalkombinationen darstellen [38]:

- B_m + SACCH (+ FACCH),
- L_m + SACCH (+ FACCH),
- SDCCH/4 + SACCH,
- SDCCH/8 + SACCH,
- Uplink CCCH (RACH),
- Downlink CCCH (PCH und AGCH).

`Activation Type` Mit dem Informationselement `Activation Type` wird der Zweck einer Kanalaktivierung und -reservierung erläutert, nämlich, daß der BSC eine der folgenden Absichten verfolgt [38]:

- *Intra-cell Handover* (Kanalwechsel innerhalb der gleichen Zelle),

3.6 GSM-Handover

Tabelle 3.18: Informationselemente einer Channel_Activation-Nachricht [38]

Informationselement	Senderichtung	Anzahl der Oktette
Message Type	BSC → BTS	1
Channel Number	BSC → BTS	2
Activation Type	BSC → BTS	2
Channel Mode	BSC → BTS	6
Channel Identification	BSC → BTS	4–10
Encryption Information[a]	BSC → BTS	3–20
Handover Reference[b]	BSC → BTS	2
BS Power[c]	BSC → BTS	2
MS Power[c]	BSC → BTS	2
Timing Advance[c,d]	BSC → BTS	2
BS Power Parameters[e]	BSC → BTS	2
MS Power Parameters[e]	BSC → BTS	2
Physical Context[f]	BSC → BTS	2

[a] ist nur vorhanden, wenn eine Chiffrierung der Nutzdaten vorgenommen werden soll.
[b] ist nur im Fall eines Handovers Bestandteil einer Channel Activation Nachricht.
[c] werden nur benötigt, wenn die Elemente BS Power, MS Power und/oder Timing Advance vorhanden sind, um die anfängliche Sendeleistung und den Inhalt des ersten Schicht-1-Nachrichtenkopfes festzulegen.
[d] ist bei einem Kanalwechsel innerhalb einer Zelle zwingend erforderlich.
[e] nur beim *Power Control* erforderlich. Die maximal erlaubte Sendeleistung wird in dem BS bzw. MS Power Element angegeben.
[f] ist ein optionales Element, das zusätzliche Kanalinformationen enthält.

- *Inter-cell Handover* (Kanalwechsel zwischen verschiedenen Zellen), asynchron oder synchron,

- *Call Setup* (Verbindungsaufbau) im Zusammenhang mit einer *Immediate Assignment Procedure* oder *Normal Assignment Procedure*.

Channel Mode Das Informationselement Channel Mode weist der BTS die Übertragungsmodi für beide Schnittstellen (U_m- und A_{bis}-Schnittstelle) zu. Für die Funktionalität der TRAU bedeutet das, daß ggf. ein Up- bzw. Downlink-DTX einzurichten ist, vgl. Abschn. 3.6.9.2. Beide Übertragungsrichtungen sind dabei durch ein Flag (1 bit) gekennzeichnet, wobei der Wert 1 für DTX steht, während 0 kein DTX zuläßt.

Das Channel Mode Element gibt auch den Verwendungszweck und Typ des gewünschten Funkkanals an. Da dieser Parameterbereich vollständig dem des

Channel Type Elements der Handover_Request Nachricht entspricht, findet man die genauere Erläuterung in Abschn. 3.6.9.2.

Channel Identification   Durch das Channel Identification Element wird der BTS eine komplette Beschreibung des zu reservierenden Kanals durch das Channel Description Element gegeben. Bei Anwendung von *Frequency Hopping* wird eine Liste der für eine abwechselnde Benutzung vorgesehenen Kanäle angefügt, die als Mobile Allocation Element bezeichnet wird. Beide Elemente sind Bestandteil des Layer 3 Information Datenfeldes, das der MSC durch eine Handover_Request_ack-Nachricht übergeben wird. Deshalb erfolgt die Erläuterung dieser Parameter im Abschn. 3.6.9.4.

Handover Reference   Dieses Informationselement ermöglicht der MS, sich beim Kanalzugriff mittels eines Handover_Access als berechtigter Anwärter zu identifizieren. Es trägt eine im Bereich zwischen 0 und 255 (1 oktett) liegende Zufallszahl, die dem reservierten Kanal solange zugeordnet wird, bis entweder die berechtigte MS ihn angefordert hat oder bis ein Abbruch des Handoverprozesses eingetreten ist.

Damit sowohl MS als auch BTS unabhängig voneinander Kenntnis über die Referenznummer erlangen, teilt der BSC diese einerseits der BTS und andererseits bei erfolgter Kanalreservierung der MSC mit.

BS Power   Der Parameter BS Power dient der Anpassung der BTS-Sendeleistung. Er reduziert die Sendeleistung, ausgehend vom vorliegenden Nominalwert (je nach Hersteller 20–30 dB), in Schritten von 2 dB. Dabei wird ein Bereich zwischen 0 und 30 dB abgedeckt [38]. Der Netzbetreiber kann über diesen Parameter unmittelbar auf das einzelne BTS-Deckungsgebiet Einfluß nehmen. Mehr zum Mechanismus des *Power Control* ist im Abschn. 3.6.9.5 unter dem Power Command Element angegeben.

MS Power   Der Parameter MS Power gibt die mobilseitige Sendeleistung vor.

Timing Advance   Das Informationselement Timing Advance (TA) enthält einen Zeitverschiebungsfaktor, mit dem die MS Signallaufzeiten ausgleicht, die aufgrund der Entfernung zwischen MS und BTS auf dem Up- und Downlink-Kanal entstehen. Da die BTS eine feste Synchronisation zwischen beiden Kanälen (Abstand von 3 Burstperioden = 1,73 ms) voraussetzt, sorgt die MS durch zeitgerechte

3.6 GSM-Handover

Tabelle 3.19: Informationselemente einer Channel_Activation_ack-Nachricht [38]

Informationselement	Senderichtung	Anzahl der Oktette
Message Type	BTS → BSC	1
Channel Number	BTS → BSC	2
Frame Number	BTS → BSC	3

Übertragung dafür, daß die Signallaufzeiten durch rechtzeitiges Senden aufgehoben werden.

Die Codierung des Zeitverschiebungsfaktors erfolgt in einem Oktett, dessen Wertigkeit die Dimension der Bitdauer ($48/13$ µs $\approx 3{,}69$ µs) hat [42].

BS Power Parameters Das Datenfeld BS Power Parameters enthält Informationen für die Sende-/Empfängereinrichtung (TRX) der BTS, um ihre Sendeleistung zu regeln.

MS Power Parameters In Analogie zu BS Power Parameters legt das MS Power Parameters Datenfeld Richtwerte und Grenzen eines BTS-seitig gesteuerten *Power Control* der Mobilstation fest.

Physical Context Das Datenfeld Physical Context enthält Informationen bezüglich des gegenwärtigen Sende-/Empfangsvorgangs, bezogen auf den aktuellen TRX. Sie sollte von einem TRX-Kanal zum nächsten, z. B. bei Handovern, übergeben werden. Der BSC hat auf diese Daten keinen Einfluß. Umfang und Inhalt dieses Datenfeldes sind dem Hersteller überlassen.

3.6.9.4 Channel_Activation_ack

Durch ein Channel_Activation_ack kündigt die BTS dem BSC an, daß sie den gewünschten Kanal erwartungsgemäß reservieren konnte, vgl. Tab. 3.19.

Frame Number Dieses Informationselement gibt dem BSC die gegenwärtige TDMA-Rahmennummer und damit das vorliegende Zeitraster der BTS bekannt. Im asynchronen Handoverfall benötigt der BSC diese Information, um den Wert

Tabelle 3.20: Informationselemente einer Handover_Request_ack-Nachricht [37]

Informationselement	Senderichtung	Anzahl der Oktette
Message Type	BSC → MSC	1
Layer 3 Information	BSC → MSC	9–56
Chosen Channel[a]	BSC → MSC	2
Chosen Encryption Algorithm[b]	BSC → MSC	2

[a] wird zumindest einbezogen, wenn der BSC die Kanalwahl getroffen hat.
[b] wird zumindest einbezogen, wenn der BSC den Chiffrieralgorithmus gewählt hat.

des Starting Time Elements im Layer 3 Information Datenfeld (vgl. Abschn. 3.6.9.5) zu bekommen, mit dem die MS den Kanalzugriff ausführt. Die Rahmennummer wird im Frame Number wie auch im Starting Time Element durch vier Zahlen repräsentiert, mit denen nach der in [42] angegebenen Formel ein Bereich zwischen 0 und 2 715 648 dargestellt werden kann. Der resultierende Rahmen ergibt sich aus einer Modulo-Operation zwischen der ermittelten Zahl und 42 432.

3.6.9.5 Handover_Request_ack

Konnte in der gewünschten Zielzelle ein geeigneter Kanal gefunden werden, weist der verantwortliche BSC die übergeordnete MSC darauf hin, daß der Handover durch ihn und die Ziel-BTS unterstützt werden kann. Auch teilt er der MSC u. a. die Kennung des reservierten Kanals Channel Description mit, zu dem die MS weitergeleitet werden soll, vgl. Tab. 3.20. Eine vollständige Kanal- und Zuweisungsbeschreibung ist im Datenfeld Layer 3 Information gegeben, vgl. 3.21.

Layer 3 Information Dieses Datenfeld enthält sämtliche Informationen des neuen Kanals, auch Parameter, die für eine Kanalzuweisung benötigt werden.

Cell Description: Dieses Informationselement beschreibt die Zielzelle. Da die MS durch Anfertigung des Meßprotokolls bereits mit der Zielzelle vorsynchronisiert ist, reichen die Angaben der Beacon[9]-Frequenz und des BSIC aus, um die Zellidentität eindeutig festzulegen. Beide Teilelemente haben jeweils eine Codelänge von einem Oktett.

Channel Description: Dieses Informationselement gibt eine allgemeine Kanalbeschreibung [37]:

---
[9] BCCH-Frequenz

3.6 GSM-Handover

Tabelle 3.21: Informationselemente eines `Layer 3 Information` Datenfeldes [42]

Informationselement	Senderichtung	Anzahl der Oktette
`Cell Description`	BSC → MSC	2
`Channel Description`	BSC → MSC	3
`Handover Reference`	BSC → MSC	1
`Power Command`	BSC → MSC	1
`Synchronisation Indication`[a]	BSC → MSC	1
`Cell Channel Description`[b]	BSC → MSC	17
`Channel Mode`[c] `Channel Description`[d]	BSC → MSC	4
`Channel Mode 2`[e]	BSC → MSC	2
`Frequency Channel Sequence`[f]	BSC → MSC	10
`Mobile Allocation`[g]	BSC → MSC	2–10
`Starting Time`[h]	BSC → MSC	3

[a]fällt es weg, dann handelt es sich um einen asynchronen Handover.
[b]tritt nur dann auf, wenn die Zielzelle *Frequency Hopping* unterstützt.
[c]ist enthalten, falls sich der Übertragungsmodus des zugewiesenen Kanals geändert hat.
[d]erscheint nur bei mobilseitiger Inanspruchnahme zweier dedizierter Kanäle, dabei weist es den 2. Kanal zu.
[e]ist enthalten, falls sich der Übertragungsmodus im optionalen `Channel Description` Element geändert hat.
[f]ist eine Kombination aus Zuweisungs- und Kanalbeschreibung, vorgesehen für Systeme, die *Frequency Hopping* betreiben. Die Datengröße ist so angepaßt, daß ein `Handover_Command` in einem einzigen Signalisierungsblock übertragen werden kann. `Cell Channel Description` und `Mobile Allocation` entfallen dabei.
[g]nur bei *Frequency Hopping* notwendig und ist generell auf alle Kanaltypen anwendbar, tritt aber zusammen mit einem `Cell Channel Description` Element auf.
[h]ist vorhanden, wenn mit einem Kanalwechsel auch eine Änderung der Trägerfrequenz eintritt.

- Kanaltyp (B_m-TCH, L_m-TCH, SDCCH),

- Typ des beigeordneten Steuerkanals (SACCH),

- Nummer des reservierten Zeitschlitzes *(Timeslot Number)*,

- Indikator zur Unterstützung des dynamischen Frequenzwechsels *(Frequency Hopping)* und

- Kanalzahl (1 bis 124).

`Power Command`: Die dynamische Sendeleistungssteuerung *(Power Control)* steigert ähnlich wie die in Abschn. 3.6.9.2 beschriebene, diskontinuierliche Übertragung (DTX) die spektrale Effizienz und die Betriebszeit des Akkus. Die Sendeleistung wird dabei soweit reduziert, daß die Signalqualität noch akzeptabel bleibt. Da Gleichkanalstörungen von der jeweiligen Sendeleistung der betroffenen Kanäle abhängen, lassen sie sich durch Leistungssteuerung evtl. vermindern.

Im GSM-System wird die Sendeleistung in beide Richtungen der Funkstrecke zwischen BTS und MS (Up- und Downlink) getrennt durch das Feststationssystem (BSS) gesteuert. Die Steuerungsdynamik beträgt für den Uplink-Kanal, je nach Endgerätetyp, zwischen 20 und 30 dB und den Downlink-Kanal herstellerabhängig bis zu 30 dB. Die Regelung der Sendeleistung wird dabei bidirektional alle 60 ms in Schritten von 2 dB durchgeführt.

Das BSS berechnet die mobilseitig erforderliche Sendeleistung aus dem von der BTS gemessenen Empfangspegel und der maximal möglichen Gerätesendeleistung unter gleichzeitiger Berücksichtigung der Signalqualitätsmessung, wofür die BTS ebenfalls zuständig ist. Für den Downlink legt das BSS die notwendige Sendeleistung der BTS durch Auswertung des periodisch eingehenden Meßprotokolls der MS fest.

Die Implementierung der Leistungssteuerung im BSC oder der BTS ist dem Hersteller überlassen. Das zugehörige BTS-BSC-Protokoll ist nur durch Platzhalter spezifiziert.

Beim Handover bestimmt die BSC die mobilseitige und festnetzseitige Sendeleistung. Dabei ist die Endgeräteleistung meist zellenabhängig vorgegeben und wird sowohl der Ziel-BTS im MS Power Element der Channel_Activation-Nachricht als auch der MS durch ein Power Command im Layer 3 Information Datenfeld mitgeteilt. Im Power Command sind 5 bit für die Codierung des Signalleistungspegels reserviert, so daß er 32 verschiedene Werte annehmen kann [42].

Synchronisation Indication: Dieser Indikator gibt beim Handover an, ob die Zielzelle mit der ursprünglichen Zelle synchronisiert ist oder nicht. Er ist durch ein Bit codiert und hat bei nichtsynchronisierten Zellen den Wert 0 oder andernfalls den Wert 1 [42].

Cell Channel Description: Das Teilelement Cell Channel Description ist ein Datenfeld, das eine vollständige Übersicht aller verfügbaren und nichtverfügbaren Kanäle in der neuen Zelle angibt. Dabei sind die Kanäle von 1 bis 124 durchnummeriert und mit 1 gekennzeichnet, wenn sie der Zelle angehören, andernfalls mit 0 [42].

Channel Mode: Dieses Element kennzeichnet die Codier- und Decodiermodi und unterscheidet folgende Übertragungsmodi [42]:

- nur Signalisierung,
- Datenkanal,
- Sprach-Vollratenkanal (B_m-Kanal),
- Sprach-Halbratenkanal (L_m-Kanal).

Frequency Channel Sequence: Dieses Datenelement enthält eine Kanalsequenz, mit der *Frequency Hopping* betrieben werden soll. Es sind insgesamt 16 verschiedene Kanäle eingetragen, von denen die niedrigste Kanalzahl (1–124) nochmals explizit aufgeführt ist. Jeweils zwei Kanalzahlen bilden ein Oktett [42].

Mobile Allocation: Das Datenfeld Mobile Allocation enthält alle im Cell Channel Description aufgeführten Kanäle, die zur neuen Zelle gehören (Kanalzahl ist mit 1 versehen) und kennzeichnet alle für das *Frequency Hopping* der MS erlaubten Kanäle mit 1 und alle übrigen mit 0. Es weist eine einheitliche Form von acht Kanälen pro Oktett auf. Ist die Anzahl der insgesamt verfügbaren Kanäle der Zelle geringer als ein Vielfaches von Acht, so werden die restlichen Stellen im 3. Oktett mit 0 aufgefüllt [42].

Starting Time: Die Starting Time informiert die MS darüber, ab welchem TDMA-Rahmen die Verbindung aufgenommen werden darf. Die Berechnung der Rahmennummer erfolgt wie beim Frame Number Element in Abschn. 3.6.9.4 beschrieben. Danach kann die MS angewiesen werden, mit einer Übertragung maximal bis zu 42 431 Rahmendauern (etwa 195,8 s) zu warten [42].

Chosen Channel   Chosen Channel teilt der MSC den zugewiesenen, mobilseitigen Kanaltyp mit [37]:

- SDCCH,
- B_m-TCH oder
- L_m-TCH.

Chosen Encryption Algorithm   Mit diesem Informationselement wird die MSC davon in Kenntnis gesetzt, ob die BSC eine Chiffrierung unterstützt und welcher der sieben verschiedenen A5-Typen angewendet wird [37].

3.6.9.6 Handover_Command

Nachdem zur Bestätigung der Kanalanfrage die Schicht-3-Nachricht Handover_Request_ack bei der MSC eingegangen ist, bildet die MSC aus ihr ein Handover_Command, das im wesentlichen nur das BSC-Datenfeld Layer 3 Information trägt, vgl. Tab. 3.22. Über BSC und BTS gelangt diese Nachricht zur betreffenden MS, die durch das genannte Datenfeld sämtliche Informationen bzgl. Kanaleigenschaften und Zugriffsparameter erhält.

Tabelle 3.22: Informationselemente einer Handover_Command-Nachricht [37]

Informationselement	Senderichtung	Anzahl der Oktette
Message Type	MSC → BSC BSC → BTS BTS → MS	1
Layer 3 Information	MSC → BSC BSC → BTS BTS → MS	9–56

Tabelle 3.23: Informationselemente einer Handover_Access Nachricht [42]

Informationselement	Senderichtung	Anzahl der Oktette
Handover Reference	MS → BTS	1

3.6.9.7 Handover_Access

Mit einem Handover_Access fordert die MS die Ziel-BTS auf, ihr den reservierten Kanal zuzuweisen. Diese Schicht-3-Nachricht enthält nur das aus dem Layer 3 Information Datenfeld bekannte Handover Reference Element (1 oktett), das zur Identitätskontrolle der MS zunächst ausreichend ist, um den Kanal zu vergeben, vgl. Tab. 3.23. Eine weitergehende Authentitätsprüfung der MS und des Teilnehmers erfolgt erst nach dem Handover.

3.6.9.8 Physical_Information

Die Physical_Information-Nachricht ist vom Netz an die MS gerichtet, um ein weiteres mobilseitiges Senden des Handover_Access zu beenden und den reservierten Kanal für die MS zu aktivieren, vgl. Tab. 3.24.

3.6.9.9 Handover_Complete

Nachdem die Verbindung zwischen MS- und BTS-Schicht 2 durch Austausch eines SABM- und UA-Rahmens eingerichtet worden ist, meldet die MS mit einem Handover_Complete dem Netz nunmehr, daß sie den Handover erfolgreich abge-

3.6 GSM-Handover 257

Tabelle 3.24: Informationselemente einer Physical_Information-Nachricht [42]

Informationselement	Senderichtung	Anzahl der Oktette
Message Type	BTS → MS	1
Timing Advance	BTS → MS	1

Tabelle 3.25: Informationselemente einer Handover_Complete-Nachricht [42]

Informationselement	Senderichtung	Anzahl der Oktette
Message Type	MS → BTS	1
RR Cause	MS → BTS	1

schlossen hat, vgl. Tab. 3.25. Diese Nachricht geht über die Netzinstanzen zurück an die MSC, von der der Handover_Command ausgegangen war [37].

RR Cause Mit diesem Informationselement teilt die MS dem Netz mit, aus welchem Grund sie den alten Kanal verlassen hat. Eine Reihe von Gründen und deren Codierung sind in [42] (Abschn. 10 und Anhang F) genannt.

3.6.9.10 Clear_Command

Ist der Handover mobilseitig durch ein Handover_Complete beendet worden, dann hat die MSC die Aufgabe, den Handoverprozeß auch netzseitig zu Ende zu führen. Dazu sendet sie dem BSC, der für die alte Zelle zuständig ist, ein Clear_Command, um eine Freigabe der dort zugewiesenen Funkbetriebsmittel zu veranlassen, vgl. Tab. 3.26. Der BSC leitet diese Nachricht seinerseits an die betreffende BTS weiter.

Layer 3 Header Information Dieses Element informiert das BSS über den Inhalt des Schicht-3-Nachrichtenkopfes, mit dem Nutzdaten über die Funkschnittstelle zu senden sind. Es hat aber zu diesem Zeitpunkt für den Handoverprozeß keine Bedeutung.

Cause Das Cause Element ist bereits im Abschn. 3.6.9.1 kurz beschrieben worden. Hier sollen einige typische Gründe für die Kanalfreigabe genannt werden [37]:

Tabelle 3.26: Informationselemente einer Clear_Command-Nachricht [42, 37]

Informationselement	Senderichtung	Anzahl der Oktette
Message Type	MSC → BSC	1
	BSC → BTS	
Layer 3 Header Information[a]	MSC → BSC	4
	BSC → BTS	
Cause	MSC → BSC	3–4
	BSC → BTS	

[a]dient keinem besonderen Zweck und ist ein optionales Element. Um den Funktionsablauf zwischen Netzelementen zu erleichtern, sollte es trotzdem übermittelt werden, außer die MSC ist sicher, daß der BSC auch ohne ihn auskommt. In einer zukünftigen GSM-Empfehlung wird es nicht mehr Bestandteil dieser Nachricht sein.

Tabelle 3.27: Informationselemente einer Clear_Complete Nachricht [37]

Informationselement	Senderichtung	Anzahl der Oktette
Message Type	BTS → BSC	1
	BSC → MSC	

- *Call Control,*
- *O & M Intervention,*
- *Equipment Failure,*
- *Handover Successful,*
- *Protocol Error between BSC and MSC.*

3.6.9.11 Clear_Complete

Sobald die BTS den zugewiesenen Kanal der MS freigegeben hat, der nach mobilseitig vollzogenem Handover von einer anderen Zelle versorgt wird, meldet sie den Vorgang mit einem Clear_Complete unverzüglich ihrem übergeordneten BSC, vgl. 3.27. Der BSC gibt daraufhin diese Nachricht an die MSC weiter, womit auch der netzseitige Teil des Handover-Protokolls abgeschlossen ist.

3.6.10 Inter-MSC Handover

Beim Inter-MSC Handover wird in eine von einer anderen MSC geführte Funkzelle gewechselt. Dabei unterscheidet man zwei Fälle:

3.7 Aktualisierung des Aufenthaltsbereiches (Location Update)

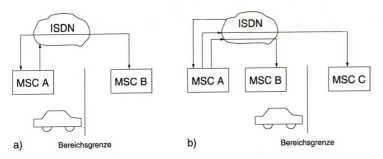

Abbildung 3.54: a) Erster Bereichswechsel *(Basic Handover)*, b) nachfolgender Bereichswechsel *(Subsequent Handover)*

- Beim *Basic Handover* erfolgt das Weiterreichen erstmals von einem Bereich in einen anderen, vgl. Abb. 3.54a. Dabei wird die Verbindung von der MSC A an die MSC B über das drahtgebundene ISDN-Netz weitergereicht.

- Ein *Subsequent Handover* liegt vor, wenn bereits mindestens ein *Basic Handover* vorausgegangen ist, vgl Abb. 3.54b. Auch dann ist die MSC A weiter für die Verbindungssteuerung zuständig. Auch hier wird die Verbindung durch die MSC A über das feste ISDN-Netz an die MSC C weitergereicht.

3.7 Aktualisierung des Aufenthaltsbereiches *(Location Update)*

Um Mobilteilnehmer unabhängig vom gegenwärtigen Aufenthaltsort erreichen zu können, muß beim Verlassen eines Aufenthaltsbereiches die sofortige Aktualisierung von HLR und VLR erfolgen. Hierzu wertet die Mobilstation ständig die Empfangsqualität aller empfangbaren Feststationen aus und ordnet sich logisch der mit dem stärksten Signal zu. Hat sie sich dabei einer Feststation zugeordnet, die außerhalb des bisher gültigen Aufenthaltsbereiches liegt, so leitet sie eine Aktualisierung *(Location Update)* ein und teilt dabei dem Netz ihren neuen Aufenthaltsbereich mit. Zwei Fälle sind zu unterscheiden:

- Wechsel innerhalb des gleichen VLR-Bereiches,
- Wechsel des VLR-Bereiches.

Ändert sich mit dem Aufenthaltsbereich gleichzeitig der VLR-Bereich, dann ist der Ablauf wie in Abb. 3.55. Da in dem zukünftigen VLR noch kein Eintrag der Mobilstation vorliegt, müssen ihre Daten aus dem HLR übertragen und im bisherigen

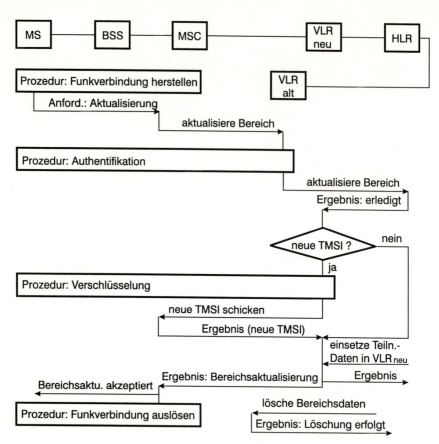

Abbildung 3.55: Ablauf der Prozedur Bereichs-Aktualisierung

VLR gelöscht werden. Fordert eine Mobilstation eine Bereichsaktualisierung, so liegt damit in der Regel auch die 4 Zeichen lange temporäre Mobilteilnehmeridentität (TMSI) sowie die Kennung des alten Aufenthaltsbereiches (LAI) vor. Damit ist es möglich, das bisherige VLR und somit auch die internationale Mobilteilnehmeridentität (IMSI) zu bestimmen. Alternativ kann die Mobilstation aber auch unmittelbar aufgefordert werden, ihre IMSI zu übertragen. Nachdem der Teilnehmer authentifiziert wurde, teilt das neue VLR dem HLR den Bereichswechsel durch die Nachricht Update_Location mit. Daraufhin überträgt das HLR durch Insert_Subscriber_Data notwendige Teilnehmerdaten an die neue VLR. Danach wird im bisherigen VLR der Teilnehmereintrag durch Cancel_Location gelöscht. Das neue VLR bestätigt der Mobilstation durch Location_Updating_Accepted, daß die Umbuchung durchgeführt wurde.

3.7 Aktualisierung des Aufenthaltsbereiches (Location Update)

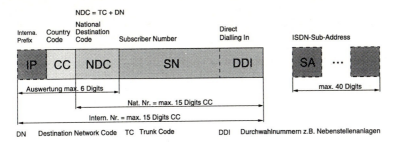

Abbildung 3.56: Nummernstruktur nach ITU-T-Empfehlung E.164

3.7.1 Unterstützung von Roaming

Mit *Roaming* (Umherstreifen) bezeichnet man einen Dienst des Mobilfunknetzes, der Freizügigkeit des Mobilteilnehmers bei bestehender Erreichbarkeit gestattet. Teilnehmer können dabei andere rufen oder selbst gerufen werden und unabhängig davon gleichzeitig mehrere Dienste nutzen. Man unterscheidet Roaming innerhalb desselben Netzes (über Aufenthaltsbereiche hinweg), nationales (zwischen verschiedenen Netzen)[10] und internationales Roaming.

3.7.2 Numerierungsplan für das Roaming

Die Numerierung im GSM folgt den Regeln der ITU-T Empfehlung E.164 für das ISDN, vgl. Abb. 3.56. Der Mobilteilnehmer hat neben der MSISDN-Rufnummer eine weitere Nummer, die IMSI mit max. 15 Zeichen Länge, anhand der er eindeutig identifiziert werden kann. Die Nummern sind folgendermaßen aufgebaut, vgl. Abb. 3.57:

- Die *Mobile Subscriber ISDN Number* (MSISDN) besteht aus der Heimatlandkennzahl (CC), der nationalen Zielkennzahl (NDC, identifiziert das Heimat-PLMN), ist also die HLR-Adresse, sowie der Teilnehmernummer (SN) im HLR, also MSISDN=CC+NDC+SN.

- Die *International Mobile Subscriber Identity* (IMSI) besteht aus der Mobilfunkkennzahl des Heimatlandes (MCC), dem Code des Mobilnetzes, d. h. der HLR-Adresse MNC, sowie der Teilnehmeridentität (MSIN) im HLR. Tab. 3.28 gibt für die bestehenden europäischen GSM-Netze die Codes MCC und MNC an.

---
[10] Nationales Roaming wird bisher nicht unterstützt

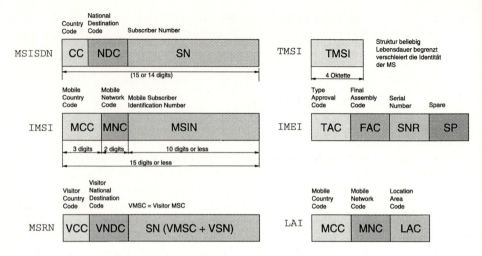

Abbildung 3.57: Struktur der GSM-Nummern

Daneben besteht als temporäre Adresse die *Mobile Station Roaming Number* (MSRN), die den Bezug zum momentanen Standort des Mobilteilnehmers liefert.

Die MSRN ist ortsabhängig, wird auf Anforderung des MSC temporär vom VLR zugeteilt (und im HLR gespeichert) und wird zum Verbindungsaufbau zu einer Mobilstation über das GMSC vom Festnetz benötigt. Sie besteht aus Länderkennzahl des besuchten Mobilnetzes (VCC), der Ortskennzahl (Bereich, in dem sich der Teilnehmer aufhält, VNDC), Kennung der besuchten MSC (VMSC) sowie der Teilnehmernummer (VSN), die durch das VLR zugewiesen wird. Die MSRN schützt davor, durch Abhören des Signalisierverkehrs die Identität und den Aufenthaltsort des Mobilteilnehmers ermitteln zu können.

Signalisiert eine Mobilstation im Netz, benutzt sie zur Identifizierung eine lokale, temporäre Nummer, die sogenannte *Temporary Mobile Subscriber Identity* (TMSI), damit die IMSI verborgen bleibt. Die TMSI wird von dem momentanen VLR temporär vergeben und verschlüsselt, zusammen mit der LAI, zur Mobilstation übertragen. Somit hat die TMSI nur lokale Bedeutung und ist nur innerhalb eines von einer Besucherdatei (VLR) verwalteten Gebietes gültig. Um die Vertraulichkeit übertragener Informationen des Mobilteilnehmers zu gewährleisten, wird die TMSI periodisch gewechselt.

Roaming hat ständigen hohen Signalisierungsaufwand im Mobilfunknetz zur Folge, auch ohne daß der Teilnehmer spricht. So müssen z. B. der momentane Standort des Mobilteilnehmers und seine Zugriffsrechte ständig aktualisiert und bei Bedarf bestimmt werden. Da Roaming nicht nur den Wechsel des Aufenthaltsbereiches im Heimat-PLMN, sondern auch zwischen internationalen Netzen betrifft, sind evtl. mehrere Netze betroffen.

3.8 Verbindungsaufbau

Im diensteintegrierenden GSM-Mobilfunknetz sind ähnlich dem ISDN unterschiedliche Telekommunikationsdienste am selben Teilnehmeranschluß möglich. Bei Verbindungseinrichtung müssen daher vom rufenden Teilnehmergerät, neben der Zieladresse, Angaben über gewünschte Übermittlungseigenschaften der Verbindung und vom gerufenen Teilnehmergerät geforderte Verträglichkeitsbedingungen spezifiziert werden. Das gerufene Gerät kann dann eine für den gewünschten Dienst geeignete Endeinrichtung auswählen. Gegenüber dem ISDN ergeben sich zusätzliche Forderungen hinsichtlich der Bestimmung der Aufenthaltsadresse des Mobilteilnehmers bei kommender Verbindung und der Auswahl besonderer Umsetzungsfunktionen im Netz, die für die Zusammenarbeit innerhalb des Mobilfunknetzes bzw. mit dem ISDN erforderlich sind.

3.8.1 Kommender Ruf *(Mobile Terminated Call)*

Will ein Anrufer aus dem festen Netz einen mobilen Teilnehmer erreichen, so muß er dessen ISDN-Nummer wählen. Erkennt die Vermittlungsstelle des Festnetzes, daß es sich um eine Nummer innerhalb eines PLMN handelt, wird der Anruf mit der Initialisierungsnachricht IAM *(Initial Address Message)* vom öffentlichen Netz an die nächste Übergangsvermittlung GMSC (Gateway-MSC) übergeben (1), vgl. Abb. 3.58.

Aus der in der IAM-Nachricht enthaltenen Rufnummer bestimmt die GMSC die Heimatdatei des mobilen Teilnehmers (2). Das HLR überprüft die Existenz der Nummer und, sofern mit der IAM-Nachricht auch die gewünschten Dienste mitgeliefert wurden, die Berechtigung des mobilen Teilnehmers für die geforderten Dienste. Zusätzlich fordert das HLR für den anstehenden Verbindungswunsch das Aufenthalts-VLR auf, eine Aufenthaltsrufnummer MSRN bereitzustellen (3).

Nach Erhalt der MSRN (4), anhand der das HLR die für den aktuellen Aufenthaltsort zuständige MSC bestimmen kann, wird dieses der GMSC mitgeteilt (5), die dann die Verbindung bis zur zuständigen MSC einrichtet (6). Die MSC beauftragt das VLR, den Erreichbarkeitsstatus der Mobilstation zu ermitteln (7). Ist diese erreichbar, teilt das VLR dies der MSC mit (8), die dann einen Funkruf an den Teilnehmer in allen ihr zugeordneten Funkzellen veranlaßt (9). Meldet sich der

Tabelle 3.28: Landes- und Netzcodes der europäischen GSM-Netze

Land	Netzbetreiber	MCC	MNC	Anzeige im Display oder Kurzanzeige		Vorwahl für D
Belgien	RTT Belgacom	206	01	BEL MOB-3	MOB-3	00 49
Dänemark	Tele Danmark Mobil	238	01	DK TDK-Mobil	TD MOB	00 49
Dänemark	Dansk Mobil Telefon	238	02	DK SONOFON	SONO	00 49
Deutschland	Deutsche Bundespost Telekom	262	01	D1-Telekom	D1	—
Deutschland	Mannesmann Mobilfunk	262	02	D2 PRIVAT	D2	—
Finnland	Telecom Finland	244	91	FI TELE FIN	TELE	990 49
Finnland	Oy Radiolinja AB	244	05	FI RADIOLIJNA	RL	990 49
Frankreich	France Telecom	208	01	F FRANCE TELECOM	FT	19 49
Frankreich	SFR	208	10	F SFR.	SFR.	19 49
Großbritannien	Cellnet	234	10	UK CELLNET	CLNET	010 49
Großbritannien	Vodafone	234	15	UK VODAFONE	VODA	010 49
Irland	Eircell	272	01	IRL EIR-GSM	E-GSM	00 49
Italien	SIP	222	01	I SIP	I SIP	00 49
Luxemburg	P&T Luxembourg	270	01	L LUXGSM	P&T L	00 49
Niederlande	PTT Telecom	204	08	NL PTT TELECOM	NL PTT	00 49
Norwegen	Tele Mobil Norway (Nor. Telecom)	242	01	N TELE-MOBIL	TELE	095 49
Norwegen	NetCom GSM A/S	242	02	N NETCOM GSM	N COM	095 49
Österreich	PTV Austria	232	01	A E-Netz	MN-E	0 49
Portugal	Telecom. Moveis Nacionals	268	06	P TELEMOVEL	TMN	00 49
Portugal	Telecel	268	01	P TELECEL	TLCL	00 49
Spanien	Telefonica	214	07	E TELEFONICA	TLFCA	07 49
Schweden	Televerket Radio (Sw. Telecom)	240	01	S TELIA MOBITEL	TELIA	00 9 49
Schweden	Comvik GSM AB	240	07	S COMVIQ	IQ	00 9 49
Schweden	AB Nordic Tel	240	08	S EURIPOLITAN	EURO	00 9 49
Schweiz	Swiss PTT Telecom	228	01	CH NATEL D GSM	NAT D	00 49
Türkei	PTT Turkey	286	01	R TURKIYE GSM	TR GSM	00 90

3.8 Verbindungsaufbau

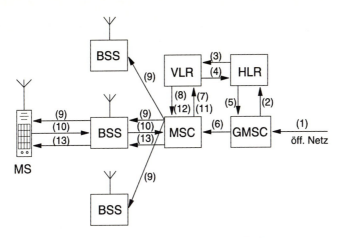

Abbildung 3.58: Kommender Ruf

mobile Teilnehmer (10), so wird nach Ablauf aller Sicherheitsprozeduren (11) die MSC vom VLR aufgefordert (12), die Verbindung im Funknetz einzurichten (13).

3.8.2 Gehender Ruf *(Mobile Originated Call)*

Ein Mobilteilnehmer des GSM-PLMN kann jederzeit eine Verbindung anfordern. Ein abgehender Ruf beginnt mit einer Operation, die den Zugang zum Netz einleitet und dem VLR neben der Teilnehmerkennung den Anforderungstyp und die augenblicklich in der Mobilstation gespeicherte Übertragungsschlüsselnummer mitteilt. Um eine unnötige Belegung des Funkkanals zu vermeiden, wird die gewünschte Anschlußnummer auf einem Anzeigefeld im Endgerät angezeigt, so daß bei einem Eingabefehler der Teilnehmer die Möglichkeit hat, diese zu ändern, bevor er die Ruftaste betätigt.

Die Schritte, die bei einem Verbindungswunsch durchlaufen werden, sind in Abb. 3.59 dargestellt. Nach Einleitung der erforderlichen Sicherheitsprozeduren und erfolgtem Rufwunsch (1) übergibt die rufende Mobilstation dem MSC, in einer RIL3_CC_Setup-Nachricht, neben der Anschlußnummer des gerufenen Teilnehmers, Forderungen bzgl. der Dienstgüte des Netzweges und der Kompatibilität des gerufenen Teilnehmergerätes (2).

Damit die gewünschten Anforderungen erfüllt werden können, muß die MSC die Berechtigung des Mobilteilnehmers durch Anfrage im VLR (3 + 4) sowie die ihr zur Verfügung stehenden Betriebsmittel (IWF, freie Leitung zum Festnetz usw.) überprüfen (5). Bei Erfolg weist die MSC die Betriebsmittel für die Verbindung zu,

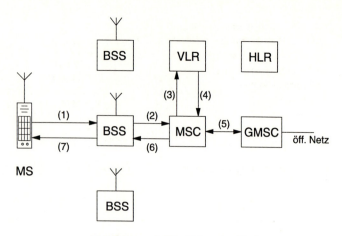

Abbildung 3.59: Gehender Ruf

wählt die erforderlichen Umsetzfunktionen (*Interworking Function*, IWF) und sendet bei erfolgreichem Aufbau der Mobilstation eine RIL3_CC_Alerting Nachricht (6 + 7), welche in der Mobilstation in einen Rufton umgesetzt wird.

3.9 Datenübertragung und Raten-Anpassungsfunktionen

Bild 3.60 zeigt das Prinzip einer GSM-PLMN-Verbindung. Zum korrekten Verbindungsaufbau müssen verschiedene Anpaßfunktionen realisiert werden. Bezüglich der physikalischen Schnittstelle ist die Unterstützung des sog. S-Interface (ITU-T: I.430-Serie, vgl. Abb. 3.3) vorgesehen. In den Mobilstationen gibt es zwei 64 kbit/s B-Kanäle als Verkehrskanäle und einen D-Kanal als Steuerkanal. Der volle Leistungsumfang des ISDN kann wegen der beschränkten Bandbreite der Funkkanäle jedoch nicht angeboten werden. Daneben werden auch herkömmliche R-Schnittstellen unterstützt. Unterstützt werden die Datenschnittstellen nach ITU-T X.21, X.21bis, X.25 und V.24.

3.9.1 Ratenanpassung an die Leistung des Verkehrskanals

Die Ratenanpassung ist gemäß ITU-T X.30/V.110 definiert. Da die Funkschnittstelle nur Datenraten von deutlich weniger als 64 kbit/s bietet, waren Modifikationen nötig. ITU-T beschreibt einen 3-Stufen-Prozeß mit den Funktionen:

3.9 Datenübertragung und Raten-Anpassungsfunktionen

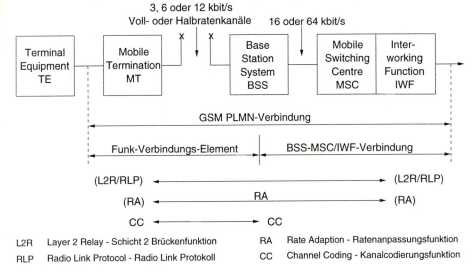

Abbildung 3.60: Verbindung für Datenübertragung im PLMN

RA 0: Sie setzt einen asynchronen Eingangs- in einen synchronen Ausgangsstrom um von $2^n \cdot 300$ bit/s.

RA 1: Diese Funktion setzt sowohl synchrone Eingangsdaten, als auch Zustandsinformationen der Teilnehmerschnittstelle, Steuerinformationen und Synchronisationsmuster voraus. Die Ratenanpassung erfolgt dann durch Multiplexen auf einen 8 oder 16 kbit/s Ausgangsstrom in Form von Blöcken mit 80 bit. Die Raten 8/16 kbit/s heißen im ISDN Zwischenraten.

RA 1': Diese Modifikation von RA 1 erzeugt die GSM-Zwischenraten von 12,6 und 3,6 kbit/s. Zwischenraten entstehen durch Entfernen der Synchronisationsmuster und der Steuerinformation. Letztere wird explizit über den L_m-Steuerkanal (auch D_m Kanal genannt) übermittelt. Bei der Ausgangsrate 3,6 kbit/s werden sogar noch einige redundante Datenbits entfernt.

RA 2: Die Funktion formt aus den erhaltenen Blöcken durch sog. Bitstopfen einen Datenstrom mit 64 kbit/s. Diese dritte Stufe wird nur in der Feststation verwendet.

Abbildung 3.61 zeigt die Anwendung der Ratenadaption für transparente Datenübertragung und R-Schnittstelle, Abb. 3.62 zeigt den Fall nichttransparenter Datenübertragung mit R-Schnittstelle. In beiden Bildern tritt auch die S-Schnittstelle auf, an die eine Mobilstation mit ISDN Schnittstelle unmittelbar anschließbar ist.

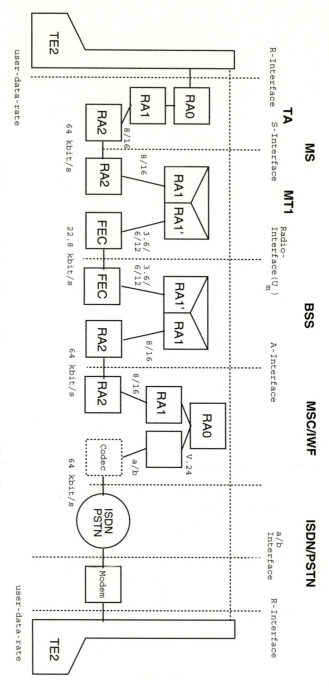

Abbildung 3.61: Beispiel für asynchrone, transparente Datenübertragung

3.9 Datenübertragung und Raten-Anpassungsfunktionen

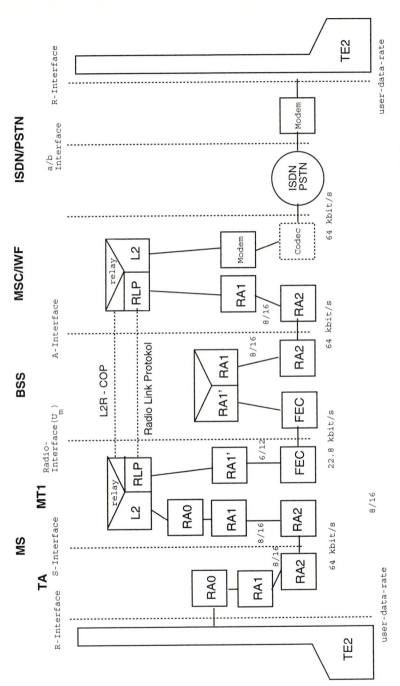

Abbildung 3.62: Beispiel für asynchrone, nichttransparente Datenübertragung, vgl. Abschn. 3.9.4

3.9.2 Ratenanpassung bei der Verbindung BTS/Transcoder zur MSC bzw. MSC/IWF

Da die MSC nur 64 kbit/s-Kanäle vermitteln kann, müssen die GSM-Zwischenraten durch die Funktion RA 2, die meistens der Sprach-Transcoderfunktion (TRAU) zugeordnet wird, auf 64 kbit/s gebracht werden, vgl. Abschn. 3.2.1.2. Die Funktionen für (nicht)transparente Dienste sind nahezu identisch. Bits, die im transparenten Fall die Übertragungsrate anzeigen, dienen jedoch im transparenten Fall der Anzeige der Ausrichtung der RLP-Blöcke und zur Steuerung der diskontinuierlichen Sprachübertragung (DTX), falls angewandt.

3.9.3 Schicht-2-Brückenfunktion (*Layer 2 Relay*, L2R) und *Radio Link Protocol* (RLP)

Der Verkehrskanal überträgt mit Fehlerkorrektur (FEC), vgl. Abschn. 3.3.7.1. Die RLP-Funktion, vgl. Abschn. 3.9.4, bietet einen ARQ-Mechanismus, der sich von der Mobilstation zu den Netzübergangsfunktionen (*Interworking Functions*, IWF) in der MSC erstreckt, um vom FEC-Verfahren nicht/falsch korrigierte Fehler zu erkennen und durch Übertragungswiederholung zu eliminieren, vgl. Abb. 3.62. Die L2R-Funktion setzt das Schicht 2-Protokoll des Endgerätes in ein verbindungsorientiertes (*Connection Oriented*, CO) L2R-Protokoll um, das eine durch das RLP geschützte Übertragung nutzt. RLP- und L2R-Funktionen gibt es nur im Mobilnetzabschluß und den Netzübergängen, da nur MSCs mit IWFs Hauptübergabepunkte sind, um Probleme der Protokollsynchronisation klein zu halten.

3.9.4 Das Radio-Link Protokoll (RLP)

Für transparente Telekommunikationsdienste im GSM-Netz reicht ein Trägerdienst mit Fehlerkorrektur (FEC) aus. Manche Anwendungen erfordern jedoch höhere Übertragungsqualität, die ein ARQ-Protokoll nötig machen, wobei dann ein Trägerdienst mit Fehlererkennung benutzt wird. Man spricht von einem nichttransparenten Dienst. Benutzt wird ein geschichtetes, vollduplexfähiges Protokoll, das Radio-Link Protokoll (RLP) genannt wird und der Schicht 2 des ISO/OSI-Referenzmodells zugeordnet ist.

3.9.4.1 Merkmale des Radio Link Protokolls

Es unterstützt Nutzdatenübertragung bis zu 9,6 kbit/s ohne merkliche Verzögerung. Laut GSM-Empfehlung 04.22 kann der Durchsatz typisch in 90 % des Zellen-

3.9 Datenübertragung und Raten-Anpassungsfunktionen

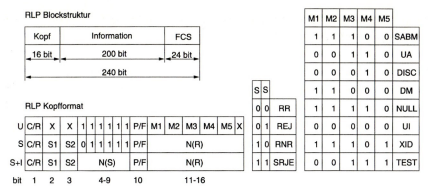

Abbildung 3.63: Protokoll-Dateneinheiten des RLP

gebietes für 90 % der Zeit bei einer maximalen Verzögerung von 120 ms pro Richtung aufrechterhalten werden. Das FEC-Verfahren des benutzten Trägerdienstes bietet eine Bitfehlerhäufigkeit (BER) von ca. 10^{-3} bei 9,6 kbit/s und von ca. 10^{-7} bei 4,8 kbit/s, bei einem Vollratenverkehrskanal. Durch den ARQ-Mechanismus wird ein Bitfehlerverhältnis (BER) von ca. 10^{-7} bei 9,6 kbit/s erreicht. Das RLP wurde aus dem HDLC Protokoll (ISO IS 4335) entwickelt, weil sich die Funknetzkenndaten von denen drahtgebundener Leitungen unterscheiden, für die HDLC vorgesehen ist. Bild 3.63 zeigt die drei Formate der RLP-Protokoll-Dateneinheiten und die benutzten Steuerkommandos. U- und S-Blöcke tragen keine Information. Hauptunterschiede zu HDLC sind:

- Synchronisationsmuster entfallen,

- Blöcke werden modulo 64 numeriert anstelle modulo 8 bzw. 128,

- die Prüfsumme (FCS) wurde von 2 auf 3 byte verlängert,

- RLP erlaubt gleichzeitige Übertragung von Nutzer- und Statusinformation, vgl. S+I-Block,

- Adressen entfallen wegen exklusiver Nutzung für nur jeweils eine Verbindung,

- Befehle/Antworten werden durch das C/R-bit (`command/response`) unterschieden, dementsprechend wird das P/F-bit (`poll/final`, Sendeaufruf/Ende) gesetzt,

- ein X-Bit (E, *Evolutionary*) ist reserviert (z. B. Punkt-zu-Mehrpunkt-Verbindungen).

3.9.4.2 Funktionsweise des Radio Link Protokolls

Stationen können jederzeit Verbindungen aufbauen, rücksetzen oder auslösen, *Asynchronous Balanced Mode Procedure* (ABM) genannt. RLP unterstützt Punkt-zu-Punkt duplex Verbindungen. Die RLP-Instanz kann sich entweder im Betriebsmodus ADM *(Asynchronous Disconnected Mode)* oder ABM befinden, in dem die Datenübertragung stattfindet. U-Blöcke sind nichtnumerierte Steuerblöcke zum Auf- oder Abbau des Übermittlungsabschnittes. Ihre Funktion ist im ´MMMMM´-Feld codiert. S-Blöcke *(Supervisory)* sind Steuerblöcke mit Folgenummern; Sie bestätigen korrekt empfangene und veranlassen die Wiederholung von als fehlerhaft erkannten Datenblöcken oder die befristete Aussetzung der Datenübertragung. Ihre Funktion ist im ´SS´-Feld codiert. Die Definition von U- und S-Blöcken beim RLP stimmt nahezu mit der vom HDLC überein. Informationsblöcke, bei HDLC I-Blöcke genannt, tragen beim RLP zusätzlich noch Steuerinformation. Sie werden deshalb S+I-Blöcke genannt. Das N(R)-Feld (*Received Sequence Number*, Empfangsfolgenummer) bei den S- und S+I-Blöcken dient zum Bericht über den Empfangsstatus. S+I-Blöcke haben noch ein N(S)-Feld (*Send Sequence Number*, Sendefolgenummer), um die gesendeten Blöcke modulo 32 zu numerieren.

3.10 Die Dienste im GSM-Mobilfunknetz

Eine wichtige Rolle bei der Konzeption des paneuropäischen Funknetzes spielt die Definition der in diesem Netz standardisierten Dienste, vgl. Abb. 3.64.

Das GSM ermöglicht die Integration verschiedener Sprach- und Datendienste und bietet auch Übergangsfunktionen für die Zusammenarbeit mit anderen Telekommunikationsnetzen für Sprach- und Datenübertragung an. Die GSM-Empfehlungen sehen neben dem Sprachdienst eine stufenweise Einführung von Daten- und Telematikdiensten vor.

Die im GSM angebotenen Telekommunikationsdienste werden in drei Hauptkategorien unterteilt:

Trägerdienst *(Bearer Service)*: Als Trägerdienste werden alle Telekommunikationsdienste bezeichnet, die den Teilnehmern die Möglichkeit bieten, zwischen mobilem Nutzer und Teilnehmer eines beliebigen Partnernetzes Signale bittransparent zu übertragen. Er bietet nur reine Transportdienste, wie sie über die unteren drei Schichten des ISO/OSI Modells definiert sind, nämlich verbindungsorientierte kanal- und paketvermittelte Datenübertragung.

Teledienst *(Tele Service)*: Unter Teledienst versteht man einen Telekommunikationsdienst, der anwendungsbezogene Kommunikation zwischen einem mobi-

3.10 Die Dienste im GSM-Mobilfunknetz

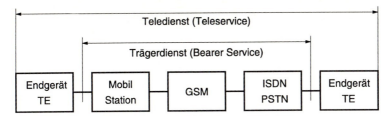

Abbildung 3.64: Zusammenhang zwischen Träger- und Telediensten bei einer Ende-zu-Ende Verbindung im GSM

len Teilnehmer und einem zweiten Nutzer gemäß standardisierter Protokolle erlaubt. Hierfür werden Protokolle aller 7 Schichten des ISO/OSI Modells benötigt. Die GSM-Empfehlungen sehen vor, daß der Teledienst nur einen oder allenfalls eine geringe Anzahl verschiedener Trägerdienste beansprucht.

Zusatzdienste *(Supplementary Services)*: Die Zusatzdienste sind weitergehende Leistungsmerkmale, die den Teilnehmern ergänzend zu den oben erwähnten Diensten angeboten werden. Es handelt sich nicht um selbstständige Dienste, sondern um Dienste in Verbindung mit den Tele- und Trägerdiensten.

Darüber hinaus wird erwartet, daß viele Netzbetreiber durch Nutzung der GSM-Empfehlungen ihre Marktchancen mit individuellen Mehrwertdiensten (z. B. Reiseinformationsdienst, Verkehrsinformationsdienst und Sekretariatsdienst) zu erhöhen suchen.

Abbildung 3.64 zeigt eine Ende-zu-Ende Verbindung im GSM und den Zusammenhang zwischen den Träger- und Telediensten.

3.10.1 Einführungsphasen der Dienste

Die Gesamtheit der Dienste, die in den Standards spezifiziert sind, kann und soll den Teilnehmern nicht gleichzeitig mit der Inbetriebnahme des Netzes angeboten werden. Deshalb wird in der GSM-Empfehlung Serie 01.06 ein Konzept zur schrittweisen Einführung der verschiedenen Dienste nach ihrer Wichtigkeit sowie der zu erwartenden Marktsituation vorgestellt. Demnach werden die Dienste als wesentlich (*Essential*, E) oder zusätzlich (*Additional*, A) eingestuft.

E-Dienst: muß von allen Mobilkommunikationsnetzen (PLMN) angeboten werden.

A-Dienst: kann vom Netzbetreiber angeboten werden.

Tabelle 3.29: Die Einführungsphasen der Dienste im GSM-Netz in Europa

Phase	Zeitpunkt der Einführung	Dienste
E1	1991	Fernsprechdienste sowie einige Zusatzdienste
E2	1994	Fernsprechdienste und eine begrenzte Anzahl von Daten- und Zusatzdiensten
E3	1996	Fernsprechdienste, erweiterte Daten- und Zusatzdienste

Die E-Dienste sind einer von drei Einführungsphasen zugeordnet, vgl. Tab. 3.29, wobei der Index mit dem Wertebereich (1,2,3) angibt, welche Dienste zuerst zur Verfügung gestellt werden müssen. So werden E1-Dienste bereits bei der Einführung des GSM angeboten, während die nachfolgenden Dienste, unter Beachtung der Aufwärtskompatibilität, zu einem späteren Zeitpunkt eingeführt werden. Dadurch soll einerseits den Erfordernissen der Netzbetreiber, die marktgerecht anbieten wollen, sowie andererseits der Notwendigkeit der europäischen Harmonisierung im Bereich der Telekommunikation Rechnung getragen werden.

3.10.2 Trägerdienste

Das GSM unterstützt unterschiedliche Varianten zur Datenübertragung, wobei das GSM hierbei als *Träger* für die Datenübertragung zur Verfügung steht. Die Trägerdienste erlauben die Nutzung des GSM für Nichtsprachdienste bis 9600 bit/s. Da die Sprachübertragung voraussichtlich den hauptsächlichen Verkehrsanteil darstellen wird und man in Bezug auf die Datendienste mit weniger als 10 % Anteil am gesamten Übertragungsvolumen rechnet, wurden die Trägerdienste nur zum Teil als *essential* eingestuft.

In GSM-Netzen kann der Funkweg kurzzeitig wegen Funkschatten unterbrochen werden. Dies ist für die Sprachübermittlung aufgrund der vorhandenen Redundanz natürlicher Sprache weniger kritisch als bei der Datenübermittlung. Für Datendienste müssen entsprechende Maßnahmen wie fehlersichernde Übertragungsprotokolle vorgesehen werden, um Störungen unwirksam zu machen.

Die Trägerdienste ermöglichen transparente und nichttransparente synchrone bzw. asynchrone Datendienste. Die Zeittransparenz wird beim nichttransparenten Dienst verletzt, d. h. die Daten erfahren eine schwankende Verzögerung und einen situationsabhängigen Durchsatz im Funknetz.

3.10 Die Dienste im GSM-Mobilfunknetz

Der transparente Trägerdienst Wenn lediglich Funktionen der ISO/OSI-Schicht 1 und keine höheren Schichten beteiligt sind, wird von einem transparenten Dienst gesprochen.

Dem Teilnehmer wird der Verkehrskanal ohne Unterstützung durch Kommunikationsprotokolle mit einer definierten Übertragungsrate zur Verfügung gestellt. Da beim transparenten Trägerdienst ein Kanalcodierungsverfahren mit Fehlerkorrektur (FEC) verwendet wird, werden die Daten mit konstantem Durchsatz und konstanter Verzögerungszeit übertragen. Durch die Anwendung unterschiedlich leistungsfähiger Fehlerkorrekturverfahren ergeben sich als mögliche Datenraten:

- beim Vollratenkanal: 9,6/4,8/2,4 kbit/s und
- beim Halbratenkanal: 4,8/2,4 kbit/s.

Die Qualität der Verbindung (gemessen über ihre Bitfehlerhäufigkeit) ist von der Güte des Funkkanals abhängig.

Der nichttransparente Trägerdienst Nichttransparente Trägerdienste benutzen Protokolle, deren Funktionen den Schichten 2 und 3 des ISO/OSI-Schichtenmodells entsprechen, um u. a. die Kommunikation durch Fehlererkennung und wiederholte Übertragung abzusichern und durch Datenflußsteuerung zu optimieren.

Der nichttransparente Dienst beruht auf dem transparenten Trägerdienst und verwendet zusätzlich das *Radio Link Protocol* (RLP). Es erlaubt neben der aus dem HDLC-Protokoll bekannten Zurückweisung *(Reject)*, bei dem bei Fehlern ab einer bestimmten Rahmennummer mit der Wiederholung der Übertragung begonnen wird, auch den *Selective-Reject*-Mechanismus, bei dem nur der gestörte Rahmen wiederholt werden muß, vgl. Abschn. 2.8.4 bzw. 3.9.4 und Abb. 3.63.

Die Übertragung von Steuerkommandos ist im Gegensatz zu HDLC auch in Informationsrahmen möglich. Die maximale Fenstergröße ist mit 62 an die bitverschachtelungsbedingte Verzögerung angepaßt.

Dieses hybride ARQ-Protokoll führt zu einer Restbitfehlerwahrscheinlichkeit $< 10^{-7}$, wobei der Durchsatz und die Verzögerungszeit der Übertragung funkfeldbedingt stark schwanken können. Das Fehlerkorrekturverfahren entspricht beim nichttransparenten Datendienst dem für eine Datenrate von 9,6 kbit/s, wobei Geräte auch mit niedrigerer Bitrate übertragen dürfen.

Als Trägerdienste sind unter anderem folgende Dienste vorgesehen:

- Daten kanalvermittelt, duplex-asynchron (E2/A),
- Daten kanalvermittelt, duplex-synchron (A),

- kanalvermittelter Zugang zum PAD eines paketvermittelnden Datennetzes (Datex-P) (E2/A), vgl. ITU-T Empf. X.25, X.28, X.29,

- Synchroner Duplex-Zugang zu einem paketvermittelten Datennetz (E3/A),

- Alternate Speech/Unrestricted Digital,

- Speech followed by Data,

- 12 kbit/s Unrestricted Digital.

3.10.2.1 Daten kanalvermittelt, duplex-asynchron

In Zusammenarbeit mit ISDN oder dem Telefonnetz, in welchem europaweit eine Vollduplexdatenübertragungsrate von 300 bit/s sowie mit örtlichen Einschränkungen 1200 bit/s möglich ist, sind GSM-Trägerdienste mit einer Übertragungsrate zwischen 300 bit/s und 9600 bit/s vorgesehen. Anfangs wurden vom GSM, durch einen geeigneten Übergang ins Telefonnetz (PSTN), zwei Dienste mit 300 bit/s und 1200 bit/s unterstützt. Diese Trägerdienste wurden, aufgrund der erwarteten großen Nachfrage und der relativ einfachen Implementierung mit E2 eingestuft.

3.10.2.2 Daten kanalvermittelt, duplex-synchron

Im analogen Fernsprechnetz (PSTN) und im leitungsvermittelten Datennetz sind 4 synchrone Datenübertragungsraten mit 1200, 2400, 4800 und 9600 bit/s vorgesehen. Entsprechend wurden für das GSM 4 PLMN-Trägerdienste standardisiert.

3.10.2.3 Kanalvermittelter Zugang zum PAD

Als attraktiv und leicht implementierbar und daher mit E2 eingestuft wurde der Zugang von Datenendeinrichtungen über das öffentliche Telefonnetz zum Datenpaketvermittlungsdienst (*Packet Assembler/Disassembler*, PAD) angesehen, vgl. ITU-T X.3, X.28, X.29. Dafür wurden zwei Trägerdienste mit den Übertragungsraten kommend/gehend, von 300/300 bit/s und 1200/1200 bit/s standardisiert. Weiterhin wurde ein Dienst mit 1200/75 bit/s (Videotex) spezifiziert, der in einigen Ländern im Fest- und Mobilnetz von Bedeutung ist, aber als A eingestuft wurde.

3.10 Die Dienste im GSM-Mobilfunknetz

Tabelle 3.30: Die Trägerdienste im GSM-Netz (cda = circuit data asynchronous, cds = circuit data synchronous, CSPDN/PSPDN = Circuit/Packet Switched Data Network)

Trägerdienst	Modus	Partnernetz
Daten cda 300...9600 bit/s	T/NT	PSTN/ISDN
Daten cds 1200...9600 bit/s	T	PSTN/ISDN/CSPDN
PAD cda 300...9600 bit/s	T/NT	PSPDN
Daten cda 2400...9600 bit/s	T/NT	PSPDN

3.10.2.4 Daten paketvermittelt, duplex-synchron

In paketvermittelten Datennetzen sind Dienste mit einer Übertragungsrate von 2400, 4800 und 9600 bit/s die einzige Möglichkeit, Daten mit hoher Rate und Dienstgüte CEPT-weit flächendeckend zu übermitteln. Entsprechend wurden PLMN-Trägerdienste vorgesehen, die für den störanfälligen Funkweg über ein für das Drahtnetz ausgelegtes Fehlersicherungsverfahren mit Flußsteuerung verfügen. Diese Trägerdienste wurden, obwohl sie von großer Bedeutung sind, wegen des hohen Implementierungsaufwandes mit E3 eingestuft. Auf Wunsch einzelner Verwaltungen wurde zusätzlich ein Dienst (A eingestuft) mit 1200 bit/s spezifiziert.

Tabelle 3.30 beinhaltet eine Zusammenfassung der beschriebenen Trägerdienste, wobei T transparenter und NT nichttransparenter Übertragungsmodus bedeutet.

3.10.3 Teledienste

Charakteristisch für die Teledienste sind eine systemoptimierte, verschlüsselte Sprachübertragung sowie bei Datenkommunikation die Verwendung von speziellen Adaptern, welche die Kompatibilität zu Endgeräten im ISDN oder über Modem an das PSTN ermöglichen, vgl. Abb. 3.3. In den GSM-Empfehlungen sind u. a. die unten aufgeführten Teledienste standardisiert (GSM 2.03) [32]. In Klammern ist angegeben, ob der Dienst als *essential* (E1, E2, E3), *additional* (A) oder zu untersuchend (*Further Study*, FS) eingestuft wird.

- Telefondienst (E1),
- Notrufdienst (E1),
- 3 Videotex-Zugriffsprofile (A),
- 3 Kurznachrichtendienste:
  - *Short Message Mobile Terminated Point-to-Point* (E3),
  - *Short Message Mobile Originated Point-to-Point* (A),
  - *Short Message Mobile Cell Broadcast* (FS).
- Teletext (A),
- Telefax Gruppe 3 (E2),
- Zugang zur elektronischen Post (A),

3.10.3.1 Telefondienste

Der Telefondienst ist der wichtigste Dienst und daher bezüglich seiner Einführung mit E1 eingestuft. Es werden Telefondienste mit einer Anzahl zusätzlicher Leistungsmerkmale wie Anrufumleitung, Anrufsperre und geschlossene Benutzergruppen bereitgestellt. Die Übertragung von Sprache erfolgt ausschließlich digital und wurde für das Fernsprechen optimiert, das erwartungsgemäß die vorherrschende Form des Verkehrs ist. Der wichtigste Gesichtspunkt dieser Optimierung ist die wirtschaftliche Nutzung des Frequenzspektrums. Da die Sprachcodecs die von den Datenmodems verarbeiteten analogen Datensignale verzerrt übertragen, werden sie bei der Datenübertragung über den Nutzkanal der Luftschnittstelle durch Datenmodems ersetzt.

3.10.3.2 Notrufdienste

Der Notrufdienst ist mit der Einführung des GSM verfügbar (E1), so daß man, durch eine einheitliche Zugangsprozedur oder durch die Wahl der nationalen Notrufnummer, eine Sprechverbindung zur regionalen, für den Standort der Mobilstation zuständigen Rettungsleitstelle aufbauen kann.

3.10.3.3 Kurznachrichtendienste

Die Kurznachrichtendienste (*Short Message Services*, SMS) für Punkt-zu-Punkt-Verbindungen ermöglichen Nachrichten von bis zu 160 byte Länge zwischen GSM-Mobilstation und einem *SMS-Centre* zu übertragen, vgl. Abb. 3.65 [29]. Längere Mitteilungen werden in Teile der Länge 160 byte zerlegt, wobei jedoch die Reihenfolge nicht gewährleistet wird.

Für den *Short Message Service* sind folgende Merkmale typisch:

- Die Übertragung von Nachrichten zwischen den betreffenden GSM-Netzinstanzen erfolgt über Signalisierkanäle (SACCH und SDCCH).

- Der SMS ist ein Speichervermittlungsdienst, der über das *SMS Centre* realisiert ist.

Für den Zugang unterschiedlicher Dienstanbieter sind standardisierte Schnittstellen erforderlich, wie z. B. beim paketvermittelten öffentlichen Datennetz oder beim Signalisiersystem Nr. 7 üblich. Bei der Übertragung von Kurznachrichten werden die gleichen Funktionen wie beim normalem Daten- oder Sprachverkehr (z. B. Einrichtung eines Steuerkanals, Authentifikation) benötigt.

3.10 Die Dienste im GSM-Mobilfunknetz   279

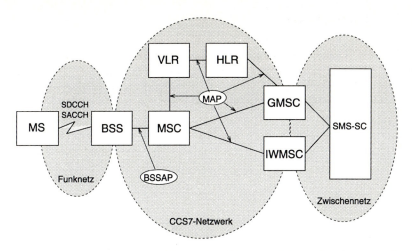

Abbildung 3.65: Implementierung der Kurznachrichtendienste im GSM

Da es beim SMS zu kurzen Verzögerungen (wenige Sekunden) kommen darf und Kurznachrichten auch während einer bestehenden Verbindung übermittelt werden, führt dies zu einer besseren Ausnutzung der Signalisierkanäle. In der Mobilstation ankommende Nachrichten werden auf dem vorhandenen Anzeigefeld angezeigt oder falls der Empfänger vorübergehend nicht erreichbar ist, gespeichert und später innerhalb einer festgelegten Zeitspanne erneut übertragen. Abgehende Nachrichten können entweder gespeicherte oder über die Tastatur der Mobilstation oder einer externen Endeinrichtung eingegebene Nachrichten sein.

Der SMS Punkt-zu-Mehrpunkt-Dienst wird auch Zellenrundfunk *(Cell Broadcast)* genannt. Dadurch werden Nachrichten an alle Mobilstationen, die sich in einer bestimmten Region befinden, übermittelt. Man kann damit Nachrichten mit engem lokalem Bezug aussenden.

3.10.3.4 Videotexzugangsdienste

Der Zugang mobiler Teilnehmer zu Datenbanken der interaktiven Videotexdienste wurde als attraktiv angesehen und deshalb standardisiert. Da es in den CEPT-Ländern drei nicht kompatible Profile der Kommunikationsprotokolle von Videotexeinrichtungen gibt, wurden insgesamt drei Zugangsdienste spezifiziert. Dadurch kann eine entsprechend ausgerüstete Mobilstation den Videotex- bzw. Bildschirmtexdienst des besuchten oder des Heimatlandes benutzen.

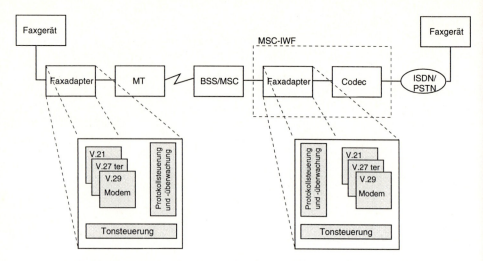

Abbildung 3.66: Faxadapterfunktion und Interworking im GSM

3.10.3.5 Telefaxdienst

Dieser Datendienst sieht die Anwendung standardmäßiger Telefaxgeräte der Gruppe 3 vor, die digital im analogen Fernsprechnetz übertragen und heute in allen CEPT-Ländern kompatibel vorhanden sind [30]. Die GSM-Spezifikationen beziehen sich wesentlich auf die ITU-T-Empfehlungen T.30 und T.4, wobei in T.30 die Faksimilesignalisierung beschrieben wird und in T.4 die Bildübertragung zwischen Telefaxgeräten. Die Anpassung der Telefaxgeräte an das öffentliche Mobilkommunikationsnetz wird sowohl mobilstationsseitig als auch auf Seiten der Interworking-Funktion durch je einen Faxadapter ausgeführt, vgl. Abb. 3.66.

Die vom Modem empfangenen Signalisier- und Nachrichtendaten werden über den GSM-Nutzkanal zum Adapter des Partner-Telefaxgerätes übertragen und von dort per Modem zum zugehörigen Telefaxgerät gesendet. Für die Signalisierung und die Übertragung von Nachrichten sind unterschiedliche Modemverfahren erforderlich.

Die Hauptaufgaben der Faxadapter bestehen in der Überwachung und Behandlung des Protokolls T.30 und bei nichttransparentem Betrieb auch des T.4-Protokolls, damit auf die Aktivitäten der Telefaxgeräte in geeigneter Weise reagiert werden kann. Die Kommunikation zwischen den Faxadaptern wird durch speziell festgelegte Protokollelemente bewerkstelligt.

3.10 Die Dienste im GSM-Mobilfunknetz

Der transparente Faxdienst Der transparente Telefaxdienst wird bevorzugt von allen Netzbetreibern eingeführt werden. Die codierten Daten und die zugehörige Signalisierung werden mit einem transparenten Trägerdienst übertragen.

Um eine schnellere und sicherere Synchronisation zu gewährleisten, wurde ein vollduplex Verkehrskanal gewählt, obwohl das T.30-Protokoll eine Halbduplexübertragung vorsieht. In der Signalisierungsphase, in der die Datenrate 300 bit/s beträgt, erreicht man durch Wiederholen der übertragenen Bits eine zusätzliche Redundanz für die Kommandos. In der Datenübertragungsphase können funkfeldbedingt stärkere Störungen von Dokumentzeilen auftreten als im Festnetz üblich.

Läßt man die Signalisierungsphasen außer acht, so ist die Dauer der Faxübertragung gleich lang wie im Festnetz. Bei mangelhafter Übertragungsqualität im transparenten Dienst veranlassen die Telefaxgeräte eine Verringerung der Übertragungsrate. Diese Verringerung wird durch die T.30-Überwachung erfaßt und führt zur Änderung der Kanalbetriebsart auf der Funkschnittstelle *(Channel Mode Modify Procedure)*. Das Verfahren besteht darin, einen Trägerdienst mit verringerter Übertragungsrate zu wählen, indem sowohl in der Mobilstation als auch im Basisstationssystem ein Wechsel der Kanalcoder angefordert wird. Fallweise muß auch die Bitratenadaption in der IWF geändert werden.

Der nichttransparente Faxdienst Der nichttransparente Telefaxdienst benötigt einen Adapter, um das Endgerät an den vom GSM bereitgestellten Trägerdienst anzupassen. Der Adapter hat Modemfunktionalität zum angeschlossenen Telefaxgerät hin und überwacht und manipuliert das Telefaxprotokoll durch Speicherung von Daten, Transcodierung und Anpassung der Telefaxrate an die Funkkanalqualität.

Im Unterschied zum transparenten Faxdienst wird zwischen den Faxadaptern im Halbduplexverfahren entsprechend dem T.30-Protokoll übertragen. Um eine bessere Übertragungsqualität auf dem Verkehrskanal zu erzielen, wird in der nichttransparenten Betriebsart das RLP verwendet, welches zusätzlich den Datentransfer über die Funkschnittstelle und zwischen den Faxadaptern schützt. Demzufolge kann man beim nichttransparenten Faxdienst mit einer höheren Übertragungsrate senden. Die Verwendung des RLP bedeutet aber auch, daß störungsbedingte Wiederholungen übertragener Rahmen zusätzliche Zeit benötigen. Dies erfordert Maßnahmen zur Zwischenspeicherung, die mit T.30 bzw. T.4 verträglich sein müssen.

Für problematisch wurde bei der Standardisierung die bei Qualitätseinbrüchen des Funkkanals fallende Übertragungsrate gehalten, welche zur Speicherung des

Dokuments im sendenden Telefaxadapter führt und deshalb 1994 der Dienst als optional (A) festgelegt. Wegen Zeitüberschreitungen im empfangenden Telefaxendgerät könnte möglicherweise ein ungewollter Abbruch der Übertragung auftreten. Simulationsuntersuchungen [27, 24] haben gezeigt, daß solche Abbrüche in normal ausgeleuchteten GSM-Zellen nicht auftreten, da bei schlechter Empfangsqualität (7 dB $> C/I >$ 5 dB) in der Regel ein Handover eingeleitet wird, vgl. Kap. 3.6. Somit stellt der nichttransparente Telefaxdienst eine interessante Alternative zum transparenten Telefaxdienst mit höherer Dienstgüte dar.

3.10.3.6 Zugang zur Elektronischen Post

Das PLMN enthält kein Mitteilungsübermittlungssystem *(Electronic Mail)*, aber den Zugangsdienst zu Systemen in Festnetzen, die in vielen CEPT-Ländern gemäß ITU-T-Serie X.400 bestehen, z. B. Telebox in Deutschland.

3.10.4 Zusatzdienste

Zusatzdienste *(Supplementary Services)* werden Mobilteilnehmern angeboten, welche die oben genannten Tele- und Trägerdienste benutzen. Sie erweitern oder unterstützen diese Kommunikationsdienste um:

Teilnehmeridentifikation: In dieser Funktionsgruppe sind Dienste spezifiziert, die die Identifikation des anderen Teilnehmers ermöglichen oder einschränken. Darüber hinaus besteht die Möglichkeit, unerwünschte Anrufe registrieren zu lassen, auch wenn der Anrufer seine Identität nicht preisgeben will.

Rufumleitung: Es wird zwischen unbedingter und bedingter Umleitung von Verbindungswünschen unterschieden. Bei der unbedingten Anrufumleitung wird die Verbindung automatisch an einen anderen Teilnehmeranschluß vermittelt, während eine bedingte Umleitung nur dann möglich ist, falls z. B. der Teilnehmeranschluß besetzt ist, der Teilnehmer keine Antwort gibt oder das Funknetz überlastet ist.

Rufweiterleitung: Die Funktion Rufweiterleitung unterstützt im Unterschied zur Rufumleitung die Weitergabe einer bereits bestehenden Verbindung.

Halten eines Rufes: Mit diesem Leistungsmerkmal kann der Teilnehmer eine bestehende Verbindung aufrechterhalten und z. B. vorübergehend eine weitere Verbindung aufbauen.

Konferenzschaltung: Erweitert die Anzahl der Verbindungen von zwei auf mehrere. Grundlage für einen sukzessiven Aufbau einer Konferenzschaltung ist der Zusatzdienst *Halten eines Rufes*.

Geschlossene Benutzergruppe: Unterstützt die Bildung von logischen Teilnetzen innerhalb des gesamten GSM. Die Kommunikation ist hierbei nur zwischen den registrierten Teilnehmern eines Teilnetzes oder einer Teilnehmergruppe möglich. Mit Hilfe dieses Dienstes kann man beispielsweise ein firmenspezifisches GSM-Subnetz realisieren, zu dem nur die Mitarbeiter eines Unternehmens Zugang haben.

Sperren von Verbindungen: Mit Hilfe dieser Funktionsgruppe wird eine totale oder eingeschränkte Sperre der Verbindungsaufnahme ermöglicht. Die Sperre ist in kommender und/oder abgehender Richtung möglich. Beispiele für Sperrdienste sind:

- Sperren abgehender Verbindungen (evtl. nur Ausland),
- Sperren von kommenden Verbindungen, evtl. nur wenn sich der Teilnehmer außerhalb seines Heimatnetzes befindet.

3.11 Zukünftige Sprach- und Datendienste im GSM

Unter Mitwirkung von Götz Brasche, Peter Stuckmann

Die im GSM Mitte 1994 eingeführten Datendienste basieren auf kanalvermittelter Übertragung. Jedem Benutzer wird wie bei Sprachübertragung eine exklusive Verbindung über einen TCH zur Verfügung gestellt. Da Datenquellen oft ein schwankendes Verkehrsaufkommen haben, führt Kanalvermittlung zu ineffizienter Ausnutzung der Funkkanäle und entsprechenden Gebühren.

Aufgrund des prognostizierten unvermindert starken Zuwachses an Mobilfunkteilnehmern kommen der Frequenzökonomie und der flexiblen Nutzung der Funkkanäle steigende Bedeutung zu. Insbesondere Internetdienste sollen kostengünstig am mobilen Terminal verfügbar werden [13, 14].

Die bestehenden Datendienste bieten eine maximale Datenübertragungsrate von 9,6 kbit/s und können die Anforderungen vieler Anwendungen nicht erfüllen. Aus Sicht der Mobilfunkteilnehmer kommt hinzu, daß die Gebührenabrechnung für die Dauer der Übertragung und nicht für die Menge der übermittelten Daten erfolgt.

Prinzipiell existieren zwei Ansätze, neue Datendienste im GSM zu realisieren, die eine höhere Datenübertragungsrate als 9,6 kbit/s aufweisen:

- hochbitratige kanalvermittelte Datendienste und
- paketorientierte Datendienste mit variablen Bitraten.

Hochbitratige kanalvermittelte Datendienste basieren auf der parallelen Nutzung mehrerer Verkehrskanäle. Durch Zusammenfassen der 8 Verkehrskanäle einer Trägerfrequenz kann eine maximale Datenrate von 76,8 kbit/s erreicht werden. Dieser Ansatz wurde von der ETSI unter dem Begriff *High Speed Circuit Switched Data* (HSCSD) standardisiert [49]. Zur Realisierung sind Änderungen in der Kanalzuweisung, dem Verbindungsaufbau, den Handoverprozeduren und dem Übergang zum Festnetz *(Interworking)* notwendig.

Im Unterschied zum HSCSD-Dienst kann ein *paketorientiertes Datendienstkonzept* nicht nur dieselbe Datenrate erzielen, sondern durch Multiplex mehrerer Verbindungen auf einen oder mehrere parallel genutzte Verkehrskanäle auch eine flexible Nutzung der Kanalkapazität für Anwendungen mit variabler Bitrate erreichen. Da das GSM kanalvermittelt überträgt, erfordert die Integration eines Paketdatendienstes signifikante Modifikationen.

Zukünftige Anwendungen erfordern neben neuen Datendiensten auch neue Sprachdienste (z. B. Gruppenkommunikation), die bisher nur in Bündelfunksystemen angeboten werden.

Seit 1994 werden auf Betreiben der internationalen Eisenbahnvereinigung (*Union des Chemins de Fer*, UIC) unter der Bezeichnung *Advanced Speech Call Items* (ASCI) Gruppen- und Rundfunkdienste mit schnellem Verbindungsaufbau und Prioritätensteuerung in der Liste der GSM Phase 2+ Arbeitspunkte geführt und bearbeitet.

3.11.1 ASCI – erweiterte GSM-Sprachdienste

Zur Zeit werden allein in Deutschland im Bereich der Deutschen Bahn acht verschiedene nicht kompatible Funksysteme verwendet. Entsprechend heterogen ist die Situation europaweit. Die nationalen Triebwagen benötigen für den nationalen und internationalen Zugverkehr verschiedene Kommunikationssysteme. Daher wird unter Federführung der UIC die Entwicklung eines einheitlichen europäischen Betriebsfunksystems (*European Train Control System*, ETCS) vorangetrieben. Obwohl der GSM-Funkkanal nur für eine maximale Terminalgeschwindigkeit von 250 km/h spezifiziert ist, haben Feldversuche gezeigt, daß auch bei Geschwindigkeiten von 300 km/h nicht mit nennenswerten Einschränkungen zu rechnen ist.[11]

Um den Anforderungen des UIC-Betriebsfunks zu genügen, müssen Gruppen- und Rundfunkrufe mit schnellem Verbindungsaufbau in das GSM integriert werden. Ergänzt werden diese beiden Dienste durch eine aus dem ISDN abgeleitete Prioritätensteuerung. Die Standardentwürfe der ETSI umfassen dementsprechend die Spezifikationen von:

- *Enhanced Multi-Level Precedence and Pre-Emption* (eMLPP) [50, 53],
- *Voice Group Call Service* (VGCS) [52, 55],
- *Voice Broadcast Service* (VBS) [51, 54].

3.11.1.1 Voice Broadcast Service

Der Sprachrundfunkdienst (*Voice Broadcast Service*, VBS) ermöglicht Teilnehmern des Mobilfunk- und des Festnetzes eine Nachricht an mehrere sog. *Zuhörer* zu senden. Abb. 3.67 verdeutlicht das logische Dienstkonzept.

Wird ein Rundfunkruf von einer Mobilstation initiiert, vgl. Abb. 3.68, wird die Identität der entsprechenden Zelle und die angeforderte Gruppenidentität zum Gruppenrufregister (*Group Call Register*, GCR) der zugehörigen MSC weitergeleitet.

Bei einem aus dem Festnetz initiierten Ruf wird die entsprechende Teilnehmer- und angeforderte Gruppenidentität zum GCR übertragen. Das GCR sendet daraufhin eine Liste der Zellen zurück, in denen der Ruf gemäß der Gruppenzusammensetzung und dem Aufenthaltsort der Gruppenmitglieder ausgestrahlt werden soll. Das verantwortliche MSC leitet die Liste zu den betreffenden MSCs weiter. Diese instruieren die zugehörigen BSCs, einen Rundfunkkanal in jeder betroffenen Zelle einzurichten und auf einem neu definierten Signalisierkanal eine Rufbenachrichtigung *(Notification)* auszusenden. Dieser Vorgang wird im Gegensatz zum herkömmlichen GSM Sprachgebrauch nicht als Funkruf *(Paging)* bezeichnet, da die Mobilstationen nicht explizit angesprochen werden und auf die Rufbenachrichtigung nicht antworten. In der entsprechenden GSM-Empfehlung 08.58 [56] wurden die GSM-Steuerkanäle um diesen *Notification Common Control Channel* (NCCH) erweitert.

---

[11] Bei der Deutschen Bahn AG wird der Betriebsfunk unter der Bezeichnung DIBMOF (diensteintegrierender Bahnmobilfunk) entwickelt. Die neue Kommunikationsplattform wird unter dem Namen GSM-Rail geführt. Das GSM-Rail-Netz liegt neben dem GSM-Erweiterungsband.

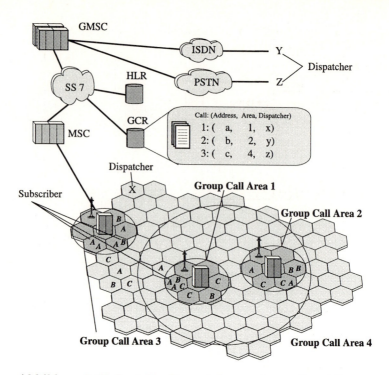

Abbildung 3.67: Logisches Konzept der erweiterten Sprachdienste

Die Benachrichtigung wird in periodischen Abständen ausgesendet, bis der Ruf beendet worden ist. Mobilstationen, die die Rufbenachrichtigung erhalten, wechseln auf den angegebenen Rundfunkkanal und hören den entsprechenden Downlink ab. Der Rufinitiator verweilt während des Rufes auf seinem dedizierten Kanal und beendet den Ruf, nachdem er seine Nachricht übermittelt hat.

Dementsprechend kann ein Rundfunkruf wie eine herkömmliche GSM Punkt-zu-Punkt-Verbindung aufgebaut und verwaltet werden, sieht man von der zusätzlichen Signalisierung zur Weiterleitung ab. Das bedeutet, daß im Falle eines anstehenden Zellwechsels keine zusätzlichen Handoverprozeduren nötig sind.

Dies gilt nicht für die am Rundfunkruf teilnehmenden Mobilstationen, für die jedoch die sog. *Idle Mode Cell Reselection*-Algorithmen verwendet werden können.

Damit gewährleistet werden kann, daß eine Mobilstation nicht in eine Zelle wechselt, in der der Rundfunkruf nicht ausgestrahlt wird, wird sie nicht in die entsprechende Liste aufgenommen. Der Signalisieraufwand wird dadurch minimiert, daß den Stationen lediglich die Frequenzen der Signalisierkanäle der umgebenden

3.11 Zukünftige Sprach- und Datendienste im GSM

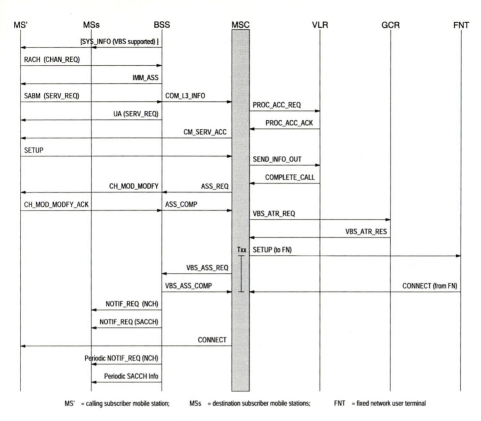

Abbildung 3.68: Verbindungsaufbau im Voice Broadcast Service

Zellen mitgeteilt werden, auf denen die Rufbenachrichtigung gesendet wird. Die Mobilstationen müssen dann die entsprechenden Steuerkanäle abhören, um den eigentlichen Rundfunkkanal ermitteln zu können.

3.11.1.2 Voice Group Call Service

Der vom ASCI unterstützte Sprachgruppenruf wird als *Voice Group Call Service* (VGCS) bezeichnet und stellt einen Dienst zur Verfügung, der Festnetz- oder Mobilstationen ermöglicht, einen Gruppenrufkanal aufzubauen, auf dem die Gruppenmitglieder hören oder auch übertragen können. Nachdem der Rufinitiator seine Nachricht übermittelt hat, gibt er den Kanal frei und wechselt in den *Zuhörermodus*.

Tabelle 3.31: Die Prioritätsklassen im eMLPP

Klasse	Verwendung	Rufunterbrechung	Bemerkung
A	Betreiber	ja	höchste Priorität
B	Betreiber	ja	
0	Teilnehmer	ja	
1	Teilnehmer	ja	
2	Teilnehmer	nein	
3	Teilnehmer	nein	Standard-Priorität
4	Teilnehmer	nein	niedrigste Priorität

Die Adressatengruppe des VGCS teilt sich wie beim VBS ein in

- Mobilstationen, die der Gruppe angehören und sich in einem vordefinierten geographischen Gebiet aufhalten, sowie
- eine festdefinierte Gruppe von Festnetzstationen.

Sobald keiner der Gruppenrufteilnehmer spricht, kann jeder der Teilnehmer die Zuweisung des Kanals beantragen. Bei erfolgreicher Zuweisung erhält er das Senderecht, bis er den Kanal frei gibt und wiederum in den *Zuhörermodus* wechselt.

Ein Rundfunkruf wird in der Regel explizit durch den Initiator beendet. Eine durch Störung unterbrochene Verbindung zwischen Initiator und Netz, kann nicht direkt erkannt werden, da der Initiator während des Rufes im Zuhörermodus verweilen kann. Dies wird nur offensichtlich, falls eine Sprachpause definierter Länge eintritt, nach der der Gruppenruf automatisch vom Netz abgebaut wird. Somit erfordert der Rufabbau beim Gruppenruf die Funktion *Voice Activity Detection* (VAD).

3.11.1.3 eMLPP – der Dienst zur Prioritätensteuerung

Die Prioritätenstrategie der ASCI ist von dem im SS.7 verwendeten *Multi-Level Precedence and Pre-Emption*-Schema (MLPP) [74] abgeleitet und wurde dementsprechend unter dem Namen *enhanced Multi-Level Precedence and Pre-Emption* (eMLPP) in das GSM eingeführt werden. Während MLPP eine fünfstufige Priorität definiert, sind für das GSM sieben Prioritätsklassen vorgesehen, vgl. Tab. 3.31. Die MLPP-Prioritäten 0–4 entsprechen dabei den eMLPP-Prioritäten 0–4.

Zusätzlich zu diesen fünf Klassen sind für das GSM-System zwei weitere Klassen A und B festgelegt worden, vgl. Tab. 3.31. Sie sind ausschließlich netzinternen Vorgängen vorbehalten, z. B. zur Konfiguration der in den vorigen Abschnitten beschriebenen Gruppen- und Rundfunkrufe VGCS und VBS.

Rufe mit Priorität A oder B können nur lokal, das heißt innerhalb des Versorgungsbereiches einer MSC benutzt werden. Wird eine solche Priorität global verwendet bzw. ein GSM-Ruf über ein ISDN-Netz geroutet, werden die Prioritätsklassen A und B der Priorität 0 zugeordnet.

Die einem Teilnehmer zugewiesene maximale Priorität wird, abhängig von der zu zahlenden monatlichen Grundgebühr, mit dem Dienstanbieter bei Vertragsabschluß ausgehandelt und auf der SIM-Karte gespeichert.

3.11.2 HSCSD – der hochbitratige kanalvermittelte Datendienst

Der hochbitratige kanalvermittelte Datendienst (*High Speed Circuit Switched Data Service*, HSCSD Service) weist einer Mobilstation innerhalb eines 200 kHz Frequenzkanals für die Dauer der Übertragung gleichzeitig mehrere Vollratenverkehrskanäle (TCH/F9,6) zu.

Bei paralleler Nutzung aller 8 Zeitschlitze sind damit, abhängig vom verwendeten Trägerdienst, unter Voraussetzung GSM-konformer TCH/F9,6-Codierung, vgl. Tab. 3.7, Datenraten bis zu 76,8 kbit/s erreichbar. Eine parallele Nutzung von mehr als vier Kanälen erfordert aufwendige Sende- und Empfangseinrichtungen in den Mobilstationen. Im Standard ist die Anzahl vorläufig auf zwei Kanäle begrenzt.

3.11.2.1 Die logische Architektur

Im gegenwärtigen GSM sind die zur Datenübertragung notwendigen Funktionen hauptsächlich in der sogenannten Endgeräteanpassungsfunktion (*Terminal Adaptation Function*, TAF) der MS sowie der Netzübergangsfunktion (*Interworking Function*, IWF) der MSC angesiedelt. Prinzipiell wird im HSCSD-Dienst diese funktionale Aufteilung beibehalten, vgl. Abb. 3.69. Eine gleichzeitige Nutzung mehrerer Verkehrskanäle erfordert im wesentlichen nur eine zusätzliche *Splitting/Combining*-Funktion in den obigen Komponenten der MS bzw. MSC.

Aus logischer Sicht besteht zwischen MS und MSC lediglich *eine* Verbindung. Das Segmentieren und Wiederherstellen basiert daher auf einer fortlaufenden Numerierung der einzelnen Datenrahmen.

Die an der Funkschnittstelle verwendeten Zeitschlitze am A_{bis}-Bezugspunkt zwischen BTS und BSC werden transparent abgebildet. Am A-Bezugspunkt (bzw. E-Bezugspunkt zwischen zwei MSCs) werden die HSCSD-Kanäle dann auf eine 64 kbit/s Verbindung gemultiplext.

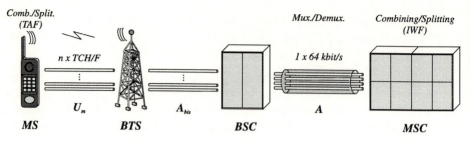

Abbildung 3.69: Architektur des HSCSD

3.11.2.2 Die Funkschnittstelle

An der Funkschnittstelle kann eine HSCSD-Verbindung aus bis zu 8 Verkehrskanälen (TCH) bestehen (*Multislot Assignment*, MSA). Alle Kanäle einer HSCSD-Verbindung verwenden das gleiche Frequenzsprungverfahren und die gleiche Trainingssequenz. Aus Sicherheitsgründen ist jedoch eine separate Verschlüsselung pro Kanal vorgesehen. Kanalcodierung, Interleaving und Ratenadaption der bestehenden Verkehrskanäle werden beibehalten, um den Implementierungsaufwand gering zu halten. Jedem Teilkanal ist ein SACCH zugeordnet. Dies ermöglicht individuelle Sendeleistungskontrolle und verbessert den Interferenzpegel.

Die zeitliche Ausrichtung erfolgt nach dem Zeitschlitz 0. Damit werden die *Idle* TDMA-Rahmen im 26er Mehrfachrahmen nicht verwendet, so daß eine Synchronisierung mit den Nachbarzellen ermöglicht wird. Pro HSCSD-Verbindung existiert nur ein schneller beigeordneter Steuerkanal (*Fast Associated Control Channel*, FACCH). Dieser wird als Haupt-HSCSD-Teilkanal (*Main HSCSD Sub Channel*, MHCH) bezeichnet.

3.11.2.3 Die Trägerdienste

Im HSCSD-Dienst werden in Anlehnung an die bestehenden GSM-Trägerdienste transparente und nichttransparente Trägerdienste unterstützt, vgl. Abb. 3.64. Beim transparenten Dienst ist bei schwankender Dienstgüte eine gleichbleibende Datenrate garantiert. Falls die Dienstgüte unter einen Schwellwert sinkt, kann die Anzahl der zugewiesenen Kanäle erhöht werden. Der nichttransparente Trägerdienst garantiert im Gegensatz dazu eine gleichbleibende Dienstgüte bei schwankendem Durchsatz.

3.11 Zukünftige Sprach- und Datendienste im GSM 291

Transparenter Trägerdienst Der transparente Trägerdienst nutzt das ITU-T X.30/V.110-Protokoll [73], das eine dreistufige Ratenanpassung an der Teilnehmerschnittstelle (R- und S-Schnittstelle) vorsieht, vgl. Abb. 3.61.

Bezogen auf die Rahmenlänge ist die zeitliche Verschiebung der einzelnen HSCSD-Kanäle zwischen TAF und IWF unerheblich. In der Praxis kann ein Datenrahmen, der in einem der Kanäle gesendet wird, einen in einem anderen Kanal gesendeten nicht überholen. Dennoch muß sichergestellt werden, daß die richtige Reihenfolge der übertragenen Rahmen erkannt werden kann.

Der Status der am Netzübergang verwendeten V.24-Verbindung wird im GSM in den Statusbits SA, SB und X übertragen. Da im HSCSD-Dienst für eine logische Verbindung mehrere Teilkanäle verwendet werden, können die redundanten Statusbits zur Numerierung der Kanäle herangezogen werden, ohne die Wiederholrate des Statusbits pro Verbindung zu reduzieren. Ein extra Bit kann für eine modulo 2 Numerierung innerhalb der Teilkanäle verwendet werden, um Probleme, die durch die zeitliche Verschiebung der Teilkanäle entstehen können, zu vermeiden. Ratenadaption für Datenraten, die keine Vielfachen von 9.6 kbit/s sind, kann durch eine entsprechende Anzahl von Füllbits in den letzten vier V.110-Rahmen erfolgen.

Nichttransparenter Trägerdienst Der nichttransparente HSCSD-Trägerdienst basiert wie der entsprechende GSM-Trägerdienst auf dem RLP-Protokoll, vgl. Abschnitt 3.9.3.

Das Konzept des Dienstes sieht vor, daß eine RLP-Instanz alle Teilkanäle verwaltet, vgl. Abb. 3.70; weil dadurch die Numerierung auf nur einem Sende- und Empfangsfenster beruht, können auf den Teilkanälen beliebige RLP-Rahmen versendet werden.

Für das herkömmliche RLP ist eine maximale Fenstergröße von 61 vorgegeben. Zur Numerierung der Sende- bzw. Empfangsrahmen reichen jeweils 6 bit. Im nichttransparenten HSCSD-Dienst können einer RLP-Instanz maximal 8 Verkehrskanäle zugeordnet werden. Zur Verwaltung des Sende- bzw. Empfangsfensters muß der mögliche Adreßraum entsprechend vergrößert werden. 6 zusätzliche Bits im RLP-Kopf werden zur Verwaltung des Sende-/Empfangsfensters benötigt; das verringert die Datenrate um 3 %.[12]

Pseudo-asymmetrische Übertragung Für den nichttransparenten Trägerdienst ist ein pseudoasymmetrischer Übertragungsmodus vorgesehen. Dadurch sind Mo-

---
[12]Da nicht jeder RLP-Rahmen das Status Byte der Schicht-2-Brückenfunktion (*Layer 2 Relay*, L2R) verwenden muß, bleibt die max. Datenrate eines Teilkanals von 9,6 kbit/s erhalten.

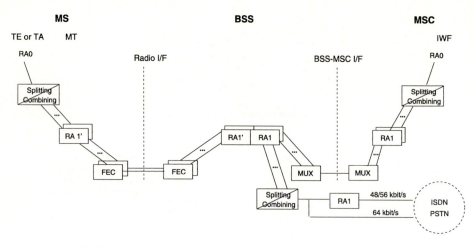

Abbildung 3.70: Der nichttransparente HSCSD-Trägerdienst

bilstationen mit halbduplexfähigen Sende-/Empfangseinrichtungen in der Lage, im Multislot-Modus zu empfangen, aber im Singleslot-Modus zu senden. Dadurch wird zumindest auf dem Downlink eine höhere Datenrate ermöglicht. Die Mobilstation entscheidet, welche der zugewiesenen Unterkanäle in Uplink-Richtung belegt werden und welche frei bleiben. Im Netz werden die Rahmen wie beim diskontinuierlichen Übertragungsmodus (*Discontinuous Transmission Mode*, DTX) als ungenutzte Rahmen betrachtet und von der IWF verworfen. Im Standard nicht spezifiziert, aber – erweiterte Signalisierung vorausgesetzt – können die nichtgenutzten Zeitschlitze anderen Diensten zur Verfügung gestellt werden.

3.11.2.4 Die Signalisierung

Beim HSCSD-Dienst muß mit erhöhter Blockierwahrscheinlichkeit gerechnet werden, weil parallele Verkehrskanäle gleichzeitig belegt werden.

Im bestehenden GSM existiert für jede Datenrate ein Trägerdienst. Mit der Einführung des HSCSD-Dienstes werden, je nach Konfiguration, verschiedene variable Datenraten realisierbar. Für jede mögliche Datenrate einen weiteren Trägerdienst zu definieren, ist nicht sinnvoll. Daher wird die Datenrate im HSCSD-Dienst lediglich als Dienstgüteparameter betrachtet. Dieses sogenannte *Flexible Bearer Services* (FBS) Konzept sieht eine gewünschte und eine erforderliche Datenrate (*Desired Number of Channels*, DNC bzw. *Required Number of Channels*, RNC) vor. Die gewünschte Datenrate stellt das Maximum dar, wohingegen die erforderliche

3.11 Zukünftige Sprach- und Datendienste im GSM

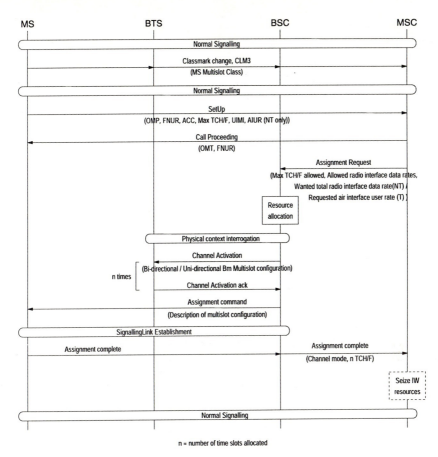

Abbildung 3.71: Verbindungsaufbauprozedur im HSCSD

Datenrate die minimale Datenrate vorgibt, die notwendig ist, um die von der Anwendung vorgegebene Dienstgüte einzuhalten.

Abhängig von den zur Verfügung stehenden Funkkanälen kann einer Mobilstation jede Datenrate zwischen gewünschter und erforderlicher Datenrate zugewiesen werden. Insbesondere beim Handover verspricht dieses Konzept eine geringere Blockierwahrscheinlichkeit.

Wenn während eines Handovers die Zielzelle nicht über genügend freie Kanäle verfügt, kann mit dem FBS-Konzept die Übertragung aufrecht erhalten werden, solange ausreichend Kanäle in der Zielzelle für die geforderte Datenrate verfügbar sind. Im Überlastfall kann die Anzahl der Blockierungen verringert werden, da bis zur minimalen Datenrate Kanäle freigegeben werden können. Die beiden Parameter werden bei der Verbindungseinrichtung in der Verbindungsaufbaunachricht (Setup-Message) übertragen. Dazu wird das sogenannte `Bearer Capability`-Element (BCE) entsprechend erweitert. Bei einer Übertragung mit fester Datenrate haben die Parameter für gewünschte und maximale Datenrate den gleichen Wert.

Zusätzlich zu diesen beiden neuen Parametern müssen im BCE die Eigenschaften der Mobilstation bzgl. ihrer MSA-Fähigkeit und der unterstützten Kanalcodierung *(Class-Mark)* übermittelt werden.

In Abb. 3.71 ist die Verbindungsaufbauprozedur dargestellt. Nach dem Empfang der Setup-Nachricht wird von der MSC eine modifizierte `Assignment_req`-Nachricht zur BSC geschickt. Diese beinhaltet im `Message-Content`-Element eine Liste der Kanäle an der A-Schnittstelle. Die Parameter `DNC` und `RNC` werden zum `Channel-Type`-Element zugefügt. Bevor diese Nachricht abgeschickt wird, reserviert die MSC die erforderliche Kapazität. Falls die erwünschte Anzahl der Funkkanäle nicht zugewiesen werden kann, wir eine `Channel_Update`-Prozedur zwischen MSC und BSC verwendet, um die Anzahl der Ressourcen an der A-Schnittstelle anzupassen.

Für alle Unterkanäle ist eine separate `Channel_Activation`-Nachricht notwendig, bevor die gewählte Kanalkonfiguration sowie Information über die Kanalcodierung in der `Assignment_Command`-Nachricht zur MS weitergeleitet werden. In dieser Nachricht zeigt der Zeitschlitznummerparameter auf den ersten der aufeinanderfolgenden zugewiesenen Zeitschlitze. Das `Channel-Description`-Element nimmt die Anzahl der Zeitschlitze auf.

3.11.3 GPRS – der GSM-Paketdatendienst

Im Rahmen der Weiterentwicklung des GSM (GSM Phase 2+) wurde in den letzten Jahren bei der ETSI ein paketorientiertes Dienstkonzept zur Datenübertragung entwickelt. Die Standardisierung des neuen Dienstes *General Packet Radio Service* (GPRS) war weitgehend 1997 abgeschlossen. Es werden jedoch immer wieder Details in den Standardisierungsgremien diskutiert, so daß der Standard laufend in Form von Änderungsanfragen (*Change Request*, CR) modifiziert wird. Weiterhin wird der GPRS-Standard momentan im Rahmen der Standardisierung von *Enhanced Data Rates for GSM Evolution* (EDGE) zum *Enhanced GPRS-Standard* (EGPRS) erweitert. Erste Vorschläge für einen Paketdatendienst im GSM wurden schon 1991 publiziert [3, 25, 26, 137].

3.11.3.1 Allgemeine Dienstmerkmale des GPRS

Ein wesentlicher Gesichtspunkt für die Einführung des neuen Dienstes ist die erwartete Akzeptanz durch die Mobilfunkteilnehmer, die neben der Dienstgüte insbesondere von den Kosten der Nutzung abhängt. Daher war eine Entwicklungsprämisse, die bestehenden GSM-Komponenten nur so geringfügig wie möglich zu verändern und den neuen Dienst aufbauend auf den vorhandenen Tele- und Trägerdiensten zu entwickeln. Durch den GPRS wird neben den bereits bestehenden kanalvermittelten Datendiensten ein paketvermittelter Dienst angeboten, ohne die bisherigen GSM-Dienste zu ersetzen. Die Möglichkeit, mittels GPRS paketorientiert Sprache zu übertragen, ist zwar laut Standard nicht ausgeschlossen, wurde aber in der bisherigen Spezifikation nicht berücksichtigt.

Der vorgesehene Anwendungsbereich kann in ein horizontales und ein vertikales Marktsegment unterteilt werden:

- horizontale Märkte:
    - drahtlose persönliche Computer,
    - mobiles Büro und
    - elektronischer Geldtransfer zum Zeitpunkt der Transaktion.
- vertikale Märkte:
    - Verkehrsnachrichten,
    - Flottenmanagement und
    - Waren-/Versorgungslogistik.

Die Spezifikation des GPRS sieht keine Obergrenze der Datenmenge vor, die pro Zugriff übertragen werden kann. Der Dienst ist jedoch primär angepaßt an:

- häufige, regelmäßige Übertragung (mehrmals pro Minute) kleiner Datenmengen bis zu 500 byte,
- unregelmäßige Übertragung kleiner bis mittlerer Datenmengen bis zu mehreren kbyte.

Zur Kennzeichnung der typischen Anwendungen sind von der ETSI drei verschiedene Lastmodelle definiert worden:

FUNET: Das Modell basiert auf der statistischen Auswertung der Verteilung der Länge elektronischer Nachrichten (E-Mails), die durch eine Cauchy-Vertei-

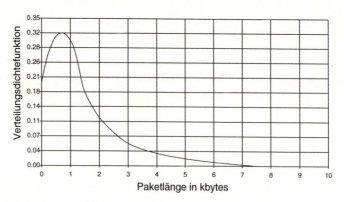

Abbildung 3.72: Die Verteilungsdichtefunktion des FUNET-Lastmodells

lungsdichtefunktion mit einer maximalen Nachrichtenlänge von 10 kbyte und einem Mittelwert von 100 byte approximiert wird, vgl. Abb. 3.72.

$$\text{Cauchy}(0,8,1) = f(x) = \frac{1}{\pi(1+(x-0,8)^2)} \quad (3.9)$$

Mobitex: Dieses Modell beruht auf einer statistischen Auswertung der Anwendung Flottenmanagement im Ericsson Mobitex System. Auf dem Uplink werden Datenpakete mit einer gleichverteilten Länge von 30 ± 15 byte versendet. Die Paketlängen auf dem Downlink liegen bei 115 ± 57 byte.

Eisenbahn-Lastmodell: Dieses Modell beschreibt die erwartete Verteilung der Paketlängen bei Anwendungen zur Steuerung von Zügen durch eine negativ exponentielle Verteilung mit mittlerer Paketlänge von 256 byte und maximaler Länge von 1000 byte.

$$F(x) = 1 - e^{\frac{-x}{256}} \quad (3.10)$$

Diese Lastmodelle wurden in erster Linie zur Leistungsbewertung des Systems im Rahmen der Protokollspezifikation bei der Standardisierung betrachtet. Zur GPRS-Netzplanung sollten jedoch realistische, d. h. protokollspezifische Lastmodelle typischer Anwendungen wie z. B. Internet-Anwendungen (WWW, E-Mail) herangezogen werden [123].

Diensttypen Der PLMN-Netzbetreiber ist verantwortlich für die Datenübertragung zwischen dem jeweiligen Dienstzugangspunkt im Festnetz und dem in der Mobilstation. Zwei Dienstkategorien sind vorgesehen:

3.11 Zukünftige Sprach- und Datendienste im GSM

Tabelle 3.32: Beziehung zwischen Diensttyp und Dienstanforderer/-empfänger

Diensttyp:	Punkt-zu-Punkt		Punkt-zu-Mehrpunkt	
Nachrichtenfluß	PTP-CONS	PTP-CLNS	PTM-M	PTM-G
Festnetz → MS	×	×	×	×
MS → MS	×	×	×	×
MS → Festnetz	×	×	–	×

Punkt-zu-Punkt (*Point-to-Point*, PTP): Mit Hilfe dieses Dienstes können einzelne Nachrichtenpakete zwischen zwei Benutzern übertragen werden. Der PTP-Dienst wird sowohl im verbindungsorientierten Modus (*Connection Oriented Network Service*, PTP-CONS) als auch verbindungslos (*Connectionless Network Service*, PTP-CLNS) angeboten. Die auf den PTP-Dienst aufsetzenden Anwendungen kann man bzgl. ihrer Kommunikationseigenschaften in folgende Gruppen aufteilen:

- *nicht-Dialogverkehr*: Eine Abhängigkeit zwischen den einzelnen Datenpaketen besteht nicht.

- *Dialogverkehr*: Es besteht eine logische Beziehung zwischen den dienstbenutzenden Teilnehmern für eine bestimmte Zeitdauer, die sich von einigen Sekunden bis über mehrere Stunden erstrecken kann.

Punkt-zu-Mehrpunkt (*Point-to-Multipoint*, PTM): Dieser Dienst erlaubt die Übertragung von Datenpaketen zwischen einem Dienstbenutzer und einer von ihm spezifizierten Gruppe innerhalb einer bestimmten geographischen Region. Der PTM-Dienst ist unterteilt in

Multicast (PTM-M): Die Multicast-Mehrpunktkommunikation faßt Rufe zusammen, die im gesamten vom Rufinitiator definierten Gebiet rundgestrahlt werden, wobei entweder alle Teilnehmer oder nur eine Gruppe adressiert sind.

Gruppenruf (PTM-G): Die Nachrichten sind ausschließlich an eine spezifische Gruppe adressiert und werden nur in Gebieten ausgesendet, in denen sich Gruppenmitglieder aufhalten.

Aus Tab. 3.32 wird ersichtlich, daß die Dienste mit Ausnahme des Multicast-Dienstes sowohl seitens des Mobilnetzes *(Mobile Originated)* als auch vom Festnetz *(Mobile Terminated)* initiiert werden können.

Tabelle 3.33: Dringlichkeitsklassen

Dringlichkeit	Bezeichnung	Abfertigung
1	Hohe Priorität	bevorzugt vor den Klassen 2 und 3
2	Normale Priorität	bevorzugt vor Klasse 3
3	Niedrige Priorität	keine Bevorzugung

Dienstgüte Innerhalb des GPRS sind Dienstgüteprofile *(QoS Profile)* vorgesehen, die mit jedem *Packet-Data-Protocol*-(PDP)-Kontext verknüpft sind. Ein Dienstgüteprofil ist ein Parameter, der aus mehreren Diensteigenschaften zusammengesetzt ist [127]. Es definiert die zu erwartende Dienstgüte innerhalb folgender Eigenschaften:

- Dringlichkeit *(Precedence Class)*
- Verzögerung *(Delay Class)*
- Verläßlichkeit *(Reliability Class)*
- Spitzendurchsatz *(Peak Throughput Class)*
- Mittlerer Durchsatz *(Mean Throughput Class)*

Ein GPRS-Netz wird nur eine begrenzte Untermenge der möglichen Dientgüteprofile unterstützen. Während der Prozedur der Dienstgüteverhandlung als Teil der PDP-Kontextaktivierung sollte die Mobilstation einen Wert für jede Diensteigenschaft anfordern können. Das Netz sollte jeden Wert mit den verfügbaren Betriebsmitteln vergleichen und sollte dabei stets versuchen, zuvor verhandelte Dienstgüteparameter zu garantieren. Die RLC/MAC-Schicht unterstützt vier Funkprioritätsstufen [125]. Bei jedem Uplink-Zugriff sollte die Mobilstation eine dieser vier Prioritäten anzeigen. Diese benutzte Priorität wird vom SGSN basierend auf die verhandelte Dienstgüte bestimmt und zur Mobilstation überliefert. Folgende Dienstklassen sind definiert:

Dringlichkeitsklasse *(Precedence Class)*: Unter normalen Betriebsbedingungen versucht das Netz, die Dienstgütevereinbarungen aller Dienstgüteprofile einzuhalten. Die Dringlichkeit gibt die relative Wichtigkeit an, die Parameter auch bei besonders kritischen Bedingungen, z. B. bei hoher momentaner Last, einzuhalten. Die Dringlichkeitsklassen sind in Tab. 3.33 dargestellt.

Verzögerungsklasse *(Delay Class)*: Die Verzögerung eines Paketes ist als die Übertragungszeitspanne zwischen den GPRS-Dienstzugangspunkten definiert. Verzögerungen außerhalb des Systems, z. B. durch Transitnetze, bleiben unberücksichtigt. GSM 02.60 [126] definiert vier Verzögerungsklassen,

3.11 Zukünftige Sprach- und Datendienste im GSM

Tabelle 3.34: Verzögerungsklassen

QoS-Klasse	128-byte-Paket		1024-byte-Paket	
	Mittl. Verz. [s]	95 % [s]	Mittl. Verz. [s]	95 % [s]
1 (vorhersagbar)	0,5	1,5	2	7
2 (vorhersagbar)	5	25	15	75
3 (vorhersagbar)	50	250	75	375
4 (best effort)	unbestimmt			

vgl. Tab. 3.34. Der Netzbetreiber sollte geeignete Betriebsmittel an der Funkschnittstelle bereitstellen, um die erwartete Anzahl von Teilnehmern innerhalb jeder Zelle mit einer bestimmten Verzögerung bedienen zu können. Obwohl nicht alle Verzögerungsklassen verfügbar sein müssen, ist mindestens die *Best-Effort*-Klasse anzubieten.

Verläßlichkeitsklasse *(Reliability Class)*: Datendienste verlangen generell eine geringe Restfehlerwahrscheinlichkeit. Fehlerhafte Daten sind in der Regel unbrauchbar, wohingegen fehlerhaft übertragene Sprache nur zu einem schlechteren Empfangseindruck führt. Verläßlichkeit der Datenübertragung ist definiert im Rahmen von Restfehlerwahrscheinlichkeiten für folgende Fälle:

- Wahrscheinlichkeit für Datenverlust,
- Wahrscheinlichkeit für die Datenüberlieferung außerhalb der Reihenfolge,
- Wahrscheinlichkeit für mehrfache Auslieferung von Daten,
- Wahrscheinlichkeit von fehlerhaften Daten.

Die Verläßlichkeitsklasse spezifiziert die Anforderung für die Dienste der einzelnen Schichten. Die Kombination von verschiedenen Betriebsmodi der GPRS-spezifischen Protokolle *GPRS Tunnel Protocol* (GTP), *Logical Link Control* (LLC) und *Radio Link Control* (RLC), die in den nächsten Abschnitten erläutert werden, unterstützen die Verläßlichkeitsanforderungen verschiedener Anwendungen, z. B. *Echtzeit* (*Realtime*, RT) oder *Nicht-Echtzeit* (*Non Realtime*, NRT). Die Verläßlichkeitsklassen sind in Tab. 3.35 zusammengefaßt.

Durchsatz-Klassen *(Throughput Classes)*: Der Benutzerdatendurchsatz ist spezifiziert im Rahmen einer Menge von Durchsatzklassen, die die zu erwartende Bandbreite für einen angeforderten PDP-Kontext charakterisieren. Der Durchsatz ist durch die Spitzendurchsatz- und Mittlerer-Durchsatz-Klasse definiert.

Tabelle 3.35: Verläßlichkeitsklassen

Klasse	Modus				Verkehrstyp
	GTP	LLC-Rahmen	LLC-Daten	RLC-Block	Sicherung
1	ACK	ACK	PR	ACK	NRT-Verkehr, fehlersensitiv, verlustsensitiv
2	UACK	ACK	PR	ACK	NRT-Verkehr, fehlersensitiv, gering verlustsensitiv
3	UACK	UACK	UPR	ACK	NRT-Verkehr, fehlersensitiv, nicht verlustsensitiv
4	UACK	UACK	UPR	UACK	RT-Verkehr, fehlersensitiv, nicht verlustsensitiv
5	UACK	UACK	UPR	UACK	RT-Verkehr nicht fehlersensitiv, nicht verlustsensitiv

ACK/UACK: Bestätigt/Unbestätigt *(Acknowledged/Unacknowledged)*
PR/UPR: Geschützt/Ungeschützt *(Protected/Unprotected)*

Der Spitzendurchsatz wird an den G_i- und R-Referenzpunkten in der Einheit Byte pro Sekunde gemessen. Diese Schnittstellen werden in den folgenden Abschnitten erläutert. Er spezifiziert die maximale Rate, mit der Daten für einen bestimmten PDP-Kontext zu erwarten sind. Es gibt keine Garantie, daß diese Datenrate zu irgendeinem Zeitpunkt erreicht wird. Dies hängt von den verfügbaren Betriebsmitteln und den Fähigkeiten der Mobilstation ab. Der Betreiber kann die Datenrate mit der verhandelten Spitzendatenrate begrenzen, auch wenn mehr Kapazität verfügbar ist. Die Spitzendurchsatzklassen sind in Tab. 3.36 dargestellt.

Der mittlere Durchsatz wird ebenfalls an den G_i- und R-Referenzpunkten, vgl. Abb 3.74, in Byte pro Sekunde gemessen. Er spezifiziert die durchschnittliche Rate, mit der Daten für die verbleibende Zeitspanne eines bestimmten PDP-Kontextes zu erwarten sind. Auch hier kann der Betreiber die Datenrate auf die verhandelte mittlere Datenrate begrenzen, auch wenn mehr Kapazität verfügbar ist. Eine ausgehandelte *Best-Effort*-Durchsatzklasse bedeutet, daß Durchsatz dann einer Mobilstation zur Verfügung gestellt wird, wenn Betriebsmittel benötigt werden und verfügbar sind. Tabelle 3.37 faßt die Dienstklassen für den mittleren Durchsatz zusammen.

Parallele Dienstbenutzung Während einer GPRS-Sitzung können kanalvermittelte Dienste (Sprache, Daten) initiiert und genutzt werden. Ebenso ist vorge-

Tabelle 3.36: Spitzendurchsatzklasse

Spitzendurchsatzklasse	Spitzendurchsatz [byte/s]	[kbit/s]
1	Bis zu 1 000	8
2	Bis zu 2 000	16
3	Bis zu 4 000	32
4	Bis zu 8 000	64
5	Bis zu 16 000	128
6	Bis zu 32 000	256
7	Bis zu 64 000	512
8	Bis zu 128 000	1 024
9	Bis zu 256 000	2 048

Tabelle 3.37: Mittlerer-Durchsatz-Klasse

Mittlerer-Durchsatz-Klasse	Mittlerer Durchsatz [byte/h]	[bit/s]
1	Best effort	
2	100	≈ 0.22
3	200	≈ 0.44
4	500	≈ 1.11
5	1 000	≈ 2.2
6	2 000	≈ 4.4
7	5 000	≈ 11.1
8	10 000	≈ 22
9	20 000	≈ 44
10	50 000	≈ 111
11	100 000	≈ 220
12	200 000	≈ 440
13	500 000	≈ 1110
14	1 000 000	≈ 2200
15	2 000 000	≈ 4400
16	5 000 000	$\approx 11 100$
17	10 000 000	$\approx 22 000$
18	20 000 000	$\approx 44 000$
19	50 000 000	$\approx 111 000$

sehen, z. B. während eines Telefongesprächs GPRS-Daten zu senden/empfangen. Die gleichzeitige Benutzung dieser Dienste ist sowohl für PTP- als auch für PTM-Dienste vorgesehen, bedingt aber je nach Lastaufkommen und Dienstgüte schwankende Transferraten.

Zusätzlich ist es möglich, den Short-Message-Service (SMS) *Mobile Originated* und *Mobile Terminated* zu nutzen. Die SMS-Nachricht wird jedoch je nach Lastsituation verzögert oder mit einer niedrigeren Datenrate übertragen. Eine SMS-Zellenrundfunknachricht darf zwar gleichzeitig mit GPRS-Diensten, jedoch nicht mit einer kanalvermittelten Verbindung genutzt werden.

Um dem Endnutzer den Paketdatendienst mit verschiedenen Leistungsmerkmalen anzubieten, sind drei Geräte- bzw. Benutzerklassen vorgeschlagen:

Benutzerklasse A: Gleichzeitige Benutzung aller Dienste gemäß Dienstprofil bei gleichbleibender Sprachqualität.

Benutzerklasse B: Eingeschränkte gleichzeitige Benutzung von Diensten mit vermindertem Durchsatz bei geringerer Sprachqualität.

Benutzerklasse C: Keine gleichzeitige Benutzung von Diensten.

Für die Benutzerklasse C ist jedoch netzseitig die Möglichkeit vorgesehen, SMS-Nachrichten jederzeit empfangen zu können.

3.11.3.2 Die logische Architektur

Die bekannte GSM-Netzarchitektur wird für den Paketdatendienst um drei Netzelemente erweitert, vgl. Abb. 3.73. Der *Gateway GPRS Support Node* (GGSN) dient als Schnittstelle zu externen Netzen. Hier werden die Paketdatenprotokoll-Adressen ausgewertet und auf die IMSI der jeweiligen Mobilstation umgesetzt. Die Datenpakete werden entkapselt und entsprechend den Optionen des Netzprotokolls an die nächste Instanz der Netzschicht versendet.

Der *Serving GPRS Support Node* (SGSN) dient zur funktionalen Unterstützung der Mobilstationen. Hier werden z. B. die Adressen der Teilnehmer eines Gruppenrufes aus den *GPRS Registern* (GR) abgefragt. Die Funktionen des SGSN und des GGSN können auch in einer Einheit realisiert sein.

Alle GPRS-bezogenen Daten werden im *GPRS-Register* (GR) gespeichert, das als Teilbereich des GSM-HLR anzusehen ist.

Die Schnittstellen Mit der Erweiterung des bestehenden GSM-Netzes um die GPRS-spezifischen Blöcke wurden auch neue Schnittstellen und Referenzpunkte

3.11 Zukünftige Sprach- und Datendienste im GSM

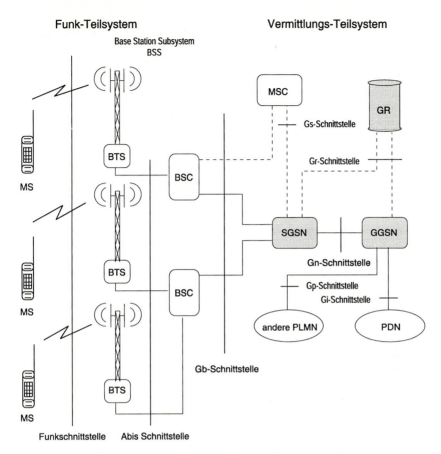

Abbildung 3.73: Die logische Architektur des GPRS

definiert. Jedes GPRS PLMN hat zwei Zugangspunkte, die Funkschnittstelle U_m für den Zugang der Mobilstation und die Referenzpunkte R und S zum Senden bzw. Empfangen von Nachrichten. Die für den GPRS relevanten Schnittstellen zeigt Abb. 3.74. Die gestrichelten Linien weisen darauf hin, daß zwischen den entsprechenden Blöcken nur Signalisierdaten ausgetauscht werden. Durchgezogene Linien dagegen bedeuten, daß hier zusätzlich die Paketdaten übertragen werden.

Der eigentliche Datenverkehr wird im GPRS über den SGSN abgewickelt, die MSC dient nur der Signalisierung. Die Stellung des SGSN zur MSC ist dadurch definiert, daß jeder SGSN einer MSC zugeordnet wird, oder daß ein SGSN mehrere MSCs versorgt bzw. daß eigene Versorgungsbereiche für die SGSNs definiert sind, die weitgehend unabhängig von denen der MSCs sind. Wirtschaftliche Überlegungen

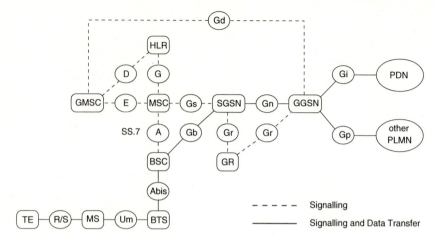

Abbildung 3.74: Schnittstellen und Referenzpunkte im GPRS

spielen bei der Aufteilung der Funktionalität zwischen MSC und SGSN eine große Rolle.

Wegewahl und Mobilitätsverwaltung Zentrale Entwurfsentscheidungen eines Paketdatenfunknetzes hängen von der Realisierung der Mobilitätsverwaltung und der Wegewahl *(Routing)* ab.

Bei einer von der MS initiierten Übertragung entkapselt der SGSN die eingehenden Pakete, wertet die Adressinformationen aus und routet sie zum entsprechenden GGSN, der seinerseits die Weiterleitung zum richtigen *Packet Data Network* (PDN) initiiert, vgl. Abb. 3.75. Im jeweiligen PDN werden dann die netzspezifischen Routingprozeduren verwendet, um die Pakete zur Partnerinstanz weiterzuleiten.

Pakete jeder Partnerinstanz werden nach Auswertung der Zieladresse durch das PDN zum GGSN geroutet. Er überprüft den Routingkontext, der dieser Zieladresse zugeordnet ist und fragt den korrespondierenden SGSN und die zugehörige Tunnelinformationen ab. Das Paket wird dann gekapselt und zum SGSN getunnelt, der es zur MS weiterleitet.

Es werden zwei verschiedene Paketkapselungsschemata verwendet: zwischen den GGSN werden die Pakete mit Hilfe eines GPRS-netzweit einheitlichen Tunnelprotokolls gekapselt. Dadurch können beliebige Paketdatenprotokolle (*Packet Data Protocol*, PDP) verwendet werden, auch wenn sie nicht von allen SGSN unterstützt

3.11 Zukünftige Sprach- und Datendienste im GSM

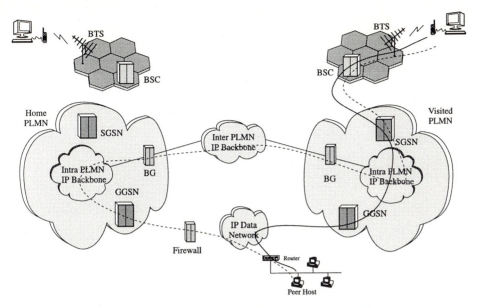

Abbildung 3.75: Vereinfachtes Routing-Beispiel

werden. Die Kapselung zwischen MS und SGSN wird benutzt, um die Schicht 2 von den Vermittlungschichtprotokollen zu entkoppeln.

Kontextaktivierung Bevor eine Mobilstation Daten versenden kann, muß sie sich z. B. nach dem Einschalten in den Paketdatendienst einbuchen. Mit dieser zwischen MS und SGSN ausgeführten sog. *Attachment Procedure* wird ein logischer Verbindungskontext aufgebaut. Als Resultat wird der MS eine eindeutige temporäre Verbindungskennung (*Temporary Logical Link Identity*, TLLI) zugewiesen. Nach erfolgreichem Einbuchen, können mit der SGSN ein oder mehrere Routingkontexte für ein oder mehrere PDP ausgehandelt werden, vgl. Tab. 3.38. Äquivalent zum bestehenden GSM gibt eine *Ciphering Key Sequence Number* an, wie die Benutzerdaten verschlüsselt werden. Zur Überprüfung, ob die MS Zugang zum jeweiligen PDN hat, wird das GR abgefragt. Die Information über die abonnierten Dienste beinhaltet auch die passenden GGSN-Adressen. Ist der Zugang erlaubt, wird der GGSN aufgefordert, seinen Routingkontext zu aktualisieren. Alle funktionalen GPRS-Instanzen einigen sich somit, bevor ein Paketdatendienst angefordert werden kann, über jeden Eintrag des Kontextes.

Während einer GPRS-Sitzung werden die Vereinbarungen ständig aktualisiert. Aufbauend auf dem in Abb. 3.76 gezeigten Zustandsautomaten wird der Aufent-

Tabelle 3.38: GPRS-Kontext

Parameter	Speicher-Ort
Status der Mobilstation (Active, Idle, Standby)	MS + SGSN
Authentifizierung (Chiffrierungs-Schlüssel)	MS + SGSN
Kompressionsunterstützung (ja/nein)	MS + SGSN
Routing Daten (TLLI, RA, Cell ID, PDCH)	MS + SGSN
Identität der Mobilstation (IMSI, IMGI)	SGSN
Gateway GSN-Adresse (IP-Adresse)	SGSN
Gebührenerfassungsparameter (Byteanzahl)	SGSN

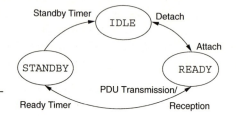

Abbildung 3.76: Zustandsmodell der Mobilitätsverwaltung

haltsbereich einer MS verwaltet. Während die MS den SGSN im Zustand Ready über jeden Zellwechsel informiert, wird die Ortsinformation im Zustand Standby nur dann aktualisiert, wenn die sog. *Routing Area* (RA) gewechselt wird. Dieses Gebiet stellt eine Untermenge der im GSM definierten Aufenthaltsbereiche dar. Die Anzahl der zugehörigen Zellen kann vom Netzbetreiber frei definiert werden.

Ein eventueller Zellwechsel wird implizit auf Ebene der logischen Verbindungen verwaltet. Die Aktualisierung der Bereichsinformation wird eingeleitet, indem dem SGSN ein Routing_Update_req übermittelt wird. Diese Meldung beinhaltet sowohl die Bezeichnung der neuen und alten Zelle als auch die neue und alte RA.

Falls der SGSN sowohl die neue als auch alte RA verwaltet *(Intra-RA Update)*, besteht keine Notwendigkeit, andere Netzelemente (GGSN bzw. GR) zu informieren, weil der Routing-Kontext sich nicht verändert hat.

Wenn die alte RA einem anderen SGSN zugeordnet ist, muß ein *Inter-RA Update* erfolgen: der neue SGSN fordert den alten SGSN auf, die Mobilitätsinformationen und den Routingkontext der MS zu übersenden. Nach erfolgreicher Aktualisierung veranlaßt der alte SGSN, daß die veralteten Kontextinformationen aus dem GR gelöscht werden und der GGSN kann über den neuen Kontext informiert werden.

3.11.3.3 Die Protokollarchitektur

Die Funktionen des Paketdatendienstes findet man in der in Abb. 3.77 gezeigten Protokollarchitektur wieder. Als Vermittlungsschichtprotokoll in der Mobilstation bzw. dem GGSN wird in Abhängigkeit von der Festnetzumgebung auf existierende Standardprotokolle zurückgegriffen. Für den GPRS ist ein Interworking mit TCP/IP, ISO 8348 CLNP *(Connectionless Network Protocol)* und X.25 basierten Netzen vorgesehen.

Das allgemeine Übertragungsprinzip beruht darauf, daß alle Datenpakete von bzw. zu externen Netzen innerhalb des GPRS-Backbone-Netzes gekapselt übertragen werden: zwischen SGSN und GGSN werden die gekapselten Datenpakete und die anfallende Signalisierinformation mit Hilfe eines Tunnelprotokolls, dem *GPRS Tunnel Protocol* (GTP), übertragen. Es realisiert die Interworking-Funktion zwischen den GSM- und festnetzspezifischen Netzprotokollen. Als GPRS-Backbone-Protokoll ist das Internet-Protokoll (IP) in der Version 6 vorgesehen.

Die Festnetzprotokolle der Sicherungs- und Bitübertragungsschicht an der G_n-Schnittstelle zwischen SGSN und GGSN sind nicht spezifiziert. Für die Funktionalität des GPRS sind diese Protokolle jedoch unbedeutend, so daß Standardprotokolle verwendet werden können.

Zwischen Mobilstation und SGSN wird in der untersten Teilschicht der GSM-Vermittlungsschicht das *Subnetwork Dependent Convergence Protocol* (SNDCP) eingesetzt, das mehrere Vermittlungsschichtverbindungen auf eine virtuelle Sicherungsschichtverbindung multiplext und Verschlüsselungs- und Datenkompressionsalgorithmen anbietet.

Das *Base Station Subsystem GPRS Application Protocol* (BSSGP) an der G_b Schnittstelle entspricht dem aus dem GSM bekannten BSSMAP und stellt im wesentlichen die gleichen Funktionen zur Verfügung. An der G_b Schnittstelle wird auf der Sicherungsschicht ein modifiziertes Frame-Relay-Verfahren eingesetzt, um Verzögerungen zu minimieren.

Die Grundidee des Paketdatendienstes ist, einen physikalischen Kanal mehreren Benutzern im Vielfach zur Verfügung zu stellen, um seine Kapazität effizient ausnutzen zu können. Daher ist es notwendig, die Sicherungsschicht an der Schnittstelle U_m in zwei Teilschichten zu unterteilen: die logische Funkverbindungsteilschicht (*Radio Link Control*, RLC) und die Medienzugriffsteilschicht (*Medium Access Control*, MAC).

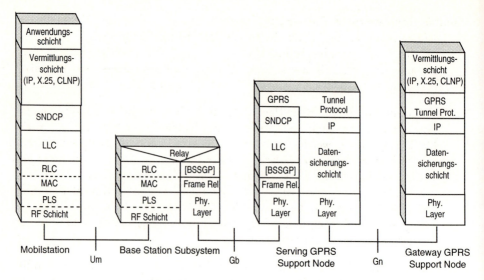

Abbildung 3.77: GPRS-Protokollstapel

Die RLC-Teilschicht stellt Dienste zur Verfügung, die eine zuverlässige logische Verbindung zwischen MS und BSS gewährleisten, während die MAC-Teilschicht den Zugriff auf das Funkmedium steuert. Der generelle Ansatz, den Paketdatendienst in das GSM zu integrieren, besteht darin, aus dem Pool der vorhandenen physikalischen GSM-Kanäle bestimmte für den Paketdatendienst zu reservieren und diese in logische Kanäle zu unterteilen.

Die Sicherung der Teilnehmerdaten zwischen Mobilstation und SGSN wird von einer separaten logischen Verbindungsteuerungsteilschicht (*Logical Link Control*, LLC) übernommen.

Die LLC-Teilschicht Die LLC-Teilschicht ist für den Transport der Datenpakete der Vermittlungsschicht zwischen der Mobilstation und dem SGSN verantwortlich. Neben Punkt-zu-Punkt- wird auch Punkt-zu-Mehrpunkt-Kommunikation unterstützt. Die wesentlichen Funktionen sind Flußsteuerung und Fehlerkorrektur anhand der bekannten ARQ- und FEC-Mechanismen. Das Protokoll der LLC-Teilschicht lehnt sich stark an die im GSM benutzte *Link Access Procedure on the D-channel* ($LAPD_m$) an.

Die wesentlichen Modifkationen sind nachfolgend zusammengefaßt:

Variable Rahmenlänge: Die GPRS-Protokollarchitektur mit der Sicherung der Übertragung an der Funkschnittstelle durch das RLC/MAC-Protokoll ermöglicht eine variable Rahmenlänge auf LLC-Ebene. Daher können Rahmenbegrenzer und Bitstopfen wegfallen. Im Rahmenkopf wird ein zusätzliches Feld zur Angabe der Rahmenlänge notwendig.

Variable Adreßtypen: Mit dem Paketdatendienst werden neue Adreßtypen mit unterschiedlicher Länge eingeführt. Das Adreßfeld muß daher eine variable Länge haben, welche durch ein Erweiterungsbit im Adreßfeld verwaltet wird. Jeder Verbindungskennzeichner (*Data Link Connection Identifier*, DLCI) besteht aus einer Dienstzugangspunkt-ID (*Service Access Point Identifier*, SAPI) und einer Geräteendpunkt-ID (*Terminal Endpoint Identifier*, TEI), die Adressen wie die TLLI, TMSI, IMSI oder IMGI beinhalten kann. Die Zuweisung der Adreßtypen erfolgt beim Einbuchungsvorgang und wird von den Management-Instanzen verwaltet.

Priorisierte SAPIs: Die Prioritätsklassen im GPRS spiegeln sich in der Einführung neuer SAPIs mit Prioritäten wider. Entsprechend der vier vorgeschlagenen Klassen sind mindestens vier SAPIs notwendig. In Anlehnung an das aus den erweiterten Sprachdiensten stammende Prioritätenschema (eMLPP), vgl. Abschn. 3.11.1.3, sind hier aber weitere SAPIs denkbar, die für Signalisierung bzw. Notrufe reserviert sind. Durch die Einführung von Prioritäten muß zudem die Flußsteuerung und Fehlerbehandlung prioritätsspezifisch verwaltet werden.

Erweiterter Betriebsmodus: Für den bestätigten Punkt-zu-Punkt-Dienst unterstützt das Protokoll eine duplex Kommunikation und operiert dazu im gleichberechtigten, bestätigten Betriebsmodus (*Asynchronous Balanced Mode*, ABM). Da das LAPD lediglich PTP-Kommunikation unterstützt, muß der Protokollautomat für den Punkt-zu-Mehrpunkt-Dienst entsprechend erweitert werden. Eine Duplexkommunikation ist hierbei nicht möglich, so daß als Betriebsart im bestätigten Fall der nicht gleichberechtigte Modus (*Asynchronous Unbalanced Mode*, AUM) eingeführt wird. Nicht bestätigter Datentransfer wird durch Austausch nicht numerierter Informationsrahmen gewährleistet.

Neue Dienstprimitive: Prioritätsbedingt kann es notwendig sein, eine logische Verbindung kurzfristig auszusetzen und zu einem späteren Zeitpunkt wieder aufzunehmen. Dies wird durch zwei neue Dienstprimitive (LLC_suspend, LLC_resume) unterstützt. Dazu ist eine entsprechende Erweiterung des Dienstprimitivs zum Verbindungsaufbau SABM notwendig. Die Kommunikation mit der RLC-Schicht erfordert ebenfalls ein bzw. zwei neue(s) Primitiv(e), die mit RLC/MAC_data bzw. RLC/MAC_ptm_data bezeichnet werden.

Die Medienzugriffsschicht Kerngegenstand der Spezifikation des GPRS ist neben der Verwaltung der Mobilität der Benutzer und den zugehörigen Routingfunktionen die Spezifikation des MAC-Protokolls. Die GPRS-MAC-Teilschicht definiert die Prozeduren, um das Funkmedium mehreren Benutzern zur Verfügung zu stellen. Wesentliche Funktionen sind dabei die Kollisionsauflösung, das Multiplexverfahren sowie die Reservierungsstrategie unter Berücksichtigung der vereinbarten Dienstgüte. Eine Besonderheit des GPRS-MAC-Protokolls ist, daß einer Mobilstation gleichzeitig mehrere physikalische (TCH) Kanäle zugewiesen werden können *(Multislot Assignment)* und damit die Datenübertragungsrate befristet auf die n-fache Datenrate gesteigert werden kann. Diese Anzahl ist beschränkt durch die Anzahl der Kanäle, die eine Mobilstation parallel benutzen kann, und durch die Anzahl der fest oder dynamisch vom Netzbetreiber für GPRS angebotenen Paketdatenkanäle (*Packet Data Channel*, PDCH). Maximal können acht feste und eine durch den Standard nicht beschränkte Anzahl dynamischer PDCHs angeboten werden.

Zwischen MAC und LLC-Teilschicht liegt die *Radio Link Control*-(RLC)-Teilschicht, welche die Verbindung zwischen Mobilstation und BSS an der Funkschnittstelle steuert und einen bitmapbasierten, selektiven Wiederanforderungsmechanismus (SREJ) für fehlerhaft übertragene Pakete zur Verfügung stellt und die erforderliche Segmentierung der LLC-Protokolldateneinheiten vornimmt.

Die Bitübertragungsschicht Die Bitübertragungsschicht an der Funkschnittstelle ist in die sog. Physikalische Verbindungssteuerungsschicht (*Physical Link Layer*, PLL) und die Physikalische RF-Schicht (*Physical Radio Frequency Layer*, RF) unterteilt. Die Spezifikation dieser Teilschichten erfolgt gemäß den GSM-Empfehlungen der Serie 05. In der Empfehlung 03.64 [125] ist die PLL-Teilschicht spezifiziert. Während die RF-Teilschicht die Modulation und Demodulation der Funkwellen abdeckt, stellt die PLL-Schicht Dienste für die bitweise Datenübertragung in Form von Bursts über die Funkschnittstelle zur Verfügung. Sie ist unter anderem für die Vorwärtsfehlerkorrektur sowie das Interleaving verantwortlich und beinhaltet Funktionen zur zeitlichen Synchronisation *(Timing Advance)* der jeweiligen Mobil- und Basisstation und Auswertung der Funksignalqualität. Ebenso sind hier Zellauswahl- und Sendeleistungssteuerung *Power Control* angesiedelt.

3.11 Zukünftige Sprach- und Datendienste im GSM

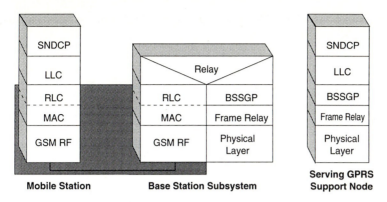

Abbildung 3.78: Die Protokollarchitektur der Funkschnittstelle

3.11.3.4 Die GPRS-Funkschnittstelle

Die Kommunikation an der Funkschnittstelle zwischen Mobil- und der Basisstation, dargestellt durch die grauen Blöcke in Abb. 3.78, beinhaltet Funktionen der Bitübertragungs- und Sicherungsschicht.

Paketdatenkanäle und Betriebsmittelverwaltung Zur Abbildung der logischen Paketdatenkanäle auf die physikalischen GSM-Kanäle ist es notwendig, eine Mehrfachrahmenstruktur zu definieren, wie sie aus Abb. 3.14 bekannt ist. Dabei muß berücksichtigt werden, daß eine im Paketdatenmodus betriebene Mobilstation neben den Teilnehmerdaten und GPRS-spezifischen Signalisierungsinformationen in regelmäßigen Abständen auch die Signalisierkanäle des GSM (z. B. BCCH oder SCH) empfangen können muß.

Für das RLC/MAC-Protokoll ist ein 52er-Mehrfachrahmen definiert worden, der sich aus einer Folge von zwei 26er-Mehrfachrahmen ergibt, vgl. Abb. 3.79. Der festgelegte *Mehrfachrahmenzyklus* besteht aus vier 52er-Mehrfachrahmen.

Die logische Abbildung auf das Frequenzband geschieht folgendermaßen: Acht Zeitschlitze einer Frequenz werden zu einem TDMA-Rahmen kombiniert. Jeder n-te Zeitschlitz eines TDMA-Rahmens repräsentiert einen physikalischen GSM-Kanal und bei GPRS einen Paketdatenkanal. Jeder dieser Kanäle wird zu Radio-Blocks bestehend aus vier Zeitschlitzen zusammengefaßt. Die verschiedenen logischen GPRS-Kanäle werden in diese Blöcke eingebettet. Zwölf Radio-Blocks pro Kanal werden zusammen mit vier *Idle*-Rahmen zu einem 52er-Mehrfachrahmen

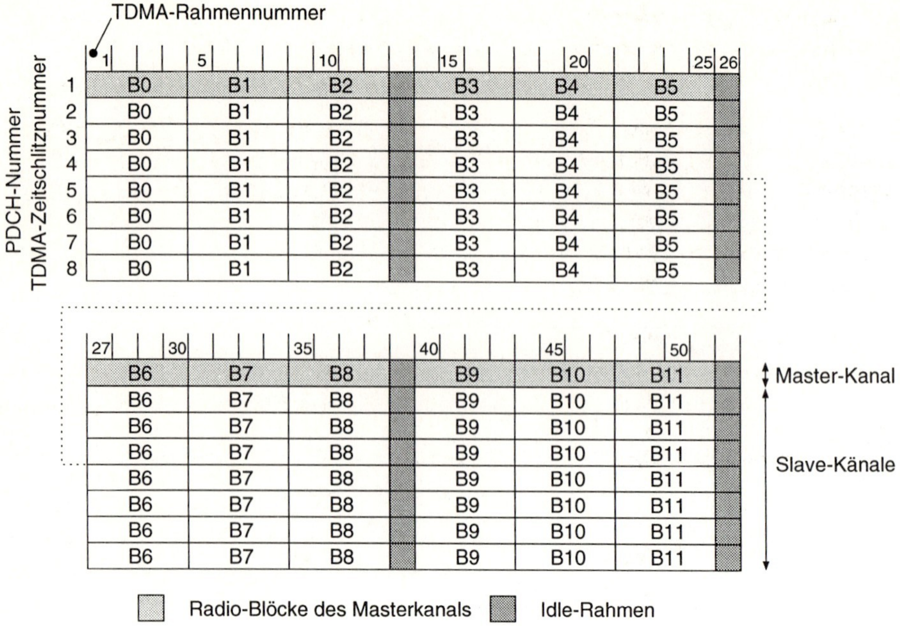

	TDMA-Rahmennummer					
	1 5 10 15 20 25 26					
1	B0	B1	B2	B3	B4	B5
2	B0	B1	B2	B3	B4	B5
3	B0	B1	B2	B3	B4	B5
4	B0	B1	B2	B3	B4	B5
5	B0	B1	B2	B3	B4	B5
6	B0	B1	B2	B3	B4	B5
7	B0	B1	B2	B3	B4	B5
8	B0	B1	B2	B3	B4	B5

27 30 35 40 45 50					
B6	B7	B8	B9	B10	B11
B6	B7	B8	B9	B10	B11
B6	B7	B8	B9	B10	B11
B6	B7	B8	B9	B10	B11
B6	B7	B8	B9	B10	B11
B6	B7	B8	B9	B10	B11
B6	B7	B8	B9	B10	B11
B6	B7	B8	B9	B10	B11

PDCH-Nummer / TDMA-Zeitschlitznummer

Master-Kanal / Slave-Kanäle

▢ Radio-Blöcke des Masterkanals   ▩ Idle-Rahmen

Abbildung 3.79: 52er-Mehrfachrahmen

zusammengefaßt, vgl. Abb. 3.80. Die *Idle*-Rahmen werden unter anderem für die Steuerung des Timing-Advance langer Pakete benutzt.

Im ETSI-Standard GSM 03.64 [125] werden Grundprinzipien beschrieben, wie Funkbetriebsmittel für GPRS fest und dynamisch bereitzustellen und zu vergeben sind. Details, die bestimmte Kanalzuweisungsstrategien betreffen, werden hier jedoch offen gelassen und sind somit implementierungsabhängig und herstellerspezifisch.

Eine Zelle, die GPRS unterstützt, kann Betriebsmitttel auf einem oder mehreren Zeitschlitzen belegen, um den GPRS-Verkehr zu bedienen. Diese physikalischen Kanäle, *Packet Data Channels* (PDCH) genannt, die sich mehrere Mobilstationen teilen, werden aus dem allgemeinen Pool an physikalischen Kanälen, der in der Zelle verfügbar ist, entnommen. Die Zuweisung von physikalischen Kanälen für kanalvermittelte Dienste und GPRS erfolgt dynamisch gemäß des im folgenden beschriebenen Prinzips *Capacity on demand*.

Das Master-Slave-Konzept Einer oder mehrere PDCHs, die als Master betrieben werden (in Abb. 3.79 grau dargestellt), stellen allgemeine Paketsteuerkanäle

3.11 Zukünftige Sprach- und Datendienste im GSM

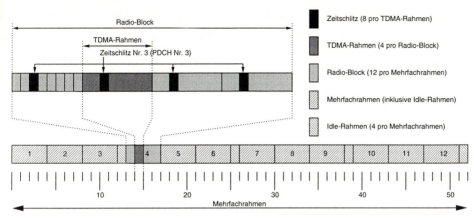

Abbildung 3.80: Aufbau des 52er-Mehrfachrahmens

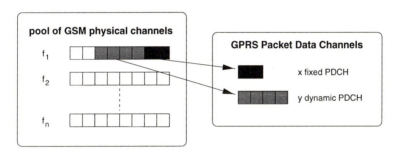

Abbildung 3.81: Zuweisung von physikalischen GSM-Kanälen für GPRS

(*Packet Common Control Channels*, PCCCH) bereit, die die notwendige Steuer- und Signalisierungsinformationen tragen, um Paketübertragungen zu initiieren. Diese müssen dann betrieben werden, wenn die Signalisierungsinformationen nicht vom existierenden CCCH getragen werden. Das gilt auch für Benutzerdaten und fest zugeordnete Signalisierung (z. B. PDTCH und PACCH). Andere PDCHs, die als Slave operieren, werden für Benutzerdatentransfer und fest zugeordnete Signalisierung benutzt.

Das Capacity-on-Demand-Konzept GPRS fordert keine permanent zugewiesenen PDCHs. Die Zuweisung von Kapazität für GPRS kann an den aktuellen Bedarf für Paketübertragungen angepaßt werden. Der Netzbetreiber kann wahlweise physikalische Kanäle permanent oder zeitweise für GPRS-Verkehr bereitstellen, vgl. Abb. 3.81.

Mechanismen zur Capacity-on-Demand-Unterstützung Die Anzahl belegter PDCHs kann entsprechend dem Bedarf erhöht oder verringert werden. Folgende Prinzipien können für die Zuweisung benutzt werden:

Lastüberwachung: Eine Lastüberwachungsinstanz überwacht die Auslastung der PDCHs. Eine Lastüberwachungsfunktion sollte als Teil der Medienzugriffsfunktionalität (MAC) implementiert werden. Die allgemeine Kanalzuweisungsinstanz im BSC wird für die GSM-Dienste benutzt.

Dynamische Zuweisung von PDCHs: Unbenutzte Kanäle können als PDCHs belegt werden, um die GPRS-Dienstgüte zu erhöhen. Infolge von Betriebsmittelanforderungen anderer Dienste mit höherer Priorität findet Kanalfreigabe statt.

Freigabe von PDCHs Die schnelle Freigabe von PDCHs ist ein wichtiges Merkmal für die Möglichkeit, denselben Pool von Betriebsmitteln dynamisch für paket- und kanalvermittelte Dienste zu teilen. Es gibt folgende Möglichkeiten:

- Es wird gewartet, bis alle Belegungen auf dem entsprechenden PDCH beendet sind.

- Alle Benutzer, die den entsprechenden Kanal belegen, sind zu benachrichtigen. Hierzu können **Packet-Resource-Reassignment-Nachrichten** verwendet werden. Die Netzseite muß solche Benachrichtigungen auf PACCHs zu jeder einzelnen MS senden. Diese PACCHs können auf verschiedenen PDCHs liegen.

- Benachrichtigung über Kanalfreigabe wird rundgesendet. Alle Mobilstationen hören das mögliche Auftreten von PACCHs auf einem Kanal ab und fangen auf diese Weise solche Benachrichtigungen ein. Eine effektivere Lösung ist das Rundsenden von Benachrichtigungen nur auf den PDCHs, auf denen sich der PACCH der betroffenen Mobilstationen befindet.

In der Praxis kann eine Kombination aller Methoden implementiert werden. Im Fall, daß eine Mobilstation die Benachrichtigung der Freigabe nicht erhält, erzeugt diese kurzzeitig Kanalinterferenzen, da sie nicht für sie vorgesehene Kanäle benutzt. Sie bricht die RLC-Verbindung aber ab, sobald sie eine unpassende Antwort vom Netz bekommt, und initiert einen neuen Transfer.

Die logischen Kanäle Die logischen GPRS-Kanäle werden auf physikalische GSM-Kanäle, die als Paketdatenkanäle belegt sind, abgebildet. Tabelle 3.39 enthält die logischen GPRS-Kanäle, ihre Funktionen und mögliche Richtung Uplink

3.11 Zukünftige Sprach- und Datendienste im GSM

Tabelle 3.39: Logische GPRS-Kanäle

Gruppe	Name	Richtung	Funktion
PCCCH	Packet Random Access Channel (PRACH)	UL	Zufallszugriff
	Packet Paging Channel (PPCH)	DL	Aufruf
	Packet Access Grant Channel (PAGCH)	DL	Zugriffsbestätigung
	Packet Notification Channel (PNCH)	DL	Mitteilung
PBCCH	Packet Broadcast Control Channel (PBCCH)	DL	Rundfunk
PTCH	Packet Data Traffic Channel (PDTCH)	UL/DL	Datenübertragung
	Packet Associated Control Channel (PACCH)	UL/DL	Teilnehmer-signalisierung

(UL) oder Downlink (DL). Anschließend wird eine detaillierte Beschreibung jedes Kanals gegeben.

Packet Common Control Channel Der *Packet Common Control Channel* (PCCCH) umfaßt logische Kanäle zur verbindungsunabhängigen Signalisierung für GPRS:

Packet Random Access Channel **(PRACH)** wird von Mobilstationen im Uplink benutzt, um eine Uplink-Übertragung zu initiieren, z. B. Daten zu senden. Der *Access Burst* wird zur Berechnung des erforderlichen *Timing Advance* (TA) benutzt.

Packet Paging Channel **(PPCH)** wird in der Downlink-Richtung benutzt, um eine Mobilstation vor einer Paketdatenübertragung aufzurufen.

Packet Access Grant Channel **(PAGCH)** wird in Downlink-Richtung in der Phase eines logischen Verbindungsaufbaus *(Temporary Block Flow* (TBF) *Establishment)* eingesetzt, um der Mobilstation die Betriebsmittelvergabe für die Paketdatenübertragung anzuzeigen. Außerdem kann die Betriebsmittelvergabe auf dem PACCH angezeigt werden, wenn die Mobilstation bereits einen Pakettransfer durchführt. Der PAGCH kann nur auf einen Master-Kanal abgebildet werden.

Packet Notification Channel **(PNCH)** wird in Downlink-Richtung benutzt, um einen Punkt-zu-Mehrpunkt-Pakettransfer einer Gruppe von Mobilstationen anzuzeigen. Diese Nachricht hat das Format einer Nachricht zur Betriebsmittelvergabe.

Packet Broadcast Control Channel Der *Packet Broadcast Control Channel* (PBCCH) sendet GPRS-spezifische Systeminformationen rund. Wenn der PBCCH

Tabelle 3.40: Codierschemata des GPRS

Codier-schema	Codier-rate	precod. USF	I-Rahmen o. USF/BCS	BCS	Tail Bit	Cod. Bit	Punkt. Bit	Datenr. [kbit/s]
1	1/2	3	181	40	4	456	0	9,05
2	≈ 2/3	6	268	16	4	588	132	13,4
3	≈ 3/4	6	312	16	4	676	220	15,6
4	1	12	428	16	0	456	0	21,4

nicht vergeben ist, überträgt der BCCH die Systeminformationen zu allen GPRS-Endgeräten in der Zelle.

Packet Traffic Channel

Packet Data Traffic Channel **(PDTCH)** ist ein Kanal zur Datenübertragung. Er ist vorübergehend einer Mobilstation oder einer Gruppe von Mobilstationen zugewiesen. Im Multislot-Betrieb kann eine Mobilstation mehrere PDTCHs parallel benutzen.

Packet Associated Control Channel **(PACCH)** wird benutzt, um Signalisierinformation bezogen auf eine bestimmte Mobilstation zu übertragen. Dies kann z. B. eine Quittung für einen Pakettransfer sein. Der Kanal trägt weiterhin Betriebsmittelvergabe- und -aktualisierungsnachrichten.

Kanalcodierung Das RLC/MAC-Protokoll benutzt die punktierten Faltungscodes des GSM-1/2-Faltungscodierers. Die Decodierung erfolgt mit dem aus dem GSM bekannten Viterbi-Softdecision-Decodierer.

Standardmäßig wird zur Übertragung von Sigalisierinformation auf das für den GSM-SDCCH verwendete Schema mit einem Faltungscode der Codierrate 1/2 und einem 40 bit langen Fire-Code zurückgegriffen, vgl. Abb. 3.23. Für Nutzdaten werden darüberhinaus weitere Codierraten eingesetzt, deren Redundanz sich dynamisch an die momentane Signalqualität anpaßt. Tabelle 3.40 zeigt die vier möglichen Optionen.

Um das Decodieren des `Uplink State Flags` (USF) zu vereinfachen, wird für die Codierschemata 2 bis 4 ein 12 bit langes Codewort für das USF generiert, welches nicht punktiert wird.

Bei den Schemata 2 und 3 wird dazu eine Vorcodierung des USF mit 6 bit vorgenommen, bevor der Rahmen faltungscodiert wird, wobei die ersten 12 bit nicht punktiert werden. Bei Verwendung des Codierschemas 1 wird der gesamte Rahmen codiert und das USF muß als Teil der Informationsdaten decodiert werden.

3.11 Zukünftige Sprach- und Datendienste im GSM

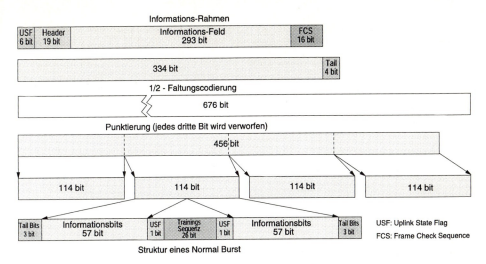

Abbildung 3.82: Codierung der Informationsrahmen gemäß Schema 3

Abb. 3.82 zeigt beispielhaft die Codierung eines Informationsrahmens für das Codierschema 3.

Zur Angabe des zu benutzenden Codierschemas werden die beiden *Stealing Bits* eines GSM *Normal Bursts* verwendet. Da vier aufeinanderfolgende Bursts zu einem RLC/MAC-Rahmen gehören, kann das Schema so mit einem 8 bit langen Blockcode der Hammingdistanz 5 gegen Übertragungsfehler geschützt werden.

Datenfluß Ein LLC-Rahmen wird segmentiert in RLC-Datenblöcke gepackt, die in der Bitübertragungsschicht formatiert werden. Jeder Block umfaßt vier Normal-Bursts in aufeinanderfolgenden TDMA-Rahmen. Abbildung 3.83 faßt den Datenfluß in den betrachteten Schichten zusammen. Bitverschachtelung eines Radio-Blocks über vier Bursts in aufeinanderfolgenden TDMA-Rahmen wird dann in der Bitübertragungsschicht durchgeführt [48].

Betriebsmodus Das RLC/MAC-Protokoll ist ein bitmap-basiertes selektives ARQ-Protokoll unter Verwendung eines Slotted-Aloha-Zufallszugriffskonzepts mit Kanalreservierung zur Uplink-Übertragung. Hohe Flexibilität wird durch den Multislot-MAC-Betrieb sichergestellt, bei dem mehrere PDTCH für Paketdatentransfer benutzt werden können. Die GPRS-Funkschnittstelle besteht aus unsymmetrischen und unabhängigen Uplink- und Downlink-Kanälen. In einem bestimm-

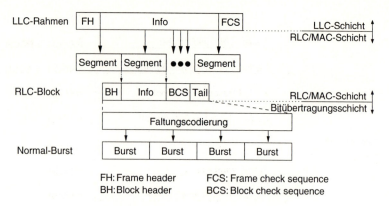

Abbildung 3.83: Paketdatenfluß

ten TDMA-Zeitschlitz kann ein PDCH im Uplink und Downlink Daten verschiedener Mobilstationen tragen.

Ein Benutzerdatenpaket, das über die Funkschnittstelle übertragen wird, wird in einem oder mehreren LLC-Rahmen gekapselt und dann in RLC-Datenblöcke segmentiert. Ein selektives ARQ-Protokoll zwischen Mobilstation und BSS veranlaßt die erneute Übertragung fehlerhafter Blöcke. Wenn ein vollständiger Rahmen erfolgreich von der RLC-Schicht übertragen worden ist, wird dieser an die LLC-Partnerinstanz weitergeleitet.

Das ARQ-Protokoll auf RLC-Ebene erfordert Rahmennumerierung. Wenn ein LLC-Rahmen segmentiert wird, wird ihm ein vorübergehender Rahmenbezeichner (*Temporary Frame Identity*, TFI) zugeordnet. Dieser ist einzigartig unter den aktuellen Rahmentransfers in einer Zelle und ersetzt den Bezeichner der Mobilstation, z. B. den vorübergehenden Bezeichner der logischen Verbindung (*Temporary Logical Link Identity*, TLLI) und eine Sequenznummer. Der TFI ist Teil jedes Blocks, der zu dem entsprechenden Rahmentransfer gehört einschließlich mehrfach durch den ARQ-Mechanismus übertragener Blöcke. Weiterhin ist der TFI die Grundlage, Blöcke verschiedener Mobilstationen auf Uplink und Downlink zu multiplexen.

Pakettransfer Dieser Abschnitt gibt einen Überblick über den Austausch von RLC/MAC-Nachrichten. Detailliertere Informationen sind in [131] zu finden. Grundsätzlich kann eine Mobilstation dann einen Pakettransfer initiieren, wenn sie den Vorgang der PDP-Kontextaktivierung durchgeführt hat, vgl. Abschn. 3.11.3.2.

3.11 Zukünftige Sprach- und Datendienste im GSM

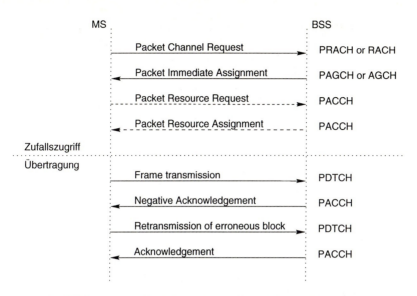

Abbildung 3.84: Zufallszugriff und Uplink-Datenübertragung

Paketübertragung auf der Aufwärtsstrecke (Uplink Transfer) Abbildung 3.84 zeigt den Ablauf des Uplink-Transfers. Die gestrichelten Pfeile sind zusätzliche Nachrichten, die für den Zweiphasenzugriff benötigt werden. Eine Mobilstation beginnt einen Pakettransfer durch Senden einer Zufallszugriffsnachricht (Packet Channel Request) auf dem entsprechenden Zufallszugriffskanal. Das Netz antwortet mit einer Kanalreservierungsnachricht (Packet Uplink Assignment). Durch büschelartiges Auftreten von Kanalanforderungen kann es zum Betriebsmittelengpaß kommen. So können mehr Reservierungsanfragen existieren, als das Netz innerhalb einer bestimmten Zeit bedienen kann. Um Wiederholungen von Reservierungsanfragen zu vermeiden, werden die Mobilstationen in diesem Fall informiert, daß die Anfrage empfangen wurde und später bearbeitet werden wird (Channel Queueing Notification). Es ist möglich den Kanalzugriff durch den Einphasen- oder Zweiphasenzugriff durchzuführen.

Im Einphasenzugriff antwortet das Netz auf die Kanalanforderung mit einer Kanalreservierungsnachricht *(Packet Immediate Assignment)*, die der Mobilstation eine Anzahl reservierter Radio-Blocks für die Uplink-Übertragung anzeigt, während beim Zweiphasenzugriff als Antwort nur eine Reservierung für Betriebsmittel zur Übertragung einer weiteren genaueren Reservierungsanfrage (Packet Resource Request) angezeigt wird. Diese Anfrage enthält dann die vollständige Beschreibung der angeforderten Betriebsmittel. Erst danach antwortet das Netz mit der Reservierungsnachricht, die die Betriebsmittel für den Datentransfer enthält. Wenn innerhalb eines vordefinierten Zeitraums keine Antwort auf die Reservierungsanfrage empfangen wird, wiederholt die Mobilstation die Anfrage nach einer durch einen Zufallsprozeß bestimmten Zeit *(Random Backoff Time)*.

Effiziente und flexible Nutzung des für Paketverkehr verfügbaren Spektrums wird durch eine Multislot-Kanalreservierungsstrategie realisiert. Datenblöcke einer Mobilstation können auf verschiedenen PDCHs parallel übertragen werden, um die Verzögerungszeit des Pakets bei der Übertragung über die Funkschnittstelle zu verringern. Die Bandbreite kann variiert werden, indem zwischen einem und acht Zeitschlitzen innerhalb des TDMA-Rahmens benutzt werden. Dies wird eingeschränkt durch die Anzahl verfügbarer PDCHs, die Multislot-Klasse der Mobilstation und die momentane Lastsituation.

Mit dem *Uplink State Flag* (USF) wird der Mobilstation angezeigt, wann ein bestimmter PDCH von ihr zu benutzen ist. Das 3 bit lange USF, das zu Beginn jedes Radio-Blocks auf dem Downlink übertragen wird, zeigt den Status des nächsten Uplink-Radio-Blocks an. Dies ermöglicht die Codierung von acht verschiedenen USF-Zuständen pro PDCH. Die Kanalreservierungsnachricht enthält die Liste der für diese Station reservierten PDCH und den zugeordneten USF-Zustand. Beim Pakettransfer liest die Mobilstation das USF auf dem für sie reservierten Kanal, vergleicht es mit dem ihr zugewiesenen und benutzt den folgenden Uplink-Block zur Übertragung, wenn diese übereinstimmen. So wird effizientes Multiplexen von Blöcken verschiedener Mobilstationen auf einem PDCH ermöglicht. Außerdem kann die Kanalreservierungsnachricht auch schon gesendet werden, bevor die gesamte Anzahl der angeforderten PDCHs verfügbar ist. So erlaubt das USF nicht nur eine sehr dynamische Reservierungsstrategie, sondern auch Übertragungsunterbrechungen aufgrund einer Pausennachricht oder höher priorisierter Nachrichten. Ein USF wird benutzt, um den PRACH anzuzeigen. Die anderen Werte werden benutzt, um den Mobilstationen den Kanal zuzuordnen. Nachdem die Blöcke in den reservierten Zeitschlitzen übertragen worden sind, folgt eine Quittung *(Packet Downlink Acknowledge)* von der Basisstation auf dem PACCH. Im Fall einer negativen Quittung wird durch ein Bitmuster angezeigt, welche Blöcke nicht korrekt empfangen wurden. Diese werden dann wiederholt.

Wenn die Mobilstation innerhalb einer bestimmten Zeit keine Quittung empfängt, wird durch eine erneute Kanalanforderungsnachricht der Transfer wieder aufgebaut. Wenn dann nach der Kanalreservierungsnachricht der erste Block des aktuellen Rahmens verschickt wird, stellt die Basisstation fest, daß die Quittung nicht korrekt empfangen wurde und wiederholt diese.

3.11 Zukünftige Sprach- und Datendienste im GSM

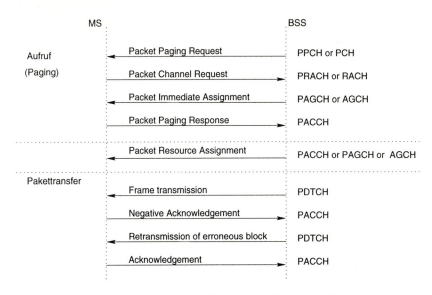

Abbildung 3.85: Zufallszugriff und Downlink-Datenübertragung

Paketübertragung auf der Abwärtsstrecke (Downlink Transfer) Abbildung 3.85 veranschaulicht den Ablauf des Pagings und des Downlink-Pakettransfers. Eine Basisstation beginnt einen Pakettransfer durch einen Aufruf (Packet Paging Request) auf dem PPCH, um den Standort der Mobilstation festzustellen. Diese Paging-Prozedur ist nur dann notwendig, wenn sich die Mobilsstation im Zustand *standby* der Mobilitätsverwaltung befindet. In diesem Fall fordert die Mobilstation Betriebsmittel für die Paging-Prozedur an. Dies erfolgt wie beim Uplink-Transfer beschrieben. Wenn der Standort der Mobilstation bekannt ist, wird der Pakettransfer durch eine Kanalreservierungsnachricht (Packet Resource Assignment), die eine Liste der für die Daten benutzten PDCHs enthält, eingeleitet. Da jeder Radio-Block einen temporären Rahmenbezeichner enthält, können Blöcke, die für verschiedene Mobilstationen bestimmt sind, auf dem selben PDCH gemultiplext werden. Weiterhin ist dadurch eine Unterbrechung des Pakettransfers durch höher priorisierte Anforderungen oder Pausennachrichten möglich. Auch hier ist Multislot-Betrieb möglich.

Das Netz fordert Quittungen durch Aufruf der Mobilstation an. Diese sendet zu dem ihr mitgeteilten Zeitpunkt eine Quittung. Auch hier enthält eine negative

Quittung ein Bitmuster, mit dem nicht korrekt empfangene Blöcke neu angefordert werden.

3.12 Netzübergangsfunktion – *Interworking Function*, IWF

Netzübergangsfunktionen ermöglichen die Verbindung der vom GSM unterstützten Dienste mit denen fester Netze bzw. umgekehrt, vgl. Abb. 3.60.

3.12.1 Übergang zum öffentlichen Fernsprechwählnetz

Die Telefonnetze (*Public Switched Telephone Networks*, PSTN) der CEPT-Länder haben sich über viele Jahre sehr unterschiedlich entwickelt. Dadurch sind die benötigten Übergangsfunktionen stark vom betreffenden PSTN abhängig. Die GSM-Empfehlungen für die PLMN-Seite der IWFs sind detaillierter, während für die PSTN-Seite nur allgemeine Anforderungen formuliert wurden. Problematisch ist, daß bei von PSTNs kommenden Rufen die örtliche Vermittlungsstelle den gewünschten Dienst nicht feststellen kann. Somit wird eine Technik zur Unterscheidung der Verbindungstypen nötig, damit das Mobilfunknetz die korrekten IWFs auswählen kann. Es wurden zwei Methoden ausgewählt (GSM-Empfehlung 09,07):

1. Vergabe separater Nummern (MSISDN) für jeden Dienst (optional) an jeden Mobilteilnehmer, die jede einen bestimmten Träger- oder Teledienst repräsentieren, z. B. Sprache, Telefax Gruppe 3, transparente synchrone Datenübertragung mit 9,6 kbit/s, usw., wobei jeder Dienst spezielle IWFs erfordert. Die zugehörige Information ist unter der MSISDN zusammen mit der MSRN, im HLR gespeichert, wird bei der Anmeldung des Teilnehmers festgelegt und ist nur auf dem Verwaltungsweg änderbar.

2. Der gerufene Mobilteilnehmer übermittelt die Dienstanforderung in der Anrufbestätigung *(Call Confirmation Message)*. Diese Methode ist für alle Netze und Mobilstationen obligatorisch, weil sie auch für ISDN-terminierte Verbindungen angewandt wird. Der Mobilteilnehmer erhält hier für alle Dienste nur eine gemeinsame MSISDN zugeordnet. Rufe werden nach GSM 03,04 von der abfragenden Vermittlung geroutet. Dann wird dem Mobilteilnehmer die Rufanforderung *(Call Setup Message)* übermittelt, wobei noch keine Trägerdienstinformation verfügbar ist. Die zum gewünschten Dienst gehörende Information wird vom Mobilteilnehmer in seiner Anrufbestätigung gesendet. Erst dann wählt die MSC/IWF die geeigneten Betriebsmittel aus und stellt die Verbindung her.

3.12.2 Übergang zum ISDN

Drei Trägerdienste sind für Übergänge zwischen ISDN und GSM-PLMN vorgesehen:

Kanalvermittelte Übertragung (3,1 kHz Audio): Für diesen Dienst werden die gleichen Lösungen wie für PSTN-Übergänge angewendet. Hauptunterschied ist die verfügbare Signalisierfähigkeit des Festnetzes, die die Auswahl der IWFs und Anzeige von Verbindungstyp und Teledienst erlauben kann. Diese Möglichkeit hängt jedoch von der aktuellen Implementierung dieses Dienstes im festen Netz ab.

Kanalvermittelter, uneingeschränkter digitaler Trägerdienst: Die IWF erlaubt den Zugang zur kanalvermittelten Datenübertragung von und zum ISDN, in Übereinstimmung mit der ISDN-Standardratenanpassung nach ITU-T X.30 und V.110. Demnach kann eine Verbindung zu jedem ISDN-Teilnehmer mit asynchronem oder synchronem Terminal hergestellt werden, mit Übertragungsraten bis einschließlich 9,6 kbit/s. Es können herkömmliche Endgeräte mit V.24 oder X.21 Schnittstelle verwendet werden oder ISDN-Endgeräte mit S-Schnittstelle, vgl. Abb. 3.3. Für transparente Dienste werden nur minimale IWFs benötigt, da von der MSC schon 64 kbit/s angeboten werden. Für Endgerät-zu-Endgerät Synchronisation und Statusbitfilterung muß noch gesorgt werden. Für nichttransparente Dienste sind zusätzliche IWFs nötig. Das RLP muß ordnungsgemäß abgeschlossen und die Standard-ISDN-Blockstruktur wiederhergestellt werden.

Paketvermittelte Übertragung: Da im ISDN der Zugang zu Paketdiensten über die S-Schnittstelle, entweder über einen B-Kanal (64 kbit/s) oder einen D-Kanal (16 kbit/s) erfolgt, das GSM jedoch nur über B_m- oder L_m-Kanäle verfügt, passen die Datenraten nicht. Auch hier wird eine Ratenanpassung vorgenommen.

3.12.3 Übergang zum öffentlichen paketvermittelten Datennetz

Für den Übergang zwischen GSM-Netz und Paketvermittlungsnetz (*Public Switched Packet Data Network*, PSDN) gibt es zwei verschiedene Trägerdienste:

1. Zugang zum PAD-Dienst, duplex, asynchron mit Übertragungsraten von 300–9600 bit/s, wofür zwei Realisierungsmöglichkeiten bestehen:

    a) Basis-PAD-Zugang *(Basic Access)* X.28, X.29: Er erfolgt über einen asynchronen Trägerdienst, z. B. das PSTN, zu einer bestehenden PAD-

Einheit im Drahtnetz. Dabei können bestehende IWFs zum PSTN für Datendienste genutzt werden und zusätzliche Funktionen, z. B. für Abrechnung, sind nicht erforderlich. Nachteilig ist, daß man an die Möglichkeiten und Übertragungsraten des Drahtnetzes gebunden ist (z. B. nur 1,2 kbit/s in einigen Ländern). Der Teilnehmer muß sich vom PSPDN jedes aufgesuchten Landes registrieren lassen.

b) Beim speziellen PAD-Zugang *(Dedicated PAD Access)* besitzt das GSM-PLMN eine eigenständige PAD-Einheit, wobei die Dienstgüteparameter vom Netzbetreiber festgelegt werden, z. B. eine max. Datenrate von 9,6 kbit/s möglich ist. Der Mobilteilnehmer muß sich bei keinem PSPDN registrieren. Nachteilig ist der höhere Aufwand, da zusätzliche Funktionen, vor allem für die Gebührenabrechnung, implementiert werden müssen.

2. Zugang zum PSPDN mit den Raten 2,4/4,8/9,6 kbit/s, duplex, synchron: Zwei Möglichkeiten bestehen:

a) Zugang über die Schnittstelle X.32 und das PSTN als Transitnetz. Problematisch sind inkompatible X.32 Implementierungen in Europa. Der Zugang zum PSPDN erfolgt durch eigenständige Einrichtungen des GSM *(Access Units)*. Sie werden vom PSPDN als Paketvermittlung betrachtet und verkehren mit ihm z. B. über ein X.75 Protokoll. Für dieses Verfahren ist enge Zusammenarbeit mit dem PSPDN-Betreiber nötig.

b) Zugang über ISDN mittels X.31 Protokoll. Die IWFs GSM/ISDN sind dann nutzbar.

3.12.4 Übergang zum öffentlichen kanalvermittelten Datennetz

Ein Übergang zwischen kanalvermitteltem Datennetz (*Circuit Switched Data Network*, CSPDN) und GSM ist vorhanden; es wurden zum größten Teil die Prozeduren verwendet, die schon für PSTN und ISDN vorhanden sind.

3.12.5 Netzübergangsfunktionen für Teledienste

Aus der Absicht der GSM-SMG, im PSTN bestehende Endgerätetypen zu unterstützen, resultieren erhebliche Probleme. Es muß eine Anpassung der zweidrahtigen Fernsprechschnittstelle (a/b) dieser Geräte an die digitale Mobilfunkschnittstelle vorgenommen werden; außerdem ist Unterstützung von S- und von R-Schnittstellen nötig, vgl. Abschn. 3.10.3.

- Zugang zu Videotex (Bildschirmtext): PSTN-Übergänge oder ein PAD-Zugang können verwendet werden, wodurch der Aufwand der IWFs zu Videotex relativ gering wird. Für Roaming Teilnehmer ergeben sich Probleme durch unterschiedliche Videotexprofile in den verschiedenen Ländern, vgl. GSM 03.43.

- Zugang zu Telefax, Gruppe 3: Dieser Dienstübergang hat sich als besonders komplex erwiesen. Zwei Szenarien wurden unterschieden:

    a) Unterstützung bereits vorhandener Endgeräte mit Hilfe einer Zweidraht- oder Vierdrahtanalogschnittstelle. In diesem Fall muß der Endgeräteabschluß Modemfunktionen zur Umwandlung von Sprachband-Datensignalen in Datenströme beinhalten, wodurch der Mobilnetzabschluß ebenfalls komplexer wird.

    b) Verwendung von Endgeräten mit kompatibler Datenschnittstelle, z. B. V.24. Dies hätte den Vorteil, daß vorhandene PSTN-Übergänge für Datenübertragung genutzt werden könnten. Nachteilig ist, daß solche Geräte bisher noch nicht auf dem Markt erhältlich sind. Am Markt wird gegenwärtig die PC-Schnittstelle PCMCIA[13] bevorzugt eingesetzt.

3.13 Sicherheitsaspekte

Durch den offenen Netzzugang über die Funkschnittstelle besteht erhöhte Gefahr, daß die Kommunikation mobiler Teilnehmer durch Dritte abgehört wird bzw. die NetzBetriebsmittel unbefugt auf Kosten registrierter Teilnehmer genutzt werden. Um dies zu verhindern, wurde der Zugang bzw. die Nutzung des Mobilkommunikationsnetzes durch Sicherheitsprozeduren geschützt, die sich im wesentlichen auf den Nachweis der Identität des Mobilteilnehmers *(Identification)* durch Authentisierung, Verschlüsselung der Nachrichtenübermittlung (incl. der Signalisierdaten), sowie Anonymisierung der Identität von Mobilteilnehmern durch zeitlichen Wechsel der Funkkennung stützen. Die digitale Nachrichtenübertragung des GSM gestattet den Einsatz kryptographischer Verfahren.

Beim GSM erfolgt die Speicherung geheimer Kommunikationsdaten beim Mobilteilnehmer in einem nicht manipulierbaren Modul (SIM), das als sog. *Plug-in*-Modul oder als IC-Karte ausgebildet sein kann und zusätzlich durch eine *Personal Identity Number* (PIN) vor Mißbrauch geschützt wird. Nur mit einer gültigen SIM ist die Identifikation des Teilnehmers gegenüber dem GSM möglich. Der Mobilteilnehmer hat durch das Modul den Vorteil, auch jedes andere Mobilfunkgerät auf

---
[13] Personal Computer Multiplexing Communication Interface Adapter

seine eigenen Kosten für alle vereinbarten Dienste uneingeschränkt nutzen zu können. Zu den im SIM gespeicherten Daten gehört z. B. der Teilnehmerschlüssel K_i sowie Informationen, die für einen flexiblen und effizienten Gebrauch des Systems notwendig sind, vgl. Abschn. 3.2.1.

3.13.1 Authentisierung

Die Identität des Mobilteilnehmers wird gegenüber dem Netz durch Authentisierung nachgewiesen. Der Teilnehmer erhält bei Einrichtung des Teilnehmerverhältnisses zum Mobilfunknetz eine international eindeutige Teilnehmerkennung (IMSI), einen geheimen Authentisierungsschlüssel K_i und den geheimen Algorithmus A3 zugewiesen, die im SIM gespeichert sind. Soll er sich identifizieren, wird ihm vom Netz eine Zufallszahl RAND geliefert, aus der die Mobilstation über K_i und A3 den sog. Authentifikator SRES = K_i(RAND) berechnet, vgl. Abb. 3.86. Das Ergebnis sendet sie an das VLR, wo die Übereinstimmung mit dem intern bestimmten Wert SRES vorgenommen wird. Bei positivem Ausgang ist der Teilnehmer authentisiert, sonst werden alle bestehenden Transaktionen sofort abgebrochen.

3.13.2 Vertraulichkeit der Nutz- und Signalisierdaten

Alle Nachrichten mit teilnehmerbezogener Information werden im geschützten Modus übertragen. Aus einer Zufallszahl RAND wird mit dem Authentifikationsschlüssel K_i und dem Algorithmus A8 ein Übertragungsschlüssel K_c erzeugt, vgl. Abb. 3.87.

K_c wird nicht über die Funkstrecke übertragen, sondern in der Mobilstation gespeichert und bei jeder Authentisierung neu berechnet. Um die Synchronisation zwischen Mobilstation und Netz bzgl. des Übertragungsschlüssels sicherzustellen, wird ihm eine Schlüsselnummer (Count) zugeordnet, ebenfalls in der Mobilstation gespeichert und bei jeder neuen Nachrichtenübermittlung an das Netz mitgeliefert. Erkennt das Netz, daß zu schützende Daten übertragen werden sollen, wird eine Verschlüsselungsprozedur initialisiert, indem es eine Ciphering_Mode_Command-Nachricht an die Mobilstation sendet. Sie ver- bzw. entschlüsselt dann mit einem Stromverschlüsselungsverfahren unter Anwendung des Algorithmus A5 und des Schlüssels K_c, vgl. Abb. 3.88.

3.13.3 Vertraulichkeit der Teilnehmeridentität

Um die Vertraulichkeit übertragener Information des Mobilteilnehmers zu gewährleisten, wird die temporäre Funkkennung (TMSI) periodisch gewechselt. Dadurch

3.13 Sicherheitsaspekte

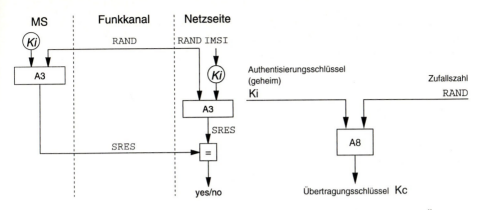

Abbildung 3.86: Authentisierung eines Teilnehmers

Abbildung 3.87: Erzeugung des Übertragungsschlüssels

Abbildung 3.88: Verschlüsselung der Übertragung

wird verhindert, daß eine Mobilfunkverbindung beim Abhören einem bestimmten Mobilteilnehmer zugeordnet werden kann. Die TMSI wird dabei immer vom momentanen VLR temporär vergeben und verschlüsselt zur Mobilstation übertragen. Eine Änderung der TMSI wird spätestens beim Wechsel eines von einem VLR kontrollierten Aufenthaltsbereiches vorgenommen. Sie kann aber auch ohne Bereichswechsel vom VLR geändert werden. Abb. 3.89 zeigt schematisch die Prozedur der Aufenthaltsbereichsaktualisierung unter Sicherheitsaspekten.

3.13.4 Transport sicherheitsrelevanter Informationen zwischen MSC, HLR und VLR

Das Authentisierungszentrum (AuC) wird separat und besonders geschützt eingerichtet oder in das HLR integriert und garantiert die Sicherheit des Netzes. Es hat folgende Aufgaben:

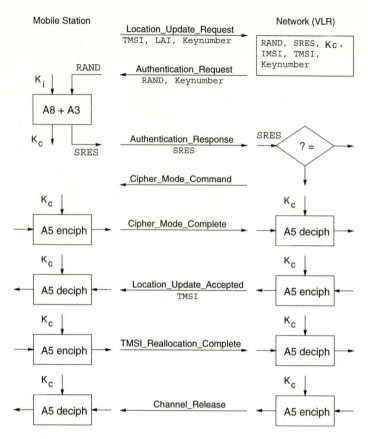

Abbildung 3.89: Bereichsaktualisierung unter Sicherheitsaspekten

- Erzeugung der Schlüssel K_i sowie deren Zuordnung zur IMSI,

- Erzeugung von Sätzen RAND/SRES/K_c pro IMSI zur Übergabe an das HLR.

Bei Bereichsaktualisierung benötigt das VLR sicherheitsbezogene Information, die sie folgendermaßen erhält:

- Identifiziert sich die Mobilstation selbst durch die IMSI, fordert das VLR vom HLR fünf Sätze RAND/SRES/K_c an, die dieser IMSI zugewiesen sind.

- Identifiziert sich die Mobilstation durch die TMSI und die momentane Aufenthaltsbereichskennung LAI, fordert das neue VLR vom alten VLR die IMSI sowie die noch vorhandenen Sätze RAND/SRES/K_c an.

Hält sich eine Mobilstation längere Zeit im Bereich eines VLR auf, benötigt das VLR nach mehreren Authentisierungen neue Sätze RAND/SRES/K_c. Sie erhält diese auf Anforderung vom HLR des betreffenden Mobilteilnehmers. Die Authentisierung selbst erfolgt im VLR. Hierzu sendet das VLR die RAND an die MSC. Diese ermittelt den Authentifikator SRES und überträgt diesen an das VLR, das den Wert des Authentifikators mit dem von der Mobilstation empfangenen vergleicht. War die Authentisierung erfolgreich, ordnet das VLR der IMSI eine TMSI zu. Der Übertragungsschlüssel und die TMSI wird an die MSC gesandt.

3.14 GSM in Deutschland

Das GSM-900-Mobilfunksystem wird in der Bundesrepublik Deutschland als D-Netz bezeichnet. Dabei wurden erstmals zwei D-Netz-Betreiber zugelassen, jeder erhielt 2·12,5 MHz Spektrum. Neben dem D1-Netz, das von der DeTeMobil (einer Tochter der Deutschen Telekom AG) betrieben wird, besteht das D2-Netz der Mannesmann Mobilfunk GmbH. Beide Netze nahmen 1992 den öffentlichen Mobiltelefondienst auf. Beide Netzbetreiber hatten eine ähnliche Netzausbaustrategie, so daß eine flächendeckende Versorgung etwa Ende 1994 erreicht wurde.

Gemeinsam mit privaten Dienstanbietern *(Service Provider)* bieten beide Netzbetreiber zusätzliche kundenorientierte Dienstleistungen an. So umfaßt das Leistungsspektrum des D1-Netzes im Endausbau neben den Grundfunktionen Zusatzdienste wie Mobilbox, Rufumleitung, Rufsperre und Gebührenanzeige. Außerdem werden sogenannte Mehrwertdienste wie Verkehrsinformationsdienst (Streckenberichte), Reisedienst (Informationsdienst für Hotelreservierungen, Restaurants, Kultur- und Sportveranstaltungen), Sekretariats- und Auskunftsdienst sowie Weitervermittlung angeboten. Die Palette der Dienstleistungen im D2-Netz reicht vom Anrufsperren, der Anrufumleitung, Mobilbox, Handvermittlung, Fluginformation, Hotel- und Reiseservice, Pannenhilfe bis hin zur Verkehrsinformation.

Ein Dritter Netzbetreiber E-Plus hat 1993 in Berlin und Leipzig den Versuchsbetrieb aufgenommen und baut seit 1994 ein landesweites E1-Netz gemäß DCS1800-Standard auf, vgl. Kap. 3.16. Die Lizenz für ein weiteres DCS1800-Netz (E2) wurde

1997 erteilt; der Netzbetrieb beginnt 1998 und darf sich, bei einer Flächendeckung von 75 %, auf verkehrsreiche Gebiete beschränken.

3.15 Schlußbemerkung

GSM900[14] hat zwei wesentliche technische Fortschritte realisiert: es hat die digitale Übertragungstechnik durchgesetzt, zahlreiche neue Dienste und Zusatzdienste eingeführt und bestehende nationale Standards durch internationale ersetzt. Waren die neuen Dienste des GSM in der Anfangsphase hauptsächlich für kommerzielle Nutzer attraktiv, so wurden in Deutschland 1997 bereits über 5 Mio. Teilnehmer gezählt, mit stark steigender Tendenz.

Welche Rolle das GSM bei der künftigen Marktdurchdringung spielen wird, hängt zunächst vom aktuellen Entwicklungsstand der mobilen Kommunikation in den jeweiligen Ländern oder Regionen ab.

Märkte, die ohne Vorläufernetze erschlossen werden, könnten zunächst Vorteile daraus ziehen, daß sie auf erprobte Standardlösungen (GSM-Vorläufernetze) mit verhältnismäßig hohen Kapazitäten zurückgreifen. Diese Märkte können entscheiden, wann der Schritt zu GSM gemacht wird. Die Erfahrung hat gezeigt, daß das GSM in der Regel Vorläufernetze relativ zügig ersetzt.

Auf bestehenden Märkten kann GSM lokale beziehungsweise nationale Kapazitätsengpässe beseitigen und ist schon damit genügend attraktiv, um Teilnehmer von analogen Netzen zum GSM-System zu führen. In entwickelten Märkten bietet GSM die Möglichkeit, insbesondere Dienste für die persönliche Kommunikation *(Personal Communication)* zu unterstützen und damit neuen Kommunikationsbedarf zu schaffen. Die heute absehbare Verbreitung des GSM ist in Tab. 3.41 dargestellt.

In den USA haben sich mittlerweile sieben regionale Mobilfunknetzbetreiber für den Betrieb von GSM-Mobilfunknetzen entschieden, allerdings auf anderen Frequenzen, so daß spezielle Funkendstufen für diese Lizenzgebiete benötigt werden. Zum Beispiel besitzt das Unternehmen Omnipoint Communications Betriebslizenzen für New York, New Jersey, Vermont, Eastern Pennsylvania, Delaware, Connecticut, Massachusetts, New Hampshire und Maine. Betreiber von digitalen Mobilfunksystemen mit anderer Funkschnittstelle verwenden die Dienste und Protokolle des GSM in Vermittlungsteilsystemen, vgl. Abb. 3.1. In Kanada gibt es bisher einen Netzbetreiber für Quebec.

---

[14]Der Zusatz 900 betont den Betriebsbereich in Europa bei 900 MHz; in USA spricht man entsprechend von GSM 800

3.15 Schlußbemerkung

Tabelle 3.41: Die weltweite Verbreitung von GSM (Stand 11/97, ohne DCS1800/1900), Quelle: `http://kbs.cs.tu-berlin.de/~jutta/gsm/gsm-list.html`

Country	Operator Name	Network Code
Albania	AMC	276 01
Andorra	STA-Mobiland	213 03
Argentina		
Armenia	Armentel	283 01
Australia	Optus	505 02
	Telecom/Telstra	505 01
	Vodafone	505 03
Austria	Mobilkom Austria	232 01
	max.mobil.	232 03
	Connect Austria	232 05
Azerbaijan	Azercell	400 01
	JV Bakcell	400 02
Bahrain	Batelco	426 01
Bangladesh	Grameen Phone Ltd	470 01
	TM International	470 19
	Sheba Telecom	
Belgium	Proximus	206 01
	Mobistar	206 10
	KPN Orange	206 20
Bosnia	Cronet	218 01
	PTT Bosnia	218 19
Botswana	Mascom Wireless	652 01
Brunei	DSTCom	528 11
	Jabatan Telekom	528 01
Bulgaria	MobilTel AD	284 01
Burkina Faso	OnaTel	
Cambodia	CamGSM	456 01
	Cambodia Samart	456 02
	Cambodia Shinawatra	
Cameroon	PTT Cameroon Cellnet	624 01
Canada	Microcell	302 37
Cape Verde	Cabo Verde Telecom	652 01
Chile	Entel Telefonia	
China	Guangdong MCC	460 00
	Beijing Wireless	
	China Unicom	460 01
	Zhuhai Comms	
	DGT MPT	
	Jiaxing PTT	
	Tjianjin Toll	
	Liaoning PTTA	460 02
Congo	African Telecoms	
	Congolaise Wireless	
Croatia	HR Cronet	219 01
	Vipnet	219 10
Cyprus	CYTA	280 01
Czech Rep.	Eurotel Praha	230 02
	Radio Mobil	230 01

Country	Operator Name	Network Code
Denmark	Sonofon	238 02
	Tele Danmark Mobil	238 01
	Mobilix	238 30
	Telia	238 20
Egypt	MobilNil	602 01
Estonia	Click GSM	602 02
	Radiolinja Eesti	248 02
	Q GSM	248 03
Ethiopia	ETA	636 01
Faroe Isl.	Faroese Telecom	
Fiji	Vodafone	542 01
Finland	Radiolinja	244 05
	Sonera	244 91
	Alands Mobiltelefon	244 05
	Telia	244 03
	Finnet	244 09
	Lännen Puhelin	244 09
	Helsingin Puhelin	244 09
France	Itineris	208 01
	SFR	208 10
	Bouygues Telekom	208 20
Fr. Polynesia	Tikiphone	547 20
Fr. W. Indies	Ameries	340 01
Georgia	Superphone	
	Geocell	282 01
	Magticom	282 02
Germany	D1, DeTeMobil	262 01
	D2, Mannesmann	262 02
	E-Plus Mobilfunk	262 03
	Viag Interkom	262 07
Ghana	Franci Walker Ltd	
	ScanCom	620 01
Gibraltar	GibTel	266 01
Great Britain	Cellnet	234 10
	Vodafone	234 15
	Jersey Telecom	234 50
	Guernsey Telecom	234 55
	Manx Telecom	234 58
	One2One	234 30
	Orange	234 33
Greece	Panafon	202 05
	STET	202 10
	Cosmote	202 01
Greenland	Tele Greenland	
Guinea	Int'l Wireless	611 ??
	Space Tel	611 ??
	Sotelgui	611 02
Hong Kong	HK Hutchison	454 04
	SmarTone	454 06
	Telecom CSL	454 00
	P Plus Comm	454 22

3.15 Schlußbemerkung

Country	Operator Name	Network Code
	New World PCS	454 10
	Sunday	454 16
	Pacific Link	454 18
	Peoples Telephone	454 12
	SMC PCS	454 22
Hungary	Pannon GSM	216 01
	Westel 900	216 30
Iceland	Post & Simi	274 01
	Icelandic Mobile Phone	274 02
India	Airtel	404 10
	Essar	404 11
	Maxtouch	404 20
	BPL Mobile	404 21
	Command	404 30
	Mobilenet	404 31
	Skycell	404 40
	RPG MAA	404 41
	Modi Telstra	404 14
	Sterling Cellular	404 11
	Mobile Telecom	
	Airtouch	
	BPL USWest	404 27
	Koshika	
	Bharti Telenet	
	Birla Comm	
	Cellular Comms	
	TATA	404 07
	Escotel	404 12
	JT Mobiles	
	Evergrowth Telecom	
	Aircell Digilink	404 15
	Hexacom India	
	Reliance Telecom	
	Fascel Limited	
Indonesia	TELKOMSEL	510 10
	PT Satelit Palapa	510 01
	Excelcom	510 11
	PT Indosat	
Iraq	Iraq Telecom	418 ??
Iran	T.C.I.	432 11
	Celcom	
	Kish Free Zone	
Ireland	Eircell	272 01
	Digifone	272 02
	Meteor	272 03
Israel	Partner Communications	425 01
Italy	Omnitel	222 10
	Telecom Italia Mobile	222 01
	Wind	222 88
Ivory Coast	Ivoiris	612 03
	Comstar	612 01

Country	Operator Name	Network Code
	Telecel	612 05
Japan		
Jordan	JMTS	416 01
Kenya	Kenya Telecom	
Kuwait	MTCNet	419 02
Kyrgyz Rep.	Bitel Ltd	437 01
La Reunion	SRR	647 10
Laos	Lao Shinawatra	457 01
Latvia	LMT	247 01
	BALTCOM GSM	247 02
Lebanon	Libancell	415 03
	Cellis	415 01
Lesotho	Vodacom	651 01
Liechtenstein	Natel-D	228 01
Lithuania	Omnitel	246 01
	Bite GSM	246 02
Luxembourg	P&T LUXGSM	270 01
	Millicom Lux' S.A.	270 77
Lybia	Orbit	
	El Madar	
Macao	CTM	455 01
Macedonia	PTT Makedonija	294 01
Madagascar	Sacel	646 03
	Madacom	646 01
	SMM	646 02
Malawi	TNL	650 01
Malaysia	Celcom	502 19
	Maxis	502 12
	My BSB	502 02
	TM Touch	502 13
	Adam	502 17
	Digi Telecom	502 16
Malta	Telecell	278 01
Marocco	O.N.P.T.	604 01
Mauritius	Cellplus	617 01
Moldova	Voxtel	
Monaco	Itineris	208 01
	SFR	208 10
	Office des Telephones	
Mongolia	MobiCom	
Montenegro	Pro Monte	220 02
Mozambique	Telecom de Mocambique	634 01
	T.D.M. GSM1800	
Namibia	MTC	649 01
Netherlands	PTT Netherlands	204 08
	Libertel	204 04
	Telfort Holding NV	204 12
	Ben	204 16
	Dutchtone	204 20
New Caledonia	Mobilis	546 01
New Zealand	Bell South	530 01

3.15 Schlußbemerkung

Country	Operator Name	Network Code
Nigeria	EMIS	
Norway	NetCom	242 02
	TeleNor Mobil	242 01
Oman	General Telecoms	422 02
Palestine	Palestine Telecoms	
Pakistan	Mobilink	410 01
Papua	Pacific	310 01
Philippines	Globe Telecom	515 02
	Islacom	515 01
	Smart	515 03
Poland	Plus GSM	260 01
	ERA GSM	260 02
	IDEA Centertel	260 03
Portugal	Telecel	268 01
	TMN	268 06
	Main Road Telecoms	
	Optimus	268 03
Qatar	Q-Net	427 01
Reunion		
Romania	MobiFon	226 01
	MobilRom	226 10
Russia	Mobile Tele... Moscow	250 01
	United Telecom Moscow	
	NW GSM, St. Petersburg	250 02
	Dontelekom	250 10
	KB Impuls	250 99
	JSC Siberian Cellular	250 ??
	BM Telecom	250 07
	Beeline	250 ??
	Extel	250 28
	Far Eastern Cell	250 12
San Marino	Omnitel	222 10
	Telecom Italia Mobile	222 01
	Wind	222 88
Saudi Arabia	Al Jawal	420 01
	EAE	420 07
Senegal	Sonatel	608 01
Seychelles	SEZ SEYCEL	633 01
	Airtel	633 10
Serbia	Serbian PTT	220 03
Singapore	Singapore Telecom	525 01
	MobileOne	525 03
	Binariang	
Slovak Rep.	Eurotel	231 02
	Globtel	231 01
Slovenia	Mobitel	293 41
	SI.Mobil	
South Africa	MTN	655 10
	Vodacom	655 01
Sri Lanka	MTN Networks Pvt Ltd	413 02
Spain	Airtel	214 01

Country	Operator Name	Network Code
	Telfonica Spain	214 07
	Amena	214 03
Sudan	Mobitel	634 01
Swaziland		
Sweden	Comviq	240 07
	Europolitan	240 08
	Telia	240 01
Switzerland	Swisscom 900	228 01
	Swisscom 1800	228 01
	diAx mobile	228 02
	Orange	
Syria	SYR MOBILE	417 09
Tahiti		
Taiwan	LDTA	466 92
	Mobitai	466 93
	TransAsia	466 99
	TWN	466 97
	Tuntex	466 06
	KG Telecom	466 88
	FarEasTone	466 01
	Chunghwa	466 11
Tanzania	Tritel	640 01
Thailand	TH AIS GSM	520 01
	Total Access Comms	520 18
	WCS	520 10
	Hello	520 23
Tunisia	Tunisian PTT	605 02
Turkey	Telsim	286 02
	Turkcell	286 01
UAE	UAE ETISALAT-G1	424 01
	UAE ETISALAT-G2	424 02
Uganda	Celtel Cellular	641 01
	MTN	641 10
Ukraine	Mobile comms	255 01
	Golden Telecom	255 05
	Radio Systems	255 02
	Kyivstar JSC	255 03
USA	Bell South	310 15
	Sprint Spectrum	310 02
	Voice Stream	310 26
	Aerial Comms.	310 31
	Omnipoint	310 16
	Powertel	310 27
	Wireless 2000	310 11
Uzbekistan	Daewoo GSM	434 04
	Coscom	434 05
	Buztel	434 01
Vatican City	Omnitel	222 10
	Telecom Italia Mobile	222 01
	Wind	222 88
Venezuela	Infonet	734 01

Country	Operator Name	Network Code
Vietnam	Digitel	
	MTSC	452 01
	DGPT	452 02
Yugoslavia	Mobile Telekom	220 01
	Promonte	220 02
	Telekom Serbia	220 03
Zaire	African Telecom Net	
Zimbabwe	NET*ONE	648 01
	Telecel Zimbabwe	648 04

3.16 Digital-Mobilfunknetz ETSI/DCS1800

Das Mobilfunknetz ETSI/DCS1800 *(Digital Cellular System at 1800 MHz)* wird als Ergänzung, aber auch als Wettbewerber zum GSM-Netz angesehen. Der von der ETSI entwickelte Standard DCS1800 beruht auf den GSM-Empfehlungen, angewandt auf den höheren Frequenzbereichen um 1800 MHz. Im Sprachgebrauch hat es sich eingebürgert, auch von GSM 1800 zu sprechen. Dementsprechend nennt man das GSM zur Unterscheidung auch GSM 900 („GSM bei 900 bzw. 1800 MHz"). Als Frequenzbereiche wurden 1710–1785 MHz (Uplink) und 1805–1880 MHz (Downlink) vorgesehen, vgl. Anhang C. Somit stehen dem System insgesamt 374 Trägerfrequenzen zur Verfügung.

Die gesamte technische Infrastruktur im DCS1800-System ist dabei ausgerichtet auf einen Massenmarkt für persönliche mobile Kommunikation, ein sog. Persönliches Mobilkommunikationssystem *(Personal Communication System*, PCS), wie es vergleichbar mit dem USA/FCC[15] Frequenzband bei 1900 MHz vorgesehen ist mit:

- niedrigen Kommunikationskosten, ähnlich den Kosten im Festnetz,
- sehr großer Netzkapazität,
- leichten Funktelefonen mit geringem Volumen und Gewicht,
- Funkversorgung auch in Gebäuden.

Dabei werden folgende wesentliche Anforderungen an PCS-Systeme durch das DCS1800-System unterstützt bzw. erfüllt:

- hohe Verkehrsdichten von 500 Erl./km^2,
- niedrige Sendeleistung von 250 mW bis 2 W,

---

[15] *Federal Communication Commission*, Frequenzregulator der USA

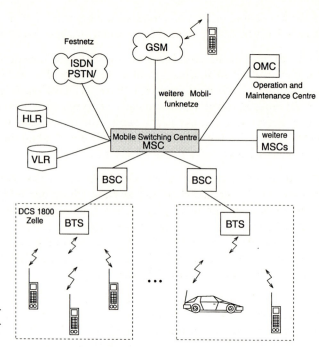

Abbildung 3.90: Architektur des DCS1800-Systems

- Verwendung des GSM-Halbratencodecs,

- kostengünstige Realisierung des Netzes.

Das DCS1800-System folgt den GSM-Empfehlungen bis auf frequenzspezifische Festlegungen, was aus den gemeinsamen Architekturkomponenten ersichtlich ist, vgl. Abb. 3.90; mit den überwiegend schon in Abb. 3.1 gezeigten Netzelementen *Base Transceiver Station* (BTS), *Base Station Controller* (BSC), *Mobile Services Switching Centre* (MSC), *Operation and Maintenance Centre* (OMC), *Service Creation and Accounting Centre* (SCAC), *Home Location Register* (HLR), *Visitor Location Register* (VLR) und *Equipment Identification Register* (EIR).

Die Abweichungen der DCS1800 von den GSM900-Spezifikationen wurden in elf sogenannten Delta-Empfehlungen veröffentlicht, vgl. Anhang E. Änderungen betreffen die Funkschnittstellendefinition, die durch die geforderte niedrige Sendeleistung (250 mW bis 2 W bei DCS1800 im Vergleich zu 5 bis 10 W im GSM) abweicht. Durch die geforderte niedrige Sendeleistung und die bei 1800 MHz im Durchschnitt um 10 dB höhere Übertragungsdämpfung als bei 900 MHz sind die Zellenradien bei DCS1800 kleiner als beim GSM900. Im Stadtbereich sind beim

DCS1800 Zellradien von maximal 1 km vorgesehen, während auf dem freien Land Funkzellen von bis zu 8 km (Makrozellen) unterstützt werden.

Im Stadtgebiet wird zwischen zwei wesentlichen Zellengrößen unterschieden: Mikrozellen mit einen Radius von über 150 m und Picozellen für die Unterstützung des mobilen Funkverkehrs innerhalb von Gebäuden. Kleinere Zellen haben den Vorteil einer höheren Verkehrsdichte, wodurch eine personenbezogene Kommunikation besser unterstützt werden kann. Allerdings müssen bei DCS1800 wesentlich mehr Zellen, also höhere Investitionen für den Aufbau der Netzinfrastruktur, vorgesehen werden, als dies bei GSM erforderlich ist.

Um ein Auseinanderdriften von GSM900- und DCS1800-Spezifikationen zu vermeiden, wurde vereinbart, in der zweiten Phase der ETSI-Standardisierung zum DCS1800-System die unterschiedlichen Empfehlungen innerhalb einer gemeinsamen Reihe von Spezifikationen zusammenzuführen. Ein in der zweiten Phase untersuchter Aspekt ist das lokale Routing und Roaming zwischen GSM und DCS1800 sowie die Ausdehnung des DCS1800-Dienstes auf Münztelefone und das Interworking mit Inmarsat und Satellitendiensten [65].

Großbritannien gilt als Vorreiter bei der Einführung des DCS1800-Systems, das dort auch als PCN bezeichnet wird und Anfang 1993 in Betrieb genommen wurde. Die Lizenz für ein Mobilfunksystem E1 mit $2 \cdot 25$ MHz Bandbreite nach DCS1800-Standard wurde in der Bundesrepublik Deutschland im Januar 1993 vom Bundesministerium für Post und Telekommunikation vergeben. Die beiden D-Netz Betreiber DeTeMobil und Mannesmann Mobilfunk waren von dieser Lizenzvergabe ausgeschlossen, um den Wettbewerb zu fördern.

Der 1997 für das E2-Netz lizensierte Betreiber (VIAG-Interkom/British Telecom) hat angekündigt, neben klassischen Mobilfunkdiensten auch einen drahtlosen Zugang für ortsfeste Teilnehmer *(Radio in the local Loop)* zum Mobilfunknetz zu einem Geschäftsschwerpunkt zu machen. Die lizensierte Bandbreite von 2×25 MHz ermöglicht neben Sprach- auch höherbitratige Datendienste in größerem Umfang anzubieten, vgl. HSCSD, GPRS, Abschn. 3.11, die u. a. für den drahtlosen Anschluß von Teilnehmern im Zugangsnetz erforderlich scheinen.

3.17 Enhanced Data Rates for GSM Evolution

Unter Mitwirkung von Peter Stuckmann

Zukünftig werden zellulare Mobilfunksysteme der dritten Generation wie etwa das *Universal Mobile Telecommunication System* Datendienste mit hohen Datenraten ermöglichen. So wird UMTS flächendeckend Datenraten von bis zu 384 kbit/s und in speziellen Gebieten bis zu 2 Mbit/s realisieren können. Ein schrittweiser Weg in Richtung von Diensten der dritten Generation wird jedoch bereits durch den Ausbau und die Weiterentwicklung existierender zellularer Systeme angestrebt. Vorteil einer solchen Evolution ist die schnellere Verfügbarkeit solcher Dienste, da die Infrastruktur von existierenden Systemen genutzt werden kann. Außerdem besteht die Möglichkeit zur schrittweisen Gewöhnung der Benutzer an neuartige Dienste.

Enhanced Data Rates for GSM Evolution (EDGE) ist eine Weiterentwicklung der Datendienste GPRS und HSCSD, vgl. Abschn. 3.11.3, und somit für kanal- und leitungsvermittelte Dienste geeignet. Die Datendienste werden entsprechend *Enhanced GPRS* (EGPRS) und Enhanced CSD (ECSD) genannt. Durch modifizierte Modulationsverfahren erreicht EDGE sehr hohe Bruttobitraten von etwa 69.2 kbit/s pro physikalischem Kanal. Wenn der Benutzer alle acht Zeitschlitze eines TDMA-Rahmens parallel nutzt, ergibt sich eine Bruttobitrate von 554 kbit/s. Der maximal erreichbare Nettodurchsatz liegt bei acht parallelen Zeitschlitzen für EGPRS in der Größenordnung von 384 kbit/s. Für die zweite Phase der Einführung von EDGE ist ein Sprachdienst mit adaptiver Codec-Auswahl (*Adaptive Multirate Codec*, AMR) vorgesehen. EDGE-Träger wären damit in der Lage, mehrere Gespräche pro Zeitschlitz zu tragen. So kann die Kapazität für Sprachdienste erhöht werden. Ebenfalls sind damit Codecs höherer Qualität z. B. mit 32 kbit/s realisierbar.

EDGE wurde der ETSI erstmals 1997 als Evolution des GSM vorgeschlagen. Nach einer erfolgreichen Realisierbarkeitsuntersuchung der ETSI begann dann der Standardisierungsprozeß für EDGE. Obwohl EDGE als Evolutionssystem von GSM gedacht ist, kann dieses Konzept auch von anderen Systemen genutzt werden, um ihre Datenraten zu erhöhen. In der Tat wurde EDGE bei der ITU-R als Mitglied der IMT2000-Familie eingereicht.

Die Einführung von EDGE in die GSM-Netze wird schrittweise erfolgen, um Investitionen einzuschränken. So werden zu Beginn EDGE-Sender und -Empfänger weiterhin fähig sein, GSM-Signale zu verarbeiten und die alten Sender und Empfänger in den Zellen, in denen EDGE angeboten wird, ersetzen. Dies hat zur Folge, daß GSM- und EDGE-Signale im gleichen Frequenzband koexistieren. Ebenfalls wird angestrebt, nur minimale Änderungen in der Zell- und Frequenzplanung vornehmen zu müssen.

Da die Netzarchitektur des GSM für EDGE erhalten bleibt, werden im folgenden die Modifikationen an der Funkschnittstelle dargestellt. Die Komponenten, die für eine Integration von EDGE zu modifizieren sind, sind in Abb. 3.91 grau gekennzeichnet.

3.17 Enhanced Data Rates for GSM Evolution

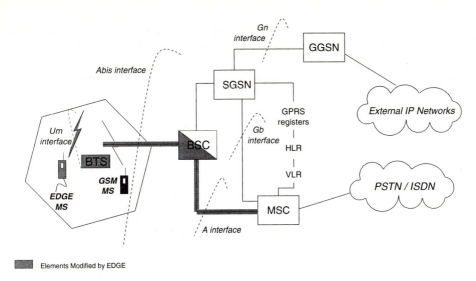

Abbildung 3.91: EDGE-Architektur

Tabelle 3.42: 8PSK-Modulation für EDGE

Charakteristik	Value
Symbol-Code	Gray-Code
Phasenabstufung	$3\pi/8$ rad
Symbolrate	270,8 ksym/s
Modulationsbitrate	812,5 kbit/s
Rohbitrate pro slot	69,6 kbit/s

3.17.1 Modulation

Standard-GSM, -HSCSD und -GPRS verwenden eine GMSK-Modulation in der Bitübertragungsschicht der Funkschnittstelle. Um höhere Datenraten zu erreichen, wurde das Modulationsverfahren für EDGE geändert. Das EDGE-Modulationsverfahren wird *8-Phase Shift Keying* (8PSK) genannt [102]. Dieses Modulationsverfahren ist Teil einer Menge von Bandpaßmodulationsverfahren, bei denen eine Bitsequenz auf eine Folge von Sinus-Signalen abgebidet wird. Jeweils drei Bit werden zu einem Symbol zusammengefaßt. So ergeben sich acht verschiedene Symbole die auf acht verschiedene Phasenverschiebungen des jeweiligen Sinus-Signals mittels eines binären Codes oder eines Gray-Codes abgebildet werden. Tabelle 3.42 faßt die Charakteristiken der 8PSK-Modulation für EDGE zusammen.

Die Symbolrate wird aus dem ursprünglichen GSM-Standard übernommen. Dies gilt auch für die Burst-Struktur, da die Anzahl an Trainings-, Daten,- und Tail-Symbolen die gleiche ist.

3.17.2 Sendeleistungssteuerung

Im Moment verwenden GSM-Netze eine dynamische Sendeleistungssteuerung *(Power Control)*, um die Standby- und Gesprächszeiten der Batterien der Endgeräte zu erhöhen und die Interferenz im System zu verringern. Einige Parameter des Sendeleistungssteuerungssystems werden für EDGE modifiziert werden müssen, da EDGE-Benutzer ein großes Signal-zu-Interferenz-Verhältnis (C/I) benötigen. So muß ein Kompromiß gefunden werden, um eine zufriedenstellende Datenrate und eine geringe Ausgangsleistung zu erreichen. Das Sendeleistungssteuerungssystem im GSM hat einen Zielwertebereich für C/I von 15 dB bis 20 dB, während der Bereich für EDGE bis zu 40 dB reicht [59].

3.17.3 Steuerung der Übertragungsqualität

Da das 8PSK-Modulationsverfahren empfindlicher für Interferenz ist als GMSK, ist es sinnvoll, das Übertragungsverfahren an die aktuelle Interferenzsituation anzupassen. Ein solches Verfahren, in der EDGE-Spezifikation *Link Quality Control* (LQC) genannt, erlaubt es, dem Benutzer die maximale Datenrate anzubieten, die die aktuelle Interferenzsituation erlaubt. Für ECSD sind drei Codierschemata, *Enhanced Coding Scheme* (ECS) genannt, mit Bruttobitraten von 29, 32 und 43 kbit/s definiert, die entsprechend der Kanalqualität verwendet werden können.

3.17.3.1 Übertragungsstreckenanpassung *(Link Adaptation)*

Ein reines Link-Adaptation-Verfahren benutzt eine Menge Typ-I-hybrider ARQ-Protokolle mit unterschiedlichen Coderaten und Modulationen, *Modulation and Coding Scheme* (MCS) genannt. Ein Typ-I-hybrides ARQ-Verfahren verwendet einen fehlerkorrigierenden Code (*Forward Error Correction*, FEC), um Fehler in blockweise codierten Daten zu korrigieren, und zusätzlich einen ARQ-Mechanismus zur erneuten Übertragung verbleibender fehlerhafter Blöcke, die durch eine Rahmenprüfsequenz (*Frame Check Sequence*, FCS) erkannt werden. Die Kanalqualität wird laufend geschätzt und das MCS, das die Bitrate für diese Situation maximiert, wird gewählt, vgl. Abb. 3.92.

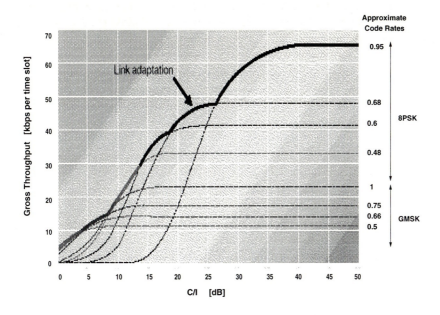

Abbildung 3.92: Link-Adaptation-Algorithmus [59]

3.17.3.2 Zunehmende Redundanz *(Incremental Redundancy)*

Für ein reines Incremental-Redundancy-Verfahren wird ein festes Typ-II-hybrides ARQ-Verfahren verwendet. Ein solches Verfahren codiert zunächst einen Datenblock mit einem FEC-Code niedriger Rate. Nur ein Teil des Codeworts, ein Unterblock, wird übertragen. Für fehlerhaft decodierte Blöcke, die durch die FCS erkannt werden, wird zusätzliche Redundanzinformation des gleichen Codeworts angefordert, empfangen und mit dem ersten Unterblock kombiniert. Dieses Vorgehen wird wiederholt, bis erfolgreich decodiert wird. Redundanz wird also schrittweise hinzugegeben bzw. die Coderate wird schrittweise verringert.

3.17.3.3 Link Quality Control bei EGPRS

Ein flexibler LQC-Algorithmus wurde für den EGPRS-Standard vorgeschlagen. Dieser ermöglicht reine *Link Adaptation* (LA), aber auch *Incremental Redundancy* (IR) mit unterschiedlichen Anfangscoderaten und die dynamische Anpassung dieser Konzepte. Der Vorschlag, der *Two Burst Based Link Quality Control* (2BB

LQC) genannt wird, ermöglicht einen Bereich von Lösungen mit unterschiedlichem Trade-off zwischen Komplexität und Leistungsfähigkeit. Neun MCS werden benutzt, je vier die 8PSK und vier die GMSK benutzen.

Für jedes MCS wird ein faltungscodierter Datenblock mit einem bestimmten Punktierungsmuster punktiert und in zwei oder drei Unterblöcke aufgeteilt. Bei der wiederholten Übertragung wird ein zusätzlicher Unterblock mit einem anderen Punktiermuster übertragen. Da jeder Unterblock für ein gegebenes MCS für sich ein decodierbares Codewort ist, kann der Empfänger alte Unterblöcke bei der Wiederanforderung entweder löschen oder behalten, also ein Typ-I- (LA) oder Typ-II-hybrides ARQ-Verfahren (IR) verwenden. Das Netz steuert die Wahl des MCS auf der Auf- und Abwärtsstrecke mit der Grundlage des Meßwerte der Empfänger.

Wenn IR auf der Empfängerseite benutzt wird, kann die Wahl des MCS aggressiver ausfallen, d. h. für eine gegebene Kanalqualität kann ein weniger robustes Schema gewählt werden. Es ist notwendig, ein Qualitätsmaß zu verwenden, daß einerseits wohldefiniert ist und andererseits auf die Blockfehlerwahrscheinlichkeit für das entsprechende MSC abgebildet werden kann. Deshalb wurde vorgeschlagen, eine decodierte Bitfehlerwahrscheinlichkeit zu verwenden. Wenn die Bitfehlerwahrscheinlichkeit für jeden Burst zur Verfügung steht, kann eine gute und kompakte Abschätzung der Kanalqualität für den entsprechenden Block durch Betrachtung des Mittelwerts und der Standardabweichung der Werte für die Bitfehlerwahrscheinlichkeiten der einzelnen Bursts durchgeführt werden. Die Qualität der Abwärtsstrecke wird in regelmäßigen Abständen von der Mobilstation an die Basisstation gemeldet. Beim GPRS muß bei der Wiederholung eines Blocks das gleiche Codierschema benutzt werden wie bei der ersten Übertragung, da die Blockgrößen nicht kompatibel sind. Bei EGPRS sind MCS-Wechsel während einer Wiederholung möglich, da die MCS in Familien eingeteilt sind. Blockgrößen einer Familie sind Vielfache von anderen und somit kompatibel.

4 Weitere öffentliche Mobilfunksysteme

4.1 Flugtelefon-Netz für öffentliche Luft-Boden-Kommunikation

ETSI RES 5 hat 1993 einen Standard für das *Terrestrial Flight Telephone System* (TFTS) vorgelegt und dabei die netzinterne Funkschnittstelle und die Schnittstellen zu öffentlichen Telekommunikationsnetzen spezifiziert.

Gleichzeitig hat das *European Airlines Electronic Committee* (EAEC) die flugzeuginternen Einrichtungen und Schnittstellen zu den Kabineneinrichtungen festgelegt. Der kommerzielle Betrieb wurde 1994 aufgenommen.

Das Ministerium für Post und Telekommunikation hat im Juli 1994 nach einer internationalen Ausschreibung eine Lizenz für den Betrieb des TFTS durch DeTeMobil vergeben im gesamten Luftraum bis 4500 m Flughöhe. Ab 1996 war der Dienst verfügbar.

13 Netzbetreiber in Europa haben ein MoU für die Einführung des TFTS und eine Vereinbarung zur Zusammenarbeit mit den großen europäischen Fluglinien unterzeichnet um die zugehörigen geschäftlichen, organisatorischen, technischen und betrieblichen Aufgaben zu lösen [9, 23].

4.1.1 TFTS-Zellularnetz

Es handelt sich um ein Zellularsystem, das mit Hilfe direkter Funkverbindungen zu Bodenstationen (*Ground Station*, GS), die mit dem Festnetz verbunden sind, öffentl. Kommunikationsdienste für Flugreisende verfügbar macht, vgl. Abb. 4.1.

Abhängig von der versorgten Fläche (Zelle) und der benutzten Sendeleistung unterscheidet man drei Typen von Bodenstationen (*Ground Station*, GS):

- routenbezogene (*En-route*, ER) GS für Flughöhen von 13 bis 4,5 km mit Zellradien bis zu 240 km,

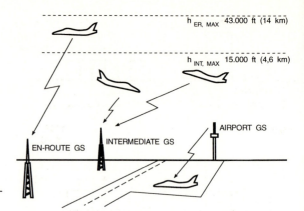

Abbildung 4.1: Versorgungsbereiche und Bodenstationen

- zwischen-(*Intermediate*, I) GS für Flughöhen unter 4,5 km mit Zellradien bis zu 45 km,
- Flughafen (*Airport*, AP) GS mit Zellradien um 5 km.

Handover zwischen den Bereichen ist vorgesehen. Nach WARC'92 sind dafür zwei 5 MHz breite Bänder festgelegt:

- 1670–1675 MHz für den Uplink *(Ground to Air)*,
- 1800–1805 MHz für den Downlink.

Das System bietet automatische Wählverbindungen zum PSTN/ISDN ohne Einschränkung der Zielteilnehmer mit gleicher Dienstgüte wie bei PLMNs üblich.

Neben Sprache werden Datendienste wie z. B. Faksimile, Datenübertragung mit 4,8 kbit/s und DTMF-Signalübertragung unterstützt. Rufe vom Boden an ein Flugzeug sind nur für betriebliche Zwecke und als Funkruf zulässig.

Die Abrechnung der Dienstenutzung beim Teilnehmer erfolgt direkt über (Kredit-) Karte.

4.1.2 Frequenz- und Zeitmultiplexkanäle

Jedes 5-MHz-Band ist in 164 FDM-Kanäle (je 30,45 kHz breit) unterteilt, vgl. Abb. 4.2.

Jeder FDM-Kanal überträgt mit 44,2 kbit/s brutto. Diese Kapazität wird im Uplink nach dem TDM, im Downlink nach dem TDMA-Verfahren in 17 Zeitkanäle unterteilt. Jeder FDM-Kanal trägt vier Sprachkanäle.

4.1 Flugtelefon-Netz für öffentliche Luft-Boden-Kommunikation

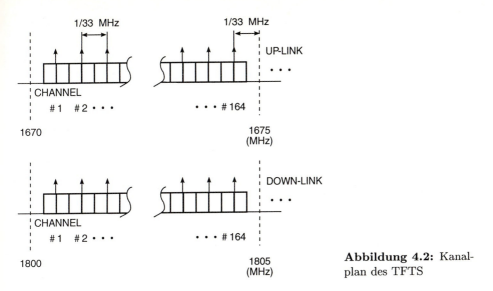

Abbildung 4.2: Kanalplan des TFTS

Nach Abb. 4.3 sind 17 Zeitschlitze in einen Rahmen von 80 ms Dauer zusammengefaßt und 20 Rahmen bilden einen Superrahmen der Dauer 1,6 s. Jeder Zeitschlitz enthält 208 bit und dauert 4,706 ms.

4.1.3 Sprach- und Datenübertragung

Sprachsignale werden, digital codiert in Blöcken zu 192 bit, mit 9,6 kbit/s in Zeitschlitzen übertragen. Ein 9,6-kbit/s-Sprachkanal belegt vier von 17 Zeitschlitzen eines FDM-Kanals; der 17. Slot wird für die Netzsteuerung benutzt.

Sobald Sprachcodecs für 4,8 kbit/s Übertragungsrate verfügbar sind, verdoppelt sich die Zahl der Sprachkanäle. Datendienste mit 4,8 kbit/s benötigen 2 Zeitschlitze je Rahmen, so daß jeder FDM-Kanal 8 Datenkanäle trägt.

4.1.4 Funktionsmerkmale

Jedes Flugzeug verfügt über eine Sende-/Empfangseinrichtung *(Transceiver)*, die wahlweise auf eine der verschiedenen FDM-Kanäle abstimmbar ist. Dabei sind bis zu 4 Kommunikationsbeziehungen gleichzeitig auf demselben FDM-Kanal möglich. Bodenstationen können auf jedem ihrer FDM-Kanäle gleichzeitig (auf verschiedenen Zeitkanälen) zu verschiedenen Flugzeugen übertragen.

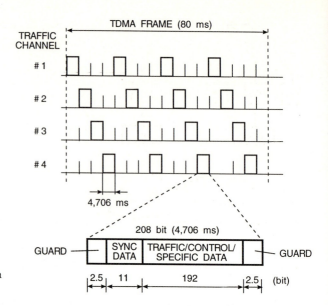

Abbildung 4.3: Rahmen und Zeitschlitze

Die Signalübertragung erfolgt digital mit linearer π/4-DQPSK *(Differential Quadrature Phase Shift Keying)*-Modulation und benötigt einen einfachen nicht kohärenten Empfänger.

Handover kann durch die Mobil- oder Bodenstation eingeleitet werden und orientiert sich an Signalqualität, Entfernung und Flugzustand. Insbesondere wird diejenige Bodenstation als Ziel gewählt, auf die sich die MS hinbewegt.

Die Entfernung zwischen Mobil- und Bodenstationen wird über die Signallaufzeitverzögerung geschätzt. Dadurch wird auch die Netz-Synchronisation bzgl. der empfangbaren Bodenstationen festgelegt. Bodenstationen sind über Vermittlungseinrichtungen (*Ground Switching Centre*, GSC) mit dem Festnetz verbunden, vgl. Abb. 4.4.

Das GSC ist für alle angeschlossenen Bodenstationen zuständig, inklusive Mobilitätsverwaltung, dem Verbindungsaufbau zu Mobilteilnehmern, Handoversteuerung und dynamischer Frequenzverwaltung. Das TFTS-Festnetz enthält außerdem drei Verwaltungskomponenten, nämlich

- Betriebs- und Wartungszentrum (*Operations & Maintenance Centre*, OMC),

- Netzverwaltungszentrum (*Network Management Centre*, NMC),

4.2 Das US Digital Cellular System (USDC)

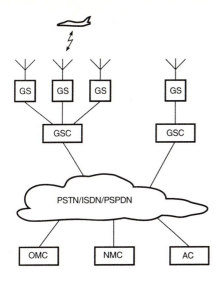

Abbildung 4.4: Architektur des gesamten TFTS-Netzes

- Verwaltungszentrale für die Gebührenabrechnung (*Administration Centre*, AC).

Die MoU-Gruppe hat einen koordinierten Einführungsplan für das TFTS-Bodennetz erarbeitet, damit das Sytem europaweit eingeführt werden kann. Dazu war die Zusammenarbeit zwischen nationalen Telekommunikationsnetzbetreibern und Fluglinien erforderlich.

4.1.5 Bodenstationen und Frequenzplan

ER-Bodenstationen wurden in ca. 380 km Abstand gemäß einem hexagonalen Wabenmuster positioniert, mit einer nominellen Reichweite von ca. 240 km, die aus Signallaufzeit-Gründen nicht überschritten werden darf, vgl. Abb.4.5.

Gleichkanal-Bodenstationen sind 760 km und Nachbarkanalzellen sind mindestens 600 km entfernt geplant. Die Zellplanung wird gegenüber irdischen Zellularnetzen erschwert, weil die Flughöhe mit einbezogen werden muß.

4.2 Das US Digital Cellular System (USDC)

In den achtziger Jahren stieg in Nordamerika die Anzahl der Teilnehmer im öffentlichen, zellularen Mobilfunknetz eindrucksvoll an. Dieser erhöhte Kapazitätsbedarf

Abbildung 4.5: Zellulare Versorgung durch en-route Bodenstationen in Europa

konnte aber, da in größeren Städten die Genehmigung zur Installation neuer Basisstationen und Antennen teuer und schwer zu bekommen ist, nur teilweise durch eine Zellenverkleinerung bewältigt werden. Als eine dauerhafte Lösung bot sich daher an, ein digitales System zu entwickeln, daß auch ohne neue Basisstationen eine Steigerung der Kapazität ermöglicht.

Im März 1988 gründete die *Telecommunication Industries Association* (TIA) das *TR-45.3*-Subkommitee, das den Standard für ein zellulares, digitales System entwickeln sollte. Dieses digitale System, das *American Digital Cellular System* (ADC) sollte mit dem bestehenden analogen Mobilfunknetz *American Mobile Phone System* (AMPS) verträglich sein und es unterstützen. Dabei arbeitet das digitale System im Frequenzbereich des analogen AMPS-Systems, was einen schrittweisen Übergang einzelner Kanäle auf Digitaltechnik erlaubte. Eine Besonderheit dieses Systems ist, daß Endgeräte sowohl für analogen als auch für digitalen Betrieb (Dualmode) verwendet werden können. Außer der erhöhten Kapazität ermöglicht der ADC-Standard die Einführung neuer Dienste, wie z. B. Authentisierung, Datendienst oder Kurznachrichtendienst, die vom AMPS-System nicht unterstützt wurden [1].

1990 wurde der digitale Standard durch die Industrie als Interim Standard 54 (IS-54) akzeptiert. Mittlerweile wird das nordamerikanische digitale System, dessen

4.2 Das US Digital Cellular System (USDC)

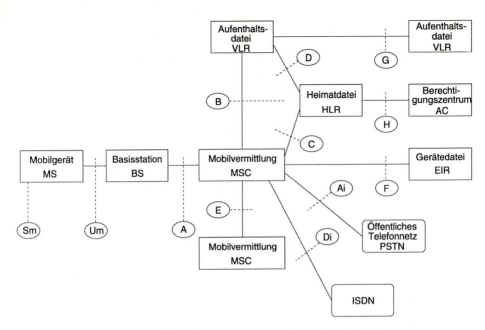

Abbildung 4.6: Die funktionale Architektur des USDC-Systems

Systemstruktur in Abb. 4.6 dargestellt ist [116], mit US Digital Cellular (USDC) bezeichnet. Daneben gibt es ein *Personal Communication System* PCS 1900 nach Standard IS.134 für den schnurlosen Massenmarkt.

4.2.1 Technische Daten des USDC-Systems

Im USDC-System wird das Frequenzband von 824 MHz bis 849 MHz für Übertragungen zwischen der Mobilstation und Basisstation (Uplink) verwendet, in umgekehrter Richtung (Downlink) wird das Frequenzband zwischen 869 MHz und 894 MHz benutzt. Somit liegt zwischen der Sende- und Empfangsfrequenz ein Duplexabstand von 45 MHz. Die Frequenzbänder sind in FDM-Kanäle zu 30 kHz Bandbreite unterteilt, wobei 832 Frequenzträger zur Verfügung stehen.

Als Modulationsverfahren wird das $\pi/4$-DQPSK *(Differential Quadrature Phase Shift Keying)* verwendet, ein vierstufiges Modulationsverfahren, das zwar bezüglich seiner spektralen Effizienz günstiger ist als GMSK, aber erhebliche Anforderungen an die Linearität der Endverstärker stellt. Darüber hinaus werden für optimale Detektion am Empfängereingang Filter benötigt, deren Übertragungsfunktion die Wurzel aus der Nyquist-Übertragungsfunktion beschreiben muß, was

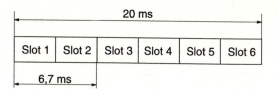

Abbildung 4.7: Struktur des TDMA-Rahmens im USDC-System bei Halbratenkanälen

mit preiswerten Filtern nur näherungsweise realisiert werden kann. Im Gegensatz zu GSM enthält $\pi/4$-DQPSK unterschiedliche Amplitudenkomponenten. Die acht verschiedenen Phasenzustände bei der $\pi/4$-DQPSK-Modulation liegen alle auf einem Kreis, aber die jeweils vier erlaubten Phasenübergänge von einem Zustand in den anderen verlaufen nicht auf dem Kreis. Dies bedeutet, daß nicht nur die Phase, sondern auch die Amplitude in die Spezifikation der Modulation eingeht.

Das USDC-System arbeitet, wie auch das GSM-System, im Zeitmultiplex-Verfahren (TDMA), allerdings werden hier 3 Sprechkanäle über einen Träger übertragen. Der TDMA-Rahmen hat eine Länge von 20 ms und ist in drei Zeitschlitze der Dauer 6,7 ms eingeteilt. Die Modulationsdatenrate pro FDM-Kanal (3 Zeitschlitze, 30 kHz) beträgt 48,6 kbit/s. Nach der Entwicklung und Einführung des Halbratencodecs wird ein TDMA-Rahmen 6 Zeitschlitze umfassen, vgl. Abb. 4.7 [91].

Im USDC-System wird ein VSELP-Sprachcodec *(Vector Sum Excited Linear Prediction)* verwendet, was im Vergleich zum GSM zu niedrigeren Quellraten führt. Bei Vollratencodecs ergibt Sprachcodierung zusammen mit Fehlerschutzcodierung eine Gesamtübertragungsrate von 13 kbit/s, während auf den SACCH die Gesamtrate 0,6 kbit/s beträgt.

4.3 CDMA-Zellularfunk gemäß IS-95

Der TIA-Interim-Standard IS-95 wurde von QUALCOMM entwickelt. Im Unterschied zu IS-54, der die Kompatibilität eines digitalen mit einem analogen System sicherstellt, legt der Standard IS-95 ein CDMA-Übertragungssystem fest, vgl. Tab. 4.1. Er umfaßt die untersten drei Ebenen des OSI-Referenzmodells. Das Übertragungssystem des LEO-Systems Globalstar wird auf dem Standard IS-95 beruhen, wobei Modifikationen vorgenommen wurden, vgl. Abschn. 11.3.3, Band 2. Nachfolgend wird die physikalische Schicht vorgestellt. Genormt sind jedoch nur die Modulatoren, über die Demodulatoren gibt es keine Festlegungen; sie können herstellerspezifisch realisiert werden.

4.3 CDMA-Zellularfunk gemäß IS-95

Tabelle 4.1: Parameter der Funkschnittstelle von IS-95

Vielfachzugriff	CDMA/FDM
Chip-Rate	1,2288 MHz = 128 · 9 600 bit/s
Trägerbandbreite	1,25 MHz
Rahmendauer	20 ms
Modulation	QPSK/OQPSK
	UL: inkohärent *(Rake Receiver)*; DL: kohärent (Pilot-Signal)
Synchronisation	BS mittels GPS; MS mittels Pilot- und Sync.-Signal
Handover	MAHO (mit Pilot-Signal)
Leistungsregelung	UL Access: *Open Loop Power Control* (OLPC) 85 dB
	UL Traffic: *Closed Loop Power Control* (CLPC)
	DL Paging: *Mobile Assisted Power Control*
Kapazität	theor. 98–120 CDMA-Kanäle pro 1,25 MHz
Frequenzband	IS-95 A: 925–960 MHz (UL); 880–915 MHz (DL)
	J-STD-008: 1 900 MHz; BS sendet 80 MHz über MS (J-STD-008)

4.3.1 Forward-Link

Im Forward-Link wird eine kohärente QPSK-Modulation verwandt, zu deren Demodulation Sender und Empfänger phasensynchron sein müssen. Zur Kanaltrennung werden Walsh-Sequenzen verwendet, vgl. Abschn. 2.6.4. Für die Spreizung wird jeweils für die In-Phase und Quadratur-Phase eine kurze PN-Sequenz benutzt. Für den Verkehrskanal kommt eine benutzerindividuelle, lange PN-Sequenz zum Einsatz. Die Synchronisation erfolgt mittels eines Pilottones, der zusätzlich übertragen wird, vgl. Tab. 4.2.

Tabelle 4.2: Parameter der Funkschnittstelle von IS-95 (Forward Link)

Forward Link	Downlink (Cell to Mobile)
Kanalcodierung	FEC $r = \frac{1}{2}, K = 9$ Faltungscode
Interleaving	20 ms
Spreizcode	mod2-Add. des Benutzer-Erkennungssignals
	mod2-Add. eines Walsh-Code (Code spez. für Mobile)
	Zeitversatz der Quadraturkomponenten spez. für jeweilige Zelle
Kanaltypen	Synchron, Paging, Traffic, Pilot
Datenraten	Sync: 1,2 kbit/s; Paging: 4,8 / 9,6 kbit/s
	Traffic: 1,2 / 2,4 / 4,8 / 9,6 kbit/s; (J-STD-008 14,4 kbit/s)
Mod.-Symbolraten	Sync: 4,8 kbit/s; Paging: 19,2 kbit/s; Traffic: 19,2 kbit/s
PN chips/bit	Sync: 1 024; Paging: 256 / 128; Traffic: 1 024 / 512 / 256 / 128

4.3.1.1 Modulator

Abbildung 4.8 zeigt den Modulator für den Forward-Link. Es stehen mehrere physikalische Kanäle zur Verfügung, um eine Verbindung aufzubauen. Beim Einschalten einer Mobilstation muß zunächst die Synchronisierung sichergestellt sein. Durch die Übertragung des Pilottones wird eine Phasensynchronisation und Rahmensynchronisation erreicht. Danach wird über den Synchronisationskanal die Netzsynchronisation hergestellt. Hierbei wird die Funkrufkanaldatenrate und Leistungssteuerungsinformationen übertragen. Über den Funkrufkanal werden Daten für die Kanalzuteilung übertragen. Die Informationsübertragung findet auf dem Verkehrskanal statt.

Pilot-Kanal Die nullte Walsh-Sequenz W_0 wird mit einem Short-Code kombiniert und zum Modulator übertragen. Die beiden Codes werden bei einem Wertevorrat von $(0, 1)$ Modulo-2 addiert oder bei bipolarer $(-1, 1)$ Betrachtungsweise multipliziert.

Die Walsh-Sequenzen sind die Zeilen der Hadamard-Matrix und werden durch folgende Rekursion gebildet:

$$H_1 = 0 \quad \text{und} \quad H_{2N} = \begin{pmatrix} H_N & H_N \\ H_N & \bar{H}_N \end{pmatrix}, \tag{4.1}$$

wobei N eine Potenz von zwei sein muß, und $\bar{H}_N$ die Negation von H_N ist.

Die nächsten beiden Matrizen werden demnach folgendermaßen gebildet:

$$H_2 = \begin{pmatrix} 0 & 0 \\ 0 & 1 \end{pmatrix} \quad \text{und} \quad H_4 = \begin{pmatrix} 0 & 0 & 0 & 0 \\ 0 & 1 & 0 & 1 \\ 0 & 0 & 1 & 1 \\ 0 & 1 & 1 & 0 \end{pmatrix} \tag{4.2}$$

Sämtliche Walsh-Sequenzen der gleichen Matrix sind untereinander orthogonal. Bei IS-95 sind $2^6 = 64$ Walsh-Sequenzen vorgesehen. Beim Globalstar-System werden voraussichtlich $2^7 = 128$ Sequenzen benutzt werden.

Der Short-Code wird bei IS-95 mit zwei irreduziblen Polynomen (die Polynome 121 641 und 117 071 sind primitiv) gebildet.[1] Bei IS-95 ist der Grad $n = 15$, beim Globalstar-System ist der Grad voraussichtlich $n = 17$.

---
[1] Anmerkung: Da Codesequenzen mit einem Polynom und dem dazu reziproken Polynom erzeugt werden können, ist in den Tabellen in [109] nur ein Polynom eingetragen.

4.3 CDMA-Zellularfunk gemäß IS-95

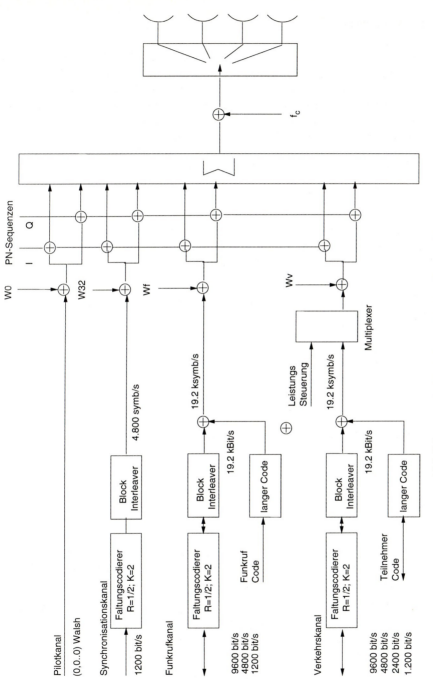

Abbildung 4.8: Modulator für den Forward-Link

Bei IS-95 lauten die Polynome für die In-Phase-Komponente bzw. für die Quadraturphasenkomponente:

$$P_I = x^{15} + x^{13} + x^9 + x^8 + x^7 + x^5 + 1 \qquad (4.3)$$
$$P_Q = x^{15} + x^{12} + x^{11} + x^{10} + x^6 + x^5 + x^4 + x^3 + 1 \qquad (4.4)$$

Der Short-Code ist für das gesamte System gleich. Bei Globalstar wird durch einen Code-Versatz (unterschiedlicher Versatz im Schieberegister) Gateway, Satellit und Beam eindeutig identifiziert.

Die Walsh-Sequenz wird mit dem Short-Code mit 1,23 MHz Taktrate über die gesamte Bandbreite gespreizt und QPSK-moduliert.

Synchronisationskanal Der Synchronisations-Kanal erzeugt einen Datenfluß mit einer Rate von 1200 bit/s. Die Daten werden mit einem $(R = 1/2, K = 9)$ Faltungscodierer kanalcodiert, danach interleaved und mit W_{32} kombiniert. Anschließend wird das Signal mit dem Short-Code gespreizt und QPSK-moduliert.

Funkrufkanal Die Daten werden mit einem $(R = 1/2, K = 9)$ Faltungscodierer kanalcodiert, danach interleaved und mit dem Long-Code gespreizt. Für die Kanaltrennung wird das Signal mit einer dem Funkrufkanal zugeordneten Walsh-Sequenz W_p kombiniert. Danach wird das Signal mit dem Short-Code gespreizt und QPSK-moduliert. Abbildung 4.9 zeigt den Aufbau eines Long-Code-Generators.

Dazu wird ein Schieberegister mit 42 Verzögerungsgliedern aufgebaut, dessen Ausgänge mit einer 42 bit langen Maske verknüpft sind. Die Ausgänge werden Modulo-2 addiert und liefern den Long-Code.

Verkehrskanal Der Vocoder (standardisiert nach IS-96), der nach Bedarf unterschiedliche Datenraten erzeugen kann, liefert die Daten an den Kanalcodierer und Interleaver. Jeder Benutzer besitzt eine persönliche Geheimnummer, die einen Teil der Long-Code-Maske für den Verkehrskanal bildet. Der Long-Code wird mit dem Ausgang des Interleavers verbunden. Danach werden wahlweise Leistungssteuerungsdaten oder Verkehrskanaldaten mit einer User-Walsh-Sequenz W_u gespreizt. Der Datenstrom wird mit dem Short-Code kombiniert und QPSK-moduliert.

4.3 CDMA-Zellularfunk gemäß IS-95

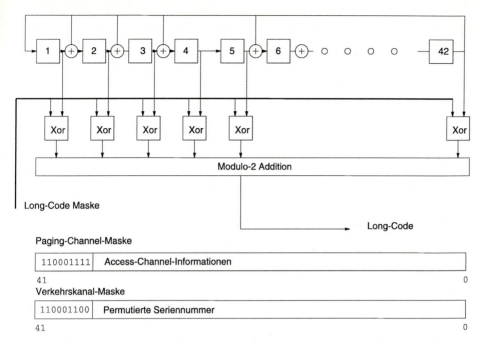

Abbildung 4.9: Long-Code-Generator

4.3.1.2 Leistungssteuerung auf dem Forward-Link

Auf dem Forward-Link wird die Leistungsregelung bei IS-95 in einem geschlossenen Regelkreis durchgeführt. Dazu wird die ausgesandte Leistung der Basisstation periodisch reduziert. Die Reduktion setzt sich so lange fort, bis der Teilnehmer einen Anstieg in der Rahmenfehlerrate feststellt. Danach sendet der Teilnehmer ein Kommando zur Leistungserhöhung. Die Schrittweite der Leistungssteuerung ist relativ klein und liegt im Bereich von 0,5 dB. Die Dynamik umfaßt einen Bereich von ±6 dB. Leistungsänderungen werden ungefähr alle 20 ms vorgenommen.

4.3.2 Return-Link

Bei IS-95 wird im Return-Link nicht-kohärente orthogonale 64-er Walsh-Modulation verwendet, vgl. Tab. 4.3. Diese Modulation kann man als FSK-Modulation auffassen, bei dem die Walsh-Sequenzen den unterschiedlichen Frequenzen entsprechen.

Tabelle 4.3: Parameter der Funkschnittstelle von IS-95 (Return Link)

Return Link	Uplink (Mobile to Cell)
Kanalcodierung	FEC $r = \frac{1}{2}, K = 9$ Faltungscode
Interleaving	20 ms
Spreizcode	6 Datenbits $\rightarrow$ einer von 64 Walsh-Codes
	mod2-Add. eines langen (2^{42}) PN-Signals mit
	benutzerspez. Phasenverschiebung
	Quadraturmodulation mit festen PN-Sequenzen
Kanaltypen	Access, Traffic
Datenraten	Access: 4,8 kbit/s; Traffic: s. o.

Für die Kanaltrennung wird hier der Long-Code benutzt. Im Forward-Link werden zur Kanaltrennung Walsh-Sequenzen verwendet. Hier dienen die Walsh-Sequenzen zur Modulation. Die Daten werden mit dem Short-Code gespreizt und QPSK-übertragen.

4.3.2.1 Modulator

Es gibt zwei physikalische Kanäle, den Zugriffs- und den Verkehrskanal, die sich nur durch die Long-Code-Maske unterscheiden. Abb. 4.10 zeigt den Modulator für den Return-Link des Verkehrskanals.

Zugriffskanal Auf dem Zugriffskanal *(Access Channel)* empfängt die Basisstation eine Zugriffs-Anforderung. Dabei wird zunächst eine Präambel von drei Rahmen aus 96 Nullen pro Rahmen übertragen. Danach wird der Teilnehmer Long-Code übertragen. Die Datenrate beträgt immer 4,8 kbit/s. Nach jedem Nettodatenrahmen werden zusätzlich acht Bits angehängt, in denen nur Nullen enthalten sind. Die Daten werden mit einem $(R = 1/3, K = 9)$-Faltungscodierer kanalcodiert, durch den Interleaver verwürfelt und orthogonal moduliert. Zur Spreizung wird der Long-Code-Generator ($n = 41$), der mit einer Paging-Maske kombiniert wird, und der Short-Code-Generator ($n = 15$) herangezogen. Das Signal wird bei einer Bandbreite von 1,2388 MHz digital bandpaßgefiltert. Dabei wird es mit der vierfachen Datenrate abgetastet.

Verkehrskanal Abbildung 4.11 zeigt den Rahmenaufbau für die unterschiedlichen Datenraten des Vocoders. Die Datenrate kann dynamisch verändert werden, um sich dem Datenaufkommen anzupassen. Bei Sprachübermittlung wird die Datenrate in Sprechpausen beispielsweise auf 1200 bps verringert.

4.3 CDMA-Zellularfunk gemäß IS-95

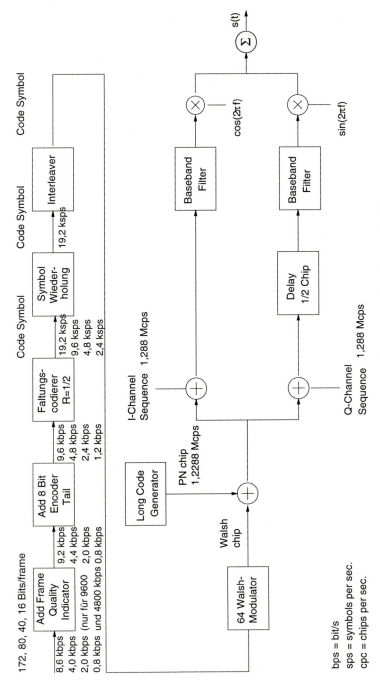

Abbildung 4.10: Modulator für den Return-Link

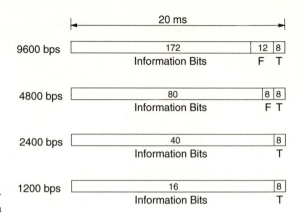

Abbildung 4.11: Rahmenaufbau für die unterschiedlichen Datenraten des Vocoders bei IS-95

Bei Übertragung mit 9600 bps oder 4800 bps wird ein CRC-Prüfsumme eingesetzt. Sie hat zwei Funktionen:

1. Schutz der Nettodaten,
2. Unterstützung bei der Bestimmung der Datenrate beim Empfänger.

Die CRC-Polynome sind in [129] angegeben. Die Daten werden mit einem ($R = 1/3$, $K = 9$)-Faltungscodierer kanalcodiert, interleaved und orthogonal moduliert. Zur Spreizung wird der benutzerspezifische Long-Code-Generator ($n = 41$) und der Short-Code-Generator ($n = 15$) herangezogen.

4.3.2.2 Leistungssteuerung auf dem Return-Link

Die Leistung wird durch ein Zusammenspiel von zwei Mechanismen geregelt:

- Leistungssteuerung mit offenem Regelkreis *(Open-Loop)*,
- Leistungssteuerung mit geschlossenem Regelkreis *(Closed-Loop)*.

Jede Mobilstation versucht die Freiraumdämpfung zu schätzen. Bei IS-95 wird von der Basisstation auf dem Pilotkanal ein Ton ausgesandt. Von der Mobilstation wird die Leistung des Pilottons gemessen und dazu benutzt, die eigene ausgesandte Leistung zu schätzen. Wird ein starkes Signal gemessen, so bedeutet dies, daß der Teilnehmer relativ nah an der Basisstation ist oder eine ungewöhnlich gute Verbindung hat. Im Falle einer schnellen Verbesserung des Kanalzustandes, spricht ein offener Regelkreis *(Open Loop Power Control)* an. Er kann auf sehr schnelle

4.3 CDMA-Zellularfunk gemäß IS-95

Tabelle 4.4: GSM- und CDMA-Teilnehmerzahlen, Stand Juni 1997

	weltweit	USA
GSM	44 Mio.	0,5 Mio.
CDMA	5,5 Mio.	0,6 Mio.

Veränderungen (im µs-Bereich) reagieren. Die Leistung des ausgesandten Signals wird entsprechend der Empfangsleistung analog geregelt. Die Leistungsabstufung liegt im Bereich von 85 dB. Es kann jedoch nur der Mittelwert der ausgesandten Leistung berechnet werden. Trotz der schnellen Reaktion auf Leistungsänderungen kann man mit dem offenen Regelkreis kein *Rayleigh-Fading* kompensieren. Das liegt daran, daß Forward- und Return-Link in unterschiedlichen Frequenzbändern liegen, so daß Rayleigh-Fading Erscheinungen der beiden Verbindungen statistisch unabhängig sind. Zur Unterdrückung des schnellen Rayleigh-Fadings wird ein geschlossener Regelkreis angewandt.

Beim geschlossenen Regelkreis *(Closed Loop)* wird die Eingangsleistung an der Basisstation gemessen und mit der gewünschten Leistung verglichen. Sollte eine Diskrepanz zwischen Soll- und Istwert auftreten, wird die Mobilstation veranlaßt, eine diskrete Sendeleistungsänderung vorzunehmen. Die Schrittweite der Leistungsänderungen liegen im Bereich von 0,5 dB und werden alle 1,25 ms ausgesandt. Im Feldversuch wurde gezeigt, daß diese Zeit ausreicht, um einen Mehrwegeschwundverlauf auszuregeln.

4.3.3 Praktische Erfahrungen mit IS-95-CDMA

Aus der Sicht von 1997 werden Systeme nach Standard TIA IS-95 als Schmalband-CDMA-Systeme bezeichnet. Für UMTS wird Ende 1997 bei der ETSI die Entscheidung zwischen einem Breitband-(Wideband)-CDMA und einem kombinierten CD/TDMA-System erwartet.

Seit Mitte 1992 wurde das von Qualcomm entwickelte System nach Standard IS-95 von mehreren Mobilfunknetzbetreibern in USA eingeführt, nur geringfügig später als GSM in Europa. Außer in USA gibt es z. Zt. IS-95-Systeme noch in Süd-Korea und Hong Kong im öffentlichen Betrieb. Laut [130] haben beide Systeme jedoch sehr unterschiedliche Teilnehmerzahlen erreicht, vgl. Tab. 4.4.

Noch 1997 verspricht Qualcomm eine 10–20fache Kapazitätssteigerung in Ballungsgebieten und behauptet, daß das CDMA-Signal eine weit größere Reichweite ermöglicht, als bei GSM, so daß nur die Hälfte bis ein Fünftel der Basisstationsstandorte nötig seien, um dieselbe oder eine bessere Funkversorgung zu erreichen.

Tabelle 4.5: Basisstationsstandorte in Tampa/Florida [130]

Betreiber	Aerial GSM	AT&T D-AMPS	GTE CDMA	PrimeCo CDMA
Basisstationen	16	21	23	19

Untersuchungen und Vergleiche der Zahl Zellstandorte verschiedener Systeme am gleichen Stadtstandort ergeben jedoch, daß CDMA dieselbe, z. T. eine größere Zahl Basisstationen benötigt, um mit anderen Systemtechniken gleichzuziehen [130], vgl. Tab. 4.5.

1980 hat Qualcomm die 40fache und 1990 die 10–20fache Teilnehmerkapazität des analogen AMPS-Systems versprochen; heute sprechen Betreiber von etwa sechsfacher Kapazität (bei 13-kbit/s-Sprachcodec).

Die verkehrsgerechte Zellplanung wird erheblich dadurch erschwert, daß die nutzbaren Zellradien sich abhängig von der Zahl aktiver Teilnehmer ändern, die Zellen „atmen" und lassen bei höherem Verkehrsaufkommen Bereiche unversorgt, die bei kleinerem Aufkommen versorgt sind. Mit zunehmender Zahl gleichzeitiger Teilnehmer wächst quasi der Pfadverlust und erreicht bei 13 Tln. pro 1,25 MHz Frequenzband den im Standard festgelegten Maximalwert von 3 dB.

Ein einfacher rechnerischer Vergleich mit GSM ergibt 1,25 MHz/7 = 178,7 kHz pro Zelle für ein 7er-Cluster ← 14,3 Halbratenkanäle/Zelle. Für eine Verlustwahrscheinlichkeit von 1 % sind 0,55 Erl./Kanal zulässig, also acht Teilnehmer pro Zelle. Daraus ließe sich überschlägig eine 1,6fache Kapazität des CDMA-Systems im Vergleich zu GSM abschätzen.

Nach fünf bis sechs Jahren Erfahrungen im Feld wird die Systemoptimierung (Leistungssteuerung, Frequenzwiederverwendung, Vorwärtsfehlerschutz) noch immer als extrem kompliziert und zeitaufwendig durchführbar bezeichnet. Handover zwischen Frequenzen ist nicht gelöst, Mehrwertdienste wie der Kurznachrichtendienst im GSM oder die SIM-Karte sind nicht verfügbar. Die Infrastruktur von GSM kostet nur halb bis 1/3 soviel wie bei CDMA/IS-95.

Trotz aller dieser schlechten Erfahrungen setzen viele Experten weiter auf CDMA für UMTS. Die Bedingungen sind dort anders: es steht mehr Spektrum zur Verfügung und man hatte 10 Jahre Zeit, Erfahrungen aus IS-95 zu sammeln. Nachfolgend findet man einige interessante Sätze aus [130]:

> 'CDMA is a religion. You don't get facts, you get 'I believe'.'

> 'Most of IS-95's problems were understood a number of years ago. However people had so much personal credibility invested in IS-95,

and the manufacturers had so much R&D invested in the system, that no one wanted to hear about problems.'

4.4 Das japanische Personal Digital Cellular System (PDC)

Betrachtet man den japanischen öffentlichen Mobilfunkmarkt, so bemerkt man eine hohe Teilnehmerkonzentration in den Ballungszentren wie z. B. Tokio (50 %) oder Osaka (22 %). Um die durch die Frequenzknappheit in den Ballungsgebieten entstehenden Engpässe zu beseitigen, entschloß man sich im April 1989 im Ministerium für Post und Telekommunikation (MPT) zur Entwicklung eines digitalen Mobilfunkstandards. Dieses digitale Mobilfunksystem sollte, im Vergleich zu den bestehenden analogen Systemen, kostengünstiger sein sowie eine größere Kapazität, eine höhere Sicherheit und neue Dienste anbieten.

Das früher unter den Namen *Japanese Digital Cellular* (JDC) und heute mit *Personal Digital Cellular* (PDC) bezeichnete System, wurde von dem *Research & Development Center for Radio Systems* (RCR) spezifiziert. Daneben gibt es das *Personal Handy Phone System* (PHS), ein PCS-System für den schnurlosen Massenmarkt.

Aus der Systemarchitektur in Abb. 4.12 erkennt man eine Einteilung der *Mobile Communication Control Centers* (MCC) in *Gate-MCC*, *Visit-MCC* und *Home-MCC*, wobei um Infrastrukturkosten zu sparen, nur die G-MCCs mit dem Festnetz verbunden sind [85].

4.4.1 Technische Daten des PDC-Systems

Der japanische PDC-Standard hat ähnliche technische Parameter wie das amerikanische USDC-System, allerdings gibt es auch einige wesentliche Unterschiede.

In Japan ersetzt das digitale System nicht direkt das bestehende analoge System, da die Frequenzbänder für PDC ober- und unterhalb des analogen Systems liegen. Im Unterschied zum USDC- und zum GSM-System sendet die Mobilstation auf einer höheren Frequenz 940–960 MHz (Uplink) als die Basisstation 810–830 MHz (Downlink). Zusätzlich wurden weitere Frequenzen im 1500-MHz-Frequenzband für das PDC-System vorgesehen. Der Duplexabstand beträgt im 800-MHz-Band 130 MHz und im 1500-MHz-Band 48 MHz. Die Frequenzbänder sind dabei in Kanäle zu 25 kHz unterteilt.

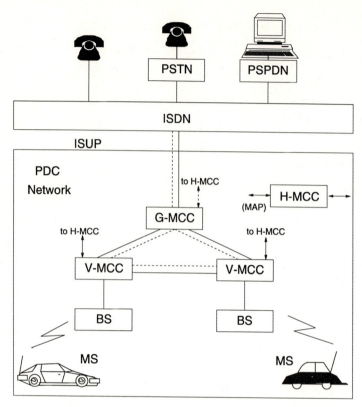

Abbildung 4.12: Die funktionale Architektur des PDC-Systems

Wie auch im amerikanischen USDC-System wird im PDC-System das vierstufige $\pi/4$-DQPSK-Modulationsverfahren eingesetzt [132].

Bei Anwendung des Vollratencodecs werden beim PDC-Sytem im Zeitmultiplexzugriffsverfahren (TDMA) 3 Sprachkanäle über einen Träger übertragen, nach Einführung des Halbratencodecs werden es 6 sein. Der TDMA-Rahmen hat eine Dauer von 20 ms, und jeder der drei Zeitschlitze umfaßt 280 bit. Da mit der $\pi/4$-DQPSK-Modulation 2 bit pro Symbol übertragen werden, beträgt die Übertragungsrate für die drei Zeitschlitze 42 kbit/s.

Aufgrund der Verwendung eines VSELP-Codecs beträgt die Übertragungsrate (Sprachcodierung zusammen mit Fehlerschutzcodierung) insgesamt 11,2 kbit/s. Über den SACCH werden die Signalisierungsdaten mit 0,75 kbit/s übertragen.

Tabelle 4.6: Vergleich der technischen Parameter im GSM-, USDC- und PDC-System

Parameter	GSM	USDC (ADC)	PDC (JDC)
Frequenzbereich MS-BS [MHz]	890–915	824–849	940–960
BS-MS [MHz]	935–960	869–894	810–830
MS-BS (teilweise) [MHz]			1477–1513
BS-MS (teilweise) [MHz]			1429–1465
Zugriffsverfahren	TDMA	TDMA	TDMA
Duplexmethode	FDD	FDD	FDD
Duplexabstand [MHz]	45	45	130; 48
Kanalraster [kHz]	200	30	25
Zahl der Kanäle	8 (16)	3 (6)	3 (6)
Frequenzträger	124	832	800
Anzahl Verkehrkanäle	124× 8	832× 3	800× 3
Modulation	GMSK	$\pi/4$-DQPSK	$\pi/4$-DQPSK
Sprachcodec	RPE-LTP	VSELP	VSELP
TCH-Übertragungsrate [kbit/s]	22,8	13	11,2
Datenrate [kbit/s]	270,8	48,6	42
min. C/I [dB]	> 9	> 12	> 13
max. Geschwindigkeit [km/h]	250	100	100
Tln.-Datenrate [kbit/s]	9,6	4,8	4,8
Tln.-Kap. [Erl./km² /MHz]	[1,1...1,6]	[1,64...2,99]	[2...3,63]

4.5 Vergleich von Zellularsystemen der 2. Generation

In Tab. 4.6 sind die technischen Parameter der Funkschnittstellen der digitalen öffentlichen Mobilfunksysteme (GSM, USDC und PDC) gegenübergestellt.

Studien zufolge ist die Teilnehmerkapazität im PDC-System fast doppel so groß wie im GSM-System, während sie im USDC-System ungefähr 1,5 mal größer als im GSM-System ist [98]. Diese höhere spektrale Effizienz im PDC- und USDC-System beruhen im wesentlichen auf den unterschiedlichen Modulationsverfahren und den verschiedenen Sprachcodecs, die in den Systemen angewandt werden.

Vorteile des GSM gegenüber USDC und PDC sind die höhere Teilnehmer-Datenrate sowie der kleinere minimale Gleichkanalstörabstand. $\pi/4$-DQPSK-Sender erzeugen ein erhebliches Breitbandrauschen. Außerdem wird im GSM-System, durch den leistungsfähigen Sprachcodec, die Kanal- und Quellencodierung sowie das Interleaving, eine bessere Sprachqualität als im USDC- und PDC-System erreicht. Vergleiche der spektralen Effizienz von Mobilfunksystemen hinken vor allem deshalb, weil die Systeme für verschiedene Dienstgüten ausgelegt sind, dieser Parameter aber bei der Vergleichsrechnung meist vernachlässigt wird.

Im PDC-System wird anders als im GSM-System nur Antennendiversität und kein Entzerrer eingesetzt. Antennendiversität kann bei Mehrwegeausbreitung vorteilhafter sein als ein Entzerrer, der wegen der hohen erforderlichen Rechenleistung einen großen Stromverbrauch hat.

Sowohl in Europa als auch international hat sich die GSM-Empfehlung durchsetzen können. Entscheidend für den Erfolg von GSM war die Einigung der europäischen Länder, die offene Standardisierung sowie die frühe Verfügbarkeit des Systems.

5 Zellulare Mobilfunknetze der 3. Generation

Unter Mitwirkung von Matthias Lott und Peter Seidenberg

Der Mobilfunk hat sich in den vergangenen Jahrzehnten weltweit dramatisch entwickelt. Die Mobilkommunikation ist einer der am schnellsten wachsenden Märkte innerhalb der Telekommunikation. Der entscheidende Grund dieser rasanten Entwicklung ist das politische Umfeld in Europa. Der angestrebte Binnenmarkt mit seinem Ziel, einen freien Warenfluß innerhalb der EU-Staaten zu gewährleisten, ist ohne freien Informationsaustausch undenkbar. In diesem Sinne fand in Europa eine Liberalisierung und Deregulierung im Bereich der Telekommunikation statt, wodurch der Wettbewerb zur Markterschließung gefördert und beschleunigt wurde.

Ein zweiter Grund ist der schnelle technologische Fortschritt im Bereich der Mikroelektronik, der Mikroprozessortechnik und Übertragungstechnik. Diese Fortschritte ermöglichten den Einsatz immer kleinerer Endgeräte mit einer Rechnerleistung, die früher nur von Großrechnern erreichbar war, bei sehr kleinem Leistungsverbrauch, so daß die Kundenakzeptanz erheblich verbessert werden konnte.

In Europa sind die Entwicklung einheitlicher Standards, die Einführung europaweiter Funksysteme sowie die Beteiligung der Industrie am Standardisierungsprozeß durch die Gründung der *European Telecommunications Standards Institute* (ETSI) weitere Gründe für den Erfolg.

Die zeitliche Entwicklung der Mobilfunknetze in ihrer Vielzahl von Ausprägungen, die an die jeweiligen Bedürfnisse ihrer Teilnehmer angepaßt sind, ist in Abb. 1.2 dargestellt [136]. Als Mobilkommunikationssysteme erster Generation, bei denen die Mobilität nur innerhalb des Netzbereichs gewährleistet wird, werden die verschiedenen analogen zellularen Systeme (z. B. C-Netz, NMT), die Schnurlossysteme (CT1/CT2) sowie die verschiedenen nationalen Funkrufsysteme bezeichnet.

Zur zweiten Generation zählen die digitalen Systeme wie *Global System for Mobile Communications* (GSM), DCS1800, USDC, PDC, IS-95 sowie ERMES, die in der ersten Hälfte der 90iger Jahre weiterentwickelt und ausgebaut bzw. eingeführt wurden.

Neben diesen öffentlichen Zellularsystemen, die Dienste des PSTN/ISDN am mobilen Endgerät verfügbar machen, bestehen weitere der 2. bzw. dem Übergang zwischen 2. und 3. Generation zuzuordnende Systeme für spezielle mobile bzw. bewegliche Anwendungen wie Bündelfunk (ETSI/TETRA, vgl. Kap. 2, Band 2), Schnurlos-Kommunikation (ETSI/DECT, vgl. Kap. 5, Band 2, bzw. PHS, vgl. Kap. 7, Band 2), lokale drahtlose Netze (W-LAN) gemäß den Standards ETSI/HIPERLAN 1, vgl. Kap. 10, Band 2, bzw. IEEE 802.11, vgl. Kap. 10.3, Band 2, ETSI/HIPERLAN 2, vgl. Kap. 9, Band 2, mobiler persönlicher Satellitenfunk (IRIDIUM, Globalstar, vgl. Kap. 11, Band 2) und Integrationsformen verschiedener solcher Systeme.

Bereits heute werden Mobilfunksysteme der dritten Generation entwickelt, in denen die bisher getrennt betriebenen öffentlichen Mobilfunkdienste zusammengeführt werden. Bei ETSI wurde unter dem Stichwort *Global Multimedia Mobility* (GMM) eine Architektur entwickelt, die Mobilfunknetze als Zugangsnetze zu einer integralen Festnetz-Transportplattform definiert, die auf dem Breitband(B)-ISDN basiert und mobilitätsunterstützende Mehrwertdienste verfügbar macht, vgl. Abb. 5.1. Diese zukünftigen dienste-integrierenden Mobilkommunikationsnetze (UMTS und FPLMTS bzw. IMT-2000), die von der Zielsetzung dem terrestrischen ISDN entsprechen, sollen zu einem weltweiten, universellen, öffentlichen Mobilfunksystem führen, das etwa um 2003 in Betrieb gehen könnte. Solche Systeme werden sich im Wettbewerb gegen weiterentwickelte Systeme der 2. Generation durchsetzen müssen – ein Prozeß, der sich über viele Jahre hinziehen wird.

Die Hauptcharakteristika von Mobilfunksystemen der dritten Generation sind [5]:

- Unterstützung aller Eigenschaften, die heute von den einzelnen Systemen angeboten werden,

- Unterstützung neuer Dienste mit hoher Dienstgüte wie im Festnetz,

- hohe Kapazität, durch die eine hohe Marktdurchdringung unterstützt wird,

- hohe Spektrumseffizienz,

- leichte, kleine (Taschenformat) und kostengünstige Handendgeräte für mobiles Telefonieren,

- hohe Sicherheit, vergleichbar mit der im Festnetz.

An Systeme der dritten Generation werden hohe Anforderungen gestellt z. B.:

- Unterstützung vieler Dienste (Sprache und Daten, Tele-/Trägerdienste, Zusatzdienste) mit wahlweiser kanal- bzw. paketorientierter Übertragung,

5 Zellulare Mobilfunknetze der 3. Generation 369

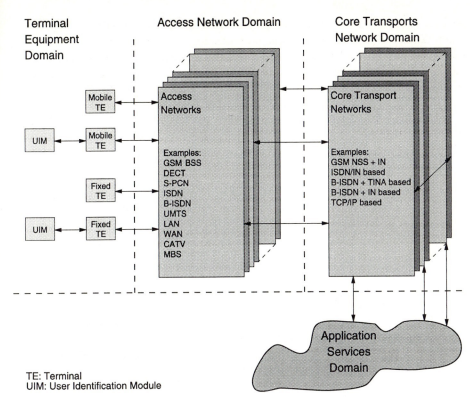

Abbildung 5.1: Global Multimedia Mobility Architecture

- verschiedene Bitraten (niedrige Bitraten für Sprache; Bitrate von bis zu 2 Mbit/s für Multimediaanwendungen),

- variable Bitrate mit dynamischer Anpassung der Dienstgüte an die aktuellen Möglichkeiten des Funkkanals,

- Einsatz in unterschiedlich großen Zellen (macro, micro, pico) für *Indoor-* und *Outdoor-*Anwendungen,

- Betrieb mit nicht synchronisierten Basisstationsteilsystemen,

- fortgeschrittene Mobilitäts-Charakteristika (z. B. UPT, Roaming, Handover),

- flexibles Frequenzmanagement,

- flexibles Management der Funkbetriebsmittel.

5.1 UMTS – Universal Mobile Telecommunications System

In Europa wurden bzw. werden die Arbeiten für die Entwicklung eines Mobilfunksystems der dritten Generation *Universal Mobile Telcommunication System* (UMTS) in den EU-Programmen *Research and Development in Advanced Communications Technologies in Europe* (RACE) (1989–1994), *Advanced Communication Technologies and Services* (ACTS) (1995–1999) und *Information Society Technology* (IST) (2000–2004) in Zusammenarbeit mit der ETSI sowie dem *3rd Generation Partnership Project* (3GPP) durchgeführt. Arbeiten für UMTS werden auch in Projekten im Rahmen von *European Cooperation in the Field of Scientific and Technical Research* (COST) durchgeführt [100]. Daneben besteht das UMTS-Forum, in dem sich die europäischen Unterzeichner des 1996 definierten *Memorandum of Understanding of the Introduction of UMTS* organisiert haben.

Das UMTS-Konzept sieht vor, dem Anwender ein handliches Endgerät für alle Einsatzbereiche, zu Hause, im Büro, unterwegs im Auto, Zug, Flugzeug und als Fußgänger zur Verfügung zu stellen. Darum wird UMTS eine gemeinsame Luftschnittstelle für alle Einsatzgebiete anbieten, die flexibel eine weltweite Integration der heute unterschiedlichen Funkkommunikationssysteme, wie z. B. Mobiltelefon-, Telepoint-, Bündelfunk-, Datenfunk- bzw. Satellitenfunksysteme in einem System erlauben wird.

Eine wichtige Rolle in UMTS wird das Konzept der intelligenten Netze (IN) spielen, das die Gebührenabrechnung und -zuordnung und die gemeinsame Datenhaltung für die Lokalisierung und das Routen durch die Netze verschiedener Netzbetreiber ermöglichen wird. Unklar ist zur Zeit, wie dieses Ziel endgültig umgesetzt werden wird, denn seit 1999 geht die Tendenz für die technische Realisierung des Festnetzes (*Core Network*, CN) eindeutig in Richtung eines internetartigen Netzes auf Basis von *Transport Control Protocol* (TCP)/*Internet Protocol* (IP). UMTS wird als erstes System ein Roaming mobiler Teilnehmer bei bestehender Verbindung mit Handover zwischen Netzen unterschiedlicher Einsatzbereiche und verschiedener Betreiber ermöglichen [84].

UMTS wird eine Übertragungskapazität entsprechend dem *Integrated Services Digital Network* (ISDN) für Dienste wie Bildfernsprechen und Multimediaverbin-

5.1 UMTS – Universal Mobile Telecommunications System

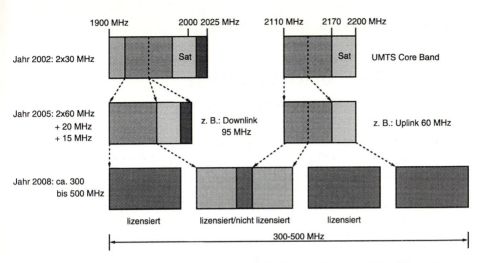

Abbildung 5.2: UMTS-Frequenzspektren, zeitliche Entwicklung nach den Vorstellungen des UMTS-Forums

dungen anbieten und das Dienstekonzept *Universal Personal Telecommunication* (UPT) unterstützen [15]. Im UMTS wird die parallele Übertragung von Sprache, Text, Daten und Bildern über eine Verbindung möglich sein, wobei Teilnehmer eine persönliche Telefonnummer haben, unter der sie weltweit erreichbar sind.

Die Standards für UMTS Phase 1 waren im März 1999 weitgehend fertiggestellt. Mit der Einführung von UMTS, das laut Anhang D den Frequenzbereich zwischen 1,885–2,2 GHz benutzen wird, kann um das Jahr 2003 gerechnet werden, das UMTS-Forum bevorzugt allerdings die in Abb. 5.2 gezeigten Frequenzen, mit der dort dargestellten zeitlichen Staffelung, wobei auf die Neuzuweisung *(Refarming)* bisher für andere Zwecke genutzter Bänder gesetzt wird, vgl. Anhang D, und neben symmetrischen auch asymmetrische Bänder angestrebt werden.

Schon im Sommer 1998 wurden Stimmen laut, daß UMTS Phase 1 nicht alle ursprünglich gesetzten Ziele würde erreichen können. Beispielsweise wurde klar, daß die für die großflächige Funkversorgung vorgesehene UMTS-Funkschnittstelle, die mittels *Frequency Division Duplex* (FDD) über symmetrische Funkkanäle überträgt, nicht besonders gut zur Unterstützung asymmetrischer Datendienste geeignet ist wie sie z. B. bei der Internet-Nutzung auftreten. Tatsächlich ist der FDD-Modus, ähnlich wie die Systeme der 2. Generation, ebenfalls vorrangig zur Unterstützung von Sprachkommunikation und symmetrischen Datendiensten entwickelt worden, die laut Abb. 5.4 und Tab. 5.8 nur einen schmalen Anteil des erwarteten Dienstespektrums ausmachen.

Deshalb wurden UMTS-Phase-2-Projekte begonnen, wie beispielsweise das BMBF-Vorhaben UMTSplus, in dessen Teilvorhaben COMCAR die Integration von UMTS/FDD- und digitalen Bündelfunkdiensten untersucht wird, mit dem Ziel, an der Abwärtsstrecke das Potential insbesondere des DVB-T-Standards für digitale Fernsehbildübertragung zur Bild- und Datenübertragung einzubeziehen und im integrierten UMTS/DVB-T-System besser asymmetrische Datendienste unterstützen zu können. Dasselbe Ziel verfolgt das IST-Projekt DRIVE.

5.2 FPLMTS – Future Public Land Mobile Telephone System; IMT-2000 – International Mobile Telecommunications at 2000 MHz

Bereits im Jahr 1985 wurde durch die *Consultative Committee for International Radiocommunication* (CCIR) eine Arbeitsgruppe gebildet, die Task Group 8/1 (früher IWP 8/13), die alle Anforderungen und Systemparameter für ein zukünftiges öffentliches Mobilfunksystem (*Future Public Land Mobile System*, FPLMTS) bestimmen sollte. Durch die Arbeitsgruppe wurden die folgenden Anforderungen an ein FPLMTS gestellt [16, 58, 99]:

- leichte, kleine Handgeräte,
- weltweiter Einsatz der Endgeräte, d. h. einheitliche Frequenzen weltweit,
- Integration verschiedener Mobilfunksysteme und internationales Roaming,
- Integration in die festen Telefonnetze (ISDN-Kompatibilität),
- Integration des mobilen Satellitenfunks,
- Verwendbarkeit der Endgeräte zu Land, Luft und See.

Wie das UMTS-System soll das FPLMTS-System alle bisherigen Dienste (Mobiltelefon, schnurloses Telefon, Funkruf, öffentlicher Flugfunk etc.) in einem Funkdienst integrieren. Viele Gesichtspunkte von FPLMTS entsprechen denen von UMTS; da die Aktivitäten der *International Telecommunication Union* (ITU) global ausgerichtet sind, ergeben sich einige Unterschiede. So wird FPLMTS den unterschiedlichen Anforderungen an dicht besiedelte Gebiete (z. B. in Europa) und an dünn besiedelte Gebiete (Entwicklungsländer) durch Definition mehrerer Luftschnittstellen gerecht [133]:

5.2 FPLMTS – IMT 2000

R1: Funkschnittstelle zwischen Mobilstation (MS) und Basisstation (BS);

R2: Funkschnittstelle zwischen *Personal Station* (PS) und *Personal Base Station* (CS);

R3: Funkschnittstelle zwischen Satellitenbasisstation und mobiler Bodenstation (MES);

R4: zusätzliche Luftschnittstelle für den Funkruf an ein FPLMTS-Endgerät.

Es ist geplant, FPLMTS in Entwicklungsländern oder in ländlichen Gebieten, wo der Aufbau eines Festnetzes nicht wirtschaftlich zu rechtfertigen ist, als temporären oder permanenten Ersatz des Festnetzes vorzusehen.

Auf der WARC 1992 wurde weltweit dem FPLMTS-System ein Spektrum von 230 MHz in den Frequenzbändern zwischen 1 885–2 025 MHz und 2 110–2 200 MHz zugewiesen. Diese Frequenzbänder wurden nicht ausschließlich für das FPLMTS reserviert und können auch in anderen Systemen benutzt werden. So ist z. B. in Europa der untere Teil des zugewiesenen Frequenzbandes vom DCS1800 und dem DECT-System belegt. Das UMTS-Forum fordert inzwischen, 500 MHz ab 1 900 MHz für symmetrische und asymmetrische Verbindungen zu reservieren, vgl. Abb. 5.2.

Diese international reservierten Bänder sind in den verschiedenen Kontinenten bzw. Ländern zum Teil schon anderweitig genutzt, vgl. Abb. 5.3. Als frühester Termin für die Inbetriebnahme des FPLMTS ist, wie bei UMTS, der Zeitraum 2000–2005 geplant. Seit etwa 1995 spricht man anstelle von FPLMTS auch von *International Mobile Telecommunications at 2000 MHz* (IMT-2000) und meint damit dasselbe System.

Das 3GPP als weltweite Entwicklungseinrichtung für IMT-2000 hat inzwischen aus den verschiedenen Kontinenten eine Reihe von Vorschlägen für die Funkschnittstelle erhalten und es ist jetzt schon klar, daß es eine größere Zahl von (etwa sechs) Standards für die IMT-2000-Funkschnittstelle geben wird – zwei davon sind die beiden UMTS-Varianten mit Übertragung im Frequenzduplex (FDD) bzw. Zeitduplex (*Time Division Duplex*, TDD). Daneben wird ein aus Japan favorisiertes Multiträgersystem neben weiteren aus China, Korea und den USA unterstützten CDMA-Schnittstellen sowie das in Kap. 3.17 beschriebene EDGE-System, das ein TDMA-Verfahren benutzt, unter IMT-2000 standardisiert werden.

Als Konsequenz dieser Vielfalt von Funkschnittstellen wird die Forderung nach adaptiven Funkterminals immer lauter, die wahlweise mehrere (alle) Funkschnittstellen unterstützen können, so daß ein Terminal immer funktionsfähig ist, unabhängig von örtlich verfügbaren Funkzugangsnetzen der IMT-2000-Familie.

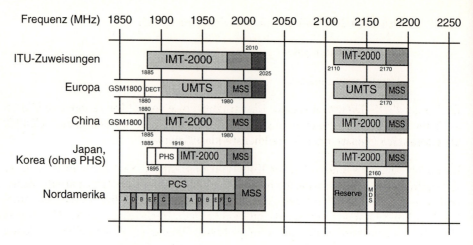

Abbildung 5.3: Frequenzbänder für IMT-2000

5.3 Dienste für UMTS und IMT-2000

Die ETSI hat eine vorläufige Liste von Diensten, die von UMTS unterstützt werden sollen, veröffentlicht [46], die auf den Empfehlungen der CCIR für das FPLMTS und auf Spezifikationen des RACE-Projektes aufbauen. Im folgenden wird auf die von UMTS unterstützten Dienste näher eingegangen.

5.3.1 Trägerdienste

UMTS soll in der Lage sein, sowohl ISDN- als auch Breitband-ISDN-Trägerdienste zu unterstützen. Es sollen folgende ISDN-Dienste integriert werden [46]:

- kanalvermittelte Dienste:

    - transparent 64, 2·64, 384, 1 536 und 1 920 kbit/s mit Benutzerdatenraten von 8, 16 und 32 kbit/s,

    - Sprachübertragung,

    - 3,1-, 5- und 7-kHz-Audio-Übertragung,

    - alternativ Sprache oder transparente Datenübertragung mit Benutzerdatenraten von 8, 16, 32 und 64 kbit/s;

- paketvermittelte Dienste:

5.3 Dienste für UMTS und IMT-2000

- virtueller Ruf und permanent virtueller Kanal,

- ISDN verbindungslos,

- Benutzersignalisierung.

Breitband-ISDN-Dienste mit einer Übertragungsrate von 2 Mbit/s sollen in UMTS auch für mobile Teilnehmer verfügbar sein. Diese Dienste werden gemäß CCITT als interaktive Dienste oder Verteildienste klassifiziert.

Interaktive Dienste sind entweder Konversationsdienste, Nachrichtendienste oder Abfragedienste. Konversationsdienste werden dabei durch zeittransparente Ende-zu-Ende-Verbindungen realisiert, die sowohl symmetrisch bidirektional, asymmetrisch bidirektional oder unidirektional sein können. Nachrichtendienste bieten eine nicht zeittransparente Kommunikation zwischen Benutzern. Abfragedienste dienen zur Abfrage und zum Empfang von zentral gelagerten Daten.

Durch Verteildienste können kontinuierlich Informationen von einer zentralen Stelle aus an eine beliebige Anzahl von Benutzern übertragen werden, ohne daß diese den Beginn und das Ende der Übertragung beeinflussen können. Ein weiterer Verteildienst bietet dem Benutzer die Möglichkeit, den Beginn der Informationsübertragung zu beeinflussen.

Als Übertragungstechnik wurde von der ETSI für diese B-ISDN-Dienste der *Asynchronous Transfer Mode* (ATM) bestimmt. Um aus den zu unterstützenden Trägerdiensten Anforderungen an die Funkschnittstelle ableiten zu können, hat die ETSI die Trägerdienste in Anlehnung an Funktionsbeschreibungen von B-ISDN und der ATM-Adaptionsschicht (*ATM Adaptation Layer*, AAL) in vier Kategorien eingeteilt [47]. Diese vier Trägerdienstkategorien unterscheiden sich in ihrem Zeitverhalten, der Bitrate und der Verbindungsart. Innerhalb jeder Trägerdienstklasse sind für verschiedene Kommunikationsszenarien die maximale Bitrate, die maximale Bitfehlerwahrscheinlichkeit und die maximale Verzögerungszeit festgelegt.

5.3.2 Teledienste

Die von UMTS zu unterstützenden Teledienste werden von der ETSI in drei Kategorien eingeteilt [46]:

1. Teledienste, die bereits im Festnetz existieren, gemäß CCITT-Empfehlungen der Serien E,F und I:

- Telefonie:
  - Sprache,
  - In-Band-Facsimile (Telefax Gruppe 2 und 3),
  - In-Band-Datenübertragung (mittels Modem);

- Telefonkonferenz:
  - Mehrparteien-Mehrwertdienste,
  - Gruppenruf,
  - bestätigter Gruppenruf,
  - Sammelruf.

2. UMTS-Teledienste und -Anwendungen, z. B.:

- Audio- und Videoübertragung;
- Paging;
- Rundsendedienste;
- Datenbankabfragen;
- Datenübertragung;
- Verzeichnisdienste (z. B. Telefonbuch);
- Mobilitätsdienste (z. B. Navigation oder Lokalisation);
- Elektronische Zeitung;
- Notruf;
- Notrufrundsendung;

- Kurznachrichtendienste:
  - verursacht durch Benutzer,
  - terminiert durch Benutzer,
  - Sprachnachrichten,
  - Facsimile,
  - Electronic Mail;
- Teleaktionsdienste (z. B. Fernsteuern);
- Teleshopping;
- Videoüberwachung;
- Sprachnachrichten.

3. Der Dienst mit dem größten Bandbreitebedarf ist Multimedia (MM) und interaktives Multimedia (IMM) wie z. B. Daten, Grafiken, Bilder, Audio und Video sowie deren Kombinationen. UMTS soll die Nutzung mehrerer dieser Medien gleichzeitig gestatten. Multimediadienste erlauben die Übertragung von mehr als einem Informationstyp, z. B. Video- und Audioinformationen.

5.3.3 Zusatzdienste

Bei der Standardisierung von Zusatzdiensten wird prinzipiell zwischen traditionellen, nichtinteraktiven PSTN/ISDN-Diensten und personalisierten, interaktiven Zusatzdiensten unterschieden. Der Dienstanbieter kann diese einer Benutzergruppe oder individuell einem einzelnen Benutzer zugänglich machen. In Anlehnung an die GSM- und ISDN-Standards sind die im folgenden aufgelisteten Kategorien von Zusatzdiensten vorgeschlagen:

Nummernidentifikation, z. B. Kurzwahl, Schutz gegen unerwünschte Anrufe, Identifikation des Anrufers;

Rufanbietung *(Call Offering),* z. B. Rufweiterleitung;

Rufbeendung, z. B. Ruf halten;

Mehrparteienkommunikation, z. B. Konferenzgespräche;

Gruppenkommunikation, z. B. Kommunikation in geschlossenen Benutzergruppen;

Abrechnung, z. B. Anzeige von Guthaben;

Zusatzinformationen, z. B. Benutzer-zu-Benutzer-Signalisierung;

Rufzurückweisung, z. B. Sperren aller ankommenden Rufe.

Eine Auflistung verschiedener Dienstattribute findet sich in [46].

5.3.4 Mehrwertdienste

Personal Mobility: Der Nutzer kann durch Benutzung einer *Smart Card* seine Telefonnummer auf jedes Endgerät übertragen.

Virtual Home Environment **(VHE):** Mit Hilfe dieses Dienstes ist es dem Nutzer möglich, sein personalisiertes Dienstportfolio selber zusammenzustellen und auch in jedem Fremdnetz zu nutzen. VHE emuliert dabei diejenigen Dienste, die im Fremdnetz eigentlich nicht angeboten werden, so daß der Nutzer keinen Unterschied zu seiner gewohnten Heimatumgebung feststellen kann. Außerdem wird so die Nutzung von Vor-UMTS-Diensten ermöglicht.

Bandwidth on Demand: Dieser Dienst erlaubt bei verschiedenen Diensten mit stark unterschiedlichen Anforderungen an Übertragungsbandbreite, wie z. B. *Short Message Service* (SMS) und Video, eine effizientere Nutzung der Betriebsmittel. Weiterhin ist es so möglich, daß der Nutzer eigenständig wählen kann zwischen hoher Bandbreite für maximale Dienstqualität und geringer Bandbreite bei günstigeren Kosten.

5.3.5 Dienstparameter

Ein Dienst ist durch verschiedene Parameter gekennzeichnet. Dazu gehören insbesondere

- die Nettobitrate,
- die Symmetrie des Dienstes,
- der Nutzungsgrad,
- der Codierfaktor,
- die maximal erlaubte Bitfehlerwahrscheinlichkeit nach Kanaldecodierung,

- die maximal erlaubte Verzögerung bei der Datenübertragung.

Die Nettobitrate ergibt sich durch die mittlere Anzahl von Bits, die innerhalb eines Zeitraums zu übertragen sind.

Der Parameter Verzögerung beschreibt, welche Wartezeit bei der Übertragung dieser Bits erlaubt ist. So fordert z. B. der Sprachdienst eine geringe Verzögerung, eine Paketdatenübertragung hingegen stellt geringere Ansprüche an die Verzögerungszeit der einzelnen Pakete. Allerdings erfordert diese Datenübertragung eine wesentlich geringere Bitfehlerwahrscheinlichkeit als der Sprachdienst, da die Redundanz des Sprachcodecs ausgenutzt werden kann. Um eine geringe Bitfehlerwahrscheinlichkeit zu erreichen, ist ein großer Codierfaktor notwendig, um die Daten bei der Übertragung über den Funkkanal zu schützen.

Der Nutzungsgrad beschreibt, wie oft eine Verbindung zur Übertragung von Daten genutzt wird. So hat z. B. der Sprachdienst einen Nutzungsgrad kleiner als 0,5, da ein Teilnehmer im allgemeinen entweder hört oder spricht.

Weiterhin ist ein Dienst durch seine Symmetrie bestimmt. Dieser Wert macht eine Aussage darüber, welche Bandbreite für eine Verbindung in die eine und die andere Richtung nötig ist. Ein symmetrischer Dienst ist z. B. der Sprachdienst, da für Sprechen und Hören die gleiche Bandbreite benötigt wird. Typisch unsymmetrisch ist z. B. ein Internetdienst, da eine wesentlich geringere Bandbreite zur Anfrage als zum Empfang von Daten erforderlich ist. Tabelle 5.1 charakterisiert einige Dienste.

5.3.6 Verkehrsdichte

Aus den Angaben der Dienstparameter Nettobitrate, Symmetrie und Codierfaktor kann eine sogenannte effektive Dienstbandbreite berechnet werden. Diese bezeichnet die Bandbreite, die zur Erbringung dieses Dienstes genutzt wird.

Zur Berechnung des Verkehrs, der durch die Nutzung eines Dienstes entsteht, muß die mittlere Dauer dieser Nutzung und die Häufigkeit der Nutzung berücksichtigt werden. Die effektive Rufdauer T_{eff} ergibt sich dabei durch den Nutzungsgrad N und die mittlere Rufdauer T_{Ruf} zu

$$T_{eff} = N \cdot T_{Ruf} \qquad (5.1)$$

Die Häufigkeit der Nutzung des Dienstes kann für geplante Systeme nur abgeschätzt werden. Sie wird in bhca *(Busy Hour Call Attempt)* gemessen und bezeichnet die mittlere Häufigkeit der Nutzung eines Dienstes in der Hauptverkehrsstunde durch einen Nutzer.

5.3 Dienste für UMTS und IMT-2000

Tabelle 5.1: Spezielle Dienstgütewerte

Dienst	Rufdauer	Datenrate [kbits/s]	Fehlerquote n. Korrektur	Verzögerung [ms]
Telefonie				
– Sprache	2 min	8–32	10^{-4}	40
– Telekonferenz	1 h	32–128	10^{-4}	40
Video-Telefonie	2 min	64–384	10^{-7}	40–90
Video-Konferenz	1 h	384–768	10^{-7}	90
Nachrichtendienste				
– SMS und Paging	verbindungsl.	1,2–9,6 (1,2–2,4 typ.)	10^{-6}	100
– Voice Mail	2 min	8–32	10^{-4}	90
– Facsimile Mail	1 min	32–64	10^{-6}	90
– Video Mail	k. A.	64	10^{-7}	90
– E-Mail	verbindungsl.	1,2–64	10^{-6}	100
Verteildienste	k. A.	1,2–9,6 (2,4 typ.)	10^{-6}	100
Datenbanknutzung	k. A.	2,4–768	10^{-6}	200+
Teleshopping	k. A.	2,4–768	10^{-6}	90
Elektron. Zeitungen	k. A.	2,4–2000	10^{-6}	200
Nachrichtenverteil.	verbindungsl.	2,4–2000	10^{-6}	300
Teleaktionsdienste	k. A.	1,2–64	10^{-6}	100–200

Ist nun bekannt, welchen Anteil an der gesamten Nutzung von Diensten ein einzelnder Dienst hat, so kann die von einem Nutzer beanspruchte effektive Bandbreite berechnet werden. Der Anteil des Dienstes an der Gesamtnutzung wird dabei mit Durchdringung D bezeichnet. Die Durchdringung ist für verschiedene Betriebsumgebungen unterschiedlich. Der Verkehr, den ein Nutzer durch die Nutzung eines Dienstes erzeugt, wird in *Equivalent Telephony Erlang* (ETE) berechnet.

$$\frac{ETE}{Nutzer} = T_{eff} \times \text{bhca} \times D \times \frac{Dienstbandbreite}{Telefoniebandbreite} \quad (5.2)$$

Ein ETE entspricht dabei einem Erlang Sprachdienst mit einer Übertragungsbandbreite von 16 kbit/s. Mit Hilfe dieser Gleichung wurden exemplarisch die Verkehrsdichten für Sprachtelefonie, Videotelefonie und für den Faxdienst ermittelt.

Der Durchsatz ist dabei die Geschwindigkeit mit der die Nutzdaten übertragen werden. Durch die Codierung, die zur Fehlererkennung bzw. Korrektur dient, wird diese Datenmenge um einen konstanten Faktor erhöht. Schließlich muß noch die

Tabelle 5.2: Dienstbandbreite und effektive Rufdauer für verschiedene Dienste

	Sprachtelefonie	Videotelefonie	Faxdienst
Durchsatz [kbit/s]	16	64	64
Codierungsfaktor	1,75	3	3
Symmetrie	2	2	1,1
⇒ Dienstbandbreite [kbit/s]	56	384	211,2
Nutzungsgrad	0,5	1	1
Rufdauer (Durchschnitt) [s]	120	120	156
⇒ Effektive Rufdauer [s]	60	120	156

Tabelle 5.3: Berechnung der Verkehrsdichte für Sprachtelefonie

Betriebsumgebung	D	bhca pro Nutzer	ETEs pro Nutzer
Geschäftlich indoor	0,5	1,0	$8,33 \cdot 10^{-3}$
Wohngegend	0,3	0,13	$6,50 \cdot 10^{-4}$
Innerstädtisch, PKW outdoor	0,4	0,5	$3,33 \cdot 10^{-3}$
Innerstädtisch, Fußgänger outdoor	0,4	0,5	$3,33 \cdot 10^{-3}$
Aeronautisch	0,4	0,5	$3,33 \cdot 10^{-3}$
Local High Bit Rate	0,5	1,0	$8,33 \cdot 10^{-3}$

vorliegende Form der Symmetrie berücksichtigt werden. Bei Telefoniediensten werden z. B. Daten in beide Richtungen übertragen, beim Faxdienst hingegen überwiegend in eine Richtung.

5.3.6.1 Sprachtelefonie

Sprachtelefonie ist ein symmetrischer Dienst mit einem Nutzungsgrad von 0,5 oder weniger. Die Nettobitrate des Sprachcoders liegt bei 16 kbit/s. Da nur geringe Anforderungen an die Bitfehlerwahrscheinlichkeit gestellt werden, reicht ein Codierfaktor von 1,75 aus. Für die mittlere Rufdauer werden 120 s angenommen. Es ergibt sich eine effektive Dienstbandbreite von 56 kbit/s und eine effektive Rufdauer von 60 s, vgl. Tab. 5.2.

Mit den Schätzwerten für die Durchdringung D und für die Häufigkeit der Rufe innerhalb einer Stunde der Geschäftszeit ergeben sich die ETE/Nutzer-Werte in Tab. 5.3 für den Sprachdienst in unterschiedlichen Kommunikationsumgebungen.

5.3 Dienste für UMTS und IMT-2000

Tabelle 5.4: Berechnung der Verkehrsdichte für Videotelefonie

Betriebsumgebung	D	bhca pro Nutzer	ETEs pro Nutzer
Geschäftlich indoor	0,13	1,0	$2,97 \cdot 10^{-2}$
Wohngegend	0,08	0,13	$2,37 \cdot 10^{-3}$
Innerstädtisch, PKW outdoor	0,04	0,5	$4,57 \cdot 10^{-3}$
Innerstädtisch, Fußgänger outdoor	0,04	0,5	$4,57 \cdot 10^{-3}$
Aeronautisch	0,04	0,5	$4,75 \cdot 10^{-3}$
Local High Bit Rate	0,13	1,0	$2,97 \cdot 10^{-2}$

5.3.6.2 Videotelefonie

Der Videotelefoniedienst ist symmetrisch und hat einen Nutzungsgrad von eins, d. h., daß in beiden Verbindungsrichtungen immer übertragen wird. Man erhält für den Videotelefoniedienst eine effektive Dienstbandbreite von 384 kbit/s und eine effektive Rufdauer von 2 Minuten, vgl. Tab. 5.2.

Mit den Schätzwerten für die Durchdringung D und für die bhca ergeben sich die ETE/Nutzer-Werte in Tab. 5.4 für unterschiedliche Kommunikationsumgebungen.

5.3.6.3 Fax

Beim Faxdienst wird von einem Durchsatz von 64 kbit/s ausgegangen, das entspricht der Übertragungsrate des Faxdienstes, wie er z. Zt. im ISDN angeboten wird. Der Faxdienst ist ein unsymmetrischer Dienst mit einem Codierfaktor von 3. Damit ergibt sich eine effektive Dienstbandbreite von 211,2 kbit/s. Die effektive Rufdauer beträgt 156 Sekunden, vgl. Tab. 5.2.

Mit den Schätzwerten für die Durchdringung D und für die bhca ergeben sich die ETE/Nutzer-Werte in Tab. 5.5 für unterschiedliche Kommunikationsumgebungen.

5.3.6.4 Resultierende gesamte Verkehrsdichten

Nach den in den vorangegangenen Abschnitten vorgestellten Verfahren kann für jeden Dienst der durch einen Nutzer erzeugte Verkehr berechnet werden. In Tab. 5.6 ist für die verschiedenen Kommunikationsumgebungen der Gesamtverkehr, den ein Nutzer erzeugt, wiedergegeben. Nimmt man für jede Kommunikationsumgebung eine bestimmte Nutzerdichte an [46], so erhält man jeweils einen Wert für die Verkehrsdichte.

Tabelle 5.5: Berechnung der Verkehrsdichte für Faxdienst

Betriebsumgebung	D	bhca pro Nutzer	ETEs pro Nutzer
Geschäftlich indoor	0,3	0,06	$2,94 \cdot 10^{-3}$
Wohngegend	0,15	0,03	$7,35 \cdot 10^{-4}$
Innerstädtisch, PKW outdoor	0,1	0,002	$3,27 \cdot 10^{-5}$
Innerstädtisch, Fußgänger outdoor	0,1	0,002	$3,27 \cdot 10^{-5}$
Aeronautisch	0,15	0,002	$4,90 \cdot 10^{-5}$
Local High Bit Rate	0,3	0,06	$2,94 \cdot 10^{-3}$

Tabelle 5.6: Resultierende gesamte Verkehrsdichten

Betriebsumgebung	ETE/Nutzer Sprache+ Video+Fax	Gesamt ETE/Nutzer	Nutzer- dichte (pro km²)	Gesamte Verkehrsdichte [ETE/km²]
Geschäftlich indoor	$4,10 \cdot 10^{-2}$	$4,92 \cdot 10^{-2}$	180 000	$8,86 \cdot 10^3$
Wohngegend	$3,76 \cdot 10^{-3}$	$4,52 \cdot 10^{-3}$	380	1,72
Innerstädtisch als Autotelefon	$7,93 \cdot 10^{-3}$	$9,52 \cdot 10^{-3}$	2 050	$1,95 \cdot 10^1$
Innerstädtisch Fußgänger	$7,93 \cdot 10^{-3}$	$9,52 \cdot 10^{-3}$	730	6,95
Aeronautisch	$8,13 \cdot 10^{-3}$	$9,49 \cdot 10^{-3}$	0,24	$2,28 \cdot 10^{-3}$
Local High Bit Rate	$4,10 \cdot 10^{-2}$	$4,92 \cdot 10^{-2}$	108 000	$5,31 \cdot 10^3$

Diese Verkehrsdichte bezeichnet den aus einer Fläche entstehenden Verkehr in ETE. Trifft man Annahmen über die Effizienz der Funkschnittstelle, so kann daraus der Bedarf an Frequenzspektrum berechnet werden, vgl. Abschn. 5.4.

5.4 Frequenzspektrum für UMTS

Dieser Abschnitt gibt die Einschätzungen des UMTS-Forums bzgl. des für UMTS erforderlichen Frequenzspektrums wieder [57]. Diese beruhen auf Schätzungen der Marktdurchdringung, der zukünftigen Nutzerdichte, der Dienstcharakteristika und der Charakteristik der Funkschnittstelle.

Bei der Bestimmung des Bandbreitebedarfs geht das UMTS-Forum von der in Abb. 5.4 dargestellen Verteilung der verschiedenen Dienstklassen aus. Weiterhin werden Annahmen über die erwarteten Nutzerzahlen abhängig von der Kommunikationsumgebung gemacht. Diese Zahlen sind für das Jahr 2010 in Tab. 5.7 wiedergegeben.

5.4 Frequenzspektrum für UMTS

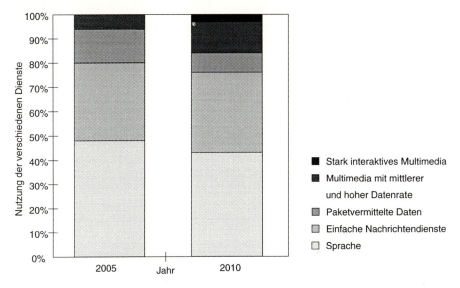

Abbildung 5.4: Erwartetes Dienstespektrum für UMTS

Tabelle 5.7: Nutzerdichten im Jahr 2010

Umgebung	Nutzerdichte (pro km^2)
Stadt (im Gebäude)	180 000
Vorstadt (innerhalb oder außerhalb von Gebäuden)	7 200
Stadt, Fußgänger	108 000
Stadt, Fahrzeug	2 780
ländliches Gebiet (insgesamt)	36

Es werden weiterhin die in Tab. 5.8 zusammengestellten Dienstcharakteristika vorausgesetzt. Für den Sprachdienst wurde dabei ein 16-kbit/s-Sprachcodec angenommen. Der Sprachdienst ist ein symmetrischer Dienst mit gleichen Übertragungsraten im Up- und Downlink. Mit einfachen Nachrichtendiensten sind Dienste gemeint, die dem *Short Message Service* (SMS) im GSM ähnlich sind. Die nicht-interaktiven Multimediadienste (MM) repräsentieren typische Internetdienste – *World Wide Web* (WWW) mittels *Hypertext Transfer Protocol* (HTTP) –, wohingegen der interaktive Multimediadienst eine symmetrische Verbindung repräsentiert, wie sie z. B. bei Videokonferenzen erforderlich ist, vgl. Abschn. 5.3.

Zusammen mit dem Verhältnis der mittleren Anzahl von aktiven Teilnehmern zu der Gesamtzahl an Teilnehmern, gemessen in der Geschäftszeit, kann aus den An-

Tabelle 5.8: Übersicht über Dienstcharakteristika

Dienste	Nettorate [kbit/s]	Codierfaktor	Symmetrie	effektive Rufdauer [s]	Dienstbandbreite [kbit/s]
stark interaktives MM	128	2	1/1	144	256/256
MM mit hoher Datenrate	2 000	2	0,005/1	53	20/4 000
MM mit mittlerer Datenrate	384	2	0,0026/1	14	20/768
Paketvermittelte Daten	14	3	1/1	156	43/43
Einfache Nachrichtendienste	14	2	1/1	30	28/28
Sprache	16	1,75	1/1	60	28/28

Tabelle 5.9: Anzahl der Rufe in der Stadt während der Geschäftszeit

Dienste	2005			2010		
	geschäftl.	indoor	outdoor	geschäftl.	indoor	outdoor
stark interaktives MM	0,12	0,06	0,004	0,24	0,12	0,008
MM mit hoh. Datenrate	0,12	0,06	0,004	0,12	0,06	0,004
MM mit mittl. Datenrate	0,12	0,06	0,004	0,12	0,06	0,004
Paketvermittelte Daten	0,06	0,03	0,002	0,06	0,03	0,002
Einf. Nachrichtendienste	0,06	0,03	0,002	0,06	0,03	0,002
Sprache	1	0,06	0,06	1	0,85	0,85

gaben zu den Dienstcharakteristika und den Nutzerdichten der Bandbreitebedarf für UMTS berechnet werden.

Der so prognostizierte Bandbreitebedarf je Dienst ist für die Jahre 2005 und 2010 in Abb. 5.5 dargestellt. Zusätzlich dazu sind die dargestellten Werte für den Bandbreitebedarf in Tab. 5.10 wiedergegeben.

Der maximale Bedarf an Bandbreite beträgt im Jahre 2010 554 MHz für Verkehrs- und 28 MHz für Schutzbänder. Es ist geplant, die Standards für UMTS bis 2000 fertigzustellen. Mit der Einführung von UMTS kann um das Jahr 2005 gerechnet werden. Das UMTS-Forum bevorzugt die in Abb. 5.2 gezeigten Frequenzen mit der dort dargestellten zeitlichen Staffelung, wobei auf die Neuzuweisung *(Refarming)*

Tabelle 5.10: Bandbreitebedarf in den Jahren 2005 und 2010 [MHz]

Jahr	2005	2010
Stark interaktives Multimedia	22	82
Multimedia mit mittlerer und hoher Datenrate	113	241
Paketvermittelte Daten	12	9
Einfache Nachrichtendienste	2	2
Sprache	220	220
Gesamt	339	554
Gesamt (mit Schutzbändern)	406	582

bisher für andere Zwecke genutzter Bänder gesetzt wird und neben symmetrischen auch asymmetrische Bänder angestrebt werden.

Der Bedarf an Frequenzspektrum kann abhängig von der Bevölkerungsdichte und wirtschaftlicher Entwicklung für einzelne Länder unterschiedlich sein. Das UMTS-Forum sieht vor, zunächst ein sogenanntes *Core*-Band zu nutzen. Da UMTS als ein System der dritten Generation innerhalb der IMT-2000-Familie verstanden wird, soll das *Core*-Band ganz oder teilweise weltweit für UMTS/IMT-2000 verfügbar sein. Dieses Band ist daher für mobile Anwendungen vorgesehen. Die Bereiche von 1 900–1 980 MHz und 2 010–2 015 MHz sowie von 2 110–2 170 MHz sind für terrestrische Anwendungen vorgesehen. Die Bänder 1 980–2 010 MHz und 2 170–2 200 MHz sollen für satellitengestützte Anwendungen verwendet werden.

Zweimal 30 MHz in den Bändern 1 900–1 980 MHz und 2 110–2 170 MHz sollen bis zum Jahr 2002 verfügbar gemacht werden. Bis zum Jahr 2005 soll mindestens das Doppelte davon zur Verfügung stehen. Bis zum Jahr 2008 soll dann je nach Entwicklung des Bedarfs eine Bandbreite von 300 bis 500 MHz verfügbar sein.

5.5 Die Architektur des UMTS

Der prinzipielle Aufbau des UMTS basiert auf der Architektur der *Global Multimedia Mobility* (GMM), wie sie in Abb. 5.1 dargestellt ist. Die Einteilung des UMTS in verschiedene Bereiche, sog. *Domains*, basiert dabei weniger auf einer funktionalen als auf einer physikalischen Trennung einzelner Bereiche. Abbildung 5.6 stellt die Architektur des UMTS mit ihren einzelnen Bereichen und deren jeweiligen Schnittstellen dar.

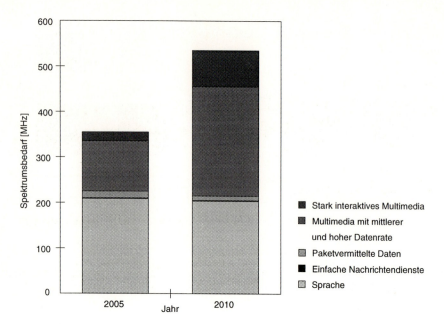

Abbildung 5.5: Erwarteter Frequenzspektrumsbedarf für UMTS-Dienste

5.5.1 User Equipment Domain

Das *User Services Identity Module* (USIM) enthält alle Informationen und Funktionen, die zur Verschlüsselung und zur Authentisierung des Endgerätes gegenüber dem Netz notwendig sind. Physikalisch ist das USIM auf einer SIM-Karte untergebracht. Die Schnittstelle am Bezugspunkt C_u verbindet die SIM-Karte mit dem Endgerät. Am Bezugspunkt U_u ist das mobile Endgerät über die Luftschnittstelle mit dem Zugangsnetz im Infrastrukturbereich verbunden. Das Endgerät enthält in einem als *Mobile Termination* (MT) bezeichneten Teil alle zur Funkübertragung notwendigen Funktionen und weiterhin die Teilnehmerschnittstelle am *Terminal* (TE), über die Ende-zu-Ende-Verbindungen zwischen Anwendungen realisiert werden.

5.5.2 Access Network Domain

Das Zugangsnetz (*Access Network Domain*, AND) hat die Aufgabe, Teilnehmern den Zugang zum UMTS-Netz zu ermöglichen und die Verbindung zum Transport-

5.5 Die Architektur des UMTS

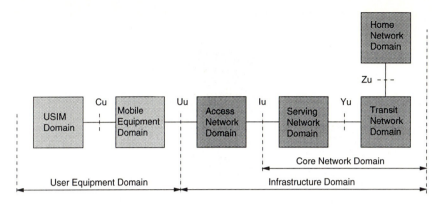

Abbildung 5.6: Einteilung des UMTS in Bereiche und deren Schnittstellen

netz zu realisieren. Die AND ist entweder durch ein *UMTS Terrestrial Radio Acces Network* (UTRAN) oder durch ein GSM-BSS realisiert.

5.5.3 Core Network Domain

Die *Core Network Domain* (CND) ist im UMTS eine integrale Plattform, die aus verschiedenen Transportnetzen, z. B. PDN- (z. B. Internet), GSM-, N-ISDN- oder B-ISDN-Transportnetzen bestehen kann, die über Netzübergänge (*Interworking Unit*, IWU) miteinander verbunden sind. Die CND ist weiter in die Unterbereiche *Serving Network Domain* (SND), *Home Network Domain* (HND) sowie *Transit Network Domain* (TND) unterteilt. Die SND ist am Bezugspunkt I_u mit dem Zugangsnetz verbunden und beinhaltet alle für den Teilnehmer ortsabhängigen Funktionen, die der Bewegung des Teilnehmers innerhalb des Netzes folgen. Weiterhin hat die SND die Aufgabe der Vermittlung von leitungs- und paketvermittelten Verbindungen.

Die HND verkörpert diejenigen Funktionen des Transportnetzes, die einen Bezug zu einem festen, vom jeweiligen Aufenthaltsort des Teilnehmers unabhängigen Ort haben. Dies sind insbesondere die Funktionen zur Verwaltung von für einen Teilnehmer signifikanten Informationen oder zur Erbringung von ortsspezifischen Diensten, die nicht von der SND angeboten werden. In der HND sind die wesentlichen Funktionen angesiedelt, die zur Erbringung von Diensten durch sog. *Service Provider* erforderlich sind.

Zur CND gehört weiterhin die TND, die die Schnittstelle zu anderen Netzen realisiert.

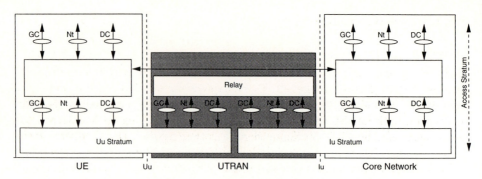

Abbildung 5.7: Die Zugangsebene mit dem *UMTS Terrestrial Radio Access Network*

5.6 Die Zugangsebene

Die beiden Protokollstapel an den Bezugspunkten U_u und I_u bilden zusammen mit der *Relay*-Funktion des UTRAN die sog. Zugangsebene *(Access Stratum)*. Abbildung 5.7 zeigt die Einordung des UTRAN und der Zugangsebene in die UMTS-Architektur.

Die Zugangsebene dient zur transparenten Übertragung von Informationen zwischen der *Core Network Domain* (CND) und der *User Equipment Domain* (UED). Sie bietet Dienste über folgende Dienstzugangspunkte an:

General Control (GC): Über diesen Dienstzugangspunkt wird ein unbestätigter Verteildienst zur Übermittlung von nicht nutzerspezifischen Informationen an Endgeräte innerhalb eines bestimmten geographischen Gebietes erbracht.

Notification (Nt): Der Nt-Dienstzugangspunkt stellt Verteildienste zur unbestätigten Übertragung von nutzerspezifischen Informationen zur Verfügung. Über den Nt werden Funkruf- und Benachrichtigungsdienste realisiert.

Dedicated Control (DC): Über den DC-Dienstzugangspunkt werden Rufauf- und abbau sowie Nutzdatenübertragung realisert. Der Rufaufbaudienst bietet gleichzeitig die Möglichkeit, bereits mit dem Rufaufbau Nachrichten zu übermitteln. Den einzelnen Übertragungsdiensten können Dienstgüten zugeordnet werden.

5.6 Die Zugangsebene

5.6.1 Das Kernnetz

Das Kernnetz (*Core Network*, CN) ist logisch in eine *Circuit Switched Domain* (CSD) für kanalvermittelte Dienste und eine *Packet Switched Domain* (PSD) für paketvermittelte Dienste aufgeteilt. Dementsprechend ist die I_u-Schnittstelle zwischen Kernnetz und UTRAN logisch in die I_uCS und die I_uPS gegliedert. Zur CSD gehören alle funktionalen Einheiten des CN, die zur Erbringung des kanalvermittelten Dienstes einschließlich der Signalisierung notwendig sind. Der kanalvermittelte Dienst zeichnet sich dadurch aus, daß Betriebsmittel bei Verbindungsaufbau belegt und erst beim Verbindungsabbau wieder freigegeben werden. Entsprechendes gilt für die PSD, wobei Pakete unabhängig voneinander übertragen werden können.

Der funktionale Aufbau des Kernnetzes ist in Abb. 5.8 dargestellt. Die einzelnen funktionalen Elemente gehören entweder zur PSD oder zur CSD oder werden von beiden gemeinsam genutzt. Zur CSD gehören das *Mobile-services Switching Centre* (MSC), das *Gateway Mobile-services Switching Centre* (GMSC) und das *Visitor Location Register* (VLR). Zur PSD gehören der *Serving GPRS Support Node* (SGSN) sowie der *Gateway GPRS Support Node* (GGSN). Die funktionalen Elemente des Kernnetzes entsprechen in der PSD im wesentlichen denjenigen des GSM und in der PSD denjenigen des *General Packet Radio Service* (GPRS).

5.6.2 UMTS Terrestrial Radio Access Network

Mit *UMTS Terrestrial Radio Acces Network* (UTRAN) werden die Funktionen und Protokolle bezeichnet, die der Datenübertragung über das terrestrische Funkzugangsnetz dienen und innerhalb der AND angesiedelt sind. Hierzu gehören die Protokolle am Bezugspunkt U_u zwischen dem MT und der AND und die Protokolle am Bezugspunkt I_u zwischen der AND und dem Transportnetz. Das UTRAN bildet die Schnittstelle zwischen diesen beiden Bezugspunkten und beinhaltet daher Instanzen der U_u- und I_u-Protokollstapel.

5.6.3 Funktionaler Aufbau des UTRAN

Das UTRAN besteht aus einer Anzahl von Funkteilsystemen (*Radio Network Subsystem*, RNS), die jeweils über die I_u-Schnittstelle mit dem Transportnetz CN

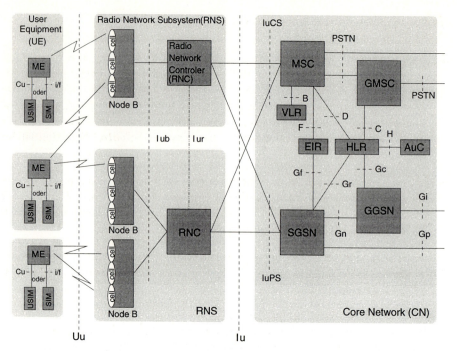

Abbildung 5.8: Die Architektur der Zugangsebene

verbunden sind, vgl. Abb. 5.8. Zu einem Funkteilsystemen gehören ein *Radio Network Controler* (RNC) und ein oder mehrere *Node B*. Der *Node B* ist eine logische Einheit, die für die Funkübertragung in einer oder mehreren Zellen verantwortlich ist und über den Bezugspunkt I_{ub} mit dem RNC kommuniziert. Zur Teilnehmerseite (*User Equipment*, UE) hin enthält ein *Node B* nur die physikalische Schicht des U_u-Protokollstapels.

Jeder Verbindung zwischen einem UE und dem UTRAN ist ein RNC im sog. *Serving Radio Network Subsystem* (SRNS) zugeordnet. Werden einer Verbindung bei Bedarf von einem anderen RNC weitere Funkbetriebsmittel, z. B. für einen Soft-Handover, zur Verfügung gestellt, so wird das zugehörige RNS als *Drift Radio Network Subsystem* (DRNS) bezeichnet. Die Einstufung eines RNS als SRNS oder DRNS erfolgt verbindungsbezogen. Zwischen SRNS und DRNS besteht eine logische Verbindung am Bezugspunt I_{ur}, die physikalisch auf die I_u-Schnittstelle abgebildet wird. Eine Ende-zu-Ende-Verbindung zwischen dem UE und dem CN besteht nur über die I_u-Schnittstelle am SRNS.

5.6.4 Funktionen des UTRAN

Admission Control: Die Zugriffssteuerung dient zur Vermeidung von Überlastsituationen im Funknetz. Basierend auf Messungen der Interferenz und der Lastsituation entscheidet sie über die Belegung der Funkbetriebsmittel im System. Dies umfaßt z. B. die Zugangskontrolle für neue Verbindungen, Neukonfiguration bestehender Verbindungen oder Belegung von Betriebsmitteln für Makrodiversität und Handover. Die *Admission-Control*-Funktion ist im SRNS angesiedelt.

Congestion Control: Erreicht das Funknetz eine Überlastsituation, obwohl keine neuen Verbindungen mehr zugelassen werden, so besteht die Aufgabe der Überlaststeuerung darin, das System für den Teilnehmer weitgehend unbemerkt in einen stabilen Zustand zurückzuführen.

System Information Broadcasting: Diese Funktion dient dazu, der Mobilstation alle zum Betrieb notwendigen Informationen der Zugriffsebene und höherer Ebenen bereitzustellen.

Verschlüsselung auf dem Funkkanal: Zum Schutz vor unerwünschtem Decodieren der Signale an der Funkschnittstelle bietet das UTRAN eine Verschlüsselungsfunktion an. Die Verschlüsselung erfolgt über einen Berechnungsalgorithmus mit sitzungsspezifischem Schlüssel. Luftschnittstellenverschlüsselung ist sowohl eine Funktion des UTRAN als auch der UE.

Handover: Durch die Handover-Funktion wird die Mobilitätsverwaltung an der Luftschnittstelle realisiert. Weiterhin dient die Handover-Funktion dazu, eine vom CN geforderte Dienstgüte einzuhalten. Die kann entweder vom Netz oder vom UE gesteuert werden. Daher kann die Handover-Funktion sowohl im SRNS als auch im UE angesiedelt sein. Die Handover-Funktion im UTRAN erlaubt auch eine Verbindungsweiterleitung in andere Netze sowie von anderen Netzen ins UTRAN, z. B. einen GSM/UMTS-Handover.

SRNS-Verlagerung: Nutzt eine Mobilstation Funkbetriebsmittel eines SRNS und eines DRNS, so kann sich aufgrund der Mobilität der Mobilstation die Rolle des jeweiligen RNC im Verlauf der Verbindung ändern. Da Ende-zu-Ende-Verbindungen zwischen UE und CN immer nur über den I_u-Bezugspunkt am SRNS bestehen, muß das UTRAN im Falle eines SRNS-Wechsels auch den Wechsel der I_u-Schnittstelle gegenüber dem CN realisieren. Die Verlagerung des SRNS wird vom SRNS initiiert und erfolgt durch Funktionen im RNC und CN.

Konfiguration des Funknetzes: Diese Funktion dient zur Konfiguration der Funkzellen und der allgemeinen Transportkanäle (BCH, RACH, FACH und PCH) sowie zur Aktivierung und Deaktivierung von Funkbetriebsmitteln in den Zellen.

Funkkanalmessungen: Um die Qualität des Funkkanals abzuschätzen, werden folgende Parameter gemessen:

- die Empfangspegel der versorgenden und der benachbarten Zellen,
- die gemessenen bzw. geschätzten Bitfehlerhäufigkeiten auf den Verbindungen zur versorgenden und zu benachbarten Zellen,
- die Ausbreitungsbedingungen, klassifiziert in verschiedene Typen, z. B. für schnelle und langsame Bewegung,
- die geschätzte Entfernung zur versorgenden Basisstation,
- die Dopplerverschiebung,
- der aktuelle Grad der Synchronisation,
- die empfangene Interferenzleistung und
- die von jeder Zelle insgesamt empfangene Leistung auf der Abwärtsstrecke.

Da an der Funkschnittstelle eine CDMA-Übertragungstechnik verwendet wird, ist es anders als z. B. in GSM möglich, die interferierenden Signale von den Nutzsignalen zu unterscheiden, da in CDMA-Systemen die einzelnen physikalischen Kanäle durch Codes getrennt sind und jeder Code einer gewissen Leistung entspricht. Die Meßfunktion ist sowohl im UE als auch im UTRAN angesiedelt.

Makrodiversität: Makrodiversität ist eine Funktion, die es erlaubt, Datenströme zu vervielfältigen und gleichzeitig über mehrere physikalische Kanäle in verschiedenen Zellen gleichzeitig zu einem Endgerät zu senden. Umgekehrt dient Makrodiversität auch dazu, den von einer Mobilstation gesendeten Datenstrom an mehreren Basisstationen zu empfangen und wieder zusammenzuführen. Die Wiedergewinnung des Datenstroms kann sowohl im *Serving Radio Network Controler* (SRNC) als auch im *Drift Radio Network Controler* (DRNC) oder sogar im *Node B* geschehen. Die Funktion der Makrodiversität wird nur im FDD-Modus angewendet und befindet sich im UTRAN.

Funkträgersteuerung: Diese Funktion sorgt sowohl für die Umkonfiguration von Funkträgerdiensten als auch für die Bereitstellung bzw. Auflösung von Funkträgerdiensten für den Rufauf- und abbau sowie für den Handover.

Funkbetriebsmittelverwaltung: Die Vergabe und Freigabe von Funkbetriebsmitteln ist eine Funktion des RNC. Sie wird z. B. dann benötigt, wenn Betriebsmittel für Makrodiversität oder zur Verbesserung der Güte des Trägerdienstes bereitgestellt werden müssen.

Im TDD-Modus kann ein UTRAN-Netz nicht in allen Fällen mit der Clustergröße eins betrieben werden. Weiterhin kann im TDD-Modus der Umschaltpunkt zwischen Auf- und Abwärtsstrecke variiert werden, um unsymmetrische Verkehrslasten tragen zu können. Dadurch kann es zu Interferenzen zwischen allen Basis- und Mobilstationen im System kommen, denen nur mit einer dynamischen Kanalvergabe ausgewichen werden kann. Zusätzlich kann die Interferenz im System durch eine sogenannte schnelle dynamische Kanalvergabe gesteuert werden, die die Auslastung eines Zeitschlitzes und damit die Anzahl gleichzeitig aktiver Codes steuert. Diese Funktion ist daher auch verwandt mit der Funktion der Zugangssteuerung.

Datenübertragung über die Funkschnittstelle: Das UTRAN realisiert die Übertragung von Nutz- und Steuerdaten über die Funkschnittstelle. Hierzu werden die Trägerdienste auf die Funkschnittstelle abgebildet. Diese Funktionalität umfaßt u. a.:

- Multiplexen von Trägerdiensten und Multiplexen von UEs auf Funkträgern,
- Segmentierung und Zusammensetzung von Nachrichten,
- bestätigte und unbestätigte Übertragung.

Leistungssteuerung: Die Steuerung der Sendeleistung dient zur Reduktion von Interferenzen und zur Aufrechterhaltung einer vorgegebenen Verbindungsqualität. Es gibt zwei Typen der Leistungssteuerung im UTRAN, eine mit zwei verschachtelten Regelkreisen und eine mit einem offenen Regelkreis. Offene Regelkreise werden sowohl auf der Aufwärts- als auf der Abwärtsstrecke verwendet, um die Sendeleistung z. B. für einen Zufallszugriff zu bestimmen. Die Basisstationen nutzen hierzu die Meßwertberichte der UEs, die Mobilstationen nutzen ihre eigenen Messungen sowie die von den Basisstationen ausgesendeten Zell- und Systemparameter. Die Leistungssteuerung mit verschachtelten Regelkreisen erfordert eine Signalisierverbindung zwischen UE und UTRAN.

Leistungssteuerung im FDD-Modus: Auf der Aufwärtsstrecke besteht die Leistungssteuerung aus einem äußeren und einem inneren Regelkreis. Der äußere, geschlossene Regelkreis dient zur langfristigen Steuerung der Verbindungsqualität und bestimmt auf Grundlage von Messungen an den Transportkanälen den Sollwert für den inneren Regelkreis. Dieser wiederum steuert die Sendeleistung auf den dedizierten physikalischen Kanälen. Im FDD-Modus ist der innere Regelkreis geschlossen. Als Ist-Wert dienen Messungen am *Dedicated Physical Control Channel* (DPCCH) auf der Aufwärtsstrecke, vgl. Abschn. 5.8.3.1. Leistungssteuerungsbefehle werden über den DPCCH der Abwärtsstrecke übertragen. Die Funktion der äußeren Regelung auf der Aufwärtsstrecke ist im SRNC des UTRAN angesiedelt, die innere Regelung im *Node B* und dem UE.

Auch auf der Abwärtsstrecke bestimmt ein äußerer Regelkreis den Sollwert des inneren Regelkreises. Dieser Sollwert wird auf Grundlage von Messungen der UE an den Transportkanälen festgelegt. Basierend auf diesen Meßwerten bestimmt der SRNC den Regelbereich für den äußeren Regelkreis. Als Ist-Werte für die innere Regelung werden Messungen am DPCCH der Abwärtsstrecke verwendet. Leistungssteuerungsbefehle werden über den DPCCH der Aufwärtsstrecke übertragen. Die Funktion der äußeren Regelung ist überwiegend im UE, die der inneren Regelung sowohl im UTRAN als auch im UE angesiedelt.

Leistungssteuerung im TDD-Modus: Im TDD-Modus existiert im Prinzip die gleiche Leistungssteuerungsfunktion wie im FDD-Modus. Allerdings ist hier der innere Regelkreis der Aufwärtsstrecke nicht geschlossen. Die Übertragungsqualität wird aufgrund von Messungen auf der Abwärtsstrecke im UE geschätzt. Der Sollwert wird dem UE vom SRNC mitgeteilt.

Kanalcodierung: Zur Sicherung der Datenübertragung wird dem Datenstrom systematische Redundanz hinzugefügt. Die Art und Rate der Codierung können für verschiedene logische Kanäle und für verschiedene Trägerdienste unterschiedlich sein.

Zufallszugriff: Diese Funktion dient dem Erkennen und der Handhabung von Erst-Zufallszugriffen von UEs. Da für den Zufallszugriff ein Slotted-ALOHA-Protokoll verwendet wird, ist diese Funktion auch für die Kollisionsauflösung zuständig.

5.7 Die Funkschnittstelle am Bezugspunkt U_u

Der Protokollstapel am Bezugspunkt U_u ist in die Bitübertragungs-, die Sicherungs- und die Vermittlungsschicht unterteilt. Die Sicherungsschicht zerfällt in die Unterschichten *Medium Access Control* (MAC), *Radio Link Control* (RLC), *Packet Data Convergence Protocol* (PDCP) und *Broadcast/Multicast Control* (BMC), vgl. Abb. 5.9. Die Vermittlungsschicht besteht aus den beiden Teilen *Radio Resource Control* (RRC) und *Duplication Avoidance*, wobei nur die RRC-Schicht auch im

5.7 Die Funkschnittstelle am Bezugspunkt U_u

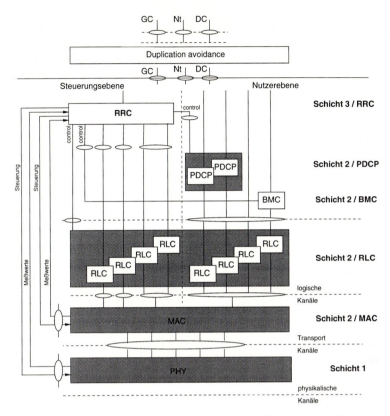

Abbildung 5.9: Der Protokollstapel am Bezugspunkt U_u

UTRAN endet. Die korrespondierende Instanz der *Duplication Avoidance* gehört nicht zum UTRAN, sondern ist ins *Core Network* ausgelagert. In der Schicht 3 und der RLC-Schicht wird zwischen einer Nutzer- und einer Steuerungsebene unterschieden, wobei die PDCP- und die BMC-Schicht ausschließlich zur Nutzerebene gehören. Ellipsen zwischen den Schichten symbolisieren die Orte der Dienstzugangspunkte für die Kommunikation mit der jeweiligen Partnerinstanz.

Die RRC-Schicht verwaltet und steuert die Nutzung der Funkbetriebsmittel und hat deshalb über Steuerdienstzugangspunkte Verbindungen zu allen anderen Schichten, um deren Konfiguration zu steuern. Diese Steuerdienstzugangspunkte dienen daher nicht der Kommunikation zwischen Partnerinstanzen sondern ausschließlich zwischen Schichten desselben Protokollstapels. Die Verbindungen zwischen RRC und niedrigeren Schichten dienen dem Empfang von Meßwerten der Bitübertragungs- und der MAC-Schicht sowie dem Steuern von Funktionen in den einzelnen Schichten. Die RRC-Schicht bestimmt z. B. den Sollwert des inneren Kreises der Leistungsregelung, die in der Bitübertragungsschicht durchgeführt wird.

Solange sich die Verbindung des CN zum UTRAN am Bezugspunkt I_u nicht ändert, muß das UTRAN eine verlustlose Übertragung gewährleisten können. Dies gilt auch für den Fall eines Handovers innerhalb desselben SRNS. Diese Sicherungsfunktion wird von der RLC-Schicht erfüllt. Bei einem Wechsel des SRNS stellt die *Duplication-Avoidance*-Schicht sicher, daß durch diesen Vorgang keine Daten verloren gehen.

Übertragungsdienste der Bitübertragungsschicht werden an den Dienstzugangspunkten über sogenannte Transportkanäle, die Dienste der MAC-Schicht über die logischen Kanäle erbracht. Für jedes UE gibt es in der Steuerungsebene genau einen Dienstzugangspunkt der RLC- und der MAC-Schicht.

5.8 Die Bitübertragungsschicht

Die Bitübertragungsschicht erbringt der MAC-Schicht an ihren Dienstzugangspunkten Transportdienste. Diese Dienste sind dadurch gekennzeichnet, in welcher Art und Weise und mit welcher Güte die Daten übertragen werden. Die Dienste der Bitübertragungsschicht werden daher auch Transportkanäle genannt.

Die Bitübertragungsschicht hat folgende Aufgaben:

- Fehlerschutz und -erkennung für die Transportkanäle mittels *Forward Error Correction* (FEC),
- Messen der Übertragungseigenschaften des Funkkanals und Übermittlung der gemessenen Parameter, wie Bitfehlerhäufigkeit, Störabstand oder Sendeleistung an die RRC-Schicht,
- Vervielfältigen und Zusammenführen von Datenströmen bei Makrodiversität oder Soft-Handover,
- Gewichtung und Zusammenführen verschiedener physikalischer Kanäle,
- Multiplexen von Transportkanälen und demultiplexen des *Coded Composite Transport Channel* (CCTrCH),
- Anpassen der Übertragungsrate *(Rate Matching)*,
- Abbildung des CCTrCH auf physikalische Kanäle,
- Spreizen und Modulation der physikalischen Kanäle,

5.8 Die Bitübertragungsschicht 397

- Signalverarbeitung im Bandpaßbereich,
- Frequenz-, Chip-, Bit-, Zeitschlitz- und Rahmensynchronisation sowie
- Leistungssteuerung.

Die Bitübertragungschicht bildet die Transportkanäle auf physikalische Kanäle ab. Jedem Transportkanal ist ein sog. Transportformat oder ein Satz von Transportformaten zugeordnet, die die Art dieser Abbildung festlegen. Ein Transportformat legt insbesondere die Kanalcodierung, die Verschachtelung und die Bitrate fest, vgl. Abschn. 5.8.2.1.

5.8.1 Vielfachzugriff

Die Informationsübertragung über die Funkschnittstelle im UMTS basiert auf einer Kombination der Vielfachzugriffsverfahren *Time Division Multiple Access* (TDMA), *Frequency Division Multiple Access* (FDMA) und *Code Division Multiple Access* (CDMA). Kennzeichnend für das CDMA-Verfahren ist die Übertragung eines schmalbandigen Funksignals in einem breiten Frequenzspektrum, wobei das schmalbandige Signal durch eine geeignete Codiervorschrift auf ein breitbandiges Signal abgebildet wird. Man spricht in diesem Zusammenhang von Codespreizung, vgl. Abschn. 2.6.3.

Jedem Benutzer des Funkkommunikationssystems wird jeweils eine geeignete Codiervorschrift zugewiesen, durch die das zu übertragende Signalspektrum auf ein Vielfaches seiner Originalbandbreite gespreizt wird. Die so erhaltenen Signale werden dann von den Sendern zeitgleich im gleichen Frequenzband übertragen.

Der Empfänger, der die Codiervorschrift des Senders kennen muß, sucht das breitbandige Signal nach dem Bitmuster der Codesequenz des Senders ab. Durch Bildung der *Autokorrelationsfunktion* (AKF) kann sich der Empfänger auf den Codekanal des Senders synchronisieren und das Signal auf seine Originalbandbreite reduzieren. Die jeweiligen Signale der anderen Sender, deren Codes mit der ausgewählten Codefolge nicht übereinstimmen, werden nicht auf die Originalbandbreite zurücktransformiert und tragen somit nur zum Rauschpegel des empfangenen Signals bei.

Bei einer bestimmten Anzahl von Codekanälen auf demselben Frequenzkanal kann das Signal-zu-Rausch-Verhältnis (*Signal to Noise Ratio*, SNR) den zum Empfang mit dem Korrelator erforderlichen Wert unterschreiten. Somit ist auch beim CDM-Verfahren die Anzahl der Teilnehmer begrenzt, die denselben Kanal benutzen können.

Im Empfänger muß aus dem rauschähnlichen Empfangssignal das Nutzsignal durch Korrelation mit der Codesequenz des Senders zurückgewonnen werden. Nach [110] besteht der optimale Maximum-Likelihood-Empfänger für ein CDMA-System mit synchroner Übertragung in K Codekanälen aus einer Anzahl von K Matched-Filtern, gefolgt von einem Korrelator, der die 2^K möglichen Informationsfolgen berechnet. Aus diesen wird dann die am wahrscheinlichsten gesendete ausgewählt. Im Fall einer asynchronen Übertragung erhöht sich der Korrelationsaufwand auf die Berechnung von $2^{N \cdot K}$ Korrelationsmetriken. Dabei ist N die Anzahl der Informationsbits pro Codesequenz. Ein solcher Empfänger ist für die Praxis zu aufwendig. Deshalb werden einfachere Empfangsverfahren eingesetzt, die allerdings bezüglich ihrer Fehlerwahrscheinlichkeit suboptimal sind.

Zwei grundlegende Verfahren zur Realisierung vereinfachter Empfänger sind die sogenannte Einzeldetektion und die gemeinsame Detektion. Bei der Einzeldetektion wird das Empfangssignal einem Einzeldecodierer zugeführt, in dem die jeweils nicht relevanten $K - 1$ Codesequenzen und das additive Rauschen als Störgrößen wirken.

Die gemeinsame Detektion *(Joint Detection)* orientiert sich am optimalen Empfänger, die Korrelation und Entscheidung wird aber soweit vereinfacht, daß der Aufwand nicht mehr exponentiell, sondern linear mit der Anzahl der Codekanäle steigt [118].

Eine Zwischenstellung zwischen den beiden Verfahren der Einzel- und gemeinsamen Detektion nehmen die sogenannten Störunterdrückungsverfahren *(Interference Cancellation)* ein. Dabei wird aus dem empfangenen Gesamtsignal zunächst ein Kanal decodiert. Aus der geschätzten Bitfolge wird anschließend durch Spreizung das Sendesignal rekonstruiert und von einer entsprechend verzögerten Version des empfangenen Gesamtsignals abgezogen. Dadurch erhält man ein Signal mit reduzierter Interferenz, aus dem in einem weiteren Schritt die Bitfolge des nächsten Kanals geschätzt wird. Dieses Verfahren ist aufwandsgünstiger als die gemeinsame Detektion und leistungfähiger als die Einzeldetektion [6].

Die verbleibenden Interferenzen sind unter anderem durch die Anzahl der gleichzeitig belegten Codekanäle bestimmt. Deshalb sinkt systembedingt die Dienstgüte bei zunehmender Anzahl von aktiven Teilnehmern.

Als Duplexverfahren kann an der Funkschnittstelle sowohl TDD als auch FDD angewandt werden. Da das Duplexverfahren einen wesentlichen Einfluß auf das Vielfachzugriffsverfahren sowie auf die Parameter und Funktionen der Bitübertragungsschicht hat, unterscheidet man zwischen einem TDD-Modus und einem FDD-Modus.

5.8 Die Bitübertragungsschicht

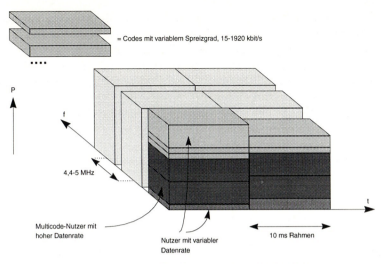

Abbildung 5.10: Vielfachzugriff im FDD-Modus

5.8.1.1 FDD- und TDD-Modus

Im FDD-Modus erfolgt der Vielfachzugriff durch eine Kombination aus CDMA und FDMA. Einzelne Teilnehmersignale derselben Übertragungsrichtung werden durch verschiedene Spreizcodes oder durch unterschiedliche Übertragungsfrequenzen voneinander getrennt, vgl. Abb. 5.10. Der Frequenzabstand zweier FDMA-Kanäle beträgt nominell 5 MHz. Innerhalb des Frequenzspektrums eines Betreibers kann dieser Abstand in 200-kHz-Schritten auf bis zu 4,4 MHz verringert werden, um den Frequenzabstand zu benachbarten Bändern zu vergrößern.

Für die meisten physikalischen Kanäle ist ein FDMA-Kanal zeitlich in Rahmen der Länge 10 ms eingeteilt, jeder Rahmen besteht dabei aus 15 Zeitschlitzen. Diese Einteilung dient nicht der Trennung von Teilnehmersignalen sondern nur zur Realisierung von periodischen Funktionen wie Anpassung der Übertragungsrate, Leistungssteuerung oder Handover. Variable Übertragungsraten können entweder durch Änderung des Spreizfaktors oder durch Multicode-Übertragung erreicht werden.

Der Vielfachzugriff im TDD-Modus erfolgt durch eine Kombination aus CDMA und TDMA, vgl. Abb. 5.11. Ein TDMA-Rahmen hat eine Dauer von 10 ms und ist in 15 Zeitschlitze geteilt, in denen jeweils bis zu 16 CDMA-Kanäle realisiert werden können. Die einzelnen Zeitschlitze können unabhängig voneinander entweder

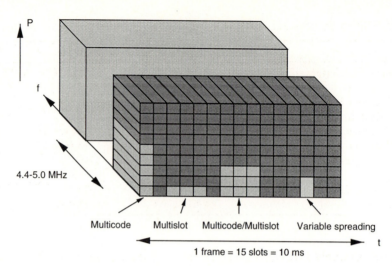

Abbildung 5.11: Vielfachzugriff im TDD-Modus

der Aufwärts- oder der Abwärtsstrecke zugewiesen werden. Dies begünstigt eine optimale Aufteilung der Funkbetriebsmittel bei stark unsymmetrischem Verkehr.

Wie im FDD-Modus beträgt der Abstand zweier FDMA-Kanäle zwischen 4,4 MHz und 5 MHz. Variable Übertragungsraten können im TDD-Modus entweder durch Multicode- oder durch Multislot-Übertragung realisiert werden, wobei auf der Aufwärtsstrecke von einem UE nur zwei Codekanäle parallel genutzt werden können.

Die Tabelle 5.11 faßt die wesentlichen Parameter der UTRAN-Funkschnittstelle zusammen, die in den nächsten Abschnitten näher erläutert werden.

5.8.2 Die Transportkanäle

Die Transportkanäle werden in die dedizierten und die gemeinsamen Transportkanäle eingeteilt. Die dedizierten Transportkanäle sind dadurch charakterisiert, daß sie über einen physikalischen Kanal eindeutig einem UE zugeordnet werden können, d. h. Code, Frequenz und im TDD-Modus der Zeitschlitz identifizieren den jeweiligen Transportkanal eindeutig. Im Gegensatz dazu ist für die gemeinsamen Transportkanäle eine gesonderte Adressierung notwendig, um einzelne UE voneinander zu unterscheiden.

Es gibt drei verschiedene dedizierte Transportkanäle:

5.8 Die Bitübertragungsschicht

Tabelle 5.11: Charakteristische Parameter der UTRAN-Funkschnittstelle

Parameter	FDD-Modus	TDD-Modus
Vielfachzugriffsverfahren	CDMA/FDMA	CDMA/FDMA/TDMA
Duplexverfahren	FDD	TDD
FDMA-Kanalabstand (MHz)	4,4–5	4,4–5
TDMA-Rahmendauer (ms)	10	10
Slots/Rahmen UL	15	1–14 (von 15)
Slots/Rahmen DL	15	1–14 (von 15)
Übertragungsrate (MChips/s, brutto)	3,84	3,84
Modulation	QPSK	QPSK
Spreizfaktor UL	4–256	1–16
Spreizfaktor DL	4–512	1 oder 16

Dedicated Channel (DCH): Der DCH ist ein bidirektionaler Kanal, der einem UE exklusiv zur Verfügung steht. Die Übertragungsrate des DCH kann alle 10 ms geändert werden. Für den DCH wird eine schnelle Leistungsregelung angewandt, und er kann entweder in der ganzen Zelle oder bei Verwendung von gerichteten Antennen nur in Teilen einer Zelle verfügbar sein.

Fast Uplink Signalling Channel (FAUSCH): Über den FAUSCH teilt ein UE dem UTRAN mit, daß sie einen neuen DCH benötigt. Da der FAUSCH ein dedizierter Kanal ist, wird über diesen Kanal nur eine Ein-Bit-Nachricht als Anforderung übertragen. Das UE wird durch den Spreizcode und den Zugriffszeitpunkt innerhalb eines Rahmens identifiziert. Der FAUSCH existiert nur in Aufwärtsrichtung und nur im FDD-Modus.

ODMA Dedicated Channel (ODCH): Im TDD-Modus kann ein UE als Relay dienen. In diesem Fall wird der ODCH zum Transport von Daten im ODMA-Modus (*Opportunity Driven Multiple Access*, ODMA) genutzt. Für den ODCH wird eine Regelung mit geschlossenem Regelkreis für die Sendeleistung und für das *Timing Advance* (TA) angewandt. Wie der DCH ist der ODCH ein bidirektionaler Kanal, dessen Übertragungsrate alle 10 ms geändert werden kann, und der entweder in der ganzen Zelle oder auch nur in Teilen einer Zelle verfügbar sein kann.

Weiterhin gibt es folgende gemeinsamen Transportkanäle:

Random Access Channel (RACH): Der RACH dient zur Übertragung relativ kleiner Datenmengen auf der Aufwärtsstrecke und ist immer in der ganzen Zelle verfügbar. Der RACH ist kein kollisionsfreier Kanal, da alle UE um die Übertragungskapazität konkurrieren, und wird für den Zufallszugriff oder zur Übermittlung nicht-zeitkritischen Steuerungs- oder Nutzdaten verwendet.

ODMA Random Access Channel (ORACH): Der ORACH ist ein kollisionsbehafteter Kanal für den Zufallszugriff im Relay-Betrieb des TDD-Modus.

Common Packet Channel (CPCH): Der CPCH ist ein Transportkanal der Aufwärtsstrecke im FDD-Modus. Er dient der Übertragung von Paketdaten. Ähnlich wie beim RACH konkurrieren mehrere UEs einer Zelle um die Übertragungskapazität der CPCH. Der Kanal kann entweder in der ganzen Zelle oder bei Verwendung von gerichteten Antennen nur in Teilen einer Zelle verfügbar sein. Dem CPCH ist immer ein dedizierter Kanal der Abwärtsstrecke zugeordnet, um eine schnelle Leistungsregelung auf dem CPCH zu unterstützen.

Forward Access Channel (FACH): Der FACH ist ein gemeinsamer Transportkanal auf der Abwärtsstrecke, der zur Übertragung relativ kleiner Datenmengen dient. Für den FACH wird eine langsame Leistungsregelung mit offenem Regelkreis angewandt. Die Übertragungsrate des FACH kann in Intervallen von 10 ms geändert werden. Der FACH erlaubt den Einsatz gerichteter Antennen.

Downlink Shared Channel (DSCH): Der DSCH ist ein Transportkanal der Abwärtsstrecke, dessen Übertragungskapazität von mehreren UE geteilt wird. Dem DSCH ist immer ein DCH oder *DSCH Control Channel* (DSCCH) zugeordnet.

DSCH Control Channel (DSCCH): Der DSCCH ist ein Kanal auf der Abwärtsstrecke und dem DSCH zugeordnet. Er dient zur Signalisierung der Betriebsmittelbelegung auf dem DSCH.

Uplink Shared Channel (USCH): Der USCH existiert ausschließlich im TDD-Modus. Er ist ein Kanal der Aufwärtsstrecke und wird von mehreren UE geteilt.

Broadcast Channel (BCH): Der *Broadcast Channel* (BCH) dient zum Rundsenden von Systeminformationen in einer Zelle. Der BCH existiert daher nur auf der Abwärtsstrecke und hat eine feste Übertragungsrate.

Synchronization Channel (SCH): Über den SCH werden Informationen zur Synchronisation auf der Abwärtsstrecke übertragen. Der SCH existiert als Transportkanal nur im TDD-Modus. Im FDD-Modus dient jeder physikalische Kanal seiner eigenen Synchronisation. Wie der BCH wird der SCH in der ganzen Zelle übertragen und hat eine geringe, feste Übertragungsrate.

Paging Channel (PCH): Der PCH ist ein Transportkanal der Abwärtsstrecke, der zum Rundsenden von Nachrichten an bestimmte UE dient. Über den PCH werden z. B. der Funkruf und Benachrichtigungsfunktionen realisiert. Der PCH wird in der gesamten Zelle übertragen.

5.8.2.1 Datenübertragung über Transportkanäle

Über die Transportkanäle der Bitübertragungsschicht werden periodisch ein oder mehrere sog. Transportblöcke gleichzeitig übertragen. Man nennt eine Menge dieser Transportblöcke ein *Transport Block Set* (TBS). Jeder Transportblock enthält eine oder mehrere *Protokolldateneinheiten* der MAC-Schicht.

Ein TBS ist dadurch gekennzeichnet, daß alle Transportblöcke eines Sets gleich groß sind, und daß zur Übertragung über denselben Transportkanal für alle Transportblöcke der gleiche Fehlerschutz angewandt wird. Jedes TBS wird durch ein sogenanntes *Transport Format* (TF) beschrieben. Im TF sind die Anzahl, Größe und Periode der Transportblöcke des Sets und der Fehlerschutz auf dem Transportkanal festgelegt. Das TF wird durch einen sogenannten semi-statischen und einen dynamischen Teil beschrieben. Der semi-statische Teil legt den Fehlerschutz und die Übertragungsverzögerung fest. Er wird durch folgene Parameter beschrieben:

- die Art des Fehlerschutzes:
    - das Codierschema: es stehen Turbocodes, Faltungscodes oder keine Codierung zur Auswahl,
    - die Codierrate,
    - die Parameter zur statischen Anpassung der Übertragungsrate durch Punktierung,
    - für die Aufwärtsstrecke ein Limit für die Punktierrate.
- die Länge der Prüfsumme.
- das sogenannte *Transmission Time Intervall* (TTI). Es beschreibt im FDD-Modus die Periode, mit der Transportblöcke bzw. TBS über den Transportkanal übertragen werden. Im TDD-Modus ist diese Periode bereits über die Zeitschlitz- und Rahmenstruktur vorgegeben. Der TTI-Parameter entfällt daher im semi-statischen Teil des Transportformates im TDD-Modus, kann aber im dynamischen Teil bestimmt werden.

Der dynamische Teil des Transportformates enthält die Angaben über

- die Größe eines Transportblocks in Bit und
- die Größe eines TBS in Bit. Da alle Transportblöcke eines TBS gleich groß sind, ist die Größe des Sets ein ganzzahliges Vielfaches der Größe eines Transportblocks.
- Im TDD-Modus kann für Nicht-Echtzeitdienste wahlweise das TTI angegeben werden.

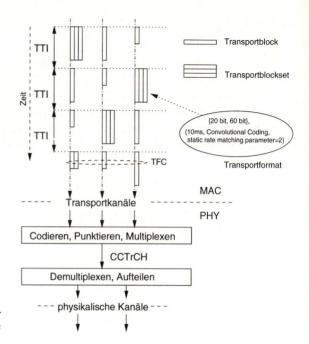

Abbildung 5.12: Datenübertragung über Transportkanäle

Da die Übertragungskapazität eines Transportkanals begrenzt ist, gibt es für jede Festlegung des Fehlerschutzes nur eine endliche Zahl möglicher Größen eines TBS. Die Transportformate, deren semi-statischer Teil gleich ist, und die für denselben Transportkanal gültig sind, bilden ein sogenanntes *Transport Format Set* (TFS).

Innerhalb der Bitübertragungsschicht können mehrere Transportkanäle, die die gleiche Codierung, Verschachtelung und Punktierung verwenden, auf einen sogenannten CCTrCH gemultiplext werden. Dieser CCTrCH ist ein interner Kanal der Bitübertragungsschicht und wird auf einen oder mehrere physikalische Kanäle abgebildet. Da auch die Übertragungskapazität eines CCTrCH begrenzt ist, können auf den verschiedenen Transportkanälen zum selben Zeitpunkt nicht beliebige Transportformate verwendet werden. Vielmehr sind nur solche Kombination von Transportformaten verschiedener Transportkanäle gültig, die ein Multiplexen auf einen CCTrCH zulassen. Eine solche Kombination wird *Transport Format Combination* (TFC) genannt. Die Menge aller möglichen Kombinationen heißt *Transport Format Combination Set* (TFCS). Abbildung 5.12 stellt die Datenübertragung über die Transportkanäle und die Bitübertragungsschicht dar.

Innerhalb eines TFS können einzelne Transportformate über einen Index, den sog. *Transport Format Identifier* (TFI), referenziert werden. Das gleiche gilt auch für ein TFCS. Der Index, der eine TFC eindeutig kennzeichnet, heißt hier *Transport Format Combination Identifier* (TFCI).

Das TFCS wird der MAC-Schicht von der RRC-Schicht vorgegeben. Die MAC-Schicht kann frei aus dem TFCS eine TFC wählen. Da alle Transportformate eines TFCS denselben semi-statischen Teil besitzen, hat die MAC-Schicht nur die Kontrolle über den dynamischen Teil, d. h. darüber, wieviel Übertragungskapazität eines Transportkanals genutzt wird. Die MAC-Schicht teilt der Bitübertragungsschicht die Wahl eines Transportformates mit, indem sie den entsprechenden TFI übermittelt.

Die Bitübertragungsschicht muß für alle Transportkanäle die vorgegebene Dienstgüte sicherstellen. Die RRC-Schicht bestimmt die Konfiguration der Bitübertragungsschicht und stellt somit sicher, daß auch die Anforderungen der semi-statischen Teile der Transportformate erfüllt werden.

Das Multiplexen, Codieren und Punktieren erfolgt innerhalb der Bitübertragungsschicht nach einer durch ein TFC eindeutig festgelegten Art und Weise. Daher müssen die Parameter des Fehlerschutzes nicht explizit ausgetauscht werden, sondern es reicht aus, der Partnerinstanz den Index des TFC zu übermitteln. Hierzu schließt die Bitübertragungsschicht aus den TFIs, die von der MAC-Schicht übertragen werden, welche TFC gerade gewählt wurde und überträgt über den jeweiligen physikalischen Kanal den TFCI, aus dem dann die Partnerinstanz wiederum die einzelnen TFIs und damit die Transportfomate rekonstruieren kann.

5.8.3 Physikalische Kanäle im FDD-Modus

Im FDD-Modus ist ein physikalischer Kanal durch die Mittenfrequenz des Funkträgers sowie durch einen Spreizcode gekennzeichnet. Auf der Aufwärtsstrecke werden physikalische Kanäle zusätzlich noch durch die Phasenlage des Trägersignals (0 oder π) unterschieden, vgl. Abschn. 5.8.5.3.

Wie die Transportkanäle teilen sich die physikalischen Kanäle in die dedizierten und die gemeinsamen physikalischen Kanäle auf. Es gibt drei dedizierte physikalische Kanäle:

Uplink Dedicated Physical Data Channel (DPDCH): Der DPDCH existiert nur für die Aufwärtsstrecke und dient zur Übertragung von Nutzdaten aus der Sicherungsschicht oder darüberliegenden Schichten. Zu einer Schicht-1-Verbindung gehören mehrere oder auch keine DPCCHs.

Dedicated Physical Control Channel (DPCCH): Der DPCCH ist ein physikalischer Kanal zur Steuerung der Datenübertragung zwischen Partnerinstanzen der Bitübertragungsschicht für die Aufwärtsstrecke. Über ihn werden ausschließlich Informationen der Bitübertragungsschicht übertragen. Für jede Schicht-1-Verbindung besteht genau ein DPCCH.

Dedicated Physical Channel (DPCH): Der *Dedicated Physical Channel* (DPCH) existiert nur für die Abwärtsstrecke und erfüllt die Aufgaben, die auf der Aufwärtsstrecke der DPDCH und der DPCCH erfüllen. Hierzu werden die Informationen des DPDCH und des DPCCH auf den DPCH gemultiplext.

Weiterhin sind folgende gemeinsame physikalische Kanäle spezifiziert:

Synchronization Channel (SCH): Der SCH ist ein Kanal der Abwärtsstrecke und dient der Zellsuche und der Synchronisation der Mobilstationen. Er ist unterteilt in die beiden Unterkanäle *Primary Synchronisation Channel* (P-SCH) und *Secondary Synchronisation Channel* (S-SCH).

Common Control Physical Channel (CCPCH) Über den CCPCH werden auf der Abwärtsstrecke Verteildienste realisiert. Der CCPCH teilt sich in die beiden Unterkanäle *Primary Common Control Physical Channel* (P-CCPCH) und *Secondary Common Control Physical Channel* (S-CCPCH) auf. Über den P-CCPCH werden die Informationen des BCH übertragen, der S-CCPCH trägt die Informationen des FACH und des PCH.

Common Pilot Channel (CPICH): Der CPICH dient der Unterstützung der Makrodiversität auf der Abwärtsstrecke. Über ihn wird in verschiedenen Zellen die gleiche vordefinierte Codesequenz übertragen. Der CPICH teilt sich in den *Primary Common Pilot Channel* (P-CPICH) und den *Secondary Common Pilot Channel* (S-CPICH), die sich beispielsweise in ihren physikalischen Eigenschaften wie Spreizcode oder Verfübarkeit in der Zelle unterscheiden.

Physical Random Access Channel (PRACH): Der PRACH trägt den RACH und dient dem Zufallszugriff und der Übertragung kleiner Datenmengen.

Physical Common Packet Channel (PCPCH): Über den PCPCH werden nach einem CSMA-CD-Verfahren Paketdaten des CPCH übertragen.

Paging Indication Channel (PICH): Über den PICH wird der sogenannte *Page Indicator* (PI) zur Realisierung des Funkrufes auf der Abwärtsstrecke übertragen. Ein PICH ist immer einem S-CCPCH zugeordnet, über den der PCH übertragen wird.

Acquisition Indication Channel (AICH): Der AICH ist ein physikalischer Kanal der Abwärtsstrecke. Über ihn wird der Erfolg eines Zufallszugriffs auf dem PRACH oder PCPCH signalisiert.

5.8 Die Bitübertragungsschicht

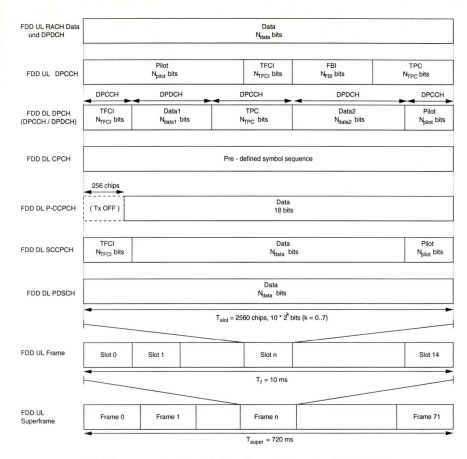

Abbildung 5.13: Verschiedene Burst-Typen im FDD-Modus

***Physical Downlink Shared Channel* (PDSCH):** Der PDSCH dient zur Übertragung von Daten über den DSCH auf der Abwärtsstrecke. Dem PDSCH ist immer ein DPCH zugeordnet. Mehrere UEs teilen sich diesen Kanal. Ihre Daten werden auf verschiedene Codes gemultiplext.

Die physikalischen Kanäle, die direkt der Datenübertragung dienen, werden auf eine einheitliche Rahmenstruktur abgebildet. Abbildung 5.13 zeigt den Aufbau der Bursts für die verschiedenen physikalischen Kanäle. Je fünfzehn Bursts werden zu einem 10 ms langen Rahmen zusammengefaßt, 72 Rahmen geben einen Super-Rahmen *(Superframe)* von 720 ms Dauer.

Tabelle 5.12: Verschiedene Konfigurationen eines DPDCH-Bursts

Burst Format (k)	Bitrate [kbit/s]	Spreizfaktor	Bits/Rahmen	Bits/Slot	N_{data}
0	15	256	150	10	10
1	30	128	300	20	20
2	60	64	600	40	40
3	120	32	1200	80	80
4	240	16	2400	160	160
5	480	8	4800	320	320
6	960	4	9600	640	640

Die Kanäle SCH, AICH, PICH, CPCH und PRACH verwenden eigene Slot- bzw. Rahmenstrukturen.

5.8.3.1 Dedizierte physikalische Kanäle

Auf der Aufwärtsstrecke gehört zu jeder Schicht-1-Verbindung genau ein DPCCH und eine Anzahl von DPDCH. Zur Multicode-Übertragung können mehrere parallele DPDCH verwendet werden, die zur selben Verbindung gehören und damit demselben DPCCH zugeordnet sind. Der DPDCH wird über den Inphase- oder den Quadraturzweig des Modulators übertragen, der DPCCH immer nur auf dem Quadraturzweig. Jeder Burst besteht aus 2560 Chips. Die Anzahl der Bits, die in einem DPCCH- und einem DPCCH-Burst übertragen werden, hängt vom jeweiligen Spreizfaktor ab, der für beide Kanäle unterschiedlich sein kann und zwischen vier und 256 liegt. Der Spreizfaktor kann über den Parameter k wie folgt berechnet werden:

$$F_S = \frac{256}{2^k}$$

Tabelle 5.12 gibt eine Übersicht über die gültigen Spreizfaktoren und die daraus resultierenden Übertragungsraten für den DPDCH-Burst.

Der DPCCH ist ein physikalischer Kanal mit einem festem Spreizfaktor von 256 Chips pro Bit, d. h. mit einer konstanten Übertragungsrate von 15 kbit/s. Ein DPCCH-Burst besteht aus vier Feldern, deren Größen variabel sind, vgl. Tab. 5.13. Wegen des konstanten Spreizfaktors hat der DPCCH eine konstante Übertragungskapazität von 10 bit pro Burst oder 150 bit pro Rahmen.

Die Pilotbits dienen dem Empfänger zur Kanalschätzung. Das TFCI-Feld ist optional und informiert, wenn vorhanden, den Empfänger über die aktuellen Transportformate der Transportkanäle, die auf einen DPDCH gemultiplext sind. Ein

5.8 Die Bitübertragungsschicht

Tabelle 5.13: Verschiedene Konfigurationen eines DPCCH-Bursts

Burst Format	N_{Pilot}	N_{TFCI}	N_{FBI}	N_{TPC}
0	6	2	0	2
1	8	0	0	2
2	5	2	1	2
3	7	0	1	2
4	6	0	2	2
5	5	2	2	1

TFCI ist für die Dauer eines gesamten Rahmens gültig. Die sog. *Feedback Information* (FBI) wird für Funktionen benötigt, die auf Schicht-1-Ebene eine Rückmeldung von der UE zum UTRAN benötigen. Dies sind insbesondere Funktionen zur Sende-Makrodiversität und zur Standortwahl-Makrodiversität *(Site Selection Diversity)*. Das letzte Feld des DPCCH-Bursts wird für TPC-Bits verwendet. Unabhängig davon, ob ein oder zwei Bits für dieses Feld zur Verfügung stehen, wird in diesem Feld nur die Nachricht zur Erhöhung bzw. Erniedrigung der Sendeleistung übertragen. DPCCH und DPDCH haben im allgemeinen verschiedene Spreizfaktoren.

Auf der Abwärtsstrecke existiert nur ein dedizierter physikalischer Kanal, der DPCH. Da entgegengesetzt zur Aufwärtsstrecke eine Trennung einzelner physikalischer Kanäle über die Trägerphase erfolgt, werden über den DPCH Schicht-1- und Schicht-2-Informationen im Zeitmultiplex übertragen, vgl. Abb. 5.13. Ein DPCH-Burst besteht aus 2560 Chips. Die Anzahl der Bits pro Burst ist durch den Spreizfaktor F_S bestimmt. Es gilt

$$F_S = \frac{512}{2^k}$$

Die beiden Datenfelder des DPCH-Bursts tragen die Informationen der höheren Schichten. Tabelle 5.14 zeigt die 17 verschiedenen Konfigurationen des DPCH-Bursts. Da auf der Abwärtsstrecke pro Symbol zwei Bit übertragen werden, entspricht die Symbolrate immer der Hälfte der Bitrate. In den Bursts 12 bis 16 können anstatt TFCI auch DTX-Informationen übertragen werden.

Welcher Typ eines DPCH-Bursts verwendet wird, wird beim Verbindungsaufbau ausgehandelt und kann während der Verbindung neu verhandelt werden. Das TFCI-Feld ist wie auf der Aufwärtsstrecke optional. Der TFCI beschreibt die Parameter, insbesondere die Übertragungsraten der DCHs, die über den DPCH übertragen werden. Reicht die Übertragungsgeschwindigkeit eines einzelnen DPCH nicht aus, um einen CCTrCH zu tragen, können mehrere DPCH parallel betrieben werden. Bei dieser Multicode-Übertragung werden Schicht-1-Informationen

Tabelle 5.14: Verschiedene Konfigurationen eines DPCH-Bursts

	Bitrate [kbit/s]	F_S	Bits/Rahmen DPDCH	Bits/Rahmen DPCCH	Bits/Rahmen gesamt	Bits/Slot	DPDCH N_{Data1}	DPDCH N_{Data2}	DPCCH N_{TFCI}	DPCCH N_{TPC}	DPCCH N_{Pilot}
0	15	512	60	90	150	10	0	4	2	0	4
1	15	512	30	120	150	10	0	2	2	2	4
2	30	256	240	60	300	20	2	14	2	0	2
3	30	256	210	90	300	20	2	12	2	0	4
4	30	256	210	90	300	20	2	12	2	2	2
5	30	256	180	120	300	20	2	10	2	2	4
6	30	256	150	150	300	20	2	8	2	2	4
7	30	256	120	180	300	20	2	6	2	2	8
8	60	128	510	90	600	40	6	28	2	0	4
9	60	128	480	120	600	40	6	26	2	2	4
10	60	128	450	150	600	40	6	24	2	0	8
11	60	128	420	180	600	40	6	22	2	2	8
12	120	64	900	300	1200	80	12	48	4	4	8
13	240	32	2100	300	2400	160	28	112	4	4	8
14	480	16	4320	480	4800	320	56	232	8	8	8
15	960	8	9120	480	9600	640	120	488	8	8	16
16	1920	4	18720	480	19200	1280	248	1000	8	8	16

5.8 Die Bitübertragungsschicht

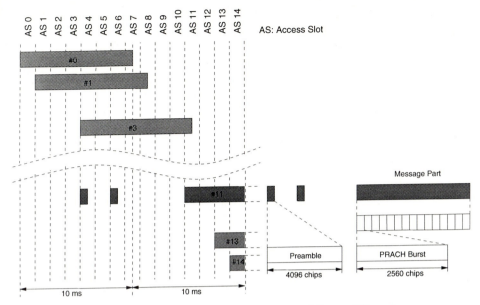

Abbildung 5.14: Rahmenstruktur des Zufallszugriffskanals

nur auf einem der verschiedenen DPCH übertragen. Die entsprechenden Felder in den übrigen Bursts bleiben leer und werden nicht gesendet, d. h. in dieser Zeit ist die Sendeleistung der jeweiligen DPCHs gleich Null.

5.8.3.2 Der Zufallszugriffskanal

Der Zufallszugriff in UTRA-FDD basiert auf einem Slotted-ALOHA-Protokoll mit schneller Quittierung. Ein Zufallszugriff einer UE ist zu periodisch wiederkehrenden, festen Zeitpunkten, dem sogenannten *Access Slot* (AS), möglich. Innerhalb der Dauer von 20 ms, d. h. von zwei Zeitrahmen, existieren insgesamt fünfzehn solcher Zugriffszeitpunkte. Der Zeitraum zwischen zwei aufeinanderfolgenden Zugriffszeitpunkten entspricht der Dauer von 5120 Chips. Ein *Access Channel* (ACS) ist in zwölf sogenannte RACH-Unterkanäle eingeteilt. Ein Zugriffszeitpunkt ist über den Unterkanal und die *System Frame Number* (SFN) eindeutig festgelegt. Welche der Gruppen in einer Zelle zur Verfügung stehen, wird den Mobilstationen über den BCH mitgeteilt. Hierbei besteht die Möglichkeit verschiedenen Dienstklassen unterschiedliche RACH-Unterkanäle zuzuweisen, so daß sie nicht mit anderen Dienstklassen konkurrieren müssen.

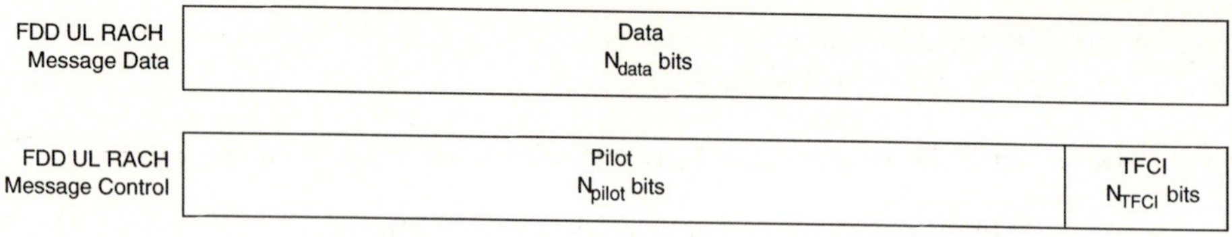

```
FDD UL RACH      |                    Data                     |
Message Data     |                 N_data bits                  |

FDD UL RACH      |         Pilot          |         TFCI       |
Message Control  |      N_pilot bits      |      N_TFCI bits   |
```

Abbildung 5.15: Daten- und Signalisier-Burst des PRACH

Tabelle 5.15: Felder des PRACH-Bursts

Burst Format (k)	Bitrate [kbit/s]	Spreizfaktor	Bits pro Rahmen	Bits pro Slot	N_{Data}	N_{Pilot}	N_{TFCI}
Data 0	15	256	150	10	10	—	—
Data 1	30	128	300	20	20	—	—
Data 2	60	64	600	40	40	—	—
Data 3	120	32	1200	80	80	—	—
Control 0	15	256	150	10	—	8	2

Der Zufallszugriff ist in eine Konkurrenz- und eine Datenübertragungsphase unterteilt. Während der Konkurrenzphase muß sich ein UE gegen andere UEs durchsetzen. Hierzu dient jedem UE eine Chipsequenz, die sogenannte *Präambel*. Es stehen sechzehn verschiedene Präambeln zur Verfügung, die man durch 256-faches Spreizen einer sogenannten Signatur erhält. Diese Signatur ist ein *Hadamard*-Code der Länge sechzehn. In jedem AS können daher bis zu 16 UEs kollisionsfrei zugreifen.

Nach einer erfolgreichen Konkurrenzphase überträgt das UE eine 10 ms lange Zufallszugriffsnachricht, den sog. *Message Part*. Eine solche Nachricht besteht aus fünfzehn PRACH-Bursts zu je 2560 Chips. Innerhalb eines Zufallszugriffsrahmens können bis zu fünfzehn Nachrichten gleichzeitig übertragen werden, vgl. Abb. 5.14. Mit der Zufallszugriffsnachricht werden sowohl Schicht-2- als auch Schicht-1-Informationen übertragen. Wie beim DPDCH und DPCCH sind diese Informationen durch Modulation mit verschiedenen Trägerphasen getrennt. Abbildung 5.15 zeigt den Aufbau des Daten- und Steuerteil des PRACH-Bursts.

Die Zahl der im Datenteil übertragenen Bits ist vom Spreizfaktor abhängig. Tabelle 5.15 zeigt die Parameter des PRACH-Bursts. Die Codespreizung des Datenteils entspricht der des DPDCH. Die Pilotbits im Steuerteil dienen der Kanalschätzung und ermöglichen den kohärenten Empfang des Nachrichtenteils. Im TFCI-Feld des PRACH-Bursts wird das Transportformat der Zufallszugriffsnachricht übermittelt. Pro Zufallszugriffsnachricht stehen insgesamt $15 \cdot 2 = 30$ TFCI-Bits zur Verfügung.

5.8 Die Bitübertragungsschicht

Bevor eine UE einen Zufallszugriff ausführen kann, muß sie folgende Informationen über den BCH empfangen haben:

- die in der Zelle verfügbaren Spreiz- und Verwürfelungscodes,
- die verfügbaren Signaturen zum Bilden der Präambel,
- die erlaubten RACH-Unterkanäle,
- die erlaubten Spreizfaktoren für den Nachrichtenteil,
- die Sendeleistung des CCPCH,
- den Zeitparameter des AICH,
- die Differenz der Sendeleistungen für Präambel- und Nachrichtenteil und
- die Regelschritte ΔP_0 und ΔP_1 zum Regeln der Sendeleistung nach keiner bzw. nach einer negativen Quittierung.

Das Protokoll zur Übertragung der Zufallszugriffsnachricht ist in Abbildung 5.16 und 5.17 dargestellt. Das UE wählt zunächst zufällig einen gültigen Spreizcode für die Präambel aus. Mittels eines sogenannten dynamischen Persistenzalgorithmus wird vermieden, daß der Zugriffskanal bei Überlastung blockiert wird. Der Persistenzfaktor N wird vom UTRAN bestimmt und über den BCH bekanntgegeben. Kommt das UE zu dem Ergebnis, daß es zugreifen darf, wählt es zufällig einen der jeweiligen *Access Service Class* (ASC) entsprechenden Unterkanal aus. Der Unterkanal bestimmt die verfügbaren Zugriffszeitpunkte im aktuellen Zugriffsrahmen. Ist im ersten Teil des Zugriffsrahmens kein Zeitpunkt verfügbar, so wählt das UE einen Zugriffszeitpunkt aus dem zweiten Teil. Anschließend wird die Präambel übertragen und auf eine Quittung über den AICH gewartet. Empfängt das UE keine oder eine negative Quittung, so wählt es eine neue Signatur und einen neuen Zugriffszeitpunkt und überträgt die Präambel erneut, allerdings mit einer um ΔP_0 bzw. ΔP_1 veränderten Sendeleistung. ΔP_0 ist im allgemeinen positiv, d.h. die Sendeleistung wird in diesem Fall erhöht. Durch diesen Mechanismus wird eine Art langsamer Leistungssteuerung mit geschlossenem Regelkreis realisiert, die gewährleisten soll, daß durch den Zufallszugriff nicht zuviel Interferenzleistung erzeugt wird. Wird eine bestimmte Anzahl von Zugriffsversuchen, bei denen keine Quittung empfangen wurde, überschritten, so wird dies der höheren Schicht signalisiert, und es werden keine weiteren Versuche mehr unternommen. Im Falle einer positiven Quittung wird die Zufallszugriffsnachricht mit einer Verzögerung von drei oder 4 Zeitschlitzen übertragen und der erfolgreiche Zugriff der höheren Schicht mitgeteilt.

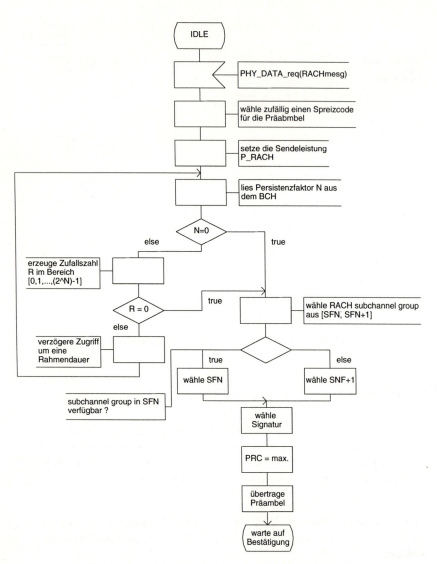

Abbildung 5.16: Protokoll für den Zufallszugriff (1)

5.8 Die Bitübertragungsschicht

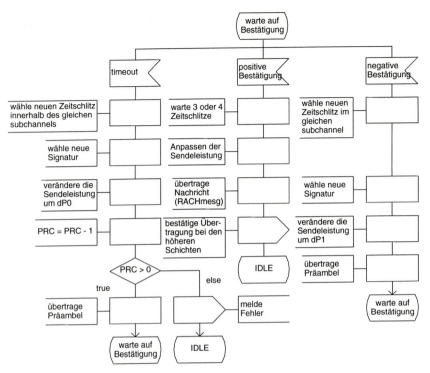

Abbildung 5.17: Protokoll für den Zufallszugriff (2)

5.8.4 Physikalische Kanäle im TDD-Modus

Im TDD-Modus ist ein physikalischer Kanal durch Spreizcode, Zeitschlitz und Frequenzkanal bestimmt. Ein physikalischer Kanal kann entweder regelmäßig einen Zeitschlitz in jedem Zeitrahmen oder nur in einer Untermenge aller Rahmen belegen. Neben einem dedizierten physikalischen Kanal existieren fünf gemeinsame physikalische Kanäle:

Dedicated Physical Channel (DPCH): Der DPCH existiert auf der Aufwärts- und der Abwärtsstrecke. Er dient zur Übertragung von Nutz- und Steuerdaten.

Common Control Physical Channel (CCPCH): Der CCPCH ist ein gemeinsamer Kanal der Abwärtsstrecke, mit dem Rundsendedienste realisiert werden. Er teilt sich in den P-CCPCH, auf den der BCH abgebildet wird, und in den S-CCPCH, auf den der FACH und der PCH abgebildet wird.

Tabelle 5.16: Eigenschaften des DPCH-Bursts

Spreiz-faktor	Bits pro Datenfeld		Bitrate (1 Slot)		Bitrate (1 Slot/Rahmen)	
	Typ-1 [bit]	Typ-2 [bit]	Typ-1 [kbit/s]	Typ2 [kbit/s]	Typ-1 [kbit/s]	Typ2 [kbit/s]
1	1952	2208	5856	6624	390,4	441,6
2	976	1104	2928	3312	195,2	220,8
4	488	552	1464	1656	97,6	110,4
8	244	276	732	828	48,8	55,2
16	122	138	366	414	24,4	27,6

***Physical Random Access Channel* (PRACH):** Der PRACH trägt den RACH bzw. im ODMA-Modus den ORACH. Über ihn wird der Zufallszugriff realisiert.

***Physical Uplink Shared Channel* (PUSCH):** Der PUSCH ist ein gemeinsamer Kanal der Aufwärtsstrecke, der von mehreren UEs geteilt wird. Er dient zur Übertragung von dedizierten Nutz- oder Steuerdaten und trägt den USCH.

***Physical Downlink Shared Channel* (PDSCH):** Der PDSCH dient zur Übertragung von Daten über den DSCH auf der Aufwärtsstrecke.

***Paging Indication Channel* (PICH):** Über den PICH werden auf der Abwärtsstrecke sogenannte PIs übertragen. Der PICH erstetzt einen oder mehrere Unterkanäle für den Funkruf auf dem S-CCPCH.

Abbildung 5.18 zeigt die verschiedenen Bursttypen für den DPCH. Jeder Burst besteht aus zwei Datenfeldern, zwischen denen sich eine Datensequenz zur Kanalschätzung, die sogenannte *Midambel*, befindet. Um Laufzeitunterschiede zwischen verschiedenen Teilnehmersignalen ausgleichen zu können, ist ein Burst 96 Chips kürzer als ein Zeitschlitz. Es existieren prinzipiell zwei verschiedene Bursttypen, die sich in der Länge der einzelnen Felder unterscheiden, und die mit Typ-1 und Typ-2 bezeichnet werden. Der Typ-1-Burst hat eine doppelt so lange *Midambel* von 512 Chips wie der Typ-2-Burst. Dies erlaubt die Kanalschätzung von bis zu sechzehn verschiedenen Teilnehmersignalen. Daher wird der Typ-1-Burst bevorzugt auf der Aufwärtsstrecke verwendet, was aber keine Einschränkung für die Verwendbarkeit auf der Abwärtsstrecke bedeutet.

Der Typ-2-Burst kann aufgrund seiner kürzeren Midambel nur dann auf der Aufwärtsstrecke eingesetzt werden, wenn in dem betrachteten Zeitschlitz nicht mehr als vier Teilnehmer gleichzeitig übertragen. Tabelle 5.16 zeigt die Länge der einzelnen Felder in Abhängigkeit vom Spreizfaktor.

5.8 Die Bitübertragungsschicht

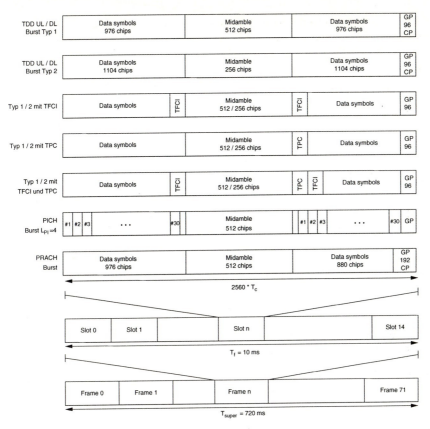

Abbildung 5.18: Verschiedene Bursttypen im TDD-Modus

Auf der Abwärtsstrecke kann nur der Spreizfaktor sechzehn oder eins verwendet werden. Im letzteren Fall bedeutet das, daß nicht gespreizt wird. Variable Übertragungsraten können daher auf der Abwärtsstrecke innerhalb eines Zeitschlitzes nur durch Multicode-Übertragung realisiert werden. Auf der Aufwärtsstrecke können von einem UE maximal zwei Bursts gleichzeitig übertragen werden.

Die Datenteile der Typ-1- und Typ-2-Bursts können an den in Abb. 5.18 gezeigten Positionen Informationen zur Transportformatkombination in Form des TFCI sowie Informationen zur Leistungssteuerung (*Transmitter Power Control*, TPC) übertragen. Ob ein Burst ein TFCI enthält, ist durch Signalisierung höherer Schichten bekannt. Ein TFCI-Feld eines Bursts hat eine Länge von zwei, vier, acht oder sechzehn Bit. Pro Burst kann also eine TFCI-Nachricht von bis zu 32 bit übertragen werden. Das TPC-Feld wird für jedes UE einmal pro Zeitrahmen eingefügt, in dem ein physikalischer Kanal belegt ist. Das TPC-Kommando hat eine Länge von zwei Bit und wird immer im ersten belegten Zeitschlitz des jeweiligen Rahmens übertragen.

Der PRACH-Burst besteht aus zwei Datenfeldern, einer Midambel von 512 Chips und einer Schutzzeit von 192 Chips. Mit einem PRACH-Burst können bei einem Spreizfaktor von acht insgesamt 464 bit und bei einem Spreizfaktor von 16 insgesamt 232 bit übertragen werden. Andere Spreizfaktoren sind für den PRACH nicht erlaubt.

Der Aufbau eines PICH-Bursts entspricht dem eines DPCH-Bursts, wobei beide Burst-Typen erlaubt sind. In den Datenfeldern werden die PIs sequentiell übertragen. Abhängig von der Länge der PIs (4 bis 16 bit) kann ein PICH-Burst zwischen 15 und 69 PIs tragen.

5.8.5 Code-Spreizung und Modulation

Durch das CDMA-Verfahren werden physikalische Kanäle derselben Trägerfrequenz durch Spreizcodes getrennt. Dedizierte physikalische Kanäle desselben Senders werden durch sog. OVSF-Codes getrennt. Diese Codes sind auch bei verschiedenen Spreizfaktoren orthogonal zueinander. Die einzelnen Basis- bzw. Mobilstationen werden untereinander durch eine Verwürfelung der Chipfolge getrennt. Durch diese Verwürfelung wird die Orthogonalität der Codekanäle einer Station untereinander nicht beeinflußt, die Chipfolgen der einzelnen Stationen untereinander sind nach dem Verwürfeln nur quasi-orthogonal. Die Verwürfelte Chipfolge wird mit einer QPSK-Modulation übertragen.

5.8.5.1 Orthogonale Codes mit variablen Spreizfaktoren

Orthogonale Codes mit variablen Spreizfaktoren (*Orthogonal Variable Spreading Factor*, OVSF) werden zur Trennung von dedizierten physikalischen Kanälen mit unterschiedlichen Übertragungsraten bzw. Spreizfaktoren verwendet. Jedes Bit eines Kanals mit kleinster Bitrate R_{min} wird mit einem Spreizcode der Länge $N = 2^n$ gespreizt. Die Bitdauer einer verdoppelten Bitrate von $2R_{min}$ ist danach halb so groß, wie die Bitdauer des Kanals mit kleinster Bitrate. Die Spreizcodelänge beträgt dann $N/2 = 2^{n-1}$. Verallgemeinert ergibt sich für eine Bitrate von $2^k R_{min}$ eine Codelänge von 2^{n-k} für $k = 1...n$. OVSF-Codes sind Walsh-Sequenzen, die aus dem einelementigen Einheitscode $C_1(1) = [1]$ erzeugt werden.

Gleichung 5.3 beschreibt die rekursive Erzeugung der OVSF-Codes durch eine quadratische Generatormatrix der Dimension $[N \times N]$. C_N kennzeichnet den Satz von N Spreizcodes mit einer Länge von N Chips.

5.8 Die Bitübertragungsschicht

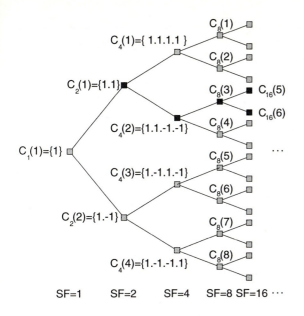

Abbildung 5.19: Baumstruktur der OVSF-Codes

$$C_N = \begin{bmatrix} C_N(1) \\ C_N(2) \\ C_N(3) \\ C_N(4) \\ \vdots \\ C_N(N-1) \\ C_N(N) \end{bmatrix} = \begin{bmatrix} C_{N/2}(1)C_{N/2}(1) \\ C_{N/2}(1)\overline{C_{N/2}(1)} \\ C_{N/2}(2)C_{N/2}(2) \\ C_{N/2}(2)\overline{C_{N/2}(2)} \\ \vdots \\ C_{N/2}(N/2)C_{N/2}(N/2) \\ C_{N/2}(N/2)\overline{C_{N/2}(N/2)} \end{bmatrix} \quad (5.3)$$

C_N ist ein Spaltenvektor mit $N = 2^n$ Elementen, die aus $C_{N/2}$ erzeugt werden. Dabei ist $\overline{C_{N/2}}$ das binäre Komplement zu $C_{N/2}$. Die Menge der so erzeugten Codes kann in einer Baumstruktur dargestellt werden, vgl. Abb. 5.19, da jeder Code mit einem Spreizfaktor von N aus einem Code mit dem Spreizfaktor $N/2$ erzeugt wird. In jeder k-ten Ebene steht eine Menge von 2^k Spreizcodes mit einer Länge von 2^k Chips zur Verfügung. OVSF-Codes existieren im FDD-Modus bis zu einer Länge von 256 Chips.

Da im Codebaum ein Code durch die Vervielfachung eines Codes der niedrigeren Ebene erzeugt wird, sind Codes verschiedener Ebenen nur dann orthogonal zueinander, wenn sich der kürzere nicht im längeren wiederfindet. Das bedeutet, daß zwei Codes verschiedener Ebenen des Codebaumes orthogonal zueinander sind, solange einer der beiden Codes kein Muttercode des anderen ist. Durch diese Einschränkung ist die Anzahl der vergebbaren Codes abhängig von der Bitrate und dem Spreizfaktor eines jeden physikalischen Kanals.

In Abb. 5.19 ist ein Beispielszenarium für die Vergabe eines Spreizcodes angedeutet. Erfolgt die Zuweisung des orthogonalen variablen Spreizcodes $C_8(3)$ an einen physikalischen Kanal, haben alle Codes der unteren Ebenen, die von diesem Spreizcode abgehen, $C_8(3)$ als sogenannten Muttercode. Das bedeutet, daß die Codes $C_{16}(5), C_{16}(6), C_{32}(9)...C_{32}(12)$ etc. nicht an Teilnehmer vergeben werden dürfen, die eine niedrigere Bitrate fordern. Ebenso sind die Codes $C_2(1)$ und $C_4(2)$ nicht orthogonal zu $C_8(3)$ und können demzufolge auch nicht an Teilnehmer vergeben werden, die eine höhere Bitrate anfordern.

Die OVSF-Codes im TDD-Modus sind komplexwertig. Man erhält sie durch Zusammenfassen zweier aufeinanderfolgender Chips zu einem komplexen Symbol.

5.8.5.2 Verwürfelungscodes

Im FDD-Modus können auf der Aufwärtsstrecke entweder Verwürfelungscodes mit langer oder mit kurzer Periode verwendet werden. Unabhängig von ihrer Periode existieren je 2^{24} komplexwertige kurze und lange Codes. Die sogenannten langen Verwürfelungscodes werden aus einem reellen Gold-Code der Länge $2^{25} - 1$ Chips durch Verknüpfung des Gold-Codes mit der um $2^{24} + 16$ Chips verschobenen Kopie desselben Codes gewonnen.

Die kurzen Verwürfelungscodes haben eine Länge von 256 komplexwertigen Chips und werden durch ein ähnliches Verfahren wie die langen Verwürfelungscodes aus einer vierwertigen Codesequenz der Länge $2^8 - 1$ gewonnen.

Auf der Abwärtsstrecke dienen 38 400 Chips lange komplexe Codes zum Verwürfeln der gespreizten physikalischen Kanäle. Die Verwürfelungscodes werden aus einem reellen Gold-Code der Länge $2^{18} - 1$ Chips gewonnen. Der Realteil des Verwürfelungscodes entspricht dem Gold-Code, der Imaginärteil entspricht dem um 2^{17} Chips verschobenen Code.

Im TDD-Modus existieren 128 verschiedene reellwertige Verwürfelungscodes der Länge 16.

5.8.5.3 Spreizung und Modulation auf der Aufwärtsstrecke im FDD-Modus

Abbildung 5.20 zeigt die Spreizung und Modulation des DPCH, aufgeteilt in DPDCH und DPCCH auf der Aufwärtsstrecke. Jeder physikalische Kanal wird mit einem eigenen OVSF-Code gespreizt, und anschließend wird jede Codesequenz mit

5.8 Die Bitübertragungsschicht

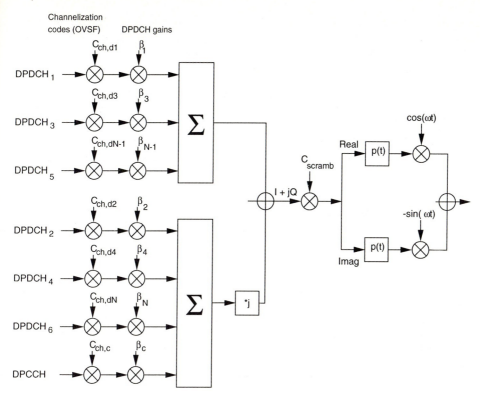

Abbildung 5.20: Übertragung von DPDCH und DPCCH auf der Aufwärtsstrecke im FDD-Modus

einem Amplitudenfaktor gewichtet. Dieser Amplitudenfaktor kann 16 verschiedene diskrete Werte annehmen und dient dazu, die Leistungen der DPDCH und DPCCH bei unterschiedlichen Spreizfaktoren anzugleichen. Die gespreizten und gewichteten Kanäle werden anschließend auf die Inphase- und Quadraturkomponente eines komplexen Basisbandsignals gemultiplext. Hierbei wird der DPCCH immer auf die Quadraturkomponente, die DPDCHs abwechselnd auf die Inphase- und die Quadraturkomponente abgebildet. Die resultierende komplexwertige Chipfolge wird dann mit einem komplexwertigen langen oder kurzen Verwürfelungscode verwürfelt und schließlich QPSK-moduliert und übertragen. Als Pulsformungsfilter dient ein *Raised-Cosine*-Filter mit einem *Roll-Off*-Faktor von 0,22. Die Modulationsrate beträgt 3,84 Mchips/s.

Es können gleichzeitig genau ein DPCCH und bis zu sechs DPDCH übertragen werden, wobei der DPCCH immer den Spreizcode $C_{256}(1)$ verwendet. Werden mehr als ein DPDCH übertragen, so haben alle DPDCH den Spreizfaktor vier. Da alle DPCCH und DPDCH entweder auf den Quadratur- oder den Inphasezweig der Modulation gemultiplext werden, wird durch dieses Verfahren jeder physikalische Kanal alleine betrachtet nicht mittels einer *Quaternary Phase Shift Keying* (QPSK)- sondern durch eine *Binary Phase Shift Keying* (BPSK)-Modulation übertragen.

Spreizung und Modulation des PRACH und des PCPCH erfolgen nach demselben Verfahren wie bei DPCH und DPDCH. Der Nachrichtenteil des PRACH bzw. PCPCH wird auf den Inphase- und der Steuerteil auf den Quadraturzweig abgebildet. Beide Pfade werden gespreizt und gewichtet, und anschließend wird das komplexe Summensignal mit einem komplexwertigen Code verwürfelt. Für den DPCH, den PRACH und den PCPCH werden gleichzeitig nicht dieselben Verwürfelungscodes verwendet.

5.8.5.4 Spreizung und Modulation auf der Abwärtsstrecke im FDD-Modus

Auf der Abwärtsstrecke werden alle physikalischen Kanäle bis auf die Synchronisationskanäle SCH mit dem gleichen Verfahren gespreizt und verwürfelt. Bits mit geradem Index werden auf den Inphase- und Bits mit ungeradem Index auf den Quadraturzweig gemultiplext. Die beiden daraus entstehenden Bitströme werden jeweils mit einem reellwertigen OVSF-Code gespreizt. Die Spreizung erfolgt durch Multiplikation des bipolaren Codes mit der bipolaren Repräsentation der Bitfolge. Dabei werden DTX-Indikatoren auf den Wert Null abgebildet und deshalb nicht bzw. mit der Leistung Null übertragen.

Anschließend wird jedes komplexwertige Symbol, das aus je einem Bit aus dem Inphase- und Quadraturzweig besteht, mit einem komplexwertigen Code verwürfelt. Die auf diese Weise gewonnenen komplexen Chipfolgen aller physikalischen Kanäle werden jeweils mit einem Faktor gewichtet und schließlich aufaddiert. Die Chipfolgen des P-SCH und des S-SCH sind bereits complexwertig und werden zu der Summenfolge der übrigen Kanäle addiert. Das so entstandene Signal wird schließlich mit einer QPSK-Modulation bei einer Chiprate von 3,84 Mchips/s übertragen. Das bedeutet, daß im Gegensatz zur Aufwärtsstrecke für jeden Kanal jeweils zweiwertige Symbole übertragen werden.

5.8.5.5 Spreizung und Modulation im TDD-Modus

Abbildung 5.22 zeigt die Spreizung, Verwürfelung und Modulation der Datenteile eines TDD-Bursts. Je zwei aufeinanderfolgende Bits werden zu einem komplex-

5.8 Die Bitübertragungsschicht

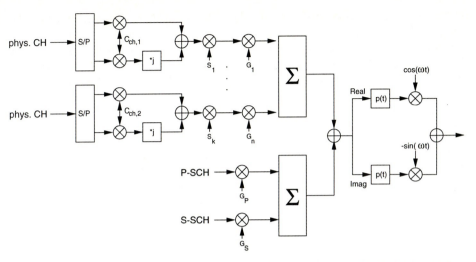

Abbildung 5.21: Spreizung und Modulation auf der Abwärtsstrecke im FDD-Modus

wertigen Symbol zusammengefaßt. Anschließend erfolgt die Spreizung mit einem komplexwertigen OVSF-Code, vgl. Abschn. 5.8.5.1.

Alle so gespreizten physikalischen Kanäle werden modulo-2 addiert, und das Summensignal wird mit einem teilnehmerspezifischen reellwertigen Verwürfelungscode verwürfelt. Die so entstandene Chipfolge wird mittels einer QPSK-Modulation mit einer Chiprate von 3,84 MChip/s übertragen.

Die Spreizung und Modulation auf der Abwärtsstrecke gleicht derjenigen auf der Aufwärtsstrecke. Allerdings können auf der Abwärtsstrecke bis zu 16 DPCH gleichzeitig übertragen werden, auf der Aufwärtsstrecke nur zwei.

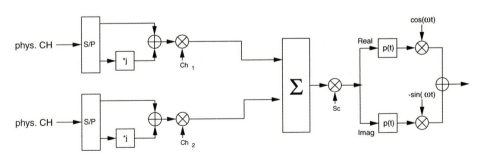

Abbildung 5.22: Spreizung und Modulation auf der Aufärtsstrecke im TDD-Modus

5.8.6 Kanalcodierung, Multiplexen und Verschachteln

Der Bitübertragungsschicht werden von der MAC-Schicht Transportblocksets mit der Periode eines TTI übergeben. Zur Sicherung der zu übertragenden Informationen und zur Abbildung dieser Informationen auf physikalische Kanäle dienen auf der Aufwärtsstrecke folgende Funktionen der Bitübertragungsschicht in der angegebenen Reihenfolge:

- Anhängen einer Prüfsumme (*Cyclic Redundancy Check*, CRC) an jeden Transportblock
- Verbinden von Transportblöcken und Segmentieren in Codeblöcke
- Kanalcodierung
- Rahmenlängenanpassung
- Erste Verschachtelung
- Rahmenlängenaufteilung
- Ratenanpassung
- Multiplexen der Transportkanäle auf CCTrCH
- Demultiplexen der CCTrCH auf physikalische Kanäle
- Zweite Verschachtelung
- Abbildung auf physikalische Kanäle und Übertragung

Bis zur Ratenanpassung, d. h. bis zum Multiplexen, wird die Information eines jeden Transportkanals getrennt behandelt. Gleiches gilt für die physikalischen Kanäle nach dem Demultiplexen.

Auf der Abwärtsstrecke erfüllt die Bitübertragungsschicht nacheinander folgende Funktionen:

- Anhängen einer Prüfsumme CRC an jeden Transportblock
- Verbinden von Transportblöcken und Segmentieren in Codeblöcke
- Kanalcodierung
- Ratenanpassung
- Erstes Einfügen von DTX-Indikatoren
- Erstes Verschachteln
- Rahmenlängenaufteilung

5.8 Die Bitübertragungsschicht

- Multiplexen der Transportkanäle auf CCTrCH
- Zweites Einfügen von DTX-Indikatoren
- Demultiplexen der CCTrCH auf physikalische Kanäle
- Zweite Verschachtelung
- Abbildung auf physikalische Kanäle und Übertragung

Auch hier werden die Informationen der Transportkanäle bis zum Multiplexen und die physikalischen Kanäle nach dem Demultiplexen separat behandelt. Im folgenden werden zunächst die Funktionen der Aufwärtsstrecke beschrieben und anschließend die davon abweichenden Funktionen der Abwärtsstrecke.

5.8.6.1 Anhängen einer Prüfsumme

Zur Fehlererkennung kann jedem Transportblock eines Transportblocksets eine Prüfsumme angehängt werden. Diese Prüfsumme ist 24, 16, 12, 8 oder, wenn keine Fehlererkennung erforderlich ist, 0 Bit lang. Die Paritätsbits werden systematisch durch Anwendung der folgenden Generatorpolynome im GF(2) erzeugt:

$$g_{24} = X^{24} + X^{23} + X^6 + X^5 + X + 1$$
$$g_{16} = X^{16} + X^{12} + X^5 + 1$$
$$g_{12} = X^{12} + X^{11} + X^3 + X^2 + X + 1$$
$$g_8 = X^8 + X^7 + X^4 + X^3 + X + 1$$

5.8.6.2 Verbinden von Transportblöcken und Segmentieren in Code-Blöcke

Die verschiedenen möglichen Kanalcodierschemata erfordern als Eingabe Blöcke mit einer begrenzten Länge. Daher werden vor der Kanalcodierung alle Transportblöcke eines TBS sequentiell angeordnet, und dieser Datenstrom wird abhängig vom gewählten Codierverfahren in gleichgroße Blöcke geteilt. Die maximale Länge eines solchen Blockes beträgt

- für Faltungscodierung 504 bit,
- für Turbocodierung 5114 bit, und
- für uncodierte Übertragung gibt es keine Beschränkung.

Ist die Aufteilung des Bitstroms innerhalb eines TTI nicht in gleichgroße Blöcke mit dieser maximalen Länge aufteilbar, werden solange Nullen angehängt, bis eine gleichmäßige Teilung möglich ist.

Tabelle 5.17: Kanalcodierverfahren für verschiedene Transportkanäle

Transportkanal	Codierung	Codierrate	Blocklänge nach Codierung
BCH	Faltungscodierung	1/2	$2n + 16$
PCH	Faltungscodierung	1/2	$2n + 16$
RACH	Faltungscodierung	1/2	$2n + 16$
CPCH, DCH	Faltungscodierung	1/2	$2n + 16$
	Faltungscodierung	1/3	$3n + 24$
DSCH, FACH	Turbocodierung	1/3	$3n + 12$
	keine Codierung	1	n

5.8.6.3 Kanalcodierung

Der Typ des Transportkanals legt die möglichen Kanalcodierschemata fest. Prinzipiell sind sowohl eine Faltungscodierung mit einer Einflußlänge von neun Bit und Codierraten von 1/2 oder 1/3 als auch eine Turbocodierung mit einer Codierrate von 1/3 möglich. Zusätzlich zu diesen Schemata ist auch die uncodierte Übertragung von Informationen über Transportkanäle vorgesehen. Tabelle 5.17 zeigt die möglichen Kanalcodierverfahren für verschiedene Transportkanäle.

5.8.6.4 Rahmenlängenanpassung und Aufteilung (Aufwärtsstrecke)

Ist das TTI eines Transportkanals ein Vielfaches einer Rahmenlänge (10 ms), so wird der innerhalb eines TTI zu übertragende Datenstrom auf mehrere aufeinanderfolgende Zeitrahmen gleichmäßig aufgeteilt (Rahmenlängenaufteilung). Da das Transportformat des zu übertragenden TFS für die Dauer eines TTI konstant ist, muß die Aufteilung derart geschehen können, daß die in den einzelnen Zeitrahmen übertragenen Blöcke gleich groß sind, und daß immer ganze Zeitrahmen gefüllt werden können. Die Größe der einzelnen Blöcke richtet sich nach dem Transportformat und nach den Parametern der Ratenanpassung der Aufwärtsstrecke, vgl. Abschn. 5.8.6.6. Diese Parameter werden von höheren Schichten festgelegt. Ist eine Aufteilung der Datenmenge eines TTI in gleich große Blöcke nicht möglich, so können solange beliebige Bits angefügt werden, bis die Anzahl der Bits ein ganzzahliges Vielfaches der gewünschten Blocklänge ist (Rahmenlängenanpassung).

5.8.6.5 Erste Verschachtelung

Der in der Länge angepaßte Datenstrom eines Transportkanals wird vor der Aufteilung auf einzelne Zeitrahmen einer Blockverschachtelung unterzogen. Hierzu werden die zu verschachtelnden Bits zeilenweise in eine Matrix geschrieben, die genausoviel Spalten hat, wie Zeitrahmen in eine TTI passen, z. B. zwei Spalten für ein TTI von 20 ms. Anschließend werden die Spalten der Matrix untereinander nach einer vorgegebenen Reihenfolge permutiert, und schließlich wird die daraus resultierende Matrix spaltenweise ausgelesen.

5.8.6.6 Ratenanpassung

Solange auf der Aufwärtsstrecke physikalische Kanäle belegt sind, müssen diese auch genutzt werden. Das bedeutet, daß die Bitrate des CCTrCH immer gleich der Summe der Übertragungsraten der jeweils belegten physikalischen Kanäle sein muß. Da die in einem TTI über einen Transportkanal übertragene Datenmenge variieren kann, sorgt die Funktion der Ratenanpassung durch Bit-Wiederholen oder durch Punktieren des Bitstroms dafür, daß der aus verschiedenen Transportkanälen gemultiplexte Datenstrom eine konstante Rate hat. Die Ratenanpassung wird von höheren Schichten gesteuert. Systematische Bits von turbocodierten Daten werden prinzipiell nicht punktiert. Wenn alle Transportkanäle eines CCTrCH in einem Intervall keine Daten übertragen, wird auch keine Anpassung vorgenommen, d. h. der DPDCH bleibt leer.

5.8.6.7 Multiplexen der Transportkanäle auf CCTrCH

Der CCTrCH wird aus den seriell gemultiplexten Datenströmen verschiedener Transportkanäle innerhalb eines TTI gebildet. Die Zahl der Transportkanäle, die auf einen CCTrCH abgebildet werden, ist durch die Fähigkeiten des UE bestimmt. Das gleiche gilt für die Größe der TBS eines Transportkanals.

Auf der Aufwärtsstrecke kann für jedes UE nur ein CCTrCH zur gleichen Zeit existieren, auf der Abwärtsstrecke sind für ein UE auch mehrere parallele CCTrCH erlaubt. Alle gleichzeitig über physikalische Kanäle übertragenen CCTrCH werden durch dieselbe schnelle Leistungsregelung mit geschlossenem Regelkreis in ihrer Sendeleistung gesteuert. Verschiedene CCTrCH können dabei auch unterschiedliche Signal-Störleistungsverhältnisse erfordern.

Tabelle 5.18: Abbildung der Transportkanäle auf physikalische Kanäle

Transportkanal	physikalischer Kanal
UL RACH	PRACH
UL CPCH	PCPCH mit einem Steuerungs- und einem oder mehreren Nachrichtenteil
UL ein oder mehrere DCH, die auf denselben CCTrCH gemultiplext werden	ein DPCCH und ein oder mehrere DPDCH
DL BCH	P-CCPCH
DL ein oder mehrere FACH + PCH	ein S-CCPCH für jedes FACH-PCH-Paar
DL ein oder mehrere DCH, die auf denselben CCTrCH gemultiplext werden	ein oder mehrere DPCH, Steuerteil nur in einem DPCH
DL DSCH und ein oder mehrere DCH, die auf denselben CCTrCH gemultiplext werden	PDSCH und ein oder mehrere DPCH, Steuerteil nur in einem DPCH
DL FACH und ein oder mehrere DCH, die auf denselben CCTrCH gemultiplext werden	S-CCPCH und ein oder mehrere DPCH, Steuerteil nur in einem DPCH
DL DSCH und FACH und ein oder mehrere DCH, die auf denselben CCTrCH gemultiplext werden	S-CCPCH und PDSCH und ein oder mehrere DPCH, Steuerteil nur in einem DPCH
DL mehrere DCH, die auf mehrere CCTrCH gemultiplext werden	mehrere DPCH, Steuerteil nur in einem DPCH pro CCTrCH

Abhängig davon, welche Transportkanäle auf einen CCTrCH gemultiplext werden, gibt es dedizierte und gemeinsame CCTrCH. Dedizierte Transportkanäle können ausschließlich auf dedizierte CCTrCH abgebildet werden, gemeinsame Transportkanäle nur auf gemeinsame. Tabelle 5.18 zeigt einige mögliche Abbildungen von Transportkanälen auf physikalische Kanäle im FDD-Modus, vgl. auch Abb. 5.24.

5.8.6.8 Demultiplexen der CCTrCH auf physikalische Kanäle

Um die zur Verfügung stehenden Funkbetriebsmittel möglichst gut auszunutzen, können mehrere Transportkanäle auf einen CCTrCH gemultiplext werden, vgl. Abb. 5.12. Je nach Übertragungsrate des CCTrCH wird dieser Kanal auf einen oder mehrere physikalische Kanäle mit gleichem Spreizfaktor aufgeteilt, wobei ein physikalischer Kanal keine Daten von verschiedenen CCTrCH tragen kann. Das erforderliche Signal-Störleistungsverhältnis sollte daher für alle Bits eines CCTrCH gleich sein. Die Parameter des Fehlerschutzes und des Multiplexens werden für jeden CCTrCH durch eine TFC beschrieben, die alle 10 ms geändert werden kann. Diese TFC wird entweder der Partnerinstanz mitgeteilt oder von der Partnerinstanz selbständig erkannt.

Das Aufteilen eines CCTrCH auf verschiedene physikalische Kanäle geschieht durch Aufteilen des Datenstroms auf gleiche physikalische Kanäle, wobei einem Kanal jeweils ein zusammenhängender Block von Bits des CCTrCH zugeordnet wird.

5.8.6.9 Zweite Verschachtelung

Die zweite Verschachtelung folgt demselben Prinzip wie die erste und wird für jeden physikalischen Kanal getrennt durchgeführt. Durch sie werden die Informationen desselben Zeitrahmens untereinander verschachtelt. Die in einem Zeitrahmen über einen physikalischen Kanal zur Übertragung anstehenden Daten werden zeilenweise in eine 30 Spalten breite Matrix geschrieben, die bei Bedarf mit beliebigen Bits aufgefüllt wird. Nach einer festgelegten Permutation der Spalten wird die Matrix spaltenweise bis auf die Füllbits ausgelesen.

5.8.6.10 Abbildung auf physikalische Kanäle und Übertragung

Nach der zweiten Verschachtelung werden aus den Datenströmen die jeweiligen Bursts generiert, die nach Spreizung und Verwürfelung schließlich moduliert und übertragen werden, vgl. Abschn. 5.8.5.3.

Zur Verdeutlichung der Funktionen der Bitübertragungsschicht ist in Abb. 5.23 die Realisierung eines dedizierten Transportkanals mit einer Rate von 12,2 kbit/s auf der Aufwärtsstrecke dargestellt, über den alle 20 ms 244 bit übertragen werden. Auf den CCTrCH wird noch ein anderer DCH mit einer Rate von 2,4 kbit/s gemultiplext. Dieser CCTrCH wird auf einen DPDCH mit einem Spreizfaktor von 64 abgebildet, vgl. Burstformat 2 in Tab. 5.12. Dem 244-bit-Block wird eine Prüfsumme von 16 bit Länge angefügt. Zusammen mit den für das Initialisieren des Faltungscodierers notwendigen acht Bit erhält man nach der Kanalcodierung einen Block von 804 bit Länge. Nach der Verschachtelung kann dieser Block ohne Verlängerung in zwei der Zeitrahmenlänge angepaßte Teile zu je 402 bit geteilt werden. Das Anpassen an die Übertragungsrate des CCTrCH geschieht durch Wiederholung von Bits. Aus diesem Vorgang resultieren zwei Blöcke zu je 495 bit, die zusammen mit Blöcken aus dem zweiten DCH zu einem CCTrCH gemultiplext werden. Da zur Übertragung dieses CCTrCH nur ein DPDCH mit Burstformat 2 notwendig ist, entfällt ein Demultiplexen auf verschiedene physikalische Kanäle.

Nach dem zweiten Verschachteln werden aus dem Datenstrom die DPDCH-Bursts erstellt, die nach Spreizung und Verwürfelung moduliert und übertragen werden.

5.8.6.11 Ratenanpassung auf der Abwärtsstrecke

Wenn während eines TTI die übergebene Datenmenge vom Maximalwert abweicht, wird die Übertragung solange unterbrochen, bis die maximal in einem TTI dieses Transportkanals zu übertragende Bitmenge erreicht ist. Die Ratenanpassung auf der Abwärtsstrecke sorgt durch Punktieren oder Wiederholen dafür, daß die Anzahl der Bits ein ganzzahliges Vielfaches der Blocklänge ist, die für die Übertragung auf einem physikalischen Kanal gefordert wird.

5.8.6.12 Einfügen von DTX-Indikatoren auf der Abwärtsstrecke

Auf der Abwärtsstrecke besteht die Möglichkeit, einem Transportkanal eine feste Position innerhalb eines CCTrCH zuzuweisen. In diesem Fall ist die Position des Transportkanals innerhalb des Zeitrahmens bekannt, und es werden in jedem Zeitrahmen die gleiche maximale Menge Bits für diesen Transportkanal reserviert. Weicht bei Sprachübertragung die innerhalb eines TTI übergebene Datenmenge vom Maximalwert ab, so wird der Block nach dem Codieren und Anpassen mit sogenannten DTX-Indikatoren aufgefüllt, die nicht übertragen werden. Eine solche feste Positionierung eines Transportkanals erleichtert das selbständige Erkennen des Transportformates seitens der Partnerinstanz, wenn kein TFCI übertragen wird.

Ist die Position des Transportkanals innerhalb des Zeitrahmens nicht fest, so werden die DTX-Indikatoren erst nach dem Multiplexen der Transportkanäle auf einen CCTrCH am Ende eines Zeitrahmens eingefügt. In diesem Fall werden durch die darauf folgende Verschachtelung die DTX-Indikatoren auf alle Zeitschlitze des Rahmens verteilt.

5.9 Die Sicherungsschicht

Die Sicherungsschicht besteht aus insgesamt vier Teilschichten, wobei die BMC- und die PDCP-Teilschicht jeweils nur der Nutzerebene angehören, vgl. Abschn. 5.7. Die Sicherungsschicht stellt im wesentlichen folgende Dienste zur Verfügung:

- Datenübertragung mit verschiedenen Dienstgüten
- Schicht-2-Verbindungsauf- und abbau

5.9 Die Sicherungsschicht 431

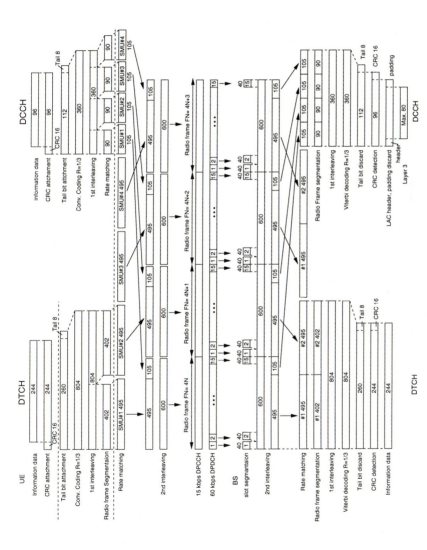

Abbildung 5.23: Übertragung eines dedizierten Kanals mit 12,2 kbit/s auf der Aufwärtsstrecke

- Rundsendedienste
- Anpassung an nicht-UTRAN-Protokolle, z. B. TCP/IP

5.9.1 Die MAC-Teilschicht

5.9.1.1 Dienste der MAC-Teilschicht

Die Dienste der MAC-Schicht für die RLC-Schicht werden mithilfe sogenannter logischer Kanäle erbracht. Über sie wird die unbestätigte Übertragung von Dienstdateneinheiten (*Service Data Unit*, SDU) der MAC-Schicht zwischen MAC-Partnerinstanzen realisiert. Hierbei werden die SDUs in der MAC-Schicht nicht segmentiert. Die logischen Kanäle werden innerhalb der MAC-Schicht auf die Transportkanäle abgebildet. Die MAC-Schicht erstellt für die RRC-Schicht Meßwertberichte, die z. B. Informationen über die Auslastung oder die Dienstgüte enthalten. Die RRC-Schicht entscheidet bei Bedarf über eine Umkonfiguration der belegten Betriebsmittel. Die Umkonfiguration der MAC-Parameter beinhaltet z. B. das Wechseln des TFS oder des Transportkanals.

5.9.1.2 Funktionen der MAC-Teilschicht

Neben den oben genannten Diensten erfüllt die MAC-Teilschicht die im folgenden beschriebenen Funktionen.

Auswahl eines geeigneten Transportformates: Um eine effektive Nutzung der Transportkanäle zu gewährleisten, wählt die MAC-Schicht eigenständig für jeden Transportkanal abhängig von der aktuellen Übertragungsrate aus dem gültigen Transportformatset ein Transportformat aus. Das TFCS wird dabei von der RRC-Schicht vorgegeben, vgl. Abschn. 5.8.2.1.

Verwaltung von Prioritäten: Bei der Auswahl einer geeigneten Transportformatkombination (TFC) kann die MAC-Schicht verschiedene Prioritäten zwischen den einzelnen Transportkanälen durch Zuteilung der Übertragungsrate berücksichtigen. Diese Prioritäten sind entweder dienstspezifisch oder können z. B. von der RLC-Schicht vorgegeben werden, um das Überlaufen von Puffern zu vermeiden. Bei sehr büschelhaftem Verkehr, z. B. bei Paketdatenübertragung, kann die MAC-Schicht Prioritäten durch die Wahl des gemeinsamen Transportkanals für die einzelnen Pakete steuern.

Verwaltung gemeinsamer Transportkanäle: Die gemeinsamen Transportkanäle erfordern die Identifikation der UE. Diese Funktion wird von der MAC-

Schicht durch das Einfügen bzw. Entfernen eines sogenannten *Radio Network Temporary Identifier* (RNTI) in die MAC-PDU erfüllt.

Multiplexen logischer Kanäle auf Transportkanäle: Bei der Abbildung der logischen Kanäle auf die Transportkanäle können verschiedene Dienste auf einen Transportkanal gemultiplext werden. Umgekehrt werden Transportkanäle auf logische Kanäle demultiplext.

Wechseln des Typs eines Transportkanals: Die MAC-Schicht wählt auf Anweisung der RRC-Schicht zwischen der Übertragung über einen gemeinsamen oder einen dedizierten Transportkanal.

Verschlüsselung: Diese Funktion der MAC-Schicht wird nur in Kombination mit dem transparenten Übertragungsmodus der RLC-Schicht verwendet, vgl. Abschn. 5.9.2.

Zufallszugriff: Der Zufallszugriff erfolgt nach dem in Abschn. 5.8.3.2 beschriebenen Protokoll. Jeder ASC ist neben einer Menge von Zugriffszeitpunkten und Signaturen auch mindestens ein *Backoff*-Parameter zugeordnet. Die MAC-Schicht informiert die Bitübertragungsschicht über die möglichen Parameter zur Übertragung einer MAC-*Protocol Data Unit* (PDU) über den RACH bzw. PRACH.

5.9.1.3 Logische Kanäle

Die logischen Kanäle sind die Dienste der MAC-Schicht für die RLC-Schicht. Logische Kanäle, über die Informationen der Steuerebene übertragen werden, werden zur Gruppe der Steuerkanäle *(Control Channels)* zusammengefaßt. Alle logischen Kanäle, die Informationen der Nutzerebene übertragen, zählen zu den Verkehrskanälen *(Traffic Channels)*. Ein logischer Kanal ist durch die Art der Information, die über ihn übertragen wird, definiert.

Es gibt acht verschiedene logische Steuerkanäle:

***Synchronisation Control Channel* (SCCH):** Der SCCH dient im TDD-Modus zum Rundsenden von Informationen über die Konfiguration des *Broadcast Control Channel* (BCCH).

***Broadcast Control Channel* (BCCH):** Der *Broadcast Control Channel* dient zum Rundsenden von Systeminformationen auf der Abwärtsstrecke.

***Paging Control Channel* (PCCH):** Über den PCCH wird auf der Abwärtsstrecke der Funkruf realisiert.

Dedicated Control Channel (DCCH): Der DCCH ist ein bidirektionaler Kanal, der dedizierte Steuerinformationen zwischen UE und Netz überträgt. Der DCCH wird bei der Einrichtung einer RRC-Verbindung eingerichtet.

Common Control Channel (CCCH): Der CCCH ist ein bidirektionaler logischer Kanal, der zum Austausch von Steuerinformation zwischen UE und UTRAN dient. Er wird dann verwendet, wenn zwischen dem Netz und dem UE keine RRC-Verbindung besteht oder wenn das UE bereits einen gemeinsamen Transportkanal verwendet und zu einer neuen Zelle wechselt *(Cell Reselection)*.

Shared Channel Control Channel (SHCCH): Über den SHCCH werden Informationen zur Steuerung von gemeinsamen Kanälen, die von verschiedenen UE geteilt werden, übertragen. Dieser Kanal ist bidirektional und existiert nur im TDD-Modus.

ODMA Common Control Channel (OCCCH): Der OCCCH ist ein bidirektionaler Kanal zum Austausch von Steuerinformationen zwischen UEs im ODMA-Modus.

ODMA Dedicated Control Channel (ODCCH): Über den ODCCH wird im ODMA-Modus eine bidirektionale Punkt-zu-Punkt-Verbindung zwischen zwei UEs realisiert. Dieser Kanal ist das ODMA-Äquivalent zum DCCH und ist nur bei eingerichteter RRC-Verbindung existent.

Weiterhin gibt es drei verschiedene logische Verkehrskanäle:

Dedicated Traffic Channel (DTCH): Ein DTCH kann sowohl auf der Aufwärts- als auch auf der Abwärtsstrecke existieren. Er ist ein Punkt-zu-Punkt-Kanal und gehört jeweils zu einem bestimmten UE. Über ihn werden Daten der Nutzerebene übertragen.

ODMA Dedicated Traffic Channel (ODTCH): Der ODTCH ist im ODMA-Modus das Äquivalent zum DTCH und dient zur Übertragung von Nutzerdaten zwischen zwei UE.

Common Traffic Channel (CTCH): Über den CTCH werden Daten der Nutzerebene an alle oder eine Gruppe von UE rundgesendet. Der CTCH ist ein unidirektionaler Punkt-zu-Mehrpunkt-Kanal der Abwärtsstrecke.

Abbildung 5.24 gibt eine Übersicht über die Abbildung von logischen Kanälen auf Transportkanäle und von diesen auf physikalische Kanäle und umgekehrt.

Tabelle 5.19 zeigt die mögliche Abbildungen der logischen Kanäle auf die Transportkanäle in beiden Übertragungsrichtungen.

5.9 Die Sicherungsschicht

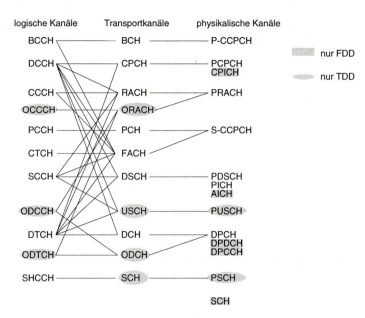

Abbildung 5.24: Abbildung von logischen Kanälen, Transportkanälen und physikalischen Kanälen aufeinander

5.9.1.4 MAC-Entities

Die Abbildungen 5.25 und 5.26 zeigen den Aufbau der MAC-Schicht im UTRAN und im UE. Es gibt vier verschiedene MAC-Entities, MAC-b, MAC-c/sh, MAC-d und MAC-sy. Letztere existiert nur im TDD-Modus. Jede MAC-Entity besitzt einen sog. *MAC-Control-Dienstzugangspunkt*, über den die RRC-Schicht die Parameter der einzelnen Entities steuern kann.

Die MAC-b-Entity bildet die Verbindung von BCCH und BCH. Es existiert in jedem UE und für jede Zelle je genau eine Instanz dieser Entity. Die MAC-sy-Entity verwaltet im TDD-Modus die Synchronisationskanäle. Sie ist zellspezifisch, und es existiert in jedem UE und für jede Zelle je genau eine Instanz dieser Entity.

Dedizierte logische Kanäle und dedizierte Transportkanäle sind über die MAC-d-Entity miteinander verbunden. Im UE existiert genau eine Instanz dieser Entity, im UTRAN existiert genau eine Instanz pro UE. Nach Vorgabe der RRC-Schicht wählt die MAC-d-Entity den zur Übertragung der MAC-SDU geeigneten Transportkanal. Handelt es sich hierbei um einen gemeinsamen Transportkanal, oder werden mehrere dedizierte logische Kanäle auf einen dedizierten Transportkanal gemultiplext, so wird der gewählte Kanal in einem sogenannten *C/T*-Feld in der

Tabelle 5.19: Abbildung von logischen auf Transportkanäle (ohne ODMA)

	SCCH	BCCH	PCCH	DCCH	CCCH	SHCCH	CTCH	DTCH
SCH	DL							
BCH		DL						
PCH			DL					
CPCH				UL				UL
RACH				UL	UL	UL		UL
FACH	DL			DL	DL	DL	DL	DL
USCH				UL		UL		UL
DSCH				DL		DL		DL
DCH				UL/DL				UL/DL

MAC-PDU referenziert. Ein dedizierter logischer Kanal kann gleichzeitig auf einen DCH und über die MAC-c/sh-Entity auf einen DSCH abgebildet werden.

Gegenüber der MAC-c/sh-Entity sorgt eine Flußkontrolle in der MAC-d-Entity für eine geringe Verzögerung von Schicht-2-Signalisierungen über dedizierte logische Kanäle, und minimiert die Anzahl der verworfenen oder wiederholten Übertragungen bei einer Überlastung des FACH oder des DSCH.

Auf der Aufwärtsstrecke erfolgt die Auswahl der TFC in der MAC-d-Entity zur Realisierung von Prioritäten unter den Transportkanälen, vgl. Abschn. 5.9.1.2. Neben dieser Zuweisung von Übertragungsbandbreite erfolgt die Behandlung von Prioritäten auch durch die Steuerung der Übertragungsreihenfolge der MAC-PDU auf den verschiedenen Transportkanälen.

Über die MAC-c/sh-Entity werden die nicht-dedizierten logischen Steuerkanäle auf die nicht-dedizierten Transportkanäle abgebildet. Weiterhin erfolgt über die MAC-d-Entity die Abbildung der dedizierten logischen Kanäle (DCCH, DTCH) auf die nicht-dedizierten Transportkanäle. Es existiert in jedem UE und für jede Zelle je genau eine Instanz der MAC-c/sh-Entity.

Innerhalb der MAC-c/sh-Entity werden unter anderem die logischen Kanäle BCCH, CCCH, CTCH und SHCCH sowie die MAC-SDUs von der MAC-d-Entity auf die Transportkanäle RACH und FACH abgebildet. Zu welchem der logischen Kanäle die MAC-SDU gehört, wird durch ein sogenanntes *Target Channel Type Field* (TCTF) im Kopf der MAC-PDU gekennzeichnet, das in der MAC-c/sh-Entity angefügt bzw. entfernt wird. Im Falle der Übertragung eines dedizierten logischen Kanals über MAC-d und MAC-c/sh wird dem Kopf der MAC-PDU ein Feld hinzugefügt, daß das jeweilige UE referenziert.

Für alle Transportkanäle, die von verschiedenen logischen Kanälen gemeinsam genutzt werden, steuert die MAC-c/sh-Entity die Prioritäten zwischen den logischen

5.9 Die Sicherungsschicht

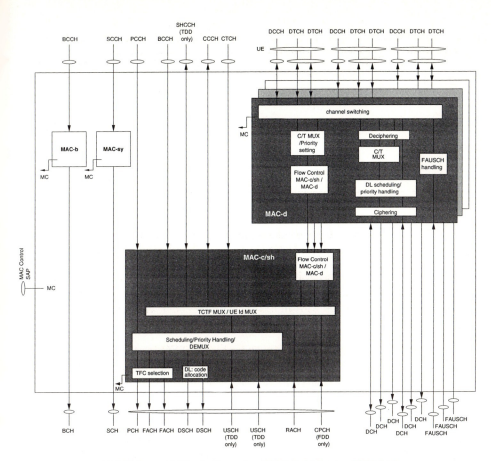

Abbildung 5.25: Aufbau der MAC-Schicht im UTRAN

Kanälen und die Abfertigung über die Transportkanäle. Auf der Aufwärtsstrecke gilt diese Funktion für den RACH und den CPCH, auf der Abwärtsstrecke für PCH, FACH und DSCH.

Die Parameter für den Zufallszugriff (ASC und *Backoff*-Parameter) werden innerhalb der MAC-c/sh-Entity festgelegt und der Bitübertagungsschicht übermittelt.

5.9.1.5 MAC-Data-PDU

In Abbildung 5.27 ist der prinzipielle Aufbau der MAC-PDU dargestellt. In Abhängigkeit des logischen Kanals können der MAC-SDU eines oder mehrere Daten-

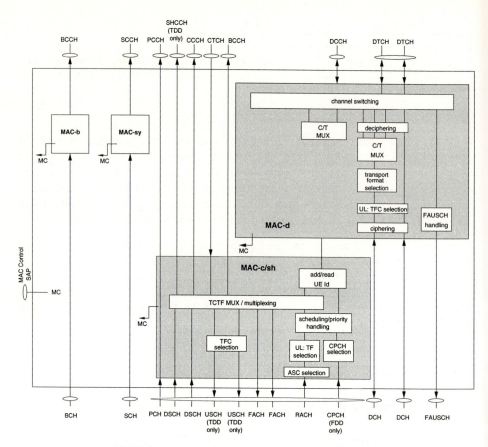

Abbildung 5.26: Aufbau der MAC-Schicht im UE

felder vorangestellt werden. Die Länge der SDU entspricht immer der Länge einer RLC-PDU, da wie zuvor bereits erwähnt in der MAC-Schicht keine Segmentierung stattfindet.

Das TCTF ist im FDD-Modus zwei oder acht Bit, im TDD-Modus ein bis drei Bit lang. Die Länge ist durch den Transportkanal (USCH, FACH oder RACH) bestimmt. Das TCTF wird dann weggelassen, wenn die Zuordnung von logischem Kanal und Transportkanal eindeutig ist. Dies ist dann der Fall, wenn

- der BCCH auf den BCH abgebildet wird,
- der SHCCH der einzige logische Kanal ist,
- der DTCH oder DCCH der einzige logische Kanal ist

5.9 Die Sicherungsschicht

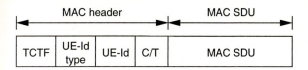

Abbildung 5.27: Der Aufbau der MAC-PDU

Das TCTF wird nur in der MAC-c/sh-Entity verwendet.

Werden mehrere logische Kanäle von einem Transportkanal getragen, so wird der logische Kanal über das *C/T*-Feld identifiziert. Dieses Feld ist vier Bit lang und zeigt insbesondere bei der Übertragung über den RACH oder den FACH an, um welchen Typ es sich bei dem logischen Kanal handelt. Das *C/T*-Feld wird nur in der MAC-d-Entity verwendet. Dort kann es nur dann weggelassen werden, wenn kein Multiplexen von logischen Kanälen auf Transportkanäle stattfindet.

Über das *UE-Id*-Feld werden für die gemeinsamen Transportkanäle die verschiedenen UE referenziert. Es gibt zwei verschiedene Typen von Identifikationsnummern unterschiedlicher Länge, die 32 bit lange *Cell Radio Network Temporary Identity* (U-RNTI) und die 16 bit lange *Cell Radio Network Temporary Identity* (C-RNTI). Der verwendete Typ wird im *UE-Id-Type*-Feld angezeigt und von der RRC-Schicht vorgegeben.

5.9.2 Die RLC-Teilschicht

5.9.2.1 Dienste der RLC-Teilschicht

Die RLC-Schicht erbringt der darüber liegenden Schicht folgende Dienste:

Auf- und Abbau einer RLC-Verbindung: Pro Trägerdienst existiert genau eine RLC-Verbindung.

Transparente Datenübertragung: Bei der transparenten Datenübertragung wird den zu übertragenden Daten keine Protokollinformation in der RLC-Schicht hinzugefügt. Die PDU der höheren Schicht kann allerdings in mehrere Teile segmentiert und in der Partnerinstanz wieder zusammengesetzt werden. Dieser Vorgang erfolgt nach einem beiden Partnerinstanzen bekannten Schema. Zusätzlich enthält die Entity für die transparente Übertragung einen Sende- und Empfangspuffer.

Unbestätigte Datenübertragung: Dieser Dienst überträgt PDUs ohne eine Garantie für deren Empfang. Allerdings kann die RLC-Schicht in diesem Übertragungsmodus erkennen, ob Fehler aufgetreten sind. Hierzu werden bei Bedarf die PDUs höherer Schichten segmentiert, wobei eine RLC-PDU auch

Tabelle 5.20: Abbildung der RLC-Übertragungsdienste auf logische Kanäle

Dienst	SCCH	BCCH	PCCH	CCCH	SHCCH	DCCH	DTCH	CTCH
transparent	DL	DL	DL	UL	UL/DL		UL/DL	
unbestätigt				DL	DL	UL/DL	UL/DL	DL
bestätigt						UL/DL	UL/DL	

Teile verschiedener PDUs der höheren Schicht enthalten darf. Zum Erkennen von Übertragungsfehlern werden die RLC-PDUs oder die PDU-Teile durchnumeriert. Es werden von der Partnerinstanz nur solche PDUs an die höhere Schicht weitergegeben, die in der richtigen Reihenfolge empfangen wurden. Andernfalls wird die gesamte PDU verworfen. Eine erneute Übertragung geschieht in diesem Fall nicht.

Bestätigte Datenübertragung: Mit der bestätigten Datenübertragung stellt die RLC-Schicht sicher, daß die zu übertragende PDU bei der Partnerinstanz fehlerfrei empfangen wird. Fehlerhafte Übertragungen werden der sendenden Instanz signalisiert, und die fehlerhafte PDU wird erneut versendet. Bei wiederholt fehlerhafter Übermittlung dieser PDU wird dies der höheren Schicht mitgeteilt, und die PDU wird verworfen. Dieser Dienst kann sicherstellen, daß die PDUs in der Reihenfolge übermittelt werden, wie sie von der höheren Schicht übergeben werden. Ist die höhere Schicht in der Lage, PDUs in falscher Reihenfolge zu verarbeiten, so kann aus Effizienzgründen auf die folgerichtige Übermittlung verzichtet werden.

Einstellen der Dienstgüte: Die Parameter für das Protokoll der bestätigten Datenübertragung können von der RRC-Schicht vorgegeben werden. Hierdurch können verschiedene Dienstgüten für den bestätigten Datenübertragungsdienst erreicht werden.

Melden von nicht-behebbaren Übertragungsfehlern: Ist im bestätigten Übertragungsmodus die Fehlersicherung mit den Mechanismen der RLC-Schicht nicht möglich, wird dies der höheren Schicht mitgeteilt.

Transparente, bestätigte und nicht-bestätigte Datenübertragungsdienste werden auf verschiedene logische Kanäle abgebildet. Die möglichen Abbildungen sind in Tabelle 5.20 dargestellt.

5.9.2.2 Funktionen der RLC-Teilschicht

Zur Erbringung der Transportdienste sind innerhalb der RLC-Teilschicht folgende Funktionen notwendig:

Segmentierung und Wiederherstellung: Mit Hilfe dieser Funktion werden verschieden große PDUs der höheren Schicht in kleinere sog. *Payload Unit* (PU) aufgeteilt und in der Partnerinstanz wieder entsprechend zusammengesetzt. Die Größe der RLC-PDU kann bei der Übertragung an das gültige TFS der MAC-Schicht angepaßt werden.

Verketten von RLC-SDUs: Bei der Segmentierung von RLC-SDUs muß die Länge der SDU kein ganzzahliges Vielfaches der Länge der PU sein. Daher kann das letzte Segment einer SDU mit dem ersten Segment der nächsten SDU verkettet und in einer PU zusammengefaßt werden.

Auffüllen von PDUs: Ist ein Auffüllen der PDU durch Verkettung nicht möglich, wird die PDU durch Auffüllen mit Bits auf ihre vorgegebene Größe gebracht.

Fehlererkennung: Beim Segmentieren der SDUs werden die einzelnen PUs durchnumeriert. Dadurch kann beim Zusammensetzen der SDU in der Partnerinstanz geprüft werden, ob eine vollständige Übertragung stattgefunden hat. Ist ein Teil der SDU fehlerhaft, so wird die gesamte SDU verworfen.

Fehlerkorrektur: Im bestätigten Modus der Datenübertagung erfolgt eine Fehlersicherung durch erneutes Übertragen fehlerhafter PDUs. Hierfür sind verschiedene Protokolle vorgesehen, z. B. *Selective Repeat*, *Go Back N* oder *Send-and-Wait ARQ*.

Folgerichtige Übertragung von RLC-SDUs: Mit dieser Funktion kann die RLC-Schicht sicherstellen, daß die RLC-SDUs in derselben Reihenfolge der Partnerinstanz der höheren Schicht übergeben werden, wie sie senderseitig von der höheren Schicht entgegengenommen wurden. Wird diese Funktion nicht genutzt, werden die SDUs in der Reihenfolge übermittelt, wie sie nach der Fehlerkorrektur vorliegen.

Erkennen von Mehrfachübertragungen: Mehrfach übertragene SDUs werden erkannt und verworfen, so daß jeweils nur eine Version einer SDU der Partnerinstanz übergeben wird.

Flußsteuerung: Diese Funktion erlaubt die Steuerung der Übertragungsrate der sendenden Partnerinstanz durch die empfangende.

Verschlüsselung: Datenverschlüsselung wird innerhalb der RLC-Schicht nur für den bestätigten und den unbestätigten Übertragungsdienst angewandt.

Aussetzen und Wiederaufnahme der Datenübertragung: Die Übertragung von Daten kann ausgesetzt und über einen anderen logischen Kanal wieder aufgenommen werden. Die RLC-Verbindung bleibt dabei bestehen.

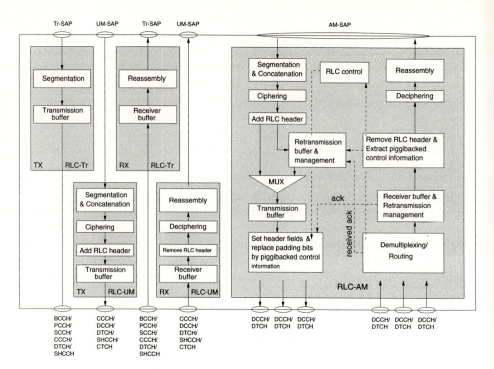

Abbildung 5.28: Entities der RLC-Schicht

5.9.2.3 RLC-Entities

Abbildung 5.28 zeigt die Entities der RLC-Schicht. Die transparente Datenübertragung wird von einer Instanz der *TX-RLC-Tr*-Entity auf der Sendeseite und einer Instanz der *RX-RLC-Tr*-Entity auf der Empfängerseite erbracht. Segmentierung von RLC-SDUs wird nur bei Bedarf durchgeführt. Zur Übertragung wird einer der in Tab. 5.20 angegebenen logischen Kanäle verwendet. Transparente Datenübertragung über den CCCH ist nur auf der Aufwärtsstrecke möglich.

Die *RLC-UM*-Entities erbringen den unbestätigten Übertragungsdienst. Um sicherstellen zu können, daß nur korrekt empfangene RLC-SDUs an die höhere Schicht weitergegeben werden, wird der RLC-PDU eine fortlaufende Numerierung angefügt, so daß das Fehlen von RLC-PDUs erkannt werden kann. Für den transparenten und den unbestätigten Übertragungsdienst wird jeweils nur ein Typ von PDUs verwendet.

Im bestätigten Übertragunsmodus empfängt die *RLC-AM*-Entity SDUs von der höheren Schicht. Diese SDUs werden in gleich große sogenannte PUs segmentiert.

Die Länge einer PU ist semi-statisch und kann nach dem Aufbau der RLC-Verbindung nur von der RRC-Schicht geändert werden. Eine PU kann mehrere SDUs enthalten. Die Position der einzelnen SDUs innerhalb der PU werden durch sogenannte Längenindikatoren angezeigt, die der PU vorangestellt werden. Die PUs werden an einen Puffer für ein erneutes Übertragen und über eine Multiplex-Einheit an den Übertragungspuffer übergeben. Der Multiplexer entscheidet, welche PDUs wann übertragen werden. Vor dieser Übertragung wird der Kopf der RLC-PDU vervollständigt, z. B. durch das Setzen eines Polling-Bits. Zusätzlich kann hier bei Bedarf statt der Füllbits Statusinformation angehängt werden. Diese Information wird dann huckepack *(piggybacked)* in einer eigenen PDU übertragen. Diese PDU hat eine variable Größe und wird nicht zur erneuten Versendung in einem Puffer gespeichert. Zur Übertragung von Daten-PDUs und Status-PDUs können voneinander verschiedene logische Kanäle verwendet werden. In der Partnerinstanz werden Daten- und Status-PDUs getrennt. Die Daten-PDUs werden wieder in die einzelnen PUs und gegebenenfalls Statusinformation zerlegt. Im Empfangspuffer werden die PUs solange zwischengespeichert, bis sie zu einer kompletten SDU zusammengesetzt werden können. Wurden einzelne PUs nicht oder nur fehlerhaft empfangen, sendet die Puffereinheit eine negative Bestätigung an die sendende Instanz. Sind alle PUs korrekt empfangen worden, werden die Köpfe der PDUs entfernt und die SDUs wieder zusammengesetzt.

5.9.3 Datenfluß durch die Sicherungsschicht

In den beiden Teilschichten der Sicherungsschicht ist die Übertragung von Daten sowohl mit als auch ohne das Hinzufügen von Protokollinformation möglich. Die aus der Kombination der Übertragungsdienste resultierenden vier Übertragungsmodi sind in Abb. 5.29 dargestellt. Die Dienste der einzelnen Schichten werden hierbei nur dadurch unterschieden, ob Protokollinformation hinzugefügt wird oder nicht.

Innerhalb der RLC-Schicht kann immer eine Segmentierung bzw. ein Zusammenfügen stattfinden. Die RLC-PDU wird von der MAC-Schicht auf ein TBS abgebildet. Die Größe der RLC-PDU muß nicht notwendigerweise der Größe des TBS entsprechen. Mit welchem Übertragungsmodus eine RRC-Verbindung realisiert wird, hängt unter anderem von dem logischen Kanal und letzlich auch von dem Transportkanal ab, über den der Dienst erbracht wird.

Beispielhaft wird im folgenden die Datenübertragung in der Nutzerebene über den DTCH betrachtet.

DTCH über FACH oder RACH: Die Abbildung des DTCH auf den FACH oder RACH impliziert die Verwendung eines nicht-transparenten Modus in der

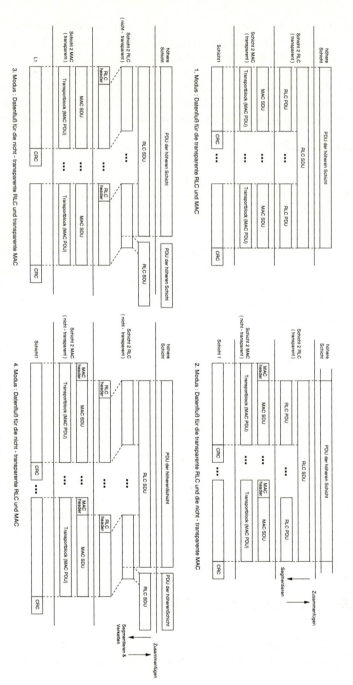

Abbildung 5.29: Datenfluß im U_u-Protokollstapel

5.9 Die Sicherungsschicht 445

RLC-Schicht. Die MAC-PDU enthält in diesem Fall ein TCTF- und ein *C/T*-Feld sowie die Kennung des UE, vgl. Abschn. 5.9.1.5. Dies entspricht in Abb. 5.29 dem vierten Modus.

DTCH über DSCH: Hier trifft im Prinzip dasselbe zu wie im vorigen Fall, allerdings kann im TDD-Modus auf MAC-Protokollinformationen verzichtet werden. In diesem Fall kommt der dritte Modus zum Einsatz.

DTCH über USCH: Auch der USCH impliziert die Verwendung eines nicht-transparenten Übertragungsdienstes in RLC. Die MAC-PDU muß nur dann Protokollinformationen tragen, wenn mehrere DCCH und DTCH auf den USCH gemultiplext werden. Es ist in diesem Fall der Modus drei oder vier möglich.

DTCH über DCH: Die Abbildung des DTCH auf den DCH ist sowohl bei transparenter als auch nicht-transparenter Übertragung in RLC möglich. Abhängig davon, ob in der MAC-Schicht mehrere DTCH gemultiplext werden, ist MAC-Protokollinformation nötig. Folglich sind für die Übertragung von Nutzerdaten über DTCH und DCH prinzipiell alle Modi der Sicherungsschicht anwendbar.

DTCH über CPCH: In diesem Fall trifft dasselbe zu wie bei der Abbildung des DTCH auf den FACH oder RACH.

5.9.4 Die BMC-Teilschicht

Die Aufgabe der BMC-Schicht ist das Übermitteln von Nachrichten an alle oder einige UE in einer Zelle. Die BMC-Teilschicht existiert nur in der Nutzerebene und ist transparent für alle Dienste außer für Rundrufdienste *(Broadcast/Multicast)*. Die BMC-Schicht besteht im UTRAN aus einer Instanz der BMC-Entity pro Zelle. Die Übertragung von BMC-PDUs erfolgt mittels des unbestätigten Übertragunsdienstes der RLC-Schicht über einen CTCH.

5.9.5 Die PDCP-Teilschicht

Die PDCP-Teilschicht ist eine Anpassungsschicht zur transparenten Übertragung von Netzschicht-PDUs anderer Protokolle wie z. B. IP über die U_u-Schnittstelle.

5.9.5.1 Funktionen der PDCP-Teilschicht

Neben den Algorithmen zur Adaption von fremden Netzschichtprotokollen erfüllt die PDCP-Schicht folgende Funktionen:

Kompression der Nachrichtenköpfe von PDUs der Netzschicht: Zur Effizienzsteigerung der Datenübertragung können sog. *Header-Compression*-Algorithmen angewandt werden. Diese sind jeweils spezifisch für ein Netz- oder Vermittlungsschichtprotokoll bzw. für eine Kombination aus beiden, z. B. für TCP/IP. Der jeweilige Algorithmus und die dazugehörigen Parameter werden von der RRC-Schicht für jede PDCP-Entity ausgehandelt und dieser über den *Control Service Access Point* (C-SAP) mitgeteilt. Die Signalisierung zwischen Partnerinstanzen, die Kompression und Dekompression durchführen, erfolgt innerhalb der Nutzerebene. Jede PDCP-Entity kann eine beliebige Anzahl von Kompressionsalgorithmen verwenden. Stehen in einer Entity mehrere verschiedene Algorithmen zur Auswahl, so wird der für die jeweilige PDCP-SDU gültige über einen Eintrag im Kopf der PDCP-PDU referenziert. Die Partnerinstanzen führen hierzu eine Liste der verfügbaren Algorithmen. Diese Liste kann durch Neukonfiguration der PDCP-Entity durch die RRC-Schicht geändert werden.

Datenübertragung: Zur Datenübertragung nutzt die PDCP-Schicht sowohl den bestätigten als auch den unbestätigten sowie den transparenten Übertragungsdienst der RLC-Schicht. Bei der bestätigten Übertragung speichert die PDCP-Entity die PDUs bis zur Bestätigung durch die RLC-Schicht. Ansonsten wird die PDU sofort nach der Übergabe an die RLC-Schicht gelöscht.

Puffern von PDCP-SDUs: Um zu vermeiden, daß bei einer Neuzuweisung des SRNC Pakete verloren gehen, können PDCP-PDUs numeriert und zwischengespeichert werden. Beim Wechsel des SRNC ist dann bekannt, welche PDUs bereits erfolgreich empfangen wurden. Gespeicherte PDUs werden nach dem Empfang einer Quittung von der RLC-Schicht gelöscht.

5.9.5.2 Entities der PDCP-Teilschicht

In Abb. 5.30 ist der Aufbau der PDCP-Schicht dargestellt. Zur Konfiguration der Entities, insbesondere zur Konfiguration der Kompressionsverfahren, dient der C-SAP zur RRC-Schicht. Die Trägerdienste werden über die Dienstzugangspunkte (*Service Access Point*, SAP) der PDCP-Schicht erbracht. Jede PDCP-Entity verfügt über genau einen PDCP-SAP und kann eine beliebige Anzahl von Kompressionsverfahren realisieren. Bei einer bestätigten Übertragung über den AM-SAP

5.10 Die Netzschicht

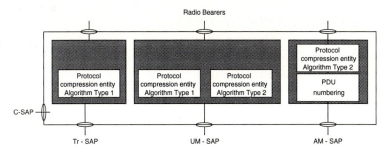

Abbildung 5.30: Der Aufbau der PDCP-Teilschicht

der RLC-Schicht erfüllt die PDCP-Entity zusätzlich noch die Numerierungs- und Pufferfunktion.

5.10 Die Netzschicht

5.10.1 Funktionen der Netzschicht

Rundsenden von Nachrichten: Systeminformationen werden vom Netz meist periodisch an alle UEs geschickt. Das Ordnen und zeitrichtige Versenden dieser Nachrichten ist Aufgabe der RRC-Schicht. Rundsendenachrichten der Zugangsebene sind typischerweise spezifisch für eine Zelle, während Nachrichten des CN auch für größere Gebiete gelten können.

Funkruf: Funkrufnachrichten sind für jeweils eine UE bestimmt und werden von der RRC-Schicht des UTRAN auf Anforderung von höheren Schichten rundgesendet.

Auf- und Abbau von RRC-Verbindungen zwischen UE und UTRAN: Der Aufbau einer RRC-Verbindung wird von der UE initiiert. Die Verbindungsannahmesteuerung in der Partnerinstanz vergibt hierbei die Funkbetriebsmittel. Bricht eine RRC-Verbindung ab, so kann die UE den Wiederaufbau anfordern. Wird die Verbindung beendet, so gibt die RRC-Schicht die Funkbetriebsmittel wieder frei.

Einrichtung, Auslösung und Konfiguration von Trägerdiensten: Werden Datenübertragungsdienste von höheren Schichten angefordert, richtet die RRC-Schicht in der Nutzerebene die Trägerdienste ein. Hierbei können für eine UE mehrere verschiedene Dienste gleichzeitig eingerichtet werden, wobei den unteren Schichten die für den jeweiligen Dienst gültigen Parameter über die C-SAPs mitgeteilt werden.

Zuweisung, Auslösung und Konfiguration von Funkbetriebsmitteln: Die RRC-Schicht ist verantwortlich für die Verwaltung der Funkbetriebsmittel der Dienste in der Steuerungs- und der Nutzerebene. Neben der Steuerung der Verbindungsannahme ist sie auch für die Verteilung der Betriebsmittel an verschiedene Trägerdienste der gleichen RRC-Verbindung zuständig. Die RRC-Schicht kann für eine bestehende RRC-Verbindung die Funkbetriebsmittel für Auf- und Abwärtsstrecke getrennt voneinander zuweisen bzw. neu konfigurieren. Eine weitere Funktion steuert die Belegung von Funkbetriebsmitteln für den DCH verschiedener UEs auf der Aufwärtsstrecke. Diese Zuweisung wird mittels einer schnellen Signalisierung über einen Rundsendekanal realisiert.

Steuerung der Dienstgüte: Die RRC-Schicht stellt die Güte der Trägerdienste sicher. Hierzu ist es erforderlich, daß den einzelnen Diensten jeweils ausreichend Funkbetriebsmittel zur Verfügung stehen.

Mobilitätsfunktionen für die RRC-Verbindung: Zu den Mobilitätsfunktionen gehören insbesondere der *Handover* und die Aktualisierung des Aufenthaltsbereiches *(Location Update)*. Die Mobilitätsfunktionen erfordern meistens das Messen und Bewerten von Funkparametern wie z. B. der Verbindungsqualität.

Übertragen und Auswerten von Meßwertberichten: Auf Anweisung der RRC-Schicht im UTRAN führt die UE Messungen durch. Welche Parameter gemessen werden, wann diese gemessen werden, und wie sie übertragen werden sollen, wird von der RRC-Schicht des UTRAN bestimmt und der UE mitgeteilt. Die Übertragung der Meßwerte von der UE zum UTRAN ist ebenfalls Aufgabe der RRC-Schicht.

Routing von PDUs höherer Schichten: Auf UE-Seite sorgt diese Funktion für die Weitergabe von PDUs an die richtigen Entities höherer Schichten, im UTRAN sorgt sie für die Adressierung der richtigen Entity des *Radio Access Network Application Part* (RANAP).

Steuerung der Dienstgüte: Die RRC-Schicht stellt die Güte der Trägerdienste sicher. Hierzu ist es erforderlich, daß den einzelnen Diensten jeweils ausreichend Funkbetriebsmittel zur Verfügung stehen.

Leistungssteuerung: Im UTRAN werden verschiedene Leistungssteuerungsverfahren angewandt. Die Leistungssteuerungsfunktion der RRC-Schicht repräsentiert den äußeren Regelkreis der verschachtelten Leistungssteuerung und bestimmt somit den Sollwert für den inneren Regelkreis.

Langsame dynamische Kanalvergabe im TDD-Modus: Da im TDD-Modus in makrozellularen Funknetzen auch eine Clustergröße größer eins notwendig sein kann, dient die Kanalvergabefunktion zur Anpassung der in einer Zelle verwendeten Funkbetriebsmittel, insbesondere der Zeitschlitze, an die jeweilige Interferenzsituation. Die Entscheidung über die bevorzugte Nutzung von Zeitschlitzen geschieht auf Grundlage von Messungen über einen längeren Zeitraum.

Zellwahl im *Idle Mode*: In der RRC-Schicht des UE erfolgt die Wahl der zugeordneten Zelle, wenn sich die UE im Ruhezustand befindet. Diese Zuordnung erfolgt aufgrund von Messungen der Versorgungsqualität in den unteren Schichten.

Sicherstellen der Integrität von RRC-Nachrichten: Zur Sicherung der Datenintegrität kann die RRC-Schicht bei Bedarf ihren Nachrichten einen sogenannten *Message Authentication Code Identifier* (MAC-I) voranstellen.

Steuerung der Verschlüsselung: Die RRC-Schicht steuert die Anwendung von Verschlüsselungsverfahren bei der Übertragung von Daten über das Funknetz.

Timing Advance im TDD-Modus: Die Verwaltung des *Timing-Advance*-Parameters erfolgt im TDD-Modus in der RRC-Schicht.

5.10.2 Aufbau der Netzschicht

In Abb. 5.31 ist die Struktur der RRC-Schicht auf der Netzseite dargestellt. Über die C-SAPs werden Steuerinformationen und Meßwerte zwischen der RRC-Schicht und den jeweiligen darunterliegenden Schichten ausgetauscht. Die Dienste der RRC-Schicht werden über die Dienstzugangspunkte *General Control* (GC), *Notification* (Nt) und *Dedicated Control* (DC) erbracht. Die *Routing Functional Entity* (RFE) leitet dabei auf der UE-Seite Nachrichten an verschiedenen Mobilitätssteuerungs- bzw. Verbindungssteuerungs-Entities und auf der UTRAN-Seite an verschiedene CNDs weiter.

Alle Rundsendedienste, die über den GC-SAP erbracht werden, sind in der *Broadcast Control Functional Entity* (BCFE) realisiert. Die BCFE kann nur den unbestätigten oder den transparenten Übertragungsdienst der RLC-Schicht nutzen.

Die *Paging and Notification Functional Entity* (PNFE) beinhaltet alle Funktionen zur Erbringung von Rundsende- und Benachrichtigungsdiensten, die über den Nt-SAP erbracht werden. Genau wie die BCFE kann die PNFE nur den transparenten oder den unbestätigten RLC-Dienst nutzen.

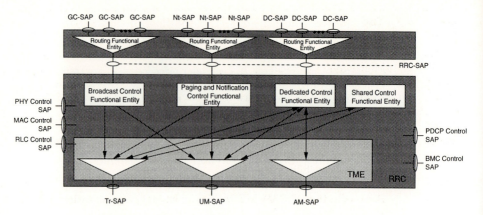

Abbildung 5.31: Der Aufbau der RRC-Schicht im UTRAN

UE-spezifische Funktionen sind in der *Dedicated Control Functional Entity* (DCFE) untergebracht. Die RRC-Dienste dieser Entity werden über den DC-SAP erbracht. Die DCFE kann alle Übertragungsdienste der RLC-Schicht nutzen. Im TDD-Modus wird die DCFE zusätzlich durch Funktionen der *Shared Control Functional Entity* (SCFE) unterstützt, die die Belegung des PDSCH und des PUSCH steuert.

Über die *Transfer Mode Entity* (TME) greifen die verschiedenen Entities auf die SAPs der RLC-Schicht zu. Da die Protokolle für die GC, Nt und DC SAPs physikalisch in verschiedenen Einheiten (z. B. Node-B oder SRNC) enden können, können die verschiedenen Dienste auch auf verschiedene RLC-SAPs des gleichen Typs abgebildet werden. In Abb. 5.31 bezeichnen daher die angegebenen SAPs der RLC-Schicht nur den Typ, nicht den SAP selber.

Der Aufbau der RRC-Schicht in der UE ist prinzipiell derselbe wie der im UTRAN, nur daß die unidirektionalen Verbindungen in der TME in der UE entgegengesetzt gerichtet sind wie in Abb. 5.31 dargestellt.

5.11 Der UMTS Standard

3G TS No.	Titel
21.101	3rd Generation mobile system Release 1999 Specifications
21.111	USIM and IC card requirements
21.133	Security Threats and Requirements
21.900	3GPP Working methods

5.11 Der UMTS Standard

3G TS No.	Titel
21.904	UE Capability Requirements (UCR)
21.905	3G Vocabulary
21.910	Multi-mode UE issues
21.978	Feasibility Technical Report - CAMEL Control of VoIP Services
22.001	Principles of Telecommunication Services Supported by a GSM Public Land Mobile Network(PLMN)
22.002	Bearer Services Supported by a GSM PLMN
22.003	Teleservices Supported by a GSM PLMN
22.004	General on Supplementary Services
22.011	Service accessibility
22.016	International Mobile Equipment Identities (IMEI)
22.022	Personalisation of GSM ME Mobile functionality specification - Stage 1
22.024	Description of Charge Advice Information (CAI)
22.030	Man-Machine Interface (MMI) of the Mobile Station (MS)
22.034	High Speed Circuit Switched Data (HSCSD) - Stage 1
22.038	SIM application toolkit (SAT); Stage 1
22.041	Operator Determined Call Barring
22.042	Network Identity and Time Zone (NITZ), stage 1
22.043	Support of Localised Service Area (SoLSA) - Stage 1
22.057	Mobile Station Application Execution Environment (MExE); Stage 1
22.060	General Packet Radio Service (GPRS); Stage 1
22.066	Support of Mobile Number Portability (MNP); Stage 1
22.067	enhanced Multi-Level Precedence and Pre-emption service (eMLPP) - Stage 1
22.071	Location Services (LCS); Stage 1 (T1P1)
22.072	Call Deflection (CD); Stage 1
22.078	CAMEL; Stage 1
22.079	Support of Optimal Routing; Stage 1
22.081	Line Identification Supplementary Services; Stage 1
22.082	Call Forwarding (CF) Supplementary Services; Stage 1
22.083	Call Waiting (CW) and Call Hold (HOLD) Supplementary Services; Stage 1
22.084	MultiParty (MPTY) Supplementary Service; Stage 1
22.085	Closed User Group (CUG) Supplementary Services; Stage 1
22.086	Advice of Charge (AoC) Supplementary Services; Stage 1
22.087	User-to-user signalling (UUS); Stage 1
22.088	Call Barring (CB) Supplementary Services; Stage 1
22.090	Unstructured Supplementary Service Data (USSD); Stage 1
22.091	Explicit Call Transfer (ECT) Supplementary Service; Stage 1
22.093	Call Completion to Busy Subscriber (CCBS); Stage 1
22.094	Follow Me Stage 1
22.096	Calling Name Presentation (CNAP); Stage 1 (T1P1)
22.097	Multiple Subscriber Profile (MSP); Stage 1

3G TS No.	Titel
22.100	UMTS Phase 1
22.101	UMTS Service principles
22.105	Services & Service capabilities
22.115	Service Aspects Charging and billing
22.121	Provision of Services in UMTS - The Virtual Home Environment
22.129	Handover Requirements between UMTS and GSM or other Radio Systems
22.135	Multicall Stage1
22.140	Multimedia Messaging Service Stage 1
22.945	Study of provision of fax service in GSM and UMTS
22.960	Mobile multimedia services
22.971	Automatic establishment of roaming relationships
22.975	Advanced addressing
23.002	Network Architecture
23.003	Numbering, Addressing and Identification
23.007	Restoration procedures
23.008	Organisation of subscriber data
23.009	Handover procedures
23.011	Technical Realization of Supplementary Services - General Aspects
23.012	Location registration procedures
23.014	Support of Dual Tone Multi Frequency (DTMF) signalling
23.015	Technical realisation of Operator Determined Barring (ODB)
23.016	Subscriber data management - Stage 2
23.018	Basic Call Handling - Technical realisation
23.032	Universal Geographical Area Description (GAD)
23.034	High Speed Circuit Switched Data (HSCSD) - Stage 2
23.038	Alphabets & Language
23.039	Interface Protocols for the Connection of Short Message Service Centers (SMSCs) to Short Message Entities (SMEs)
23.040	Technical realisation of Short Message Service
23.041	Technical Realization of Cell Broadcast Service
23.042	Compression algorithm for SMS
23.054	Shared Interworking Functions - Stage 2
23.057	Mobile Station Application Execution Environment (MExE)
23.060	General Packet Radio Service (GPRS) Service description; Stage 2
23.066	Support of GSM Mobile Number Portability (MNP) stage 2
23.067	Enhanced Multi-Level Precedence and Preemption Service (EMLPP) - Stage 2
23.072	Call Deflection Supplementary Service - Stage 2
23.073	Support of Localised Service Area (SoLSA) - Stage 2
23.078	CAMEL Stage 2
23.079	Support of Optical Routeing - Phase 1 - Stage 2
23.081	Line Identification Supplementary Services - Stage 2
23.082	Call Forwarding (CF) Supplementary Services - Stage 2

5.11 Der UMTS Standard

3G TS No.	Titel
23.083	Call Waiting (CW) and Call Hold (HOLD) Supplementary Service - Stage 2
23.084	MultiParty (MPTY) Supplementary Service - Stage 2
23.085	Closed User Group (CUG) Supplementary Service - Stage 2
23.086	Advice of Charge (AoC) Supplementary Service - Stage 2
23.087	User-to-User Signalling (UUS) - Stage 2
23.088	Call Barring (CB) Supplementary Service - Stage 2
23.090	Unstructured Supplementary Service Data (USSD) - Stage 2
23.091	Explicit Call Transfer (ECT) Supplementary Service - Stage 2
23.093	Call Completion to Busy Subscriber (CCBS) - Stage 2
23.094	Follow Me Stage 2
23.096	Name Identification Supplementary Service - Stage 2
23.097	Multiple Subscriber Profile (MSP); Stage 2
23.101	General UMTS Architecture
23.107	Quality of Service, Concept and Architecture
23.108	Mobile Radio Interface Layer 3 specification Core Network Protocols stage 2 (structured procedures)
23.110	UMTS Access Stratum Services and Functions
23.116	Super Charger - Stage 2
23.119	Gateway Location Register (GLR) - Stage2
23.121	Architecture Requirements for release 99
23.122	Non Access Stratum functions related to Mobile Station (MS) in idle mode
23.127	Virtual Home Environment / Open Service Architecture
23.140	Multimedia Messaging Service (MMS)
23.146	Technical realisation of facsimile Group 3 service- non-transparent
23.153	Out of Band Transcoder Control - Stage 2
23.171	Functional stage 2 description of location services in UMTS
23.908	Technical report on Pre-Paging
23.909	Technical report on the Gateway Location Register
23.910	Circuit Switched Data Bearer Services
23.911	Technical report on Out-of-band transcoder control
23.912	Technical report on Super-Charger
23.922	Architecture for an All IP network
23.923	Combined GSM and Mobile IP mobility handling in UMTS IP CN
23.925	UMTS Core network based ATM transport
23.927	VHE, Open Service Architecture
23.930	Iu Principles
23.972	Multimedia Telephony
24.007	Mobile Radio Interface Signalling Layer 3 - General Aspects
24.008	Mobile Radio Interface Layer 3 specification; Core Network Protocols- Stage 3
24.010	Mobile Radio Interface Layer 3 - Supplementary Services Specification - General Aspects

3G TS No.	Titel
24.011	Point-to-Point (PP) Short Message Service (SMS) Support on Mobile Radio Interface
24.012	Short Message Service Cell Broadcast (SMSCB) Support on the Mobile Radio Interface
24.022	Radio Link Protocol (RLP) for Data and Telematic Services on the (MS-BSS) Interface and the Base Station System - Mobile-services Switching Centre (BSS-MSC) Interface
24.065	General Packet Radio Service (GPRS); Mobile Station (MS) - Serving GPRS Support Node (SGSN) ;Subnetwork Dependent Convergence Protocol (SNDCP)
24.067	Enhanced Multi-Level Precedence and Pre-emption service (eMLPP) - Stage 3
24.072	Call Deflection Supplementary Service - Stage 3
24.080	Mobile radio Layer 3 Supplementary Service specification - Formats and coding
24.081	Line Identification Supplementary Service - Stage 3
24.082	Call Forwarding Supplementary Service - Stage 3
24.083	Call Waiting (CW) and Call Hold (HOLD) Supplementary Service - Stage 3
24.084	MultiParty (MPTY) Supplementary Service - Stage 3
24.085	Closed User Group (CUG) Supplementary Service - Stage 3
24.086	Advice of Charge (AoC) Supplementary Service - Stage 3
24.087	User-to-User Signalling (UUS) - Stage 3
24.088	Call Barring (CB) Supplementary Service - Stage 3
24.090	Unstructured Supplementary Service Data (USSD) - Stage 3
24.091	Explicit Call Transfer (ECT) Supplementary Service - Stage 3
24.093	Call Completion to Busy Subscriber (CCBS) - Stage 3
24.096	Name Identification Supplementary Service - Stage 3
25.101	UE Radio transmission and reception (FDD)
25.102	UE Radio transmission and reception (TDD)
25.103	RF parameters in support of RRM
25.104	UTRA (BS) FDD; Radio transmission and reception
25.105	UTRA (BS) TDD: Radio transmission and reception
25.113	Base station EMC
25.123	RF parameters in support of RRM (TDD)
25.133	RF parameters in support of RRM (FDD)
25.141	Base station conformance testing (FDD)
25.142	Base station conformance testing (TDD)
25.201	Physical layer -General Description
25.211	Physical channels and mapping of transport channels onto physical channels (FDD)
25.212	Multiplexing and channel coding (FDD)
25.213	Spreading and modulation (FDD)
25.214	FDD; physical layer procedures

5.11 Der UMTS Standard

3G TS No.	Titel
25.215	Physical layer; Measurements (FDD)
25.221	Physical channels and mapping of transport channels onto physical channels (TDD)
25.222	Multiplexing and channel coding (TDD)
25.223	Spreading and modulation (TDD)
25.224	TDD; physical layer procedures
25.225	Physical layer; Measurements (TDD)
25.301	Radio Interface Protocol Architecture
25.302	Services provided by the physical layer
25.303	UE functions and inter-layer procedures in connected mode
25.304	UE Procedures in Idle Mode and Procedures for Cell Reselection in Connected Mode
25.305	Stage 2 Functional Specification of Location Services in UTRAN (LCS)
25.321	Medium Access Control (MAC) Protocol Specification
25.322	Radio Link Control (RLC) Protocol Specification
25.323	Packet Data Convergence Protocol (PDCP) protocol
25.324	Radio Interface for Broadcast/Multicast Services
25.331	Radio Resource Control (RRC) Protocol Specification
25.401	UTRAN Overall Description
25.402	Synchronisation in UTRAN Stage 2
25.410	UTRAN Iu Interface: General Aspects and Principles
25.411	UTRAN Iu interface Layer 1
25.412	UTRAN Iu interface signalling transport
25.413	UTRAN Iu interface RANAP signalling
25.414	UTRAN Iu interface data transport & transport signalling
25.415	UTRAN Iu interface user plane protocols
25.419	UTRAN Iu interface: Cell broadcast protocols between SMS-CBC and RNC
25.420	UTRAN Iur Interface: General Aspects and Principles
25.421	UTRAN Iur interface Layer 1
25.422	UTRAN Iur interface signalling transport
25.423	UTRAN Iur interface RNSAP signalling
25.424	UTRAN Iur interface data transport & transport signalling for CCH data streams
25.425	UTRAN Iur interface user plane protocols for CCH data streams
25.426	UTRAN Iur and Iub interface data transport & transport signalling for DCH data streams
25.427	UTRAN Iur and Iub interface user plane protocols for DCH data streams
25.430	UTRAN Iub Interface: General Aspects and Principles
25.431	UTRAN Iub interface Layer 1
25.432	UTRAN Iub interface signalling transport
25.433	UTRAN Iub interface NBAP signalling

3G TS No.	Titel
25.434	UTRAN Iub interface data transport & transport signalling for CCH data streams
25.435	UTRAN Iub interface user plane protocols for CCH data streams
25.442	UTRAN Implementation Specific O&M Transport
25.831	Study Items for future release
25.832	Manifestations of Handover and SRNS relocation
25.833	Physical layer items not for inclusion in Release 99
25.921	Guidelines and principles for protocol description and error handling
25.922	Radio Resource Management Strategies
25.925	Radio Interface for Broadcast/Multicast Services
25.926	UE Radio Access capabilities definition
25.931	UTRAN Functions, examples on signalling procedures
25.941	Document structure
25.942	RF system scenarios
25.943	Deployment aspects
25.944	Channel coding and multiplexing examples
25.990	Vocabulary for UTRAN
26.071	AMR speech Codec; General description
26.073	AMR speech Codec; C-source code
26.074	AMR speech Codec; Test sequences
26.090	AMR speech Codec; Transcoding Functions
26.091	AMR speech Codec; Error concealment of lost frames
26.092	AMR speech Codec; comfort noise for AMR Speech Traffic Channels
26.093	AMR speech Codec; Source Controlled Rate operation
26.094	AMR Speech Codec; Voice Activity Detector for AMR Speech Traffic Channels
26.101	AMR speech Codec; Frame Structure
26.102	AMR speech Codec; Interface to Iu and Uu
26.103	Codec lists
26.104	AMR speech Codec; Floating point C-Code
26.110	Codec for Circuit switched Multimedia Telephony Service; General Description
26.111	Codec for Circuit switched Multimedia Telephony Service; Modifications to H.324
26.131	Narrow Band (3.1kHz) Speech & Video Telephony Terminal Acoustic Characteristics
26.132	Narrow Band (3.1kHz) Speech & Video Telephony Terminal Acoustic Test Specification.
26.911	Codec for Circuit switched Multimedia Telephony Service;Terminal Implementor's Guide
26.912	Codec for Circuit switched Multimedia Telephony Service;Quantitative performance evaluation of H.324 Annex C over 3G
26.913	Quantitative performance evaluation of real-time packet switched multimedia services over 3G

5.11 Der UMTS Standard

3G TS No.	Titel
26.915	QoS for Speech and Multimedia Codec; Quantitative performance evaluation of real-time packet switched multimedia services over 3G
26.975	AMR speech Codec; Performance Characterization of the GSM AMR Speech Codec
27.001	General on Terminal Adaptation Functions (TAF) for Mobile Stations (MS)
27.002	Terminal Adaptation Functions (TAF) for services using Asynchronous bearer capabilities
27.003	Terminal Adaptation Functions (TAF) for services using Synchronous bearer capabilities
27.005	Use of Data Terminal Equipment - Data Circuit terminating Equipment (DTE - DCE) interface for Short Message Service (SMS) and Cell Broadcast Service (CBS)
27.007	AT command set for 3G User Equipment (UE)
27.010	Terminal Equipment to User Equipment (TE-UE) multiplexer protocol User Equipment (UE)
27.060	GPRS Mobile Stations supporting GPRS
27.103	Wide Area Network Synchronisation
27.901	Report on Terminal Interfaces - An Overview
27.903	Discussion of Synchronisation Standards
29.002	Mobile Application Part (MAP)
29.007	General requirements on Interworking between the PLMN and the ISDN or PSTN
29.010	Information Element Mapping between Mobile Station - Base Station System (MS - BSS) and Base Station System - Mobile-services Switching Centre (BSS - MCS) Signalling Procedures and the Mobile Application Part (MAP)
29.011	Signalling Interworking for Supplementary Services
29.013	Signalling interworking between ISDN supplementary services Application Service Element (ASE) and Mobile Application Part (MAP) protocols
29.016	Serving GPRS Support Mode SGSN - Visitors Location Register (VLR); Gs Interface Network Service Specification
29.018	Serving GPRS Support Mode SGSN - Visitors Location Register (VLR); Gs Interface Layer 3 Specification
29.060	GPRS Tunnelling protocol (GPT) across the Gn and Gp interface
29.061	General Packet Radio Service (GPRS); Interworking between the Public Land Mobile Network (PLMN) supporting GPRS and Packet
29.078	CAMEL; Stage 3
29.119	GPRS Tunnelling Protocol (GTP) specification for Gateway Location Register (GLR)
29.120	Mobile Application Part (MAP) specification for Gateway Location Register (GLR)- stage 3
31.101	UICC / Terminal Interface; Physical and Logical Characteristics

3G TS No.	Titel
31.102	Characteristics of the USIM Application
31.110	Numbering system for telecommunication IC card applications
31.111	USIM Application Toolkit (USAT)
31.120	Terminal tests for the UICC Interface
31.121	UICC Test Specification
32.005	GSM charging CS domain
32.015	GSM charging PS domain
32.101	3G Telecom Management principles and high level requirements
32.102	3G Telecom Management architecture
32.104	3G Performance Management
32.105	3G charging call event data
32.106	3G Configuration Management
32.111	3G Fault Management
33.102	Security Architecture
33.103	Security Integration Guidelines
33.105	Cryptographic Algorithm requirements
33.106	Lawful interception requirements
33.107	Lawful interception architecture and functions
33.120	Security Objectives and Principles
33.900	Guide to 3G security
33.901	Criteria for cryptographic Algorithm design process
33.902	Formal Analysis of the 3G Authentication Protocol with Modified Sequence number Management
34.108	Common Test Environments for User Equipment (UE) Conformance Testing
34.109	Logical Test Interface (TDD and FDD)
34.121	Terminal Conformance Specification, Radio Transmission and Reception (FDD)
34.122	Terminal Conformance Specification, Radio Transmission and Reception (TDD)
34.123-1	UE Conformance Specification, Part 1 - Conformance specification
34.123-2	UE Conformance Specification, Part 2 - ICS
34.123-3	UE Conformance Specification, Part 3 - Abstract Test suites
34.124	Electro-Magnetic Compatibility (EMC) for Terminal equipment - stage 1
34.907	Report on electrical safety requirements and regulations
34.925	Specific Absorption Rate (SAR) requirements and regulations in different regions

5.12 Abkürzungen

3GPP	3rd Generation Partnership Project	CN	Core Network
AAL	ATM Adaptation Layer	CND	Core Network Domain
ACS	Access Channel	COST	European Cooperation in the Field of Scientific and Technical Research
ACTS	Advanced Communication Technologies and Services	CPCH	Common Packet Channel
AICH	Acquisition Indication Channel	CPICH	Common Pilot Channel
		CRC	Cyclic Redundancy Check
AKF	Autokorrelationsfunktion	C-RNTI	Cell Radio Network Temporary Identity
AM	Acknowledge Mode		
AND	Access Network Domain	CS	Circuit Switched
AS	Access Slot	CSD	Circuit Switched Domain
ASC	Access Service Class	CSMA-CD	Carrier Sense Multiple Access with Collision Detection
ATM	Asynchronous Transfer Mode		
BCCH	Broadcast Control Channel		
BCH	Broadcast Channel	CTCH	Common Traffic Channel
BCFE	Broadcast Control Functional Entity	C-SAP	Control Service Access Point
		DC	Dedicated Control
BMC	Broadcast/Multicast Control	DCH	Dedicated Channel
BPSK	Binary Phase Shift Keying	DCCH	Dedicated Control Channel
BSS	Base Station Subsystem	DCFE	Dedicated Control Functional Entity
CCCH	Common Control Channel		
CCIR	Consultative Committee for International Radiocommunication	DDE	Dienstdateneinheit
		DPDCH	Uplink Dedicated Physical Data Channel
CCPCH	Common Control Physical Channel	DPCCH	Uplink Dedicated Physical Control Channel
CCTrCH	Coded Composite Transport Channel	DPCH	Dedicated Physical Channel
CDMA	Code Division Multiple Access	DRNS	Drift Radio Network Subsystem

DRNC	Drift Radio Network Controler	GMSC	Gateway Mobile-services Switching Centre
DPCCH	Dedicated Physical Control Channel	GPRS	General Packet Radio Service
DSCH	Downlink Shared Channel	GSM	Global System for Mobile Communications
DSCCH	DSCH Control Channel	HND	Home Network Domain
DTCH	Dedicated Traffic Channel	HTTP	Hypertext Transfer Protocol
DTX	Discontinuous Transmission	ID	Infrastructure Domain
DVB-T	Digital Video Broadcasting Terrestrial	IMT-2000	International Mobile Telecommunications at 2000 MHz
DZP	Dienstzugangspunkt	IP	Internet Protocol
EDGE	Enhanced Data Rates for GSM Evolution	ISDN	Integrated Services Digital Network
ETE	Equivalent Telephony Erlang	IST	Information Society Technology
ETSI	European Telecommunications Standards Institute	ITU	International Telecommunication Union
EU	Europäische Union	IWU	Interworking Unit
FACH	Forward Access Channel	MAC	Medium Access Control
FAUSCH	Fast Uplink Signalling Channel	MAC-I	Message Authentication Code Identifier
FBI	Feedback Information	MED	Mobile Equipment Domain
FDD	Frequency Division Duplex	MM	Multimedia
FDMA	Frequency Division Multiple Access	MSC	Mobile-services Switching Centre
FEC	Forward Error Correction	MT	Mobile Termination
FPLMTS	Future Public Land Mobile System	NAS	Non Access Stratum
		Nt	Notification
GC	General Control	ODCH	ODMA Dedicated Channel
GGSN	Gateway GPRS Support Node	OCCCH	ODMA Common Control Channel
GMM	Global Multimedia Mobility		

5.12 Abkürzungen

ODCCH	ODMA Dedicated Control Channel	P-CPICH	Primary Common Pilot Channel
ODMA	Opportunity Driven Multiple Access	P-SCH	Primary Synchronisation Channel
ODTCH	ODMA Dedicated Traffic Channel	QPSK	Quaternary Phase Shift Keying
ORACH	ODMA Random Access Channel	RACE	Research and Development in Advanced Communications Technologies in Europe
OVSF	Orthogonal Variable Spreading Factor	RACH	Random Access Channel
PCCH	Paging Control Channel	RANAP	Radio Access Network Application Part
PCH	Paging Channel	RFE	Routing Functional Entity
PCPCH	Physical Common Packet Channel	RLC	Radio Link Control
PDCP	Packet Data Convergence Protocol	RNC	Radio Network Controler
		RNS	Radio Network Subsystem
PDN	Public Data Network	RNTI	Radio Network Temporary Identifier
PDSCH	Physical Downlink Shared Channel	RRC	Radio Resource Control
PDU	Protocol Data Unit	SAP	Service Access Point
PI	Page Indicator	SCH	Synchronisation Channel
PICH	Paging Indication Channel	SCCH	Synchronisation Control Channel
PNFE	Paging and Notification Functional Entity	SCFE	Shared Control Functional Entity
PRACH	Physical Random Access Channel	SDU	Service Data Unit
PS	Packet Switched	SFN	System Frame Number
PSD	Packet Switched Domain	SGSN	Serving GPRS Support Node
PU	Payload Unit	SHCCH	Shared Channel Control Channel
PUSCH	Physical Uplink Shared Channel	SIM	Subscriber Identity Module
P-CCPCH	Primary Common Control Physical Channel	SMS	Short Message Service
		SND	Serving Network Domain

SNR	Signal to Noise Ratio	TFCI	Transport Format Combination Identifier
SRNS	Serving Radio Network Subsystem	TFCS	Transport Format Combination Set
SRNC	Serving Radio Network Controler	TFI	Transport Format Identifier
SCH	Synchronization Channel	TFS	Transport Format Set
S-CCPCH	Secondary Common Control Physical Channel	TME	Transfer Mode Entity
		TTI	Transmission Time Intervall
S-CPICH	Secondary Common Pilot Channel	TPC	Transmitter Power Control
		UE	User Equipment
S-SCH	Secondary Synchronisation Channel	UED	User Equipment Domain
TA	Timing Advance	UMTS	Universal Mobile Telcommunication System
TBS	Transport Block Set	UPT	Universal Personal Telecommunication
TCP	Transport Control Protocol		
TCTF	Target Channel Type Field	USCH	Uplink Shared Channel
TDD	Time Division Duplex	USIM	User Services Identity Module
TDMA	Time Division Multiple Access	UTRAN	UMTS Terrestrial Radio Acces Network
TND	Transit Network Domain	U-RNTI	Cell Radio Network Temporary Identity
TE	Terminal		
TF	Transport Format	VHE	Virtual Home Environment
TFC	Transport Format Combination	VLR	Visitor Location Register
		WWW	World Wide Web

A Warte- und Verlustsysteme

Warteschlangensysteme modellieren reale Systeme und erlauben die Berechnung ihrer Leistungskenngrößen.

A.1 Das Wartesystem M/M/n-∞

Das System modelliert die Zwischenankunftszeiten T_A von zufällig eintreffenden Aufträgen und die zufälligen Bediendauern T_B der Aufträge je durch eine negativ exponentielle (*Markov*-, M-) Verteilung.

Die n Bediener sind gleichartig angenommen, freie Bediener dürfen bei Ankunft eines Auftrags in beliebiger Reihenfolge belegt werden; wenn alle belegt sind, wartet der Auftrag auf einem der s Warteplätze der Warteschlange bis zu seiner Bedienung. Wartende Rufe werden in beliebiger Reihenfolge bedient, die sich nicht an der Bedienzeit orientieren darf, vgl. Abb. A.1.

Es eignet sich unmittelbar zur Modellierung von Mobilfunksystemen mit vielen unabhängigen Teilnehmern, die für ihre Kommunikation einen von mehreren in

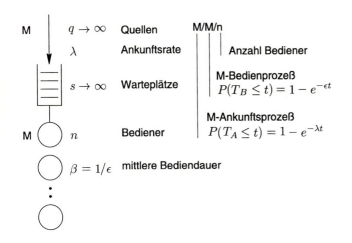

Abbildung A.1: Wartesystem M/M/N-s

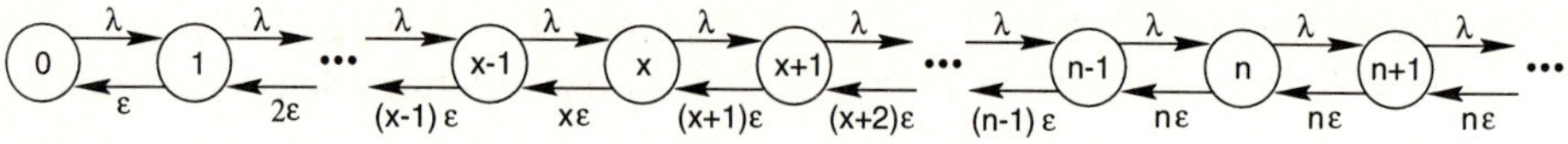

Abbildung A.2: Zustandsdiagramm des M/M/N-∞ Wartesystems

einer Zelle verfügbaren Kanälen belegen. Manche Basisstationssysteme verfügen über eine Wartemöglichkeit für Rufe, um auf das Freiwerden eines Kanals im Kanalbündel zu warten.

A.1.1 Zustandsprozeß als spezieller Geburts- und Sterbe-Prozeß

Zustandsraum und Übergänge

Zustand ($= 0, 1, 2, \ldots \infty$) Zahl der Rufe im System (gerade bediente und wartende). Die Zustandsübergangsraten entsprechen der Ankunftsrate λ bzw. der zustandsabhängigen Bedienrate, vgl. Abb. A.2.

Mit

$$A = \frac{\lambda}{\epsilon} \tag{A.1}$$

berechnet man die Zustandswahrscheinlichkeit für x Rufe im System

$$p_x = P(X = x) = \begin{cases} P_0 \left(\dfrac{A^x}{x!} \right) & \text{für } 0 \leq x \leq n \\ P_0 \left(\dfrac{A^n}{n!} \right) \left(\dfrac{A}{n} \right)^{(x-n)} & \text{für } x > n \end{cases} \tag{A.2}$$

$$P_0 = \left(\sum_{i=0}^{n-1} \frac{A^i}{i!} + \frac{A^n}{n!} \cdot \sum_{i=0}^{\infty} \left(\frac{A}{n} \right)^i \right)^{-1} = \left(\sum_{i=0}^{n-1} \frac{A^i}{i!} + \frac{n \cdot A^n}{n! \cdot (n-A)} \right)^{-1} \tag{A.3}$$

In reinen Wartesystemen ($s \to \infty$) gilt:

- Die Summe in Gl. A.3 konvergiert nur, wenn die Stationaritätsbedingung $A < n$ erfüllt ist.

A.1 Das Wartesystem M/M/n-∞

- Der bedienbare Verkehr Y ist gleich dem Angebot A, falls $A \leq n$ gilt, andernfalls wird das System instabil und die Warteschlange wächst unbegrenzt.

Als *Ausnutzungsgrad* wird bezeichnet:

$$\rho = \frac{A}{n} \tag{A.4}$$

A.1.2 Charakteristische Leistungskenngrößen

Wartewahrscheinlichkeit p_w

Die Wahrscheinlichkeit, daß ein eintreffender Ruf warten muß, ist:

$$p_w = \frac{p_n}{1-\rho} \tag{A.5}$$

Erlang-Warteformel:

$$p_w = P_0 \cdot \frac{A^n}{n! \cdot (1-\rho)} = \frac{\dfrac{A^n}{n! \cdot (1-\rho)}}{\sum_{i=0}^{n-1} \dfrac{A^i}{i!} + \dfrac{A^n}{n! \cdot (1-\rho)}} \tag{A.6}$$

Abbildung A.3 zeigt die Wartewahrscheinlichkeit p_w als Funktion der Zahl der Kanäle n mit dem Ausnutzungsgrad ρ als Parameter, vgl. Gl. (A.4), für die Modelle mit $s = 1, 2, \ldots \infty$ Warteplätzen. Für $s = 0$ ergibt sich ein Verlustsystem, vgl. Abschn. Anh. A.2.

Verkehrswert Y

Der *Verkehrswert* Y bezeichnet die mittlere Anzahl gleichzeitig belegter Bediener.

$$Y = \sum_{x=0}^{n-1} x \cdot p_x + n \cdot \sum_{x=n}^{\infty} p_x = A \tag{A.7}$$

In reinen Wartesystemen ist der angebotene stets gleich dem getragenen Verkehr.

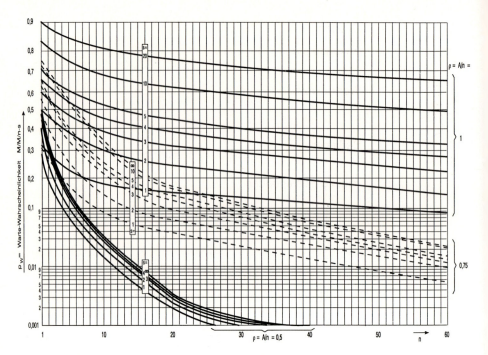

Abbildung A.3: Wartewahrscheinlichkeit im $M/M/n-s$ Wartesystem

Wartebelastung (mittlere Warteschlangenlänge) L_Q

Mit L_Q bezeichnet man die mittlere Anzahl belegter Warteplätze

$$L_Q = \sum_{x=n}^{\infty}(x-n)\cdot p_x = p_n \cdot \frac{\rho}{(1-\rho)^2} \tag{A.8}$$

Mittlere Wartezeit W und W^-

- $W = E[T_W]$: mittlere Wartezeit aller eintreffenden Rufe:

$$W = \frac{L_Q}{\lambda} \tag{A.9}$$

A.2 Das Warte-Verlustsystem M/M/n-s

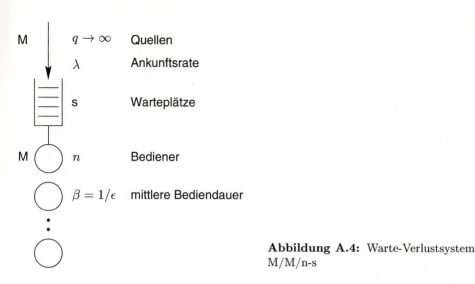

Abbildung A.4: Warte-Verlustsystem M/M/n-s

- $W^- = E[T_W|T_W > 0]$: mittlere Wartezeit nur der wartenden Rufe:

$$W^- = \frac{L_Q}{p_w \lambda} \quad (A.10)$$

Bei Annäherung an die Stationaritätsgrenze $A \to n$ geht $W^- \to \infty$.

A.2 Das Warte-Verlustsystem M/M/n-s

Hier ist die Anzahl der Warteplätze auf $s < \infty$ begrenzt. Übersteigt das Verkehrsangebot die Anzahl der zur Verfügung stehenden Bediener plus Warteplätze, so werden die überzähligen Aufträge nicht bedient, vgl. Abb. A.4. Für $s = 0$ ist das reine Verlustsystem enthalten.

A.2.1 Zustandsraum als spezieller GS-Prozeß

Zustandsraum und Übergänge

Zustand $(= 0, 1, 2, \ldots, n+s)$ Zahl der Rufe im System (bediente und wartende).

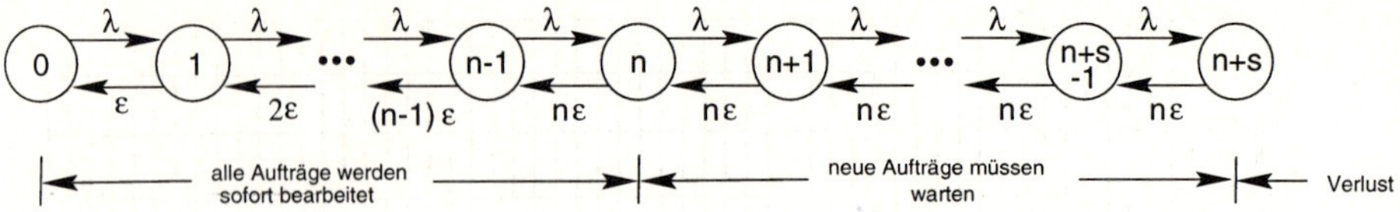

Abbildung A.5: Zustandsdiagramm eines M/M/n-s Verlustmodells

$$P(X = x) = \begin{cases} P_0(\dfrac{A^x}{x!}) & \text{für } 0 \leq x \leq n \\ P_0(\dfrac{A^n}{n!})(\dfrac{A}{n})^{(x-n)} & \text{für } n+1 \leq x \leq n+s \end{cases} \quad (A.11)$$

$$P_0 = \left(\sum_{i=0}^{n} \frac{A^i}{i!} + \sum_{i=n+1}^{n+s} \frac{A^i}{n!} \frac{1}{n^{i-n}} \right)^{-1} \quad (A.12)$$

A.2.2 Charakteristische Größen

Verlustwahrscheinlichkeit p_v

Aufträge gehen zu Verlust, wenn keine weiteren mehr angenommen werden können, also entspricht die Zustandswahrscheinlichkeit für den Zustand $(n+s)$ der Verlustwahrscheinlichkeit p_v:

$$p_v = P_{n+s} \quad (A.13)$$

Abbildung A.6 zeigt die Verlustwahrscheinlichkeit p_v als Funktion der Zahl n der verfügbaren parallelen Kanäle für verschiedene Ausnutzungsgrade ρ der Kanäle und s Warteplätze des Warte-Verlustsystems. Abbildung A.7 zeigt die Verlustwahrscheinlichkeit p_v als Funktion der Zahl n der Kanäle für ein reines Verlustsystem mit dem Ausnutzungsgrad ρ als Kurvenparameter. Die Wartewahrscheinlichkeit ist in Abb. A.3 dargestellt.

Verkehrswert Y

$$Y = \sum_{k=1}^{n} k \cdot p_k + \sum_{k=n+1}^{n+s} n \cdot p_k \quad (A.14)$$

A.2 Das Warte-Verlustsystem M/M/n-s

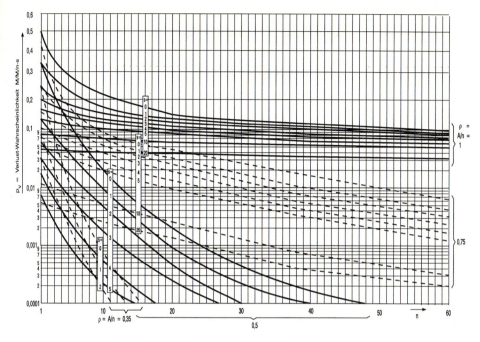

Abbildung A.6: M/M/n-s Warte-Verlustsystem

$$Y = A \cdot (1 - p_V) \tag{A.15}$$

Wartebelastung L_Q

$$L_Q = \sum_{k=n+1}^{n+s} (k-n) \cdot p_k \tag{A.16}$$

A.2.2.1 Mittlere Wartezeit W und W^-

- mittlere Wartezeit bezüglich aller eintreffenden Rufe:

$$W = \frac{L_Q}{\lambda} \tag{A.17}$$

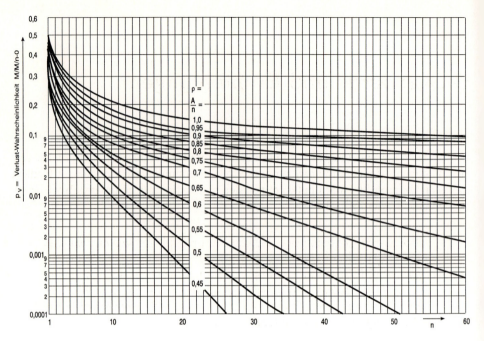

Abbildung A.7: M/M/n-Verlustsystem

- mittlere Wartezeit nur der wartenden Rufe:

$$W^- = \frac{L_Q}{p_w \lambda} \qquad (A.18)$$

B Standards und Empfehlungen

Die schnelle Entwicklung der Kommunikation und die Vielzahl der weltweit von verschiedenen Herstellerfirmen entwickelten Kommunikationssysteme, erfordern die Vereinbarung internationaler, regionaler und nationaler Standards bzw. Empfehlungen. Gemäß ISO ist ein

> **Standard:** *"A technical specification or other document available to the public, drawn up with cooperation and consensus or general approval of all interests affected by it, based on the consolidated results of science, technology and experience, aimed at the promotion of optimum community benefits and approved by a body recognised on the national, regional or international level."*

> **Empfehlung** *(Recommendation)***:** *"A binding document which contains legislative, regulatory or administrative rules and which is adopted and published by an authority legally vested with the necessary power."*

Standardisierung (bzw. Erarbeitung von Empfehlungen) im Bereich der Telekommunikation legt Spezifikationen innerhalb eines Aufgabenbereichs fest, so daß möglichst viele Hersteller ihre Produkte daran ausrichten können. Damit werden Handelshemmnisse beseitigt, was zu einer internationalen Harmonisierung der Telekommunikationsinfrastruktur führt. Weitere Ziele, die im Bereich Mobilfunk verfolgt werden, sind z. B. störungsfreie Nachrichtenübertragung, optimale Nutzung des Frequenzspektrums, Minimierung elektromagnetischer Unverträglichkeiten zwischen den Funkdiensten.

Andererseits wird durch Standards und die damit verbundene Einhaltung bestimmter Regeln die Entwicklung von Produkten eingeschränkt. Nachteilig ist auch die lange Zeitspanne zwischen der Standardisierung eines neuen Systems und dessen kommerzieller Einführung. Um dieses Problem zu minimieren, versucht man den zukünftigen technologischen Fortschritt in den Standards zu berücksichtigen.

B.1 Internationale Standardisierungsorganisationen

Zu den wichtigsten internationalen Standardisierungsorganisationen im Bereich der Telekommunikation gehören:

- ISO – International Standardization Organisation;

- ITU – International Telecommunications Union;

- IEC – International Electrotechnical Commission;

- INTELSAT/INMARSAT – International Telecommunications Satellite Organisation/International Maritime Satellite Organisation.

B.1.1 ISO

Die ISO wurde 1946 im Aufgabenbereich der UNESCO als Einrichtung gegründet und ist damit Teil der Aktivitäten der Vereinten Nationen. Zu ihren Mitgliedern gehören meistens nationale Standardisierungsorganisationen, die sich auf den in 3-Jahresabständen stattfindenden Vollversammlungen treffen.

Die Aufgabenbereiche der ISO sind sehr weitreichend. Die Standardisierungsarbeit ist bezüglich der verschiedenen technischen Arbeitsbereiche in Technische Kommittees (*Technical Committee*, TC) aufgeteilt, die je nach Umfang der Arbeit in Unterkommittees (*Sub Committee*, SC) und wiederum in Arbeitsgruppen (*Working Group*, WG) und andere Gruppen untergliedert werden können.

Die eigentliche Arbeit wird von über 100 000 Freiwilligen in den WGs auf der ganzen Welt geleistet. Viele dieser Freiwilligen werden von ihren Arbeitgebern, deren Produkte normiert werden sollen, für die Arbeit bei der ISO delegiert. Andere sind Regierungsbeamte, die eine Norm ihres Landes international durchsetzen wollen. Auch wissenschaftliche Experten sind in vielen WGs vertreten.

Ganz allgemein beschäftigt sich die ISO mit Telekommunikation mehr aus der Sicht der Nachrichtenübertragung zwischen Rechenanlagen. Einige der Standards, die zum Beispiel für lokale Netze (*Local Area Network*, LAN) entwickelt wurden, sind auch auf Sprachübertragung anwendbar.

B.1.2 ITU

Die Internationale Fernmeldeunion ITU mit Sitz in Genf wurde im Jahre 1865 gegründet und gehört zu den ältesten internationalen Organisationen überhaupt. Als UN-Unterorganisation ist sie heute in vier Aufgabenbereichen tätig:

- Internationale Zuteilung und Registrierung von Sende- und Empfangsfrequenzen,
- Koordinierung von Bemühungen zur Störungsbeseitigung im Funkverkehr,
- Koordinierung der Entwicklung von Fernmeldeanlagen,
- Vereinbarungen über Leistungsgarantien und Gebühren.

Die Aufgaben, Rechte und Pflichten der Mitgliedsländer der ITU werden in der *International Telecommunication Convention* (ITC) geregelt, dem internationalen Fernmeldevertrag. Alle drei bis vier Jahre werden auf einer Vollversammlung die erarbeiteten Vorschläge erörtert und bei genügend großer Zustimmung als Empfehlungen herausgegeben. Diese Empfehlungen haben international das Gewicht von Standards. Inzwischen wurde dieser Rhythmus aufgegeben und die Herausgabe der Empfehlungen auf CD-ROM eingeführt.

Von der ITU wird die *World [Administrative] Radio Conference* (W[A]RC) einberufen, auf der Frequenzpläne *(Radio Regulations)* entsprechend den Bedürfnissen revidiert werden.

Die Standardisierungsarbeit der ITU wurde bis Ende 1992 von fünf Ausschüssen, mit Sitz in Genf, durchgeführt [20], deren Aufgabenbereiche nachfolgend beschrieben werden:

- CCITT: Consultative Committee for International Telephones & Telegraph;
- CCIR: Consultative Committee for International Radiocommunication;
- IFRB: International (Radio) Frequency Registration Board;
- BDT: Telecommunications Development Bureau;
- General Secretariat.

B.1.2.1 Neue Struktur der ITU

Im Jahre 1993 fand eine Umorganisation der ITU statt, infolge der sie heute aus vier Ausschüssen besteht [72]:

- *Telecommunication Standardization Sector* (ITU-T) beschäftigt sich mit den Standard-Aktivitäten, die früher von der CCITT und teilweise von der CCIR durchgeführt wurden.

- *Radiocommunication Sector* (ITU-R), in dem die restlichen Standard-Aktivitäten der CCIR und die Standardisierungsarbeiten, für die früher der IFRB zuständig waren, durchgeführt werden.

- *Development Sector* (ITU-D) hat die Funktionen des BDT übernommen.

- *ITU General Secretariat*, das die Aktivitäten dieser Ausschüsse unterstützt.

B.1.2.2 CCITT

Diese internationale Einrichtung wurde bis vor wenigen Jahren von den nationalen Postgesellschaften (*Post, Telephone and Telegraph*, PTT) kontrolliert. Durch die in vielen Ländern erfolgte Deregulierung und Privatisierung der Postgesellschaften wurde diese Rolle immer mehr von neuen nationalen Einrichtungen oder Ministerien übernommen.

CCITT erarbeitet und veröffentlicht für Telefon, Telegrafie und Datenkommunikation Schnittstellen, Dienste und Protokolle als technische Empfehlungen.

Die CCITT hat z. B. Empfehlungen für die Übertragung über große Entfernungen in offenen Datennetzen erarbeitet. Außerdem wurden Standards für die Zusammenarbeit zwischen den mobilen Land-, See- und Luftkommunikationssystemen sowie zur Verbindung dieser verschiedenen mobilen Telefondienste mit dem internationalen Telegrafen und dem öffentlichen Telefonnetz entwickelt.

Ein anderer Schwerpunkt der CCITT Normierungsaktivität bilden die integrierten Systeme für die gleichzeitige Übertragung von Sprache und Daten (ISDN). Sprachübertragungsqualität, Vermittlungstechnik sowie Tariffragen für Mobilfunk und Telefon sind ein weiterer Aufgabenbereich.

Die Arbeit der CCITT wird abhängig von den Themenbereichen von den folgenden Studiengruppen *(Study Groups)* durchgeführt [71]:

- SG I Service Definitions
- SG II Network Operations
- SG III Tariff Principles
- SG IV Maintenance
- SG V Safety, Protection and EMC

B.1 Internationale Standardisierungsorganisationen

- SG VI Outside Plant
- SG VII Dedicated Networks
- SG VIII Terminal for Telematic Services
- SG IX Telegraphs
- SG X Software
- SG XI ISDN, Network Switching and Signalling
- SG XII Transmission and Performance
- SG XV Transmission Systems and Equipment
- SG XVII Data Transmission
- SG XVIII ISDN and Digital Communications

Die CCITT hat einen beratenden Status für die ITU.

B.1.2.3 CCIR

Der CCIR ist wie CCITT ein beratender Ausschuß der ITU im Bereich des Funkwesens, dessen Grundsätze und Regelungen sich im Laufe von Jahrzehnten entwickelt haben und neuen Aspekten, Anwendungen, Situationen und Anforderungen schrittweise angepaßt werden.

Die Empfehlungen der CCIR liegen unter anderem bei der Planung und Koordination von Funkkommunikations- und Funkdiensten, der technischen Charakteristika der Systeme sowie der effektiven und effizienten Nutzung des Frequenzspektrums. Der CCIR hat Kriterien zur Vermeidung störender Interferenzen aufgestellt und arbeitet zu deren Anwendung und Einhaltung mit dem IRFB zusammen.

Durch Beschluß der CCIR wurde die *Interim Working Party* (IWP) gegründet, die Standards für die zukünftigen Mobilfunksysteme entwerfen soll.

Die Arbeit des CCIR ist auf Study Groups aufgeteilt die sich wie folgt, mit folgenden Bereichen beschäftigen:

- SG 1 Spectrum Management Techniques
- SG 4 Fixed Satellite Services
- SG 5 Radio Wave Propagation in non ionized Media
- SG 6 Radio Wave Propagation in ionized Media
- SG 7 Science Services

- SG 8 Mobile, Radio Determination and Amateur Services
- SG 9 Fixed Services
- SG 10 Broadcasting Services – Sound
- SG 11 Broadcasting Services – Television
- SG 12 Inter-service Sharing and Compatibility

Um die Arbeit der einzelnen Gruppen zu erleichtern, sind sie in Arbeitsgruppen unterteilt. Die wichtigste Gruppe für die drahtlose Kommunikation, SG 8, die sich mit Fragen bezüglich Mobil- und Funkkommunikation beschäftigt, ist in die folgenden Arbeitsgruppen unterteilt:

- Land Mobile Services
- Aeronautical Mobile Services
- Maritime Satellite Services
- Maritime Mobile Services
- Amateur Services
- Land Mobile Satellite Services
- Future Global Maritime Distress and Safety System (FGMDSS)

Für Bereiche, die Interessen beider Organisationen CCIR/CCITT betreffen, besteht die *Commission Mixte CCIR/CCITT pour les Transmissions Televisuelles et Sonares* (CMTT) [70].

B.1.2.4 International Frequency Registration Board, IFRB

Nach Klärung aller technischen Fragen entsprechend den CCIR-Regelungen verwaltet die IFRB alle auf der Erde oder über Satelliten stattfindenden Funkübertragungen kommerziellen, militärischen und wissenschaftlichen Ursprungs einschließlich dem Amateurfunk. Die IFRB reguliert die Vergabe der Frequenzen weltweit und gibt Anweisungen zur maximalen Anzahl von Radiokanälen in jedem Frequenzspektrum, wo Interferenzen auftreten könnten. Eine Frequenzanmeldung beim IFRB ist erforderlich, falls eine Frequenz

- schädliche Störungen der Dienste anderer Verwaltungen verursachen könnte,
- für internationale Funkverbindungen verwendet werden soll,
- international anerkannt werden soll.

Nach Überprüfung durch das IFRB (hauptsichtlich hinsichtlich möglicher Störungen) wird die Frequenz in die *Internationale Frequenzhauptkartei* eingetragen.

Durch die Frequenzvergabe der IFRB wurde die Welt in drei Regionen eingeteilt:

- Region 1 – Europa, Mittlerer Osten, ehemalige UdSSR und Afrika,

B.1 Internationale Standardisierungsorganisationen

- Region 2 – Grönland, Nord- und Südamerika,
- Region 3 – Fernost, Australien und Neuseeland.

WARC *(World Administrative Radio Conference)* – neuerdings auch WRC abgekürzt – ist eine periodische Veranstaltung, auf der Anträge von Organisationen der drei Regionen zur Festlegung der Nutzung des Frequenzspektrums beraten und durch förmliche Abstimmung behandelt werden.

B.1.2.5 BDT

Der *Board of Directors for Telecommunication* (BDT), der im Jahre 1989 gegründet wurde, hat den gleichen Status wie der CCITT und CCIR. Seine Aufgabe besteht in der Sicherstellung der technischen Kooperation und der Aufbringung von Geldmitteln zur Finanzierung der Entwicklung der Telekommunikationsnetze in weniger industrialisierten Staaten.

B.1.2.6 General Secretariat

Dieser Ausschuß ist für die Administration, die Finanzen, für Publikationen und technische Empfehlungen zuständig.

B.1.2.7 Kooperation zwischen ISO und CCITT

Zwischen ISO und CCITT gibt es Bereiche, wie z. B. Datenkommunikation und *Open Systems Interconnection* (OSI), mit erheblicher Überlappung der Arbeitsgebiete, was früher zu einem Wettrennen zwischen den Organisationen und dabei fast zu einer schritthaltenden Standardisierung mit dem technischen Fortschritt geführt hatte. Um eine Koordination zwischen den beiden Gremien zu ermöglichen, wurde das *Joint Technical Committee* (JTC) gegründet.

B.1.3 IEC

Die IEC besteht seit 1906 und ist wie ISO und ITU eine Einrichtung der UN. Sie entwirft Standards im Bereich elektrischer und elektronischer Komponenten sowie bezüglich Betriebssicherheit und Umgebungsbedingungen von Produkten.

Ihre Unterorganisation, das *Committe International Special Perturbations Radio* (CISPR), beschäftigt sich mit Funkinterferenzen. ISO und IEC haben im Jahre

1988 gemeinsam das *Joint Technical Committee* (JTCI) gegründet, welches Standards für die Informationstechnik erarbeitet.

B.1.4 INTELSAT/INMARSAT

Aufgabe dieser Organisationen sind die Entwicklung, Beschaffung und Leitung internationaler Satellitendienste. Dementsprechend entwickeln sie eigene Satellitenfunkstandards.

Der größte Betreiber eines Satellitenkommunikationssystems ist die INTELSAT-Organisation mit 200 Erdefunkstellen in über 100 Ländern. Sie wurde im Jahre 1964 gegründet, um die Vielzahl technischer und administrativer Probleme handzuhaben, die mit einem weltweiten Satelliten-Nachrichtungsübertragungssystem verbunden sind [113]. Von anfänglich 14 Staaten ist die Mitgliederzahl ständig angewachsen. Mit dem Beitritt zu INTELSAT verpflichtet sich der Mitgliedsstaat, für den Betrieb eigener Satelliten eine Genehmigung einzuholen.

Die im Jahre 1980 gegründete INMARSAT-Organisation betreibt ein globales Nachrichtensatelliten-System für den Schiffsfunkverkehr und bietet Telefon, Fernschreibverbindungen und Datenübertragung zwischen Küstenbodenstationen und Schiffen und Förderplattformen, die jeweils mit mobilen Sende- und Empfangsstationen ausgerüstet sind [80]. Alle Dienste, die nationale Postgesellschaften anbieten, sind über das INMARSAT-Netz erreichbar. Man könnte praktisch die INMARSAT als eine Erweiterung der PTT-Organisationen im Bereich Satellitenkommunikation ansehen.

B.1.5 ATM Forum

Das ATM Forum ist eine ehrenamtliche internationale Organisation mit Sitz in Mountain View, CA, USA mit dem Ziel, die Benutzung von Asynchronem Transfer Mode (ATM) Produkten und Diensten zu fördern. Dazu wird insbesondere die Interoperabilität von Produkten durch Festlegung von Schnittstellen gefördert.

Das Forum unterhält enge Kontakte zu anderen Industrieverbänden. Es besteht aus einem weltweiten technischen Kommittee (TC), drei Vermarktungskommittees in Nord Amerika, Asien und Europa und einen über das Internet realisierten „Runden Tisch" *(Enterprise Network Roundtable)*, über den die Endteilnehmer untereinander Nachrichten austauschen.

B.2 Europäische Standardisierungsorganisationen

Der Beschluß der EU-Staaten im Rahmen der sog. Römischen Verträge (1983), ab 1992 den gemeinsamen europäischen Markt einzuführen, und die Hervorhebung der wichtigen politischen, sozialen und wirtschaftlichen Rolle, die die Telekommunikation dabei spielt, führte seit 1987 durch die Publikation des sogenannten *Green Paper* zu großen Veränderungen auf dem europäischen Kommunikationsmarkt.

Darüberhinaus leiten, kontrollieren und finanzieren die EU-Staaten eine Vielzahl von Forschungsprogrammen, die neben den technischen Zielen die Zusammenarbeit zwischen Unternehmen verschiedener Länder fördern. Zu den wichtigsten Projekten im Bereich der Telekommunikation gehören: *Research and Development in Advanced Communications Technologies in Europe* (RACE), seit 1995 abgelöst durch *Advanced Communication Technologies and Services* (ACTS), *European Cooperation in the Field of Scientific and Technical Research* (COST) und *European Strategic Programm for Information Technology* (ESPRIT). Abgesehen von der rein technischen Orientierung fördern diese Programme die Kooperation zwischen Herstellern unterschiedlicher Länder und tragen so zum Standardisierungsprozeß erheblich bei.

B.2.1 CEN/CENELEC

Das *Commité Européene de Normalisation* (CEN) ist das Äquivalent zur ISO in Europa mit dem Unterschied, daß die von ihm entwickelten Standards verbindlich sind.

Die Schwesterorganisation, das *Commité Européene des Normalisation Electrotechniques* (CENELEC) erarbeitet Standards im Bereich der Elektrotechnik und ist somit das europäische Äquivalent zur IEC. Die von ihr entwickelten Standards mit der Bezeichnung

- EN – müssen als nationale Standards veröffentlicht und angewandt werden,
- ENV – können freiwillig angewandt werden.

B.2.2 CEPT

Die *European Conference for Posts and Telecommunications* (CEPT), zu deren Mitgliedern die europäischen Fernmeldeämter (*Postes, Telephone & Telegraph*, PTT) und die öffentlichen Telefonnetzbetreiber gehören, war bis zum Jahre 1988 für die Erarbeitung von Standards in den Bereichen Telefon-, Telegraphen- und

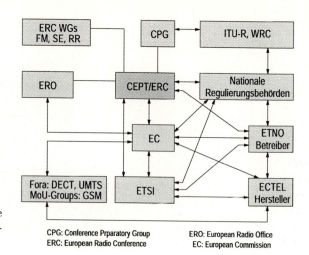

Abbildung B.1: Europäische Funkfrequenzplanung koordiniert durch die CEPT/ERC

CPG: Conference Prparatory Group
ERC: European Radio Conference
ERO: European Radio Office
EC: European Commission

Datennetzen verantwortlich. Viele der von ihr entwickelten Empfehlungen wurden von der CCITT übernommen. Durch die Gründung des *European Telecommunications Standards Institute* (ETSI) im Jahre 1988 wurde ein großer Teil der Aufgaben der CEPT auf die ETSI übertragen. Die CEPT bleibt weiterhin im Strategie- und Planungsbereich tätig.

Von großer Wichtigkeit für die Entwicklung europäischer Standards sind drei CEPT Kommittees:

- Das *Technical Recommendations Applications Committee* (TRAC) erläßt Empfehlungen als *Normes Européennes de Télécommunication* (NET), welche für alle PTT-Mitglieder verbindlich sind.

- Das *Commité des Coordinations des Radiocommunications* (CR) entwickelt Strategien zur optimalen Nutzung des Frequenzbandes und teilt den unterschiedlichen Diensten Frequenzbereiche zu. Die Gruppe CEPT/ERC *(European Radio Conference)* leistet die organisatorischen Maßnahmen und die Abstimmung zwischen den CEPT-Beteiligten, mit der ETSI und international, vgl. Abb. B.1. CEPT/ERC entspricht der internationalen Gruppe ITU-T/WRC *(World Radio Conference)*. Gemäß Abb. B.2 besteht in der CEPT seit 1991 das *European Radio Office*, daß die laufenden Geschäfte der Frequemzregulierung wahrnimmt und mit den entsprechenden nationalen Organisationen zusammenarbeitet, z. B. BAPT in Deutschland.

- Das *Service and Facilities* (SF) Kommittee legt die Dienstfähigkeiten fest.

B.2 Europäische Standardisierungsorganisationen

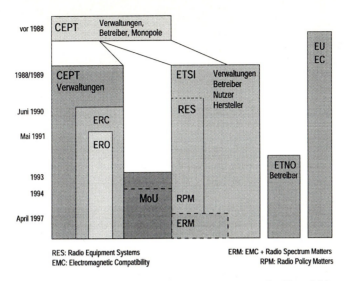

Abbildung B.2: CEPT, ERC und ETSI: Historische Entwicklung

B.2.3 ETSI

Die Funktionen des *European Telecommunications Standards Institute* (ETSI), das im Jahre 1988 aufgrund der Anforderungen im *Green Paper* der EU gegründet wurde, sind ähnlich denen des CCITT und haben als Hauptziel, die Telekommunikationsstandards für Europa bereitzustellen. Die Mitgliedschaft in der ETSI ist nicht nur auf die EU-Staaten beschränkt, sondern sie ist offen für alle Länder des europäischen Kontinents.

Neu bei der ETSI ist die Einbeziehung von fünf gleichberechtigten Kategorien von Mitgliedern, nämlich:

- nationale Standardisierungsinstitute und Verwaltungen,
- öffentliche Netzbetreiber,
- Hersteller,
- Benutzergruppen und
- private Dienstversorger, Forschungsinstitute und Berater.

Somit ist die Mitgliedschaft in der ETSI auch auf Herstellerfirmen ausgedehnt. Demzufolge werden zukünftige Standards in enger Zusammenarbeit zwischen Netzbetreibern und Herstellerfirmen entwickelt.

Eine andere Neuheit in der ETSI ist die Bildung von Projektteams aus den von den Mitgliedsorganisationen ausgeliehenen und bezahlten Experten, die für den Entwurf der Standards zuständig sind.

Um die zukünftigen Markt- sowie Telekommunikationstrends zu erkennen, hat die ETSI das *Special Strategic Review Committees of Senior Experts* gegründet, welches das ETSI-Programm und die Notwendigkeit von neuen Standards in gewissen Gebieten untersucht.

Die Struktur der ETSI wird in Abb. B.3 dargestellt. Das höchste Kommittee der ETSI, die *General Assembly (GA)*, bestimmt die ETSI-Politik, wählt neue Mitglieder und erstellt den Haushaltsplan. Die Verwaltungsarbeit wird von einem Sekretariat mit Sitz in Sophia-Antipolis, Frankreich, unter Aufsicht eines Direktors durchgeführt. Außerdem beaufsichtigt das Sekretariat die Arbeit der *Project Teams* (PT).

Die *Technical Assembly* (TA) erläßt *European Telecommunications Standards* (ETS), welche durch mehrheitliche Abstimmung in Kraft treten. Von der TA werden die *Technical Committees* (TC) und deren Vorsitzende ernannt. Die Standardisierungsarbeit wird von zwölf TCs, die in *Sub-Technical Committees* (STC) eingeteilt sind, ausgeführt.

Die technischen Unterkommittees (STC) und die Projektteams (PT), die unter der jeweiligen Anleitung der Technischen Kommittees (TC) arbeiten, vgl. Abb. B.3, sind in der Tab. B.1 aufgeführt.

Der Bereich Mobilfunk hat in der ETSI eine hohe Priorität. Systeme wie GSM, DCS1800, DECT, ERMES, TETRA oder TFTS sind von ihr spezifiziert worden. Wichtig für den Bereich Mobilfunk sind folgende Kommittees:

Tabelle B.1: Struktur der Technical Committees

			Technical Committees
NA	STC	NA 1	User Interfaces Services & Charging
		NA 2	Numbering, Addressing Routing & Interworking
		NA 4	Network Architecture Operations, Maintenance Principles & Performance
		NA 5	Broadband Networks
		NA 6	Intelligent Networks
		NA 7	Universal Personal Telecommunications
BT	STC	BT 1	Private Networking Aspects

B.2 Europäische Standardisierungsorganisationen

			Technical Committees
		BT 2	Business Telecommunications Network Performance
	PT	PT 27	PTN Attendant Services
		PT 43	PTM Mobility
		PT 18V	PSTN Access PABX
		PT 22V	ONP Leased Lines
SPS	STC	SPS 1	Network Interconnection & Signalling
		SPS 2	Signalling Network & Mobility Applications
		SPS 3	Digital Switching
		SPS 5	Customer Access to the ISDN
	PT	PT 21V	DSS 1 PICS/PIXIT
TM	STC	TM 1	Transmission Equipment Fibres & Cables
		TM 2	Transmission Networks Managment, Performance & Protection
		TM 3	Architecture, Functional Requirements & Interfaces of Transmission Networks
		TM 4	Radio Relay Systems
		TM 5	Coding, Speech Processing & Associated Network Issues
TE	STC	TE 1	Videotex Systems
		TE 2	Text Communication Systems
		TE 3	MHS
		TE 4	Voice Terminals
		TE 5	General Terminal Access Requirements
		TE 6	Directory Systems
		TE 7	Lower Layer Terminal Protocols
		TE 8	Functional Standards
		TE 9	Card Terminal
		TE 10	Audio-Visual Managment (AVM)
	PT	PT 34	Conformance Testing for Videophony
		PT 8V	Intelligent Caros
		PT 40	ISDN Terminals for ODA
		PT 17V	PSTN Access
		PT 19V	ISDN Programming Communications Interface
EE	STC	EE 1	Enviroment Conditions
		EE 2	Power Supply
		EE 3	Mechanical Structure
		EE 4	Electromagnetical Compatibility
HF	STC	HF 1	Telecommunication Services
		HF 2	People with Special Needs

			Technical Committees
		HF 3	Usability Evaluation
	PT	PT 16V	User Procedures for Videophony
		PT 36	Human Factors Guidelines for ISDN Equipment Design
RES	STC	RES 1	Maritime Mobile
		RES 2	Land Mobile
		RES 3	DECT
		RES 5	TFTS
		RES 6	Digital Trunking Systems (TETRA)
		RES 7	DSRR
		RES 8	Low Power Devices
		RES 9	EMC
		RES 10	Wireless LANs
	PT	PT 10	DECT
		PT 19	TFTS
		PT 29	Trunked Mobile Systems
		PT 41	Radio LANs
SMG	STC	SMG 1	Services & Facilities
		SMG 2	Radio Aspects
		SMG 3	Network Aspects
		SMG 4	Data and Telematic Services
		SMG 5	UMTS
		SMG 6	Network Management Aspects
	PT	PT 12	Pan European Cellular Digital Radio Systems
		PT 12V	DCS1800 (PCN)
PS	STC	PS 2	ERMES Radio Aspects
		PS 3	ERMES Network Aspects
SES	STC	SES 1	General Systems Requirements
		SES 2	RF & IF Equipment
		SES 3	Interconnections to Terrestrial Networks Control & Monitoring Functions
		SES 4	TV & Sound Programmes Equipment
		SES 5	E.S for Mobile Services
	PT	PT 42	VSAT. ISDN
		PT 15V	Mobile Earth Stations for LMSS & RDSS
		PT 23V	News Gathering Earth Stations
ATM	STC	ATM 1	Conformance Testing Methodologies
		ATM 2	Conformance Testing Environment

B.2 Europäische Standardisierungsorganisationen

		Technical Committees
PT	PT 31	TTCN SDL
	PT 37	SDL Guide
	PT 38	Test Specification Handbook
	PT 39	Conformance Testing Consulting Group

- RES – Radio Equipment & Systems,
- SMG – Special Mobile Group,
- PS – Paging Systems,
- SES – Satellite Earth Stations.

ETSI erarbeitet drei Arten von Standards:

- EN oder ENV – European Norm,
- ETS – European Telecommunications Standards,
- NETS – Normes Européennes de Télécommunications.

Wegen der Überlappung der Arbeit von ETSI, CEN und CENELEC wurde zur Koordination das *Information Technology Steering Committee* (ITSTC) gegründet. Für Zwecke der europäischen Frequenznutzungskoordination wurde das *European Radio Office* (ERO) gegründet, mit Sitz in Kopenhagen, Dänemark.

Änderungen der ETSI-Organisation

Die 1997 geplante Umorganisation hat einen entscheidenden Einfluß auf den Standardisierungsprozeß und die damit zusammenhängenden Dokumente. Im folgenden wird ein kurzer Überblick über die alten und neuen Dokumenttypen und die entsprechenden Approval Verfahren gegeben. Seit 1994 gibt es die *Radio Policy Matters* (RPM)-Gruppe, vgl. Abb. B.2, und seit 1997 die Gruppe *ETSI Radio Matters*, ERM. CEPT/ERC und ETSI arbeiten gemäß dem MoU 1994 zusammen; die RPM koordiniert dies von ETSI-Seite. Die Gründung der Gruppe ERM kann als „horizontales technisches Kommittee" angesehen werden, um mobilfunksystemübergreifende Koordinationsaufgaben wahrzunehmen. Jedes Mobilfunksystem wird zukünftig in einem ETSI-Projekt (EP) bearbeitet, vgl. Abb. B.4. Die Zusammenarbeit zwischen CEN/ERC und ETSI/ERM wird zukünftig verlaufen wie in Abb. B.5 dargestellt.

Die Bezeichnung der Dokumente würde wie folgt geändert:

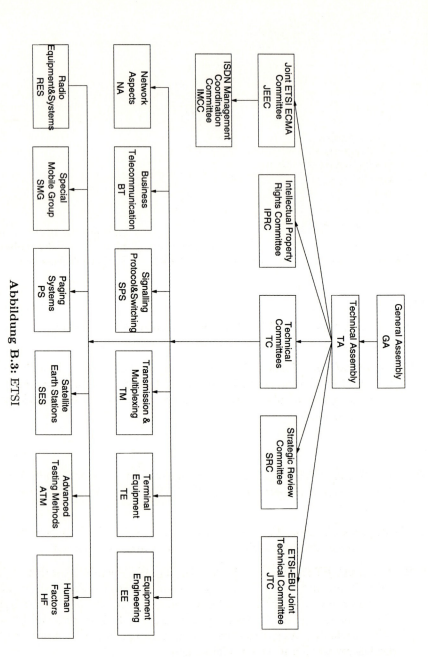

Abbildung B.3: ETSI

B.2 Europäische Standardisierungsorganisationen

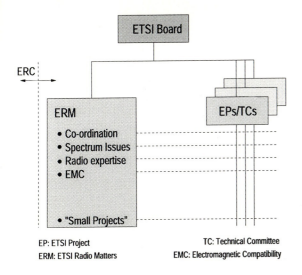

Abbildung B.4: Matrixorganisation zur Behandlung von Funkangelegenheiten

EP: ETSI Project
ERM: ETSI Radio Matters
TC: Technical Committee
EMC: Electromagnetic Compatibility

Alt

***ETSI Technical Report*, ETR:** Gibt einen Überblick über Stand der Technik und/oder Anforderungen an ein bestimmtes System.

***ETSI Technical Specification*, ETS:** der eigentliche Standard. Wurde ebenfalls von STC erarbeitet, anschließend zur öffentlichen Stellungnahme *(Public Enquiry)* gegeben, über die unter anderem die nationalen Standardisierer einbezogen werden.

Neu

***Technical Report*, TR:** Von der Art vergleichbar dem früheren ETR. Wird von dem erstellenden Kommittee auch freigegeben und ist insofern eher ein Arbeitspapier.

***Technical Specification*, TS:** Vergleichbar dem früheren ETS, ist aber kein Standard, da es nur vom bearbeitenden Kommittee freigegeben wird.

***ETSI Standard*, ETS:** Eine neue Art Papier, inhaltlich vergleichbar dem Früheren ETS. Es handelt sich um einen de facto Standard, der durch ein verkürztes Verfahren bestätigt wird. Das Verfahren sieht vor, daß die ETSI-Mitglieder (über eine einzige Kontaktperson) per Internet darüber verständigt werden und innerhalb von 60 Tagen per Internet abstimmen. Die nationalen Standardisierer werden nicht mit einbezogen.

***ETSI Guide*, EG:** Inhaltlich wie TR, gleiches Bestätigungsverfahren wie ETS.

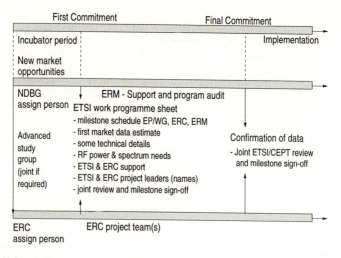

Abbildung B.5: Gemeinsamer CEPT/ERC-ETSI-Implementationsprozeß

Euro Norm, EN: Dies sind die eigentlichen Normen (de jure Standard), bei deren Bestätigung die nationalen Organisationen mit einbezogen werden. Das Enquiry (and Vote) Verfahren wurde ebenfalls verkürzt und beträgt nun wahlweise 17 oder 23 Tage.

B.2.4 ECMA

Die *European Computer Manufacturers Associations* (ECMA) wurde im Jahre 1960 gegründet. Zu ihren Mitgliedern zählen ca. 20 bedeutende Rechnerhersteller, die auf freiwilliger Basis Standards im Bereich der Datenkommunikation, insbesondere *Open System Interconnection* (OSI) und seit kurzem für private Netze, das Signalisierungssystem QSIG entwickeln.

Das wichtigste Kommittee der ECMA ist das *Communications, Networks and Interconnection* (TC32) Kommittee, das in vier Arbeitsgruppen eingeteilt ist:

- TG11 – Computer Supported Telecommunications Applications,
- TG12 – PTN Managment,
- TG13 – PTN Networking,
- TG14 – PTN Signalling.

B.2 Europäische Standardisierungsorganisationen

Wegen der Überlappung von ETSI und ECMA im Bereich privater Netzstandards wurde zur Koordination im Jahre 1991 das *Joint ETSI ECMA Committee* (JEEC) gegründet. ETSI richtet seine Arbeit auf die Entwicklung der Standards für interaktive Verbindungen zwischen den öffentlichen und privaten Netzen aus, während die ECMA die Standards für private Netze entwickelt. Die Informationen über die laufenden Arbeiten werden zwischen den beiden Organisationen ausgetauscht. Außerdem besteht die Möglichkeit, daß Mitglieder einer Organisation in der anderen mitarbeiten. Die fertigen Standards der ECMA werden bei der ETSI vorgelegt und durch Abstimmung als ETS zugelassen.

B.2.5 EBU

Die *European Broadcasting Union* (EBU) mit Sitz in Genf ist der Zusammenschluß der europäischen Rundfunk- und Fernsehanstalten. Der Technische Ausschuß der EBU erarbeitet Empfehlungen für Normen und Standards, wie z. B. die Satellitenübertragungsnorm für Fernsehen und Rundfunk.

B.2.6 EUTELSAT

Ein zwischenstaatliches Abkommen der 28 Mitgliedsstaaten der CEPT ließ im Jahre 1982 die *European Telecommunications Satellite Organisation* (EUTELSAT) entstehen. Durch einen im Jahre 1983 abgeschlossenen Vertrag wurde die regionale Betriebsgesellschaft EUTELSAT dem INTELSAT juristisch gleichgestellt. EUTELSAT verwaltet unter anderem das *European Communication Satellites* (ECS) Satellitensystem. Die EUTELSAT-Satelliten werden zur Übermittlung von Telefongesprächen, zur Austrahlung von Fernsehprogrammen, zur Datenübertragung und für Telekonferenzen eingesetzt.

B.2.7 ESA

Außerdem ist in Europa im Bereich Satellitenkommunikation die im Jahre 1975 gegründete *European Space Agency* (ESA) tätig. Vorläufer der ESA waren die *European Space Research Organisation* (ESRO) und die *European Launch Development Organisation* (ELDO) sowie die *Conferènce Européen pour des Télécommunications par Satellite* (CETS) [80].

Die ESA fördert die Zusammenarbeit europäischer Staaten auf dem Gebiet der Weltraumforschung und -technologie und entwickelt operationelle Weltraumanwendungssysteme. Eine Übersicht über die internationalen und europäischen Stan-

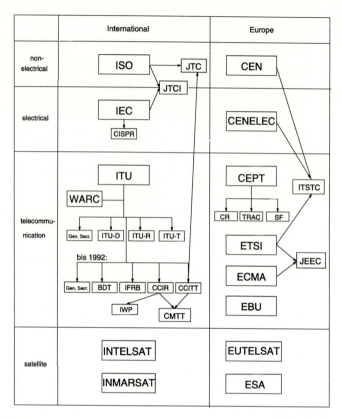

Abbildung B.6: Zusammenarbeit internationaler und europ. Standardgremien

dardisierungsorganisationen und deren Zusammenarbeit ist in der Abb. B.6 dargestellt.

B.3 Nationale Standardisierungsorganisationen

Nationale Standardisierungseinrichtungen, Organisationen und Fachverbände befassen sich u.a. mit der Festlegung nationaler Standards, der Zuarbeit zu internationalen Standardisierungsgremien und der Übersetzung internationaler Standards in die nationale Sprache. Die bekanntesten Einrichtungen sind in der Tab. B.2 aufgeführt.

Tabelle B.2: Nationale Standardorganisationen und Fachverbände

Land	Organisation	
Deutschland	BMPT	Bundesministerium für Post und Telekommunikation
	BAPT	Bundesamt für Post und Telekommunikation
	DIN	Deutsches Institut für Normierung
	VDE	Verband Deutscher Elektrotechniker
	VDI	Verband Deutscher Ingenieure
	DKE	Deutsche Kommission Elektrotechnik
England	MPT	Ministry of Post and Telecommunications
	BSI	British Standard Institute
	OFTEL	Office of Telecommunications
	BABT	British Approvals Board for Telecommunications
Frankreich	AFNOR	
USA	ANSI	American National Standards Institute
	IEEE	Institute of Electrical and Electronics Engineers
	EIA	Electonic Industries Associations
	TIA	Telecommunication Industries Associations
	SME	The Society of Manufacturing Engineering
	T1	Exchange Carriers Standards Association
Japan	TTC	The Telecommunication Technology Committee

B.4 Quasi-Standards

B.4.1 Firmen-Standards

Auch wenn es auf der Welt zahlreiche Standardisierungsorganisationen gibt, entwickeln viele Firmen ihre eigenen Spezifikationen, die manchmal ein *de facto* Standard werden können. Diese *de facto* Standards werden entweder von den internationalen und nationalen Organisationen aufgenommen oder bleiben jahrelang für sie eine ernste Konkurrenz.

Firmen-Standards werden nicht veröffentlicht und spielen deshalb eine große Rolle im Wettbewerb. Um sie im eigenen System zu verwenden, muß man eine Lizenz erwerben. Beispiele von Firmen, die eigene Standards entwickelt haben, sind:

- Motorola: z.B. RD-LAP Protokoll, Iridium, Altair WIN 802.11,
- Ericson: Mobitex,

- Qualcomm: CDMA (IS-95).

B.4.2 Benutzer-Standards

Außer den firmeneigenen Standards werden weitere *de facto* Standards von Organisationen oder Institutionen, wie z. B. Universitäten, Militär, Polizei und Bahngesellschaften entwickelt. Diese für den internen Gebrauch entwickelten Standards werden Benutzer-Standards genannt. Sie können, sofern Interesse besteht, in einem eigenen System angewandt werden.

Zu den Benutzer Standards zählt z. B. das *Mobile IP*, welches eine Weiterentwicklung des von der *Defense Advanced Research Projects Agency* (DARPA) entwickelten Übertragungsprotokolls TCP/IP *(Transmission Control Protocol/Internet Protocol)* des INTERNET ist.

C Internationale Frequenzzuweisungen

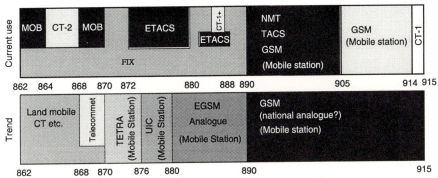

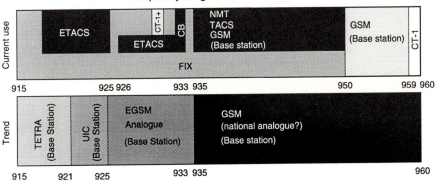

Abbildung C.1: Zuweisung der Frequenzen entsprechend Artikel 8 der *Radio Regulations*

494 C Internationale Frequenzzuweisungen

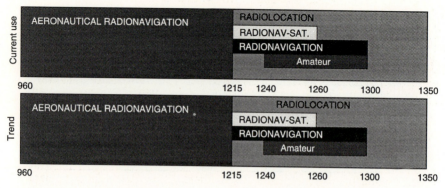

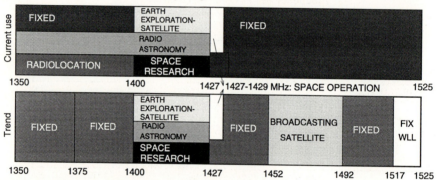

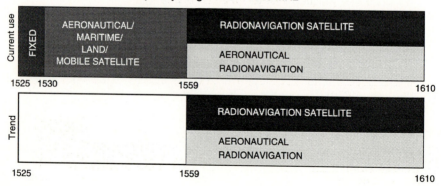

Abbildung C.2: Zuweisung der Frequenzen entsprechend Artikel 8 der *Radio Regulations*

C Internationale Frequenzzuweisungen

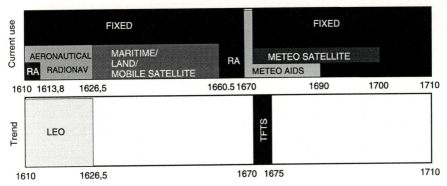

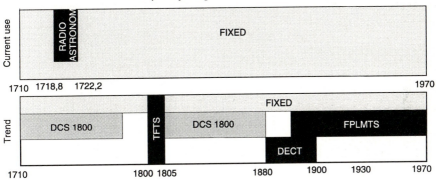

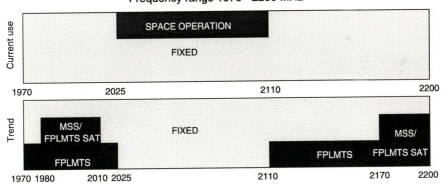

Abbildung C.3: Zuweisung der Frequenzen entsprechend Artikel 8 der *Radio Regulations*

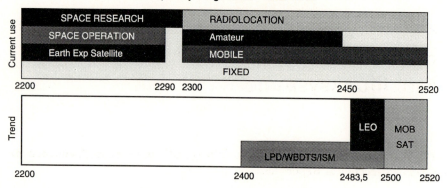
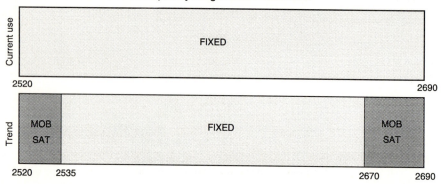
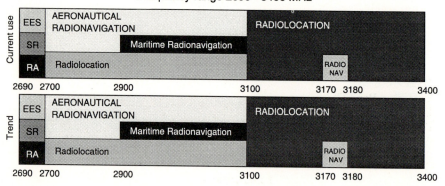

Abbildung C.4: Zuweisung der Frequenzen entsprechend Artikel 8 der *Radio Regulations*

D Frequenzen europäischer Mobilfunksysteme

Aktuelle Daten sind vom European Radio Office (ERO) unter http://www.ero.dk verfügbar, vgl. Technical Report 25.

System	Frequenz (Unterband) [MHz]	Frequenz (Oberband) [MHz]
	Schnurlose Telefone	
CT1	914–915	959–960
CT1+	885–887	930–932
CT2	864,1–868,1	
DECT	1880–1900	
	Digitaler Bündelfunk (TETRA)	
	Frequenzbereiche nach CEPT-Empfehlung, aus denen auf nationaler Basis Frequenzen ausgewählt werden sollen	
	380–400	
	410–430	
	450–470	
	870–888	915–923
	Zellulare Mobilfunksysteme	
GSM	890–915	935–960
Extension-Band GSM	880–890	925–935
UIC (Europäische Bahnen)	870–874	915–919
DCS1800	1710–1785	1805–1880
FPLMTS (UMTS)	1885–2010	2110–2200
FPLMTS Satellitenband	1980–2010	2170–2200
	Funkrufsysteme	
EUROSIGNAL (D, F, CH)	87,340	
	87,365	

System	Frequenz (Unterband) [MHz]	Frequenz (Oberband) [MHz]
	87,390	
	87,415	
Cityruf (nur D)	465,970	
Euromessage	466,075	in D, F, I, GB
	466,230	
ERMES	169,4–169,8	
Flugtelefonsystem		
TFTS	1670–1675	1800–1805
LEO-Satellitensysteme		
	1610–1626,5	2483,5–2500
INMARSAT-Systeme		
nur Teilbereiche aus	1525–1559	1626,5–1660,5

E Der GSM-Standard

GSM No.	GSM Title
01.02	General Description of a GSM PLMN
01.04 REP	Vocabulary in a GSM PLMN
01.06	Service Implementation Phases and Possible Further Phases in the GSM PLMN
02.01	Principles of Telecommunication Services by a GSM PLMN
02.02	Bearer Services Supported by a GSM PLMN
02.03	Teleservices Supported by a GSM PLMN
02.04	General on Supplementary services
02.05	Simultaneous and Alternate Use of Services
02.06	Types of Mobile Stations
02.06 DCS	Types of Mobile Stations
02.07	Mobile Station Features
02.08 REP	Report: Quality of Service
02.09	Security Aspects
02.10	Provision of Telecommunication services
02.11	Service Accessibility
02.11 DCS	Service Accessibility
02.12	Licensing
02.13	Subscription to the Services of a GSM PLMN
02.14	Service Directory
02.15	Circulation of Mobile Stations
02.16	International MS Equipment Identities
02.17	Subscriber Identity Modules, Functional Characteristics
02.20	Collection Charges
02.24	Description of Advice of Charge
02.30	Man-machine Interface of the Mobile Station
02.40	Procedures for Call Progress Indications
02.81	Number Identification Supplementary Services
02.82	Call Offering Supplemantary Services
02.83	Call Completion Supplementary Servives
02.84	Multi-party Supplementary Services
02.85	Community of Interest Supplementary Services
02.86	Charging Supplementary Services
02.87	Additional Information Transfer Supplementary Services

GSM No.	GSM Title
02.88	Call Restriction Supplementary Services
03.01	Network Functions
03.02	Network Architecture
03.03	Numbering, Adrdresing and Identification
03.04	Signalling Requirements Relating to Routing of Calls to Mobile Subscriber
03.05	Technincal Performance Objectives
03.07	Restoration Procedures
03.08	Organization of Subscriber Data
03.09	Handover Procedures
03.10	GSM PLMN Connection Types
03.11	Technical Realization of Supplementary Services — General Aspects
03.12	Location Registration Procedures
03.12 DCS	Location Registration Procedures
03.13	Discontinuous Reception (DRX) in the GSM System
03.14	Support of DTMF via the GSM System
03.20	Security-related Network Functions[A]
03.40	Technical Realization of the Short Message Service point-to-point
03.41	Technical Realization of Short Message Service Cell Broadcast
03.42 REP	Report: Technical Realization of Advanced Data MHS Access
03.43	Technical Realization of Videotex
03.44	Support of Teletex in a GSM PLMN
03.45	Technical Realization of Facsimile Group 3 Service - transparent
03.46	Technical Realization of Facsimile Group 3 Service - non transparent
03.48 REP	Report: GSM Short Message Service - Cell Broadcast
03.50	Transmission Planing Aspects of the Speech Service in the GSM PLMN System
03.70	Routing of Calls to/from PDNs
03.81	Technical Realization of Line Identification Supplementary Services
03.82	Technical Realization of Call Offering Supplementary Services
03.83	Technical Realization of Call Completion Supplementary Services
03.84	Multi Party Supplementary Services
03.86	Technical Realization of Charging Supplementary Services
03.88	Technical Realization of Call Restriction Supplementary Services
04.01	MS-BSS Interface - General Aspects and Pricipies
04.02	GSM PLMN Access Reference Configuration
04.03	MS-BSS Interface: Channel Structures and Access Capabilities
04.04	MS-BSS Layer 1 - General Requirements
04.05	MS-BSS Data Link Layer - General Aspects
04.06	MS-BSS Data Link Layer Specification
04.07	Mobile Radio Interface Signalling Layer 3 - General Aspects
04.08	Mobile Radio Interface - Layer 3 Specification

E Der GSM-Standard

GSM No.	GSM Title
04.08 DCS	Mobile Radio Interface - Layer 3 Specification
04.10	Mobile Radio Interface Layer 3 - Supplementary Services Specification - General Aspects
04.11	Point-to-point Short Message Service Support on Mobile Radio Interface
04.12	Cell Broadcast Short Message Service Support on Mobile Radio Interface
04.21	Rate Adaption on MS-BSS Interface
04.22	Radio Link Protocol for Data and Telematic Services on the MS-BSS Interface
04.80	Mobile Radio Interface Layer 3 - SS Specification - Formats and Coding
04.82	Mobile Radio Interface Layer 3 - Call Offering SS Specification
04.88	Mobile Radio Interface Layer 3 - Call Restriction SS Specification
05.01	Physical Layer on the Radio Path (General Description)
05.01 DCS	Physical Layer on the Radio Path (General Description)
05.02	Multiplexing and Multiple Access on the Radio Path
05.03	Channel Coding
05.04	Modulation
05.05	Radio Transmission and Reception
05.05 DCS	Radio Transmission and Reception
05.08	Radio Subsystem Link Control
05.08 DCS	Radio Subsystem Link Control
05.10	Radio Subsystem Synchronisation
06.01	Speech Processing Functions : General Description
06.10	GSM Full Rate Speech Transcoding
06.11	Substitution and Muting of Lost Frames for Full-rate Speech Traffic Channels
06.12	Comfort Noise Aspects for Full-rate Speech Traffic Channels
06.31	Discontinuous Transmission (DTX) for Full-rate Speech Traffic Channels
06.32	Voice Activity Detection
07.01	General on Terminal Adaptation Functions for MSs
07.02	Terminal Adaptation Functions for Services Using Asynchronuous Bearer Capabilities
07.03	Terminal Adaptation Functions for Services Using Synchronuous Bearer Capabilities
08.01	General Aspects on the BSS-MS Interface
08.02	BSS-MS Interface-Interface Principles
08.04	BSS-MSC Layer 1 Specification
08.06	Signalling Transport Mechanism for the BSS-MSC
08.08	BSS-MSC Layer 3 Specification

GSM No.	GSM Title
08.09	Network Management Signalling Support Related to BSS
08.20	Rate Adaption on the BSS-MSC Interface
08.51	BSC-BTS Interface, General Aspects
08.52	BSC-BTS Interface Principles
08.54	BSC-TRX Layer 1 : Structure of Physical Circuit
08.56	BSC-BTS Layer 2 Specification
08.58	BSC-BTS Layer 3 Specification
08.58 DCS	BSC-BTS Layer 3 Specification
08.59	BSC-BTS C
08.60	Inband Control of Remote Transcoders and Rate Adaptors
09.01	General Network Interworking Scenarios
09.02	Mobile Application Part Specification
09.02 DCS	Mobile Application Part Specification
09.03	Requirements on Interworking between the ISDN or PSIN and the PLMN
09.04	Interworking between the PLMN and the CSPDN
09.05	Interworking between the PLMN and the PSPDN for PAD Access
09.06	Interworking between the PLMN and a PSPDN/ISDN for Support of Packet Switched Data
09.07	General Requirements on Interworking between the PLMN and the ISDN or PSTN
09.09 REP	Detailed Signalling Interworking within the PLMN and with the PSIN/ISDN
09.10	Information Element Mapping between MS-BS/BSS-MSC Signalling Procedures and MAP
09.10 DCS	Information Element Mapping between MS-BS/BSS-MSC Signalling Procedures and MAP
09.11	Signalling Interworking for Supplementary Services
11.10	Mobile Station Conformity Specifications
11.11	Specification of the SIM-ME Interface
11.11 DCS	Specification of the SIM-ME Interface
11.20	The GSM Base Station System : Equipment Specification
11.30 REP	Mobile Services Switching Centre
11.31 REP	Home Location Register Specification
11.32 REP	Visitor Location Register Specification
11.40	System Simulator Specification
12.00	Objectives and Structure of Network Managment
12.01	Common Aspects of GSM Network Managment
12.02	Subscriber, Mobile Equipment and Services Data Administration
12.03	Security Management
12.04	Performance Data Measurements
12.05	Subscriber Related Event ans Call Data

GSM No.	GSM Title
12.06	GSM Network Change Control
12.07	Operations and Performance Management
12.10	Maintenance Provisions for Operational Integrity of MSs
12.11	Maintenance of the Base Station System
12.13	Maintenance of the Mobile-Services Switching Centre
12.14	Maintenance of Location Registers
12.20	Network Management Procedures and Messages
12.21	Network Management Procedures and Messages on the A-bis Interface

F Abkürzungsverzeichnis

A3	Authentifikationsalgorithmus	CRC	Cyclic Redundancy Check
A5,A8	Verschlüsselungsalgorithmus	DCCH	Dedicated Control Channel
ABM	Asynchronous Balanced Mode	DLCI	Data Link Connection Identifier
ADM	Asynchronous Disconnected Mode	DS	Direct Sequencing
		DSU	DATA Service Unit
AKF	Autokorrelationsfunktion	DTAP	Direct Transfer Application Part
ARQ	Automatic Repeat Request	DTMF	Dual Tone Multiple Frequency
AuC	Authentication Center	DTX	Discontinuous Transmission
AGCH	Access Grant Chanel	EIR	Equipment Identity Register
ASE	Application Service Element	ETSI	European Telecommunications Standards Institute
BCCH	Broadcast Control Channel		
BCF	Base Station Control Functions	FACCH	Fast Associated Control Channel
BSC	Base Station Controller		
BSIC	Base Station Identity Code	FCCH	Frequency Correction Channel
BSS	Base Station System	FDM	Frequency Division Multiplexing
BTS	Base Station Transceiver System	FEC	Forward Error Correction
CC	Country Code	FH	Frequency Hopping
CCCH	Common Control Channel	FPLMTS	Future Public Land Mobile Telecommunication System
CCITT	Commité Consultatif International de Télégraphique et Téléphonique	GGSN	Gateway GPRS Support Node
		GMSC	Gateway MSC
CDM	Code Division Multiplex	GMSK	Gaussian Minimum Shift Keying
CE	Connection Endpoint	GPRS	General Packet Radio Service
CEPT	Conférence Européene des Administrations des Postes et des Télécommunications	GSM	Group Spécial Mobile
		HDLC	High Level Data Link Control
CI	Cell Identity	HDRCH	High Data Rate Channel
CKSN	Übertragungsschlüsselnummer	HLR	Home Location Register

IMEI	International Mobile Equipment Identity	PUK	PIN Unblocking Key
IMSI	International Mobile Subscriber Identity	RACH	Random Access Channel
		RAND	Zufallszahl
ISDN	Integrated Services Digital Network	RLP	Radio Link Protocol
		RR	Radio Ressource Management
ISP	Intermediate Services Part	SACCH	Slow Associated Control Channel
IWF	Interworking Function		
K_c	Übertragungsschlüssel	SAP	Service Access Point
K_i	Authentifikationsschlüssel	SAPI	Service Access Point Identifier
LAI	Location Area Identity	SCCP	Signalling Connection Control Part
LAPD	Link Access Procedure D-Channel		
		SCH	Synchronization Channel
LPC	Linear Predictive Coding	SDCCH	Stand-Alone Dedicated Control Channel
MAP	Mobile Application Part		
MCC	Mobile Country Code	SDM	Space Division Multiplex
MM	Mobility Management	SGSN	Serving GPRS Support Node
MoU	Memorandum of Understanding	SI	Subscriber Identity
MS	Mobile Station	SIM	Subscriber Identity Module
MSC	Mobile Services Switching Center	SMS	Short Messages Service
		SNR	Signal to Noise Ratio
MSRN	Mobile Station Roaming Number	SRES	Authentifikator
		SS	Supplementary Service
MSISDN	Mobile Subscriber ISDN	SS.7	Signalling System Nr. 7
MT	Mobile Termination	TA	Timing Advance
MTP	Message Transfer Part	TCAP	Transaction Capabilities Application Part
NDC	National Destination Code		
OMC	Operation and Maintenance Center	TCH	Traffic Channel
		TDM	Time Division Multiplexing
OSI	Open Systems Interconnection	TMSI	Temporary Mobile Subscriber Identity
PAD	Packet Assembler Disassembler		
PCH	Paging Channel	TMN	Telecommunication Management Network
PCM	Pulse Code Modulation		
PIN	Personal Identity Number	TRAU	Transcoder/Rate Adaptor Unit
PLMN	Public Land Mobile Network	TRX	Transceiver (Transmitter/Receiver)
PN	Pseudo Noise		

F Abkürzungsverzeichnis

UMTS	Universal Mobile Telecommunication System	VLR	Visitor Location Register
		VMSC	Visited Mobile Switching Center
USDC	US Digital Cellular	VNDC	Visited National Destination Code
VAD	Voice Activity Detection		
VCC	Visited Country Code	VSN	Visited Subscriber Number

Literaturverzeichnis

[1] H. Andersson, H. Eriksson, A. Fallgren, M. Madfors. *Adaptive Channel Allocation in a TIA IS-54 System.* In IEEE Vehicular Technology Society, editor, *42nd IEEE Vehicular Technology Society: Frontiers of Technology. From Pioneers to the 21th Century*, Vol. 2 of *VTS Conference*, pp. 778–781. IEEE Vehicular Technology Society, IEEE Publishing Services, May 1992. 555 Seiten.

[2] J. C. Arnbak. *The European (R)evolution of Wireless Digital Networks.* IEEE Communications Magazine, Vol. 31, pp. 74–82, September 1993.

[3] G. Hatziliadis B. Walke, W. Mende. *CELLPAC, a packet radio protocol applied to the cellular GSM mobile radio network.* Proceedings IEEE, May 1991.

[4] A. Baier, W. Koch. *Potential of CDMA for 3rd generation mobile radio.* In *Mobile Radio Conference*, Nice, France, November 1991.

[5] A. Baier, H. Panzer. *Multi-rate DS-CDMA radio interface for third-generation cellular systems.* In *7th IEE European Conference on Mobile Personal Communications*, p. 255, Venue, The Brighton centre, UK., December 1993.

[6] Paul Walter Baier. *CDMA, ein Vielfachzugriffsverfahren für Mobilfunksysteme der dritten Generation?* Technical report, Lehrstuhl für hochfrequente Signalübertragung und -verarbeitung der Universität Kaiserslautern, 1994.

[7] D. Barnes. *ETSI and type approval activities for UMTS.* In *7th IEE European Conference on Mobile Personal Communications*, pp. 205–209, Venue, The Brighton, UK., December 1993.

[8] G. Benelli, G.F. Cau, A. Radelli. *A performance evaluation of Slotted Aloha multiple access algorithms with fixed and variable frames for radiomobile networks.* IEEE Transaction on Vehicular Technology, Vol. 43, No. 2, pp. 181–193, May 1994.

[9] E. Berruto, et al. *Terrestrial flight telephone system for aeronautical public correspondence: Overview and handover performance.* In Digital Mobile Radio Conf. DMR IV, pp. 221–228, Nice, France, November 1991.

[10] E. Berruto, D. Plassman, et al. *UMTS Transport and Control function allocation in a B-ISDN environment.* Technical report, RACE Program: R2020 CODIT, R2066 MONET, R2067 MBS and R2084 ATDMA, October 1995.

[11] D. Bertsekas, R. Gallager. *Data Networks.* Prentice Hall Inc., 2 edition, 1992.

[12] E. Bohländer, W. Gora. *Mobilkommunikation in den 90er Jahren, Teil 3: GSM-Standard und Systemkonzept.* DATACOM, Nr. 12, pp. 22–35, 1991.

[13] G. Brasche, B. Walke. *Concepts, Services, and Protocols of the New GSM Phase 2+ General Packet Radio Service.* IEEE Communications Magazine, pp. 94–104, August 1997.

[14] Götz Brasche. *Prototypische Bewertung und Implementierung von neuen Paket-Datendiensten für das GSM-Mobilfunknetz.* Kopernikusstr. 16, D-52074 Aachen, 1997. Dissertation.

[15] W. Broek, A. Lensink. *A UMTS architecture based on IN and B-ISDN developments.* In 7th IEE European Conference on Mobile Personal Communications, p. 243, Venue, The Brighton Centre, UK., December 1993.

[16] M. Callendar. *Standards for Global Personal Communications Services.* In Mobile Radio Conference (MRC'91), pp. 229–234, Nice, France, November 1991.

[17] G. K. Chan. *Effects of Sectorization on the Spectrum Efficiency of Cellular Radio Systems.* IEEE Transactions on Vehicular Technology, Vol. 41, No. 3, pp. 217–225, Aug. 1992.

[18] R.D. Cideciyan, (et al.). *Performance of the CODIT Radio Interface.* In RACE Mobile Telecommunications Summit, pp. 253–257, November 1995.

[19] L. P. Clare. *Control Procedures for Slotted-ALOHA systems that achieve stability.* In ACM SIGCOMM'86 Symp., pp. 302–309, Aug. 1986.

[20] M. P. Clark. *Networks and telecommunications: design and operation*, 1991.

[21] A. B. Corleial, M. E. Hellmann. *Bistable Behaviour of Aloha-type systems.* IEEE Transaction on Communications, Vol. 23, pp. 404–409, 1975.

[22] G. A. Cunningham. *Delay versus throughput comparisons for stabilized Slotted ALOHA.* IEEE Transaction on Communications, Vol. 38, No. 11, pp. 1932–1934, Nov. 1990.

[23] G. D'Aria, et. al. *Terrestrial flight telephone system: Integration issues for a pan-european network*. In *Digital Mobile Radio Conf. DMR V*, Helsinki, Finland, December 1992.

[24] P. Decker. *FAX Transmission on Non-Transparent GSM Data Service*. In *Workshop on Mobile Multimedia Communication (MoMuC-1)*, Tokyo, IEEE, December 1993.

[25] P. Decker. *A Packet Radio Protocol Proposed for the GSM Mobile Radio Network*. In *Workshop on Mobile Multimedia Communication (MoMuC-1)*, Tokyo, IEEE, December 1993.

[26] P. Decker. *Entwurf und Leistungsbewertung hybrider Fehlersicherungsprotokolle für paketorientierte Sprach- und Datendienste in GSM-Mobilfunksystemen*. Dissertation, RWTH Aachen, Lehrstuhl für Kommunikationsnetze, 1995. ISBN 3-86073-387-7.

[27] P. Decker, B. Walke. *Performance Analysis of FAX Transmission on Non-Transparent GSM Data Service*. In *Mobile and Personal Communication*, Brighton, IEE, December 1993.

[28] D. D. Dimitrijevic, J. Vucetic. *Design and Performance Analysis of the Algorithms for Channel Allocation in Cellular Networks*. IEEE Transactions on Vehicular Technology, Band 42, Nr. 4, pp. 526–534, November 1993.

[29] I. Dittrich, P. Holzner, M. Krumpe. *Implementation of the GSM-Data-Service into the Mobile Radio System*. In *Mobile Radio Conference (MRC'91)*, pp. 73–83, Nice, France, November 1991.

[30] I. Dittrich, P. Holzner, M. Krumpe. *Datendienste im GSM-Mobilfunksystem*. Telcom Report 15, Nr. 2, pp. 92–95, 1992.

[31] John Dunlop, James Irvine, David Robertson, Peter Cosimini. *Performance of a statistically multiplexed Access Mechanism for a TDMA Radio Interface*. IEEE Personal Communications, June 1995.

[32] ETSI. *GSM recommendations 02.03*, 1991. Teleservices.

[33] ETSI. *GSM recommendations 02.17*, 1991. SIM Card / Module.

[34] ETSI. *GSM recommendations 03.03*, 1991. Numbering, addressing and identification.

[35] ETSI. *GSM recommendations 03.09*, 1991. Handover Procedures.

[36] ETSI. *GSM recommendations 04.04*, 1991. Layer 1 - General requirements.

[37] ETSI. *GSM recommendations 08.08*, 1991. BSS-MSC Layer 3 specification.

[38] ETSI. *GSM recommendations 08.58*, 1991. BSC-BTS Layer 3 Specification.

[39] ETSI. *GSM recommendations 04.05*, 1993. Data Link Layer - General aspects.

[40] ETSI. *GSM recommendations 04.06*, 1993. MS-BSS Interface, Data link layer specification.

[41] ETSI. *GSM recommendations 04.07*, 1993. Mobile radio interface, Layer 3 - General aspects.

[42] ETSI. *GSM recommendations 04.08*, 1993. Mobile radio interface, Layer 3 specification.

[43] ETSI. *GSM recommendations 05.02*, 1993. Multiplexing and multiple access on the radio path.

[44] ETSI. *GSM recommendations 05.05*, 1993. Radio Transmission and Reception.

[45] ETSI. *GSM recommendations 05.08*, 1993. Radio Sub-System Link Control.

[46] ETSI. *Framework for services to be supported by the Universal Mobile Telecommunications System (UMTS)*. Draft UMTS DTR/SMG-050201, ETSI, July 1995.

[47] ETSI. *Overall requirements on the radio interface(s) of the Universal Mobile Telecommunications System (UMTS)*. Draft UMTS ETR 04-01, ETSI, September 1996. Ref. DTR/SMG-050401.

[48] ETSI. *Digital cellular telecommunications system (Phase 2); Channel Coding (GSM 05.03)*. Technical Specification 4.5.1, ETSI, December 1997.

[49] ETSI. TC-SMG. *Digital cellular telecommunications system (Phase 2+) (GSM 03.34) High Speed Circuit Switched Data: Stage 2 Service Description*. Draft Technical Specification 1.1.0, ETSI, ETSI Secretariat, 06921 Sophia Antipolis Cedex, France, November 1996.

[50] ETSI. TC-SMG 1. *Digital cellular telecommunications system (Phase 2+); enhanced Multi-Level Precedence and Pre-emption service (eMLPP)—Stage 1 (GSM 02.67)*. Technical Specification 5.0.1, European Telecommunications Standards Institute, ETSI Secretariat, 06921 Sophia Antipolis Cedex, France, July 1996.

[51] ETSI. TC-SMG 1. *Digital cellular telecommunications system (Phase 2+); Voice Broadcast Service (VBS)—Stage 1 (GSM 02.68)*. Technical Specification 5.1.0, European Telecommunications Standards Institute, ETSI Secretariat, 06921 Sophia Antipolis Cedex, France, March 1996.

[52] ETSI. TC-SMG 1. *Digital cellular telecommunications system (Phase 2+); Voice Group Call Service (VGCS)—Stage 1 (GSM 02.68)*. Technical Specification 5.1.0, European Telecommunications Standards Institute, ETSI Secretariat, 06921 Sophia Antipolis Cedex, France, March 1996.

[53] ETSI. TC-SMG 3. *Digital cellular telecommunications system (Phase 2+); enhanced Multi-Level Precedence and Pre-emption service (eMLPP)—Stage 2 (GSM 03.67)*. Technical Specification 5.0.0, ETSI, ETSI Secretariat, 06921 Sophia Antipolis Cedex, France, February 1996.

[54] ETSI. TC-SMG 3. *Digital cellular telecommunications system (Phase 2+); Voice Broadcast Service (VBS)—Stage 2 (GSM 03.68)*. Technical Specification 5.1.0, European Telecommunications Standards Institute, ETSI Secretariat, 06921 Sophia Antipolis Cedex, France, July 1996.

[55] ETSI. TC-SMG 3. *Digital cellular telecommunications system (Phase 2+); Voice Group Call Service (VGCS)—Stage 2 (GSM 03.68)*. Technical Specification 5.1.0, European Telecommunications Standards Institute, ETSI Secretariat, 06921 Sophia Antipolis Cedex, France, May 1996.

[56] ETSI. TC-SMG 3. *Digital cellular telecommunications system (Phase 2+);Base Station Controller - Base Transceiver Station (BSC -BTS) interface; Layer 3 specification (GSM 08.58)*. Technical Specification 5.2.0, ETSI, ETSI Secretariat, 06921 Sophia Antipolis Cedex, France, July 1996.

[57] UMTS Forum. *Spectrum for IMT 2000*. Technical report, UMTS Forum, Oktober 1997.

[58] R. E. Fudge. *FPLMTS*. In *7th IEE European Conference on Mobile Personal Communications*, Venue, The Brighton Centre, UK., December 1993.

[59] Anders Furuskär, Häkan Olofsson. *Aspects of Introducing EDGE in Existing GSM Networks*. 1999.

[60] R. G. Gallager. *Conflict resolution in random access broadcast networks*. In *Proc. AFOSR Workshop Communication Theory and Applications*, pp. 74–76, Princetown, MA, 1978.

[61] R. Gööck. *Die großen Erfindungen*. Siegloch Edition, Künzelsau, Deutschland, 1988.

[62] P. R. Gerke. *Digitale Kommunikationsnetze: Prinzipien, Einrichtungen, Systeme*. Springer-Verlag, Heidelberg, 1991.

[63] J. Gotthard. *Paketdatennetze*. Dissertation, Fernuniversität Hagen, 1991.

[64] S. Gurunathan, K. Feher. *Multipath Simulation Models for Mobile Radio channels*. IEEE, Februar 1992.

[65] A. D. Hadden. *Development of the DCS 1800 Standard*. In *Mobile Radio Conference (MRC'91)*, pp. 11–15, Nice, France, November 1991.

[66] J. Hagenauer. *Rate-Compatible Punctured Convolutional Codes (RCPC Codes) and their Applications*. IEEE Trans. Com., Vol. COM-36, No. 4, pp. 389–400, April 1988.

[67] B. Hajek, T. van Loon. *Decentralized dynamic control of a multiaccess broadcast channel*. IEEE Trans. Automatic Control, Vol. AC-27, pp. 559–569, June 1982.

[68] F. Hansen. *The standardisation of UMTS in ETSI SMG5*. In *5th Nordic Seminar on Digital Mobile Radio Communications (DMR V)*, pp. 185–194, Helsinki, Finnland, December 1992.

[69] M. Hata. *Empirical Formula for Propagation Loss in Land Mobile Radio Services*. IEEE Transaction on Vehicular Technology, Vol. VT-29, No. 3, pp. 317–325, August 1980.

[70] W. Heinrich. *Richtfunk-Technik*. R.v.Decker's Verlag, Heidelberg, 1988.

[71] R. J. Horrocks, R. W. A. Scarr. *Future Trends in Telecommunications*. John Wiley & Sons, Chichester, 1993.

[72] ITU. DOC Server. *The ITU's Structure*. Electronics Letters, August 1993.

[73] ITU. ITU-T Study Group. *ITU-T Recommendation V.110: Support of Data Terminal Equipments with V-serives Type Interfaces by an Integrated Services Digital Network*. Technical report, International Telecommunication Union - Telecommunication Standardization Sector, Genf, Schweiz, March 1992.

[74] ITU. ITU-T Study Group XI (Switching and Signalling). *ITU-T Recommendation Q.735: Multi-Level Precedence and Preemption (MLPP)*. Technical report, International Telecommunication Union - Telecommunication Standardization Sector, Genf, Schweiz, 1993.

[75] ITU. Telecommunication Standardization Sector (ITU-T). *Information Technology — Open Systems Interconnection — Basic Reference Model: The Basic Model*. ITU-T Recommendation X.200, International Telecommunication Union (ITU), Geneva, 1994.

[76] U. Janssen, B. Nilsen. *The Mobile Application Part for GSM Phase 2*. In *Mobile Radio Conference (MRC'91)*, pp. 65–72, Nice, France, November 1991.

[77] D. G. Jeong, W. S. Jeong. *Performance of an exponential Backoff Scheme for Slotted-Aloha protocol in local wireless environment*. IEEE Transaction on Vehicular Technology, Vol. 44, No. 3, pp. 470–479, Aug. 1995.

[78] Hua Jiang, Stephan. S. Rappaport. *CBWL: A new Channel Assignment and Sharing Method for Cellular Communication Systems*. In *43rd IEEE Vehicular Technology Conference: Personal Communication Freedom through Wireless Technology*, VTC, pp. 189–193. IEEE Vehicular Technology Society, IEEE Service Center, May 1993. 966 Seiten.

[79] M. Junius. *Leistungsbewertung intelligenter Handover-Verfahren für zellulare Mobilfunksysteme*. Dissertation, RWTH Aachen, Lehrstuhl für Kommunikationsnetze, 1995. ISBN 3-86073-382-6.

[80] R. Kabel, T. Strätling. *Kommunikation per Satellit: Ein internationales Handbuch*. Vistas Verlag GmbH, Berlin, 1985.

[81] T. Kanai. *Autonomous Reuse Partititioning in Cellular Systems*. In IEEE Vehicular Technology Society, editor, *42nd IEEE Vehicular Technology Society: Frontiers of Technology. From Pioneers to the 21th Century*, Vol. 2 of *VTS Conference*, pp. 782–784. IEEE Vehicular Technology Society, IEEE Publishing Services, May 1992. 555 Seiten.

[82] J.-P. Katoen. *Functional Integration of UMTS and B-ISDN*. In *45th IEEE Vehicular Technology Conference*, pp. 160–164, Chicago, Ill., USA, July 1995.

[83] O. Kennemann. *Lokalisierung von Mobilstationen anhand ihrer Funkmeßdaten*. Dissertation, RWTH Aachen, Lehrstuhl für Kommunikationsnetze, 1997. ISBN 3-86073-620-5.

[84] A. C. Kerkhof, E. Spaans. *Accounting in UMTS*. In *7th IEE European Conference on Mobile Personal Communications*, p. 221, Venue, The Brighton Centre, UK., December 1993.

[85] K. Kinoshita, M. Kuramoto, N. Nakajima. *Developments of a TDMA Digital Cellular System Based on Japanese Standard*. In *41st IEEE Vehicular Technology Conference*, p. 642, St. Louis, May 1991.

[86] L. Kleinrock, S. Lam. *Packet-switching in a slotted satellite channel*. In *National Computer Conference AFIPS Conf. Proc*, Vol. afips?, pp. 703–710. AFIPS Press, 1973.

[87] L. Kleinrock, S. Lam. *Packet Switching in a Multiple Broadcast Channel: Dynamic Control procedures*. IEEE Transaction on Communications, Vol. 23, pp. 891–904, sep 1975.

[88] L. Kleinrock, S. Lam. *Packet Switching in a Multiple Broadcast Channel: Performance Evaluation*. IEEE Transaction on Communications, Vol. com-23, No. 4, pp. 410–423, April 1975.

[89] R. Klingler. *Die Entwicklung des öffentlichen Mobilfunks*. In *FIBA Kongress* EUROPÄISCHER MOBILFUNK, pp. 11–27, München, February 1989.

[90] L.D. Landau, E.M. Lifschitz. *Elektrodynamik der Kontinua*. Band VIII von *Lehrbuch der theoretischen Physik*, Akademie-Verlag, Berlin, 1985.

[91] G. Larsson, B. Gudmundson, K. Raith. *Receiver Performance for the North American Digital Cellular System*. In *41st IEEE Vehicular Technology Conference*, p.1, St. Louis, May 1991.

[92] M. Lebherz, W. Wiesbeck. *Beurteilung des Reflexions- und Schirmungsverhaltens von Baustoffen*. Sonderdruck aus: Bauphysik, Band 12, 1990.

[93] W. C. Y. Lee. *Mobile Communications Engineering*. McGraw-Hill Book Company, New York, St. Louis, 1982.

[94] W. C. Y. Lee. *New Cellular Schemes for Spectral Efficiency*. IEEE Transactions on Vehicular Technology, Band VT–36, Nr. 4, pp. 188–192, November 1987.

[95] W. C. Y. Lee. *Spectrum Efficiency in Cellular*. IEEE Trans. On Vehic. Techn., Vol. 38, No. 2, pp. 69–75, May 1989.

[96] W.C.L. Lee. *Mobile Communication Design Fundamentals*. Howard & Sams, Indianapolis, USA, 1986.

[97] S. Lin, D. J. Costello. *Error control coding – Fundamentals and Applications*, Vol. 1 of *Computer Applications in Electrical Engeneering Series*. Prentice–Hall, Englewood Cliffs, New Jersey 07632, 1 edition, 1983.

[98] R.W. Lorenz. *Digitaler Mobilfunk (Systemvergleich)*. Der Fernmeldeingeneur, Nr. 1/2, 1993.

[99] E. Lycksell. *Network architecture for FPLMTS*. In *5th Nordic Seminar on Digital Mobile Radio Communications (DMR V)*, pp. 203–212, Helsinki, Finnland, December 1992.

[100] A. Maloberti, P. P. Giusto. *Activities on third generation mobile systems in COST and ETSI*. In *Mobile Radio Conference (MRC'91)*, pp. 235–242, Nice, France, November 1991.

[101] N. B. Meisner, J. L. Segal, M. Y. Tanigawa. *An adaptive retransmission technique for use in a Slotted-ALOHA channel*. IEEE Transaction on Communications, Vol. 28, No. 9, pp. 1776–1788, Sep. 1980.

[102] S. Mockford, A. M. D. Turkmani, J. D. Parsons. *Characterisation of Mobile Radio Signals in Rural Areas*. In *Seventh International Conference on*

Antennas and Propagation, pp. 151–154, Venue, University of York, United Kingdom, IEE, April 1991.

[103] M. Mouly, M.-B. Pautet. *The GSM System for Mobile Communications.* M. Mouly and Marie-B. Pautet, 49, rue Louise Nruneau, F-91129 Palaiseau, France, 1992.

[104] Tero Ojanperä, Johan Sköld, Jonathan Castro, Laurent Girard, Anja Klein. *Comparison Of Multiple Access Schemes For UMTS.* In *IEEE Vehicular Technology Conference*, pp. 490–494. IEEE, May 1997.

[105] Y. Okumura, E. Ohmori, T. Kawano, K. Fukuda. *Field Strength and Its Variability in VHF and UHF Land-Mobile Service.* Review of the Electrical Communications Laboratory, Vol. 16, pp. 825–873, September 1968.

[106] ITU Workshop on Radio Transmission Technologies for IMT-2000. *FMA1-Wideband TDMA with and without Spreading.* Technical report, ACTS FRAMES, September 1997.

[107] N. Papadakis, A. G. Kanatas, A. Paliatsos, P. Constantinou. *Microcellular Propagation Measurements and Modelling at 1.8 GHz.* In *Wireless Networks – Catching the Mobile Future –, Personal, Indoor and Mobile Radio Communications PIMRC '94*, pp. 15–19, The Hague, The Netherlands, September 18–22 1994.

[108] J. D. Parsons. *The Mobile Radio Propagation Channel.* Pentech Press Publishers, London, 1992.

[109] W. W. Peterson, E. J. Weldon Jr. *Error Control Coding*, Vol. 1. The MIT Press, 2. edition, 1972.

[110] John G. Proakis. *Digital Communications.* McGrow-Hill Inc, third edition, 1995.

[111] M. Rahnema. *Overview of the GSM System and Protocol Architecture.* IEEE Communications Magazine, Vol. 31, No. 4, pp. 92–100, April 1993.

[112] R. L. Rivest. *Network control by bayesian broadcast.* IEEE Trans. Inform. Theory, Vol. IT-33, pp. 323–328, May 1987.

[113] D. Roddy. *Satellitenkonnunikation: Grundlagen – Satelliten – Übertragungssysteme.* Hanser-Verlag, München, 1991.

[114] C.-H. Rokitansky, A. Guntsch, B. Bjelajac. *Air Interface.* CEC Deliverable R2117 AAU/CN DR P209-B1, SAINT, April 1995.

[115] A. A. M. Saleh, R. A. Valenzuela. *A Statistical Model for Indoor Multipath Propagation.* IEEE Journal on Selected Areas in Communications, Band SAC-5, Nr. 2, Februar 1987.

[116] P. Scheele. *Mobilfunk in Europa.* R. v. Decker's Verlag, Heidelberg, 2. Auflage, 1992.

[117] D.L. et al. Schilling. *Spread Spectrum for commercial communications.* IEEE Communications Magazine, pp. 66–79, April 1991.

[118] Dao Sheng Chen, Roy Sumit. *An Adaptive Multiuser Receiver for CDMA Systems.* IEEE journal on selected areas in communications, Vol. 12, No. 5, 1994.

[119] B. Sklar. *Digital Communications: Fundamentals and Applications.* Prentice-Hall, Englewood Cliffs, New Jersey 07632, 1988.

[120] ETSI SMG2. *Concept Group Gamma - Wideband TDMA.* Technical Report ETSI STC SMG2#22, ETSI, May 1997.

[121] ETSI SMG2. *Proposal for concept groups for the definition of the UMTS Terrestrial Radio Access UTRA.* Technical Report ETSI TC ERM 09(97)45, ETSI, May 1997.

[122] G. L. Stüber. *Principles of Mobile Communications.* Kluwer Academic Publishers, Boston, Dordrecht, London, 1996.

[123] P. Stuckmann, P. Seidenberg. *Quality of Service of Internet Applications over GPRS.* In *Vorträge der European Wireless '99 und 4. ITG-Fachtagung Mobile Kommunikation.* VDE Verlag GmbH, 06.10.–08.10. 1999.

[124] A. S. Tanenbaum. *Computer Networks.* Prentice–Hall, 2nd edition, 1988.

[125] ETSI TC-SMG. *Digital cellular telecommunications system (Phase 2+); General Packet Radio Service (GPRS); Overall description of the GPRS radio interface; Stage 2 (GSM 03.64).* Draft Technical Specification 6.0.0, ETSI, April 1998.

[126] ETSI TC-SMG. *Digital cellular telecommunications system (Phase 2+); General Packet Radio Service (GPRS); Service Description – Stage 1 (GSM 02.60).* Draft Technical Specification 6.1.0, ETSI, July 1998.

[127] ETSI TC-SMG. *Digital cellular telecommunications system (Phase 2+); General Packet Radio Service (GPRS); Service Description – Stage 2 (GSM 03.60).* Draft Technical Specification 6.1.0, ETSI, July 1998.

[128] S. C. A. Thomopoulos. *A simple and versatile decentralized control for Slotted ALOHA, Reservation ALOHA and Local Area Networks.* IEEE Transaction on Communications, Vol. 36, No. 6, pp. 662–674, June 1988.

[129] TIA. *TIA/EIA IS-95 INTERIM Standard*, July 1993.

[130] S. Titch. *Blind Faith.* Telephony, pp. 24–50, 9 1997.

[131] ETSI TS. *Digital cellular telecommunications system (Phase 2+); General Packet Radio Service (GPRS); Mobile Station (MS)—Base Station System (BSS) interface; Radio Link Control/Medium Access Control (RLC/MAC) protocol GSM 04.60).* Draft Technical Specification 6.1.0, etsi, etsiaddress, aug 1998.

[132] K. Tsujimura. *Digital Cellular in Japan.* In *Mobile Radio Conference (MRC'91)*, pp. 105–107, Nice, France, November 1991.

[133] W. Tuttlebee, editor. *Cordless Telecommunications in Europe.* Springer, 1990.

[134] Kolbeck, R., Hajer, H., und Bail, C. *Mobile Kommunikation für jedermann.* Haar bei München: Markt&Technik, Buch- und Software-Verl., 1994.

[135] B. Walke. *Technik des Mobilfunks, in: Zellularer Mobilfunk, J. Kruse (Hrsg)*, pp. 17–63. net-Buch, Telekommunikation edition, 1990.

[136] B. Walke, P. Decker. *Mobile Datenkommunikation - Eine Übersicht.* Informationstechnik und Technische Informatik, Band 35, Nr. 35, pp. 12–24, Mai 1993.

[137] B. Walke, W. Mende, P. Decker, R. Crumbach. *The Performance of CELL-PAC: A Packet Radio Protocol Proposed for the GSM Mobile Radio Network.* In *Mobile Radio Conference*, pp. 57–63, Nice, France, November 1991.

[138] J. Wiart. *Micro-Cellular Modelling when Base Station Antenna is below Roof Tops.* In *Proceedings 44th Vehicular Technology Conference, Creating Tomorrow's Mobile Systems*, pp. 200–204, Stockholm, Sweden, IEEE, June 8–10 1994.

[139] Ming Zhang, Tak-Shing P. Yum. *Comparisons of Channel–Assignment Strategies in Cellular Mobile Telephone Systems.* IEEE Transactions on Vehicular Technology, Band 38, Nr. 4, pp. 211–215, November 1989.

Index

Symbole

120°-Sektoren	56
C/I-Verhältnis	61, 63, 64
3GPP	370, 373
3er-Cluster	53
52er-Mehrfachrahmen	311

A

A-Netz 27
AAL 375
Abschattung **46**, 47, 64
Abschattungsraum 46
Abschattungsreserve 64
ACK 91
Acknowledgement 91
ACS 411
ACTS 370, 479
ADC 350
Advanced Speech Call Items 284
AICH 406, 408, 413
AKF 397
ALOHA
      pure 101
AM 446
American Digital Cellular System .. 350
American Mobile Phone System 350
AMPS 350
AND 386, 387, 389
Ankunftsprozeß 101
Ankunftsrate 119
Anrufumleitung 282
Antennen
      isotrope 32, 35, 49
            Phased-Array 80
            sektorisierte 146
Antennenkeulen 80
Antwortrahmen 190
Anwendungsschicht 68
Application Layer 68

Arbeitspunkt 108
ARQ-Verfahren **91**
AS 411, 412
ASC 413, 433, 437
Asynchronous Balanced Mode 272
ATM Forum 478
ATM 375
Aufenthaltsaktualisierung 206, 208
Aufenthaltsbereich 147
            Aktualisierung 259
Ausbreitungsdämpfung 32
Ausbreitungskoeffizient 35, 60
Ausnutzungsgrad 465
Authentication 207
Authentication Centre 150
Authentisierung 207, **326**
Authentisierungszentrum 150
Authentizität 68
Autokorrelationsfunktion 72
Automatic Repeat Request 91

B

B-Netz 27
Backlog 107, 119
Backoff-Algorithmen 123
Bandbreite 57
Base Station Controller 145
Base Station Subsystem 139
Base Transceiver Station 145
Basic Call 204
Basisband 77
Basisstation 52
BCCH 433, 435, 436, 438
BCFE 449
BCH-Codes 85
BCH . 392, 402, 406, 411, 413, 415, 428, 435, 438
BDT **477**
Bebauung 47

Bediendauer 463
Bedienrate 464
Bell 23
Benutzer-Standards 492
Bereichswechsel 260
Betonwand 45
Betriebs- und Wartungszentrum . . . 150
Beugung **46**
Beugungsmodelle
    Funkfeldberechnung 48
Beugungstheorie 48
Beugungsverluste 48
Binomialverteilung 111
Bitfehler 46
Bitfehlerhäufigkeit 84, 85, 90
Bitübertragungsschicht 66
Bitverschachtelung 173
Bitverwürfelung 85
Block 91
Block Recurrence Time 196
Blockcode 173
Blockcodes
    lineare 87
Blocklänge 88
Blockwiederkehrzeit 196
B_m-Kanal 160
BMC 394, 395, 430, 445
Bodensegmente 15
Boltzmann-Konstante 54
BPSK 422
Breitband-ISDN 14
Brewster-Winkel 45
BSS 387
Bündelfunksysteme 5
Bündelgewinn 63
    Verlust an 64
Büschelfehler 173
Burst 156
Business Management 149

C

C-Netz 28, 367
C-RNTI 439
C-SAP 446, 448, 449
Call Clearing 205

Call Control 201
Call Establishment 204
Call Management 186
Call Rearrangement 205
Call Tickets 149
CCCH 434, 436, 442
CCIR 372, 374, 473–475
CCITT 473, **474**
CCPCH 406, 413, 415
CCTrCH 396, 404, 409, 424, 425,
    427–430
CDM 2, 68, **71**
CDMA . . 69, 74, 373, 392, 397, 399, 418
CEN **479**
CENELEC **479**
CEPT **479**
Change Request 294
Change Requests 137
Chips 76, 77
CISPR 477
Cluster **53**, 55, 64
    -Typ 55
    -anordnungen 53
    -bildung 79
Cluster 153
CN 370, 389–391, 396, 447
CND 387, 388, 449
Code
    -kanäle 77
    -kanal 72
    -multiplex 68, **71**
    -multiplexverfahren 71
    -rate 88
    -spreizung 71
    -wortlänge 86
    orthogonaler 71
Code Division Multiplex 68
Codes
    fehlererkennende 67
    fehlerkorrigierende 67
    nicht systematische 87
    orthogonale 74
    zyklische 85
Codesequenzen
    orthogonale 76

Codierrate 91
Codiervorschrift 71
Codulation 9
Collision Set 131
Colour Code 227
Contention Resolution 191
Control Channels 161
Control-Estimation 129
COST 370, 479
CPCH 402, 406, 408, 437
CPICH 406
CRC 424
CS 389
CSD 389
CSMA-CD 406
CT1 367
CT2 367
CTCH 434, 436, 445
Cyclic Redundancy Check 85

D

D1-Netz 28, 329
D2-Netz 28, 329
Dämpfung **32**
  frequenzabhängig 32
Dämpfungsfaktor 60
Darstellungsschicht 68
Data Link Layer 67
Daten
  -blöcke 67
  -kompression 68
  -quelle 91
  -senke 91
  -symbole 76
  -wortlänge 86
Datenübertragung
  nichttransparent 267
  transparent 267
DC 388, 449, 450
DCCH 434, 436, 438, 445
DCFE 450
DCH .. 401, 402, 409, 429, 436, 445, 448
DCS1800 .... 85, 367, 373, 482
DECT 81, 373, 482
Delay Spread 37

Delayed First Transmission 120
Delta-Empfehlungen 338
Deregulierung 2
Desired Number of Channels 292
Dialogverwaltung 68
dielektrische Schicht 44
Dienst
  nichttransparent 270
  Punkt-zu-Mehrpunkt 297
  transparent 275
Dienste 65
Diensterbringer 65
Dienstgüte 79, 366
Dienstnutzer 65
Dienstprimitive 189
Dienstzugangspunktkennung 187
Direct Sequence 72
Direct Sequencing 76
Direktwellen 30
Discontinous Transmission 179
Dispersion 37, 46, 80
Diversity-Empfänger 37
D_m-Kanäle 161
Dopplerverschiebung 37, 40
Downlink 53, 137, 155
  DTX Flag 247
DPCCH ... 394, 405, 406, 408, 409, 412,
  420–422, 428
DPCH 406, 407, 409, 411, 415, 416, 418,
  420, 422, 423, 428
DPDCH 405, 406, 408, 409, 412,
  420–422, 427–430
DRNC 392
DRNS 390, 391
DS 72
DSCCH 402
DSCH 402, 407, 416, 428, 436, 437
DSU 147
DTCH 434, 436, 438, 443, 445
DTMF Steuerfunktion 205
DTX 409, 422, 424, 425, 430
Dual Tone Multiple Frequency 205
Duplexabstand 155
Durchsatz 95–97, 180
  maximal erreichbar 124

momentaner 107
optimieren 128
DVB-T 372

E

E1-Netz 28
E2-Netz 28
EBU **489**
ECMA **488**
EDGE 373
Effizienz **58**, 60
   -gewinn 62
   spektrale 74, 78, 365
Effizienzsteigerung 63
   prozent. bei Sektoris 64
EI 141
Einbuchen 142
EIR 150, 151
EIRP 34
elektromagnetische Wellen 29
Emergency Call 204
Empfehlung 471
EN 485
`Encryption Algorithm` 245
Enhanced Data Rates for GSM Evolution 294
Enhanced GPRS-Standard 294
Entfernung
   Mobil- von Feststation 218
Entscheider 75
Entsperrschlüssel 144
Entzerrer 80, 90
ENV 485
Equalizer 90
Equipment Identity 141
Equipment Identity Register 151
ERMES 367, 482
ESA **489**
ESPRIT 479
ETE 379, 382
ETS 485
ETSI/DCS1800 .... **337**
ETSI 367, 370, 374, 375, 481
EU 367, 370
Euler'sche Konstante 40

European Train Control System 284
EUTELSAT **489**

F

FACH 392, 402, 406, 415, 428, 436–439, 443, 445
Fading
   -frequenz 40
Fading 36, 84
Faksimilesignalisierung 280
Faltungscode 87
   geschwächter 90
   puktierter 90
Faltungscodes **88**
Faltungscodierer 88, 89
Faltungscodierung 174
FAUSCH 401
Faxadapter 280
FBI 409
FDD 371–373, 394, 398–400, 428
FDM 2, 68, **69**, 81, 153
FDMA 68, 153, 397, 399, 400
FEC 87, 396
Fehler
   -behandlung 85
   -erkennung 67, 85
   -korrektur 85, **87**
   -sicherung **84**
   -sicherungsverfahren 85
   büschelhafte 88
Fenster 93
Feststation 144
Feststationssteuerung 145
FH 72
Filterung 69
Fire Code 173
Flexible Bearer Services 292
Flußsteuerung **91**
Forward-Link 353
FPLMTS 368, 372–374
Frame Check Sequence 91
Freiraumdämpfung 32
Frequency Division Multiplex ... 153
Frequency Division Multiplexing ... 68
Frequency Hopping . 72, 73, 85, 158, 250

Index

Frequenzbänder 69
Frequenzband 53
Frequenzkanäle 52
Frequenzmultiplex 68, **69**, 80
Frequenzmultiplex-Verfahren 69
Frequenzsprungverfahren .. 77, 158, 181
Frequenzsynthesizer 73
Frequenzzuweisung 493
Frequenzzuweisung, internationale . 493
Funk
   -abschattung **64**
   -netzplanung 56
   -planungswerkzeuge 49
   -übertragung 29
   -versorgungsbereich 56
   -wellen 29
   -zellen 52
Funkfeldberechnung **47**
   Okumura/Hata-Modell
      Geländetypen 50
      Morphologietypen 51
Funkfeldmodelle
   empirische 48, 49
   theoretische 48
Funkfeldprädiktion 49
Funkfeststation 145
Funkkanalverwaltung 186
Funknetze
   drahtlos, lokal 6
Funkrufsysteme 5, 497
Funkzellen 53

G

Galoisfeld 87
Gateway GPRS Support Node 302
Gauß
   -Funktion 39
   -Verteilung 39
Gauß'sches Rauschen 75
GC 388, 449, 450
Gebührenberechnung 149
Gebührenverrechnung 68
Geländeoberflächen 35
Geländestruktur 47
General Packet Radio Service ... 9, 294

General Sloping Terrain 50
Gesamtpfadverlust 47
Geschlossene Benutzergruppe 283
Geschwindigkeiten 47
Gewichtsverteilung 86
GGSN 389
Gleichgewichtslage
      instabile 105
      stabile 105
Gleichgewichtspunkt 101
Gleichgewichtspunkte 107
Gleichkanalstörabstand 53, 55
Gleichkanalstörungen 216
Gleichkanalzellen 53
Global System for Mobile Communications 137
Globalstar 352
Globalstar-System 354
GMM 385
GMSC 389
GMSK 173
Go-back-N-ARQ-Verfahren **95**
GPRS
   Bitübertragungsschicht 310
   Dienstgüteprofile 298
   Prioritätsklassen 309
   Punkt-zu-Punkt 297
GPRS Tunnel Protocol 307
GPRS-Register 302
GPRS 389
Graceful Degradation 79
Green Paper 479
Groupe Speciale Mobile 135
Grunddämpfung 50
GSM **135**
   -Arbeitsgruppen 136
   -Empfehlung 137
   A-Dienst 273
   A-Schnittstelle 145, 152
   Abhören des Signalisierverkehrs 262
   A_{bis}-Schnittstelle 152
   Access Burst 157
   Algorithmus A3 326
   Algorithmus A5 326
   Algorithmus A8 326

Anpaßfunktionen 266
Architektur 139
ARQ-Mechanismus............ 270
ASCI 284
AuC 150
Aufenthaltsbereichsaktualisierung 327
Auslösen eines Rufes 205
Authentisierungsschlüssel 326
Authentisierungszentrum...... 327
BCCH 162
Besucherdatei................. 147
Betreiberteilsystem....... 139, 148
Bitübertragungsschicht........ 172
Broadcast Control Channel ... 162
BSC 145
BSS 139
BTS 145
CCH 161
Common Control Channel 163
CR 294
Dedicated Control Channel ... 163
Dienste...................... 272
Dummy Burst 157
E-Dienst..................... 273
EDGE 294
EGPRS...................... 294
eMLPP-Prioritäten 288
Endgerät 151
Endgeräteanpassung 151
erforderliche Datenrate........ 292
Erweiterungsband............. 155
FACCH-Burst 197
Fehlerkorrektur 270
Feststationsteilsystem......... 144
Frequency Correction Burst... 157
Funkkanalverwaltung 172
Funkschnittstelle.............. 153
Funkteilsystem................ 139
Gehender Ruf................. 265
Geräte-Identifizierungsregister. 151
Gerätetypen 141
GPRS.................... 9, 294
Gruppen- und Rundfunkdienste 284

Gruppenrufregister............285
Heimatdatei 147
HLR........................ 147
HSCSD 9
HSCSD Service 289
HSCSD-Dienst............... 289
HSCSD-Verbindung........... 290
Hyperrahmen 164
IWF........................ 147
Kanalcodierung............... 173
Kommender Ruf 263
Kurznachrichtendienste 278
Mehrwertdienste 329
Mobilfunkstation.............. 140
Mobilvermittlungsstelle 146
MS 139
MSA........................ 290
MSC........................ 146
Netzabschluß 151
Netzelemente 149
Netzübergangsfunktionen 270
Nichtsprachdienste............ 274
Normal Burst................. 157
Notrufdienst.................. 278
NSS..................... 139, 146
Numerierung.................. 261
O-Schnittstelle 150, 153
OMC 150
OSS 139
paketorientiertes Dienstkonzept 294
Protokollsynchronisation 270
pseudoasymmetrischer Übertragungsmodus 291
Ratenanpassung 266
RLP-Rahmen................. 291
RSS 139
Rufaufbau 204
Rundfunkkanal 173
Short-Message-Service 302
Sicherheitsprozeduren......... 325
Signalisierung................. 186
SMS Centre.................. 278
Sprach-Transcoderfunktion.... 270
Sprachcodierung 176

Sprachrundfunkdienst 285
Steuerkanäle 161
Superrahmen 164
Synchronisation Burst 157
Teledienst 272, 277
Telefaxdienst 280
Telefondienst 278
Trägerdienst 270, 272, 274
Trägerdienste 275
TRAU 145, 146, 249
Tunnelprotokoll 304
Übergangsfunktionen 322
Übertragungsschlüssel 326
Verkehrskanäle 160
Vermittlungsteilsystem ... 139, 146
Vertraulichkeit 262
Videotexdienste 279
VLR 147
Zufallszugriffskanal 176
Zusatzdienste 273, 282
GSM-96 89
GSM900 330
GSM .. 80, 367, 383, 387, 389, 391, 392, 482
Guard Band 69
Guard Time 70

H

Halbratenkanal 161
Halten eines Rufes 282
Hammingdistanz 86
Handover 28, 56, 138, 147, 172, 215, 241, 369
    -algorithmus 228
    -anforderung 227
    -durchführung 228
    -entscheidung 218, 228
    -kriterien 218
        asynchron 241
        synchron 241
Handvermittlung 27
Harddecision 90
Harddecision-Verfahren 90
HARQ-Verfahren 99
Hata 49

HDLC Protokoll 271
Hertz 23
Hexagon 59
High Speed Circuit Switched Data 9
High Speed Circuit Switched Data Service 289
HND 387
Hopfrequenz 78
HTTP 383
huckepack 96
Huckepack-Bestätigung 92
Hughes 23
hybrides ARQ/FEC-Verfahren 99
Hyperframe 164

I

I-Rahmen 92
Identifikation 325
Identifizierung 207
IEC **477**
IFRB 473, **476**
IMEI 151, 191
Immediate First Transmission 120
IMSI . 141, 143, 147, 191, 261, 326, 328, 329
IMT-2000 .... 368, 373, 385
IN 370
In-call Modification 205
Information
    Vertraulichkeit 326
Infrarot 13
INMARSAT 478, 498
Inphasekomponente 41
Instanzen 65
Intelligente Netze 18
INTELSAT 478
Inter-BSC/Intra-MSC-Handover ... 230
Inter-Cell/Intra-BSC-Handover 230
Inter-MSC Handover **258**
Inter-MSC-Handover 231
Interferenz 36, 79, 85
    -leistung I 53
    -zellen 54
Interim Standard 54 350
Interim-Standard IS-95 352

Interleaving **173**, 174
Interleaving 85
Interleavingverfahren 95
Intermediate Service Part 186
International Mobile Equipment Identity 151
International Mobile Subscriber Identity 143, 261
Internetdienste 283
Intersymbol-Interferenzen 46
Interworking Functions 147
Intra-Cell-Handover 230
Intra-MSC-Handoverprotokoll **242**
Ionosphäre 30
IP 370, 432, 445, 446
Irregular Terrain 50
IS-54 350
IS-95 .... 72, 74, 77, **352**, 367, 492
    Funkrufkanal 356
    Leistungssteuerung 357, 360
    Rahmenaufbau 358
    Return-Link 357
    Verkehrskanal 356
    Vocoder 356
    Zugriffskanal 358
IS-96 356
IS.134 351
ISDN 370, 372, 374–376
ISO 65, 471, **472**
ISO/OSI-Referenzmodell **64**
Isolated Mountain 50
IST 370
ITU-D 474
ITU-R 474
ITU-T 474
ITU-T-T.30 280
ITU-T-T.4 280
ITU 372, 473
IWU 387

J

Japanese Digital Cellular 363
JDC 363
JEEC 489
JTC 477

JTCI 478

K

Kanäle
    logische 180
Kanal
    -bitrate 74
    -codierung 84
    -kapazität 57
    -raster 58
    -zustandsinformation 128
    physikalischer 69, 156
    stark gestört 95
Kanalcodierverfahren 173
Kanalidentifizierung 187
Kanalkombinationen 166, 171
Kapazität 76
Kohärer 23
Kollidierte Pakete 100
Kollisionen 73, 100, 102, 191
Kollisionsauflösung 123, 131
Kollisionsauflösungsperiode 132
Kollisionsauflösungsverfahren 124
Kollisionsmenge 131
Komfortrauschen 179
Kommandorahmen 190
Kommunikationsmedium 66
Komplexe Dielektrizitätszahl 44
Komplexer Reflexionsfaktor 44
Komplexer Transmissionsfaktor 44
Konferenzschaltung 211, 283
Korrektheit 91
Korrekturfaktoren 51
    empirische 49
Korrelationsempfänger 75
Kreuzkorrelation 76
Kurzzeitschwund 37, 47

L

LA 147
LAI 143, 262
Langzeitmittelwert 47, 49
Langzeitschwund 47
LAPD-Protokoll 184
$LAPD_m$ 187
Lastmodell 295

Index 529

Laufnummer 91
Laufzeiten 37
Laufzeitunterschiede 180
Layer 65
Leistung 30
Leistungsbilanz 232
Leistungsregelung 138
Leistungssteuerung 231
    adaptiv 75
LEO-Satellitensysteme 498
letzte Meile 12
Liberalisierung 2
Link Adaptation (LA) 342
L_m-Kanal 161
Location Update 259
Location Updating 208
Lognormal-Fading 47
Long-Code 358
Longterm-Fading 47, 84

M

MAC-I 449
MAC . 394–396, 403, 405, 424, 432, 433,
    435–439, 441, 443, 445
Makrozellen 51
Man-made Noise 47
MAP 185
Marconi 23, 24
Markov-Kette 103
Maske 158
Maximum Likelihood Decision 89
Maxwell'sche Gleichungen 29
Meßdaten 48
Meßprotokoll **219**
Meßwertreport **223**
Measurement Report 219
Medium 68
Mehrfachnutzung 68
Mehrfachrahmen 164
Mehrfachreflexionen 43
Mehrfachverbindungen 211
Mehrwegeausbreitung **36**, 85
Mehrwegeschwund 36
Memorandum of Understanding .. 136
Message Transfer Part 186

Messungen in ländlichen Gebieten ... 42
Mikrozellen 49, **51**, 339
Minimum Mean-Squared Error 126
Mitteilungsübermittlungssystem ... 282
mittlere Wartezeit 466
Mixed Land-sea Path 50
MM 383
Mobile Application Part 185
Mobile Assisted Handover 217
Mobile Station Roaming Number .. 262
Mobile Subscriber ISDN Number .. 261
Mobile Termination 151
Mobility Management 186, 200
Mobilstationsmeßdaten 221
Modemverfahren 280
Modulationsbits 157
Morphologie 47
Morsetaste 24
Morsetelegraphie 23
MoU UMTS 14
MSC 389
MSISDN 141, 261, 322
MSRN 141, 147, 262, 322
MT 151, 386, 389
Multiframe 164
Multipath-Fading 36
Multiple Frame Operation 194
Multiplex 68
Multiplexen 67
Multiplexverfahren 68
    hybride 80
Multislot Assignment 290

N

Nachbarkanäle 47
Nachbarzellen 220
NAK 91
Near/Far Problem 75
NETS 485
Network & Switching Subsystem .. 146
Network Element Management 150
Network Layer 67
Network Management 149
Netz
    lokales 13

Netzmanagement 150
Netzübergangsfunktionen **322**
Netzverbindungen 67
NMT 367
Non-OACSU 203
nonOACSU/OACSU-Strategie 192
Notruf 204
Nt 388, 449, 450
Nutzsignal C 53

O

OACSU 202
Oberflächenwellen 30
OCCCH 434
ODCCH 434
ODCH 401
ODMA 401, 416, 434
ODTCH 434
Okumura 47, 49
Okumura/Hata-Modell 51
 Funkfeldberechnung 49
Open Area 51
Operation and Maintenance Centre 150
ORACH 402, 416
Originalbandbreite 71
Orthogonalität 74
OSI 65
OSI-Modell 66
OVSF 418–420, 422, 423

P

P-CCPCH 406, 415, 428
P-CPICH 406
P-SCH 406, 422
Paging 146, 150
Paket 91
Pakete
 Rückstau kollidierter 117
Paketfehlerwahrscheinlichkeit 95
Paketvermittlungsnetz 323
Partnerinstanzen 67
PCCH 433
PCH 392, 402, 406, 415, 428, 437
PCM-30-Systeme 152
PCPCH 406, 422
PCS 337

PDC 80, 363, 367
PDC-System
 Vollratencodecs 364
PDCP 394, 395, 430, 445–447
PDN 146, 387
PDSCH 407, 416, 428, 450
PDU 433, 436–443, 445, 446, 448
Pegeleinbrüche 84
Pegelhysterese 236
periodische Zeitschlitze 156
Personal Communication System .. 337
Personal Digital Cellular 363
Personal Handy Phone System 363
Personal Identity Number 143
Pfadverlust 32, 49
Pfadverlustparameter 55
Phasensynchronisation 354
Phasenverschiebungen 41
PHS 363
Physical Layer 66
Physikalische Schicht 66
$\pi/4$-DQPSK 351, 364
PI 406, 416, 418
PICH 406, 408, 416, 418
Picozellen 339
Piggy-back 96
Pilotton 354
PIN 143, 325
PIN Unblocking Key 143
Pipelining-Prinzip 95
Planung von Funknetzen 47
PLMN 27, 135
PN-Sequenz 71, 353
PNFE 449
Polarisation 44
Polarisationsrichtungen 45
Power Control 75, 138
PRACH ... 406, 408, 412, 416, 418, 422, 433
Prädiktion der Funkausbreitung 43
Presentation Layer 68
Priorität 235
Prioritätsstufen 246
Protokolle 65
Prozeßautomatisierung

Index

drahtlos 14
Prüfbits 86, 87
Prüfsequenz 86
Prüfsumme 91
PS 485
PS 389
PSD 389
Pseudo Noise 71
Pseudonoise-Generator 72
Pseudozufallsbitfolge 73
Pseudozufallsfolgen 72
PSTN 146
PU 441–443
Public
    Land Mobile Network 135
    Switched Telephone Network . . 146
PUK 143, 144
Punkt-zu-Mehrpunkt Richtfunk 12
Punktiertabelle 90
Punktierung **90**
PUSCH 416, 450

Q

QPSK 418, 421–423
Quadraturkomponente 41
Quantisierung 90
Quasi-smooth Terrain 50
Quittierung 92
Quittung 91
    negativ 91
    positiv 91

R

RACE 370, 374, 479
RACH 392, 401, 402, 406, 411, 413, 416,
    433, 436–439, 443, 445
Radio Link Protokoll **270**
Radio Local Loop 12
Radio Ressource Management . 186, 200
Radiohorizont 30
Rahmen 91
Rahmenlänge
    optimale 115, 116
Rahmensynchronisation 180
Rahmentypen 92
RANAP 448

Ratenadaption 291
Rauhigkeit 30
Raummultiplex 68, **79**
Raumsegmente 15
Raumwellen 30
Rauschleistung 54
Rauschzahl 54
Ray Tracing 49
Rayleigh 41
Rayleigh-Fading 41, 361
Rayleigh-Verteilung **39**
RCR 363
Receive Not Ready 92
Receive Ready 92
Received Number 92
Received Sequence Number 272
Redundanz
    systematische 67
Reflexion 30, **42**
Reflexionskoeffizienten 41
Reichweite 30
REJ-Rahmen 92
REJ-Verfahren 96
Reject 92
Repunktieren 91
Required Number of Channels 292
RES 485
Restbitfehlerhäufigkeit 85, 89
Restbitfehlerwahrscheinlichkeit 275
Restfehlerwahrscheinlichkeit 86, 299
Retransmission Control Proc. 129
RFE 449
Rice-Verteilung **41**
Richtantennen 34
RLC 394–396, 432, 433, 438–443,
    445–447, 449, 450
RLP 86
RMS Delay-Spread **46**
RNC 390, 391, 393
RNR-Rahmen 92
RNS 389, 390
RNTI 433
Roaming 369
Roaming 27, 56, 150, 172, 261
Rollenkonzept 18

Rolling Hilly Terrain 50
Round Trip Delay 93, 218
Routing 67, 150
Routing Area 306
RR-Rahmen 92
RRC .. 394–396, 405, 432–435, 439, 440, 443, 446–450
RS-Codes 87
    verkürzte 88
Rückkanal 91
Rufbereich 56
Rufweiterleitung 282
Rundstrahlsysteme 64

S

S-CCPCH 406, 415, 416, 428
S-CPICH 406
S-SCH 406, 422
Sättigungspunkt 108
SAP 446, 449, 450
Satelliten
    geostationär 15
Satellitenempfänger
    handportabel 15
Satellitenfunksysteme
    mobile 6
Scanning Diversity 37
SCCH 433
SCEG 136
SCFE 450
SCH 402, 406, 408, 422
Schicht 65
Schiebefenstertechnik 92
Schleifenlaufzeit . 93, 154, 158, 184, 218, 225
Schnurlossysteme 367
Schutzabstand 53
Schutzbänder 69
Schutzzeit 70, 156, 184
Schwund **36**
SDM 68, 79
SDMA 69
SDU 432, 435–438, 441–443, 446
SEG 136
Segmentierung

von Nachrichten 67
Sektorisierung **57**, 60, 79
Sektorsysteme 64
Selection Diversity 37
Selective Reject 92
Send Sequence Number 92, 272
Send-and-Wait **93**
Sendefenster 92
Sendeleistung 52
Sendeleistungssteuerung 253
Sendewahrscheinlichkeit
    dynamisch 126
    neu 128
Sequenznummern 92
Service Management 149
Services 65
Serving GPRS Support Node 302
SES 136, 485
Session Layer 67
SFN 411
SGSN 389
Shadowing 47
SHCCH 434, 436, 438
Short Message Service 188, 201
Short-Code 358
Short-Term Fading 37
Shortterm-Fading 84
Sicherung gegen Übertragungsfehler . 67
Sicherungsschicht 67
Sichtlinienverbindung 39
Siebenschichtenmodell 66
Signalisiersystem SS.7 18
Signalisierungssystem Nr. 7 185
Signalling Connection Control Part 186
Signalspektrum 71
Signalstatistik 38
SIM 140, 386
Sitzungsschicht 67
Slotdauer 103
Slots 70
    reservierte 115
Slotted-ALOHA 100
    Zugriffsverfahren 102
Slow Frequency Hopping 78
Smart Card 140

Index 533

SMG 485
SMS 377, 383
SND 387
SNR 72, 397
Softdecision **90**
Softdecisionwert 90
Softkeys 142
Space Division Multiple Access 69
Space Division Multiplexing 68
Special Mobile Group 137
Speichervermittlungsdienst 278
Spektrumseffizienz 57, 61
Splitting-Algorithmus 131
Splitting/Combining 289
Spot Beam 80
Sprachaktivitätsdetektor 138
Sprachcodec RPE-LTP 176
Sprachcodierrahmen 179
Sprachqualität 79
Sprachübertragung
    diskontinuierlich 179
Spreizsequenzen 75
Spreizung
    orthogonale 76
    spektrale 72
    symbolweise 78
SREJ-Rahmen 92
SREJ-Verfahren 96
SRNC 392, 394, 446, 450
SRNS 390, 391, 396
SS.7 186
Stabilitätsbetrachtung 106
Standard 471
Standardisierungsorganisationen ... 490
Standards
    de facto 491
Stoßantwort 37
Störabstand 32
Störleistung
    gesamte 54
Störungen 74
Strahlverfolgungsverfahren
    Funkfeldberechnung 49
Stromverschlüsselungsverfahren 326
Submultiplex 152

Suburban Area 51
Superframe 164
Supplementary Services 201
Symboldauer 46
Synchronisation 71
    zeitliche 182, 184
Synchronisations-Kanal 356
Synchronisierung 139
System
    interferenzlimitiertes 74
Systeme
    offene 67

T

TA 151
TA 401
Tail Bits 157, 158
Tailbits 89
Task Group 8/1 372
TBS 403, 404, 425, 427, 443
TCH 160
TCP 370, 432, 446
TCTF 436, 438, 439, 445
TDD 373, 393, 394,
    398–403, 415, 420, 422, 433–
    435, 438, 445, 449, 450
TDM 2, 68, **70**, 81, 153
TDM-Rahmen 156
TDM-Verfahren 70, 156
TDMA-Rahmen 364
TDMA 68, 153, 373, 397, 399
TE 151
TE 386
Teilnehmeridentifikation 142, 282
Teilstrecke 67
Teilwelle 39
Telecommunication Management Network 149
Telefaxdienst
    Adapter 281
    nichttransparent 281
    transparent 281
Telefon
    Erfindung 23
Telefonnetz 23, 146

Telefunken 24
Temporary Mobile Subscriber Identity 262
Terminal Adaptor 151
Terminal Equipment 151
Terrestrial Flight Telephone 345
Tesla............................... 23
TETRA 120, 482
TF 403
TFC........... 404, 405, 429, 432, 436
TFCI 405, 408, 409, 412, 417, 430
TFCS 404, 405, 432
TFI 404, 405
TFS 404, 426, 432, 441
TFTS 482
     Bodenstationen 345
TIA 350
Time Division Multiplex 153
Time Division Multiplexing 68
Time Slot 156
Timer 98
Timing Advance 157, 225
TME 450
TMSI 141, 147, 191, 262, 327
TND 387
Topographie 47
topographische Datenbank 49
TPC 409, 417, 418
TR-45.3 Subkommitee der TIA 350
Trägerdienst
     nichttransparenter 275
Trägermodulation 71
Traffic Channel 160
Trainingsfolge 179
Transaction Capabilities Application Part 186
Transceiver 171
Transferzeit 93
Transmissionskoeffizienten 41
transparenter Trägerdienst
     GSM 291
Transport Layer 67
Transportschicht 67
Trellisdiagramm 89
Troposphäre 30

TTI 403, 424–427, 430

U

U-RNTI 439
UE 390–394, 396, 400–402, 407, 409, 411–413, 416, 417, 427, 432, 434–436, 439, 445, 447–450
Übertragung
     diskontinuierlich 138, 220, 247
Übertragungs
     -dauer 117
     -kanal 38
     -kapazität 68
     -medium 68
     -versuch 117
     -verzögerung 117
Übertragungsmodus 248
UED 388
UIC-Betriebsfunks 285
UMTS 368, 370–375, 377, 382, 384–387, 391, 397
Unacknowledged Operation 193
Union des Chemins de Fer 284
Universelle persönliche Telekommunikation 18
Uplink 53
Uplink 137, 155
UPT 369
UPT 371
Urban 51
USCH 402, 416, 438, 445
USDC 80, **349**, 367
USDC-System 351
User Notification 205
USIM 386
UTRAN ... 387–396, 400, 401, 409, 413, 434, 435, 445, 447–450

V

v. Lieben 24
VEA 203
VEA-Verfahren 210
Verbindung
     Punkt-zu-Punkt 272
Verbindungsabbruch 217

Verbindungssteuerung 186
Verbindungstelegramme. 149
Vereinte Nationen. 472
Verhältnis C/I 53
Verkehr 57, 58
    maximal tragbar 64
    tragbarer 62
Verkehrs
    -aufkommen 56, 62
    -belastung. 79, 101
    -dichte 61
    -gerade 108
    -wert 61
Verlustsystem. 467
Verlustwahrscheinlichkeit. 62
Verminderungsfaktor **53**, 64
    der Gleichkanalstörung 55
Vermittlungsschicht 67
Verschlüsselung 68
Versorgungsgebiete. 47
Vertraulichkeit 68
Verzögerung 180
Verzögerungszeit. 117
VHE. 377
Vielfachnutzung. 68
Viertelbitnummer 182
Viterbi-Algorithmus. 89
Viterbi-Decoder. 91
VLR. 389
Voice Activity Detection 179
Voice Group Call Service 287
Vollratenkanal 160
Vorwärtsfehlerkorrektur 87
VSELP-Codec 364
VSELP-Sprachcodec 352

W
W[A]RC 473
Wahl der Zielzelle. 218
Waiting Set 131
Walsh-Funktion 77
Walsh-Sequenz 354
WARC 24, 26
Wartemenge 131
Warteschlangensysteme 463
Wartewahrscheinlichkeit 465
Wartezeit 93
Wartezeitverteilung 121
Weiterreichen 215
Wellenausbreitung 29
Wellenausbreitungsgeschw. 32
Wellenbeugungstheorie 48
Wellenwiderstand 29
Wiederholabstand. 55
Wiederholungen 120
WWW 383

Z
Zeitgeber 98
Zeitkanal 70
Zeitmultiplex 68, **70**, 80
Zeitschlitze 70
    kurze 70
Zeitüberwachung **98**
Zellanordnung
    hierarchisch 235
Zellen. 154
Zellenverkleinerung 56
Zellplanung 54, 55
zellulare Netze 52
Zellulare Systeme **52**
Zufallszugriff 191
Zugriffsprotokoll 67
Zugriffsrahmen 110, 111
Zugriffsverfahren 68
Zugriffsverzögerung 116
Zugriffszeit
    mittlere 113
Zusammenfassung
    von Nachrichten. 67
Zustandsübergangsrate. 464
Zustandsvariable 103
Zustandswahrscheinlichkeit 464
Zweiwegeausbreitung 34
Zwischenraten 267